Erziehung in Wissenschaft und Praxis
Herausgeber: Andreas Flitner

21

Curriculumentwicklung im Vorschulbereich

Texte, herausgegeben von
Jürgen Zimmer

Band I

R. Piper & Co. Verlag
München

ISBN 3-492-02014-3
2. Auflage, 6. Tausend 1976
© R. Piper & Co. Verlag, München 1973
Gesamtherstellung Clausen & Bosse, Leck/Schleswig
Umschlagentwurf Gerhard M. Hotop
Printed in Germany

Inhalt

Vorbemerkung 7

Bausteine vorschulischer Curriculumentwicklung

Bezugsrahmen
Jürgen Zimmer: Ein Bezugsrahmen vorschulischer Curriculumentwicklung 9

Situationsbezug
Klaus Peter Hemmer: Bemerkungen zu Problemen einer Situationstheorie 61

Sozialisationsbezug
Lothar Krappmann: Der Beitrag der Sozialisationsforschung zur Entwicklung von Curricula im Vorschulbereich 76

Bezug zu Wissenschaftsdisziplinen
Richard Auernheimer und Barbara Krösche:
Situationstheorie als Überwindung von Strukturorientierungen:
Zur Kontroverse curricularer Ansätze 91

Fragen der didaktischen Umsetzung
Heide Bambach und Ruth Gerstacker: Der Situationsansatz als didaktisches Prinzip: Die Entwicklung didaktischer Einheiten 154
Jens Lipski: Vorschulische Sprachförderung – verschulte Spracherziehung? 207
Alex Baumgartner: Prinzipien für Spiel- und Lernformen 251

Professionalisierung
Hedi Schrader: Professionalisierung der Erzieher im Rahmen vorschulischer Curriculumentwicklung 285

Mitwirkung von Eltern
Rita Haberkorn, Ulrich Hagemann und Hartmut Walther: Elternarbeit im Curriculum und Strategien der Gemeinwesenarbeit 319

Vorbemerkung

Im März 1973 verabschiedete die Bildungskommission des Deutschen Bildungsrates die Empfehlung »Zur Einrichtung eines Modellprogramms für Curriculum-Entwicklung im Elementarbereich«. Einige der für dieses Modellprogramm charakteristischen Prinzipien entsprechen dabei Forderungen, wie sie gegenwärtig in der Diskussion um die Reform des Curriculum insgesamt erhoben werden, so etwa
– der Forderung nach einer stärkeren Beziehung von Lernprozessen zur Lebenswirklichkeit gesellschaftlicher Gruppen;
– der Forderung nach schulnaher Curriculumentwicklung;
– der Forderung nach einer Verbindung von Theorie und Praxis der Lehrerbildung;
– der Forderung nach einer Vermittlung von Innovationen nicht nur über Instanzen der Administration, sondern auch im Diskurs mit gemeinten und betroffenen Gruppen;
– der Forderung nach der Organisation eines überregionalen Diskurses von Forschungseinrichtungen und Entwicklungsgruppen.

Der Bildungsrat schlägt nun im Sinne der genannten Zielvorstellungen vor,
– die Entwicklung vorschulischer Curricula unter Bezug auf Lebenssituationen von Kindern vorzunehmen und Kinder darin zu unterstützen, in einer möglichst selbstbestimmten und kompetenten Weise zu handeln;
– bei der Entwicklungsarbeit die sozialisatorischen Voraussetzungen drei- bis fünfjähriger Kinder (verschiedener sozialer Herkunft und mit unterschiedlicher Lerngeschichte) zu beachten;
– die Curriculumentwicklung und Möglichkeit ›vor Ort‹, das heißt an Modellkindergärten vorzunehmen und dabei eine enge und kontinuierliche Zusammenarbeit von Praktikern und Wissenschaftlern zu gewährleisten;
– die Professionalisierung der beteiligten Mitarbeiter im Rahmen der Curriculumentwicklung zu ermöglichen;
– die Mitwirkung von Eltern bei der Entwicklung, Erprobung und Anwendung von Programmen zu fördern;
– die Willensbildungs- und Entscheidungsprozesse innerhalb des Modell-

programms auf kommunikativer Grundlage zu regeln und einen regionalen und überregionalen Diskurs zwischen Entwicklungsgruppen und zugehörigen Einrichtungen zu initiieren.

In den beiden hier vorgelegten Bänden werden einige der in der Empfehlung angesprochenen theoretischen und praktischen Fragen aufgegriffen. Behandelt werden Fragen
- des Situations- und Sozialisationsbezuges vorschulischer Curriculumentwicklung;
- des Verhältnisses vorschulischer Programme zur Struktur der Wissenschaftsdisziplinen;
- der didaktischen Umsetzung pädagogischer Zielvorstellungen, insbesondere der Konstruktion didaktischer Einheiten;
- der Professionalisierung von Erziehern und Wissenschaftlern, die sich an Curriculumentwicklung beteiligen;
- der Mitwirkung von Eltern bei der Curriculumentwicklung und im Curriculum;
- der Evaluation vorschulischer Curricula, die für Kindergärten in unterschiedlichen sozial-ökologischen Umwelten geeignet sein sollen.

Den Abschluß bildet eine Bestandsaufnahme von vorschulischen Modellversuchen in der Bundesrepublik.

Zwar stehen die Aufsätze beider Bände indirekt in vielfältiger Beziehung zur Empfehlung des Bildungsrates und können komplementär zu ihr gelesen werden; sie sind aber gewiß nicht als offiziöse Ergänzungen, Modifikationen oder Weiterentwicklungen der Empfehlung zu verstehen. Einige der Autoren waren zwischen 1970 und 1973 als Mitglieder oder Sachverständige der Projektgruppe »Elementarbereich« der Bildungskommission des Deutschen Bildungsrates an der Vorbereitung der Empfehlung beteiligt. Andere stehen als Pädagogen und Wissenschaftler in einer Praxis vorschulischer Curriculumentwicklung (so die Mitglieder der Arbeitsgruppe Vorschulerziehung des Deutschen Jugendinstitutes), deren Bezugsrahmen in einigen wesentlichen Punkten mit jenem der Empfehlung korrespondiert. Die Autoren wollen Anregungen zu einer möglichen vorschulischen Curriculumentwicklung geben, sie wollen sie weder einschränken noch ihre Festschreibung versuchen. Angesichts der vielen offenen und notwendig kontrovers behandelten Fragen ist zu hoffen, daß der vom Bildungsrat vorgeschlagene Diskurs zustande kommt und gegenwärtige wie künftige Entwicklungsarbeiten aus einer regionalen Vereinzelung herausführen kann.

J. Z.

Bausteine vorschulischer Curriculumentwicklung

Bezugsrahmen

Jürgen Zimmer

Ein Bezugsrahmen vorschulischer Curriculumentwicklung

1. *Vorklärungen: Verschulung und Entschulung*

2. *Defizite vorschulischer Programme: Ausgangspunkte der Konzeptualisierung von Curriculumentwicklung*

3. *Bezugsrahmen vorschulischer Curriculumentwicklung*
3.1 Soziales Lernen: Rückbezug instrumentellen Lernens auf soziale Kontexte
3.2 Der Bezug zu Lebenssituationen von Kindern
3.3 Der Bezug zu Sozialisationsbedingungen
3.4 Zur Bestimmung von Qualifikationen
3.5 Didaktische Einheiten als Elemente des Curriculum
3.6 Mitwirkung von Eltern

4. *Professionalisierung von Erziehern und Wissenschaftlern*

5. *Verfahren*

Der hier unternommene Versuch, einen möglichen Bezugsrahmen vorschulischer Curriculumentwicklung zu skizzieren, erhebt nicht den Anspruch, dies in einer geschlossenen und abgesicherten Form zu tun. Es sind Werkstattüberlegungen anläßlich pragmatischer Curriculumentwicklung: Sie sind einerseits Vorarbeiten verpflichtet, die von der Curriculum-Gruppe des Max-Planck-Instituts für Bildungsforschung in Berlin unternommen wurden[1]. Sie beziehen sich zum zweiten auf Konzepte, wie sie innerhalb der

Projektgruppe »Elementarbereich« der Bildungskommission des Deutschen Bildungsrates entworfen worden sind[2]. Sie stützen sich zum dritten auf Erfahrungen, die im Rahmen eines Projektes der Arbeitsgruppe Vorschulerziehung des Deutschen Jugendinstituts gewonnen wurden – dort wird zusammen mit Erzieherinnen an Modellkindergärten in Rheinland-Pfalz und Hessen ein Curriculum entwickelt[3]. Die herangezogenen Beispiele stammen vor allem aus dieser Entwicklungsarbeit.

[1] Aufgabenstellungen und ihr theoretischer Bezugsrahmen sind dargestellt u. a. bei Robinsohn, S. B., Bildungsreform als Revision des Curriculum und Ein Strukturkonzept für Curriculumentwicklung. Neuwied/Berlin 31971; Knab, D., Curriculumforschung und Lehrplanreform. In: Neue Sammlung, 9 (1969), H. 9, S. 169 bis 185.
Unmittelbar mit konstitutiv für die folgenden Überlegungen ist eine Studie, in der versucht wird, durch die Analyse eines ausgewählten Bereichs von Lebenssituationen zur Bestimmung von Zielen des Curriculum zu gelangen; die Studie gilt der Legitimierung mathematikbezogener Qualifikationen am Beispiel eines Bereichs der Wirtschaft: Damerow, P., Elwitz, U., Keitel, C., und Zimmer, J., Qualifikationen gegen den Sachzwang. Ein situationsanalytischer Versuch zur Bestimmung praxisorientierter Ziele für den Mathematikunterricht. Stuttgart 1974 (Arbeitstitel, in Vorbereitung). Teile des dort entwickelten Bezugsrahmens sind identisch mit dem hier für den vorschulischen Bereich dargestellten. Eine Reihe der im folgenden angedeuteten theoretischen Fragestellungen sind dort weiter ausgeführt.
[2] Deutscher Bildungsrat. Empfehlungen der Bildungskommission, Zur Einrichtung eines Modellprogramms für Curriculum-Entwicklung im Elementarbereich. Bonn 1973.
Der Verfasser verdankt Anregungen vor allem der gemeinsamen Arbeit mit Alex Baumgartner, Jens Hoffmann und Wolfgang Schulz.
[3] Erste, für die Praxis gedachte Ergebnisse dieser Arbeit sind beschrieben in Arbeitsgruppe Vorschulerziehung, Anregungen I: Zur pädagogischen Arbeit im Kindergarten. München 1973 (Reihe Deutsches Jugendinstitut – aktuell); Arbeitsgruppe Vorschulerziehung, Anregungen II: Zur Ausstattung des Kindergartens. München 1973 (Reihe Deutsches Jugendinstitut – aktuell); vgl. auch Arbeitsgruppe Vorschulerziehung des Deutschen Jugendinstituts München, Ein vorschulisches Curriculum für Soziales Lernen. Beispiel seiner Entwicklung. In: Wissenschaft und Praxis in Kirche und Gesellschaft, 61 (1972), H. 4, S. 200–208.

1. Vorklärungen: Verschulung und Entschulung

Begreift man die Schule als eine in der Alten Welt entwickelte Einrichtung, in der sich ritualisierte Lernprozesse in relativer Abgehobenheit von der gesellschaftlichen Praxis und der Lebenswirklichkeit von Schülern und Eltern vollziehen, so ist diese Einrichtung während der vergangenen Jahrzehnte in den industrialisierten Ländern ernsthaft kaum in Frage gestellt worden.

Auch das in sozialpädagogischer Tradition stehende Argument gegen die Verschulung frühkindlicher Erziehung, mit dem sich in der Bundesrepublik Vertreter des Kindergartens gegen die Einrichtung von Vorklassen zur Wehr setzen, ist keines, das sich gegen die Schule insgesamt richtet. Es beansprucht lediglich aufschiebende Funktion. Es will bewirken, daß fünfjährige Kinder im Kindergarten bleiben können und erst danach der Schule ausgesetzt werden. Zwar wird die Schule als ein Ort strikten und intellektualisierenden Lernens und damit als etwas Monströses gesehen; zugleich erscheint sie jedoch als etwas Unabweisbares und kaum zu Veränderndes.

In Absetzung von der Schule wird der Kindergarten als ein Ort des Spiels und der affektiv-sozialen Entwicklung der Kinder gekennzeichnet. Tut man dies, bleibt als gelegentlicher Rest des Streites um Kindergarten und Vorklassenerziehung die Auseinandersetzung um hier mehr Spiel und soziales Verhalten und dort mehr Lernen und Intellekt.

Unberührt davon bleiben dann Kindergarten und Schule als Institution, beschränkt sich doch der Streit auf Grenzregelungen zwischen beiden Einrichtungen. Und selbst wenn man unterstellte, daß die pädagogischen Angebote in Kindergarten und Schule reformiert würden – etwa durch die stärkere Wissenschaftsorientiertheit des Lernens oder durch stärkere Berücksichtigung lern- und entwicklungspsychologischer Theoreme – würden beide ihre wesentlichen Merkmale als Institutionen behalten.

Wenn aber – so Siegfried Bernfeld – die »Schule – als Institution – erzieht« und zugleich den »falschen Ort«[4] pädagogischen Bemühens dar-

---

4 Bernfeld, S., Sisyphos oder die Grenzen der Erziehung. Frankfurt 1967, S. 28 f.: »Die Schule – als Institution – erzieht. Sie ist zum wenigsten *einer* der Erzieher der Generation; einer jener Erzieher, die – zum Hohne allen Lehren der großen und kleinen Erzieher, zum Hohne allen Lehr- und Erziehungsprogrammen, allen Tagungen, Erlässen, Predigten – aus jeder Generation eben das machen, was sie heute ist, immer wieder ist, und gerade nach jenen Forderungen und Versprechungen ganz und gar nicht sein dürfte.« – »Und das ist die Lächerlichkeit der didaktischen Situation. Da denkt, schreibt, experimentiert, agitiert sie redlich und fleißig – und sieht nicht, daß ihr Tun unnütz ist, weil es am falschen Ort geschieht. Zugleich aber – und das ist das Verwerfliche – erhält sie das Bestehende, indem sie, selbst abgelenkt und abseitig tätig, aller Aufmerksamkeit vom Feinde ablenkt. Aller Arbeitskraft nutzlos vergeudet. Nein, nicht erfolglos. Dient es doch dem gesicherten Bestand des Bestehenden.«

stellt, ist der Kindergarten – als Institution – dann der richtige? Man mag fragen, was dieser Zweifel mit vorschulischer Curriculumentwicklung zu tun habe.

Doch wohl soviel: Wenn man – wie dies zunehmend formuliert wird – die Schule als einen gettoähnlichen Ort ansieht – in dem wenig Gelegenheit besteht, im Alltag des *eigenen* Lebens verdinglichtes Alltagsbewußtsein aufzubrechen, die *eigene* Lebenswirklichkeit als paradigmatische zu begreifen und aufzuklären, wenn gesagt wird, daß zwischen Schule und gesellschaftlicher Praxis ein gebrochenes Verhältnis bestehe, dann kann der Kindergarten in seiner Organisation und mit seinen Angeboten nicht ausgenommen werden von dieser Kritik: Nicht nur – wenn man diese Unterscheidung überhaupt treffen will – Lernen, sondern auch Spielen kann abgehoben von der Lebenswirklichkeit der Kinder veranstaltet werden. Nicht nur der Lehrer, sondern auch die Erzieherin verfährt in der Regel innerhalb eines Arrangements, bei dem Kompetenzen in einer Richtung, nämlich vom Unterweisenden zum Zögling hin übermittelt werden. Nicht nur die Eltern der Schule, sondern auch die des Kindergartens bleiben Zaungäste pädagogischer Vorgänge. Nicht nur die Schule, sondern auch der Kindergarten errichtet Barrieren zwischen sich und seiner Umgebung. Beiden Einrichtungen gemeinsam schließlich ist das Stigma andauernder personeller und finanzieller Benachteiligung.

Es soll deshalb der Kritik, wie sie an der Einrichtung Schule und ihrem Curriculum in der internationalen Diskussion um die Entschulung geübt wird, nachgegangen werden, um von hierher einige Defizite vorschulischer Programme in der Bundesrepublik benennen und Anhaltspunkte einer unter gegenwärtigen Bedingungen möglichen vorschulischen Curriculumentwicklung gewinnen zu können.

Die Entschulungsdebatte hat in der Bundesrepublik bisher kaum Folgen gezeigt[5]. Seit etwa 1965, nach jenen »two decades of non-reform«[6] haben

---

[5] Als wichtige Positionen innerhalb dieser Diskussion seien hier genannt: Illich, I., Entschulung der Gesellschaft. München ²1972; Reimer, E., Schafft die Schule ab! Befreiung aus der Lernmaschine. Reinbek 1972; Gintis, H., Toward a Political Economy of Education: A Radical Critique of Ivan Illich's Deschooling Society. In: Harvard Educational Review, 42 (1972), H. 1, S. 70–96; Lister, I., The Concept of De-Schooling and the Future of Secondary Education. Amsterdam 1971 (European Cultural Foundation, Typoskript); Dennison, G., Lernen und Freiheit. Aus der Praxis der First Street School. Frankfurt 1971; Repo, S. (Hrsg.), This Book is about Schools. New York 1971; Scuola di Barbiana, Die Schülerschule. Brief an eine Lehrerin. Berlin 1970; Freire, P., Pädagogik der Unterdrückten. Stuttgart ²1972; Freire, P., Cultural Action for Freedom. Harmonsworth 1972; Tassinari, G., u. a., The Dosposcuola and Quatiere Movement. Amsterdam 1971 (European Cultural Foundation, Typoskript); Nyerere, J., Uhuru Na Ujamaa. Dar-es-Salaam 1968; Hentig, H. v., Cuernavaca oder: Alternativen zur Schule? Stuttgart/München 1971.

Reformversuche eingesetzt, die auf eine Rekonstruktion der Schule gerichtet blieben. Die Kritik, die Berfeld 1925 an der als Institution erziehenden und die Generation zurichtenden Schule übte, blieb unverarbeitet. Die Versuche der Reformpädagogik und der ›progressive education‹ in den zwanziger Jahren, Schule und ›praktisches Leben‹ in Einklang zu bringen, blieben in Vergessenheit. Unter dem Begriff ›Curriculum‹ versammelten sich Unterrichtseinheiten, Rahmenpläne, Fachdidaktiken, Medien, Methoden und Materialien, es blieb die »Lächerlichkeit der didaktischen Situation«[7].

Nun könne das restringierte Bewußtsein der Didaktik, so meint Huisken, der sich hier auf Bernfeld bezieht, erst dann aufgehoben werden, »wenn sie ihre Beschränkung auf den scheinbar überschaubaren und kontrollierbaren Unterricht aufgibt und sowohl die Wechselbeziehungen zwischen geplanten Unterrichtsprozessen und Erziehungsfunktionen der schulischen Institution als auch deren Verhältnis zu der sozio-ökonomischen Struktur der Gesellschaft reflektiert«[8]. Aber dieser Vorschlag (vor allem in seinem zweiten Teil) führt weniger zu einer Kritik der Schule als Institution als vielmehr zu ihrer unbestreitbar notwendigen Einschätzung und Interpretation im Rahmen gesellschaftlicher Prozesse. Zwischen der Absicht einer Rekonstruktion der Schule und der Möglichkeit einer Untersuchung ihres Verhältnisses zur politischen Organisation dieser Gesellschaft verweist eine Bemerkung Bernfelds auf einen dritten Weg, der seinen Ausgang von der Beobachtung nehmen könnte, daß »die Schule des Kindes Leben und Lernen trennt« und mit ihren »krausen Bedingungen« ein »lebensfremdes Experiment« sei[9]. Zu fragen ist dann, ob die Kritik an der Schule nicht eine Untersuchung des Verhältnisses zwischen ihren institutionellen Bedingungen und inhaltlichen Angeboten sowie der Lebenswirklichkeit der davon betroffenen Kinder und Erwachsenen einbeziehen müßte. Wendet man diese Frage konstruktiv, so ergeht als Aufgabe an die Curriculumentwicklung, in jener Reflexion »der sozio-ökonomischen Struktur der Gesellschaft« ihre Ziele und Inhalte vor dieser konkreten Lebenswirklichkeit auszuweisen, besser noch: *in* ihr zu bestimmen und zu vermitteln.

Im folgenden soll auf drei miteinander korrespondierende Ansätze der theoretischen und praktischen Kritik der Institution Schule verwiesen werden. Ihre Wirksamkeit erlangen diese Ansätze gegenwärtig auch in

---

Vgl. auch den Niederschlag dieser Diskussion in der von der UNESCO herausgegebenen Empfehlung: Faure, E., u. a., Learning to be. Paris 1972.

6 So im Titel eines Aufsatzes von S. B. Robinsohn und C. Kuhlmann in Comparative Education Review, 1967.

7 Bernfeld, a. a. O.

8 Huisken, F., Zur Kritik bürgerlicher Didaktik und Bildungsökonomie. München 1972, S. 22.

9 Bernfeld, a. a. O., S. 29.

Ländern der Dritten Welt, in der Alternativen zum Import der Institution Schule zunehmend nicht nur formuliert, sondern auch praktiziert werden. Sie zielen auf die Entschulung der Schule: einmal durch die Verlagerung des Lernens und der Erfahrungsgewinnung auf *unterschiedliche Lernorte*; zum zweiten durch die *Bestimmung von Lerninhalten in bezug auf die Lebenswirklichkeit lernender Gruppen*; zum dritten durch die Arbeit sachverständiger *Laienpädagogen*, die zugleich in der Funktion von Lehrenden und Lernenden in Erscheinung treten und teilweise die Rolle des in akademischer Distanz ausgebildeten Lehrers ablösen.

Wenn Illich meint, man müsse den »freien Zugang zu Dingen schaffen, indem man die Kontrolle beseitigt, die Personen und Institutionen heute über deren Bildungswert ausüben«, so zielt diese Forderung gleichermaßen auf die Entfesselung der Schule wie auf die Erschließung übriger sozialer Institutionen als gesellschaftliche Lernfelder[10]. Die Forderung nach unbehindertem Zugang zu möglichen Lernorten, nach der Erschließung gesellschaftlicher Praxis zu Zwecken der Erfahrungsgewinnung Heranwachsender, läßt sich – in die Sprache möglicher Curriculumentwicklung übersetzt – eingrenzen auf die Frage, ob über ein Curriculum die Schule ihres Monopolcharakters auf Bildung ein Stück weit entkleidet werden kann, indem sie als ein Verbund unterschiedlicher Lernorte definiert wird, indem also Schule auch außerhalb der Schule angesiedelt und damit zugleich entschult, das heißt tendenziell in gesellschaftliche Handlungsfelder überführt wird.

In einem weitgehend theoriefeindlichen und theorielosen Protest gegen die technologische und szientistische Überformung des Lernens durch ›teacher-proof‹-Curricula ist innerhalb der ›Free-School‹-Bewegung versucht worden, als Lernorte auch solche in der unmittelbaren Umgebung der Schule zu wählen. Von einer systematischen Erschließung dieser Lernorte, von einer diskursiven Beteiligung der dort handelnden Menschen kann dabei jedoch keine Rede sein. Die ›Free Schools‹ halten – als Einrichtungen bürgerlicher Subkultur – bis auf wenige Ausnahmen Distanz zu gesellschaftlichen Handlungsfeldern. Konsequenter auf den Einbezug der Umgebung hin entwickelt ist das ›Parkway Program‹ in Philadelphia, das sich als ›school without walls‹ versteht und die Stadt zum Curriculum erklärt[11]. Die Schüler sind in – von Lehrern betreuten und sich über die Stadt verteilenden – ›tutorial groups‹ organisiert, die an Einrichtungen der Stadt partizipieren. Die üblichen Teile des Lehrplans werden in Kursen »durch Lehrer, Studenten, Hochschulabsolventen, Eltern, Geschäftsleute, Institutionen, städtische Beamte« übermittelt. Damit, durch den Verbund von Schule

---

10 Illich, a. a. O., S. 142.
11 Bremer, J., The School without Walls. New York 1971.

und Stadt, wird – so heißt es – bei Schülern und Lehrern »ein Bewußtsein vom Funktionieren der Stadt, der Gesellschaft geschaffen«[12].

Wird aber – nimmt man diese Aussage beim Wort – tatsächlich *Bewußtsein* geschaffen, oder kann es nicht zugunsten der Übermittlung eines von Institutionen repräsentierten Alltagsbewußtseins gerade verschüttet werden? Sind auch nur Spuren dessen beabsichtigt und mit einer Methode der widerstandslosen Öffnung der Schule gegenüber kommunalen Instanzen erreichbar, was Freire mit dem Begriff der »conscientização« bezeichnet, mit jenem sich in der Dialektik von Reflexion und Aktion vollziehenden Lernvorgang, den er als notwendig ansieht, »um soziale, politische und wirtschaftliche Widersprüche zu begreifen und um Maßnahmen gegen die unterdrückerischen Verhältnisse der Wirklichkeit zu ergreifen«[13]? Nichts könnte ja näher liegen, als die Akklamation von Büro- und Betriebsleitungen angesichts volontierender Schüler, die sich so in bruchloser Weise auf Verwendungssituationen vorbereiten lassen.

Auf der einen Seite bleibt die Forderung, Schule aus ihrer Isolation herauszuholen und sie gesellschaftlichen Handlungsfeldern näher zu bringen. Auf der anderen Seite gilt es jener Variante zu wehren, die das ›learning by doing‹ als eine naive Auslieferung von Schülern an die Vorstellungen und Erwartungen der in Institutionen maßgebenden Gruppen, also der Abnehmer, deutet: Formen jener ›lebensnahen‹ angewandten Mathematik und Arbeitslehre sind ja auch innerhalb der deutschen Didaktik geläufig. Es ist eben nicht so, daß Lehr- und Erklärungsvorstellungen von ›Experten‹ aus Institutionen korrespondieren müssen mit den Lebensumständen und -problemen der Mehrzahl der in oder von diesen Institutionen betroffenen Menschen. (Wer je als Schüler eine von Schule und Betriebsleitung veranstaltete Betriebsbesichtigung miterlebt hat, weiß, daß dabei kaum mehr als technologische Oberflächenerscheinungen vorgeführt und gesehen werden.)

Wenn es aber nicht hinreicht, die Schule und auch den Kindergarten irgendwie – und das heißt hier: willkürlich und kritiklos – sozialen Einrichtungen auszuliefern, was muß geschehen, um Handlungsfelder im Sinne der Freireschen Bewußtwerdung zu erschließen? Es müssen doch wohl Handlungsfelder sein, in denen Gruppen von Kindern und Erwachsenen vor Notwendigkeiten der Verarbeitung und Bewältigung ihrer *eigenen* lebensgeschichtlichen Wirklichkeit stehen, in denen sie ein elementares Interesse am Lernen und Erfahren entwickeln oder entwickeln können.

Die Einrichtung in diesem Sinne entschulter Schulen hat Nyerere in Tan-

---

12 Institut für Bauplanung Stuttgart, Das Parkway Program in Philadelphia. In: Bauwelt, 64 (1973), H. 16, S. 694.
13 Freire, Pädagogik der Unterdrückten, a. a. O., S. 29.

sania vorgeschlagen und unterstützt[14]. Sein Konzept geht mit Freire davon aus, daß kein pädagogischer Ansatz Emanzipation einleiten kann, der nicht die Sinndeutungen der Lernenden hinsichtlich ihrer Lebenswelt und damit ihr Weltverständnis als zunächst verbindlichen Ausgangspunkt nimmt: Die traditionellen Dorfgemeinschaften werden als Lerngemeinschaften akzeptiert und unterstützt durch die Einrichtung von Schulfarmen, die von Schülern, Dorfbewohnern und Lehrern in gemeinsamer Arbeit geschaffen und unterhalten werden. Und dies versteht sich konkret: Jeder Schule wird als integraler Bestandteil eine Farm oder eine Werkstatt anempfohlen, »die für die Nahrung der Gemeinschaft sorgen und zu dem gesamten nationalen Einkommen einen kleinen Beitrag leisten« soll[15]. Schüler und Lehrer sind zugleich Farmer, sie roden den Busch, entscheiden, ob verdientes Geld für die Beschaffung eines Traktors oder zur Bodenbearbeitung verwendet wird, sie füllen Anträge und Formulare selbst aus, bereiten sich ihre Mahlzeiten selbst zu, spülen ab und reinigen die Räume. Sie beteiligen sich an den Entscheidungen des Dorfes und an den Arbeiten der Familien. Das Verständnis von Schule und produktiver Arbeit als etwas Getrenntem ist aufgegeben. Aber damit ist nicht die plane Vorbereitung auf berufliche Selbsterhaltung gemeint, geknüpft ist an dieses Konzept einer auf ›self-reliance‹ gerichteten Erziehung die Absicht, in der Verbindung von Theorie und Praxis des Lernens aus der mythifizierten Welt aufzutauchen und sich zugleich gegen neue zivilisatorische Mythen zu wehren. Eben diese Chance des tansanischen Erziehungswesens, die Entmythologisierung des präkolonialen Afrika zu verbinden mit der Abwehr eines kolonialistischen Erziehungssystems und seiner Werte, verweist auf eine der historischen Unmöglichkeiten von direkten Übertragungsversuchen in die deutsche Schul- und Vorschulwirklichkeit.

Die Fragen, die sich aber hier anschließen lassen, und die auf Versuche der Entschulung von Schule und verschultem Kindergarten durch die Entschulung ihrer Inhalte überleiten, sind die folgenden: Kann man durch die Organisation des Curriculum wenigstens einige der »kritischen und schöpferischen Fähigkeiten der Menschen wieder freilegen, indem man einzelnen wieder die Möglichkeit gibt, Zusammenkünfte einzuberufen und abzuhalten«[16]? Läßt sich ein Curriculum entwickeln, das etwas von der Szenerie bereitstellt, innerhalb derer solche Zusammenkünfte, solche Vorgänge des Lernens und Erfahrens zwischen Gruppen und Generationen stattfinden können? Welche Elemente müßte ein Curriculum enthalten (und wer

14 Nyerere, a. a. O.
15 Nyerere, J., Erziehung zum Vertrauen auf die eigene Kraft. In: Bundesministerium für wirtschaftliche Zusammenarbeit (Hrsg.), Schule und Dritte Welt Nr. 36, Bonn 1971, S. 19.
16 Illich, a. a. O., S. 142 f.

müßte sie entwickeln), damit Kinder und Eltern (und auch andere Erwachsenen außerhalb des gewohnten Schul- und Kindergartenareals) zu Mitwirkenden und Mitlernenden werden können und wollen?

Eine wohl wichtige Voraussetzung dafür ist, daß eben diese Gruppen an der Entwicklung des Curriculum beteiligt werden: Erst wenn die Entwicklung von Elementen möglich wird, die sie selbst betreffen und von ihnen selbst als begreifenswert verstanden werden, bestehen Anlässe dieser Beteiligung. Nun kann die Identifizierung solcher Elemente zureichend nicht mit den Mitteln empirischer Sozialforschung geleistet werden – mit anderen Worten: Eine einfache Befragung von Adressaten eines zu entwickelnden Curriculum nach für sie bedeutungsvollen Inhalten würde Gefahr laufen, verdinglichtes Bewußtsein (»Es ist wichtig, daß man in der Schule mehr Mathematik lernen soll, man braucht sie fürs spätere Leben.«) zu Tage zu fördern, dies auch, weil Verdinglichung schon die Fragen recherchierender Wissenschaftler kennzeichnen kann.

Das Aufbrechen von Verdinglichung setzt diskursive Verfahren und damit im günstigen Fall die Einheit von Forschung und Handlung bei den das Curriculum Konstruierenden und damit zugleich Praktizierenden voraus. Freire, der diesen Vorgang als »Dialog« bezeichnet, hat mit seiner Methode Bedingungen angegeben, die gewährleisten könnten, daß dieser Dialog nicht zu einem Kommuniqué verkümmert, bei dem »eine Person Ideen in eine andere Person einlagert«[17]. Zu diesen Bedingungen gehört, daß Freires Forscher, die ein Programm entwickeln wollen, sich gemeinsam mit den Menschen, denen dieses Programm gilt und die es tragen sollen, in darauf bezogene Reflexions- und Handlungsvollzüge begeben. Dies geschieht vor Ort; Ausgangspunkt ist »die gegenwärtige existentielle und konkrete Situation«, im Dialog über sie (und das heißt auch: in der ihr entstammenden Begrifflichkeit) vollzieht sich Programmentwicklung[18].

Mit der Entschulung der Inhalte dadurch, daß die Lebenswirklichkeit Lernender zum Bezugspunkt der Entwicklung genommen wird, könnten einige der Anlässe wegfallen, die Schüler zu Akten der Verweigerung gegenüber einem sich zu ihnen beziehungslos verhaltenden Lehrplan bringen: Die Absicht jedoch, dem ›hidden curriculum‹ einen Teil seiner Daseinsnotwendigkeit zu nehmen, muß, wenn sie ernsthaft verfolgt werden soll, mit dem Versuch einhergehen, der »Bankiers-Manier« entgegenzuwirken, jener klassischen Form des Lehrer-Schüler-Verhältnisses, innerhalb dessen der Lehrer – Bankgeschäften entsprechend – zum Anleger und der Schüler zum Anlageobjekt wird, dem nur mehr verbleibt, »die Einlagen entgegenzunehmen, zu ordnen und aufzustapeln«[19]. Dies kann nicht geschehen, indem ein Leh-

17 Freire, a. a. O., S. 95.
18 Freire, a. a. O., S. 104.
19 Freire, a. a. O., S. 74.

rer seine Gegenstände in weniger direktiver Form übermittelt, vielmehr dadurch, daß aus beiden – Lehrern und Schülern – zugleich Forschende und Handelnde, Lernende und Lehrende werden. Die Überlegungen Deweys und Kilpatricks zur Projektmethode meinen ebenso dieses Ziel wie die Aufforderung Illichs, man möge sich als Lernwilliger doch nicht durch die Bildungsangebote etablierter Berufsstände und ihrer offiziellen Vertreter einfangen lassen, »sondern auf die Erfahrungen von seinesgleichen zurückgreifen«[20].

Ist es – um dies wieder in die Sprache möglicher Curriculumentwicklung zu übersetzen – denkbar, daß lernwillige Gruppen, seien es Heranwachsende oder Erwachsene, sich dem inhaltlichen Diktat und den Verfahrensvorschriften von Lehrplanexperten nicht unterwerfen, sondern unter der Assistenz und Mitwirkung von Erziehern und Lehrern Erfahrungs- und Lernprozesse selbst organisieren, die Begrenztheit wissenschaftlicher Aufklärung innerhalb solcher Prozesse einschätzen lernen und Sprachlosigkeiten Beteiligter diskursiv überwinden? Wer kann dabei helfen? Gibt es Sachverständige unter den Eltern, die in der Funktion von Laienpädagogen die Distanz akademisch ausgebildeter Lehrer (oder in der Abgeschlossenheit der Fachschulen ausgebildeter Erzieher) zu Teilen gesellschaftlicher Handlungsfelder überwinden helfen?

Nicht der Dequalifizierung von Lehrern und Erziehern soll hier das Wort geredet werden (die drückt sich aus in ›teacher-proof‹-Curricula, die das Bankiers-Konzept auch noch auf das Verhältnis zwischen vorgefertigtem Curriculum und ausführendem Lehrer oder Erzieher erweitern), sondern ihrer Professionalisierung im Hinblick auf die didaktische Erfassung und Verarbeitung konkreter Lebenswelten. Nicht der Schmälerung ihrer impulsgebenden Rolle soll hier zugestimmt werden, sondern ihrer Unterstützung durch die Aktivierung des Sachverstandes bei Kindern, Schülern oder Eltern.

Die genannten Beispiele theoretischer und praktischer Kritik an der Institution Schule sind als das zu verstehen, als was sie gemeint sind: als mit ihm in Korrespondenz stehende Hinweise und nicht als konstitutive Merkmale eines Bezugsrahmens vorschulischer Curriculumentwicklung. Die Bedingungen individueller und gesellschaftlicher Reproduktion (und der Berücksichtigung von Reproduktionsnotwendigkeiten im Curriculum) in Chile oder Tansania sind nicht diejenigen der Bundesrepublik. Die Schule und der Kindergarten sind fortdauernde Einrichtungen der Alten Welt, und das heißt, daß sie weder schon durch gedankliche Negation noch durch Curriculumentwicklung aus ihrer Fesselung gelöst werden können. Vorschulische

---

20 Illich, a. a. O., S. 143. – Dewey, J., und Kilpatrick, W. H., Der Projektplan. Grundlegung und Praxis. Weimar 1935.

Curriculumentwicklung, die wenigstens in Ansätzen die Distanz von Bildungseinrichtungen zum gesellschaftlichen Umfeld verringern und zugleich Fallstricken affirmativer Auslieferung der Kinder an heteronome Verwendungen ihrer Fähigkeiten aus dem Weg gehen will, ist Kleinarbeit und Stückwerk. Die Selbstverständlichkeit, mit der in einigen Ländern der Dritten Welt die Trennung von schulischer und außerschulischer Bildung aufgehoben wird (weil sie trotz kolonialer Macht nie recht Platz greifen konnte), ist in etwa das Gegenteil zu dem, was sich in der Bundesrepublik gegenwärtig unter dem Stichwort der »Bildungsplanung ohne sozialpädagogische Perspektiven«[21] darstellt.

2. Defizite vorschulischer Programme: Ausgangspunkte der Konzeptualisierung von Curriculumentwicklung

Der Darstellung eines Bezugrahmens vorschulischer Curriculumentwicklung soll eine kurze Kennzeichnung einiger gegenwärtiger Mängel vorschulischer Programme vorausgeschickt werden: Die Bezeichnung solcher Defizite kann Hinweise darauf geben, wo eine Entwicklungsarbeit ihrem Schwerpunkt nach ansetzen sollte.

Eine von der Arbeitsgruppe Vorschulerziehung des Deutschen Jugendinstituts durchgeführte Bestandsaufnahme und Analyse von Modellen vorschulischer Curriculumentwicklung zeigt, daß unterhalb der Ebene eines relativen Konsens über die generellen Ziele vorschulischer Erziehung erhebliche Differenzen und Unsicherheiten hinsichtlich der konkreten Ziele, Inhalte und Vermittlungsformen entsprechender Curricula bestehen. Die Skala vorliegender Angebote reicht von starr organisierten Trainingsprogrammen über ad hoc formulierte Rahmenpläne (deren inhaltliches Gewicht in keinem Verhältnis zu anschließenden extensiven Evaluationsversuchen steht) bis hin zu Ansammlungen wenig miteinander verbundener Spielvorschläge[22]. Unzureichend erscheinen dabei insbesondere Ansätze, in denen

— in der Absicht kompensatorischer Erziehung die Standards schulischer Leistungen zum alleinigen Bezugspunkt vorschulischer Trainingsprogramme werden (wobei sowohl die Lebenswirklichkeit als auch die spezifischen Fähigkeiten von Kindern aus sozio-ökonomisch benachteiligten Gruppen weitgehend außeracht gelassen werden);
— die von der Entwicklungspsychologie vornehmlich für den kognitiven

---

21 Titel eines Aufsatzes von W. Hornstein in der Zeitschrift für Pädagogik, 1971.
22 Siehe dazu den Beitrag von I. Porttner und W. Liegle in Band 2.

Bereich beschriebenen Persönlichkeitsvariablen als Lernziele formuliert werden;
- in naiver Form Teile eines Grundschulkanons vorverlegt werden, der – unbestritten – selbst revisionsbedürftig ist (verbreitet innerhalb dieses Ansatzes ist etwa die Unterweisung in frühem Lesen, in Physik, Mathematik und Sachkunde); beziehungsweise in einer stärker wissenschaftspropädeutischen Absicht (dem Ansatz der ›structures of the disciplines‹ folgend) Grundbegriffe und -methoden aus Wissenschaftsdisziplinen Kindern im vorschulischen Alter vermittelt werden.

Eine ausführliche Kritik der angedeuteten Ansätze, von denen jeder wesentliche Kennzeichen verschulter vorschulischer Erziehung enthält, ist an dieser Stelle nicht zu leisten. Da eine Diskussion um kompensatorische Erziehung bereits ausführlicher geführt wurde, soll lediglich für die beiden letztgenannten Beispiele – den psychologisch-funktionalistischen Ansatz und den disziplinorientierten Ansatz – kursorisch angedeutet werden, worauf sich eine Kritik an ihnen beziehen kann[23].

In kommerzialisierter Form, in der Form von Intellegenztrainingsspielen, beherrscht der *psychologisch-funktionalistische Ansatz* das Angebot vorschuldidaktischer Materialien. Soweit er zur Grundlage von Modellprogrammen gehört, berufen sich seine Vertreter vielfach darauf, daß es insgesamt evident sei, welche Fähigkeiten Kinder in diesem Alter erwerben müßten: Es gelte, die gleichsam universalistische Grundausstattung des Menschen in ihren kognitiven, affektiven und motivationalen Gehalten zu fördern.

Vertritt man diese Position, so erscheint es in der Tat angemessen, auf empirisch gewonnenen Aussagen zu Persönlichkeitsvariablen aufzubauen, entsprechende Faktoren zu identifizieren, ihre individuelle und schichtspezifische Genese zu untersuchen und auf dieser Grundlage Lern- und Erfahrungsprozesse zu induzieren.

Damit, so scheint es, reduziert sich eine der innerhalb gegenwärtiger Curriculumforschung gestellten Fragen in ihrer Bedeutung, die Frage nämlich nach dem Überdauern und dem Geltungsbereich formulierter Qualifikationen. Diese Frage wird gestellt insbesondere angesichts von Prozessen gesamtgesellschaftlicher Entwicklung, innerhalb derer Situationen und ihre Merkmale sich verändern. Stattet man das Individuum vergleichsweise unabhängig von konkreten situativen Anforderungen mit jenen Grundfähig-

---

[23] Zur Diskussion um kompensatorische Erziehung vgl. für die BRD: Fatke, R., Psychohygienische Probleme der Förderung sozial benachteiligter Kinder. In: Zeitschrift für Pädagogik, 16 (1970), H. 1, S. 65–81; Hänsel, D., und Ortmann, H., Kompensatorische Erziehung und sozialer Aufstieg. In: Zeitschrift für Pädagogik, 17 (1971), H. 4, S. 431–452; Du Bois-Reymond, M., Zur Strategie kompensatorischer Erziehung am Beispiel der USA. Frankfurt 1971.

keiten aus, so scheint sich die Chance zu vergrößern, daß es sich angesichts der Veränderungen verhalten kann und Kompetenzen jeweils im aktuellen Anlaß zu erwerben versteht.

Ein vorschulisches Curriculum stellt sich dann dar als die Organisation des Funktionstrainings von Persönlichkeitseigenschaften an geeigneten Inhalten, Medien und Materialien – sei es im motivationalen Bereich als die Fähigkeit zum Aufschub von Bedürfnisbefriedigung oder als die Bereitschaft zu Leistungsverhalten, im kognitiven Bereich als die Fähigkeit zu logisch-mathematischem Denken.

Indes, anläßlich der Umformulierungen von Persönlichkeitseigenschaften zu Lernzielen stellen sich eine Reihe bisher wenig diskutierter Fragen: Zunächst erscheint zweifelhaft, ob und wie eine solche Umformulierung ursprünglich analytisch gemeinter Sozialisationsvariablen zu Lernzielen pädagogisch eingelöst werden soll, wenn sie in dieser Weise formal defeniert bleiben.

Der formale und abstrakte Charakter solcher Definitionen läßt sich am Beispiel von Intelligenzfaktoren verdeutlichen: Bedenkt man, daß die Definition der Struktur von Intelligenzfaktoren das Ergebnis eines faktorenanalytischen Prozesses ist und die Struktur abhängt von der jeweils ausgewählten und diesem Prozeß unterworfenen Gesamtheit von Items, in denen solche Faktoren enthalten, der Regel nach aber nicht rein enthalten sind, dann ist das Produkt der Faktorenanalyse, die Intelligenzstruktur mit ihren einzelnen Faktoren, ein Konstrukt: Intelligenzfaktoren erscheinen in realem Verhalten gebunden und vermischt im Kontext jeweiliger Problemsituationen. Ihre Definition ist abhängig von der Theoriebildung über Intelligenz, konkreter: von Art der Spiegelung von Problemlösungssituationen (auch: von Anforderungen des Arbeitsprozesses) in Testitems. So aber, wie Intelligenzfaktoren in wirklichen Lebenssituationen als isolierte kaum vorkommen (der Fall, daß ein mit einem Faktor hochgeladenes Item identisch ist mit einem tatsächlich vorkommenden Ausschnitt einer Problemlösungssituation, kann hier vernachlässigt werden), erscheint es bereits methodisch wenig plausibel, sie isoliert fördern zu wollen: Versuche, an testähnlichen Aufgaben ein Intelligenztraining vorzunehmen, sind unter dem Begriff des ›test coaching‹ hinreichend problematisiert worden.

Als ein unzureichender Versuch der Revision des psychologisch-funktionalistischen Ansatzes der Lernzielformulierung müßte das Bemühen angesehen werden, zu den so definierten Qualifikationen situative Inhalte bereitzustellen und damit Anwendungsfälle solcher Qualifikationen in sozialen Handlungszusammenhängen zu bestimmen. So könnte der Frage nach dem Geltungsbereich kognitiver Fähigkeiten nachgegangen werden durch den Versuch ihres Rückbezuges auf konkrete, durch soziales Handeln gekennzeichnete Situationsbereiche. Würde man jedoch solche kognitiven

Anforderungen im sozialen Kontext aufsuchen, die Theorie über einen solchen Situationsbereich als eine Theorie über das Vorkommen kognitiver Anforderungen in ihm formulieren, dann ließen sich solche Anforderungen im Situationsbereich aller Wahrscheinlichkeit nach identifizieren, da sie ja bereits als Kriterium der Analyse vorgegeben wären. Man würde vielleicht Hinweise darüber erhalten, in welchem Problemzusammenhang solche Anforderungen besonders in Erscheinung treten. Man würde allerdings kaum in Erfahrung bringen, ob sich nicht ganz andere, in herkömmlichen Kategorien einer Kognitionstheorie nicht faßbare Sachverhalte zentraler für die Formulierung von Qualifikationen erweisen.

Die entscheidende Problematik des psychologisch-funktionalistischen Ansatzes liegt jedoch nicht in seiner Gefahr einer ›self fullfilling prophecy‹, sondern in dem Abstraktionsprozeß, der der Bestimmung solcher Qualifikationen zugrunde liegt. Denn in der Definition von anzustrebenden Intelligenz- und anderen Persönlichkeitseigenschaften wird von der konkreten Realität, innerhalb derer Kinder und Erwachsene zu handeln haben, weitgehend abstrahiert: Das, was die subjektive Betroffenheit der handelnden Menschen bedingt, wird vernachlässigt zugunsten der funktionalen Bestimmung und der – sich etwa im Intelligenzquotienten ausdrückenden – Quantifizierung eines Verhaltensrepertoires. Der soziale Kontext des Handelns verfällt gleichsam einem Akt des Vergessens; die Eingeschränktheiten und Widersprüche des Handelns von Kindern wie von gesellschaftlichen Gruppen in unterschiedlichen Lebenswirklichkeiten bleiben ausgeklammert in einer unhistorischen und scheinbar interessenunabhängigen Fassung von Qualifikationen. Solche Qualifikationen erweisen sich – diese Vermutung liegt nahe – als wenig ambivalent gegenüber (heteronomen) Prozessen späterer Verwertung innerhalb von Arbeitsprozessen. Ihre in der Definition angelegte Abrufbarkeit macht sie handelbar und verweist auf ihre Affinität zu diesem Verwertungszusammenhang.

Der *disziplinorientierte Ansatz* hat seine Bedeutung vor allem hinsichtlich der Entwicklung von vorschulischen Programmen unter fachdidaktischen Aspekten gewonnen. Die am Anfang seiner neueren Entwicklung stehende Beschwörung Bruners, die besten Köpfe der Wissenschaften für die Aufgabe der Curriculumentwicklung zu gewinnen und die Lernziele von jenen bestimmen zu lassen, die einen hohen Grad der Einsicht in ihre Disziplin mitbringen, muß von der Annahme ausgehen, daß im Zuge der Verwissenschaftlichung ›des Lebens‹ wissenschaftliches Denken und Handeln Bedingung seiner Bewältigung sei[24].

24 Bruner, J. S., The Process of Education. Cambridge (Mass.) 1960. Vgl. zum folgenden auch Tütken, H., und Spreckelsen, K., Zielsetzung und Struktur des Curriculum. Frankfurt/Berlin/München 1970. Vgl. ferner den Beitrag von R. Auernheimer und B. Krösche in diesem Band.

Ein Bezugsrahmen vorschulischer Curriculumentwicklung

Das damit vertretene Konzept, von der Struktur der Disziplinen auszugehen, enthält als – vor allem im Hinblick auf die Entwicklung naturwissenschaftlicher Curricula im schulischen und vorschulischen Bereich formulierte – Thesen, daß einerseits in jeder Disziplin eine begrenzte Menge von Grundgedanken, prinzipiellen Einsichten, Begriffen (›concepts‹) und Verfahren (›processes‹) existent seien, die sich als ebenso einfach wie bedeutsam zur Strukturierung von Erfahrungen erwiesen; und daß zum anderen solche operativen Denkmittel für Wissenschaftler und Kinder in ähnlicher Weise geeignet seien, Erfahrungen zu erschließen und zu organisieren – den Erwerb entsprechender psychischer Dispositionen (wie ›scientific attitudes‹) gegenüber Sacherhalten vorausgesetzt. Das Bemühen, der Zuwachsrate sowie dem raschen Veralten des Wissens in den Wissenschaftsdisziplinen nicht hilflos gegenüber zu stehen, wird damit deutlich in dem Versuch der didaktischen Umsetzung von als wesentlich angesehenen wissenschaftlichen Einsichten und Prinzipien (so etwa durch Vermittlung physikalischer Strukturbegriffe wie ›Energie‹, ›Gleichgewicht‹, ›stationärer Zustand‹, ›Rückkoppelung‹), von wissenschaftlichen Verfahren (ausgedrückt in Lernzielen wie ›Raum-Zeit-Beziehungen gebrauchen‹, ›messen‹, ›klassifizieren‹, ›Schlüsse ziehen‹, ›operational definieren‹) und von wissenschaftlichen Einstellungen (wie ›Rationalität‹, ›Aufschieben des Urteils‹, ›Objektivität‹)[25].

Die zunächst noch einigermaßen plausibel erscheinende Auffassung, daß mit Hilfe wissenschaftlicher Begriffe, Verfahren und Einstellungen ein Instrumentarium zur Bewältigung von Lebenssituationen zur Verfügung gestellt würde, kann allerdings bald der Frage weichen, ob denn das Verhältnis von Wissenschaft und Lebenssituationen ein so befriedigendes und unmittelbares ist, wie es die Vertreter des Struktur-Ansatzes behaupten. Stellt man sich die messenden, klassifizierenden, Variablen kontrollierenden Schüler vor, so läßt sich einiges von ihrer Hilflosigkeit erahnen gegenüber

---

[25] Eine Reihe – hier nur andeutbarer – innerer Ungereimtheiten des Strukturansatzes lassen Zweifel aufkommen, ob er leistet, was er beansprucht will: die Überwindung der utilitaristischen und der ›common-sense‹-Begründungen von Lernzielen zugunsten ihrer rationalen Deduktion aus dem Wissenschaftsgefüge. Um eine Fortschreibung des ›common-sense‹-Verfahrens der Lernzielbegründung handelt es sich bereits, wenn Bruner die fähigsten Gelehrten der Disziplinen versammeln will. Da er im Ernst nicht annehmen kann, jede im Hochschulbereich vertretene Disziplin überhaupt und gar noch in gleichem Umfang im schulischen oder vorschulischen Curriculum zu repräsentieren, muß er eine (weitgehend unartikulierte) unterschiedliche Relevanz der Disziplinen unterstellen und sie – gewichtet – im Curriculum in entsprechende Relation zueinander bringen. Da er weiterhin nicht davon ausgehen kann, alle (schon nach Wissenschaftspositionen sehr unterschiedlich gelagerten und systematisierten) Begriffe und Prinzipien der als relevant erachteten Disziplinen im Curriculum zu vermitteln, muß er Wahlen treffen, die, von Disziplin-Vertretern veranstaltet, damit doch wohl den ›common sense‹ der jeweils anerkannten Lehre einbringen.

den vielfach ganz anders, nämlich unmittelbar und sinnlich erfahrenen Problemen, Schwierigkeiten und also Widersprüchen ihrer Lebenssituationen. Diese Hilflosigkeit wird sich auch durch die Vermittlung geistes- und gesellschaftswissenschaftlicher Begriffe und Methoden nur wenig mildern lassen: zureichend nicht dadurch, daß, so Bruner, der Sekundarschüler ein tieferes Verständnis des Begriffes des ›Bösen‹ durch die Lektüre von Melvilles »Moby Dick« gewinnt; wenig auch dadurch, daß er, später der betrieblichen Hierarchie unterworfen, über die Begriffe von ›Rolle‹ und ›Status‹ verfügen gelernt hat.

Die zentrale pädagogische Frage nach dem Beitrag, den jene wissenschaftlichen Begriffe, Verfahren und Einstellungen zur Bewältigung von Lebenssituationen leisten können, stellt sich verschärft (und wie eine Paraphrase der Frage nach des Kaisers neuen Kleidern), wenn man im Vorschulbereich die trivialisierten Formen dessen verfolgt, was Bruner ausdrücklich für machbar und wünschenswert erklärt: wie Kinder, dem Diktat disziplinimmanenter Entwicklungen und Moden unterworfen, unter dem Kriterium der Wissenschaftspropädeutik an ihren Lebensproblemen vorbeilernen müssen und etwa die Schwierigkeiten des Umgangs mit Häusern, Wohnungen und Wohnverhältnissen reduziert sehen auf den begrifflichen Umgang mit Fenstern und Türen als Mengen und Teilmengen.

Die Formulierung von Lernzielen in einer relativen und durch die disziplinären Perspektiven bestimmten Abstraktion von der Wirklichkeit, die scheinbare Neutralisierung von Interessen zugunsten ›objektiver‹ Einstellungen, der funktionale Charakter der Lernzieldefinitionen erinnert an das – zuvor diskutierte – Vorgehen bei der Lernzielbestimmung über Subjektvariablen; beide Ansätze können komplementär verstanden werden in dem Versuch der Vermittlung eines Ensembles von Qualifikationen, deren instrumenteller Charakter den mobilen Einsatz dort befördert, wo sich Bedarf und Verwertungsinteressen anmelden.

Das Problem eines möglichen Mißverhältnisses zwischen den jeweils herangezogenen wissenschaftlichen Aussagesystemen auf der einen und unmittelbaren Bedürfnissen, Interessenlagen und Autonomieansprüchen bestimmter Adressatengruppen auf der anderen Seite ist von Vertretern des disziplinorientierten Ansatzes weder zureichend identifiziert noch erörtert worden. Denn wie verhält es sich mit der Beziehung zwischen den leitenden, historischen Veränderungen je unterliegenden Erkenntnisinteressen, durch die eine wissenschaftliche Disziplin in ihrer Struktur sich konstituiert hat, auf der einen und der je im historisch-gesellschaftlichen und damit auch sozialstrukturellen Kontext sich definierenden Interessenlage gesellschaftlicher Gruppen auf der anderen Seite? Wie stellt sich weiter eine solche Beziehung dar, wenn es sich nicht um Erwachsene dieser Gruppen, sondern um Kinder handelt? Will man über ein Konstatieren hinaus Gründe für das

Mißverhältnis von ›Wissenschaft‹ und ›Leben‹ ermitteln, so wäre eine – hier nicht zu leistende – Kritik des disziplinorientierten Ansatzes erforderlich, die ihren Ausgang nicht von der didaktischen Umsetzung disziplinärer Erkenntnis nehmen dürfte, sondern als eine auch geschichtliche Befragung und Kritik jener Wissenschaften selbst formuliert werden müßte, auf die der Ansatz sich bezieht[26].

Auch innerhalb eines alternativen Konzeptes vorschulischer Curriculumentwicklung werden bei der Bestimmung von Qualifikationen Sozialisationsvariablen berücksichtigt und bei der Konstruktion von Curriculum-Elementen Erkenntnisse der Wissenschaftsdisziplinen verarbeitet werden müssen. Es wird aber noch zu zeigen sein, daß dann als Kriterium dieses Bezuges die Befähigung von Kindern zu autonomen und kompetenten Bewältigung gegenwärtiger und künftiger Lebenssituationen zur Anwendung kommen wird.

Mit den inhaltlichen Mängeln und Eingeschränktheiten vorschulischer Curriculumentwicklung korrespondieren organisatorische Mängel, auf die hier ebenfalls kurz hingewiesen werden soll: Zu *Diskursen zwischen Wissenschaft und pädagogischer Praxis* ist es in den vergangenen Jahren kaum gekommen. Der in Modellversuchen mehrfach praktizierte Versuch, vorschulische Programme ›von oben‹ her durchzusetzen und über administrative Instanzen zu vermitteln, der Versuch, den durch die Zusammenarbeit von Verwaltung und Wissenschaft aktualisierten Sachverstand zur alleinigen Grundlage der Entwicklung von curricularen Reformstrategien zu erklären und die pädagogische Praxis nur mehr zum Adressaten entsprechender Bemühungen zu machen, ist in nicht geringem Ausmaß gegenüber dieser Praxis wirkungslos geblieben und auch auf ihren Widerstand gestoßen. Dabei lassen sich artikulierte und unausgesprochene Formen der Verweigerung beobachten. Ausdrücklich kritisiert wurde von Kindergärtnerinnen das Mißverhältnis zwischen den auch von Bildungspolitikern neu an sie gestellten pädagogischen Anforderungen und einer fortbestehenden defizitären Ausbildung und geringen Bezahlung. Indirekter erscheint gegenwärtig etwa die partielle Verweigerung von Kindergärtnerinnen gegenüber verordneten und von Kommissionen ad hoc formulierten Rahmenplänen – entweder, indem sie sich nicht an sie halten, oder indem sie Zuflucht zu auf

---

26 Dieser Kritik hätte die Bestimmung des vielfach vermittelten Wechselverhältnisses zwischen der Entfaltung der Produktivkräfte (und der damit verbundenen Überführung von Naturschranken in gesellschaftlich produzierte) auf der einen Seite sowie der Entwicklung der Wissenschaften (als einer Reflexion auf die individuellen und gesamtgesellschaftlichen Bedingungen der Reproduktion) auf der anderen Seite voranzugehen – dies mit dem Ziel, Erklärungen dafür zu finden, unter welchen Kriterien Wirklichkeit abgebildet, in einen kategorialen Rahmen gebracht und von hierher wieder dem Zugriff eröffnet wird.

dem Markt erhältlichen quasididaktischen Materialien suchen. Soweit Vorschulkinder schließlich mit kompensatorisch gemeinten, rigide durchgeführten und sich zu ihrer Lebenswirklichkeit beziehungslos verhaltenden Programmen konfrontiert werden, sind sie – dies zeigen die Beobachtungen – durchaus in der Lage, solche Programme durch ein ›hidden curriculum‹ streckenweise zu paralysieren.

Das Mißverhältnis zwischen den Absichten einer innovationsbereiten – mit Politik und Verwaltung koalierenden – Wissenschaft auf der einen und den Bedürfnissen betroffener Gruppen von Eltern und Erziehern auf der anderen Seite kann zureichend nicht damit erklärt werden, daß sich hier wissenschaftlicher Sachverstand und kurzsichtiger Pragmatismus der Praxis gegenüberständen. Von einer speziellen ›Sprachlosigkeit‹ sind doch wohl beide Seiten betroffen: Die Kategorien wissenschaftlicher Analyse und Rekonstruktion von Wirklichkeit sind gemeinhin nicht aus der Perspektive unterprivilegierter gesellschaftlicher Gruppen entworfen worden; die Sprachlosigkeit der Wissenschaft gegenüber unmittelbaren Problemen dieser Gruppen hängt zusammen mit ihrem – zuvor bereits angesprochenen, aus der Wissenschaftsgeschichte her verstehbaren – vielfach gebrochenen Verhältnis zur gesellschaftlichen Praxis. Die Sprachlosigkeit der Praxis, ihr Mangel an »conscientização« – im Sinne Freires – wiederum kann mit als die Folge der defizitären und restriktiven Bedingungen verstanden werden, unter denen sie zu arbeiten hat.

Die auch nur teilweise Überwindung dieses Mißverhältnisses und damit der Versuch, Absichten vorschulischer Curriculumrevision nicht an den Erfordernissen der Praxis vorbei zu formulieren, setzt Prozesse der gegenseitigen und gemeinsamen Aufklärung und damit den Diskurs zwischen Wissenschaft und Praxis voraus. Dieses Argument ist nicht als ein reformtaktisches mißzuverstehen, denn gemeint ist damit nicht, daß von der Wissenschaft ›erfundene‹ vorschulische Curricula leichter vermittelbar seien, wenn nur rechtzeitig Vertreter der Praxis als Multiplikatoren hinzugezogen würden. Nein: Die Ziele und Inhalte dieser Curricula – darauf verweisen entsprechende, im Rahmen von Handlungsforschung gewonnene Erfahrungen – verändern sich, wenn die pädagogische und politische Phantasie und die spezifische Kompetenz von Vertretern der Praxis in solchen Diskursen freigesetzt werden.

Versucht man, die kritischen Einwände gegen einige der gegenwärtigen Ansätze und Organisationsformen vorschulischer Programmentwicklung zusammenzufassen, so ist dreierlei anzuführen:
– Es bestehen Zweifel daran, ob und inwieweit diese Programme das vorzubereiten helfen, was Aufgabe sowohl vorschulischer als auch schulischer Lernangebote sein sollte: Kinder auf die Bewältigung von Lebenssituationen vorzubereiten. Die künstliche Welt, die viele der vorschuli-

schen Programme und Materialien aufbauen oder unterstellen, ihre Abgehobenheit von unmittelbaren Lebensfragen der Kinder deutet darauf hin, daß sie weder durch Situationen des kindlichen Lebens wesentlich bestimmt noch durch sie begründet sind.
— Das Schwergewicht vieler Programme liegt auf dem Training isolierter Funktionen, der Förderung instrumenteller Qualifikationen. Die Annahme einer gewissen ›Schutzlosigkeit‹ solcher Qualifikationen gegenüber späteren Prozessen ihrer heteronomen Verwendung liegt nahe. Das Erlernen instrumenteller Fertigkeiten ohne Berücksichtigung des sozialen Kontextes ihrer Anwendung kann durch – bisher zudem unterrepräsentierte – Programme sozialen Lernens nicht zureichend ergänzt werden, solange ein (Autonomieansprüchen verpflichtetes) soziales Lernen von instrumentellem Lernen getrennt und abgegrenzten Teilcurricula zugeordnet wird.
— Die Abgehobenheit der Programme von der Lebenswirklichkeit der Kinder korrespondiert mit der relativen Ferne der Curriculumentwicklung von der pädagogischen Praxis. Versuche der Organisation einer gleichwertigen Zusammenarbeit von Wissenschaftlern und Erziehern sowie einer entsprechenden Mitwirkung von Eltern und Kindern sind bisher kaum feststellbar.

Angesichts der hier nur beispielhaft skizzierten Mängel vorschulischer Programmentwicklung richtet sich die Zielsetzung des folgenden Konzeptes darauf, zwischen den beiden denkbaren Möglichkeiten der Anregung einer langfristigen vorschulischen Curriculumforschung auf der einen und der raschen Formulierung von curriculumbezogenen Empfehlungen auf der anderen Seite den Mittelweg einer pragmatischen Curriculumentwicklung vorzuschlagen und einige der organisatorischen Bedingungen dieser Entwicklung anzugeben.

3. Bezugsrahmen vorschulischer Curriculumentwicklung

Die nun vorgestellten möglichen Merkmale vorschulischer Curriculumentwicklung sind als Anregungen, nicht als Festlegungen zu verstehen. Sie versuchen, auf Wege zur Aufhebung einiger der genannten Eingeschränktheiten hinzuweisen. In ihnen wird Curriculumentwicklung gekennzeichnet durch die Vermittlung von instrumentellen Qualifikationen in sozialen Zusammenhängen, durch den Bezug zu Lebenssituationen von Kindern, durch eine entsprechende Entschulung von Erfahrungs- und Lernprozessen, durch die Zusammenarbeit von Wissenschaftlern, Erziehern, Eltern und Kindern bei der Entwicklung und Erprobung des Curriculum, durch die Professionalisierung von Wissenschaftlern und Erziehern innerhalb der Entwicklungsarbeiten.

3.1 Soziales Lernen: Rückbezug instrumentellen Lernens auf soziale Kontexte

Die Absicht, vorschulische Curriculumentwicklung nach Möglichkeit in die Lebenswelt von Kindern, Erziehern und Eltern zu verlegen, sie an ihr zu messen und zu orientieren, könnte ein von Freire als politischer Analphabetismus bezeichnetes »naives Verständnis der sozialen Wirklichkeit«[27] fortschreiben, wenn die dabei beteiligten Erzieher und Wissenschaftler nicht den Versuch unternehmen würden, die pädagogische Erschließung dieser Lebenswirklichkeit mit dem Ziel vorzunehmen, ihr den Mythos des Alltäglichen, scheinbar Natürlichen und immer schon Selbstverständlichen zu nehmen: Lebenswirklichkeit wäre nicht als ein überdauerndes Gebilde sozialer Regelmäßigkeiten darzustellen, das in einer vom Menschen unabhängigen Eigengesetzlichkeit existiert, sie wäre als je konkrete in ihrer Geschichtlichkeit, Machbarkeit und Veränderbarkeit zu verdeutlichen.

Die »impulsgebende Präsenz«[28] des Erziehers oder Wissenschaftlers enthält demnach seine Vorstellungen darüber, ob und wie – billigt man ihm überhaupt emanzipatorische Absichten zu – letztlich in durch Heteronomie gekennzeichneten Handlungsfeldern, in denen Kinder und Eltern sich bewegen, Autonomieansprüche vertreten und in Handeln umgesetzt werden können. Diese Vorstellungen sollen hier ein Stück weit expliziert werden, wobei vorweg deutlich gesagt werden muß, daß sie in ihrer Allgemeinheit nur Richtungen eines wünschenswerten Diskurses der an Curriculumentwicklung zu Beteiligenden, nicht aber dessen Konkretionen angeben können und wollen.

Wenn man davon ausgeht, daß es Aufgabe vorschulischer und schulischer Erziehung ist, auf ›das Leben‹ vorzubereiten, so ist damit gemeint, Kinder und Heranwachsende für das Handeln in Lebenssituationen zu qualifizieren. ›Qualifizieren‹ soll dabei bedeuten, sie in die Lage zu versetzen, in Situationen der Gegenwart und näheren Zukunft ihren *Anspruch auf Selbstbestimmung* – der ja zugleich Anspruch aller Menschen ist und auch so verstanden werden muß – *in kompetenter Weise* zu vertreten. Dieser Anspruch richtet sich gegen historisch-gesellschaftlich vermittelte und damit prinzipiell aufhebbare Formen der Fremdbestimmung. Angesichts einer solchen sich in Lebenssituationen darstellenden Fremdbestimmung muß die Erziehung zu einem auf Autonomie gerichteten kompetenten Handeln die Erziehung zur verantwortlichen – das heißt am gesamtgesellschaftlichen Interesse orientierten – Wahrnehmung von Interessen umfassen. Sie setzt sich zum Ziel, zur Emanzipation von Fremdbestimmung zu verhelfen

27 Freire, P., Politische Alphabetisierung. In: betrifft: erziehung, 6 (1973), H. 7, S. 17.
28 Freire, a. a. O., S. 18.

und die Solidarität der an der Entfaltung ihrer Person Gehinderten zu stärken, indem sie die Vermittlung von Kompetenz als die Vermittlung eines Instrumentariums zur Aufklärung fremdbestimmter Situationen und zur Realisierung entsprechender Situationsbeeinflussung auffaßt.

Die Unterordnung des Begriffes der Kompetenz unter den der Autonomie und die damit bezeichnete Verschränkung eines auf Autonomie gerichteten Handelns, das sich der Kompetenz in instrumenteller Weise bedient, gilt der Aufhebung einer Unterscheidung beider Begriffe, wie sie in der Philosophie des Idealismus ihre Tradition hat und sich in einer entsprechenden Trennung von Inhalten schulischen Lernens widerspiegelt. Autonomie galt den Philosophen zur Zeit der Entstehung der bürgerlichen Gesellschaft als konstitutives Merkmal des bürgerlichen Individiums, das in ›Einsamkeit‹ und ›Freiheit‹ dem Ideal einer daseinsbereichernden universalen Bildung nachgehen konnte. Der Umstand, daß mit der Entwicklung des Kapitalverhältnisses Naturschranken in gesellschaftliche Schranken überführt wurden, wurde von idealistischen Philosophen nicht als Hindernis der Verwirklichung individueller Autonomie gesehen: Sie begriffen das autonome Individium durchaus innerhalb der durch das Kapitalverhältnis gekennzeichneten Realität gesellschaftlicher Reproduktion. Mit der Entfaltung der Produktivkräfte konnte es sich aber nicht mehr nur um die Bildung einer kleinen Elite handeln; erforderlich wurde die Ausbildung großer Gruppen von – im Status ökonomischer Abhängigkeit – Arbeitenden, die im Zuge der Arbeitsteilung mit spezifizierten Kompetenzen auszurüsten waren, mit Kompetenzen, die den Anforderungen eines sich ständig verändernden Arbeitsprozesses genügen konnten. Bildung – als eine die Autonomie des bürgerlichen Individiums bestimmende Größe – und Ausbildung – als Vermittlung von Kompetenzen zur Herstellung des Arbeitsvermögens – fielen auseinander. Nicht Kompetenz schlechthin wurde gebraucht, sondern eine eingeschränkte und auf den Arbeitsprozeß bezogene[29].

Der eingeschränkte Charakter von Kompetenz gilt bis in die Gegenwart. Kompetenz, gefaßt nun vor allem als technisch-instrumentelle Qualifikation, soll enthalten, was einbringbar ist in abstrakte, wertbildende Arbeit. Zur zugebilligten und durch Ausbildung erworbenen Kompetenz eines Buchhalters – um ein Beispiel zu nehmen – gehört die Ausführung nachgeordneter mathematischer Operationen innerhalb eines gegebenen Kalkulationsrahmens, nicht aber, diese Operation auf vormathematische Wertsetzungen zurückzuführen und zu befragen.

---

29 Dazu ausführlicher: Altvater, E., Der historische Hintergrund des Qualifikationsbegriffs. In: Altvater, E., und Huisken, F., Materialen zur politischen Ökonomie des Ausbildungssektors. Erlangen 1971. Zu dem im folgenden gebrauchten Begriff des ›sozialen Kontextes‹ vgl. auch Damerow u. a., a. a. O.

Die Beobachtung der Praxis erwachsener Menschen zeigt, daß sie ihre – aufgrund von Veränderungen der Arbeitsorganisation verstärkt gefragten und entsprechend heteronomen Anwendungsbedingungn unterliegenden – technischen und instrumentellen Fertigkeiten, ihre Kompetenzen also, einsetzen, ohne in der gleichen Weise die sozialen Voraussetzungen und Wirkungen ihrer Tätigkeiten mitberücksichtigen zu können. Der soziale Kontext instrumentellen Handelns scheint einem Prozeß kollektiven Vergessens unterlegen und aus dem Bewußtsein verlorengegangen zu sein. Nun ist ein Zusammenhang nicht nur zwischen diesem Verhalten Erwachsener und den Bedingungen ihrer Arbeit herstellbar (und vielfach dargestellt worden), es läßt sich vielmehr auch ein mittelbarer Zusammenhang zwischen der Praxis Erwachsener und der Art des schulischen Lernens vermuten. Denn es ist anzunehmen, daß viele der bisherigen Formen und Inhalte des schulischen und auch vorschulischen Lernens mögliche Fragen nach den sozialen und – im weiteren Sinne – politischen Zusammenhängen von Handlungen eher verschütten als fördern. Wenn ein Schüler mathematische Aufgaben zu lösen versucht, wenn er chemische Experimente durchführt oder physikalische Gesetzmäßigkeiten untersucht, dann tut er das zumeist in einer von der sozialen Wirklichkeit weitgehend abstrahierenden Weise. Er wird wenig darüber erfahren, wie sich beispielsweise nach mathematischen Modellen ein Produktionsbetrieb unter dem Ziel der Gewinnmaximierung steuern läßt, und wie diese Steuerungsregeln zu Verhaltensvorschriften für die im Betrieb Arbeitenden werden. Zwar lernt er in der Chemie die chemische Zusammensetzung von Kunststoffasern kennen, kaum aber die ökonomischen und ökologischen Begleitumstände der Massenproduktion von Kunststoffen. Er erfährt in der Physik – über die Lehre von der Mechanik hinaus – nicht, welche Wirkungen die Teilautomatisierung von Arbeitsgängen auf die Arbeitsbedingungen haben kann. In schulischen Lehrplänen und in vorschulischen Rahmenplänen und Programmen wird oft getrennt zwischen der Vermittlung von Sachkompetenzen (etwa innerhalb naturwissenschaftlicher Lernbereiche) und der Erziehung zu sozialem Handeln (das sich in dieser Abspaltung dann als hilflos gegenüber der – spezifisches Können und Wissen voraussetzenden – Aufklärung von ›Sachzwängen‹ erweist).

Nun sollte aber das, was dort an sozialem und instrumentellem Lernen getrennt wird, zusammengeführt und neu verstanden werden. Eine den genannten Postulaten verpflichtete Erziehung kann als der Versuch verstanden werden, technisch-instrumentelle Qualifikationen auf ihre sozialen Kontexte rückzubeziehen und sie in ihnen zu vermitteln, um damit jenes Mehr an Kompetenz zu schaffen, das notwendig erscheint, wenn Autonomieansprüche erkannt und vertreten werden sollen. (Dies hätte – bezieht man es auch auf den schulischen Bereich – weitreichende curriculare Folgen, zu denen der Versuch einer tendenziellen Aufhebung der sich im Curriculum ausdrückenden Trennung der Betrachtung von Realität je nach der Perspektive der ›Humaniora‹ oder ›Realwissenschaften‹ gehören müßte.)

Erreichen läßt sich damit nicht, daß so Befähigte sich unmittelbar autonom verhalten könnten: Dies hieße übersehen, daß von Autonomie nicht anders geredet werden kann als von einem herzustellenden wünschbaren Zustand. Geschaffen werden könnten vielleicht Voraussetzungen eines darauf gerichteten Handelns: Kinder sollten auch schon im vorschulischen Alter im konkreten Fall lernen, soziales Handeln und instrumentelle Kompetenz miteinander verschränkt einzusetzen; es sollte nach Möglichkeit Vorsorge getroffen werden dafür, daß sie später ihre Qualifikationen nicht einfach auf Abruf, ohne ein Bewußtsein vom sozialen Kontext ihrer Anwendung und damit ohne einen mittelbaren Bezug auf ein gesamtgesellschaftliches Interesse in Handlungen übersetzen.

Man muß, beschreibt man allgemeine pädagogische Zielvorstellungen dieser Art, die Schwierigkeiten von Curriculumentwicklung sehen, Ziele so umzusetzen, daß sie in Bildungsinhalten und in den Formen ihrer Vermittlung konkreten Ausdruck finden. Unternimmt man diesen Versuch auf deduktivem Wege, kann er auf halber Strecke scheitern und zu Brüchen im Begründungszusammenhang führen. Aber auch Inhalte, die in einer plausiblen Beziehung zu ihren Zielen stehen, können in ihrer praktischen Anwendung zu etwas anderem geraten, als die Erfinder des Curriculum beabsichtigt hatten. Diesen Schwierigkeiten sieht sich der hier beschriebene Ansatz ebenfalls ausgesetzt. In ihm wird deshalb versucht, pädagogische Normen nicht allein in einem Akt der Deduktion zur Legitimation vorschulischer Spiel- und Lernangebote heranzuziehen, sondern die Normen auf Lebenssituationen von Kindern zu beziehen und an ihnen zu konkretisieren, sie also historisch und nicht idealtypisch zu verstehen. Am Prozeß dieser Konkretion kann Wissenschaft nicht allein beteiligt sein, er muß in wesentlichen Anteilen durch die in Situationen Handelnden mitgetragen werden. Die Konkretion müßte sich somit in den Situationen selbst vollziehen: In paradigmatischen Handlungen und im Dialog über sie können Erfahrungen heteronomer Merkmale ebenso wie Bedürfnisse nach kontextbezogenem Kompetenzerwerb artikuliert werden.

3.2 Der Bezug zu Lebenssituationen von Kindern

Der Bezug zu Lebenssituationen von Kindern und Erwachsenen innerhalb der Curriculumentwicklung kann als der Versuch verstanden werden, Bildungsprozesse stärker auf gesellschaftliche Praxis zu beziehen und durch die Analyse von Ausschnitten dieser Praxis zur Legitimation von Zielen und Inhalten von Bildungsprozessen beizutragen. Dieser Versuch versteht sich ergänzend oder zum Teil auch alternativ insbesondere zu dem genannten wissenschaftspropädeutischen Ansatz (innerhalb dessen sich das Verhältnis von Disziplinen zu den Lebensfragen Lernender als problematisch darstellt) und zum psychologisch-funktionalistischen Ansatz (innerhalb dessen die abstrakten und formalen Variablen nur schwer auf soziale Kontexte rückbeziehbar erscheinen).

Dabei wird davon ausgegangen, daß Bildungsprozesse auf Lebenssituationen und deren Wandel vorbereiten sollen. Von hierher kann sich der Versuch bestimmen, theoretische Annahmen über Lebenssituationen von Kindern und Erwachsenen gleichsam als Spezialfall einer Theorie über gesamtgesellschaftliche Autonomisierungsprozesse zu entwickeln und durch die Analyse ausgewählter Situationsbereiche Bedingungen eines auf individuelle und kollektive Autonomie gerichteten kompetenten Denkens und Handelns zu bestimmen.

Die Forderung nach Situationsbezug ist wesentlicher Teil des »Strukturkonzeptes für Curriculumrevision«, wie es von der Berliner Curriculum-Gruppe vorgelegt wurde[30]. Um Gemeinsamkeiten und Unterschiede festhalten zu können, erscheint es sinnvoll, kurz den hier beschriebenen Ansatz mit den Berliner Arbeiten in Beziehung zu setzen.

Innerhalb des Strukturkonzeptes wird von *Lebenssituationen* ausgegangen, deren Analyse der Bestimmung von *Qualifikationen* vorauszugehen hat. Die Qualifikationen, die zum adäquaten Verhalten in Situationen befähigen sollen, werden wiederum mit – als *Curriculum-Elemente* bezeichneten – Einzelbestandteilen des Curriculum in Verbindung gebracht, von denen unter bestimmten Bedingungen eine entsprechende qualifizierende Wirkung erwartet wird.

Der Prozeß der Curriculumrevision wird insofern als fortlaufend verstanden, als durch jeweilige Kontrollen über die Veränderung von Situationen, über die Situationsentsprechung von Qualifikationen sowie über die qualifizierende Wirkung von Curriculum-Elementen Korrekturen ermöglicht werden sollen. Unter bildungspolitischen Aspekten wird Curriculumreform dabei als ein Prozeß verstanden, in dem Entscheidungen sowie die ständige Revision dieser Entscheidungen initiiert und reguliert werden durch systematische Hypothesenbildung zur Entscheidungsvorbereitung und dieser entsprechende Kontrollen. Innerhalb des Strukturkonzeptes sol-

---

30 Vgl. dazu Robinsohn, a. a. O.; Knab, a. a. O., sowie Zimmer, J.: Curriculumforschung: Chance zur Demokratisierung der Lehrpläne. In: Achtenhagen, F., und Meyer, H. L., Curriculumrevision. Möglichkeiten und Grenzen. München 1971, S. 178–196. Zur Kritik siehe u. a. Huisken, a. a. O., S. 104 f.; Meyer, H. L., Das ungelöste Deduktionsproblem in der Curriculumforschung. In: Achtenhagen, F., und Meyer, H. L., a. a. O., S. 106–132. Zu Modifikationen siehe: Damerow u. a., a. a. O.

len auch die Funktion und Reichweite verschiedener curriculumbezogener Aussagen geklärt und pädagogische und bildungspolitische Positionen transparent gemacht werden können. Es soll der Bestimmung und Integration von Instanzen der Curriculumreform dienen und die Wechselwirkung zwischen wissenschaftlicher Vorbereitung und politischer Entscheidung induzieren und analysieren helfen, auch die zwischen Curriculumforschung und -praxis. Neben der Forderung, durch den Bezug zu Lebenssituationen Außenkriterien der Legitimierung und Bestimmung von Qualifikationen zu gewinnen und anzuwenden, enthält das Strukturkonzept als weiteres bestimmendes Merkmal den Vorschlag, im Zuge von Hypothesenbildungen über Situationen, Qualifikationen und Curriculum-Elemente Entscheidungsräume zu bezeichnen, die eine Voraussetzung der Artikulation curricularer Alternativen oder der Entscheidungen über Qualifikationsprioritäten schaffen sollen.

Von den beiden besonderen Kennzeichen des Strukturkonzeptes, seiner *Entscheidungs-* und seiner *Situationsorientiertheit*, ist – so wie sie ursprünglich formuliert wurden – das erstere für den vorliegenden Bezugsrahmen bedeutungslos geblieben, das zweite in abgewandelter Form konstitutiv geworden.

Während innerhalb des Strukturkonzeptes als ein wesentliches Verfahren vorgesehen war, ›Experten‹ über Situationen beraten und von ihnen Aussagen über qualifikationsrelevante Merkmale treffen zu lassen, vollzieht sich innerhalb des hier geschilderten Ansatzes die Erschließung von Situationen unter einer möglichst weitgehenden Beteiligung der in ihnen Handelnden. Vermieden werden soll damit eine Beschränkung auf solche Expertenaussagen, die zwar die Rationalität ihrer Wissenschaftsdisziplin, weniger aber die Handlungschancen innersituativ Betroffener zum Maßstab nehmen.

Während dort Versuche unternommen wurden, Situationen nach formalen Merkmalen zu klassifizieren und sie als mehr oder minder statische Gebilde auf gegenwärtige und künftig erwartbare oder wünschbare Merkmale hin zu befragen, werden hier Situationen als real erfahrbare und aufklärbare Ausschnitte sozialer Wirklichkeit verstanden, die sich erst im Zuge der Entwicklung und Anwendung des Curriculum konstituieren mit auch eigenen und einzigartigen Momenten (in denen allerdings Allgemeines enthalten sein kann).

Während dort davon ausgegangen wurde, daß die Überwindung einer dem Status quo verhafteten Analyse durch die Beschreibung wünschbarer künftiger Situationen geschehen könne (wobei dann Qualifikationen auf solche Realutopien hin formuliert werden sollten), wird hier unterstellt, daß in den kontradiktorischen Elementen gegenwärtig und bewußt erfahrbarer Situationen Künftiges genug angelegt sein und infolgedessen eine

Qualifizierung auf Veränderung der Praxis hin erfolgen kann. Eine solche Qualifizierung wird dabei die lebensgeschichtlichen Erfahrungen (mit ihren Momenten gesellschaftlicher Erfahrung) derer, die qualifiziert werden sollen, mit einzubeziehen versuchen.

Während dort nicht in Frage gestellt wurde, daß ein durch Situationsbezug legitimiertes Curriculum innerhalb der Institution Schule vermittelbar sei, besteht hier die Annahme, daß dies die institutionelle Blockierung des eigenen curricularen Anspruches bedeuten könne, und daß deshalb ein situationsbezogenes Curriculum ein nach Möglichkeit entschultes, ein auch innerhalb von Situationen zu vollziehendes Curriculum sein müsse.

Während in früheren Studien zum Strukturkonzept deduktive Wege zur Bestimmung von Qualifikationen untersucht wurden, werden in gegenwärtigen Entwicklungsarbeiten deduktive und induktive Vorgehensweisen verknüpft: Aussagen über Lebenssituationen und Notwendigkeiten der Qualifizierung für sie erfolgen im *Diskurs*, in aufeinander bezogenen Gesprächen und Handlungen zwischen Erziehern, Wissenschaftlern, Eltern, anderen in einer Situation Mithandelnden und Kindern. Dieser Prozeß wechselseitigen Lernens ist nötig, weil alle Beteiligten einerseits Sachverstand in ihn einbringen, andererseits aber auch die anfangs erwähnte ›Sprachlosigkeit‹ mitbringen können.

Was kann ein Wissenschaftler in diesen Prozeß – der sicherlich zunächst nicht als ein reibungsloser und herrschaftsfreier vollziehbar ist – einbringen? Er kann Vermutungen äußern über bedeutsame Handlungsfelder. Er kann darauf sich beziehende wissenschaftliche Aussagen verfügbar machen. Er kann zum Mitbetroffenen und -handelnden werden und damit leichter die Brüche erkennen zwischen solchen Aussagen auf der einen und den sinnlich und konkret gewonnenen Erfahrungen auf der anderen Seite. Seine Kompetenz kann bald ihre Grenzen erreichen: Denn einerseits können sich seine wissenschaftlichen Aussagen – selbst wenn sie nicht eklektizistisch, sondern im Rahmen gesellschaftstheoretischer Bezüge zustande kommen sollten – als zu allgemein und in zu weiter Entfernung von der Praxis erweisen, als daß sie für die interpretierende Erfassung unmittelbarer Lebensweisen von Kindern ergiebig wären. Zum anderen kann er – gewohnt und darin ausgebildet, soziale Realität in empirisch-analytischen Verfahren zu rekonstruieren, in einer Weise zudem, in der er als Wissenschaftler außerhalb des untersuchten Praxisfeldes bleibt – hilflos vor der Aufgabe stehen, sein Vorwissen innerhalb des zu entwerfenden Curriculum konstruktiv anzuwenden und didaktische Phantasie zu entfalten. Die Sprachlosigkeit des Wissenschaftlers kann sich dann darin ausdrücken, daß er vergleichsweise abstrakte und nur wenig aus der subjektiven Befindlichkeit von Kindern heraus formulierte pädagogische Empfehlungen abzugeben versucht: Empfehlungen, denen er die Aura von Objektivität dadurch zu verleihen neigt, daß er sie mit der Logik disziplinimmanenter Aussagesysteme verknüpft und kindliches Lernen dieser Logik aussetzen will, anstatt seine Wissenschaft hic et nunc an konkreter Lebenswirklichkeit von Kindern zu messen und in dieser Absicht konsequent zu verfahren. Daß seine Schwäche als Stärke gedeutet werden kann, daß Erzieher zunächst dazu neigen können, seinen Objektivismus und Verbalismus, die Fremdartigkeit seiner Sprache für eine Bedingung wissenschaftlicher Curriculumentwicklung zu halten, gehört zu den Vorfällen, die das Auffinden einer gemeinsamen Sprachebene von Theorie und Praxis erschweren.

Der Sachverstand der Erzieherin, ihre Kenntnis der Lebenswirklichkeit von Kindern, wird von ihr selbst – wertet man vorliegende Erfahrungen der Zusammenarbeit aus – zunächst kaum wahrgenommen. Seit Beginn der Diskussion um Vorschulerziehung ist sie zunehmend in die Position gedrängt worden, die verschulte Durchführung isolierter Programme mit vorschulischer Pädagogik gleichzusetzen und die hinter diesen Programmen stehenden wissenschaftsbezogenen Begründungen nur in popularisierter Form zur Kenntnis nehmen zu können. In der Einschätzung, weitgehend inkompetent für die Entwicklung von Trainingsprogrammen dieser Art zu sein (weil sie sich gegenüber dem dabei oft in Erscheinung tretenden erheblichen Wissenschaftsanspruch als unwissend verstehen muß), sieht sie ihre Möglichkeiten eher in der Beurteilung, ob solche Programme bei Kindern Aufnahme finden: Nicht der Umgang mit Sprachtrainingsmappen oder Wortschatzleisten *überhaupt* wird dann in Frage gestellt, die methodische Phantasie richtet sich vielmehr darauf, *wie* dies am besten geschehen könne.

Das aber, was ihren Sachverstand mit begründet, ihre Erfahrungen im Umgang mit Fragen und Problemen, denen sich Kinder in Situationen zu Hause, in der Nachbarschaft oder im Kindergarten (außerhalb der Zuordnung von Drei- und Vierecken) ausgesetzt sehen, nimmt sie kaum als eine für Curriculumentwicklung zutreffende Kompetenz: Der (unbewältigte) Alltag von Kindern scheint zu nahe zu liegen, um als ein curricular bedeutungsvoller gesehen zu werden. Daß die Interpretation und der Mitvollzug solcher Situationen in ihrer Besonderheit durchaus Allgemeineres und Übertragbares erschließen kann, scheint dem Blick verlorengegangen zu sein.

Wissenschaftler und Erzieher sehen sich innerhalb des Diskurses vor der Schwierigkeit, unzureichend für ihn ausgerüstet zu sein, wenngleich sie ihn als notwendiges Instrument begreifen mögen. Äußere Bedingungen wirken zusätzlich erschwerend: Zu ihnen gehören die unterschiedliche Bezahlung der hauptberuflich Mitwirkenden; der Auftrags- und Nachweisdruck, unter dem beteiligte Wissenschaftler arbeiten; die unterschiedlichen Zeiten, die für Entwicklungsarbeiten zur Verfügung stehen (Erzieherinnen, die unter der Belastung der Kindergartenarbeit stehen, sind in ihren Arbeitsbedingungen gegenüber denen der Wissenschaftler im Nachteil).

Betrachtet man eine weitere am Diskurs zu beteiligende Gruppe, die Eltern, so ergibt sich eine Notwendigkeit ihrer Mitwirkung aus der Überlegung, daß es sich bei der pädagogischen Erfassung von Situationen nicht um wirkliche Erschließungen handeln kann, wenn Eltern als wesentlich Mithandelnde von diesem Prozeß ausgenommen werden. Ohne ihre Beteiligung könnte er paralysiert werden und folgenlos bleiben. Zudem kann pädagogisches Verhalten von Eltern schwer zu mehr Bewußtheit gebracht werden, wenn sie nur Adressaten pädagogischer Aufklärung bleiben, anstatt Mitvollziehende eines Prozesses der Selbstaufklärung zu sein. Akzeptiert man dieses Ziel, ist sogleich auf die Begrenzungen seiner Einlösbarkeit hinzuweisen: So, wie es nicht ›das‹ Kind gibt, findet man nicht ›die‹ Eltern, sondern Kindern und Eltern in je unterschiedlichen kulturellen und ökonomischen Kontexten. Soweit diese Lebensumstände in besonderer Weise durch Merkmale der Unterprivilegierung gekennzeichnet sind, ist von Eltern nicht zu erwarten, daß sie sich in der Intensität von Eltern-Initiativgruppen beteiligen. Die Chance des Situationsansatzes liegt allerdings darin, daß Problemstellungen gefunden werden können, die nicht nur für Kinder, sondern auch für Eltern von lebensgeschichtlichem Interesse sind, und für die Eltern sich auch sachverständiger fühlen können als bei einer Aufforderung, die Durchführung vorschulischer Trainingsprogramme zu unterstützen. Die sich hier andeutenden Möglichkeiten der Mitwirkung im Curriculum gelten im Prinzip auch für andere Erwachsene, die mit Kindern und ihrem Curriculum konfrontiert werden.

Die Mitwirkung der Kinder in diesem Diskurs kann dadurch vorbereitet werden, daß man sie unterstützt und sensibilisiert, Fragen und Probleme im Zusammenhang mit ihren Lebensbereichen zu thematisieren – in Berichten, in Spielen oder Dramatisierungen. Sie können befragt werden und ihren Möglichkeiten entsprechend an Recherchen über Situationen mitwirken, Beteiligte befragen, Orte in Begehungen untersuchen.

Fragt man, um welche Situationen es sich handeln soll, welche als bedeutsam angesehen und wie sie gefunden werden können, so sind Vorverständigungen notwendig, die als Ausgangsbasis von Entwicklungsarbeiten dienen können.

Unter Berücksichtigung der allgemeinen, bereits genannten pädagogischen Zielsetzungen sollten Situationen von *Kindern* gewählt werden, Situationen in denen sie in der Gegenwart oder näheren Zukunft zu handeln haben. Demnach geht es, zumindest im Bereich vorschulischer Erziehung, nicht um die didaktische Aufbereitung von Erwachsenensituationen. Problematisch wären Versuche, fundamentale Fragestellungen von Erwachsenensituationen unmittelbar zum pädagogischen Thema für Kinder zu erklären und eine Übertragung der Struktur von Erwachsenensituationen auf Kindersituationen zu versuchen. Zwar kann man davon ausgehen, daß die stark fremdbestimmte Arbeitsplatzsituation eines Vaters den abendlichen Umgang mit seinem Kind beeinflußt. Aber die Handlungsmöglichkeiten, die sich für den Vater am Arbeitsplatz und für das Kind in der häuslichen Situation bieten, um Einfluß auf die Situation zu nehmen, sind stark voneinander unterschieden. Wenn es, um ein anderes Beispiel zu nehmen, um die Verarbeitung von Konflikten auf dem Spielplatz geht, mag es zwar Ähnlichkeiten der Struktur solcher Konflikte mit der Struktur bestimmter Konflikte zwischen Erwachsenen geben. Aber sowohl die materialen Inhalte als auch die jeweiligen Verarbeitungsstrategien und subjektiven Betroffenheiten sind nicht gleichsetzbar. Zwar werden, um ein drittes Beispiel anzuführen, Geschlechtsrollenmuster erlernt, aber Kinder werden Geschlechtsrollen im Prozeß ihrer Entwicklung anders erleben als Erwachsene im Zustand der Rollenfixierung.

Es sollten, und dies bezeichnet ein zweites Kriterium der Situationswahl, nicht idealtypische Situationen konstruiert werden, die für alle Kinder als gleichartig angesehen werden; es sollten reale Situationen in jeweiligen subkulturellen Milieus sein. Dies setzt voraus, daß Curricula an Kindergärten entwickelt werden, die insgesamt oder in sich verschiedene Soziotope repräsentieren.

Es sollten zum dritten Situationen sein, die im Rahmen pädagogischer Aktion beeinflußbar sind, in denen beispielhaft gezeigt werden kann, daß Kinder und Erwachsene – wohl auch in der Form solidarischen Handelns – Einfluß zu nehmen in der Lage sind. Deutlich werden soll, daß manche Merkmale von Situationen herstellbar, machbar und veränderbar sein können. Dies schließt nicht aus, daß Zwangsläufigkeiten gezeigt und interpretiert werden können; vermieden werden sollte jedoch, daß Entmutigung an die Stelle aktiver Auseinandersetzung tritt.

Erste Absprachen über als bedeutsam eingeschätzte Lebenssituationen lassen sich zwischen pädagogischen Praktikern, Eltern und Wissenschaftlern vergleichsweise einfach erzielen, sie leisten zunächst nicht mehr als nominaldefinitorische Vorklärungen: Vorschulkinder kommen in die Schule und erleben die Konfrontation mit einer ihnen nicht geläufigen sozialen Einrichtung, Kinder verlaufen sich im Kaufhaus oder in der Stadt und wissen sich nicht zu helfen, deutsche Kinder im Kindergarten verhalten sich abweisend gegenüber Gastarbeiterkindern, Kinder zu Hause haben allabendlich Schwierigkeiten mit dem Ritual des Zubettgehens.

Vorläufige Einschätzungen der Situation lassen sich prüfen und erweitern durch Recherchen, in denen mögliche Beiträge zur Situationsanalyse aus unterschiedlichen Quellen erschlossen werden. Diese Beiträge können wissenschaftlichen und nichtwissenschaftlichen Publikationen entnommen werden, sie lassen sich von Kindern innerhalb und außerhalb des Kindergartens oder von Erwachsenen einholen. Am Beispiel der Entwicklung einer didaktischen Einheit über ›Kinder im Krankenhaus‹ (eine didaktische Einheit, in der es um den Erwerb von Strategien der emotionalen Selbstbehauptung und Sicherung für einen Aufenthalt im Krankenhaus geht) sollen Hinweise darauf gegeben werden, wie sich solche Recherchen durchführen und in Diskursen aufgreifen lassen.

Wenn man nach vorliegenden Wissenschaftsaussagen zu diesem Bereich fragt, so stellt sich heraus, daß ihre Verwendung ohne eine Vorverständigung über Schlüsselerlebnisse innerhalb der Situation, die auf Qualifikationsdefizite hinweisen können, kaum vorgenommen werden kann. Spricht man mit Eltern, deren Kinder im Krankenhaus gewesen sind und in – über längere Zeit in Erscheinung tretenden – Symptomen den Schock eines solchen Aufenthalts zum Ausdruck bringen, dann kann bald deutlich werden, daß sich die pädagogische Anstrengung darauf richten müßte, Hilfestellung bei der Verarbeitung entstehender oder manifester Ängste zu geben. Bereits eine solche Zielsetzung, Ergebnis einer ersten und vorläufigen Situationsanalyse und Kriterium weiterer Situationserschließung, hindert an einer direkten didaktischen Umsetzung von irgendwelchen (welchen?), dem Situationsbereich irgendwie (wie?) zurechenbaren wissenschaftlichen Begriffen und Verfahren im Rahmen von Wissenschaftspropädeutik: Denn weder die Übermittlung elementarer medizinischer Begriffe und Verfahren, noch die Darstellung betriebswirtschaftlich, verwaltungstechnisch, rechtswissenschaftlich oder herrschaftssoziologisch begreifbarer Kennzeichen der Institution Krankenhaus erschienen als ein plausibles Verfahren, die soziale Kompetenz von Kindern zu erhöhen, sie in einer solchen Situation handlungsfähiger werden und durch Ängste weniger blockiert sein zu lassen. Würde man beispielsweise auf die Institution Krankenhaus Aussagen über horizontale gesellschaftliche Disparitäten beziehen (über soziale Dienstleistungseinrichtungen, die als nicht gewinnabwerfende Einrichtungen dem Zustand andauernder finanzieller und personeller Benachteiligung unterworfen sind), so könnte eine auf Fortschrittlichkeit bedachte Kindergartenerziehung versuchen, Kindern diesen Sachverhalt vorzuführen, das Krankenhaus gesellschaftlich zu lokalisieren und in seinem defizitären Zustand darzustellen. (Diese Beschreibung ließe sich dann etwa verbinden mit der Schilderung von Merkmalen der hierarchischen und klassenmäßigen Organisation eines Krankenhauses, einschließlich damit verbundener Privilegien.) Indes: Wie bedeutungsvoll solche Aussagen für die Theoriebildung von Erwachsenen (Erziehern, Eltern) sein mag, die subjektive Befindlichkeit und Betroffenheit eines Kindes in oder angesichts der Situation eines Krankenhausaufenthalts würde eine Aufklärung dieser Art verfehlen. Denn nicht seine Probleme, sondern diejenigen der eine solche Institution tragenden Erwachsenen würden ihm vorgeführt; nicht seine Handlungschancen und Überlebensstrategien würde es in Erfahrung bringen könnne, es erhielte vielmehr Auskunft über Merkmale, die ihm als unbeeinflußbar erscheinen müssen.

Nun gibt es Aussagen, die sich direkter mit den durch die Umstände des Krankenhausaufenthalts bedingten Wirkungen auf Kinder befassen, Untersuchungen etwa zu Formen und Stadien des Hospitalismus, Fallstudien kranker Kinder (und es finden sich Beispiele für daraus abgeleitete, praktische Konsequenzen wie etwa ›Rooming-in-Stationen‹). Aussagen dieser Art können Erziehern und Eltern durchaus einen ersten Einblick in die Situation und Möglichkeiten ihrer Interpretation verschaffen. Sie können ihnen darüber hinaus Einschätzungen erlauben, inwieweit ein kindlicher Lebensbereich überhaupt Forschungsgegenstand geworden ist, und welche Kontroversen über ihn ausgetragen werden (hier etwa die Auseinandersetzung zwischen psychoanalytisch orientierten Kritikern der Behandlung von Kindern im Krankenhaus und einigen Medizinern, die Symptome des Hospitalismus für den Krankenhausalltag in Abrede stellen). Aber sie geben nur allgemeine Eindrücke von dem preis, was sich an kindlichen Ängsten, Nöten, Phantasien, Vermeidungs- und Bewältigungsversuchen tatsächlich im Krankenhaus ereignet, was Hinweise auf Qualifikationsdefizite und in oder angesichts der Situation erwerbbare Qualifikationsansätze geben könnte. Immerhin bieten solche Aussagen eine erste Materialbasis für weiterführende Untersuchungen von Erziehern, Eltern oder Wissenschaftlern. Sie helfen, allgemeine Fragestellungen auf naheliegende einzugrenzen, auf Fragen nach Inhalten und einigen Ursachen von Ängsten, nach Ansatzpunkten einer möglichen Verringerung oder Verarbeitung dieser Ängste.

Die Recherchen gelten Kindern und Erwachsenen innerhalb und außerhalb des Situationsbereichs. Ein erster Beitrag von Erzieherinnen kann sein, bei Kindern ihrer Gruppe in Gesprächen festzustellen, welche Befürchtungen, Mutmaßungen und Kenntnisse über Krankheit und Krankenhaus existieren. Diese Gespräche und ihre Ergebnisse erfüllen dabei – wie andere der Situationsaufklärung dienende Aktivitäten von Kindern und Erziehern – eine mehrfache Funktion: In ihnen werden Eingangsvoraussetzungen der Kinder festgestellt; sie sind – dadurch, daß in ihnen erste Artikulationen ermöglicht werden und sich Handlungsfolgen (Spiele, Exkursionen) ergeben können – selbst schon Teil der in Entwicklung befindlichen didaktischen Einheit; aus ihnen ergeben sich Aussagen, die bei einer späteren Kodifizierung des Curriculum als Erfahrungsmaterialien eingebracht und weitergegeben werden können.

Ergänzen lassen sich diese Gespräche mit Kindern, die implizit auf Kompetenzmängel (im Sinne bisher ›vorenthaltener‹ Informationen) und Möglichkeiten aktiver Vorbereitung auf die Situation hindeuten, durch

Befragungen von Kindern im Krankenhaus oder auch von entlassenen. Die Untersuchenden (Studenten oder Wissenschaftler) arbeiten in Absprache mit den Erzieherinnen; beabsichtigt wird damit die Herstellung einer Transparenz empirischen Vorgehens für diejenigen, die pädagogische Folgerungen aus den Ergebnissen ziehen wollen.

Die Beobachtungen an und die Aussage von Kindern (und auch Erwachsenen) geben qualitative Einblicke in die Situation, wobei sich das Lokale und Besondere dieser Einblicke nicht als hinderlich, sondern als unmittelbarer und besonderer Anknüpfungspunkt für didaktische Folgerungen erweist. Einige Beispiele für Aussagen von Kindern (und Erwachsenen) sind im folgenden angeführt, um dies zu verdeutlichen. Sie wurden von Erzieherinnen in Gesprächen und auf der Kinderstation eines Krankenhauses ermittelt[31].

Mutmaßungen über Krankheit und Krankenhaus: »Krankheiten kommen aus der Luft, ganz oben vom Himmel und Schlangen gibt's, giftige.« – »Leute mit einem Kind gehen ins Krankenhaus und lassen es da.« – »Ich geh nie ins Krankenhaus, da will ich nie rein, da ist's kalt, da sterb ich lieber, das macht ja nichts.« – »Man bekommt nichts zu essen.« – »Die Ärzte sind ganz weiß angezogen und haben ein Band vor dem Mund, damit sie nicht schreien können oder weil sie nicht sprechen wollen, warum weiß ich nicht.«
Ängste vor dem Alleingelassensein: »Ich hatte Angst, meine Mutti holt mich nicht mehr.« – »Es war nicht schön, ich habe geweint, weil die Mutti nicht mehr da war, da haben sie mich liegenlassen, und ich habe immerzu geweint.« – »Mami hat mich angelogen, sie hat gesagt, sie geht zur Schwester, und dann war sie ganz weg.«
Erfahrungen mit Maßnahmen der Behandlung: »Die Schwester gab uns eine Spritze in den Oberschenkel, die anderen haben geschrien, ich hab's gerade noch ausgehalten.« – »Ich habe Spritzen gekriegt, einmal in die Hand und am Arm. Da hab ich gesagt: Soll ich dir das auch mal machen, dann siehst du, wie das ist. Dann habe ich geweint.« – »Ich hab was in den Mund bekommen, was gestunken hat und etwas langes, das wie Silber war.« – »Ich hab in den Keller müssen, hab Gummi um den Kopf gekriegt, sie haben mit einem Licht in meinen Kopf neigschaut, bin weit weggefahren worden, hinter dem Ohr haben's was gemacht, untersucht bin ich worden, aber nur im Spritzenhaus. Am Schluß hab ich gehen müssen, das kann ich aber nicht gescheit, an einem Strich lang, da fall ich leicht hin, und die Füße werden hochgehoben, und ich hab sagen müssen, ob es weh tut.« – »Jetzt sag ich alles, was Medizin ist: Hustensaft, Tabletten, rosa und weißer Saft, von denen ich Namen nicht weiß.«
Ängste vor der Operation: »Bauchaufschneiden? Daran kann ich gar nicht denken!« – »Ich habe eine Spritze gekriegt, meine dicke Nase wurde operiert, es war ganz schrecklich!«
Erfahrungen mit Schwestern: »Die Schwester hat mich angelogen. Sie hat mir nicht gesagt, daß ich aufgeschnitten werde, und ich habe es mir doch schon ge-

---

[31] Die Aussagen stammen aus Gesprächen, die Erzieherinnen mit Kindern in Modellkindergärten in Rheinland-Pfalz und Hessen geführt haben, sowie von Kindern in einem Krankenhaus, die von Angela Breitschaft beobachtet wurden.

Ein Bezugsrahmen vorschulischer Curriculumentwicklung 41

dacht.« – »Nachts habe ich einmal in die Hose gemacht, da hat die Schwester geschimpft. Als ich sie gefragt habe, ob meine Mutti heute kommt, hat sie gesagt: Laß mich in Ruhe, Donner noch mal.«

Schwestern im Umgang mit Kindern: »Was denn, jetzt *kann* gar nichts weh tun.« – »Jetzt ist aber Schluß, ich möchte nichts mehr hören.« – »Jetzt heult sie wieder, weil sie ihren Kopf nicht durchsetzt und nicht raus darf, dann wird sie hysterisch.« – »Ich hab dir doch schon vor einer viertel Stunde gesagt, daß du trinken sollst, ich kann nicht hinter jedem Kind fünfmal herrennen.«

Versuche der Verarbeitung von Ängsten in Träumen und Tagträumen: »Weißt du, was ich geträumt habe? Ein Geist war da, er hat am Bett gerüttelt. Der Geist war ganz aus Eisen. Das war aber nicht Traum, das war wirklich.« – »Ich hab einen Vogel in der Hand gehabt. Dann fielen mir drei Finger ab von der Hand.« – »In der Nacht war ein Krokodil da, es hat ›mm‹ gemacht.«

Die Äußerungen sind hier deshalb etwas ausführlicher zitiert worden, weil an ihnen vielleicht ein aufforderndes Moment deutlich werden kann, das sie enthalten: Als Materialien für den Diskurs zwischen Erziehern, Eltern, Wissenschaftlern erleichtern sie gerade in der scheinbaren Singularität der Aussagen (in denen Erkenntnisse der zugleich ausgewerteten Humanwissenschaften eine Bestätigung erfahren mögen) interpretative Akte, Bemühungen einer Theoriebildung über die Situation, Ansätze pädagogischer Hilfestellung.

So kann es im Fall der Situation ›Kinder im Krankenhaus‹ zu Überlegungen kommen, wie man vor- oder nachbereitend einen Teil der kindlichen Ängste auflösen oder Möglichkeiten ihrer Verarbeitung verstärken kann. So naheliegend es jedoch ist, Kindern die im Alltag des Krankenhausbetriebes verweigerten Kompetenzen zu verschaffen und sie über die Aufgaben des Krankenhauses, die Funktion von Spritzen, Fieber, Blut oder Operationen zu informieren, so sicher erscheint, daß dies nicht zureichend sein kann, daß eben eine didaktische Verkürzung der Situationserschließung auf das Format eines Kinderlexikons Performanzen nicht vergrößern kann. So wird man versuchen, in Spielen, Rollenspielen, Dramatisierungen, Befragungen und Begehungen Erfahrungen erwerben zu lassen, die den sozialen Kontext notwendiger Kompetenzen miterfassen (wobei in diesem Fall Realängste auch auf bewußter Ebene angesprochen werden können, während die analytisch interpretierbaren, vorbewußten Ängste nach einer eigenen Form verarbeitender Darstellung verlangen). Die Untersuchung der Situation, an der zunächst Kinder und Erzieher oder Wissenschaftler beteiligt sind, läßt sich erweitern: Man kann von Beruf her Sachverständige der Situation (Schwestern, Ärzte) genauso in Gespräche einbeziehen wie Eltern. Denn die Erzieherinnen verlangen nach der Möglichkeit, ihr Vorverständnis der Situation am Ort überprüfen zu können. Die Lektüre wissenschaftlicher Quellen zu defizitären Momenten des Krankenhauses etwa könnte sich als folgenlos erweisen: Denn es würden – so könnte von Erzieherinnen dann argumentiert werden – dort doch wohl vergangene Zustände geschildert, nicht aber die ordentlichen Verhältnisse des Kreiskrankenhauses in ihrer Stadt.

Erst, wenn Erzieherinnen in Gesprächen mit Vertretern dieses Krankenhauses aus erster Hand Kennzeichen einer Mythenbildung wiederentdecken, derzufolge bereits hospitalisierte Kinder mit freundlich-angepaßten, ›braven‹ Kindern verwechselt werden, wenn sie die pädagogische Bevormundung durch einen oder die Kooperationsbereitschaft eines anderen Arztes (und von beiden widersprüchliche Situationsdeutungen) erfahren, kann die Bereitschaft zunehmen, sich mit den Handlungschancen ihrer Kinder innerhalb der Situation zu befassen.

Entsprechendes gilt für die Eltern: Ein Verständnis der Situation, das jenseits eigener fatalistischer Einstellungen zum Krankenhaus und jenseits auch der Situationsdarstellung der Trivialliteratur einsetzt, gewinnen sie in der Auseinandersetzung mit ihr: Dieses Verständnis kann auf einem Elternabend beginnen, wenn Erfahrungen über entlassene, aggressive und nachts aufschreiende Kinder ausgetauscht werden. Es kann vertieft werden in gemeinsamen Veranstaltungen von Kindern, Schwestern und Eltern. Es kann in Versuche der Eltern münden, aktiver auf kontradiktorische Momente der Situation einzugehen: Warum lassen sich zu kurze und zu seltene Besuchszeiten nicht verändern? Warum können Familienmitglieder im Krankenhaus bei den Kindern nicht auch einmal übernachten? Warum könnte man die erste Klasse nicht auflösen und die Betten für solche Zwecke freigeben, wie andernorts? Diskussionen zwischen Eltern, Erziehern und Vertretern des örtlichen Krankenhauses können dann – und dies wird die Ausnahme bleiben – auf die Veränderung von Situationsmerkmalen zielen, die sich als objektive Verursachungen subjektiver Belastung von Kindern darstellen. Auch Erfahrungen, die dadurch gewonnen werden, daß eine Institution wie die des Krankenhauses auf vorgetragene Belange initiativ werdender Eltern so leicht nicht reagiert, sind Erfahrungen, aus der sich Einsichten ableiten lassen.

Situationen werden, vergegenwärtigt man sich noch einmal die aufeinander bezogenen Nachforschungen, Konfrontationen und Verständigungen, nicht als statische, klar abgrenzbare, von Widersprüchlichem freie, einmalig zu analysierende aufgefaßt. Sie sind eher »Stationen gesellschaftlicher Entwicklung«[32], wie klein und bedeutungslos sie auch erscheinen mögen. Die Qualifizierung kann dann auch nicht für eine Situation abgegrenzter Art, sondern für eben diesen Prozeß versucht werden.

Schließlich: Diskurse können – legt man an sie Maßstäbe kritischer Wissenschaft an – mißglücken. Sie können zäh vorankommen und abbrechen. Der Sachverhalt, daß an ihnen der in konstruktiver Konkretion sei-

[32] Preuss, U. K., Das Problem Bildung, Bildung und Qualifikation. In: Neue Sammlung, 13 (1973), H. 1, S. 39.

Ein Bezugsrahmen vorschulischer Curriculumentwicklung

ner Wissenschaft ungeübte Wissenschaftler beteiligt ist, daß die Erzieherin mitwirkt, der diese Wissenschaft nicht geläufig ist, der Umstand, daß Teilnehmer der Diskurse Eltern sind (der Einzelhändler also, die Friseuse, der Malermeister, der angelernte Arbeiter, die Verkäuferin, die Frau des Poliers, der Verwaltungsangestellte), treibt den pädagogischen Fortschritt gewiß langsamer voran, vielleicht aber so, daß cr von mehr Menschen als nur von einigen Erziehungsspezialisten getragen und vollzogen werden kann. Die sich Qualifizierenden – Kinder oder Eltern – sind damit nicht mehr in einem Maße von der Bestimmung von Fähigkeiten und ihrer Verwendung ausgeschlossen, wie es innerhalb einer Curriculumentwicklung üblich ist, deren Wissenschaft – sich vom Zustand spezifischer Sprachlosigkeit freisprechend – behauptet, stellvertretend für Unmündige und Unterprivilegierte und als ohne sie handeln zu können.

3.3 Der Bezug zu Sozialisationsbedingungen

Wenn an anderer Stelle (s. Abschnitt 2) gesagt wurde, daß die Umformulierung von Persönlichkeitsvariablen zu Lernzielen als ein unzureichender Versuch vorschulischer Curriculumentwicklung angesehen werden müsse, so befreit dieses Argument nicht von der Notwendigkeit, Qualifizierungsprozesse mit Sozialisationsbedingungen der zu Qualifizierenden in Beziehungen zu setzen. Denn eine Identifizierung qualifikationsrelevanter Sachverhalte ausschließlich in Situationen könnte zur Formulierung von Qualifikationen führen, die uneinlösbar und unvermittelbar sind, weil sie objektiv Nichterrreichbares verlangen und Barrieren übersehen, die ihrer Umsetzung und Einlösung im Wege stehen. Die Bestimmung objektiv anwendbarer Qualifikationen kann aber auch dann scheitern, wenn trotz realistischer Einschätzung situativer Bedingungen die sozialisatorischen Voraussetzungen auf Seiten der Kinder nicht entsprechend berücksichtigt und damit Qualifikationen am Subjekt vorbei definiert werden. Sie lassen sich durch den Bezug zu objektiven Situationsbedingungen allein nicht bestimmen; es müssen zugleich Überlegungen angestellt werden, wie sie innerhalb des Sozialisationsprozesses von Kindern vermittelt werden können, wie Situations- mit Sozialisationsbedingungen korrespondieren.

Dieses Problem kann hier – begreift man es als ein sozialisationstheoretisches – lediglich als Aufgabe formuliert werden; bisherige Versuche, Situations- und Sozialisationsvariablen in konvergierender Form bei der Bestimmung von Qualifikationen zu berücksichtigen, verliefen unbefriedigend. Die Konkretheit situativer Variablen ist ungleich größer als die beschriebener sozialisationstheoretischer Variablen. Variablen auf der Subjektseite, die konkret genug gefaßt sind, um mit identifizierten Variablen situativer Kontexte in Beziehung gesetzt werden zu können, sind innerhalb sozialisationstheoretischer Konstrukte in einer für vorschulische Curriculumentwicklung brauchbaren Weise nicht dargestellt worden.

Deutlich wurde dies im Zuge der Umsetzung des hier vorgestellten Bezugsrahmens: Dem Autonomiepostulat entsprechend wurden sozialisationstheoretische Aussagen über Bedingungen von Ich-Autonomie herangezogen. Ein entsprechendes Konstrukt autonomer Ich-Organisation ist in der neueren Sozialisationstheorie (im Rollenkonzept des Interaktionismus) beschrieben worden[33]. Es definiert einen Komplex von Fähigkeiten, die den Menschen in die Lage versetzen sollen, seine Identität im Verhältnis zu anderen zu finden und immer wieder neu herzustellen. Ich-Identität wird dabei als strukturelles Erfordernis des Interaktionsprozesses verstanden und durch Eigenschaften wie die Fähigkeit zum Rollenerwerb, zur Rollendistanz, Ambiguitätstoleranz und Empathie gefaßt.

Der Rückgriff auf ein solches Konstrukt erscheint sinnvoll, wenn – wie gesagt – vermieden werden soll, daß willkürlich zusammengestellte, in faktorenanalytischen Arbeiten beschriebene Persönlichkeitseigenschaften zu Lernzielen umstilisiert werden.

Für eine Curriculumentwicklung ergeben sich jedoch vor allem aus zwei Gründen Probleme: Nimmt man als eine Variable des Konstruktes beispielsweise die der Rollendistanz, dann bleibt diese Fähigkeit formal und pädagogisch unzugänglich definiert, wenn nicht für den je konkreten, situativ-historischen Zusammenhang dingfest gemacht werden kann, wann und gegenüber wem und in welcher Sache Rollendistanz angebracht erscheint – in Situationen etwa der Vermittlung und Internalisierung von Herrschaftsstrukturen in einer an der Oberfläche von Interaktionen kaum wahrnehmbaren Weise. Würde man dies tun und Verwendungssituationen der zu fördernden Eigenschaft ermitteln, wäre man in keiner Weise der Notwendigkeit einer Interpretation enthoben, durch welche konkrete Bestimmung Rollendistanz gekennzeichnet würde und wie dies pädagogisch zu bewerten sei. Diese konkrete Bestimmung jedoch kann den formalen Begriff bedeutungslos werden lassen; er wird zur Hülse verschiedenartiger materialer Gehalte, die er eben nicht ›auf den Begriff‹ zu bringen vermag.

Ein zweites Problem würde sich stellen, wenn die dem Konstrukt autonomer Ich-Organisation zugrunde liegenden rollen- und sozialisationstheoretischen Vorannahmen wesentlich die Theoriebildung über Situationen mitbestimmen würden: Dann wäre nämlich zu fragen, inwieweit das Konstrukt Ausdruck einer nur in bestimmten subkulturellen Milieus funktional erscheinenden persönlichen Identität ist oder auch übergreifende

---

33 Krappmann, L., Soziologische Dimensionen der Identität. Strukturelle Bedingungen für die Teilnahme an Interaktionsprozessen. Stuttgart 1971. Siehe auch den Beitrag von L. Krappmann in diesem Band.

Bedeutung beanspruchen kann; insbesondere wäre das Verhältnis zu jenen Formen kollektiver Identität zu klären, die als eine der wichtigen Voraussetzungen solidarischen Handelns der hier vor allem gemeinten Bezugsgruppen angesehen werden können.

Es soll hier nicht bestritten werden, daß bestimmte Interaktionschancen, wie sie innerhalb des Konstruktes autonomer Ich-Organisation beschrieben werden, Kindern gewährt werden müssen, wenn nicht pathogene Verzerrungen der Balance innerhalb des Interaktionsprozesses riskiert werden sollen. Aber angesichts der offenen Fragen und des Defizits an Theoriebildung über das Verhältnis von Situations- und Sozialisationsvariablen kann gegenwärtig nur versucht werden, im Curriculum Rahmenbedingungen balancierter Interaktionsprozesse mit ihren kognitiven, affektiven und motivationalen Entwicklungschancen herzustellen, diese Prozesse in freier und spontaner Kommunikation zu fördern sowie therapeutische Milieus zu schaffen, um gestörten Interaktionsstrukturen entgegenzuwirken.

3.4 Zur Bestimmung von Qualifikationen

Der Versuch, vorschulisches Lernen stärker auf gesellschaftliche Praxis zu beziehen, konfligiert mit dem herkömmlichen Qualifikationsbegriff. Denn weder kann es sich um die Bestimmung von Qualifikationen handeln, die von dieser Praxis im zuvor kritisierten Sinne abstrahieren, noch sind Qualifikationsdefinitionen möglich, die in behavioristischer Tradition Verhaltensweisen darstellen, mittels derer auf Anforderungen in vorgeprägter Weise reagiert werden kann. Qualifikationen als Endverhaltensweisen formulieren zu wollen, würde vom Curriculumkonstrukteur verlangen, Strategien der Bewältigung von Situationen vorweg zu kennen und sie Kindern beizubringen. Qualifikationen, die durch Situationsbezug bestimmt werden, sind nicht operationalisierbar; sie könnten es nur sein, wenn Situationen als gleichförmig und wiederkehrend erscheinen und die Ableitung von adäquaten Verhaltensrepertoires erlauben würden.

Qualifikationen, wie sie hier verstanden werden, können lediglich Richtungen der Erschließung von Lern- und Erfahrungsprozessen bezeichnen. Bestimmt man sie im Diskurs so, wie er skizziert wurde, können sich Qualifikationshinweise ergeben, die sich mit üblichen wissenschaftlichen Kategorien nicht fassen und aus den Wissenschaften nicht deduzieren lassen. Die Qualifikationswünsche der im Diskurs einbezogenen Vertreter des gewählten Situationsbereichs liegen vielfach quer zu den Qualifikationshypothesen beteiligter Wissenschaftler – hier genau zeigt ja das Mißverhältnis von Wissenschaften und gesellschaftlicher Praxis seine Wirkung.

Aus den bisherigen Überlegungen ergeben sich Anhaltspunkte für die

Bestimmung von Qualifikationen: Sie sollten zum ersten in bezug auf die Ziele von Autonomie und damit verbundener Kompetenz bestimmt werden. Aufgrund des Zusammenhangs beider wird man bei der Definition nicht trennen können in kompetenzbezogene Qualifikationen auf der einen und autonomiebezogene auf der anderen Seite. Die Bestimmung von Qualifikationen unter Einbezug des sozialen Kontextes ihrer Anwendung soll ja gerade bewirken, ›instrumentelles‹ und ›autonomes‹ Handeln im Vollzug zu verschränken und Ambivalenzen gegenüber einer heteronomen Steuerung isolierbarer instrumenteller Fertigkeiten stärken. Zum zweiten sollen Qualifikationen in bezug auf Situationen bestimmt werden.

Situationen gelten damit als Quelle der Qualifikationsgewinnung; der Grad der Konkretheit und Einmaligkeit bzw. der Generalität und Abstraktheit von Qualifikationen mißt sich daran, was in Situationen an je Besonderem oder Allgemeinem enthalten ist. Zum dritten erscheint der Bezug zu Sozialisationsbedingungen von Kindern unterschiedlicher subkultureller Milieus erforderlich, ein Bezug, der, wenn er adäquat wahrgenommen werden soll, die Aufhebung sozialisationstheoretischer Defizite voraussetzt.

3.5 Didaktische Einheiten als Elemente des Curriculum

Wenn man den hier beschriebenen Ansatz zu bestehenden Lehrplanformen in Beziehung setzt, dann korrespondiert er mit einem vorfachlichen gesamtunterrichtlichen Angebot. Ein ihm entsprechendes Curriculum kann sich in *didaktische Einheiten* gliedern, die jeweils bestimmten Situationen oder Situationsbereichen gelten.

Es gibt bisher keinen zureichenden Versuch der Gesamtklassifikation solcher Situationen, und es erscheint auch zweifelhaft, ob ohne jeweilige Theoriebildung über sie und ohne ihre damit verbundene konkrete Bestimmung mehr als nur eine nominaldefinitorische Verständigung von relativer Beliebigkeit erreichbar wäre. Die Versuche der Berliner Curriculum-Gruppe, Lebenssituationen nach formal-logischen Gesichtspunkten zu klassifizieren, scheiterten: Die Situationsbereiche erwiesen sich als beliebig ausdeutbar, die Abgrenzungen zwischen ihnen blieben willkürlich gesetzte. Statt sich dem vergeblichen Unterfangen des Enzyklopädismus auszusetzen, erscheint es bei eingeschränkten Möglichkeiten deduktiver Situationsbestimmung angemessener, die Bedeutung und inhaltliche Bestimmung von Situationsbereichen im skizzierten Diskurs zu ermitteln, damit stärker induktiv vorzugehen, entsprechende didaktische Einheiten zu entwickeln und die Einheiten als Elemente des Curriculum zu verstehen. Die so bestimmten, miteinander verschränkten und verbundenen Situationsbereiche lassen sich dann nach pragmatischen Gesichtspunkten gliedern.

Versteht man den Situationsbezug nicht nur als eine Möglichkeit zur *Bestimmung von Qualifikationen* (darauf vor allem richtete sich das Interesse der Berliner Curriculum-Gruppe) sondern auch als *didaktisches Prinzip*, als eine Möglichkeit, hier und jetzt in einer Kindergruppe von solchen Situationen auszugehen und sich auf sie zu beziehen, dann wird es innerhalb didaktischer Einheiten situative Anlässe geben, die in eine Kindergruppe getragen, *Diskussionen* zwischen Kindern und Erziehern über Möglichkeiten der spielerischen Umsetzung und Verarbeitung anstehender Fragen bewirken können. Aus der Diskussion kann sich ein *Projekt* entwickeln, eine Abfolge von Schritten, die der Bewältigung der jeweiligen Fragen und Probleme gelten. Kommt es innerhalb eines solchen Projektes zur Feststellung von Mängeln der Kompetenz, zu Stellen also, an denen ohne entsprechende Kompetenz nicht voranzukommen ist, so kann das der Anlaß zu Stützkursen sein, zu jenen *didaktischen Schleifen*, über die die für das Projekt notwendige Kompetenz erworben werden kann.

Situative Anlässe: Zwar liegen sie vor einem ›auf der Straße‹, sind vorhanden und greifbar, aber es ist nicht selbstverständlich, daß Erzieher und Kinder sie ohne eine entsprechende Sensibilisierung benennen und aufgreifen können.

Situative Anlässe können (lokal-)geschichtliche Vorfälle sein, die nicht nur Kinder betreffen, sondern ihre Eltern, das Dorf, den Stadtteil. Betrachtet man Anlässe zu Projekten, wie sie in der Entschulungsdebatte mitgeteilt werden, so handelt es sich im günstigsten Fall um die lernende und einwirkende Teilnahme von Schüler- und Lehrergruppen an einem Geschehen, das nicht von der Schule inszeniert wird, sondern unabhängig von ihr beginnt und sich vollzieht: Ein griechischer Tanker etwa, der in einer Bucht an der kanadischen Küste Öl abläßt, kann Anlaß zu Nachforschungen sein, ob und wie Verursacher von Meeresverschmutzung zur Rechenschaft gezogen werden können; Schüler und Lehrer nehmen hier Teil an Initiativen der Küstenbevölkerung und der sie vertretenden Behörden. Straßenkämpfe in einer nordamerikanischen Stadt zwischen jugendlichen Schwarzen und Kindern von Einwohnern aus Puerto Rico werden zum Anlaß eines Projektes, das Nachforschungen über die Gründe der Auswanderung aus Puerto Rico anstellt; Teil des Projektes ist eine längere Exkursion der schwarzen Schüler und ihrer Lehrer nach Puerto Rico, während der sie an Ort und Stelle die ökonomischen und sozialen Gründe der Auswanderung untersuchen und sich durch Gelegenheitsarbeiten das zum Überleben notwendige Geld verdienen. Südbayerische Hauptschüler könnten sich an der Bearbeitung und Lösung von Problemen der Flurbereinigung und genossenschaftlichen Nutzung von Maschinen und Geräten beteiligen, von Problemen, die ihre Eltern als Landwirte aktuell betreffen.

Es liegt auf der Hand, daß lokale Vorfälle, die die Szenerie des Lernens und Erfahrens von Kindern im vorschulischen Alter darstellen können, einen direkten Bezug zur kindlichen Lebenswelt haben müssen, wenn sie verständlich und Anlaß für darauf bezogene Aktivitäten sein sollen. Wenn, wie dies einem Modellkindergarten in einer Randgruppensiedlung widerfahren ist, nachts in den Kindergarten eingebrochen und dabei Spielzeug zerstört und auch entwendet worden ist, dann kann dieser Vorfall zu einer ganzen Reihe von Aktivitäten führen: unter anderem zu einer entsprechend modifizierten didaktischen Einheit ›Kinder und alte Leute‹, innerhalb derer Menschen aus dem benachbarten Altersheim gebeten werden, mit Kindern zusammen die zerbrochenen Spielsachen wiederherzustellen.

Wenn sich eine Bürgerinitiative am Ort mit Fragen der Reform des Krankenhauses befaßt, lassen sich vielleicht Möglichkeiten schaffen, die didaktische Einheit ›Kinder im Krankenhaus‹ damit in Beziehung zu setzen. Die unfeierliche Eröffnung einer Gastarbeiterunterkunft mit ersten Kontaktschwierigkeiten zwischen fremden und einheimischen Kindern kann Anlaß der didaktischen Einheiten ›Außenseiter‹ und ›Gastarbeiterkinder‹ sein. Der Plan eines Gemeinderats, wegen des Baus einer Verbindungsstraße einen Teil des vorhandenen Spielplatzes zu opfern, kann zum Anlaß der Einheit ›Raumplanung‹ werden.

›Große‹ lokale Vorfälle mit unmittelbaren Bezügen zur Lebenswelt der Kinder sind die selteneren und nicht die einzigen möglichen Anlässe. Es gibt darüber hinaus solche, die eine aktuelle lebensgeschichtliche Bedeutung für Kinder besitzen: der bevorstehende Eintritt in die Schule, die Trennung oder Scheidung von Eltern, die Geburt eines Bruders oder einer Schwester, der Tod der Großmutter, der Umzug der Familie.

Schließlich gibt es alltäglichere Vorfälle, an die sich paradigmatische Lernprozesse knüpfen lassen: Ein Kind hat sich in der Stadt verlaufen, ein Bruder ist ins Krankenhaus gekommen, abends gibt es Krach beim Zubettgehen, tägliche Schwierigkeiten entstehen im Umgang mit zu kleinen Wohnungen. Wenn man eine vorerprobte didaktische Einheit (in der Vorerfahrungen und Voreinfälle mitgeteilt werden) auf Hier-und-jetzt-Anlässe beziehen will, muß man sie nacherfinden und modifizieren können. Dies kann, will die Erzieherin es nicht allein tun, in *Diskussionen* zwischen ihr und Kindern ihrer Gruppe vorbereitet werden. Denn es muß überlegt werden, wie man sich veranlaßten Fragen nähern will: in Spielen oder Dramatisierungen, in der Einladung von Sachverständigen, in Begehungen, in Kooperativen mit Eltern? Die Diskussion verbindet Anlässe, Projekte und didaktische Schleifen, in ihr wird darüber befunden, ob und wie man die in vorerprobten Einheiten enthaltenen Vorschläge anwenden oder abwandeln will. Die Diskussion ist kein einmaliger Akt zu Beginn

Ein Bezugsrahmen vorschulischer Curriculumentwicklung

der Durchführung einer didaktischen Einheit; sie kommt immer wieder vor – in der Form von Planungsgesprächen, Absprachen zwischen Untergruppen, Beschlüssen über die Konsultation Außenstehender, Verständigungen über wünschbare Kenntnisse und damit über die Einleitung didaktischer Schleifen. Sie wird auch dann notwendig, wenn – nach Phasen zwischengeschalteter anderer Einheiten oder sonstiger Tätigkeiten – eine fast schon in Vergessenheit geratene Einheit wieder hervorgeholt, aktualisiert und neu belebt wird. Die Diskussion setzt Kompetenzen voraus – erwerbbare Fähigkeiten Drei- bis Fünfjähriger, sich untereinander in Planungsabsichten verständlich zu machen, daraus ableitbare Verbindlichkeiten anzuerkennen und eine Weile durchzuhalten, Konflikte, die sich aus unterschiedlichen Plänen ergeben, zu verhandeln oder auszutragen.

Erprobte didaktische Einheiten können und wollen weder alle denkbaren situativen Anlässe nennen, noch vermögen sie die Vielzahl möglicher Themen und Stationen für Diskussionen in präskriptiver Weise anzugeben. Sie können allerdings Erfahrungen darüber mitteilen, wann bei der erprobenden Durchführung Anlässe wahrgenommen und Gespräche für sinnvoll gehalten werden. Mitgeteilt werden kann auch, wie sich in der Erprobung an verschiedenen Kindergärten unterschiedliche sozial-ökologische Umwelten repräsentierten und daraus besondere Anlässe, Formen und Inhalte von Diskussionen ergeben.

Diskussionen begleiten, unterbrechen und bestimmen *Projekte,* jene auf unmittelbaren, sinnlichen Erfahrungserwerb gerichteten Handlungen, in denen versucht wird, sich wichtige Teile der Situation zu erschließen und mittelbar oder unmittelbar Einfluß auf sie zu nehmen. Die Diskussion ist reflexives Instrument der Projektbegleitung. In manchen dieser Projekte wird die Institution Kindergarten oder Vorklasse ein Stück weit durchbrochen werden können. In ihnen wird das Lernen und Erfahren nach Möglichkeit dorthin zurückverlagert, wo außerhalb dieser Einrichtungen in der Regel gelebt und gehandelt wird. Will man allerdings verkürzte Formen der Auslieferung von Kindern an solche Situationen, will man vereinfachte Muster des ›learning by doing‹ vermeiden, dann werden sich die kampagnenartigen Spiele und Tätigkeiten der Kinder in einem ständigen Wechsel von ›Theorie‹ und ›Praxis‹, dem Wechsel zwischen der Gewinnung spielerischer Distanz im Kindergarten oder in der Vorklasse auf der einen und der Gewinnung direkter, nun nicht mehr unreflektiert erworbener Erfahrung außerhalb dieser Einrichtungen auf der anderen Seite vollziehen müssen. Mehr noch: Je bewußter die Verbindung von Situationen innerhalb und außerhalb dieser Einrichtungen geschaffen werden kann, desto eher dürfte eine Übertragbarkeit und Einlösbarkeit erworbener Qualifikationen vorbereitet werden.

Projekte werden in ihrer Mehrzahl nicht einfach aus Exkursionen (im

Sinne einer Anschauungsdidaktik) bestehen. Die Aneignung von Situationen jenseits der Wahrnehmung von Oberflächenerscheinungen setzt bei Kindern Ansätze jener ›Theoriebildung‹ voraus, an der die Erwachsenen mitwirken. Ein Besuch im Krankenhaus kann sich als bedeutungslos erweisen, wenn Kinder – unvorbereitet auf das für sie Erfahrenswerte – nur mehr den glitzernden Essenswagen oder den breiten Aufzug in Erinnerung behalten.

Projekte können auch Situationen simulieren, dann zum Beispiel, wenn institutionelle Barrieren den Zugang erschweren. So kann man Kinder mit den Besonderheiten eines Tageslaufes im Krankenzimmer vertraut machen, indem man ihn dramatisiert: In einem *Projektentwurf* würde dann etwa vorgeschlagen, eine Kinderschwester einzuladen, in einer Ecke des Gruppenraumes die Szenerie eines Kinderkrankenzimmers aufzubauen und die wichtigen Stationen eines solchen Tageslaufes zu erspielen – die regelmäßigen Vorfälle und Tätigkeiten (den Wechsel von Tag- und Nachtschwester, die Visite, die Essens- und die Besuchszeiten), die besonderen Maßnahmen und Begebenheiten (Operation, Anlegen eines Tropfes, Streckverband). Dabei lassen sich Fragen entwickeln und in das Spiel einbringen: nach den Möglichkeiten, sich während einer Visite verständlich zu machen oder sich seine kleinen geheimen Gegenstände unter der Matratze zu bewahren.

Nach den Erfahrungen, die mit entsprechend ausgearbeiteten Projektentwürfen in Modellkindergärten gewonnen wurden, wird es kaum eine mit dem Ansatz vertraute Erzieherin geben, die einen solchen Vorschlag einfach abliest und zeilengetreu umsetzt. Und so, wie sie einen Projektvorschlag nach örtlichen Bedingungen und ihrer eigenen pädagogischen Einschätzung abwandelt, verfahren auch die Kinder: Aus Verbandsspielen können Zärtlichkeitsspiele werden, die sinnvoll sind, auch wenn sie mit der ursprünglichen Zielsetzung wenig zu tun haben mögen. Projektentwürfe sind somit keine Rezepte. Im entwickelten, offenen Curriculum werden sie durch Berichte von Projektverläufen relativiert. In diesen Berichten zeigt sich dann, daß die neuerliche Erfindung und Fortentwicklung des Curriculum im praktischen Vollzug notwendig und möglich ist.

Kilpatrick und Dewey haben darauf hingewiesen, daß die in Projekten freigesetzten Erfahrungen spezifischer Umwelten als stellvertretende und exemplarische gesehen werden müssen, als Erfahrungen, die in andere Lebenszusammenhänge transferiert werden können[34]. Hielte man dies für

---

[34] Dewey, J., und Kilpatrick, W. H., a. a. O. Vgl. auch Dewey, J., Experience and Education. New York 1963. Zum Begriff der Erfahrung siehe ferner: Hentig, H. v., Schule als Erfahrungsraum? Eine Übung im Konkretisieren einer pädagogi-

unmöglich, könnte das Ziel des Lernens für Lebenssituationen nur in einem aussichtslosen Wettlauf verfolgt werden, gälte es doch dann, eine Totalität möglicher Situationen im Curriculum abzubilden.

Wenn nun ein Projekt der Bewältigung, Verarbeitung oder Beeinflussung eines Wirklichkeitsausschnittes gilt, dann bestimmen sich von hierher die notwendigen Kompetenzen. Die Organisation ihres Erwerbs erfolgt dabei in erster Linie nicht gemäß der Logik einer Wissenschaftsstruktur, sondern nach den sich aus der Projektstruktur ergebenden Erfordernissen. Kompetenzen, die sich durchaus auf Erkenntnisse der Wissenschaften gründen können, definieren sich im Projektzusammenhang, der den sozialen Kontext des Kompetenzerwerbs repräsentiert.

Dort, wo Kompetenzdefizite in Erscheinung treten, lassen sich *didaktische Schleifen* durchführen, in denen instrumentelle Fertigkeiten eingebracht werden können. Wenn solche Fertigkeiten auf Projekte und mit ihnen auf soziale Kontexte bezogen werden, dann rechtfertigen Anlässe zu didaktischen Schleifen nicht deren Verlängerung über das projektgebundene Ziel hinaus, sie begründen nicht ihre Verselbständigung; sie sollten enden, wenn ihre Zwecke erfüllt sind und ein Projekt seinen Fortgang nehmen kann. Didaktische Schleifen können Projekten vorausgehen, wenn notwendig Eingangsqualifikationen fehlen. Sie können sie begleiten und wenigen Kindern gelten, die spezifische Fertigkeiten brauchen. Sie können Projekte unterbrechen oder ergänzen.

Wenn beispielsweise ein Projekt Hilfestellungen vermitteln will, um sich in einer Stadt, in der man sich verlaufen hat, zurechtzufinden, dann sind Anlässe zu didaktischen Schleifen vielfältig gegeben – der Umgang mit Bussen, der U-Bahn oder mit Stadtplänen, die Deutung von Zeichen und Hinweisen, der Gebrauch von Wechselgeld oder des öffentlichen Telephons sind Kompetenzen, die hier erworben werden können.

Wenn innerhalb der Einheit ›Kinder im Krankenhaus‹ nach Erklärungen für körperliche Geschehnisse bei äußeren Verletzungen und infizierten Wunden verlangt wird, läßt sich das, was in einer Ader geschieht (Blutplättchen, die Blutgerinnung bewirken; der Transport von Sauerstoff durch die roten Blutkörperchen; der Abwehrkampf weißer Blutkörperchen gegen eindringende Bakterien) dramatisieren und verdeutlichen (man baut sich aus Stühlen einen Gang, der – mit Decken zugedeckt – eine Ader symbolisiert; die Kinder spielen Abwehrversuche der weißen Blutkörperchen gegen Eindringlinge). Aussagen der Medizin werden dann der didaktischen Reduktion unterworfen, wenn wie hier zum Beispiel Fragen ent-

---

schen Idee. Stuttgart 1973. Zu verweisen ist hier auch auf die Arbeiten von M. Wagenschein. Siehe zu diesem Abschnitt auch den Beitrag von H. Bambach und R. Gerstacker in diesem Band.

stehen nach körpereigenen Vorfällen, derentwegen ein Kind unter Umständen im Krankenhaus behandelt werden muß[35].

Im Hinblick auf die für Kinder zu entwickelnden *didaktischen Materialien* innerhalb von Einheiten liegt nahe, daß Bestandteile der Realität sowie Werkzeuge und Materialien zu ihrer Herstellung den Vorrang haben vor vorgefertigtem Spiel- und Lernmaterial. Wenn soziale Realität selbst zur Basis von Erfahrungsgewinnung wird, dann können auch Gegenstände in ihr didaktische Funktionen erfüllen: das Verbandszeug und die Spritze aus der Praxis des Arztes, das Telephonhäuschen neben dem U-Bahn-Eingang, der Stadtplan, die Kleider auf dem Speicher der alten Frau.

Dort, wo Wirklichkeit schwer durchdringbar ist, wo Situationen nur mittelbaren Bezug zu Kindern aufweisen, können didaktische Materialien Realität dokumentieren und Aussagen und Erfahrungen Situationsbeteiligter verfügbarer machen: die Fotografie, der Film und das Tonband bieten sich hier als Medien an zur Abbildung dieser Realität. Ein Film beispielsweise zur Einheit ›Kinder im Krankenhaus‹ kann Erfahrungen aus der Situation an die Kinder im Kindergarten übermitteln, die mit anderen Medien kaum übertragbar erscheinen. Er kann als Realfilm über soziale Überlebensformen und Fähigkeiten der emotionalen Selbstbehauptung berichten, die Kinder in der Situation selbst entwickeln. Er kann mit dem Ende einer Besuchszeit beginnen, die Tränen der zurückgelassenen Kinder und die Bemühungen der Schwestern zeigen, für Ruhe zu sorgen. Er kann sich auf die Ebene der Kinder begeben und ihre Versuche einfangen, ange-

---

[35] Man kann nun einwenden, daß der von der Situation her veranlaßte Rückgriff auf Aussagen (Begriffe, Verfahren) der Wissenschaftsdisziplinen im Bereich vorschulischer Erziehung insofern unproblematisch sei, als er nicht mit einer an Wissenschaftsdisziplinen orientierten Fächerstruktur konfligieren würde. Schwieriger erschienen jedoch Verknüpfungen zwischen Situationen und sachlogisch miteinander verbundenen wissenschaftlichen Aussagesystemen dann, wenn in einem Stützkurs nicht einfach ein spezifischer Gegenstand vermittelt werden könne, sondern dies bereits den systematischen Erwerb anderer Kenntnisse voraussetzen würde (im Fall einer komplexen mathematischen Operation etwa, die auf einfacheren Operationen aufbaut und deren Beherrschung voraussetzt): Hier ist in der Tat ein wichtiges und kaum bearbeitetes Problem bezeichnet, das sich zunehmend dann stellen wird, wenn man im Sinne eines Spiralcurriculum eine situationsbezogene und an der Projektstruktur orientierte Curriculumentwicklung für den Primarbereich unternimmt. Wie umfangreich und sich verselbständigend drohen dann Kurse zu werden? Eine pragmatische – curriculumtheoretisch gewiß nicht befriedigende – Zwischenlösung könnte dabei sein, daß die Projektstruktur als eine Art Superstruktur die Fächerstruktur überlagert, wobei dann Beiträge aus Fächern im Projektzusammenhang ihre besondere Bedeutung erlangen könnten. Die projektbezogenen Kurse (didaktischen Schleifen) würden im wesentlichen fachspezifische Elemente enthalten, so daß sie die Verbindung zwischen gegebenem Fächerkanon und neuen Projekten darstellen könnten.

sichts der Verzweiflung einzelner für Trost zu sorgen: durch Zärtlichkeiten, durch Hilfe beim Auf-den-Topf-Gehen, durch das Ausleihen der Lieblingspuppe, durch den Gebrauch der Taschenlampe, mit der man auch nach dem »Licht aus« unter der Decke weiter Bilderbücher angucken kann – durch Herstellung also von Privatheiten und Gemeinsamkeiten angesichts einer angsteinflößenden Situation.

Situationsfilme lassen sich als Realfilme nicht am Schreibtisch erfinden, ihre Realisatoren müssen, wenn sie Erfahrungsvorsprünge von Kindern in der Situation dokumentieren und sie anderen außerhalb der Situation weitergeben wollen, gemeinsam mit den Kindern am Ort den Inhalt eines solchen Films bestimmen.

Nun müssen didaktische Materialien nicht auf Fiktion verzichten, nur weil sie für reale Situationen ausrüsten wollen: Das Krokodil, das dem Kind auf der Kinderstation im Tagtraum erscheint und ein Bein anfrißt, der Vorhang, der im Halbdunkel von Leben befallen wird, Träume und Schimären lassen sich mit ihren eigenen Mitteln visualisieren und – wenn nötig – auf erste Distanzen bringen. Konkrete Utopien, Vorstellungen von den kleinen besseren Verhältnissen können in der Groteske oder im Trick ihren Ausdruck finden. Möglicherweise geben sie Anstöße zu Rollenspielen voller Phantastik, zu Befragungen schlechterer gegenwärtiger Wirklichkeit. Materialien allerdings, die nicht den Übergang zur Realität zulassen, die ein Kind in jener Fiktion belassen, von der sie ausgehen, erscheinen wenig geeignet.

Einfacher, könnte es scheinen, sind Materialien zu entwickeln, die die Durchführung didaktischer Schleifen unterstützen und etwa technische Sachverhalte erklären. Aber genau hier stellt sich ja als Aufgabe für einen Realisator, den technischen Vorgang nicht abgelöst von seinem Verwendungszusammenhang und damit seinem sozialen Kontext darzustellen, dem Kind nicht nur technische sondern soziale Kompetenz (die die technische dann einschließt) zu vermitteln.

Dokumentationen über die erprobende Durchführung von Teilen didaktischer Einheiten erweisen sich auch für die Erwachsenen als hilfreich, die nicht an diesem Prozeß beteiligt waren, sondern mit einer entwickelten Einheit umgehen wollen: Ein Tonband, auf dem die Elterngruppe eines Kindergartens Erfahrungen mitteilt – über zunächst vergebliche Kontaktversuche mit Vertretern des nahegelegenen Krankenhauses, über das zunehmende Interesse von Kommunalpolitikern, über erste Entwicklungsstufen einer Bürgerinitiative, über das Scheitern dieser Initiative oder über ihre Teilerfolge –, ein solches Tonband kann Erfahrungen ungebrochener übermitteln, als wenn sie über eine Relaisstation wissenschaftlicher Analyse und Darstellung weitergegeben würden.

Die Elemente einer didaktischen Einheit – der situative Anlaß, die Diskussion, das Projekt, die didaktische Schleife – sind vorgestellt, einige der möglichen Medien und Materialien benannt worden. Versteht man ein Curriculum als eine Sammlung miteinander verbundener didaktischer Einheiten, so kann es einem Paket gleichen, in dem die Einfälle und Erfahrungen bei seiner Entwicklung enthalten sind – als aufgeschriebene, gefilmte, auf Tonband gesprochene, fotografierte, gezeichnete.

So, wie eine didaktische Einheit nicht in rigidem Ablauf durchgeführt werden kann, sondern in der Praxis immer wieder unterbrochen, verändert und mit anderen im Wechsel stehen wird, kann auch ein vorschulisches Curriculum nicht als eine starre Sequenz didaktischer Einheiten verstanden werden. Es kann projektorientierte Strategien und entsprechende Medien und Materialien bereitstellen; es kann Erzieher in die Lage versetzen, bei jeweiligen Situationsanlässen Angebote zu unterbreiten. Für die Erzieher wird es dabei in der Regel nicht um eine Arbeit mit der gesamten Kindergruppe gehen; versucht werden sollte vielmehr die Arbeit mit wechselnden kleineren Gruppen je nach ihren Bedürfnissen, eine Arbeitsweise, die die Befähigung von Kindern voraussetzt, Projekte über Teilstrecken zunehmend selbständig durchzuführen.

3.6 Mitwirkung von Eltern

Wenn man davon ausgeht, daß die Bereitschaft zu vorschulischer Förderung bisher weitgehend nur von Eltern der Mittelschicht aufgegriffen und umgesetzt wurde, sei es in Formen verstärkter Aufnahme der eigenen Kinder in vorschulische Einrichtungen, des Erwerbs von didaktischen oder quasididaktischen Spiel- und Lernmaterialien oder der Gründung von Elterninitiativgruppen, so muß es zu den wesentlichen Anstrengungen von Modellprogrammen der Curriculumentwicklung gehören, den Zirkel einer sich auch im Elementarbereich institutionalisierenden Privilegierung von Kindern der Mittel- und Oberschicht zu durchbrechen.

Konzepte der Elternbildung in Form von Elternabenden oder an Eltern gerichteten Vortragsveranstaltungen können hier zureichend nicht Abhilfe schaffen. Sie können es insbesondere dann nicht, wenn Erziehungsziele und -inhalte angeboten und vorwiegend auf verbalem Wege übermittelt werden, die weder an dem Selbstverständnis und an der Interessenlage gemeinter Adressatengruppen ansetzen, noch diese Gruppen in den Prozeß der Entwicklung anderer als alltäglich praktizierter Erziehungskonzepte einbeziehen.

Wenn, was zuvor schon angesprochen wurde, Eltern an der Entwicklung von und der Entscheidung über Curricula beteiligt werden sollen, so ist damit nicht nur beabsichtigt, daß Curricula von Eltern mit getragen und verantwortet werden. Ausgegangen wird auch von der Annahme, daß

Bezugsrahmen vorschulischer Curriculumentwicklung

ein Curriculum, welches die an Situationen von Kindern mitbeteiligten Erwachsenen nicht hinzuzieht, scheitern kann – dann zum Beispiel, wenn es Konflikte und Entfremdungen zwischen Eltern auf der einen, ihren Kindern und den Mitarbeitern der das Curriculum entwickelnden Gruppe auf der anderen Seite bewirkt oder Kinder in schwierigen familiären Situationen ohne Hilfestellung läßt. Der Diskurs mit Eltern sollte dabei weniger *über* ein Curriculum als vielmehr *im* Curriculum, als einer seiner wesentlichen Bestandteile versucht werden.

Eltern und andere Personen, mit denen Kinder über Projekte zusammenkommen, können als Erfahrungsvermittler einbezogen werden, als Mitwirkende und – im Sinne eines neu verstandenen Konzeptes von ›lifelong learning‹ – als Mitlernende. Sie können bei der Aufklärung über Arbeitssituationen und innerfamiliäre Auswirkungen der Arbeitsbedingungen genau so beteiligt sein wie bei der Vermittlung von Erfahrungen angesichts privater und öffentlicher Einrichtungen. Wenn, um ein Beispiel zu nehmen, Kinder Schwierigkeiten im Umgang mit alten Leuten haben, kann man zwar mit Hilfe von Medien und Materialien die Vorgänge des Alterns im Kindergarten behandeln. Sinnvoll erschiene es darüber hinaus jedoch, alte Menschen, die isoliert von den Kindern in Wohnhäusern leben, zu besuchen, sie einzuladen und in Gespräche und Unternehmungen einzubeziehen, die Gespräche zu erweitern auch auf die Eltern und mit Erwachsenen und Kindern zu versuchen, Kommunikationen zwischen Familien und alleinstehenden alten Leuten wieder herzustellen.

Eltern müssen sich wie ihre Kinder auf die Erschließung von Situationen einlassen, wenn ihr Sachverstand über die Weitergabe von Alltagsüberlegungen (»Sei brav, wenn du ins Krankenhaus kommst, sonst schimpft der Doktor.«) hinaus aktualisiert werden soll. Nicht nur Kinder können ein unaufgeklärtes Verhältnis zu Krankheit und Krankenhaus haben, sondern auch Erwachsene; einige haben – das zeigte sich während der Entwicklung der entsprechenden Einheit – kaum weniger Angst. Möglicherweise nicht nur Kinder, sondern auch ihre Eltern halten Distanz zu umständlichen, redseligen, mürrischen alten Menschen aus dem gleichen Haus. Wenn deutsche Kinder italienische auf der Straße hänseln oder sie auf dem Spielplatz übergehen, sind sie es nicht allein, denen die Nachbarschaft mit Familien ausländischer Arbeiter ungewohnt ist.

Zu den Hindernissen einer Mitwirkung von Eltern an Curriculumentwicklung und im Curriculum gehören ihre Vorstellungen von Vorschulerziehung als einer schulnahen leistungsorientierten Veranstaltung. Behindernd wirkt auch die Vorstellung, daß vorschulische Erziehung die Aufgabe von Spezialisten sei und daß nur diese über entsprechende inhaltliche Kompetenzen verfügen würden. Der Kindergarten wird als eine abgesonderte Einrichtung verstanden, in die auf seltenen Elternabenden einige (eben nicht alle) aktive Eltern einen partiellen Einblick erhalten können, und auch den nur bei gewohnten Anlässen – so bei der Vorbereitung von Festen, beim Einbringen von Spenden oder bei organisatorischen Veränderungen. Zu den Schwierigkeiten zählt weiter der Sachverhalt, daß Erzieher und Wissenschaftler hauptberuflich, Eltern und andere Erwachsene jedoch in der Regel nur innerhalb ihrer Freizeit mitwirken können – nach der Arbeit oder in freien Schichten. Für einen Kindergarten kann dies unter gegenwärtigen Bedingungen nur bedeuten, daß Elternarbeit auch innerhalb eines darauf gerichteten Curriculum nur um kleine Schritte mit einigen Eltern (die jedoch nicht identisch sein müssen mit privilegierten Eltern), erweitert werden kann: Ein Elternabend, der nicht von der redegewandten Frau des höheren Angestellten dominiert wird, die Mitwirkung eines türkischen Vaters beim Basteln von Gebrauchsgegenständen im Kindergarten, ein Tanzfest in altem Stil mit alten Leuten, die Kontroverse mit einem Stationsarzt auf einem Elterntreffen sind solche Schritte, die als gegenwärtig mögliche erscheinen. Es liegen Erfahrungen vor, die darauf hinweisen, daß sich die Chancen der tatsächlichen und engagierten Beteiligung von Eltern in einem Konzept situationsbezogener Elternmitwirkung vergrößern, weil Themen angesprochen werden können, die als zugänglich und bedeutsam empfunden und nicht mehr als ferner Bildungsinhalt verstanden werden[36].

Eine an Gemeinwesenarbeit orientierte Curriculumentwicklung muß nicht von der entwickelnden Gruppe allein getragen werden. In einigen Fällen kann es gelingen, andere Gruppen – Bürgerinitiativen, Vereine – zu didaktischen Einheiten in Bezug zu bringen (im Falle des Krankenhauses etwa); Hilfen können auch durch einzelne Sachverständige gegeben werden (Sozialarbeiter, die beispielsweise die didaktische Einheit über ›Gastarbeiterkinder‹ mit vorbereiten). Die Möglichkeit der Entlastung von Erziehern durch die Mitwirkung solcher Personen oder Gruppen ist nach

36 Vgl. dazu auch: Prüser, C., Vorschulgruppen mit Eltern. Bericht über zwei Jahre Erfahrungen. In: betrifft: erziehung, 5 (1972), H. 6, S. 33–39. Siehe auch den Beitrag von R. Haberkorn, U. Hagemann und H. Walther in Band 2.
Wer als Wissenschaftler oder Erzieher ein Curriculum vor Ort entwickelt und die zunächst mühseligen Versuche der Aktivierung von Eltern unternimmt, kann im übrigen unversehens in die Rolle des Landarztes oder Gemeinwesenarbeiters geraten, der nach Mitternacht aus dem Bett geklingelt wird, nur um Streit zwischen Eheleuten zu vermitteln, weinende Kinder zu trösten oder einen randalierenden Vater aus der Kneipe nach Hause zu dirigieren. Curriculumentwicklung, innerhalb derer bis dahin in wohldosierten didaktischen Einheiten Bezug auf Lebenszusammenhänge genommen wurde, kann unter der Unmittelbarkeit hereinbrechender Wirklichkeit zur Feuerprobe geraten und von Geistern verfolgt werden, die zuvor gerufen wurden: Hier spätestens zeigt sich erneut die Fesselung einer Institution und die von Bernfeld gemeinte Begrenztheit der an sie immer noch gebundenen pädagogischen Arbeit.

Region und örtlichen Verhältnissen in sehr unterschiedlicher Weise gegeben. Ein – unter günstigeren Bedingungen entwickeltes – Curriculum kann einer unter der Belastung des Kindergartenalltags stehenden Erzieherin zu diesem Punkt Vorerfahrungen mitteilen, aber nur sehr beschränkt Hoffnungen wecken und Möglichkeiten verschaffen.

4. Professionalisierung von Erziehern und Wissenschaftlern

Das Ziel, die Entwicklung vorschulischer Curricula in enger Verbindung mit der Praxis vorzunehmen und damit die Distanz zwischen Curriculumforschung und -entwicklung auf der einen und der pädagogischen Praxis auf der anderen Seite zu verringern, setzt die Professionalisierung der beteiligten Praktiker (Erzieher, Grundschullehrer) und Wissenschaftler (Erziehungswissenschaftler, Psychologen, Soziologen) voraus.

Der für den geschilderten Entwicklungsansatz konstitutive Bezug auf reale Lebenswelten von Kindern kann zureichend nicht von Instituten der Curriculumentwicklung aus wahrgenommen werden. Als adäquatere Voraussetzung dafür erscheint, Entwicklungsgruppen aus Praktikern und Wissenschaftlern an Modellkindergärten einzurichten (oder Wissenschaftler zunächst in der Nähe dieser Kindergärten anzusiedeln) und Curriculumentwicklung vor Ort, das heißt im Kindergarten und seiner Umwelt vorzunehmen.

So, wie Wissenschaftler dabei auch praktisch-pädagogisch tätig werden, weil sie ohne solche Praxiserfahrungen weder die zu wünschende didaktische Phantasie entfalten noch das notwendige didaktisch-methodische Geschick erwerben können, werden Praktiker befähigt, die theoretischen Fragestellungen der Curriculumentwicklung mitzuvollziehen und in ihren pädagogischen Handlungen umzusetzen. Wie bei den Wissenschaftlern liegt der Schwerpunkt der Arbeit auch bei den Erziehern in der Entwicklung didaktischer Einheiten, wobei sie sich sicher stärker als die Wissenschaftler mit der unmittelbaren praktischen Einlösung gemeinsam bestimmter Zielvorstellungen befassen.

Nun muß davon ausgegangen werden, daß Wissenschaftler und Erzieher einige der für die Entwicklungsarbeit wesentlichen Qualifikationen erst erwerben müssen: Von Hochschulabsolventen kann in der gegenwärtigen Situation einer noch vergleichsweise in den Anfängen stehenden und an Hochschulen und Universitäten erst vereinzelt existierenden Curriculumforschung nicht erwartet werden, daß sie mit unmittelbaren Kompetenzen für Curriculumentwicklung speziell im vorschulischen Bereich ausgerüstet sind, einschließlich ihrer vielfältigen sozialisationstheoretischen, didaktischen, konstruktions- und evaluationstheoretischen Aspekte. Für die Praktiker liegen Anfangsprobleme einer Zusammenarbeit vor allem in dem Unterfangen der Verständigung mit den Wissenschaftlern, in dem Versuch also, eine gemeinsame Sprach- und Handlungsebene zu finden, sich selbst durch den teilweisen Qualifikationsvorsprung der Wissenschaftler nicht irritieren zu lassen und die im Zuge früherer Ausbildung möglicherweise erworbenen mehr reaktiven Einstellungen und rezeptologischen Erwartungen hinsichtlich der Anwendung von Programmen aufzugeben zugunsten aktiver Beteiligung an ihrer Entwicklung.

Es wird dabei deutlich, daß Kooperativen aus Praktikern und Wissenschaftlern nur dann entstehen können, wenn auf beiden Seiten Bereitschaften bestehen und Fähigkeiten erworben werden, gruppendynamische Konflikte in solidarischer Weise zu verarbeiten: Diese Konflikte haben ihre objektiven Ursachen in den ungleichen materiellen und entscheidungsstrukturellen Voraussetzungen der Arbeit; sie können sich aus Konkurrenzsituationen entwickeln oder auch aus dem Gefühl des Ungenügens angesichts der komplexen Aufgaben.

Ein Schwerpunkt der Professionalisierung liegt bei Entwicklungsgruppen selbst. Die dort Arbeitenden stehen vor der Notwendigkeit, wechselseitige Prozesse der internen Fortbildung einzuleiten. Die Wissenschaftler richten dann ihre Anstrengungen darauf, den Erziehern die Beteiligung an den situations- und sozialisationstheoretischen Vorarbeiten zur Entwicklung didaktischer Einheiten zu ermöglichen. Die Erzieher bringen ihre pädagogische Kompetenz ein, um Wissenschaftler bei der Gewinnung von Praxiserfahrung zu unterstützen. Die gruppeninterne Professionalisierung läßt sich ergänzen durch Fortbildungsangebote zugeordneter Institutionen sowie durch den Erfahrungsaustausch verschiedener Entwicklungsgruppen auf regionaler und fachspezifischer Ebene.

Elemente des Professionalisierungsprozesses, wie er sich innerhalb von Entwicklungsgruppen vollzieht, werden in ein Fortbildungsprogramm einzugehen haben, wenn Erzieherinnen außerhalb von Modellkindergärten die Chance erhalten sollen, ein in der skizzierten Art entwickeltes Curriculum zur Grundlage der eigenen pädagogischen Arbeit zu machen. Erzieherinnen in Kindergärten müssen unter den gegebenen Bedingungen die Möglichkeit haben, sich im ›in-service-training‹ und unterstützt von Fortbildungseinrichtungen die wesentlichen Qualifikationen zum Umgang mit dem Curriculum zu verschaffen. Ein Curriculum für Kinder enthält damit notwendig und komplementär Elemente der Professionalisierung von Erziehern[37].

---

37 Siehe ausführlicher dazu den Beitrag von H. Schrader in diesem Band.

5. Verfahren

Der Rahmen, innerhalb dessen ein Curriculum, das sich auf den Diskurs Beteiligter gründet, entwickelt werden kann, ist der von *Handlungsforschung*. Das Curriculum wird nicht mehr in einem voluntaristischen Akt entworfen; seine Entwicklung wird als ein in konkreter Lebenswelt angesiedeltes Kommunikationssystem organisiert, innerhalb dessen Theorie und Praxis, Untersuchung und Veränderung, Forschung und Handlung sich verschränken.

Damit unterscheidet sich das Verfahren der Curriculumentwicklung von einigen methodologischen Standards empirischer Sozialforschung[38]. Situationsbezogene Curriculumentwicklung vollzieht sich nicht in einem Prozeß, der sich durch Unabhängigkeit von den untersuchten Situationen kennzeichnet. Die strikte Trennung zwischen wissenschaftlicher und nichtwissenschaftlicher Aussage und Erkenntnis ist aufgehoben, ebenso die Trennung zwischen Untersuchendem und Untersuchtem. Erzieher und Wissenschaftler befinden sich beide in Lern- und Erkenntnisprozessen, die Ergebnisse bleiben beiden verfügbar. So, wie der Wissenschaftler sich nicht mehr als Distanzierter zur untersuchten Situation verhält, kann er auch nicht mehr in Ungebundenheit die Prioritäten der Situationsaufklärung, die Ziele und Inhalte didaktischer Einheiten bestimmen. Der Praktiker ist in maßgeblicher Weise daran beteiligt, seine Interpretation der Situation, seine Vorstellungen daraus ableitbarer pädagogischer Folgerungen bestimmen den Entwicklungsprozeß mit. Wenn es im und durch den Diskurs zu einer wechselseitigen (und nicht einseitigen) Auslösung von Lernprozessen kommt, dann sind auch zwei Fehlformen von Handlungsforschung vermeidbar: die eine, in der diese Methode zum Vehikel verfeinerter Überredungskünste von Wissenschaftlern gegenüber Praktikern wird; die andere, in der sich Wissenschaftler dem Alltagsbewußtsein der Praxis unterwerfen und es eo ipso als emanzipativ deuten.

Für die *Evaluation* situationsbezogener Curricula sind Verfahren, wie sie für geschlossene Curricula entwickelt wurden, wenig geeignet. Didaktische Einheiten verbessern sich im Prozeß ihrer Herstellung dadurch, daß in sie ein zunehmendes, auf Entdinglichung vorläufigen Situationsverständnisses gerichtetes Erfahrungspotential eingeht und zu inhaltlichen wie methodischen Folgen führen kann. Notwendig werden darüber hinaus

---

38 Vgl. dazu insbesondere: Müller, E., u. a., Ansätze zu einer Theorie aktivierender Sozial- und Schulforschung. Wiesbaden 1972 (Bildungstechnologisches Zentrum, Typoskript). Als Beispiele von schulbezogener Handlungsforschung in der Tradition Lewinscher Feldforschung vgl. Taba, H., und Noel, E., Action Research. A Case Study. Washington 1957; Corey, S. M., Action Research to Improve School Practices. New York 1953.

interpretative Versuche der Evaluation in den Situationen selbst, oder, wo dies nicht möglich erscheint, durch die – am Experiment orientierte – Simulation von Situationen[39].

Die *Implementation* eines kommunikativ entwickelten Curriculum muß im wesentlichen den Prinzipien seiner Herstellung entsprechen: Der Diskurs ist zu erweitern; Erzieher, die mit dem Curriculum umgehen wollen, brauchen die Möglichkeit, diesen Umgang auf paradigmatischem Weg zu erlernen, etwa am Beispiel einer didaktischen Einheit, die sie unter der Assistenz darin schon erfahrener Praktiker oder Wissenschaftler rekonstruieren und auf ihre eigenen Bedingungen und Absichten beziehen. Die Anwendung des Curriculum setzt voraus, daß der Prozeß seiner Entstehung begriffen wird – danach erst läßt es sich unter den Gegebenheiten eines Kindergartens praktizieren und fortentwickeln.

Entwicklungen und Implementationen vorschulischer Curricula müssen sich nicht in regionaler Vereinzelung vollziehen. In der Empfehlung der Bildungskommission zur Curriculumentwicklung im Elementarbereich wird die Gründung einer Kooperative von Entwicklungsgruppen an Modellkindergärten vorgeschlagen, durch die gewährleistet werden soll, daß vorschulische Curricula im überregionalen, gegenüber administrativen Beschränkungen relativ freien Diskurs entwickelt, erprobt und adaptiert werden können[40]. Curriculumentwicklung kann so als der Nukleus einer Reihe von Innovationen verstanden werden, die einerseits zur Verbesserung des curricularen Angebots führen können, andererseits etwa zu Konzepten der Aus- und Fortbildung von Erziehern, zur Eltern- und damit Erwachsenenbildung, zur Neubestimmung des Verhältnisses von schulischem und außerschulischem Lernen, zur nicht nur formalen Organisation des Übergangs vom Elementar- zum Primarbereich.

---

39 Vgl. unmittelbar dazu den Beitrag von M. Obereisenbuchner und S. Pelzer in diesem Band, weiterhin die Beiträge von K. Kreppner sowie von T. Bargel, K. Gloy, U. Heinke, G. Presch und H. Walter in Band 2.
40 Deutscher Bildungsrat, a. a. O.

Situationsbezug

Klaus Peter Hemmer

Bemerkungen zu Problemen einer Situationstheorie

1. Zur Situation der Vorschulerziehung in der BRD

2. Der Bezug zu Lebenssituationen innerhalb der didaktischen Diskussion

3. Fehlformen situationstheoretischer Versuche

4. Die unterschiedlichen Bezugsebenen des Situationsbegriffs

5. Die Legitimierung im Dialog

1. Zur Situation der Vorschulerziehung in der BRD

Die Curriculumdiskussion im Bereich der Vorschule steht in der dritten Phase ihrer Auseinandersetzung: Im Gegenzug zu den überkommenen Inhalten der Kindergartenpädagogik dominierten zunächst lern- und begabungstheoretisch fundierte Ansätze. Mit dem Verweis auf die kulturelle Vernachlässigung der Kinder oder Kindergruppen und mit der dahinter stehenden Vermutung, daß der Spaß um so größer und die Leistung um so höher werde, je früher man mit einer Sache beginnt, übernahm die Frühlesebewegung in der BRD die Schrittmacherfunktion für einen Ansatz, der weitgehend die Begründung von Inhalten durch den Nachweis ihrer möglichen Durchführbarkeit ersetzte. Die zunächst überrannte Kleinkindpädagogik konnte den kognitiven Förderprogrammen im Bereich der Mathematik, der naiven Physik, der logischen Spiele nur wenig entgegensetzen. Sie konnte aber von ihrem traditionellen Selbstverständnis her ihre Bedenken gegen einen Ansatz formulieren, der in der Tendenz die ohnehin fragwürdig gewordenen Schulfächer und Leistungskriterien vorverlegte und neben kognitivem Funktionstraining die anderen Bereiche nur eben als notwendige Randbedingungen erwähnte.

Was aber hier in einer vergleichsweise ungeschützten Begrifflichkeit unter der Maxime »ganzheitlicher Förderung« und »unbeschwertem Entwicklungsraum« gefordert wurde, traf in seiner Begründung nicht mehr den Problemhintergrund vorschulischer Erziehung. Der Bezugsrahmen frühkindlicher Förderung hatte sich von einer impliziten Wertung des Kindesalters auf eine ausdrücklich formulierte gesamtgesellschaftliche Bewertung verschoben. Das zeigt die zunehmende Verunsicherung darüber, was als Erziehungsdefizit im Sozialisationsprozeß von Unter- und Mittelschicht-Kindern zu gelten hat; das erweist sich in den Bedenken, Defizite zu kurieren, deren Ursachen nur durch gesamtgesellschaftliche Veränderungen behoben werden können; das drückt sich aus in den Versuchen, die revidierten Begabungstheorien von den materiellen gesellschaftlichen Voraussetzungen her zu verstehen; das zeigen curriculare Forderungen, die auf Qualifikationen abheben, die den Rahmen technologischer Verwertbarkeit sprengen.

Was aber bislang in diesem Umkreis unter den Postulaten von Autonomie und Emanzipation für die Entwicklung übertragbarer Vorschulcurricula geschah, bildete oft tendenziell die kritisierte Realität nur ab. Diese negative Reproduktion bestehender Verhältnisse geschieht dort, wo in einer simplifizierenden Negation der herrschenden Bewertungskriterien vorschulischer Förderung gruppenspezifische Verhaltensdeformationen in einem romantisierenden Proletenkult umstilisiert werden. Sie geschieht dort, wo Arbeiter und Fabrikboß Rotkäppchen und den Wolf ablösen, aber im Vertrauen auf ein unmittelbares Evidenzempfinden gerade das unterschlagen wird, was man an den überkommenen Inhalten moniert: die Legitimation, den Nachweis dafür, welche kognitiven und motivationalen Veränderungen, welche einlösbaren Handlungskonsequenzen damit bewirkt werden sollen. Diese kritisierte Realität wird abgebildet in postulatorischen Deklamationen über Autonomisierung, die in ihrer leerformelhaften Unverbindlichkeit totgesagten Rahmenplänen nicht nachstehen.

2. Der Bezug zu Lebenssituationen innerhalb der didaktischen Diskussion

Diese hier beschriebenen Entwicklungstendenzen reichen sicher nicht aus, um die Vielfalt der gegenwärtigen curricularen Ansätze im Bereich der Vorschulerziehung zu fassen; jener Ansätze, die selbst wiederum in sehr unterschiedlicher Gebrochenheit (oft nur über das Filter des kommerziellen Marktes) in der weitgehend »stummen« Praxis aufgenommen wurden. Diese Beispiele genügen aber, um auf einen Sachverhalt zu verweisen, der die vorschulische wie die allgemeine Curriculumdiskussion charakterisiert: Es ist die Diskrepanz zwischen dem berechtigten Anspruchsniveau, von dem aus die Praxis kritisiert wird und den real bestehenden und bislang konkret aufgewiesenen Einlösungsmöglichkeiten und -chancen zur Veränderung dieser Praxis. Das gilt sowohl für den weithin offenen Problemkreis der Evaluation handlungsrelevanter und damit komplexer Qualifikationen. Das gilt auch für die Verwirklichungsmöglichkeiten einer »rationalen Curriculumentscheidung« innerhalb einer Gesellschaft, die ganz unterschiedliche Kriterien von Rationalität kennt (technische Effizienz, forschungslogische Stimmigkeit, Transparenz von Zusammenhängen, Vernunft im Sinne kritischer Theorie...) und in ihrer Organisationsstruktur zuläßt. Diese Kluft zwischen formalem Begründungszusammenhang und konkreten Einlösungsbedingungen gilt gleichermaßen für jene curricularen Ansätze, die vom strategischen Primat der Situations- und Qualifikationsanalyse ausgehen. Also für das zunächst im ehemaligen Kreis um S. B. Robinsohn entwickelte Modell, an den Anforderungen konkreter Lebenssituationen die überkommenen curricularen Inhalte und Arbeitsformen zu messen und durch die Analyse solcher Situationen neue, fachübergreifende Qualifikationen zu erschließen. Wenn dieses Modell der Curriculumrevision nicht weiterhin im unverbindlich deklamatorischen bleiben soll, wenn man also die Chance dieses Ansatzes einlösen will, außerhalb der tradierten fachdidaktischen Begründungszusammenhänge einen Standort für deren Kritik und zugleich einen Bezugsrahmen für die Legitimierung neuer Inhalte zu gewinnen, dann muß zuerst aufgewiesen werden, was denn unter einer Lebenssituation zu verstehen ist, wie solche Lebenssituationen zu erkennen, abzugrenzen und inhaltlich zu bestimmen sind.

Dem Berliner Curriculummodell wird trotz seiner bislang unterrichtspraktischen Unergiebigkeit eine auffallende Reverenz erwiesen. Das liegt an dem umfassenden Bezugsrahmen dieses Ansatzes. Und es ist sicher auch darin begründet, daß die Curriculumdiskussion im Zuge einer allgemeinen und gängig gewordenen Gesellschaftskritik in dem postulatorischen Bezug auf gegenwärtige, zukünftige oder veränderte Lebenssituationen eine Legitimierungsformel fand, mit der sich beliebiges kritisieren und nahezu alles »legitimieren« ließ. Heinrich Roth bezieht sich auf die veränderten Lebenssituationen, um ein Curriculum zu begründen, das als »ausschlaggebenden Orientierungspunkt« die den Lebensbereichen korrespondierenden Wissenschaften hat. Herwig Blankertz sieht in den »objektivierbaren Veränderungen der Lebenssituationen« einen Bedingungsfaktor für die Einführung des neuen Schulfachs Arbeitslehre. Und was im Bereich der Vorschulerziehung im Blick und mit ausdrücklichem Bezug auf die »veränderte Lebenssituation« alles geschrieben und verkauft wurde, das ist sicher die Karrikatur jenes Ansatzes, der Curriculumentwicklung im Dreischritt von Situationsanalyse, Qualifikationsbestimmung und dem Umsetzen in Curriculumelemente versteht. Diese Beispiele zeigen, daß der mit dem Namen Robinsohn assoziierte Begriff der Lebenssituation in nahezu jedem didaktischen Ansatz als Begründungsfragment enthalten ist und daß mit dem Bezug auf Lebenssituationen und mit dem Begriff selbst ganz unterschiedliches gemeint ist. Das soll zunächst in der Analyse der Curriculummodelle von H. Roth. S. B. Robinsohn und der Giel-Hiller-Gruppe skizziert werden.

H. Roth hat in dem Aufsatz »Stimmen die deutschen Lehrpläne noch?«[1] kein ausgebautes Curriculummodell vorgestellt. Er hat aber vor dem Hintergrund des seit den fünfziger Jahren allgemein gewordenen Unbehagen an den tradierten Erziehungsinhalten einen Bezugsrahmen für deren Kritik und Veränderung entwickelt, der hier stellvertretend für die Vielzahl der disziplin- und strukturorientierten Ansätze aufgenommen wird.

Roth sieht in der zunehmenden Verwissenschaftlichung aller Lebensbezüge, in der zentralen Steuerungsfunktion der den einzelnen Lebensbereichen entsprechenden Wissenschaften das wichtigste curriculumrelevante Situationsmerkmal. In seiner Sicht spiegeln sich alle Lebensbezüge, alle Berufs- und Freizeitbereiche »fast total« in korrespondierenden Wissenschaften. Roth will zwar die »Sachen« in den Wissenschaften nicht aufgehen lassen, aber das Wechselverhältnis scheint ihm so eng, daß der Sachbezug ohne korrespondierende Wissenschaft nicht mehr möglich ist. Die vielen neuen Disziplinen, die den traditionellen Wissenschaftskanon ergänzen und durchsetzen (Verkehrs-, Zeitungs-, Ernährungswissenschaft, Raumplanung usw.) sind ihm Belege dafür, daß das »experimentell – problemlösende – wissenschaftliche Verhalten« zur universellen Methode geworden ist. Nur über die Wissenschaften sind Erkenntnisse und Entscheidungen innerhalb der einzelnen Lebensbereiche möglich, und für Roth sind es auch die Wissenschaften, von denen her sich erst die vorgegebenen Lebensbereiche kontrollieren, kritisieren und verändern lassen.

Als Antwort auf diese neue Situation fordert er ein Curriculum, das allen Kindern die Wissenschaften als Erkenntnismittel und Handlungshilfe verfügbar macht. Da die Schule aber nicht alle Wissenschaften in ihrer ausgefächerten Vielfalt vermitteln kann, und da die einzelnen Inhalte ohnehin rascher veralten als die fächerübergreifenden Methoden des Wissenserwerbs, genügt es nach Roths Meinung, den Schüler auf die drei großen Wissenschaftsbereiche (Geisteswissenschaften, Naturwissenschaften, Sozialwissenschaften) zu verpflichten, ihn aber innerhalb der wissensmetho-

---

[1] Roth, H., Stimmen die deutschen Lehrpläne noch?. In: Die Deutsche Schule (1968), H. 2, S. 69–76.

disch verwandten Bereiche (z. B. innerhalb der Naturwissenschaften oder Sprachen) wählen zu lassen. Das scheint ihm darum möglich und für eine Allgemeinbildung ausreichend, weil er davon ausgeht, daß bei einer entsprechenden Lernorganisation die Transfereffekte zwischen den strukturgleichen Einzelwissenschaften voll zur Geltung gebracht werden können.

Roth geht also in dem hier skizzierten Begründungszusammenhang von einem ihm wichtig scheinenden durchgängigen Situationsmerkmal aus und begründet damit seine Entscheidung für ein an den Wissenschaftsdisziplinen orientiertes Curriculum. Das ist dann legitim, wenn die einzelnen Lebensbereiche sich in den entsprechenden Wissenschaften widerspiegeln und wenn die Handlungskompetenz für diese Bereiche in den Wissenschaften versammelt ist und durch sie vermittelt werden kann. Wenn einem aber im Blick auf die immer unschärfer werdenden Übergänge der Wissenschaften disziplin-spezifische Verfahren problematisch werden, und wenn man berücksichtigt, daß sich wissenschaftliche Strukturen und Verfahren erst in der Auseinandersetzung mit konkreten Problemen ergeben und dann jeweils die inhaltlichen Bestimmungen der Situation und die einwirkenden Interessen den Problembereich und dessen Lösungsmöglichkeiten mitbestimmen, dann kann man sich der Globalentscheidung für Wissenschaft so vorbehaltlos nicht anschließen. Denn dieser Bezug setzt ja voraus, was noch nie gegeben war oder was seit langem verloren ist: ein einheitliches Wissenschaftsverständnis und eine durchgehende Kanonisierung von Methoden und Inhalten. In dem Maße wie die eindimensionale Zuordnung von Wissenschaft und Handlungsfeld und das dahinter stehende ungebrochene Objektverständnis problematisch geworden ist, und damit also in Frage steht, ob sich mit unterschiedlichen Interessen gewonnene Inhalte und Methoden in einen geschlossenen Erkenntnishorizont integrieren lassen, muß man jeweils an inhaltlich bestimmten Problemfeldern und Handlungsbereichen aufweisen, wie Wissenschaft ihre Verpflichtung als Erkenntnismittel und Handlungshilfe einlöst. Gelingt es, diese enge Verklammerung von Handlungsfeld und Handlungsfähigkeit durchzuhalten – und das ist der Anspruch an eine Situationstheorie – dann kommen weder die Wissenschaften noch die Lebenssituationen in einer vorgetäuschten Objektivität in den Blick. Denn all das, was mit dem überkommenen Wissenschaftskanon an Inhalten und Methoden verfügbar ist, wird an den Problemen relevanter Handlungsfelder gemessen, und umgekehrt ist auch die Situationsanalyse durch die interessengeleitete Perspektivität der Wissenschaften bestimmt, die einmal Instrument zur inhaltlichen Analyse und dann auch Instrument zur Bewältigung der Situationen sind.

Dieses gebrochene Verhältnis von Wissenschaft und Handlungsfeld ist der zentrale erkenntniskritische und methodisch-didaktische Bezugsrahmen des mit den Namen Giel/Hiller verbundenen Curriculumentwurfs[2].

Wenn Erkenntnisse und Aussagen über Realität diese nicht abbilden, sondern die Realität erst in einer jeweils besonderen Perspektive hervorbringen, wenn Wirklichkeit also prinzipiell vieldimensional zu fassen ist, dann müssen auch die konkreten Realitätsfelder, auf die vorzubereiten das Geschäft der Schule ist, in ihrer Mehrperspektivität rekonstruiert und erschlossen werden. In diesen »integrativen, mehrperspektivischen Unterrichtsmodellen« werden nun aber nicht allein disziplinspezifische Perspektiven auf einen Gegenstandsbereich versammelt. Das hieße bestimmte Spielarten des Teamteaching oder des Gesamtunterrichts aufnehmen und dabei jene erkenntniskritische Überlegung ausschließen, die im Mittelpunkt dieses Ansatzes steht: Die jeweiligen perspektivischen Erkenntnisformen und die ihnen zugehörigen unterschiedlichen Zeichensysteme (Noten, Zahlen, Buchstaben, Kodierungsformen der Kartographie) lassen sich weder in eine geschlossene Erkenntnistheorie integrieren, noch zu etwas zusammenschließen, was dann die Bedeutungsdimension der Gesamtrealität ausmacht. Gerade weil die durch Zeichensysteme gegenwärtig gehaltenen Erkenntnisse in unterschiedlichen Ebenen und nicht identischen Reichweiten Wirklichkeit erschließen, und weil die Wirklichkeit in diesen Kodes verschlossen ist, gehört es in diesem Verständnis zum zentralen Problem der Didaktik, durch Unterricht zu zeigen, in welch spezifischen Dimensionen Kodes Realität fassen, und diese Realität von unterschiedlichen Rekonstruktionstypen her zu erschließen.

Es geht diesem Ansatz also weniger darum, in Zeichensysteme und Perspektiven einzuführen, die sich ausschließlich selber tragen oder sich in eine Gesamtschau integrieren lassen. Denn erst, wenn die hermeneutische Differenz zwischen den Perspektiven erhalten wird, zeigen sich in der Kontrastierung Grenzen und Tragweite, Gegensätze und Verbindungslinien der unterschiedlichen Darstellungsformen und Aussagen.

Ein Unterricht, der so ansetzt, zeigt Realität nicht mehr als natürliche Selbstverständlichkeit, die man auf der Ebene von Heimat- und Gemeinschaftskunde vermitteln oder deren man sich über die Wissenschaftsdisziplinen versichern kann. Hier erscheint Wirklichkeit als ein konstruierter Zusammenhang, als etwas, was Menschen, Interessengruppen so ausgebildet und gestaltet haben, und wozu es Alternativen geben kann.

---

2 Hiller, G. G., Probleme der Curriculumkonstruktion in Vor- und Grundschule (unveröffentl. Manuskript) 1972; Giel, K. u. Hiller, G., Verfahren zur Konstruktion von Unterrichtsmodellen als Teilaspekt einer konkreten Curriculum-Reform. In: Z. f. Päd. (1970), H. 6, S. 739–754; Danneberg, H. u. a., Stücke zu einem Curriculum III. Stuttgart 1973.

Diese Alternativen werden sichtbar, wenn »dasselbe« Handlungsfeld von anderen Perspektiven und mit anderen Interessen rekonstruiert wird.

Hiller hat in einer Darstellung des Forschungsvorhabens[3] vorgeschlagen, von sieben Rekonstruktionstypen für Unterricht auszugehen und Wirklichkeit unter der Perspektive der Räumlichkeit, als szenisches Modell (Rollenspiel), in der Dimension Politik, Technik, Kulturanthropologie, als Zusammenhang persönlicher Erlebnisse und Erfahrungen und unter der Dimension des menschlichen Leibes zu rekonstruieren. Eine jede dieser Perspektiven soll unterschiedliche Modelle des jeweiligen Handlungsfeldes erschließen.

Als technisches System verstanden bringt dann ein Supermarkt Probleme der Belastbarkeit von Bodenflächen und Regalen, von Energie- und Wasserversorgung in den Blick; als szenisches Modell rekonstruiert, interessieren Geräuschkompositionen und Kulissen, Mißverständnisse an der Kasse oder das Gedränge bei den Sonderangeboten, und wenn man »denselben« Wirklichkeitsausschnitt unter der Dimension persönlicher Erlebnisse und Erfahrungen faßt, werden Kauflust, Verhaltenssteuerung und der Verlust der ursprünglichen Absicht thematisiert.

Dieser Rekonstruktionsprozeß von Ausschnitten der Realität geschieht als *Projektunterricht*, wenn diese Realität in einem dem Schüler überschaubaren Zusammenhang mehrperspektivisch dargestellt wird. Er verläuft als *Kursunterricht*, wenn vor dem Hintergrund bereits durchgeführter Rekonstruktionen Inhalte und Methoden vermittelt werden, um weiterführende und präzisere Rekonstruktionsprojekte zu ermöglichen. Und wenn dieses Gefüge von Projekt und Kurs von Methoden und Organisationsformen dem Schüler im Unterricht begründet und verfügbar wird, dann ist im *Metaunterricht* der Unterricht selbst Gegenstand unterrichtlichen Handelns.

In diesen aufeinander bezogenen Vermittlungs- und Organisationsformen wird auf der unterrichtspraktischen Ebene aufgenommen, was im theoretischen Begründungszusammenhang dieses Ansatzes weitgehend ausgeblendet bleibt: Die Verklammerung von Projekt- und Kursunterricht, von mehrperspektivischer Darstellung und darauf bezogenen Inhalten macht deutlich, daß in die Rekonstruktion von Realität – unter welchen Perspektiven auch immer – inhaltliche Bestimmungen über das jeweilige Handlungsfeld eingehen, die allein durch die Entscheidung für eine mehrperspektivische Darstellung nicht legitimiert sind (Wieviele unterschiedliche Perspektiven und darauf bezogene Inhalte lassen sich allein in die Dimension Politik packen!).

---

3 G. Hiller, Probleme der Curriculumkonstruktion in Vor- und Grundschule (unveröffentlichtes Manuskript) 1972.

Ein Supermarkt kann nur dann Gegenstand perspektivischer Rekonstruktionen sein, wenn in diesem Realitätsausschnitt schon Erfahrungen gemacht und Informationen darüber verfügbar sind, oder wenn die Rekonstruktionstypen die jeweils unterschiedlichen inhaltlichen Bestimmungen des Handlungsfelds enthalten und verfügbar machen. Das heißt, die Rekonstruktionstypen taugen nur dann, wenn sie in konkreten Handlungsfeldern situativ eingelöst werden, und sie erhalten ihre Legitimation durch die inhaltlich relevanten Beziehungen, die sie erschließen. Wenn sich die Inhalte der Handlungsfelder also nur über Perspektiven erschließen und sich die Perspektiven über die Inhalte legitimieren, dann ist ein mehrperspektivischer Unterricht ohne eine umfassende Situationsanalyse nicht möglich. Eine solche Analyse hat die Funktion, die Relevanz der Perspektiven zu begründen und die Inhalte offenzulegen und diskutierbar zu machen, die über die Rekonstruktionen in den Curriculumentwurf eingehen. Geschieht dies nicht, wird also dem Wechselverhältnis von perspektivischer Konstruktion von Wirklichkeit und inhaltlicher Konkretion der als relevant zu begründenden Perspektiven nicht entsprochen, läuft dieser Ansatz Gefahr, daß über die Perspektiven politisch relevante Nebenentscheidungen unreflektiert in das Modell eingehen und das Curriculum zu Erkenntniskritikern erzieht, die inhaltlich relevante Erkenntnisse kaum oder nur zufällig machen.

Das Problem einer kriterienorientierten Inhaltsanalyse von Handlungsfeldern und darauf bezogenen Lernprozessen wird im Bezugsrahmen des mit dem Namen Saul B. Robinsohn verbundenen Curriculummodell über die Kriterienkette: Lebenssituationen – Qualifikationen – Curriculumelemente angegangen. Dieser Begründungszusammenhang, an den hier nur eben erinnert wird, hat seine unterrichtspraktische Relevanz bislang kaum ausgewiesen. Das mag an dem umfassenden Anspruch und an der forschungsstrategischen Komplexität des Modells liegen und ist sicher auch darin begründet, daß die unmittelbare Evidenz des Postulats, Schule habe auf Lebenssituationen vorzubereiten und davon auszugehen, schnell einer Skepsis gegenüber der Einlösbarkeit eines solchen Vorhabens weicht. Einer begründeten Skepsis, weil bislang aus der Berliner Curriculum-Gruppe sehr wenig darüber zu erfahren war, was unter einer Lebenssituation zu verstehen ist, wie sich Situationen abgrenzen, ordnen, gewichten, aufeinander beziehen und inhaltlich bestimmen lassen.

Verfolgt man dieses Ziel über ein formales Klassifikationsraster – und solch einen vorläufigen Versuch der Berliner Gruppe hat J. Zimmer in einem älteren Aufsatz dargestellt[4], dann entstehen erhebliche Schwierigkei-

---

4 Zimmer, J., Curriculumforschung: Chance zur Demokratisierung der Lehrpläne. In: didactica (1969), H. 1, S. 32–51.

ten, die sich insgesamt auf das Problem reduzieren lassen, daß jeder formale Rahmen einer Situationsklassifikation einen Bewertungsprozeß von Realität voraussetzt, daß also eine Situationsklassifikation nur über eine Situationstheorie zu leisten ist. Wird das unterschlagen, versucht man also in einem ausufernden Enzyklopädismus zunächst einmal die gesamte Welt zu katalogisieren, um dann die relevanten Lebenssituationen auszuwählen, dann gehen in die zunächst pragmatisch verstandenen Klassifikationen (z. B. Familie, Arbeit, Freizeit) ungeprüfte inhaltliche Vorentscheidungen ein und das Problem der Gewichtung und der begründeten Auswahl stellt sich erneut. Lebenssituationen lassen sich also nicht – auch noch über die Köpfe der Betroffenen hinweg – aus einer Gesamtdeskription von Welt und Lebensbereichen auslesen, sondern sind das Ergebnis eines Konstruktions- und Interaktionsprozesses, zu dessen Bezugspunkten hier einige Anmerkungen gemacht werden sollen.

3. Fehlformen situationstheoretischer Versuche

Eine Situationstheorie muß sich bei den in Mode gekommenen Redewendungen von Situationsbezügen und situativem Lernen zunächst einmal gegenüber ihren eigenen Verfechtern und innerhalb der methodisch-didaktischen Varianten abgrenzen, die sich dem »situativen« Ansatz verpflichtet fühlen.

Eine dieser Spielarten äußert sich in dem Bemühen, wissenschaftspropädeutische Lernprozesse – insbesondere im Bereich der Vorschule – etwas aufgelockerter zu gestalten und sich gegenüber den verschulten Lernsequenzen etwas kinderfreundlichere Spielformen auszudenken. Mengenlehre wird dann nicht mehr in Reih und Glied und mit logischen Blöcken geübt, sondern in die Gymnastikstunde ausgelagert, wo sich die strukturgleichen Denkübungen mit Hosen, Turnschuhen und blauen Augen durchziehen lassen. Aber was hat sich hier außer der spielerischen Garnierung verändert? Weder Handlungshilfe noch Aufklärung über eine konkrete Situation, sondern der systematische Stellenwert in einem formalen Aussagesystem bestimmt und legitimiert hier die Zieldimension.

Wenn dagegen Kinder beim gemeinsamen Planen eines Ausflugs darüber diskutieren, was sie an Proviant mitnehmen, und in diesem Zusammenhang gleichermaßen mehrdimensionale Klassifikationskriterien angefragt werden (Wem schmeckt das? Wie umständlich ist die Zubereitung? Wie steht es mit der Haltbarkeit, dem Preis und dem zu tragenden Gewicht?), dann ist in dieser Situation nicht nur eine andere spielerische Einkleidung für denselben Sachverhalt gegeben. Gemeinsam ist beiden Situationen, daß sie (in unterschiedlicher Offenheit und Komplexität) geplant sind, um Erfahrungen und Lernprozesse anzustoßen. Die Gymnastikstunde wird als anschaulicher und vielleicht auch motivierender Einstieg genommen, um Klassifizieren zu üben, und bei der Vorbereitung eines Ausflugs bietet es sich an, Planungsverhalten und Entscheidungsfindung, Strategien der sprachlichen Artikulation und, neben sehr viel anderem, auch das Klassifizieren zu üben. Aber hier zeigen sich dann auch die Unterschiede zwischen disziplin- und situationsorientiertem Vorgehen: Während die Gymnastikstunde der beliebig austauschbare freundliche Rahmen für den Erwerb von Qualifikationen ist, die allein durch die Methode und Sachstruktur einer als »objektiv« präsentierten Wissenschaft legitimiert sind, erhält bei der Planung des Ausflugs jene situationsabgehobene und funktional beliebige Disponibilität des Klassifizierens erst durch den Bezug auf eine sozial bedeutsame Situation ihre Curriculumrelevanz. Durch diesen Rückbezug instrumenteller Fertigkeiten auf relevante soziale Kontexte scheint es eher möglich, einige der erkenntnis- wie handlungstheoretisch verhängnisvollen Konsequenzen disziplinorientierter Curricula abzumildern. Denn: Während im Rahmen eines wissenschaftlichen Diskurses die Reflexion über Methoden und Zugriffsformen, über den Gegenstandsbereich und den Verwertungszusammenhang prinzipiell möglich ist und zumindest angemahnt werden kann, verfestigen sich innerhalb einer disziplinorientierten Wissenschaftspropädeutik die perspektivischen Aussagen zu einer kaum hinterfragbaren Objektivität, zu einem Monopol von wahren Aussagen, die, immanent stimmig, kaum zu kritisieren und nur eben in altersgemäßer Dosierung aufzunehmen sind.

Gegen diese Übermacht des scheinbar Objektiven mit all den damit verbundenen Begleiterscheinungen verschulter Lernprozesse brachte die Entschulungsdiskussion wieder stärker rousseaueske und reformpädagogische Alternativen in den Blick. Jene Ansätze also, welche (mit jeweils unterschiedlicher ideologischer Begründung) die der institutionalisierten Schule nachgesagten Mängel – Lernmonopol und Verbalismus, ihre Transmissionsfunktion gesellschaftlicher Interessen – dadurch zu überwinden hoffen, daß sie das Lernen selbst wieder stärker in die Situationen zurückverlegen, in denen gelebt und gehandelt wird. Diese in Tansania und Brasilien für geplante Laborschulen und in Summerhill angestrebten Konzepte unterscheiden sich aber gründlich von naiven situationsdidaktischen Versuchen, die durch eine unmittelbare Auslieferung der Kinder an Situationen jene Spontaneität und Natürlichkeit wiederzugewinnen hoffen, die in schulischen Vermittlungsprozessen verloren scheinen. Denn was in den ideal konzipierten pädagogischen Provinzen eines Nyerere oder auch Kurt Hahn, eines Dewey, Neill oder einer Anita Moses versucht wird, Lernen in einem ständigen Wechsel zwischen dem Gewinnen offener unvermittelter Erfahrung und dem Erwerben distanzierender Interpretationsraster zu ermöglichen, das ist der Versuch, einen höchst artifiziellen Lebens- und Erfahrungsraum zu schaffen. Wie auch immer man diesen Prozeß innerhalb situationstheoretischer Verfahren auf Dauer stellt, von Konzeptualisierung und sich dagegen sperrender Erfahrung, von Improvisation und Planung, von Problemlösungen, die weder im Chaos noch in Rezepten enden, es können nicht solche schlichten Formen entschulten Lernens sein, die davon ausgehen, daß Gegenstände, Sachverhalte und zwischenmenschliche Beziehungen in sich selbst schon ihre Deutung enthalten und daß mit der Negation der Schule auch schon die über sie wirkenden Repressionen und Formen der Fremdbestimmung aus der Welt geschafft sind.

4. Die unterschiedlichen Bezugsebenen des Situationsbegriffs

Ein situationstheoretischer Ansatz findet sich, gemessen an der »Systematik« disziplinorientierter Curricula in einiger Verlegenheit. Denn während man dort über die legitimierende Globalentscheidung für Wissenschaft (als Ziel und Inhalt des Curriculum) sehr schnell zur »Sache« und zu den Problemen der Passung zwischen Sache und sachstrukturellem Entwicklungsstand übergeht, ist innerhalb situationstheoretischer Verfahren zunächst gar nicht so klar, was als Situation und was innerhalb einer Situation als relevant thematisiert werden soll. Sind die oft dramatischen Zuspitzungen um das Schlafengehen schon eine curriculumrelevante Situation für Vorschulkinder, oder ist es angemessener, die Einschlafrituale als Situationsfragment innerhalb eines umfassenderen Situationskomplexes ›Feierabend‹ oder ›Freizeit‹ aufzunehmen? Und wenn diese flächige Ausuferung in Situationsbereiche nicht weit trägt, weil sich die Dimension der Freizeit nicht ohne die der Arbeit erklären läßt, dann bietet es sich an, Zubettgehen und Wochenendgestaltung, Konflikte um Fernsehprogramme und bemalte Wohnzimmertapeten nicht schon als Situationen sondern als Äußerungsformen einer zentralen Situationskonstellation ›Familie‹ zu interpretieren, die wesentlich durch die Biographie der erwachsenen Bezugspersonen und durch die in individueller Gebrochenheit erfahrenen gesamtgesellschaftlichen Verhältnisse bestimmt ist.

Nun gibt es viele Gründe, sich nicht in die Untiefen gesellschaftstheoretischer Begründungen einzulassen, sondern zunächst von der Erlebnisdimension und der Erfahrungsebene derer auszugehen, die durch das Curriculum unmittelbar betroffen sind. Denn der motivierende wie legitimierende Anspruch an ein Curriculum ist ja dann erst eingelöst, wenn Kinder, Eltern und auch Erzieher in den thematisierten Problemen ihre eigene Situation wiedererkennen. Und das scheint durch ein praxisorientiertes und mehr induktives Vorgehen eher möglich als über die Versuche, Situationen und situationsrelevante Merkmale aus Ableitungsketten zu bestimmen, die sich auf irgend einen »archimedischen Punkt« innerhalb einer Theorie der Gesellschaft beziehen lassen. Denn was über solche Ausfilterungsprozesse auf der »Erfahrungsebene« der Kinder erscheint, ist im Blick auf die Handlungsrelevanz oft so blutleer, daß zu befürchten ist: Hier wird ein disziplinorientierter Ansatz unter der Dimension »Gesellschaftswissenschaften« fortgeschrieben. Gegenüber diesen problematischen Deduktionsversuchen bietet sich also ein Verfahren an, das gesellschaftstheoretische Postulate, Forschungsinteresse und Vorerfahrungen in eine Suchstrategie umsetzt, die über die diskursive Verständigung mit den Betroffenen erst die inhaltliche Dimension und die subjektive Bedeutsamkeit einer Situation erschließt. Ein solcher Entwicklungsprozeß kann zu Problemskizzen führen, zu Beschreibungen von Situationen, für die ein Curriculum dann, für alle an der Situation Beteiligte, so etwas anbieten kann wie die Chance, sich etwas angstfreier und informierter, etwas selbstbestimmter und solidarischer zu verhalten. Dieses pragmatische Verfahren, über teilnehmende Beobachtung und Situationsrecherchen vor Ort, über Elterngespräche und Fallanalysen Situationen und darauf bezogene Eingangsqualifikationen zu erschließen, ist der Versuch, nicht von irgendwelchen idealtypischen Problemfeldern, sondern von den jeweils konkreten Situationen der betroffenen Kinder auszugehen.

Wenngleich also jede Situationsbeschreibung und die in didaktischen Einheiten gefaßten darauf bezogenen Handlungshilfen der jeweiligen situativen Interpretation und Korrektur bedürfen, so ist doch zu vermuten, daß über die Beschreibung der jeweils konkreten Situation Allgemeineres erschlossen wird. Denn zum einen kommen über die diskursive Verständigung ganz unterschiedliche Perspektiven und Erfahrungshorizonte (im besten Fall) in einer gemeinsamen Einschätzung der Situation zusammen, und zum andern verweist die Legitimation der Wahl jeder Situation immer auf Relevanzkriterien, die sich allein aus der Situation nicht bestimmen lassen:

– Situationen können wichtig sein im Blick auf die lebensgeschichtliche Bedeutsamkeit von Erfahrungen, die darin gemacht werden – das ist ohne ausdrücklichen Bezug auf eine Theorie der Entwicklung wohl kaum zu begründen.
– Die Relevanz einer Situation kann darin liegen, daß sie Erfahrungen erschließt, die sich auf eine Vielzahl anderer Situationen übertragen lassen – das setzt den Bezug zu diesen Situationskomplexen und deren inhaltliche Analyse voraus.
– Situationen können im Curriculum thematisiert werden, weil sie einen exemplarischen Ausschnitt gesellschaftlicher Wirklichkeit repräsentie-

ren – wie ist das ohne die Identifikation gesellschaftlicher Strukturmerkmale zu leisten?
– Ein pragmatisches Auslesekriterium wäre, von häufig wiederkehrenden Situationen und darin enthaltenen Anforderungen auszugehen – und das setzt einige Erfahrung über den Tages- und Erlebnisablauf von Kindern und Kindergruppen voraus.
– Man kann von Situationen ausgehen, in denen Kinder überfordert oder unterdrückt, alleingelassen oder gegängelt werden – und auch das ist nur durch eine begründete Einschätzung darüber zu leisten, was Kindern einer bestimmten Altersstufe und mit einem entsprechenden Sozialisationshintergrund an Selbstbestimmung und Wissen und affektiver Stabilität gemäß ist und was ihnen davon zugemutet werden kann.

Wie konkret – und das heißt: wie unmittelbar – vom Erfahrungshorizont der Betroffenen aus eine Situation auch gefaßt wird, die Beschreibung und die Legitimation der Wahl führt immer über sie hinaus. Und das gilt um so mehr, wenn eine Situationstheorie nicht zu einfachen Varianten von Erlebnispädagogik oder Anlaßdidaktik verkümmern will. Denn dann ist nicht nur zu klären, wie die einzelnen »here and now problems« zu interpretieren sind, sondern in welcher Richtung denn das gesamte »happy now« fortzuführen ist.

Dieses Verhältnis von konkreter Handlungshilfe und langfristiger Zieldimension stellt sich dar als ein Vermittlungsprozeß von Situationsanalysen unterschiedlicher Dimension:
– Auf der Ebene einer begründeten Einschätzung der gesellschaftlichen Situation und der auf sie bezogenen Aufgaben lassen sich übergreifende Situationsmerkmale und darauf bezogene Qualifikationsdimensionen als Richtziele und Kriterien der Konsistenz erschließen.
– Auf der Ebene der Theoriebildung über die je altersgemäßen und alterstypischen Situationen von Kindern werden jene Qualifikationen mittlerer Reichweite bestimmt, auf die sich die unterschiedlichen Projektvorschläge, Diskurse und Lernsequenzen einer didaktischen Einheit beziehen.
– Auf der Ebene der curricularen Umsetzung in einzelnen Projekten werden vor dem Hintergrund der je einmaligen Biographien und Situationsmerkmale die konkreten Verhaltensziele eingelöst, die zusammengenommen die Bewältigung einer Situation ermöglichen.

Dieser Vermittlungsprozeß zwischen den situativen Ebenen bezeichnet unter einer lebensgeschichtlichen Perspektive die Entwicklungsrichtung der zunehmend komplexeren und dann nur noch über eine systematisierende Konzeptualisierung verfügbaren Situationsfelder, und er beschreibt im Blick auf die unterschiedlich komplexen Ebenen und die darauf bezogenen Qualifikationen den Rahmen, innerhalb dessen das Verhältnis von globaler Qualifikationsdimension und deren Realisation in Lernerfahrungen zu diskutieren ist.

5. Die Legitimierung im Dialog

Das Problem, wie übergreifende gesellschaftstheoretische Zielvorstellungen in pädagogische Postulate übersetzt und didaktisch eingelöst werden können, ist noch weitgehend offen. Das zeigen auf der unterrichtspraktischen Ebene die vielgeschmähten Lehrpläne mit ihren Diskrepanzen zwischen präambelhaften Zielen und darauf bezogenen inhaltlichen Einlösungsvorschlägen. Das bestätigen aber gleichermaßen im Bereich der Curriculumdiskussion jene Ansätze, die, entgegen dem – über die geisteswissenschaftliche Didaktik verfügbaren – Problemhintergrund, Deduktionsketten zu entwickeln versuchen oder innerhalb einer technologischen Zweck–Mittel-Relation die Legitimierung der Ziele ausblenden oder durch Abnehmerbefragungen ersetzen.

Für eine Situationstheorie, die den Bezug auf Anforderungen der Lebenssituationen nicht zu einer globalen Legitimierungsformel auf instrumenteller Ebene verkürzt, und die in die Auslegung der Erziehungswirklichkeit sowohl die betroffenen Personen wie die diese Wirklichkeit bestimmenden gesamtgesellschaftlichen Faktoren einbezieht, stellt sich dieser Begründungszusammenhang zunächst als ein Vermittlungsprozeß dar zwischen den durch das Curriculum Betroffenen (also in der Regel den Erziehern, Kindern, Eltern) und den vom unmittelbaren praktischen Handlungsdruck entlasteten Curriculumkonstrukteuren. Dieser Vermittlungsprozeß hat sicher zu stellen, daß auch ein situationsbezogenes Curriculum nicht im Episodischen der Alltagssituationen, in kaum übertragbaren Formen der Gemeinwesenarbeit aufgeht, und daß zum andern die über eine Theorie der Situationen gewonnenen Aussagen so formuliert sind, daß die an der Situation Beteiligten ihre Probleme wiedererkennen und aufgehoben sehen.

Wer die »Probleme der Praxis« ohne Interpretationsraster aufnimmt, wer also als spontane Äußerungsform akzeptiert, was durch die Widersprüche der Situation vielfältig gebrochen ist, der verliert die Möglichkeit, Handlungsalternativen anzubieten, die über die rein subjektivistische Wahrnehmung hinausgeht. Umgekehrt ist aber eine Situationstheorie aus strategischen wie erkenntnisleitenden Interessen auf die gleichberechtigte Beteiligung der durch die Situation Betroffenen angewiesen. Es ist dies ein strategisches Erfordernis, weil ein Curriculum nur das und soviel an Aufklärung – und das heißt hier an Theoriebildung über Situationen und darauf bezogenen Qualifikationen – transportieren kann, als von allen Beteiligten akzeptiert und getragen wird. Die Zieldimension und die Verwirklichungschancen eines Curriculum sind also durch den Spielraum bestimmt, der sich innerhalb der gegebenen institutionellen Grenzen durch Aufklärung abstecken läßt. Wenn diese Aufklärung sich aber nicht dadurch widersinnig verkehren soll, daß die davon Betroffenen, als einplanbare Größen verdinglicht, als »Gegenstände der Forschung« in die Objektrolle gedrängt werden, dann ist eine Situationstheorie nur über einen praxisorientierten Diskurs zu leisten, in den gleichermaßen theoretische Ansätze und Erklärungsversuche wie das Selbstverständnis und die Handlungskompetenz der in der Situation Beteiligten eingehen[5].

Aufklärung ist also nicht nur in der Zieldimension des Curriculum zu postulieren, oder, wie es die Gruppe um Blankertz versucht[6], stellvertretend für die Betroffenen, in Strukturgittern festzumachen, sondern sie ist im Konstruktionsprozeß des Curriculum freizusetzen und einzulösen. Innerhalb eines solchen, die Situationstheorie konstituierenden Diskurses ist die Dialektik von Voraussetzungs- und Zielanalyse in der Notwendigkeit aufgenommen, theoretisches Vorverständnis und Zielperspektiven in der Sprache und im Problemhorizont der Betroffenen situativ einzulösen und von den Perspektiven her die jeweils entscheidenden inhaltlichen Dimensionen der »kontextualen Realität« zu bestimmen.

Ein solches Verfahren, das die Sprachlosigkeit der Wissenschaft gegenüber den Problemen der Praxis und die Artikulationssperren der Betroffenen gegenüber ihrem eigenen Handlungsfeld in einem wechselseitigen, unterschiedliche Kompetenzen freisetzenden Lernprozeß aufzuheben versucht, kann aus pragmatischen Gründen auf der mittleren Ebene – der Theoriebildung über alters- und gruppenspezifische Situationen – ansetzen. Wenn Situationstheorie aber nicht zu einem Curriculum für unmittelbar ins Haus stehende knifflige Situationen abrutschen will, dann müssen die jeweiligen Theoriebildungen über Situationen innerhalb eines – alle drei Ebenen umfassenden – Bezugsrahmens zur wechselseitigen Korrektur der Aussagen zusammengedacht werden.

---

[5] Die Aussagen der an der Situation Beteiligten können darum bei der Darstellung des Situationsverständnisses nicht als »Material« der wissenschaftlichen Analyse eingelagert werden; sie müssen in ihrer Authentizität (über Tonbänder, Gesprächsprotokolle, Materialien von Elternabenden u. ä.) »ungebrochen« erhalten bleiben.

[6] Vgl.: Blankertz, H., Curriculumforschung – Strategien, Strukturierung, Konstruktion. Essen 1971.

Sozialisationsbezug

Lothar Krappmann

Der Beitrag der Sozialisationsforschung zur Entwicklung von Curricula im Vorschulbereich

1. Die Sozialisationstheorie: Ein Curriculumansatz wie viele andere?

2. Forderungen an eine »angemessene« Sozialisationstheorie
2.1 Ausbildung von Handlungs- und Denkstrukturen
2.2 Selbsttätigkeit im Erwerb der Strukturen
2.3 Unterscheidung von Kompetenz und tatsächlichen Verhalten

3. Folgerungen für die Curriculumentwicklung
3.1 Erwerb von regelhaften Strukturen für Handeln, Denken und Sprache
3.2 Förderung von Grundqualifikationen
3.3 Medium der Förderung: Freie und spontane Kommunikation und Interaktion
3.4 Abkehr von Drill-Programmen und Indoktrination

4. Inhaltliche Schwerpunkte der Lernangebote für Förderungsprogramme im Vorschulbereich

5. Grenzen des Beitrags der Sozialisationsforschung zur Curriculumentwicklung

1. Die Sozialisationstheorie: Ein Curriculumansatz wie viele andere?

Es ist in den Diskussionen der jüngeren Zeit üblich geworden, unter diejenigen »Ansätze«, die für die Entwicklung von Curricula im Vorschulbereich und für die Eingangsstufe der Grundschule relevant gehalten werden, auch einen »sozialisationstheoretischen« Ansatz aufzunehmen. Angesichts des Nebeneinanders scheinbar konkurrierender Curriculumtheorien sind in der Folge immer wieder Auseinandersetzungen darüber entstanden, an welchem »Ansatz« sich die Curriculumkonstruktion angesichts dieser Vielfalt in ihrer Arbeit orientieren solle[1]. Der Beitrag, den die Sozialisationsforschung für diese Aufgabe leisten könnte, wird jedoch allzu leicht mißverstanden, wenn er als eine Betrachtungsweise unter vielen möglichen eingeordnet wird. Der Anspruch der Sozialisationsforschung, ihre Ergebnisse bei der Ausarbeitung von Curricula zu berücksichtigen, ist nämlich geringer, in anderer Hinsicht aber auch umfassender, als es sich in der Bezeichnung als eines »Ansatzes« unter vielen anderen ausdrückt. Denn einerseits wären die Sozialisationsforschung und ihre bisherigen Resultate tatsächlich überfordert, wenn ein Curriculum allein auf ihrer Grundlage entwickelt werden sollte. Andererseits aber kann kein Versuch, Curricula zu entwerfen, die sozialisationstheoretischen Arbeiten über die Entstehung der Verhaltens- und Lerndispositionen im Kindesalter übergehen.

Wir können uns hier auf die Curriculumtheorie J. Bruners berufen. Er betont, daß ein Lernprozesse anregendes Curriculum Theorien des Wissens mit Theorien der kognitiven Entwicklung und Theorien über das Unterrichten vereinigen muß[2]. Die Sozialisationsforschung hat in dieser Sicht den jeweiligen Entwicklungsstand der Lernenden aufzuklären. Dabei ist allerdings darauf hinzuweisen, daß die Sozialisationsforschung sich nicht nur den sich ausdifferenzierenden Prozessen der Kinder im Bereich der kognitiven Operationen – Kategorisierung von Wahrnehmung, Informationsverarbeitung und Problemlösung – widmet, sondern die Genese elementarer Fähigkeiten zur Strukturierung und Auseinandersetzung mit der materiellen und sozialen Umwelt insgesamt verfolgt. Da die kognitiven, affektiven und motivationalen psychischen Strukturen, die das Kind aufgrund seiner früheren Erfahrungen mit Sachen und Personen ausprägt, sich auf jegliches Verhalten des heranwachsenden Menschen gegenüber Problemen auswirken, sind die Ergebnisse der Sozialisationsforschung auch für sehr spezielle schulische Lernprozesse relevant. Diese Lernprozesse stützen sich nämlich auf Potentiale, die milieu- und familienspezifische Sozialisationsprozesse längst vor dem Eintritt in die Schule geschaffen haben.

Dieser Beitrag der Sozialisationsforschung betrifft die Bemühungen um Curricula auf allen Altersstufen. Noch weniger aber können sozialisationstheoretische Gesichtspunkte außer acht gelassen werden, wenn Kinder

---

[1] Zu einem Hearing des Ausschusses »Eingangsstufe« des Deutschen Bildungsrates im Oktober 1972 wurden Sachverständige für vier »Ansätze« eingeladen: Situationsansatz, Sozialisationsansatz, Disziplinansatz und funktionsanalytischer Ansatz.

[2] So J. S. Bruner an vielen Stellen; vgl. u. a., Toward a Theory of Instruction. Cambridge, Mass. 1966.

zum Lernen angeregt werden sollen, die die Prozesse, in denen die Grundqualifikationen für intelligentes und soziales Handeln erworben werden, noch gar nicht abgeschlossen haben. Dies trifft auf die Kinder im Elementarbereich und auch auf die Schüler in der Vorschule bzw. der Eingangsstufe der Grundschule zu. Auch Sozialisationstheorien, die in anderen Punkten verschiedener Auffassung sind, stimmen darin überein, daß die Sockelphase der Sozialisation bis in das sechste oder sogar siebente Lebensjahr hineinreicht. So wird in der psychoanalytischen und in der rollentheoretischen Sicht eine wichtige Zäsur gesetzt, wenn es das Kind geschafft hat, die konfliktträchtige Beziehungsstruktur in der Familie durch Identifikation mit der adäquaten Geschlechtsrolle aufzuarbeiten. Dies gelingt den Kindern im allgemeinen im Alter zwischen fünf und sieben Jahren. In der Piagetschen kognitiven Entwicklungspsychologie ist der entsprechende Einschnitt durch die Ausbildung erster invarianter Objektstrukturen gekennzeichnet[3].

Primäre Sozialisationsprozesse reichen jedoch noch bis weit in die Schulzeit hinein. Daher ist der Arbeitsbereich der Sozialisationsforschung keineswegs auf das Lebensalter vor Schuleintritt beschränkt, sondern sie wendet sich auch jenen Prozessen zu, in denen das Kind in immer komplexere Rollensysteme außerhalb der Familie integriert wird – so z. B. im Parsonschen Sozialisationsmodell – und allmählich von »konkreten« zu »formalen« (d. h. hypothetisch-deduktiven) Denkoperationen übergeht. Diese Entwicklungsschritte dauern bis in die Pubertät und Adoleszenz an.

Die Ermittlung des jeweiligen psychischen Entwicklungsstandes schließt ein, bei einzelnen oder Gruppen von Kindern generelle oder spezielle Defizite in der Entwicklung der grundlegenden kognitiven und sozialen Grundqualifikationen aufzudecken. Dabei versucht die Sozialisationsforschung mehr zu leisten als die älteren entwicklungspsychologischen Phasentheorien, insbesondere, wenn diese auf Reifungsvorstellungen beruhen. Sie begnügt sich nämlich nicht damit, die zutagetretenden Fähigkeiten des Kindes mit einer Entwicklungsskala zu vergleichen, sondern sucht nach spezifischen Erklärungen für die Genese von Fähigkeiten und Unfähigkeiten[4].

Alle Sozialisationstheorien vertreten dabei als generelle, das Forschungsfeld überhaupt erst konstituierende Hypothese die Auffassung,

---

[3] Darunter versteht die Piaget-Schule, daß das Kind Objekten bestimmte Eigenschaften zuerkennt, die ihm erhalten bleiben, auch wenn das Kind ihnen nicht Aufmerksamkeit zuwendet.

[4] Neuere Übersicht über die Forschung bieten D. A. Goslin (Ed.), Handbook of Socialization. Theory and Research. Chicago 1969, und P. H. Mussen (Ed.), Carmichael's Manual of Child Psychology, Vol. 1 und 2, New York 1970.

daß die sozialen Verhältnisse, in denen ein Kind aufwächst, entscheidend seine psychische Entwicklung beeinflussen. Zunächst kann hier unberücksichtigt bleiben, ob vor allem die materiellen Bedingungen des Familienlebens, die milieuspezifischen Erziehungspraktiken der Eltern, die von den Erfahrungen am Arbeitsplatz und von der Interpretation der sozialen Lage abhängigen Wertvorstellungen und Normen oder die Kommunikations- und Interaktionsstile in der sozialen Gruppe als die ausschlaggebenden Determinanten angesehen werden, oder ob – so die sich durchsetzende Auffassung – eine den sozialen Lebensbedingungen gesellschaftlicher Teilgruppen entsprechende Kombination dieser Faktoren die Ausbildung der psychischen Dispositionen bewirkt. Alle diese Auffassungen laufen darauf hinaus, daß die psychischen Strukturen soziale Strukturen, die das Kind vorfindet, widerspiegeln. Die durch diese Einflüsse ausgeformten psychischen Strukturen machen dem Kind möglich, nach und nach an der Kommunikation und den sozialen Handlungsprozessen seiner sozialen Umwelt teilzunehmen. Es verwirklicht dabei ein für sein soziales Milieu charakteristisches Verhältnis von Anpassung und Autonomie, denn es orientiert sich einerseits an den akzeptierten Normen und Interpretationen, andererseits nutzt es die Autonomiespielräume aus, die durch fehlende, mehrdeutige oder sanktionslose Normen entstehen.

2. Forderungen an eine »angemessene« Sozialisationstheorie

Eben wurde umrissen, welche generelle Aufgabe sich die Sozialisationsforschung stellt: Sie will erklären, wie sich soziale Strukturen in psychische Strukturen umsetzen, folglich in Handlungspotentiale, die die vorgegebenen Verhältnisse zwar berücksichtigen, aber auch helfen, Probleme »vernünftiger« zu lösen als bisher. Um zeigen zu können, welche Konsequenzen sich für die Curriculumentwicklung aus den Fragestellungen und Ergebnissen der Sozialisationsforschung ableiten lassen, muß zunächst genauer erläutert werden, wie die Sozialisationstheorie diese Aufgabe zu erfüllen versucht.

2.1 Ausbildung von Handlungs- und Denkstrukturen

Für den sozialisationstheoretischen Erklärungszusammenhang ist der Begriff der Struktur von besonderer Bedeutung. Wer Reaktionen von Individuen auf irgendwelche Fragen oder Probleme untersucht, dem fällt auf, daß die Antworten bzw. die Problemlösungsversuche bestimmten Mustern folgen. Diese Muster ergeben sich nicht aus einer inhaltlichen Analyse der Verhaltensakte, auch nicht durch ihre Zerlegung in Komponenten, sondern durch Einsicht in ihre systematische Organisation. Für kognitive Prozesse läßt sich dieser Strukturbegriff vielleicht am leichtesten verdeutlichen: Hier meint er die Art und Weise, wie Erfahrungen gewonnen werden, wie diese Erfahrungen miteinander in Beziehung gesetzt werden und wie aus ihnen Schlußfolgerungen gezogen werden. Strukturen sind aber auch in den immer wiederkehrenden sozialen Beziehungsmustern zu entdecken, von denen sich Interaktionspartner auch in sehr verschiedenen Handlungssituationen leiten lassen.

Ohne diesen Strukturbegriff könnte die Sozialisationstheorie die Integration des neugeborenen Gesellschaftsmitgliedes in die Handlungszwänge und Autonomiechancen seiner sozialen Lebenswelt nicht erklären. Es ist nämlich nicht denkbar, daß das zukünftige Mitglied einer sozialen Gruppe seine Interaktions- und Problemlösungsfähigkeit durch eine konkrete Vorbereitung auf spezifische, später zu erwartende Problemkonstellationen erwirbt. Sie sind zu vielgestaltig und zu wechselhaft und zum Teil auch zu wenig vorhersehbar, als daß sie in Sozialisationsprozessen vorweggenommen werden könnten. Vielmehr bildet das Kind in sich eine Reihe von Grundmustern der Informationsverarbeitung, der Probleminterpretation und des Umgangs mit anderen Menschen aus, die es dann in verschiedenartigen Situationen anzuwenden vermag. Diese Strukturen werden Informationen und Interaktionsproblemen allerdings nicht schablonenhaft aufgepreßt, falls irgendein Reiz sie auslöst, sondern sie enthalten ein aktives Moment. Sie erschließen dem Individuum überhaupt erst die Möglichkeit, Erfahrungen zu sammeln, Ereignisse miteinander zu verknüpfen und kommunikativen Austausch mit anderen zu unterhalten.

Diese Auffassung, daß die Theorie der Sozialisation ihr Hauptaugenmerk dem Erwerb von Handlungs- und Denkstrukturen zuzuwenden habe, hat sich weit durchgesetzt, obwohl es noch viele offene Fragen gibt. Hierin sind sich – trotz verschiedener Terminologien – die Piagetsche Entwicklungspsychologie, die Psychoanalyse, die Parsonsche Sozialisationstheorie und inzwischen sogar manche Anhänger behavioristisch-assoziationistischer Lerntheorien einig[5].

Die psychischen Strukturen, die das Kind ausbildet, erscheinen nicht plötzlich in ihrer ausgereiften Form, sondern durchlaufen einen Prozeß zunehmender Differenzierung, die zugleich eine immer allgemeinere Anwendbarkeit der Struktur auf zunehmend komplexere Probleme sichert. Dieser Differenzierungsprozeß folgt einer inneren Logik, die eine bestimmte, nicht umkehrbare Abfolge in dieser Strukturentwicklung hervorbringt. Wieder ist ein Beispiel aus dem am gründlichsten erforschten kognitiven Bereich am einfachsten zu finden: Ein vierjähriges Kind wen-

---

5 Vgl. etwa D. Berlyne, Structure and Direction in Thinking. New York 1965.

det sich im Regelfall nur einer isolierten Dimension eines Gegenstandes zu, etwa seiner Breite, und nimmt andere Dimensionen nicht gleichzeitig wahr. Wenn es die Länge des Gegenstands entdeckt, verliert es die Breite aus dem Auge. Einige Zeit später lernt es, beide Dimensionen zu beachten und die Fläche als ein Produkt aus Breite und Länge, die gleichzeitig zu berücksichtigen sind, zu begreifen. Schließlich kann es – als Neun- und Zehnjähriges – sich alle möglichen Verhältnisse von Breite und Länge bei Erhaltung oder Veränderung der Fläche vorstellen und Probleme ohne Unterstützung der konkreten Anschauung durchspielen.

2.2 Selbsttätigkeit im Erwerb der Strukturen

Das Kind kann die Regeln und Muster, die sein Verhalten in den verschiedenen Entwicklungsphasen beherrschen, nicht durch unmittelbare Imitation der Erwachsenenwelt oder durch belohnte Reiz-Reaktionsverknüpfungen lernen. Weder ist seine Sprache eine verstümmelte Erwachsenensprache, noch folgen seine kognitiven Operationen einer mißverstandenen Erwachsenenlogik. Die Strukturen, denen das Kind im Handeln und Denken auf den jeweiligen Entwicklungsstufen folgt, konstruiert es selbsttätig. Sie enthalten eine eigene Gesetzmäßigkeit, die aus den Interaktionszusammenhängen und aus den Problemlösungsgewohnheiten der sozialen Umwelt des Kindes abgelesen wurde, obwohl die Verhaltensweisen der Erwachsenen im allgemeinen auf einem fortgeschritteneren strukturellen Entwicklungsstand aufbauen.

Es gibt also für die frühen Stufen der psychischen Strukturentwicklung kein Vorbild im strikten Sinne, sondern nur implizite Anregung. Die Eltern eines Fünfjährigen behandeln ihr Kind zweifellos nicht »präoperational«, und dennoch durchläuft es auf jeden Fall diese von Piaget so bezeichnete Phase der geistigen Entwicklung. Offenbar treiben die nach einiger Zeit als ungenügend erkennbaren »Lösungen« für die Probleme des Umgangs mit Gegenständen und Personen das Kind an, nach einer erfolgreicheren Form der Auseinandersetzung mit seiner materiellen und sozialen Umwelt zu suchen. Diese »bessere« Lösung bietet dann die nächste Differenzierungsstufe der Handlungs- und Denkstrukturen, bis auch diese wieder als ungenügend erfahren wird.

2.3 Unterscheidung zwischen Kompetenz und tatsächlichem Verhalten

Durch die soziolinguistischen Untersuchungen sprachlicher Fähigkeiten ist deutlich geworden, daß im Bereich des an Regeln gebundenen Verhaltens – neben der Sprache also noch bei den kognitiven Operationen und möglicherweise den Konstitutiva dialoghafter, Intentionen diskutierender Kommunikation – zwischen einer Kompetenz, die als Beherrschung der Regeln zu definieren ist, und der Möglichkeit, eine vorhandene Kompetenz tatsächlich im Verhalten zu realisieren, unterschieden werden muß. Gerade bei der Stimulierung effektiverer Problemlösungsstrategien ist wichtig zu beachten, ob das ungeschickte Vorgehen eines Kindes auf ein Kompetenzdefizit oder auf eine ungenügende Fähigkeit, Kompetenz einzusetzen, hinweist.

Der Begriff der Kompetenz ist in jüngster Zeit immer breiter und unspezifischer in der entwicklungspsychologischen und pädagogischen Diskussion verwandt worden. Man spricht weithin von Sach-, Sozial- und Ich-Kompetenz ebenso wie von kommunikativer oder linguistischer Kompetenz. Wenn man diesen Begriff jedoch nicht lediglich als Synonym für den konventionellen Fähigkeitsbegriff gebrauchen will, dann sollte er – wie in der Linguistik – nur auf Verhalten angewandt werden, das Regeln folgt, die zunächst »sinnleer« sind, wenngleich sie Voraussetzung sind, Objekte zu konstituieren und sich über Inhalte zu verständigen. Der Begriff einer Sach- oder Sozialkompetenz will dagegen nicht auf ein abstraktes, inhaltsleeres Regelsystem dieser Art verweisen, sondern von vornherein auf die Fähigkeit, über interpretierte, mindestens interpretierbare und somit diskutierbare Zweck–Mittel-Relationen zu entscheiden, und auf die kritische Beherrschung inhaltlicher sozialer Normen.

Diese Unterscheidung ist deswegen wichtig, weil diese verschiedenartigen Kompetenzen – die an Regeln gebundenen (wie der linguistische Kompetenzbegriff) im Gegensatz zu denen, die dem herkömmlichen Fähigkeitsbegriff entsprechen – offenbar auf unterschiedliche Weise ausgebildet werden. Wenn Kinder nicht durch anatomisch-physiologische Schädigungen oder extreme soziale Deprivationen behindert werden, übernehmen sie im allgemeinen das Regelsystem der Sprache, die Logik der kognitiven Operationen und eventuelle Dialog-Universalien. Das läßt sich prinzipiell durch sogenannte »Kompetenz-Tests« ermitteln, die allerdings bislang nur für einige Elemente des grammatischen Regelsystems vorliegen. Die sogenannten »Kompetenzen« für den Umgang mit Sachen oder Personen (Sach- und Sozialkompetenz) sind dagegen weitgehend von Art und Umfang der Anregung und Förderung abhängig. Es ist nicht damit zu rechnen, daß im Bereich dieser Fähigkeiten ein gemeinsames Regelsubstrat ausgebildet wird, dessen Anwendung lediglich zu gewährleisten wäre.

Trotz gleicher Beherrschung des formalen Regelsystems unterscheiden sich die Kinder verschiedener sozialer Herkunft aber nicht nur im Bereich dieser »uneigentlichen« Kompetenzen, sondern auch sehr auffällig in der Mobilisierung ihrer Regelkompetenzen im strikten Sinne. Die Sozialisationsforschung muß sich folglich vor allem der Untersuchung jener Faktoren widmen, die einerseits eine volle Ausschöpfung der an sich vorhandenen Regelbeherrschung im tatsächlichen Verhalten verhindern und andererseits auch die Art der Auseinandersetzung mit materiellen Objekten und der Interaktion mit Personen beeinflussen, die nicht auf die Aktualisierung eines entsprechenden Regelsubstrates zurückgeführt werden kann.

Diese das beobachtbare Verhalten determinierenden Faktoren lassen sich um zwei Verhaltenskomplexe gruppieren, in denen sich charakteristischerweise kognitive, motivationale und affektive Elemente verbinden. Es handelt sich zum ersten um die in der psychologischen Literatur als »kognitive Stile« bezeichneten Verhaltensstrategien, die darüber entscheiden, in welcher Weise Informationen und Erfahrungen, die dem Individuum angeboten werden, ausgewertet werden können. Es ist üblich, diese kognitiven Stile durch Gegensatzpaare zu charakterisieren: Werden Informationen »analysierend« bearbeitet oder werden sie »global« rezipiert? Werden Schlußfolgerungen aus ihnen »impulsiv« gewonnen oder werden sie »reflektierend« abgeleitet? Ein kognitiver Stil ist per se nicht besser oder schlechter als ein anderer. Sie sind jedoch in unterschiedlichem Maße geeignet, Probleme zu lösen. Je umfangreicher das Repertoire eines Menschen ist, aus dem er adäquate Lösungsstrategien wählen kann, desto größer sind seine Möglichkeiten, im zweckrationalen Verhalten oder in Interaktionen erfolgreich zu sein. Zum zweiten beeinflussen die in der psychoanalytischen Tradition herausgearbeiteten Abwehrmechanismen die Realisierung vorhandener Kompetenzen und Fähigkeiten des Umgangs mit Sachen und Personen. Zu ihnen gehören verschiedene Strategien der Verdrängung und der Leugnung, die dem Individuum helfen sollen, entweder akzeptierte Normen gegen divergierende Bedürfnisse oder aber übermächtige Bedürfnisse gegen starre Normen durchzusetzen, wenn ihm ein befriedigender Ausgleich der verschiedenen Anforderungen nicht möglich erscheint. Diese Abwehrstrategien verzerren die Wahrnehmung eigener und fremder Bedürfnisse, sie schränken die Reflexion ein und begrenzen die Toleranz für unklare oder mehrdeutige Sachverhalte und Beziehungen. Sie verführen zum Aufbau einer privaten Symbolik, die der allgemeinen Kommunikation entzogen ist und somit Instrumente der sozialen Realitätskontrolle unwirksam macht. Diese Störungen eines adäquaten Austauschs mit der sozialen Umwelt müssen möglichst gering gehalten werden, wenn das Kind sich zu einem lern- und handlungsfähigen Mitglied seiner sozialen Gruppe entwickeln soll.

3. Folgerungen für die Curriculumentwicklung

3.1 Erwerb von regelhaften Strukturen für Handeln, Denken und Sprache

Die bisherige Darstellung hat darauf aufmerksam gemacht, daß Anregung und Förderung, die das Kind benötigt, im Hinblick auf die verschiedenen Entwicklungsprobleme unterschiedlich zu gestalten sind. Da geht es zunächst um das Erlernen der grundlegenden Regelsysteme einer operativen Logik, die Handeln und Denken anleitet, und der Grammatik, die richtige Sätze zu formulieren erlaubt. Die Ausdifferenzierung dieser Strukturen bedarf zwar der Stimulierung – wie die extremen Fälle von Kindern, die das Schicksal eines Kaspar Hausers erlitten, beweisen –, aber ein besonderer Aufwand an gezielter Anregung scheint gewöhnlich nicht nötig. Das Kind konstruiert diese Strukturen auf der jeweiligen Entwicklungsstufe selbsttätig in Auseinandersetzung mit seiner materiellen und sozialen Umwelt. Immerhin, in der Objekt- und Personenwelt des Kindes muß als Anregungspotential enthalten sein, was in den Strukturen der jeweiligen Entwicklungsphase »niedergelegt« werden soll. Für die Entwicklungsschritte vor dem Schuleintritt scheinen wir das im Regelfall unterstellen zu können. Anders sind die Bedingungen des Übergangs von den konkreten – also immer noch auf Anschauung gestützten – zu den formalen, abstrakten logischen Relationen folgenden Denkoperationen im Alter von zehn bis zwölf Jahren zu beurteilen. Bei diesem letzten Differenzierungsschritt ist zweifelhaft, ob das Alltagsleben eines Kindes immer genug Anregung enthält, um die Denkoperationen der nächsten Stufe einzuleiten.

Falls diese Analyse zutrifft, ist es unnötig, die Kinder die Regeln der Grammatik oder der operativen Logik ausdrücklich zu lehren. Wenn sie schlecht sprechen oder Informationen ungenügend verarbeiten, liegt es – bis auf wenige Ausnahmen – nicht an Regelunkenntnis. Tatsächlich aber gab und gibt es nicht wenige Vorschulprogramme, die dieses fast immer unnötige Regeltraining betreiben wollen. Vor allem zu der Zeit, als in der Folge einer falsch verstandenen Rezeption der Bernsteinschen Soziolinguistik das Sprachverhalten der Kinder unmittelbar für ihre intellektuellen Defizite verantwortlich gemacht wurde, glaubte man in erster Linie die Beherrschung der Regeln von Grammatik und Syntax mit den Kindern üben zu müssen. Die Sozialisationsforschung muß vor einer derartigen Fehlinvestition bei Förderungsinitiativen warnen. Diese Anstrengungen sollten vielmehr für eine Ausweitung des infolge restringierter sozialer Erfahrung beschränkten Reservoirs an Realisierungsstrategien aufgewandt werden. So tragen sie dazu bei, daß das Individuum Grundqualifikationen im Sinne von Problemlösungsfähigkeiten im Bereich der Zweck–Mittel-

Relationen und im Bereich kommunikativen Austausches und wechselseitiger Interaktion erwerben kann.

3.2 Förderung von Grundqualifikationen

Die durch soziale Erfahrungen erworbenen Realisierungsmöglichkeiten von Kompetenz und die übernommenen Fähigkeiten lassen sich gleichsam als Filter begreifen, der darüber entscheidet, welche Auswahl der beherrschten Regeln und welche Interaktionsstrategien für Problemlösung und Umgang mit anderen zur Verfügung stehen. Diese Bündel von aktualisierbaren Verhaltenspotentialen lassen sich als Grundqualifikationen betrachten, die das Ausmaß der Kooperations- und Lernfähigkeit eines Individuums bestimmen.

Tatsächlich wird jedes Kind in seinem Herkunftsmilieu nur eine begrenzte Anzahl von Verhaltensmustern kennenlernen. Dies ist vor allem von den subkulturellen Milieus der Unterschicht bekannt, wo die Kinder überwiegend im Rahmen von Rollenbeziehungen aufwachsen, die teils autoritär bzw. statusorientiert festgelegt sind, teils tradierte Solidaritätsverpflichtungen immer wieder neu bekräftigen. Aber auch die sozialen Verhältnisse in den Mittelschichten legen den Kindern Einschränkungen auf, vor allem wenn um des »Wohlverhaltens« oder des Aufstiegs willen kindliche Bedürfnisse zugunsten einzuhaltender Normen verdrängt werden.

Angesichts dieser Defizite muß daher im Elementarbereich und in der Eingangsstufe die Beeinflussung der Determinanten von sozialen und kognitiven Grundqualifikationen im Vordergrund stehen. Es handelt sich bei diesen Grundqualifikationen zum einen um jene Gruppe von Fähigkeiten, die das Kind befähigen, nach und nach soziale Erwartungen und eigene Bedürfnisse in ein tolerierbares Verhältnis zu bringen. Dazu gehören
- soziale Sensibilität, um die Ansprüche anderer wahrzunehmen und im eigenen Verhalten zu berücksichtigen,
- Reflektiertheit in der Befolgung von Regeln, um sich mit anderen auf ein situationsangemessenes Verständnis einigen zu können,
- Toleranz für unvollständige Bedürfnisbefriedigung, die ermöglicht, sich an Kooperation trotz teilweiser Divergenzen zu beteiligen,
- Kommunikationsfähigkeit, um Verständigung über individuelle Besonderheiten herbeizuführen.

Diese Fähigkeiten umschreiben die Komponenten einer Ich-Organisation, die Autonomie zu behaupten vermag, ohne sich zu isolieren, weil sie die für soziales Handeln notwendigen Austauschprozesse mit ihren Interaktionspartnern zu unterhalten vermag.

Diese Ich-Kompetenz tritt jedoch nicht nur als kritische Instanz in der Dynamik sozialer Interaktion auf. Sie umfaßt zugleich – wie bereits angedeutet – komplexe Strategien der Informationsverarbeitung (»kognitive Stile«), die eine differenzierte und systematische Erfassung der materiellen und sozialen Objektwelt erst ermöglichen. Sie müssen sodann sichern, daß der Geltungsbereich von Aussagen und ihre Generalisierbarkeit bestimmt und bei der Überprüfung von Schlußfolgerungen benutzt werden können. Diese Vorgehensweisen bei der Informationsverarbeitung entscheiden auch darüber, ob von den bisherigen Strukturen abweichende Eigenschaften wahrgenommen werden können oder ob diese zugunsten voreiliger, bessere Lösungen versperrender Konvergenz verdrängt werden.

Diese Erläuterung der aus der Sicht der Sozialisationsforschung vorrangigen Ziele für Curricula im Vorschulbereich zeigt, daß auch aus dieser Perspektive »Ich-Kompetenz«, »Sozialkompetenz« und »Sachkompetenz« nicht auf einer Ebene stehen. Die »Ich-Kompetenz« entfaltet sich in Beziehungssystemen, die die Interpretation von Normen und die Artikulation von Bedürfnissen von ihren Mitgliedern fordern, damit soziales – also subjektive Intentionen vermittelndes – Handeln überhaupt zustande kommen kann. In diesem Sinne ist »Ich-Kompetenz« zugleich »Sozialkompetenz«, sie entstammen denselben Prozessen. Für »Sachkompetenz« ist »Ich-Kompetenz« eine Voraussetzung, denn ohne sie ist keine stabile Objektkonstitution denkbar. Die Leistung dieses Ichs besteht eben darin, übergreifende Sinnzusammenhänge zu errichten und gegen Zerfall zu verteidigen. Daher steht sie auch hinter den kognitiven Äquilibrationsprozessen, in denen die psychischen Strukturen den objektiven angeglichen werden. Diese »Ich-Kompetenz« bildet ferner auch die Basis der Motivation, Umwelt zu erforschen, Dinge zu manipulieren sowie Gesetzmäßigkeiten abzulesen und kreativ anzuwenden.

3.3 Medium der Förderung: Freie und spontane Kommunikation und Interaktion

Die dargestellten Überlegungen und Ergebnisse der Sozialisationsforschung weisen auch auf Konsequenzen für die Vermittlung der Grundqualifikationen des sozialen Handelns und für angemessene Strategien der Informationsverarbeitung hin. Da die Sozialisationsforschung – trotz aller noch offenen Fragen – zeigen konnte, daß die in der kindlichen Psyche sich ausprägenden Verhaltensmuster die sozialen Prozesse in der Umwelt reproduzieren, also die Verinnerlichung der Dynamik eines sozialen Systems darstellen, läßt sich nicht vorstellen, diese Verhaltenspotentiale durch bloße Belehrung oder Zureden zu ändern. Diese psychischen Strukturen, die zugleich kognitive, affektive und motivationale Aspekte haben, wurden nämlich durch Identifikationsprozesse zu einem Bestandteil der Persönlichkeitsorganisation des Individuums und haben sich als funktional für die Sicherung der Mitgliedschaft des Kindes in seinem sozialen Beziehungsgefüge (im Regelfall in der Familie) erwiesen. Es ist eine andere Frage, ob die auf diese Weise erworbenen Problemlösungsdispositionen auch außerhalb der sozialen Herkunftsgruppe erfolgreich sind.

Weiterentwicklung und Änderung dieser Dispositionen zur Auseinandersetzung mit Problemen ist angesichts dieser Genese von Kompetenzen und Fähigkeiten somit nur zu erwarten, wenn das Kind sich in sozialen Interaktionen bewegt, die es zur Umstrukturierung seiner mitgebrachten Potentiale stimulieren. Damit erhält die Kommunikations- und Interaktionsstruktur der Kindergruppe in Kindergarten und Vorschule eine zentrale Bedeutung für die Entwicklung der Grundqualifikationen des sozialen Handelns und – damit einhergehend – adäquater kognitiver Problemlösungsstrategien. Mit diesem »hidden curriculum«, das im sozialen System des Kindergartens oder der Vorschule »versteckt« ist, muß das zu entwerfende explizite Curriculum abgestimmt werden.

Das Netzwerk von Interaktion in allen Vorschuleinrichtungen muß dadurch charakterisiert sein, daß die Kinder – ohne Strafen fürchten zu müssen – verschiedene Verhaltensstrategien ausprobieren und mit Problemlösungen experimentieren dürfen. Das darf nicht bedeuten, daß ihre erwachsenen Partner sich ihnen gegenüber insofern »artifiziell« betragen, als sie ihre eigenen Interessen verbergen. Gewährleistet muß vielmehr sein, daß alle Beteiligten ihre Erwartungen aussprechen können, damit über einen Ausgleich der Absichten und Hoffnungen sowie über die Aufstellung von Toleranzgrenzen verhandelt werden kann. Gerade der nicht aufklärbare Widerspruch zwischen manifestem Verhalten und verheimlichten Intentionen verstrickt die Kinder in »Beziehungsfallen«, denen es nicht entfliehen kann, weil es kaum Chancen hat, die mächtigen Erwachsenen dazu zu bringen, ihre Inkonsistenz einzugestehen[6].

3.4 Abkehr von Drill-Programmen und Indoktrination

Wenn es zutrifft, daß das Kind seine psychischen Strukturen und seine Verhaltensstrategien selbsttätig durch Aufarbeitung von Erfahrungen mit seiner Umwelt konstruiert und Schritt für Schritt weiter ausdifferenziert, dann ist für Programme, die auf die Konditionierung von Antwortreaktionen hinauslaufen, kein Raum. Sie helfen den Kindern prinzipiell nicht, selbst wenn sie im Augenblick meßbare Erfolge zeigen mögen. Sie zielen

---

6 Für diesen Problemkreis sind die »double bind«-Theorien relevant, die sich bei der Erklärung psychischer Zusammenbrüche von Kindern und Jugendlichen als fruchtbar erwiesen haben. Vgl. den Sammelband G. Bateson u. a., Schizophrenie und Familie. Frankfurt 1969. »Double-bind« könnte mit »Beziehungsfalle« (H. Stierlin) oder »Zwickmühle« (W. Loch) übersetzt werden.

nämlich nicht auf Grundqualifikationen, die dem Kind eine relativ autonome Antwort in verschiedenartigen Situationen erlauben, sondern binden die trainierte Fertigkeit des Kindes eng an den ursprünglichen Lernkontext. Das könnte z. B. dazu führen, daß ein Kind immer dann grammatisch richtige Sätze sprechen kann, wenn es soziale Situationen wieder nach dem Muster seines Sprachkurses zu interpretieren vermag. Das Gegenteil muß das Ziel sein: Kinder sollten nach adäquaten Problemlösungen suchen können, obwohl oder gerade weil sie die Besonderheiten von Situationen wahrnehmen. Ihre Förderung hat darin zu bestehen, daß sie ihre Regelkompetenzen und ihre Grundqualifikationen gerade in verschiedenen und unvorhersehbaren Kontexten realisieren können.

Dieses Ziel kann nur erreicht werden, wenn es in Kindergarten, Vorschule und Schule wechselnde Rollenkonstellationen, verschiedenartige Gruppenbildungen und Veränderungen in Aufgabenstellung sowie in Spiel- und Arbeitsformen gibt, durch die immer wieder neue Problemlösungskontexte geschaffen werden. Die heute vorherrschende Kindergarten- und Schulorganisation legt dem Kind massive Einschränkungen eines selbsttätigen Umgangs mit Erfahrungen auf. Unter dieser Perspektive müßte sorgfältig geprüft werden, ob die gegenwärtigen Gruppen- bzw. Klassengrößen, die immer wieder ähnlich strukturierte Lernsituation, die wenig flexible und aussagearme Zensurengebung sowie die oft angestachelte Leistungskonkurrenz nicht die guten Absichten, das Denken zu fördern, weitgehend zunichtemachen müssen (wie es bei der »Neuen Mathematik« der Fall zu sein scheint). Die zu entwickelnden Curricula müssen gegen die Tendenz, sie ihrer Mannigfaltigkeit, Spontaneität und Repressionsfreiheit zu berauben, wirksam geschützt sein. Viele Fehler werden gerade aus guter Absicht gemacht: Die Kindergärtnerin oder der Vorschullehrer wollen den Lernerfolg planen, am liebsten erzwingen. Das führt allzu leicht zu einer zu engen Vorstrukturierung der Lernsituationen, die die Chancen, breit anwendbare Grundqualifikationen auszubilden, mindert.

Die Überlegung, daß in den Entwicklungsphasen vor dem Schuleintritt die grundlegenden psychischen Strukturen, die Informationen zu verarbeiten gestatten, sich noch ausbilden, mahnt auch, die Kinder mit inhaltlichen Angeboten nicht zu überfordern. Solange die Strategien der Informationsaufnahme und -auswertung noch nicht vollständig ausdifferenziert wurden, ist nicht zu erwarten, daß Inhalte unverzerrt rezipiert werden. Das wird erst möglich sein, wenn die Strukturen der Erfahrungs- und Informationsaufarbeitung und der sprachlichen Kommunikation so weit entwickelt sind, daß die Inhalte ohne Verfälschung durch den kindlichen Egozentrismus aufgenommen und zueinander in intersubjektiv kontrollierbare Beziehungen gesetzt werden können. Dieses Stadium wird im allgemeinen erst nach dem zehnten Lebensjahr erreicht. Das kann nicht bedeuten, dem Kind Informationen vorzuenthalten, die für sein Weltverständnis wichtig sind. Aber das Kind muß die Möglichkeit behalten, den Inhalt in sein Gefüge von zeitlichen, räumlichen und kausalen Relationen zu transponieren, ohne daß Erwachsene ihm eine Argumentationslogik auferlegen, die es nicht begreifen kann. Als religiöse, weltanschauliche oder politische Indoktrination wäre zu bezeichnen, wenn einem Kind die Deutung eines Sachverhaltes ohne Berücksichtigung seines strukturellen Entwicklungsstandes aufgezwungen wird.

Die verschiedenen Aufarbeitungsniveaus für Erfahrung und Information, die ein Kind durchläuft, legen nahe, dieselben oder ähnliche Inhalte und Problemstellungen in Kindergarten, Vorschule und Schule wiederholt aufzugreifen (»Spiralcurriculum«). Die Wiederkehr ähnlicher Themen langweilt das Kind dann nicht, wenn es erleben kann, daß sein Umgang mit Sachen, seine Lösung von Problemen und sein Verhältnis zu Personen inzwischen eine neue Qualität erreicht hat.

4. Inhaltliche Schwerpunkte der Lernangebote für Förderungsprogramme im Vorschulbereich

Aus den Hinweisen, die die Sozialisationsforschung für die Förderung von Grundqualifikationen des sozialen Handelns und von Strategien der Informationsverarbeitung gibt, läßt sich kein vollständiger Katalog von Lerninhalten für ein Curriculum des Elementarbereichs und der Eingangsstufe deduzieren. Dennoch bieten sich einige Vorschläge an, die allerdings mehr die Struktur des inhaltlichen Angebots betreffen als konkrete Aufgaben formulieren:
– Da die Interaktions- und Problembearbeitungsdispositionen sich in realer sozialer Interaktion in Familien und anderen sozialen Gruppen ausprägen, muß die Eingangsstufe, die von sich noch entwickelnden Kindern besucht wird, immer wieder Kommunikations- und Kooperationszusammenhänge schaffen, die ebenfalls Realitätsgehalt haben. Das Lernangebot muß folglich reale Probleme der Kinder zulassen und auch aktiv aufgreifen. Es muß Kommunikationsbedingungen garantieren, unter denen eine »vernünftigere« Verständigung über Lösungen gesucht werden kann, als es ansonsten möglich ist. Rigide Denkformen und festgelegte Handlungspotentiale wird die Eingangsstufe vermutlich dann am wirksamsten aufbrechen können, wenn sie Themen aufgreift, die in der Umwelt der Kinder gerade umgangen bzw. ritualistisch oder stereotypisierend abgehandelt werden, zum Beispiel Konflikte mit Erwachsenen, Aggression oder Geschlechtsrollen.

- Wenn die Verhaltens- und Lerndispositionen, die die Kinder mitbringen, gestört sind, dann wird eine planvolle Aufarbeitung derartiger Defizite vor allem bei jenen Situationen in der Lebensgeschichte ansetzen müssen, die die reduzierten Interaktions- und Problemlösungsstrategien verursacht haben. Zwar können diese biographischen »Schlüsselszenen« nicht real nachgeholt und auf diese Weise die Konflikte diesmal »besser« durchgestanden werden, aber es kann den Kindern in den aktuellen Interaktionszusammenhängen die Möglichkeit offengehalten werden, ihre festgefahrenen psychischen Funktionsstrukturen in die Zusammenarbeit von Lehrern und Schülern zu projezieren. Obwohl wahrscheinlich die Partner in Interaktionen einander stets Rollen zuzuschieben versuchen, die ihnen erlauben, auf ihr mitgebrachtes Repertroire an Verhaltensweisen zurückzugreifen, dürften bestimmte Szenen einen besonders hohen Reizwert haben, um Realitätsumdeutungen, Schuldgefühle und Handlungsbarrieren sichtbar zu machen. Zu den Situationen, die diese eingeübten psychischen Strukturen provozieren (und zugleich Gegenmaßnahmen ermöglichen), gehören z. B. Interaktionen, in denen es kaum zwingende Normen gibt (freie Spiele) oder in denen die Erwachsenen nicht ihre üblichen Privilegien beanspruchen.
- Auch in künftigen Interaktionen werden die Kinder nur dann ihre Fähigkeiten weiter entfalten, wenn sie nicht Hemmungen in ihrer Informationsaufnahme und Erfahrungsauswertung unterworfen sind. Viele Barrieren für produktive Lösungen von Problemen und Konflikten entstehen durch Unkenntnis, Angst oder Schock. Förderungsprogramme sollten daher die Kinder auf zu erwartende Probleme vorbereiten, damit sie ihnen nicht hilflos ausgeliefert sind. Diese Perspektive müßte im sach- und sozialkundlichen Arbeitsbereich die Stoffauswahl mitbestimmen.
- Besonders wichtig scheint, den Kindern so bald wie möglich einen selbständigen Zugang zu Informationsquellen zu erschließen. Sie müssen dafür zunächst »ganz einfache« Fähigkeiten erwerben: zu fragen, Symbole zu begreifen, Bilder auszudeuten und Gesten zu verstehen. Aber auch das Lesen- und Schreibenlernen hilft den Kindern, sich von einseitigen Informationsquellen zu lösen. Eingebettet in diese Motivation sollten Lese- und Schreibübungen nicht zu einem Drillkurs entarten können. Parallel zu diesen Bemühungen müßte versucht werden, den Kindern von vornherein eine kritische Haltung gegenüber den Massenkommunikationsmedien zu vermitteln.
- Bei allen inhaltlichen Angeboten im Vorschulbereich ist zu fragen, inwieweit sie die grundlegenden Denkoperationen des Kindes zu fördern vermögen. Zu bevorzugen wären jene Inhalte, die verschiedenartige Vorgehensweisen bei Problemlösungen verfügbar machen, die auf Objekt-

invarianzen aufbauen, die die logische Qualität von Denkoperationen erhöhen (Reversibilität, Abbau des Egozentrismus usw.) und die die Kommunikationsfähigkeit steigern.

Wenn die inhaltlichen Schwerpunkte zum Teil auch auf spätere Schulfächer verweisen, so sollten dennoch in der Vorschule keine »Schulstunden« eingerichtet werden, in denen Stoff durchgenommen wird. Die Themen sollten eingeführt werden, wenn die Kinder selber Fragen äußern. Falls die Kinder keine Freude daran zeigen, etwas zu erfahren oder zu lernen, sollten Kindergärtnerinnen und Lehrer auch beste und bewährte Programme in der Tasche lassen. Zunächst muß in einem solchen Falle die Aufnahme des Lernangebots vorbereitet werden. Das Interesse der Kinder muß geweckt werden. Sollten die Kinder für nichts zu interessieren sein, müssen die Kindergärtnerin oder die Lehrerin damit beginnen, die kindliche Neugierhaltung und den »normalen« Aktivitätsdrang allmählich wieder hervorzulocken.

5. Grenzen des Beitrags der Sozialisationsforschung zur Curriculumentwicklung

Da die Sozialisationsforschung ihr Augenmerk vor allem auf die soziale Genese grundlegender Qualifikationen richtet und somit in erster Linie für die Analyse psychischer Dispositionen und sie beeinflussender Faktoren relevant ist, verlangt dieser »Ansatz« Ergänzungen, die sich vor allem auf die Inhalte und ihre gesellschaftliche Bedingheit beziehen. Die Inhalte zu bestimmen, erfordert daher eine Auseinandersetzung mit den Traditionen des Wissens und der Kultur auf dem Hintergrund gesellschaftlicher Entwicklung (disziplinorientierter und wissenssoziologischer Ansatz). Es könnte ferner versucht werden, in einigen Teilbereichen abzuschätzen, auf welche Probleme die heranwachsende Generation vorbereitet sein muß (Situationsansatz).

Allerdings könnte auch in diesem Zusammenhang noch ein Argument formuliert werden, das die Bedeutung der durch die Sozialisationsforschung angeregten Überlegungen und Intentionen unterstreicht. Es drängt sich der Eindruck auf, daß in der heraufziehenden Zukunft trotz oder gerade wegen der sich immer unvorhersehbarer verändernden gesellschaftlichen Konfliktlagen Grundqualifikationen wie die der Informationsverarbeitung, rationaler Problemlösung, sozialer Sensibilität, humanitärer Standhaftigkeit und vernünftigen Ausgleichs zwischen legitimen Interessen immer wichtiger werden.

RICHARD AUERNHEIMER / BARBARA KRÖSCHE

Situationstheorie als Überwindung von Strukturorientierungen: Zur Kontroverse curricularer Ansätze

> »Durch das Identifizieren von Dinosauriern soll das Kind an den Umfang des Begriffs ›Zeit‹ herangeführt werden.«[1]

1. *Disziplinorientierung als Manifestation eines Wissenschaftsbegriffs*

2. *Zur Kritik strukturorientierter Vorschulprogramme*

3. *Entwurf einer Situationstheorie*

1. Disziplinorientierung als Manifestation eines Wissenschaftsbegriffs

Der disziplinorientierte Ansatz, der im folgenden durch den Begriff der Strukturorientierung zu ersetzen sein wird, geht aus von der Gültigkeit und Zuverlässigkeit wissenschaftlicher Methoden und Aussagen. Die Beziehungen, die dabei zwischen der auf höchstem Niveau gesehenen Darstellung einer Sache und dem jeweils einer Altersstufe von Lernenden angemessenen Hinführungsstufe hergestellt werden müssen, stellen sich dar als Verbindungen von oben nach unten.

Alle Stufen, ob sie nun graduell oder spiraloid ansteigen, sind pädagogisierte, popularisierte Vorstufen des in der eigentlichen Realität von Wis-

---

[1] Engelmann, S. u. Th., Kinder – Schule von null bis fünf Jahren. Eine Anleitung für die Eltern. Freiburg i. B. 1969, S. 164. – Zur Auswahl der Zitate wäre hier zu sagen, daß wir mit an vielen Stellen praktizierten ausführlichen Zitierung von Textbeispielen am Rande ein nicht-direktives Verfahren von Information demonstrieren wollten. Die Aufforderung ›Vgl.‹ entzieht sich damit der traditionellen Verwendung, indem sie im Zusammenhang mit dem Text weniger auf affirmative, als auf kontroverse Aussagen hinweist. In ähnlicher – unstrukturierter – Weise sollten Bestandteile einer Situationsanalyse gesammelt werden.

Zusätzlich möchten wir betonen, daß die angeführten Beispiele aus dem Bereich der Vorschulerziehung – besonders im 2. Hauptabschnitt dieses Beitrags – nicht die mühsam gesuchten einzigen sind, daß sie vielmehr Fixpunkte eines Feldes darstel-

senschaft Erfragten. Begriffe und Methoden werden scheinbar wissenschaftsimmanent bis zur Paradoxie der Unüberprüfbarkeit übertragen auf Bereiche, die unter dem Aspekt altersspezifischer Didaktik dieser übergestülpten Objektivität kaum gewachsen sind.

Daraus ergibt sich nach unserer Ansicht, daß die Wissenschaft ihr Selbstverständnis erweitern muß, indem sie ihren Anspruch auf Objektivität einschränkt, wenn nicht durch die Festschreibung von Lehr- und Lernstoffen, von Methoden und Lernzielen Normen objektiver Wissenschaft wie Aussagen von Autoritäten übernommen werden sollen. Während sich in der Erfüllung solcher Forderung die Problematisierung von Wissenschaft manifestierte, begründet deren Negierung eine Verwertbarkeit, die nur unter der Forderung nach Qualifikationen des Kindes und des Schülers für eine technische Welt sinnvoll erscheinen kann.

Es ist zu untersuchen, inwiefern Korrespondenzen und Widersprüche zwischen situationstheoretischen und disziplinorientierten Curriculumentwürfen auf der Problematisierung bzw. bloßen Bejahung von Wissenschaft basieren: Korrespondenzen also bei reflektierter Einbeziehung von Wissenschaftsmethoden und -ergebnissen, Widersprüche aber bei unreflektierter Übernahme von wissenschaftlichen Aussagen.

Die Suche nach Widersprüchen freilich steht Überlegungen entgegen, die die Situation der heutigen Gesellschaft so interpretieren, daß die Schule, das Bildungswesen allgemein, effektiv zur Stärkung wirtschaftlichen Potentials beitragen müsse, weil sie sonst, wenn in diesem Primärzusammenhang unrentabel geworden, ihre Berechtigung verlöre, daß zudem der Kindergarten eine Vorform von Schule sein müsse.

Zum anderen gehen solche Überlegungen davon aus, daß Wissenschaftsansätze – gedacht ist dabei vor allem an technokratische Wissenschaften mit dem schmückenden Beiwort ›empirisch‹ – die pädagogische Praxis optimieren könnten und müßten[2]. Auf diese Wissenschaften wird zurückgegriffen, weil sie mit der scheinbaren Sicherheit ihrer Ergebnisse eine völli-

---

len, in dem auf dem Boden unkritischer Disziplin- oder Strukturorientierung Trivialitäten blühen. Von daher erschien es uns nicht angebracht, unter dem Aspekt einer Curriculumentwicklung im Vorschulbereich Konzepte der Disziplinorientierung anzuführen, die in anderen Stufen des Bildungswesens die Verbindung von kritischer Metatheorie und disziplinorientierter Didaktik zu konstruieren vermögen, wie es etwa der Gruppe um H. Blankertz zugesprochen werden kann. Zu den Schwierigkeiten, die selbst aus einer kritischen Disziplinorientierung erwachsen, siehe Heipcke, K., Messner, R., Curriculumentwicklung unter dem Anspruch praktischer Theorie. Anmerkungen zur Rechtfertigung und Charakterisierung didaktischer Entwicklungsforschung. In: ZfP, 19 (1973), H. 3, S. 351–374, bes. S. 353 f., S. 359 f., S. 364 f. Die bei Heipcke / Messner, a. a. O., S. 368 ff. erörterten »Probleme und Schwierigkeiten praxisorientierter Curriculumentwicklung« und ihre Auflösung sollten bei der Lektüre dieses Beitrags mitbedacht werden.

ge Erfassung von Sachverhalten und objektive Maßstäbe der Beurteilung von Handlungen und Prozessen versprechen. Dazu kommt, daß diese Momente von Objektivität und des Anspruchs auf Objektivität, selbst wenn sie wissenschaftsimmanent ständig problematisiert und reflektiert werden sollten, im davon abgelösten Zusammenhang der Publizierung jenen Anspruch an Objektivität stets aufs Neue begründen.

Im Verwertungszusammenhang einer technisch-ökonomischen Umwelt wäre ein antikommunikativer Charakter der Wissenschaften begründbar. Aber gerade hier fühlt sich die Wissenschaft von einem Auftrag, auf Bewußtwerdungsprozesse einzuwirken, in die Pflicht genommen, nicht sehend, daß ihre Übernahme in Sachbereiche des Lehrens und Lernens weniger kritischen als vielmehr affirmativen Charakter zeigt.

Die grundlegende Infragestellung von Disziplin- bzw. Strukturorientierung als methodisches und inhaltliches Prinzip wissenschaftlicher Welterfassung hat notwendigerweise deren Entmythologisierung zur Folge. Diese besteht vornehmlich in der ebenso unangenehmen wie überraschenden Tatsache, daß das Prinzip der Disziplinorientierung in der Befaßtheit mit Realität diese wie auch sich selbst trivialisiert. Die Intensität dieses Vorgangs entspricht der Systematik, mit welcher Disziplinorientierung auf Teile von Wirklichkeit und auf Handlungen, die ihrem Zugriff sich bisher entzogen, ausgedehnt wird. Diesen Prozeß einer zwangsläufigen, wenn auch keineswegs beabsichtigten Banalisierung u. a. an Beispielen vorschulischer Programme aufzuzeigen, ist ein Ziel dieses Beitrags. Ein weiteres besteht darin, einen alternativen Ansatz aus dem Prinzip von Situationsorientierung heraus zu skizzieren.

Unter diesem Aspekt ist ein disziplinorientierter Ansatz eines Curriculum, besonders eines Curriculum im Vorschulbereich, nicht nur auf seine Brauchbarkeit für die Wissenschaft, sondern auch auf seine Gefahr positivistischer Qualifikationsvermittlung hin zu befragen. Diese Überlegungen sind nicht so sehr gegen die Wissenschaften an sich gerichtet, als vielmehr gegen die Verwendung von Wissenschaft in auf industrielle, instrumentelle Verwertbarkeit angelegten Curricula.

Strukturorientierte Bildungsplanung

Die Erwartungen, die seitens der Bildungsökonomie und -planung an die Curriculumforschung gestellt werden, tragen den Charakter eines nahezu globalen Rettungsauftrages zur Erhaltung unseres zivilisatorischen Stan-

2 Vgl. Edding, F., Ökonomie des Bildungswesens. Lehren und Lernen als Haushalt und Investition. Freiburg i. B. 1963, S. 291: »(Es) ist als Grundsatz festzuhalten, daß auch im Bildungswesen ein optimales Verhältnis von Aufwand und Ergebnis anzustreben ist.«

dards, welcher in der Gegenwart bereits verwundbar, in Zukunft als im höchsten Maße gefährdet angesehen wird. Es sind deshalb in bezug auf die Bildungsplanung »realistische Zielvorstellungen ... notwendig, wenn dem Doppelzweck Genüge getan werden soll, jedem einzelnen die größtmögliche Chance des Lernens zu bieten, und die Bundesrepublik im Verhältnis zu vergleichbaren Industrienationen konkurrenzfähig zu halten ... Wir werden uns in der Bundesrepublik, Bürger, Parteien, Parlamente, Regierungen, bald klar darüber werden müssen, was uns die Zukunft wert ist«[3].

Zur Bewältigung der drohenden Zukunftsprobleme bietet sich »das Curriculum« an, dessen Bezugsrahmen »über die verschiedenen Stufen wissenschaftlicher Orientierung bis zu jenen Lebensbereichen (reicht), die durch Wohnen, familiäres Zusammenleben, Umgang mit Menschen, politische Tätigkeit, Religion, Kunst, Sport, Unterhaltung u. a. umschrieben werden können«[4].

Die gesellschaftliche Zukunft – was immer man genauer darunter verstehen mag – scheint existentiell abhängig von den von der Curriculumforschung entwickelten Überlebensstrategien: »Das Curriculum ist der bestimmende Faktor für die Organisation sowohl schulischer als auch außerschulischer Lernprozesse. Die Curricula sagen aus, welche Bildungsziele die Gesellschaft verwirklichen möchte und welche Wege zu ihnen führen«[5]. Das Curriculum erscheint hier als gesellschaftsbestimmender Machtfaktor, dessen Harmlosigkeit sogleich mit Hilfe anbiedernder Humanität hervorgehoben wird.

Vor ähnlichen Pauschalierungen bzw. einseitig bildungsökonomisch orientierter Sichtweise von Zukunftsproblematik scheut man nicht zurück, wenn es darum geht, die scheinbare Notwendigkeit einer formalen wie inhaltlichen Neuorientierung aller (schulischer und außerschulischer) Lernprozesse in Richtung auf Wissenschaftsorientiertheit zu beweisen. Man spricht von »Bedingungen des Lebens in der modernen Gesellschaft«[6], von einer »neuen Entwicklungsphase der Gesellschaft«[7], von einem »veränderten humanen, intellektuellen und zivilisatorischen Anspruch«[8], denen mit einer neuen Art zu lernen – »Die Rückbindung an die Wissenschaft ist das einigende Prinzip aller Bildungsgänge«[9] – Genüge ge-

---

[3] Deutscher Bildungsrat, Empfehlungen der Bildungskommission, Strukturplan für das Bildungswesen. Bonn 1970, S. 21 f.
[4] Deutscher Bildungsrat, a. a. O., S. 60 f.
[5] Deutscher Bildungsrat, a. a. O., S. 58.
[6] Deutscher Bildungsrat, a. a. O., S. 33.
[7] Deutscher Bildungsrat, a. a. O., S. 60.
[8] Deutscher Bildungsrat, a. a. O., S. 60.
[9] Deutscher Bildungsrat, a. a. O., S. 64.

tan werden soll. Dabei wird die Welt bzw. Gesellschaft als sich schicksalhaft verändernd gesehen, nicht mehr als veränderbar. Das heißt, der Mensch befindet sich in Zukunft gegenüber der sich verändernden Welt in einer Defensive, er kann nur noch reaktiv auf diese Veränderungen antworten.

Diese Veränderungen der Welt, wie sie sich in ihren heutigen Tendenzen den Bildungsplanern anzeigen, bilden die Begründung für die Schaffung von Lernzielen und Methoden, die den zukünftigen Menschen lediglich zu reaktivem Verhalten befähigen. Der umgekehrte Gedankengang, nämlich ob einige der sich abzeichnenden Veränderungstendenzen möglicherweise verhängnisvoll sein könnten, und diese besser umzustellen oder zu stoppen wären, anstatt die gesamte bildungsplanerisch-curricular erfaßbare Menschheit einem umfassenden Rationalisierungsverfahren bezüglich ihrer Lern- und Lebensprozesse zu unterwerfen, wird nicht in Erwägung gezogen: »Neben den fachlichen Verfahrenszielen sollen die allgemeinen Lernziele gleiches Gewicht haben, also insbesondere Denkverfahren und Verhaltensweisen gegenüber Menschen, Sachen, Traditionen, Innovationen, Aufgaben und Problemen. Auch die allgemeinen Lernziele, zu deren Erreichung nicht eine methodische Abfolge von Lernschritten angegeben werden kann, sollen bei der Curriculum-Entwicklung berücksichtigt werden«[10].

Die Vermutung liegt nahe, daß mit dieser Berücksichtigung eine hier diplomatisch verklärte Planungsabsicht verbunden ist, deren Realisierung in Gang gesetzt werden kann, sobald die wissenschaftlich-technischen Voraussetzungen dafür vorhanden sind. Im Grunde sind von der curricularen Erfaßbarkeit alle Bereiche der Wirklichkeit betroffen, die überhaupt unter den Aspekt von Lernbarkeit fallen könnten. Unter diesem Gesichtspunkt erscheint die Curriculumforschung als Teil eines bildungsökonomisch ausgerichteten globalen Steuerungssystems[11], und ihre Produkte – die Curricula – als Antwort auf die Forderung, konkrete Überlebensstrategien zu entwerfen, als einzelne Steuerungseinheiten.

Es ist nicht unwichtig, in welchem geschichtlichen Zusammenhang der disziplinorientierte Ansatz in die Lehrplandiskussion eingebracht wurde, noch dazu so eingebracht wurde, daß eine Verbindung zwischen dem Curriculum als dem völlig rationalisierten Lehrplan und der Orientierung an Disziplinen entstehen konnte. Die unter den diversen Schocks erlebter oder behaupteter technologischer Defizite der totalen Veränderung überlassenen Lehrpläne erschienen in der Richtung empirischer Techniken besonders korrekturbedürftig. Neben den für die vom technischen Fort-

10 Deutscher Bildungsrat, a. a. O., S. 64.
11 Vgl. Becker, E., Jungblut, G., Strategien der Bildungsproduktion. Frankfurt/Main 1972, S. 127 ff.

schritt bestimmte Zukunft des Menschen und unter ökonomischen Aspekten[12] so positiv sich zeigenden Möglichkeiten der Qualifizierung der Schüler und der Erzieher verspricht ein disziplinorientiertes Curriculum sowohl die Sicherheit objektiver Sachbegriffe wie auch eindeutige Überprüfbarkeit, die zumindest in der Sicht der kulturverwaltenden Behörden, vielleicht auch mancher Curriculum-Konstrukteure, Garantien für Effektivität darstellen. Auffallend ist, daß sich diese Ansicht mit einer bloß positiven Einstellung zu Wissenschaftsergebnissen und -methoden identifiziert. Die Wissenschaften erhalten in solcher von Unbezweifelbarkeit und Glauben an sie getragenen Verfremdung ein Maximum an Objektivität, ein Monopol in wahren Aussagen und einen gewissermaßen überzeitlichen Charakter.

Die Utopie der Objektivität

Wir sprechen hier von einem Bild von Wissenschaft, das charakteristisch ist für die kurzfristig gedachten Zusammenhänge von Wissenschaftsanwendung auf Erstellung und Inhaltsbestimmung eines Curriculum. Es wird an die Wahrheit von Aussagen, die nicht verifiziert werden können, geglaubt, als ob Wissenschaft im Besitze jenes Objektiven wäre, das in seinen Aussagen über Sachverhalte diese in perfektester Weise zu beschreiben vermöchte. Das Objektive wird Tauschobjekt[13] im Handelsverhältnis[14] von Lehrer und Schüler. In genau bestimmten Portionen wird den Lehrern

---

12 Vgl. Recum, H. v., Aspekte der Bildungsökonomie. Neuwied/Berlin 1969, S. 57: »Es müssen Grundlagen geschaffen werden, um knappes Lehrpersonal, knappe Sachmittel und begrenzte finanzielle Mittel auf die bestmögliche Weise zu nutzen. In einer utopischen Welt, die das Problem der knappen Güter und der unbegrenzten Bedürfnisse nicht kennte, würde pädagogische Effizienz allein als Kriterium für eine pädagogische Maßnahme ausreichen. Da aber in der Realität im Regelfalle Budgetbeschränkungen und/oder Engpässe bei den schulischen Produktionsfaktoren bestehen, sind rationale Entscheidungen über pädagogische Maßnahmen nur auf der Grundlage einer kombinierten pädagogisch-ökonomischen Effizienzanalyse möglich. Das Ziel besteht in der Steigerung der Leistung der Bildungseinrichtungen unter Berücksichtigung der pädagogischen Bedingungen.«
13 Vgl. das bildungspolitische Ziel Nr. 4: »Die Vermittlung von Bildung als Dienstleistung und Konsumgut«. In: Widmaier H. P., u. a., Bildung und Wirtschaftswachstum. Eine Modellstudie zur Bildungsplanung im Auftrag des Kultusministeriums von Baden-Württemberg (Reihe A Nr. 3 der Schriftenreihe des KM Baden-Württemberg zur Bildungsforschung, Bildungsplanung und Bildungspolitik, Bildung in neuer Sicht). Villingen 1966, S. 9.
14 Vgl. Lahn, W., Ein Modell zur Didaktik. Das System der Lehrfunktionen. In: Die Deutsche Schule, 64 (1972), H. 9, S. 567: »In Beziehung zu einem Modell zur Didaktik wird ... erwartet, daß der praktizierende Didaktiker ... dazu beiträgt, das Modellkonzept zu einer echten Hilfe für das didaktische *Geschäft* weiterzuentwickeln« (Hervorhebung A./K.).

und den Schülern ihr Anteil an Wissenschaft zugemessen, entsprechend einer nach Arbeitsbereich und Altersstufen strukturierten Vermittlung von Wissenschaftsergebnissen. Der Schüler wächst so in die geordnet erscheinende Welt der Wissenschaft hinein, hingeführt zu einem Objektiven, das als klar und gewiß gilt, über das hinauszuwachsen nicht einprogrammiert ist.

Denn die Befragung des Objektiven ist nur scheinbar dem wissenschaftspropädeutischen Verfahren zugeordnet. Zwar wird der Schüler mit wissenschaftlichen Denkprozessen konfrontiert, wird ihm die Überwindung bloßen Wissens aufgetragen, aber trotzdem bleibt für ihn die Bindung an die scientistischen Lernziele Priorität. Je weiter er von den differenzierten Aussagesystemen der Wissenschaft entfernt ist, um so mehr wird ihm etwas – natürlich nach den neuesten Erkenntnissen der Wissenschaft – beigebracht, gelehrt. Die Übermacht des Objektiven in Wissenschaftsdisziplinen macht ihn zum Ding, zum vom Objektiven beherrschten Gegenstand[15].

Diese Utopie der Objektivität impliziert nicht nur die Bestimmung des altersspezifischen Lehrstoffes als einer Vermittlung von bewiesener Adäquatheit (thematischer Aspekt), sie begründet auch die Methode der Verteilung (curricularer Aspekt). Sie simuliert einen Zustand, in dem klar und eindeutig festgelegt werden kann, wie ein Curriculum zu konstruieren ist[16].

Klarheit, Gewißheit, Exaktheit sind die vorangestellten Postulate, nach denen geurteilt wird. Zusammen mit dem darin implizierten Verwertungsaspekt ist dies der Bedingungsrahmen, in dem an letztlich unbegrenzt objektive Aussagen der Wissenschaften geglaubt wird unter einem Vorverständnis von Wissenschaft als dem maximierten Wissen[17].

---

15 Vgl. Möller, B., Die Schule als wirtschaftliche Unternehmung. In: Die Deutsche Berufs- und Fachschule, 1969, S. 849: »Das ›Rohmaterial‹ Anton wird stufenweise, lernschrittweise durch eine vom Lehrer vorher bestimmte Lernorganisation so verändert, daß er nach einer bestimmten Zeit (z. B. 50 Minuten) nicht mehr derselbe Anton ist, der er vor diesen 50 Minuten war, sondern ein Anton mit dem entsprechenden Wissen und Können zur Umfangberechnung des Rechteckes: Anton wird auf die Umfangberechnung des Rechteckes ›gefertigt‹.«

16 Vgl. Frey, K., Theorien des Curriculums. Weinheim/Basel ²1972, S. 287 f.: »Unter optimaler ›Objektivation‹ könnte man etwa jene verstehen, welche die gültigsten Lernziele und, auf diese bezogen, die gültigsten übrigen Curriculumkomponenten... ermöglicht.«

17 Naturwissenschaften haben dann noch Vorrang vor den Sozialwissenschaften, deren Allgemeingültigkeit als geringer angesehen wird. Vgl. Adorno, Th. W., Soziologie und empirische Forschung. In: ders., Aufsätze zur Gesellschaftstheorie und Methodologie. Frankfurt/Main 1970, S. 97: »In Soziologie ist nicht im gleichen Maße von partiellen Feststellungen über gesellschaftliche Sachverhalte zu deren – sei's auch eingeschränkter – Allgemeingültigkeit fortzuschreiten, wie man von der

Während es sonst unbedingt zum Ehrgeiz der Wissenschaft gehört, sachimmanente Probleme primär anzugehen, wird unter dem Gesichtspunkt der Verbreitung von Wissenschaft die Problemlösung umgangen[18] oder auf später verschoben[19]. Man wartet auf eine Zusammenarbeit von Disziplinen, die erweiterte Gewißheiten und verbesserte Techniken – im pädagogischen Bereich – geben soll, und sieht nicht, daß jenem Zukunftsbild die mangelnde Relativierung scheinbar objektiver Aussagen erheblich entgegenstehen wird.

So zeigt das Moment ›Objektivität‹ der Wissenschaftsdisziplinen zwei Aporien: einmal können sie unter dem thematischen Aspekt nicht die erwarteten sicheren Ergebnisse und Aussagen anbieten, und zweitens vermögen sie unter einem curricularen Aspekt die Lehr- und Lerninhalte und angezielten Verhaltensweisen nicht mit solcher Gewißheit an die Situation des Schülers heranzutragen, daß die feierlich beschworenen Ziele eines Curriculum[20] erreicht würden. Es entsteht die paradoxe Situation,

Beobachtung der Eigentümlichkeiten eines Stücks Blei auf die allen Bleis zu schließen gewohnt war. Die Allgemeinheit der sozialwissenschaftlichen Gesetze ist überhaupt nicht die eines begrifflichen Umfangs, dem die Einzelstücke bruchlos sich einfügten, sondern bezieht sich stets und wesentlich auf das Verhältnis von Allgemeinem und Besonderem in seiner historischen Konkretion.«

18 Vgl. Tütken, H., Zur Adaptierung ausländischer Curricula. Probleme und Ergebnisse bei der Adaptation von ›Science – A Process Approach‹. In: Robinsohn, S. B. (Hrsg.), Curriculumentwicklung in der Diskussion. Düsseldorf/Stuttgart 1972, S. 159: »Für die Wahl des Lernbereichs war ... bestimmend ..., daß naturwissenschaftliche Curricula für die Adaptation innerhalb eines anderen kulturellen Kontextes nicht so große Probleme aufwerfen, wie dies in der Regel bei sozialwissenschaftlichen Curricula der Fall ist.«

19 Vgl. Frey, K., Theorien des Curriculums. Weinheim/Basel ²1972, S. 195: »Man darf den Taxonomien ihren Wert als Entscheidungskriterien wegen der (vorläufig) beschränkten Reichweite nicht absprechen. Es ist theoretisch denkbar, daß man entweder a) eines Tages ein integrales Bezugssystem findet, bei dem nicht inhaltliche, psychologische und andere Gesichtspunkte getrennt sind, oder b) daß man curriculare Entscheidungen in mehrere ›Dimensionen‹ aufgliedert, die je für sich taxonomisch aufgebaut sind, so daß die Entscheidungen aus einer Kombination der verschiedenen Taxonomien resultieren.«

20 Vgl. Tütken, H., Zur Adaptierung ausländischer Curricula. Probleme und Ergebnisse bei der Adaptation von ›Science – A Process Approach‹. In: Robinsohn, S. B. (Hrsg.), Curriculumentwicklung in der Diskussion. Düsseldorf/Stuttgart 1972, S. 159: »Mit seiner Zielsetzung entspricht es allgemeinen inhaltlichen Kriterien, über deren Wertschätzung ein gewisser Konsensus in unserer Gesellschaft besteht: a) ›Science – A Process Approach‹ ist unter der Zielsetzung entwickelt worden, die bereichsspezifischen Verfahren oder intellektuellen Fertigkeiten zur Erarbeitung von Informationen zu entwickeln. Angesichts der wachsenden Informationsfülle ist es wichtig, daß Heranwachsende derartige emanzipatorisch bedeutsame Fertigkeiten erlernen. b) ›Science – A Process Approach‹ ist ein überfachliches Curriculum für den gesamten naturwissenschaftlichen Lernbereich. c) ›Science – A Process Approach‹ ist ein wissenschaftsorientiertes Curriculum. d) ›Science – A Process

daß die Wissenschaft nicht einhalten kann, was sie mit Selbstverständlichkeit postuliert hat. »Die *Entwicklung* eines Curriculum und die *Veränderung* eines Curriculum sind zwei verschiedene Dinge. Keines von beiden kann bisher auf wissenschaftliche Weise geschehen – es sei denn, man faßt Wissenschaft in einem ganz weiten Sinne als jede Beschäftigung mit Denken oder mit Entscheidungen auf, die sich auf Wissen und auf Denkprozesse beziehen. Ihre Übertragung in gültige Handlungsanweisungen entspricht jedoch eher Ralf Tylers[21] Definition der Lernziele als durch die Schule intendierten Verhaltensänderungen. Wenn sich überhaupt ein Hinweis auf Wissenschaft in der Curriculumkonstruktion findet, dann wohl mehr in der Realisierung von Hypothesen als in einer rigorosen logischen Ableitung von Postulaten und Theoremen«[22].

Die Aporie des Wissenschaftsansatzes

Unter den Bedingungen eines Curriculum erweist sich dieses dialektische Verhältnis als ein schwieriges Problem, das nur gegenüber den Erwartungen der Bildungsbehörden und der Erzieher verständlicherweise verschwiegen wird, weil es derlei Verhältnissen von Auftraggebern und Auftragnehmern, von Sicherheiten suchenden Erziehern und Autorität vorgebenden Wissenschaftlern widerspricht, statt positiver Antworten Probleme anzudeuten. Die Forderungen der Praxis und mittel- bis langfristig angelegter Bildungsplanung werden als Entschuldigungsgründe vorgeschoben, daß wissenschaftsimmanente Problematisierung partiell aufgehoben wird. Es sind also Interessen im Spiel, die in aufklärerischer Kurzsichtigkeit rasche Lösungen verlangen. Kurzsichtig deshalb, weil viele der zur Bewältigung zukünftigen Lebens gedachten Qualifikationen auch nach dem Angebot der Wissenschaftsdisziplinen nicht gesicherter herstellbar sind, als sie es bisher waren. Kinder, die die Vorschule mit Frühmathematik absolvierten, werden vermutlich nicht zahlreicher als bisher Mathematiker.

Auf der Ebene der bisher vorgebrachten Überlegungen wird sichtbar, daß die verwendete Wissenschaft sich selbst verunmöglicht, indem sie – ob

---

Approach« ermöglicht – wie Evaluationsuntersuchungen in den USA zeigen – in hohem Maße chancengleiches Lernen.« – H. Tütken bezieht sich in diesem letzten Punkt auf: American Association for the Advancement of Science (AAAS) (Hrsg.), Science – A Process Approach. An Evaluation Model and its Application. Second Report. In: AAAS – Miscellaneous Publication 68–4.

21 Gemeint ist wohl Tyler, R., Basic Principles of Curriculum and Instruction. Chicago 1949 ([2]1969).

22 Owen, J., Lehrerzentren als Curriculumlaboratorien – eine kritische Beurteilung. In: Robinsohn, S. B. (Hrsg.), Curriculumentwicklung in der Diskussion. Düsseldorf/Stuttgart 1972, S. 145.

der Funktionslust ihrer Vertreter – die Zusammenhänge ihrer Verwendung geflissentlich unbefragt läßt. Insofern wären die Wissenschaftsdisziplinen vor der ihnen so angemessen erscheinenden Wissenschaftspropädeutik des Lernens ihrer Ergebnisse, ihrer Methoden oder ihrer Konzepte zu warnen. Die latente und manifeste wissenschaftliche, d. h. disziplinorientierte Sozialisation in Vorschule und Schule hält nicht, was sie als Beitrag zur Erziehung eines neuen Menschen verspricht[23], zumindest solange nicht, wie Einschränkungen und Implikationen nicht expliziert werden. Die Forderung nach einem neuen Konzept von Erziehung und Bildung kleidet sich in die rationalisierte Form jener Hoffnung auf Zukunftsbewältigung[24] und lautet auf die Organisierung von planbaren Lernprozessen in möglichst vielen Lernbereichen einschließlich einer möglichst vollständigen Erfassung aller in diesen Bereichen enthaltenen Details. Da Rationalisierbarkeit erst Lernbarkeit ermöglichen soll, bedeutet dies eine grundsätzliche Einteilung der in der Wirklichkeit auftretenden Phänomene in rational-lernbare und »irrational«-nicht-lernbare. Mit anderen Worten: bevor überhaupt die Planung eines strukturorientierten Curriculum in Angriff genommen werden kann, hat bereits eine präcurriculare Entscheidung stattgefunden: die Aussonderung aller von Rationalität erfaßbaren Teile der vorgefundenen Welt. Ihre Einteilung in Lernbarkeitskategorien (leicht/schwer operationalisierbar bzw. lernbar usw.) ergibt sich, sobald eine Aufschlüsselung dieser als lernbar betrachteten Felder in Hinblick auf bildungsplanerisch relevante Aspekte (Lernziele, Inhalte, Methoden/Technologie, Kontrollverfahren) eingesetzt hat. Als letzter Schritt erfolgt die Erstellung eines Durchführungsplans, der die lernbare Welt mit

---

[23] Vgl. Kratzmeier, H., Lesenlernen bei Kleinkindern, Anleitungsheft zur Kleinkindfibel. Weinheim/Berlin/Basel 41971, S. 9: »In richtigem Maße geboten wird das Frühlesen zum Geschenk der Kultur für frohe, begreifende, verstehende Kinder.«

[24] Vgl. Skinner, B. F., Die Wissenschaft vom Lernen und die Kunst des Lehrens. In: Weinert, F., (Hrsg.), Pädagogische Psychologie. Köln, Berlin 71972, S. 253 f.: »Schließlich versteckt sich methodische Unsicherheit auch hinter der Forderung, daß die Erziehungsziele neu formuliert werden müßten. Bestimmte Fertigkeiten werden auf ein Minimum reduziert zugunsten von vagen Errungenschaften wie ›Erziehung zur Demokratie‹, ›Ganzheitserziehung‹, ›Erziehung fürs Leben‹ usw. Und da hört's dann auf. Denn unglücklicherweise legen diese Theorien ihrerseits keine methodischen Verbesserungen nahe, sie bieten wenig oder keine Hilfe, wenn es um die Entwicklung besserer Unterrichtsverfahren geht ... Angesichts unseres zunehmenden Wissens um den Prozeß des Lernens sollten wir aber nunmehr darauf bestehen, daß wir uns dieser Realitäten annehmen und eine wesentliche Änderung in ihnen durchsetzen. Das Bildungswesen ist vielleicht der wichtigste Zweig der Verhaltenspsychologie. Es beeinflußt unser aller Leben zutiefst. Wir können nicht länger dulden, daß auf Grund der Bedürfnisse einer praktischen Situation die gewaltigen, in Reichweite befindlichen Verbesserungen verhindert werden. Zu ändern ist dann eben die praktische Situation.«

einem möglichst dichtmaschigen Netz von Hinweisen für Informationsauswahl und -dosierung, methodisch-technologischen Anweisungen und Kontrollmöglichkeiten für alle anstehenden Prozesse überzieht. Im angestrebten Idealfall wird nicht nur der sogenannte Sozialisationsprozeß, sondern das gesamte Leben horizontal wie vertikal durch ein umfassendes, lückenloses Filtersystem operationalisierter Lernziele und Methoden gezwungen, wobei die jeweiligen Bewerkstelligungen einzelner Sozialisationsschritte in geordneter Abfolge durch den Filter sickern. Diejenigen »Reste« und »Abfallprodukte«, welche vom reibungslosen Passieren ausgeschlossen, sich im Filterbecken sammeln, werden zu oft als nicht relevant bzw. unerheblich abgetan[25].

Es stellt sich deshalb die Frage, »ob es nicht erziehungswissenschaftliche Dimensionen gibt, die sich der behaviouristischen Formulierung von vorneherein entziehen«[26]. Dies dürfte für alle nicht-quantifizierbaren bzw. schwer-operationalisierbaren Lernziele zutreffen[27], die als »Curriculum-Rückstand« von erheblichem Ausmaß eines Tages von einer neuen Gattung von Curriculum-Spezialisten bearbeitet werden müssen.

Es entzieht sich somit eine beachtliche Anzahl wichtiger Lernziele der gewünschten Plan- und Meßbarkeit[28]. Spontaneität oder Kreativität[29]

25 Vgl. Atkin, J. M., On Looking Gift Horses in the Mouth: The Federal Government and the Schools. In: Educational Forum, 1 (1969/70), S. 16: »Die Vorformulierung von Lernzielen in Verhaltensbeschreibungen übt einen nicht geringen Einfluß auf den Unterricht aus, weil diejenigen Lernziele, welche nicht antizipiert werden, zu verkümmern drohen. Der Reichtum bestimmter erzieherischer Möglichkeiten dürfte vermindert werden, weil es bei jeder Lernerfahrung Dutzende von möglichen und sich aktualisierenden Ergebnissen (outcomes) gibt. Wenn der Lehrer nur eine Möglichkeit von vielen beachtet, so übersieht er leicht alle anderen.« (Zit. nach Moser, H., Technik der Lernplanung. In: ZfP, 17 (1971), H. 1, S. 65).
26 Moser, H., a. a. O., S. 66.
27 Vgl. Corte, E. D., Analyse der Lernzielproblematik. In: ZfP, 17 (1971), H. 1, S. 80 f.: »Beispiele für schwer operationalisierbare Ziele sind: die Entwicklung einer demokratischen Gesinnung, geistiger Beweglichkeit, wissenschaftlichen Interesses; als schwer operationalisierbar gelten auch ›kreatives‹ und ›kritisches Denken‹. ... ›Leicht operationalisierbar‹ nennt man im allgemeinen solche Zielsetzungen, die sich auf Kenntnisse und einfache Fertigkeiten beziehen.«
28 Vgl. Messner, R., Funktionen der Taxonomien für die Planung von Unterricht. Nachwort zu: Bloom, B. S., u. a., Taxonomie von Lernzielen im kognitiven Bereich. Weinheim/Basel 1972, S. 250: »(Hier) wird deutlich, daß die Befürchtung nicht unbegründet ist, daß in einer sich technologisch verstehenden Didaktik das *Interesse an der Messung der Schülerleistungen* über andere Interessen (z. B. über jenes an Relevanz und Spontaneität von Unterrichtssituationen) dominiert.« (Hervorhebung R. M.)
29 Vgl. Walter, H., Zur Interdependenz der Offenheit des Curriculum und des resultierenden Sozialcharakters. Unesco-Institut f. Pädagogik, Hamburg 1972 (unveröffentl. Ms.), S. 3: »Die Konditionierung motivationaler Voraussetzungen le-

Situationstheorie als Überwindung von Strukturorientierungen

als planbaren Lernprozeß darstellen zu wollen, würde auf ein perverses Wirklichkeitsverhältnis der Planer deuten, nicht unähnlich demjenigen, welches Touristik-Terminologen vermitteln: »Wir haben den Urlaub vorgetestet ... Gesichertes Abenteuer auf Rundfahrten und Fata-Morgana-Trips...«[30].

Die Perversität eines solchen Versuchs, wie es die Planbarmachung von Spontaneität darstellt, wird auch nicht durch die beachtlichen naiv-positivistischen Wissenschaftsansätze gemildert, mit denen solche Curriculumforschung durchsetzt ist, und die die Ansicht ihrer Konstrukteure widerspiegeln, alle wichtigen Lernziele seien operationalisierbar – wobei mit bestechender Unverblümtheit der Umkehrschluß gezogen und mit gleicher Gültigkeit ausgestattet wird wie die Anfangshypothese. »When any outcome of education is claimed to be important but unmeasurable, inquire concerning the clarity with which it has been defined. If an operational definition is possible, the outcome can be measured. If not, its claim to importance cannot be verified«[31].

Mit Hilfe einer perfektionalisierten Rationalität sollen in Zukunft Probleme gelöst werden können, die nicht nur noch kaum formuliert sind[32], sondern zum großen Teil auch nicht rational erfaßbare Momente enthalten dürften.

Diese grundsätzlich jedem wissenschaftsorientierten Curriculum anhaftende Schwierigkeit wächst mit dem Grad seines angestrebten Perfektionismus. Ein Curriculum, das sich einer makellosen Operationalisierbarkeit seiner Lernziele verschreibt, befindet sich in einem mehrfachen Dilemma:

benslangen Lernens scheint ebensowenig möglich wie die Konditionierung von ›Autonomie‹, ›Partizipation‹, ›Mündigkeit‹ als Bedingungen demokratischen Mitbestimmens in den verschiedensten gesellschaftlichen Bereichen.«
30 Urlaubsprospekt ›Scharnow-Flugreisen. Sommer 1973‹.
31 Ebel, R. L., The relation of testing programs to educational goals. In: Findley, W. G. (Hrsg.), The impact and improvement of school testing programs. 62th Yearb. Nat. Soc. Stud. Educ., Part. II, Chicago 1963, S. 36. (Zit. nach Corte, E. d., Analyse der Lernzielproblematik. In: ZfP, 17 (1971), H. 1, S. 81.) – Auch H. Aebli äußert sich in dieser Richtung. Er ist überzeugt, »daß alle Wissenschaften früher oder später, wenn sie ihr Geschäft betreiben, in Richtung einer Formalisierung und Mathematisierung streben, so daß letztlich alle Strukturen des Denkens und Verhaltens wahrscheinlich doch in logisch-mathematischen Begriffen analysiert werden können. ... Inhalte müssen in strukturellen Begriffen gefaßt werden, letztlich in logisch-mathematischen, und Verhalten auch.« Vgl. Frey, K. (Hrsg.), Kriterien in der Curriculum-Konstruktion. Weinheim/Berlin/Basel ²1971, S. 60.
32 Vgl. Deutscher Bildungsrat, Empfehlungen der Bildungskommission, Strukturplan, a. a. O., S. 61: »Die Schwierigkeiten, die einer Lösung der Curriculum-Probleme entgegenstehen, sind unübersehbar. Sie liegen sowohl in der komplexen Struktur jedes der berührten Gebiete (Wissenschaft, Berufe, Gesellschaft) als auch in bildungspolitischen Zielvorstellungen ...«

- Die Operationalisierbarkeit als Ausfluß empirisch-analytischen Wissenschaftsverständnisses trägt Merkmale an sich, die eine Behandlung von nur ganz bestimmten Lernzielen erlauben, nämlich solcher, deren Kern sich mit Hilfe einer Wenn-Dann-Logik erschöpfend umschreiben läßt[33].
- Operationalisierung entwickelt eine Eigendynamik, die auf Lückenlosigkeit unvollständiger bzw. begonnener Ableitungszusammenhänge hinsteuert: Jedem Lernziel ist ein vorangegangenes und ein nachfolgendes Lernziel sowie eine Direktbegründung vom Endziel her zuteilbar.
- Angewendet auf eine als lernbar erkannte Wirklichkeit bedeutet dies eine immer weiter fortschreitende Zerstückelung dieser Wirklichkeit in Klein- und Kleinstlernziele[34]. Dieser Prozeß gipfelt in einer Atomisierung der für lernbar befundenen Welt, wobei jedes einzelne Atom mit einem Lernziel etikettiert wird[35]. Auf der anderen Seite wirkt sich die Operationalisierung aus als Multiplikator des dem Lernstoff nachträglich injizierten Objektivitätsgehaltes: die der Gesamtheit wissenschaftlicher Aussagen zugeschriebene Objektivität wird übertragen und als in jedem Lernatom voll wirksam angenommen.

Aufgrund einer sowohl strukturellen als auch inhaltlichen Verarmung des Lernangebots, das einer Operationalisierung unterzogen wurde, ist anzunehmen, daß auch die Vielseitigkeit von Lernerfolgsarten und -gebieten von Abmagerung befallen sein wird[36].

Das Lernen wird dadurch zum denkbar ödesten Vorgang umstilisiert, und es bietet wenig Trost, wenn von anderer Seite her diese Verarmung als

33 Vgl. Moser, H., Technik der Lernplanung. In: ZfP, 17 (1971), H. 1, S. 70.
34 Vgl. Skinner, B. F., Die Wissenschaft vom Lernen und die Kunst des Lehrens. In: Weinert, F. (Hrsg.), Pädagogische Psychologie. Köln/Berlin 71972, S. 255: »Der ganze Prozeß des Sicherwerdens auf einem Gebiet muß in eine sehr große Zahl kleiner Schritte aufgeteilt werden...«
35 Vgl. Bloom, B. S., u. a., Taxonomie von Lernzielen im kognitiven Bereich. Weinheim/Basel 1972, S. 19: »Es wurde befürchtet, daß die Taxonomie dazu führen könnte, pädagogische Zielsetzungen zu zersplittern und zu atomisieren, so daß die Stücke und Teile, die letzten Endes in die Klassifizierung eingingen, sehr verschieden von den komplexen Zielen seien, mit denen begonnen wurde. Obwohl das als sehr reale Gefahr erkannt wurde, schien eine Lösung darin zu bestehen, daß die Taxonomie auf einem Niveau der Allgemeinheit angesetzt wurde, bei dem der Verlust durch Aufsplitterung nicht zu groß würde.«
36 Vgl. Moser, H., Technik der Lernplanung, in: ZfP, 17 (1971), H. 1, S. 61: »Wenn (nun) das relevante Kriterium in Maximierungen (sei es Nutzen, Gewinn oder Leistung) besteht, so scheint es unumgänglich, daß im Sinne der ökonomisch definierten Rationalität die psychologische Dimension außer Betracht bleibt, um die Vorhersageleistung des Modells nicht durch den subjektiven Gehalt von Entscheidungen zu belasten...«; S. 71: »Denn jede Operationalisierung ist gleichzeitig – um Eindeutigkeit zu erreichen – mit einem Verlust an semantischer Information verbunden.«

Wertfreiheit oder Objektivität verharmlost und zugleich heroisiert wird. Vielmehr reiht sich die Curriculumforschung damit selbst in die verhängnisvoll wertfreien Wissenschaften ein[37].

Implikation 1: die dosierte Information

Der disziplinorientierte Ansatz optimiert ein Curriculum – einen um Lösungen und Angaben zur didaktischen Umsetzung und zur Überprüfung erweiterten Lehrplan – in jeder Beziehung. Ein solches Curriculum enthält neben den präzisen Angaben zum Lehr- und Lernstoff, zu den Lehr- und Lernverfahren, zu den Medien und zur genauen Evaluierung des Gelehrten und Gelernten ebenso präzise Aussagen zur individuellen Aufbereitung, zur Berechnung von objektiven und subjektiven Variabeln, zur Sozio- und Psychostruktur. Es ist denkbar, daß zum Zeitpunkt ›x‹ dieser präziseste aller Lehr- und Lernpläne vorliegt zusammen mit dem Lösungsheft, das den Lehralgorithmus jedes Schülers bestimmt[38].

Ohne Zweifel ist dieses Ausmaß an Objektivierung des Verhältnisses Lehrer-Schüler der Traum vieler Curriculum-Konstrukteure. Wir wollen diesen Traum nicht interpretieren, sondern nur als Beispiel dafür verwenden, welche Widersprüche auftreten müssen: das genannte Ideal-Konzept geht zunächst davon aus, daß sowohl über den Lehr- und Lernstoff sowie über die Bedingungen des Lehrens und Lernens im Zeitpunkt ›x‹ Endgültiges gesagt werden könne. Die verwendeten Wissenschaften haben von diesem Zeitpunkt an nurmehr instrumentellen Charakter. Auf diesen wis-

---

37 Vgl. Moser, H., a. a. O., S. 66 f.: »Die operational definierten Lernziele bezeichnen (dabei) die gewünschte Schülerreaktion, zu der die Lernorganisation die Stimuli bietet. Curricula, die operational aufgebaut sind, beruhen damit offensichtlich auf reaktiven Lernprozessen: die Schüler lernen im wesentlichen adaptives Verhalten ... Auf eine etwas überspitzte Formel gebracht, hat der adaptive Lernprozeß in seiner Verabsolutierung dort seinen Platz, ›wo die Menschen unter dem Druck der Verhältnisse in der Tat auf die Reaktionsweise von Lurchen heruntergebracht werden‹«. – (H. Moser bezieht sich auf Adorno, Th. W., Soziologie und empirische Forschung. In: ders. u. a., Der Positivismusstreit in der deutschen Soziologie. Neuwied/Berlin 1969, S. 87.) – Gerade hier aber müßte eine veränderte Lernzielfindung ansetzen; dies vor einem Hintergrund, den das von H. Moser angeführte Zitat von R. Laing in: Lindenfeld, F. (Hrsg.), Radical Perspectives and Social Problems. New York/London 1968, S. 55, beschreibt: »The condition of alienation, of beeing asleep, of beeing unconscious, of beeing out of one's mind, is the condition of the normal man. Society highly values its normal man. It educates children to lose themselves and to become absurd, and thus to be normal. Normal man have killed perhaps 100 000 000 of their fellow normal men in the last fifty years.«

38 Vgl. Frank, H., Kybernetische Grundlagen der Pädagogik, 2 Bde. Baden-Baden ²1969; siehe bes. Bd. I, S. 48 ff., S. 167 ff.

senschaftsimmanenten Widerspruch haben wir bereits oben hingewiesen. Zum zweiten können nach dem Zeipunkt ›x‹ nur die Informationen vermittelt werden, die bis dahin als gesichert gelten. Alles andere fällt weg. Aufgrund eines apriori anerkannten Dezisionismus werden Informationen so dosiert gegeben, wie sie im Informationsplan des Zeitpunktes ›x‹ bemessen werden. Adressaten sind die Erzieher und die Kinder, beide Gruppen arbeitsteilig hierarchisiert nach vorausberechneten Qualifikationen und Qualifizierungsmöglichkeiten.

»Es kann zum Beispiel folgende Situation auftreten: Bei der Entwicklung eines naturwissenschaftlichen Curriculum für die Primarschule möchte man alle psychischen Funktionen des Schülers, z. B. Wahrnehmen, Denken, Fühlen usw., gleichmäßig fördern. Die Curriculum-Konstrukteure haben 500 Lernziele gesammelt oder durch Expertengruppen beschafft. 300 dieser Lernziele sollen in das Curriculum eingehen, und zwar so, daß sie gleichmäßig alle psychischen Funktionen betreffen. Die Curriculumkonstrukteure müssen also die 500 Lernziele auf eine Anzahl psychischer Funktionen verteilen«[39]. Die dosierte Information, das Produkt der Operationalisierbarkeit eines Curriculum, impliziert neben einer fundamentalen Hierarchisierung aller in einem Curriculum genannten Elemente notwendigerweise ein Moment von Fremdbestimmung. Daran ändert sich auch nichts dadurch, daß solche Fremdbestimmung den – vorgeblich – immanenten Gesetzen einer Sache entspringt[40]. Das Faktum wohl dosierter Information, die sich in letzter Konsequenz auch als in Meßeinheiten bestimmbar darstellt[41], wirkt per se in solchem Maße stabilisierend, daß es

---

[39] Frey, K., Theorien des Curriculums. Weinheim/Basel ²1972, S. 194.

[40] Vgl. Posch, P., Der Lehrermangel. Weinheim/Berlin 1967, S. 92: »Die Bedingung der Meßbarkeit verlangt auch eine Beschränkung auf jene Lernergebnisse, die sofort, d. h. nach Beendigung des Unterrichtszeitraums, meßbar sind. Diese Willkür muß aus technischen Gründen in Kauf genommen werden.«

[41] Vgl. Cube, F. v., Informationstheoretische Untersuchungen zum Problem des Auswendiglernens. In: Weinert, F. (Hrsg.), Pädagogische Psychologie. Köln/Berlin ⁷1972, S. 191: »Nimmt man beispielsweise die Buchstabenfolge *tomorrow*, so ergeben sich mindestens vier Möglichkeiten einer Messung der subjektiven Information dieses Textes: a) Legt man das Repertoire aller Buchstaben des Alphabets zugrunde, so ergibt sich – bezogen auf die Buchstabenhäufigkeit der deutschen Sprache – je Buchstaben ein mittlerer Informationsgehalt von 4,11 bit... und damit eine Gesamtinformation des Textes von $H_{ges} = 8 \cdot 4{,}11$ bit $= 32{,}88$ bit. b) Bedenkt man, daß der Lernende im Verlauf des Auswendiglernens bemerkt, daß sich das tatsächliche Zeichenrepertoire des Textes nur aus fünf Buchstaben zusammensetzt, und berücksichtigt man zudem die relativen Häufigkeiten dieser Zeichen, so hat der Text für den Lernenden nur eine subjektive Information von etwas mehr als 2 bit je Zeichen und damit eine Gesamtinformation von ca. 16 bit. c) Geschieht das Auswendiglernen jedoch auf die Weise, daß der Lernende acht ›Leerstellen‹ für Buchstabenzeichen vor sich sieht, die er nacheinander mit Zeichen zu besetzen hat, dann hat er auf Grund der acht verschiedenen Elemente eine Information von

fraglich erscheint, ob überhaupt irgendwelche das Wissen übersteigende Fähigkeiten und Fertigkeiten, geschweige denn die vielen anderen Ziele nach den Wünschen der Gesellschaft erreicht werden können. Die Überwindung von dosierter Information verhielte sich unter diesem Aspekt für diese Gesellschaft eher funktional als dysfunktional.

Implikation 2: die Zergliederung von Prozessen

Eng mit dem Tatbestand der dosierten Information ist der Zwang verbunden, Lernprozesse zu zergliedern. Wir gehen hier davon aus, daß es neben einer in verschiedenen Lernsituationen begründeten Notwendigkeit, Lehr- und Lernangebote nach den vorhandenen Bedingungen der Kinder/Schüler zu sequentieren, eine antizipatorische Art von Effektivitätsvorstellungen gibt, die Lernprozesse generell so aufteilen, daß sie in jeder Phase eine optimale Garantie des Lernerfolges versprechen. Angenommen wird außerdem, daß in jeder Phase des gelenkten Lernens eine hohe Korrelation zwischen dem Lernbedürfnis des Kindes und der jeweils angesetzten Lernsequenz besteht. Dies, obwohl bislang auch die hier zuständigen Einzelwissenschaften einen gesicherten Zusammenhang nicht herzustellen vermögen[42].

Die prinzipielle Sequentierung erscheint so als Substrat schulmeisterlicher Attitüde, die – in der begrifflichen Verzierung[43] minimaler Lern-

---

$H_{ges} = \cdot 8 \, ld \, 8 \, bit = 24 \, bit$ zu erlernen. d) Beherrscht der Lernende schließlich die englische Sprache, so ist er in der Lage, den Text auf dem Repertoire des Wortschatzes dieser Sprache aufzunehmen. Sein Informationsgehalt wird so (näherungsweise) zu mittleren Information eines Wortes der englischen Sprache, die sich zu etwa 12 bit... errechnen läßt.« Vgl. auch S. 193: »Der Lernende darf von dem zu lernenden Text keine ›Vorinformation‹ besitzen, da sonst nicht mehr der ganze Informationsbetrag gespeichert zu werden braucht.«

[42] Vgl. Aebli, H., Entwicklungspsychologische Kriterien für die Auswahl von Curriculumsinhalten. In: Frey, K. (Hrsg.), Kriterien in der Curriculumkonstruktion. Weinheim/Berlin/Basel ²1971, S. 54: »Die Entwicklungspsychologie hat bei ihrem derzeitigen Wissensstand keine Kriterien zur Auswahl von Inhalten des Curriculums zu geben.« Vgl. auch Foppa, K., Einflüsse der Sinnstruktur von Lernobjekten auf den Lerneffekt (Folgerungen für die Lernorganisation im Curriculum). In: Frey, K., a. a. O., S. 104: »Einerseits sieht (der Psychologe – A./K.) sich außerstande, Lösungsvorschläge zur Mehrzahl konkreter Probleme vorzulegen, andererseits erfüllt ihn die systematisierte Analyse komplexer Lernsituationen mit der Hoffnung, die Lernpsychologie selbst könnte daraus wertvolle Impulse erhalten.«

[43] Vgl. Wenzel, A., Schreibmotiv, Schriftordnung und Schreiberlebnis. Zur Didaktik des Schreibunterrichts. In: Westermanns Pädagogische Beiträge, 20 (1968), H. 2, S. 77 f.: »Bei der Beobachtung wird sichtbar, welche Fähigkeiten und Fertigkeiten an der Erzeugung der Bewegungsspur beteiligt sind. Zunächst fallen das

schritte geübt – irgendwann aufgetretene Schwierigkeiten der Vermittlung zu didaktischen Gesetzen umformuliert.

Notwendiges Charakteristikum dieser Prozeßzergliederung, gleich ob es nun Verläufe des Denkens oder Handelns sind, ist die Rückführung von Erfahrungen stattgefundener Prozesse in ein deduktives Ableitungsschema. Die *Idee* eines Prozesses wird hypostasiert und in Einzelschritten konkretisiert. Auf diese Weise wird jeder Lernvorgang als Nachvollzug eines Verlaufs von Denken oder Handeln zum metaphysischen Popanz[44], der ein Ganzes von Welt etc. offenbart.

Das Exemplarische erhält nicht die Funktion eines Kodes der Wirklichkeit, sondern die didaktisch bearbeitete Wirklichkeit[45] wird im Exemplarischen zum Kode der Überwirklichkeit[46]. Die Bewältigung kleinster Lernschrittchen stellt sich damit dar als Repräsentation des Idealen, des schlechthin Objektiven, denn sie hat für sich stets eine Verbindung zu diesem Gesamten und Übergreifenden. Die kleinste Einheit des Lernens kann – zum Schein – so viel gelten wie das Ganze, als aufgegebenes Nahziel ist sie Fernziel zugleich, so als wäre ein Begriff vom Partikularen ein Begriff des Allgemeinen.

In dieser Hinsicht erhält das Detail eine auch dem Ganzen zugeordnete kosmologische Berechtigung und Notwendigkeit, so wie in der hierarchischen Pyramide Spitze und Basis gleichermaßen ›berechtigt‹ und notwendig auftreten. Die Bestimmung des stets richtigen Platzes von Lernstoff, Lernenden, Lehrer etc. nicht aus der Situation, sondern aus dem theoreti-

Gleiten des Schreibwerkzeugs und die Bewegung der Hand ins Auge. Sodann entdeckt man, daß der ganze Körper am Schreibvollzug beteiligt ist. Alle diese Tätigkeiten sind das Ergebnis einer lang geübten Muskelkoordination etwa zwischen Daumen (›Daumenstoß‹), Zeigefinger, Mittelfinger (›Greiffinger‹), des Handgelenks, des Armes und der Schulter, des Oberkörpers. Verkrampfungen und Versteifungen dieser Schreiborgane – sie werden leider oft als ›Schreibgestänge‹ bezeichnet – erschweren die Koordination, machen sie unmöglich.« – »Die Aufgabe der Schule besteht nun darin, neben und mit dem Schreibenlernen dem Kinde auch die Schreibfläche vertraut zu machen. So lernt es, seine Gedanken zu ordnen, sie zu gestalten, und damit kann sich erst auch auf diesem Wege Bildung ereignen« (S. 77).

44 Vgl. Kühl, R., Der Nagel als Lernsache I. Zu einem technikorientierten Sachunterricht im Primarbereich. In: Westermanns Pädagogische Beiträge, 25 (1973), H. 3, S. 162: »Damit das Unterrichtsgespräch diese Aufgabe erfüllen kann, muß der Unterricht ein ›welthaltiges‹ Objekt zu seinem Gegenstand machen...«

45 Vgl. Kühl, R., a. a. O., S. 160: »Die Schüler sollen erfahren, wie an einem oft als selbstverständlich hingenommenen Gebrauchsgegenstand die Frage nach dem Herstellungsprozeß technischer Umwelt erschließen kann. Daher sollen sie angehalten werden, solche Überlegungen selbständig vorzunehmen, um zu *eigenständiger Welterschließung* zu gelangen.«

46 Vgl. dazu in Klafkis didaktischem System die Verbindung des Exemplarischen mit dem rein metaphysischen Begriff der Kategorie.

Situationstheorie als Überwindung von Strukturorientierungen 109

schen Bezugsrahmen rechtfertigt das jeweils individuelle Ende von Information. Was das Interesse an funktionalen Qualifikationen übersteigt, ist in sich ein Widerspruch gegen das System, ein Widerspruch gegen den objektivierten Platz des Subjekts. Die idee-gewollte Ordnung gleicht der gottgewollten von ehedem. Aus ihr begründen sich der Dezisionismus der Bildungspolitik, ein Modell der sich ergänzenden Qualifikationen[47], ein System der Rechtfertigung bescheidenster Aktivitäten, des Stückwerks und der Pseudo-Annullierung von Unterschieden. Dosierte Information und Prozeßzergliederung konstituieren Schule permanent.

Implikation 3: der repressive Charakter des Wissenschaftsansatzes

Die Curriculumforschung dient der Zementierung des Status quo, indem sie alltägliche Herrschaftspraktiken immer wieder konstituiert. Mit dem Gehorsam vor der Stoffstruktur des Angebotenen wird derjenige vor Herrschaftsstrukturen der Wissenschafts- und Gesellschaftshierarchien mitgelernt. Repression ist Trumpf dank vollendet überprüfbarer und überprüfender Curricula. Im Schein, Individualisierung des Lernprozesses erst zu ermöglichen[48], werden gerade deren Grenzen – um nicht zu sagen:

47 Vgl. Barsig, W., Überlegungen zum modernen Biologieunterricht. In: Christ und Schule, 19 (1973), H. 3, S. 46: »So will man den Schüler mit fundamentalen Lebensabläufen und ihren Trägern bekanntmachen und ihn in die Lage versetzen, einerseits die Beziehungen zwischen Bau und Funktion der Organismen und andererseits die Abhängigkeiten zwischen Lebewesen und Umwelt so kennenzulernen, daß sich ihm Ausschnitte der Wirklichkeit voll erschließen und er dafür erschlossen wird. Durch ein ausgewähltes Angebot von Wissens-, Könnens- und Verhaltensstrukturen aus dem biologischen Bereich soll also letztlich Bildung ermöglicht werden.« Vgl. auch S. 51: »Am Ende des Unterrichts steht das biologisch-pädagogische Erziehungsanliegen, das keineswegs aus dem naturwissenschaftlichen Unterricht verbannt werden darf. Sittliche Forderungen und moralische Kategorien sollen nun auf dem Hintergrund des exakten Wissens in das Bewußtsein des Schülers gerückt werden.«

48 Vgl. Deutscher Bildungsrat, Empfehlungen der Bildungskommission, Strukturplan für das Bildungswesen. Bonn 1970, S. 36: Lernangebote müssen hiernach »so vielfältig sein, daß der Lernende seinen Bildungsweg individuell gestalten kann. Das bedeutet, daß Curricula angeboten werden, die auf die unterschiedliche Lerngeschwindigkeit und Motivationslage der Lernenden sowie auf deren verschiedene Interessen und Lernvoraussetzungen abgestimmt sind.« Und S. 62: »Durch die Zusammensetzung der Pflichtfächer mit je verschiedenen Wahlfächern und durch die Wahl von Kursen von verschiedenem Anspruchsniveau wird das jeweilige Curriculum des einzelnen einen mehr oder minder individuellen Charakter annehmen können ... Durch das Curriculum werden außer Lernzielen und den Inhalten auch die jeweiligen Sequenzen und Lernschritte sowie die entsprechenden Methoden, Materialien und Unterrichtstechnologien bestimmt. Die Lernziele müssen kontrollierbar werden.«

deren Vernichtung – geplant und vorbereitet, und dies auf mehrfache Weise.

Die Überprüfbarkeit, der der einzelne in allen curricular bearbeiteten Lebensbereichen unterworfen ist, wird in ihrer Vollkommenheit angestrebt. In penetranter und zugleich naiver Deutlichkeit wird die Notwendigkeit der Kontrollierbarkeit von Lernzielen beschworen[49].

Dem Lernenden bleibt nichts als ein systematisches Anpassungstraining, das er mehr oder weniger erfolgreich durchlaufen kann. Dank der ganzheitlichen Kontrollmöglichkeiten können abweichende Verhaltensweisen des Individuums sogleich registriert werden.

Die Norm wird unausweichlich. Nicht-zweckrationales Handeln und Denken ist gleich anomal. Denn dank gesellschaftlich institutionalisierter Kontrollierbarkeit wird die Gesellschaft zu einem »Faktor der Normalität in einem viel wesentlicheren Sinn als dem des äußeren Einflusses, so daß ›normal‹ eher auf eine soziale und institutionelle als auf eine individuelle Grundverfassung hindeutet«[50].

Obwohl die Bedeutung von Liebe und Zuneigung für die Entwicklung des Kindes betont wird[51], scheinen derartige Vokabeln hauptsächlich die Funktion schmückenden Beiwerks zu erfüllen. Als realistischer erscheinen solche Ansichten, die einen ebenso engen wie verhängnisvollen Zusammenhang zwischen ökonomischer Problemstellung und Lösungsstrategien einerseits und der Curriculumforschung andererseits sehen. Dabei geht eine Analogiebildung »von der strukturellen Gleichsetzung des industriellen Arbeitsprozesses mit dem gesellschaftlich organisierten Lernprozeß aus. Das Rohmaterial (Schüler und Studenten) wird durch qualifizierte Arbeitskräfte (Lehrer) und durch den zweckmäßigen Einsatz von Produktionsinstrumenten (Lehr- und Lernmittel) in Fertig- oder Halbfertigprodukte (qualifizierte Arbeitskräfte) verwandelt. Für diese Produktion qualifizierten Arbeitsvermögens werden eine zweckmäßige Organisation der Lehr- und Lernprozesse (Struktur- und Zeitplan) sowie bestimmte Produktionsverfahren (Technologie) benötigt. Der Prozeß bedarf einer Steuerungs- und Kontrollinstanz (Management) und verschiedener Verfahren der Effizienz- und Qualitätskontrolle. Forschungs- und Entwicklungsaktivitäten dienen der Verbesserung der Produkte, der Produktionsverfahren und des Steuerungssystems«[52].

---

49 Vgl. Deutscher Bildungsrat, a. a. O., S. 59, 82, 88, 89, 137.
50 Marcuse, H., Agressivität in der gegenwärtigen Industriegesellschaft. In: Marcuse, H., u. a., Aggression und Anpassung in der Industriegesellschaft. Frankfurt/Main 51970, S. 9.
51 Vgl. Deutscher Bildungsrat, a. a. O., S. 44.
52 Becker, E., Jungblut, G., Strategien der Bildungsproduktion. Frankfurt/Main 1972, S. 152 f.

Implikation 4: die Ungeschichtlichkeit

Das Lernen von Aussagen, Methoden oder auch Konzepten der Wissenschaften als der Zuerwerb von Wissen, von intellektuellen Fähigkeiten und Fertigkeiten geschieht notwendigerweise abgelöst von der Situation. Selbst die Geschichtswissenschaft oder die Sozialwissenschaften werden sich diesem Sachverhalt – bei herkömmlichem Bewußtsein von Objektivität – nicht entziehen können. Der Schluß aus einer Analyse der heutigen Umwelt als einer wissenschaftsbestimmten wird nicht einen natürlichen Zusammenhang zwischen Wissenschaften und Bewältigung von Lebenssituationen herstellen können, ohne sich als prozyklisch interessenbestimmt zu entlarven.

Mahnungen, in der heutigen Situation den Wissenschaften allein zu vertrauen, entspringen dem Expansionsbedürfnis einzelner Wissenschaften oder dem Machtanspruch aller Disziplinen und machen vergessen, daß Wissenschaft auf idiographischer Problematisierung basiert. Das Einzelne hat seine Situation, das Allgemeine hat keine Situation. Wissenschaften sind damit nach ihrem Verständnis situationsabstrakt. Am Ende von Aussagen sind sie es notwendigerweise, am Beginn wären sie es aber nicht notwendigerweise. Den Beginn von Aussagen als einen Anfang von Theorie sollte die Situationsanalyse bilden, gerade weil Wissenschaft ihren Objekttivitäts- und Neutralitätsanspruch damit verlieren könnte.

Die Situation bedingt ein Moment von Relativierung, das ähnlich dem Topos von der Relativierung der Theorie in der Praxis den Beginn des Bezweifelns wissenschaftlicher Objektivität manifestierte. Während es sich aber bei der Kritik der Praxis an der Theorie zuallererst um den Versuch handelt, Situationsabstraktheit in Handlungsstrategie umzuwandeln, geht es bei der Orientierung an der Situation nicht um Veränderung von Such- in Handlungsstrategie, sondern um die Bestimmung der Interdependenz von Handlungs- und Suchstrategien.

Unhistorisch sind die Einzelwissenschaften, weil sie sich von der konkreten Situation abwenden bzw. dort, wo sie diese als Gegenstand verwenden, sie aus ihrem geschichtlich-politischen Zusammenhang nehmen. Das Singuläre – als Konkretes identifiziert – ist den positiven Wissenschaften Mittel zum Begriff[53]. Begriffsbildung aber gilt als von Wertung,

---

[53] Vgl. Frey, K., a. a. O., S. 290: »Die idiographisch-konkretisierende Ebene dient der Ebene II zum Teil als Informationszubringer ... Die Ebene III besitzt die größte Realitätsnähe. Ihre Aussagen weisen im Vergleich zu den anderen zwei Ebenen die geringste Abstraktionsstufe auf, während die Aussagen von Ebene I am allgemeinsten ausfallen.« Die anderen zwei Ebenen sind nach Frey, a. a. O., S. 289: die »konstruktiv-erschließende Ebene« als Ebene I dient zur »Entwicklung von Konstrukten auf hohem Abstraktionsniveau und der theorieorientierten Be-

die auszuschließen sogar oberste Pflicht ist[54], befreit.

Mit der Abgelöstheit von der konkreten geschichtlichen, d. h. politischen Situation gehen der Wissenschaft der historische Bezug, die Reflexion über Wertungen und ein kommunikatives Interesse verloren[55]. Alle diese Momente sind Teile eines scheinbar begründeten Verzichts auf Geschichtlichkeit, in dessen Rahmen nur sein kann, was sein darf[56].

Die Bestimmung eines Curriculum als eines »Anregungs- und Förderungsangebots mit dem Ziel der Kompetenzsteigerung der Kinder im Umgang mit sich selbst und den sozial-sachgebundenen Ansprüchen ihrer Umwelt«[57] müßte sich daher, wollte sie ihre Aussage ernstnehmen, mit den Wissenschaften auseinandersetzen und diese auffordern, jene Ansprüche der Umwelt überhaupt wahrzunehmen.

Dieses Erfassen beruht im eigentlichen Sinn auf situationsorientiertem Denken, auf Handeln und Reflexion über das Handeln. Ein strukturorientiertes Curriculum entspricht zwar vielleicht realer Begriffsfindung durch das Kind, aber es verhindert in den meisten Fällen das je eigene Vorgehen. Es ist ein Hindernis im Suchen. Deshalb lautet unsere These: der disziplin- oder strukturorientierte Ansatz stellt zwar – scheinbar über-

griffsbildung«, sie läßt sich »mit einem allgemeinen System vergleichen, das Prinzipien verwendet, einen ausdrücklichen wissenschaftstheoretischen Reflex und hinsichtlich Theoriebildung generative Funktionen aufweist«. Die Ebene II ist die analytisch-erklärende Ebene: »Auf dieser Ebene erfolgt die detaillierende Theoriebildung (z. B. als Taxonomie von Lernzielen, Implementationstheorie, Inhaltsstruktur-Theorie) ... Teiltheorien können zur Revision der Aussagen von Ebene I führen.«

54 Vgl. Hofmann, W., Vom Werturteil in der Gesellschaftslehre. In: ders., Universität, Ideologie, Gesellschaft. Beiträge zur Wissenschaftssoziologie. Frankfurt/Main ³1969, S. 67: »Wertentscheidungen gründen stets auf außerwissenschaftliche Überlegungen. Der Forscher und Lehrer hat sich ihrer daher zu entschlagen. Bis in die Sprache hinein hat er Wertung, d. h. Billigung oder Verwerfung eines für wahr gehaltenen Sachverhalts fernzuhalten.«

55 Vgl. Horkheimer, M., Traditionelle und kritische Theorie (1937). In: ders., Traditionelle und kritische Theorie. Vier Aufsätze, Frankfurt/M., Hamburg ²1970, S. 47: »Die Unfähigkeit, die Einheit von Theorie und Praxis zu denken, und die Beschränkung des Begriffs der Notwendigkeit auf ein fatalistisches Geschehen gründen erkenntnistheoretisch in der Hypostasierung des cartesianischen Dualismus von Denken und Sein ... Soweit die Gelehrten ihn nicht nur im Kopf haben, sondern mit ihm Ernst machen, können sie nicht selbständig handeln. Sie führen dann ihrem eigenen Denken gemäß praktisch nur aus, wozu der geschlossene Kausalzusammenhang der Realität sie bestimmt ...«

56 Vgl. Süddeutsche Zeitung, 29 (1973), 48, S. 5: (Urteil gegen Kosiek veröffentlicht) »Das Stuttgarter Kultusministerium meinte auch, daß Kosiek als Mathematiker und Physiker voraussichtlich keine Gelegenheit finden werde, in diesen Fächern politischen Einfluß auszuüben.«

57 Aus der Themenstellung für eine Expertenbefragung der Bildungskommission des Deutschen Bildungsrats.

zeugend – in Aussicht, durch disziplinäre Begriffe dem Kind ein selbständiges Erfassen der Umwelt, der kollektiven und individuellen Situation zu ermöglichen, aber er ist eo ipso nicht in der Lage, das Versprochene einzulösen, nachdem er sich mit seinen Implikationen selbst im Wege steht.

Um in die Gruppe der bisher nach einem vorläufigen System kritisierten Wissenschaften eine gewisse definitorische Ordnung zu bringen, muß der Begriff der Strukturorientierung jetzt erweitert werden. Wir halten uns dafür an die Objektivität einer wertfreien Curriculumtheorie: »Aspekte der Strukturorientierung sind die Behandlung der Lernobjekte, der thematischen Strukturierung der Lernobjekte, der Beziehung von Lernobjekt und Lernverfahren, der Sachlogik, der Lernzielinhalte, d. h. dessen, was im Curriculum bezüglich Bildung ausgesagt ist«[58]. Strukturorientierung umfaßt – extensiv ausgelegt – Disziplinorientierung[59] einerseits, unter die auch jene Scheinaufhebung eines disziplinorientierten Ansatzes gehört, die sich darin gefällt, Lernbares mit allen möglichen Wissenschaften in Beziehung zu setzen, und Prozeßorientierung[60] andererseits.

Jede Didaktik ist Strukturorientierung[61] an sich, auch wenn sie vorgibt, unter keinem bestimmten Optimierungsaspekt angetreten zu sein.

---

58 Frey, K., a. a. O., S. 87.
59 Vgl. Frey, K., a. a. O., S. 100: »In einer groben Einteilung lassen sich die Curriculumansätze, welche das Lernobjekt zum Mittelpunkt machen, in zwei Kategorien unterscheiden, jene, die sich ausdrücklich an die Disziplinen halten und jene, die auch anders geordnete Sachkenntnisse als Grundlage des Curriculums ansehen. Beiden ist die Grundthese gemeinsam, daß der Aufbau des Curriculums und die Auswahl der Curriculumelemente anhand vorhandener Kenntnisbestände, die sich auf Sachverhalt beziehen, vorgenommen werden. Dabei sind die Kenntnisbestände, z. B. in Wissenschaft und Kultur, nicht zuerst oder überhaupt nicht in ihrer psychologischen oder (wissens-) soziologischen Entstehungsart bedeutsam, sondern als Abbilder von Sachen, als *Objektivationen*, aufgedeckte Sachzusammenhänge, Logik der Dinge ... Verallgemeinernde Stichworte für den Ansatz sind: Sachlogik, Kenntnisstruktur (structure of knowledge), Disziplin, ›subjekt matter approach‹ ... Welche praktische Realität der Ansatz nach Disziplinen implizieren kann, ist aus den meisten Schulen ersichtlich. Das Unterrichtsgefüge ist in ›Fächer‹ aufgeteilt, die ›Disziplinen‹ entsprechen. Die Disziplinen korrespondieren ihrerseits meistens mit ›Einzelwissenschaften‹ wie Chemie, Geographie, Literaturwissenschaft, Geschichte.« (Hervorhebung A./K.)
60 Vgl. Frey, K., a. a. O., S. 86: »Aspekte der Prozeßorientierung sind die Behandlung der Verfahrensfragen bei der Curriculumkonstruktion, der Handlungsabläufe, der Entscheidungsträger, der Ökonomie der Arbeitskräfte, der Arbeitstechniken, der Implementation und Innovation. Im Extremfall wird vom Inhalt, der Relevanz und der Rechtfertigung des Curriculums abgesehen. Die Kriterien für die Theorienbildung rekrutieren sich aus dem Verfahrensbereich (z. B. Handlungstheorien, Informationstheorie).«
61 Vgl. Nipkow, K. E., Curriculumdiskussion. In: ZfP, 17 (1971), H. 1, S. 2. An dieser Stelle wird von der »Konzeption der Didaktik als einer umfassenden

Wir sehen danach nur noch zwei Theorien des Curriculum: die strukturabhängige und die situationsorientierte Theorie. (Der sozialisations- und der funktionsorientierte Ansatz sind in ihrer Konkretisierung jeweils einer dieser beiden Theorien zuzuschlagen.) Denn nur diese beiden Theorien lassen sich zu einem die andere jeweils ausschließenden Ende denken.

Wenn der eine Ansatz im Äußersten nur das Begründbare anerkennt, so akzeptiert der andere – in der Situation, in der Geschichte überhaupt – auch das Nicht-unbedingt-Begründbare. Wo für das erstere nur Leistungen auf der Ebene von Deduktion und Schlußfolgerung relevant erscheinen, gelten für das zweite Leistungen des Suchens und des Bestimmens[62] gleichermaßen. In einem nicht-strukturorientierten Ansatz realisiert sich nicht bloß eine Suchstrategie, sondern eine Such- und Handlungsstrategie.

Die »unter wissenschaftsmethodischen Gesichtspunkten« unterschiedenen drei Ebenen der »Bildung und Darstellung der Curriculumtheorie«: nämlich die »konstruktiv-erschließende Ebene«, die »analytisch-erklärende Ebene«, die »idiographisch-konkretisierende Ebene«[63] charakterisieren – abgesehen von ihrer mangelnden Eindeutigkeit und Trennschärfe – den deduktionistischen Ursprung der Strukturorientierung. Die in der »analytisch-erklärenden« Ebene enthaltenen Teiltheorien, die als der »wichtigste Ort für die wissenschaftliche Erkenntnisförderung«[64] angesehen werden, sind Teile des übergeordneten Ganzen. »Es ist ihre Eigenheit, daß sie einander und dem Aussagesystem von Ebene I nicht widersprechen«[65], d. h., sie manifestieren bedingt konkretisierend das Objektive. Es ist in diesem Zusammenhang sehr aufschlußreich, daß die mit jenen Teiltheorien gemeinten empirisch-analytischen Einzelwissenschaften ihre Metatheorie eher dem Idealismus als dem Realismus zuordnen[66].

Der Transzendenz beraubt geriert sich Wissenschaft laienhaft und verweist sich und ihre Anhänger explizierend[67] auf dezisionistische Prozesse,

Strukturtheorie (Didaktik i. w. S.)« gesprochen. »Ausschlaggebend ist die Interdependenz zwischen den Zielen, Inhalten, Strukturen, Verfahrensweisen und Medien des Unterrichts sowie dem Gesichtspunkt der Kontrollierbarkeit.«

62 Vgl. Hofstätter, P. Gruppendynamik. Reinbek ¹¹1970, S. 28 ff.
63 Vgl. Frey, K., a. a. O., S. 288 f.
64 Frey, K., a. a. O., S. 290 f.
65 Frey, K., a. a. O., S. 291.
66 Vgl. Heisenberg, W., Naturwissenschaftliche und religiöse Wahrheit. Aus einer Rede vor der Katholischen Akademie in Bayern. In: Süddeutsche Zeitung, 29 (1973) 70, S. 134: »Es ist gewiß kein Zufall, daß der Anfang der neuzeitlichen Naturwissenschaften mit einer Abwendung von Aristoteles und einer Hinwendung zu Plato verbunden war.«
67 Vgl. Heisenberg, W., a. a. O., S. 134: »Die Entscheidung über die Ziele kann aber innerhalb von Naturwissenschaft und Technik gar nicht gefällt werden, sie wird, wenn wir nicht völlig in die Irre gehen wollen, an einer Stelle getroffen, wo

als ob es nicht an ihr wäre, ihre aus Sachlogik und aus sachimmanenten Gesetzen geborene Normativität zu problematisieren. Ohne Veränderung von Wissenschaft werden sich deshalb Wissenschaftsbezug und Situationstheorie in einem Curriculum schlechthin widersprechen.

2. Zur Kritik strukturorientierter Vorschulprogramme

Die Wissenschaft als Sammlung methodischer Prinzipien zur Wirklichkeitserfassung mit ihren Merkmalen von Systematisierung gemäß eines empirisch-analytischen Vorgehens, Sachorientiertheit (Objektivitätsstreben) und der Forderung an ihre Ergebnisse nach intersubjektiver Überprüfbarkeit – um hier nur einige wichtige Kennzeichen von Wissenschaft zu erwähnen– befindet sich in temporaler wie aufgabenbezogener Verflechtung: ihr wird zugeordnet, gegenwärtige Erscheinungen der Realität sowie deren vermutliche zukünftige Weiterentwicklung zu ergründen; außerdem Lösungen zur Bewältigung vorhandener und voraussehbarer bzw. wahrscheinlicher Probleme zu entwickeln.

Ergebnisse und Methoden von Wissenschaft erweitern ihren Ausstrahlungs- und Anwendungsradius fortwährend, wofür die momentanen Vorschulbestrebungen eines von vielen deutlichen Anzeichen liefern. Wissenschaftsausübung und -nutzung oder zumindest Methodenbeeinflussung geben sich entschieden expansiv; dies sowohl horizontal in Richtung eines immer breiter werdenden Bevölkerungsanteils, als auch vertikal: der Übergriff der pädagogischen Technologie auf die Altersgruppe der Vorschulkinder bezeichnet eine radikale Verjüngung ihrer Zielgruppen. Neben den Kindern im Alter von drei bis fünf Jahren zählen zunehmend auch Kleinkinder und Säuglinge zu den Objekten systematisierter Lern- und Lehrtätigkeit[68].

Der Wunsch nach einer Expansion des Wissenschaftlichen erhebt das Mögliche zum Gerechtfertigten, ja Guten[69]. Dieser Prozeß einer Glorifizierung des Möglichen spiegelt sich auch in der Vereinnahmung der Vorschulkinder als eines bisher noch ungenutzten Bildungspotentials nur allzu eindeutig wider[70]. Wissenschaft, von bedenklicher Entscheidungs-

---

der Blick auf den ganzen Menschen und seine ganze Wirklichkeit, nicht nur auf einen kleinen Ausschnitt gerichtet ist.«
68 Vgl. hierzu besonders: Painter, G., Baby-Schule – Teach your Baby. Programmiertes Intelligenztraining für Kleinkinder. Gütersloh 1972, sowie Engelmann, S. und Th., Kinder-Schule von 0 bis 5 Jahren. Freiburg 1969.
69 Vgl. den kritischen Beitrag von Finzen, A., Experimente mit Kindern. In: ZfP, 16 (1970), H. 1, S. 137 ff.
70 Servilität gegenüber der Schule als Bildungsinstitution zeichnet die Stellungnahmen manches Vorschul-»Fachmannes« aus: »Ein weiterer wichtiger Grund für

schwäche und Kritiklosigkeit heimgesucht, verbarrikadiert sich hinter jener anonymen Drohung einer unaufhaltsam heranrollenden und den Menschen vermutlich zermalmenden technischen Entwicklung und besetzt, derart gepanzert, alle Erziehungs- und Bildungsinstitutionen einschließlich der Familie: die Wissenschaftsinvasion beginnt mit der Propagierung der Allgegenwart und Allgemeingültigkeit von »Leistung« als dem Extrakt ihrer eigenen Wertehierarchie und zwingt damit den Einzelnen zur Unterwerfung unter sog. wissenschaftliche Lehr- und Lernmethoden.

Dabei verengt sich der Blick für mögliche Lernziele auf den kognitiven als den am ehesten zu kontrollierenden Bereich[71]; kognitive Leistung wird zum Bewährungsmaßstab für ein Bestehen in einer technisierten Welt. Erst diese Expansion der Wissenschaft legt die dreistufige Behandlung der Wirklichkeit als eines präparierten Lernstoffes offen:

1. die Präzisierung und zugleich fixierende Eingrenzung von Lernstoff bzw. Lernzielangabe in letztlich kognitiv aufbereitbare Leistung;
2. die Verpflichtung zur Fast-Unfehlbarkeit der zu diesen Zielen führenden Lernwege mittels kleinmaschiger Lernschrittsequenzierung, und
3. endlich das durch 2. ermöglichte System von Detailkontrollen. Hierdurch werden die Bestandteile des Bereiches »Lernen« als auch des ausgewählten »Lernstoffes« unter der Voraussetzung empirischer Analysierbarkeit und unter der Bedingung zielfördernder, zeitlicher Anordnung katalogisiert[72].

Zweifellos trägt ein solches System der Detailregistrierung leisester An-

---

das frühe Lesenlernen ist die zunehmende Verzögerung der Berufsreife im Jugendalter. Schon heute ist das 9. Schuljahr allgemein und das 10. Schuljahr mancherorts eingeführt. Im Zuge der weiteren Entfaltung der Technik läßt sich absehen, ... daß noch weitere Jahre des Lebens verschult werden müssen. Wenn es möglich ist, einen Teil der von der Schule zu erarbeitenden Bildungsfunktionen in den Jahren vor der Einschulung zu erarbeiten, ohne das Kindsein in seiner Substanz einzuschränken, so sollte dies unbedingt versucht werden.« Aus: Kratzmeier, H., Anleitungsheft zur Kleinkindfibel, Weinheim 4 1971, S. 6.

71 Der Beginn des systematischen Erziehungsprozesses sollte »nicht später als zu Beginn des 3. Lebensjahres (erfolgen). Er muß sich in diesen frühen Jahren auf die Entwicklung des kognitiven Bereichs konzentrieren und sollte neue Wege gehen, die den modernsten Stand des Denkens widerspiegeln.« Aus: Umans, S., u. a., Die Blockschule. In: Bildungsförderung im Vorschulalter, Bd. II. Unesco-Institut f. Pädagogik, Hamburg 1972, S. 270.

72 Die angedeuteten Expansionsbestrebungen der Wissenschaft in Richtung auf Erfassung von Lernen und der damit in Zusammenhang stehenden Bereiche scheint mit einer Art interner Mathematisierung der Wissenschaftsdisziplinen einherzugehen. Vgl. hierzu: Fuchs, W. R., Eltern entdecken die neue Logik. München 1971. Ein eindrucksvolles Beispiel für die Betrachtung von Lernvorgängen unter informations-theoretischem Aspekt gibt F. v. Cube in seinem Aufsatz: Informationstheoretische Untersuchungen zum Problem des Auswendiglernens. In: Weinert, F., (Hrsg.): Pädagogische Psychologie. Köln/Berlin 7 1972, S. 191 ff.

zeichen von Leistung wie auch von Leistungsschwankungen zu einem Lernverhalten bei, das eben immer geringere Leistungsvorsprünge bzw. -rückstände als Vorteil bzw. Nachteil bemerken muß[73] und zu einem rivalisierenden Buchungsverfahren eigener Verdienste ermutigt; d. h., dem Leistungsstreben ist eine utilitaristische Tendenz beigemengt, die sich in verfeinerter Aggressivität zwecks Degradierung des andern äußert.
Dieses Präzisionsverfahren additiver Leistungsmessung entspricht auf der Ebene von Wissenschaftsmethodik dem Anspruch auf statistische Verifizierung: durch die Zuordnung von Daten jeweils zu den Bestandteilen »Lernschritt« (zur Erreichung eines Lernziels) und »Leistungsnorm« bzw. »Analyse« (zur Verifizierung/Falsifizierung einer Hypothese) und »Forschungsziel« entsteht eine Sammlung erfaßbarer Daten, welche geduldig immerwiederkehrender Anwendung harren.

Die verblendende Funktion von Leistungsgläubigkeit kann kaum deutlicher gemacht werden als durch folgende Worte: »Vor allem der Leistungsstand ist wichtig. Wenn Sie es schaffen, das Kind schon im Alter von fünf Jahren auf einen guten Leistungsstand zu bringen, wird es begabt sein«[74] Unverhohlenes Rivalitäts- und Konkurrenztraining gehört durchaus zum guten pädagogischen Ton im Vorschulfeld: »Mit zehn elementaren Schulreifetests prüfen Sie, was Ihr Kind schon kann. In leicht verständlichen Bewertungstabellen stellen Sie am Schluß jedes Tests fest, wie gut Ihr Kind im Vergleich zu anderen Kindern seines Alters die Aufgaben gelöst hat. Dieser Vergleich lohnt sich. Sie wissen dann, wie klug Ihr Kind wirklich ist«[75]. Andere Autoren verlagern sich auf abenteuerliche Beschwörungsformeln und vulgär-therapeutische Hinweise, um Eltern die Bedeutung für die frühe Intelligenzförderung ihrer Kinder einzusuggerieren[76].

---

[73] Vgl. Correll, W., Lern- und verhaltenspsychologische Grundlagen des programmierten Lernens und der Lehrmaschinen. In: Correll, W. (Hrsg.), Programmiertes Lernen und Lehrmaschinen. Braunschweig ²1966, S. 11: »Er (der Lehrer, A./K.) muß nicht mehr ... warten, bis der Schüler durch viele Versuche und Irrtümer schließlich die richtige Lösung eines Problems gefunden hat, um ihn dann zu verstärken ..., sondern er kann nunmehr die Lösung der Probleme bzw. den Aufbau eines gewünschten Verhaltens systematisch herbeiführen. Hierzu muß er *lediglich scharf beobachten und die kleinsten Verhaltensäußerungen* in der Richtung auf das gegebene Ziel hin bereits verstärken. Dieser Prozeß wird »graduelle Annäherung« genannt. Durch graduelle Annäherung kann man das Verhalten, wie *Skinner* sagt, »fast nach Belieben« *formen (shaping).*« (Hervorhebung W. C.)
[74] Engelmann, S. und Th., a. a. O., S. 88.
[75] Lauster, P. und U., Ist mein Kind schulreif? München, Zürich 1972, S. 7.
[76] Vgl. Ott, E., Vorschulische Intelligenzförderung. Stuttgart 1970, S. 1 ff: »Sie stehen vor der faszinierenden Aufgabe, Ihrem Kind beim Eintritt in unsere moderne Welt zu helfen ... Bereits heute, am Beginn des Computer-Zeitalters, stoßen wir bei der Anwendung der neuen Denkmaschinen auf Schranken, die nicht

Man gewinnt den Eindruck, daß die Autoren vor Begeisterung über ein Betätigungsfeld, das ihnen gleichermaßen missionspädagogische wie monetäre Befriedigung gewährleistet, nicht bemerken, wie dank ihres Methodenkults jeglicher als Lernstoff herangezogener Wirklichkeitsbereich sich von der Realität immer weiter entfernt und bis zur Unkenntlichkeit entstellt wird. Die Konzentration sezierender Forschungsmethodik bleibt nicht auf das Einfangen von Welt in Lernsequenzen beschränkt, sondern ergreift ebenso das Objekt »Lernen« selbst und läßt diese zu einem überdimensionalen Ballon anschwellen, dessen Verbindung zur Wirklichkeit aus einem seidenen Faden besteht. Das überaus leichte Gas einer Methoden-Euphorie treibt den Ballon in die Bläue unerreich- und unvergleichbarer Wissenschaftsobjektivität – dem Ort seines Zerplatzens entgegen[77]. Der Glaube an die totale Methode kann sich auch in einer pingeligen Übertragung und Anwendung pedantischer Analyseverfahren auf banale Tatbestände zeigen. Relativ unwichtige oder alltägliche Dinge werden überdimensional versachlicht, und mit bestechender Wertneutralität wer-

vom Computer, sondern vom ungeübten menschlichen Geist gezogen sind. Es mangelt ganz einfach an Menschen, die fähig sind, logische Gedankengänge durchzustehen – die schöpferisch denken, den Kern einer Sache erkennen und Probleme analysieren können ... Bedenken Sie, welche Verantwortung sich daraus für Sie ergibt ... Werden Sie selbst tätig! Es geht dabei nicht darum, Aufgaben der Grundschule vorwegzunehmen, sondern darum, ... die Schulreife Ihres Kindes zu fördern, es also bereitzumachen für ein immer höheres Startniveau der Grundschule. Oder anders ausgedrückt: Sie müssen Ihr Kind befähigen, den Ausführungen des Lehrers der Grundschule zu folgen, ohne diesen zu zwingen, einen Teil seiner wertvollen Zeit der Entwicklung von Voraussetzungen zu opfern ... Viel Nutzen werden Sie Ihrem Kind bringen, wenn Sie es richtig, ihm großen Schaden zufügen, wenn Sie es falsch machen.«

[77] Das Schlüsselwort für Wissenschaftlichkeit heißt »Kontrolle«. Diese als vermeintliche Erfolgssicherung im Lernfeld, wird besonders von W. Corell umworben: »... Eine exakte Durchführung der variierenden Zeitintervallsreaktionsquotenverstärkung setzt nun voraus, daß die Darbietung der Verstärker im Programmierten Lernprozeß genau kontrolliert werden kann. Dies ist bei Verwendung des nichtmaschinellen Lernprogramms kaum vollständig möglich. Wir erreichen deswegen bei nichtmaschinellen Programmen auch in der Vorschulzeit lediglich Annäherungen an die primäre Motivation der Kinder. Sehr viel exakter wird diese Annäherung bei Verwendung eines maschinellen Programms, weil hierbei der Einfluß anderer nichtkontrollierbarer Variabeln so gut wie ausgeschlossen bleibt. Während z. B. beim nichtmaschinellen Programm der Programmtext durch die Mutter oder durch eine Kindergärtnerin dargeboten werden muß und hierbei allerlei subjektive emotionale Beziehungen das Ergebnis positiv oder negativ beeinflussen können, ist für die Darbietung des Programms bei Verwendung unserer Maschine keine Betreuungsperson mehr nötig ... Die Maschine bleibt in ihren Anweisungen immer gleich höflich und freundlich, selbst wenn das Kind sie zwingt, ein und dieselbe Information 10- oder 20mal zu wiederholen. Kein erwachsener Versuchsleiter würde auch nur annäherungsweise ähnlich reagieren können.« Aus: Corell, W., Lernen und Lehren im Vorschulalter. Donauwörth 1970, S. 20.

den alle Einzelheiten behandelt[78], um gesellschaftsbezogene Fragestellungen guten, weil sachlichen, Gewissens negieren zu können.

Die nützlichkeitsabhängige Sachstrukturierung von Lernstoff erweist sich als Verschleierungsstrategie sozialer Problematik. Die Versachlichung von Welt mittels sachorientierter Lernzielselektion bedingt die früher erwähnte Verkrüppelung von Wirklichkeitserfassung und wird wie diese kosmologisch überhöht: »Vordringliche Aufgabe der Erziehung im Lernbereich Technik ist es, den Kindern zu helfen, ihre eigene Welt kennenzulernen, sie zu erschließen, zu bewältigen und zu gestalten und ihr zunächst unreflektiertes subjektives Verhältnis zur Umwelt kontinuierlich zu versachlichen, damit sie in die Lage versetzt werden, ihre anthropozentrischen Deutungen durch sachgerechtes Auffassen und Urteilen abzulösen«[79].

Ganz Ähnliches gilt für das Vorschulkind: »Unter curricularem Aspekt wirkt das Geschehen im Kindergarten unsystematisch, ohne konkrete Zielvorstellung und zufallsbestimmt. ... Das Neue, das aus diesen Ansätzen (gemeint sind diejenigen traditioneller Spiele, A./K.) entwickelt werden kann, besteht in der Systematisierung und konsequenten Nutzbarmachung solcher Lernmöglichkeiten für im voraus überlegte und geordnete Lernschritte. Generell kommt es bei allen genannten Lernzielen darauf an, in einem analytischen Verfahren (Komponentenanalyse) die Lernschritte aufzufinden, und sie in Sequenzen zu ordnen, die zu dem gewünschten Lernziel hinführen«[80].

Besonders bedenklich wird Sachorientiertheit im curricularen Lernbereich, wenn sie sich mit der Vermittlung gutbürgerlicher Anstandsnormen liiert. Die Ansicht, daß Kinder dadurch lernen, daß sie zunächst das »Müssen« lernen, scheint durchaus noch akzeptiert: Gertraud E. Heuß gibt in ihrem Buch, ›Vorschule des Lesens‹[81], für die Lernbereiche optische

---

78 Vgl. Michaelis, H., Treess, U., Lernbereich Sport. In: Belser, H., u. a., Curriculum-Materialien für die Vorschule. Weinheim/Basel ²1973, S. 234 f.: »5.6 Wassergewandtheit. Definition: Fähigkeit, sich im Wasser sicher und leicht zu bewegen. 5.6.1 Erste Grundfertigkeit: Tauchen. 1. Teilziel: Gewöhnung an Nässe und Kälte. 1. Sensomotorischer Aspekt: Bewegungsaufgaben – Duschen des Oberkörpers, – Duschen des Körpers, mit Kopf, – Duschen: mit geöffneten Augen. 2. Interaktions-Aspekt: Spiele – Spritzen, – Eisenbahnspiele. 3. Methodische Hinweise – Willkommene Anlässe sind Sportstunden. Kein Kind zum Duschen zwingen, evt. nur waschen lassen. Badekappen und Taucherbrillen können psychologische Hilfsmittel sein. Im Winter sind Badekappen auf jeden Fall zu empfehlen (Haare: Erkältungsgefahr)«.
79 Vgl. Kühl, R., Der Nagel als Lernsache I. In: Westermanns Pädagogische Beiträge, 25 (1973), H. 3; S. 157 ff.
80 Deutscher Bildungsrat, Strukturplan, a. a. O., S. 104 und S. 114.
81 Heuß, G. E., Vorschule des Lesens. München 1971, S. 86 ff. Die erwähnten 66 Teilziele setzen sich aus 12 Grobzielen und 54 Feinzielen zusammen.

Wahrnehmungsorganisation, akustische Wahrnehmungsorganisation, Sprachverständnis und Sprachverhalten und Einsicht in die Symbolik der Buchstabenschrift insgesamt 66 Trainingsschritte an, die von den betreffenden Kindern ausdrücklich gekonnt werden *müssen* – der Sache zuliebe. Die Befürchtung, ein großer Teil vorschulischer Lernprogramme könnten sublimierte Dressurmittel sein, erweist sich leider nicht als völlig unbegründet. Abgesehen von einer Nützlichkeitserziehung, die noch näher zu beschreiben sein wird und die in ihrem Fanatismus bekannten Ritualen der Reinlichkeitserziehung zu ähneln droht, verbirgt sich hinter der Popularität vieler Lernspiele der Extrakt biederster Anstands- und Wohlstandsnormen. Die Beziehung der Sprache zu realen Vorgängen z. B. kann nach Engelmann »dem Kind mühelos im Verlauf der ersten achtzehn Lebensmonate verständlich gemacht werden. Zeigen Sie dem Kind, daß Worte in Handlungen und Handlungen in Worte übersetzt werden können. Das Kind sollte zunächst lernen, Befehle auszuführen, beispielsweise: ›Zeige mir ..., bring mir ..., gib Küßchen, mach Winke-Winke‹ usw. ...«[82].

Die gemeinte Lernfähigkeit des Kindes wird hier auf das allersachlichste verfolgt, nämlich unter totaler Negierung jeglicher kritischen Überlegung bezüglich der Inhaltlichkeit des Vermittlungsstoffes, welche mitsamt dem Sachanliegen den Lernenden eingegeben wird. Der Dressurgehalt von Lernangeboten kann durchaus appetitlich dargeboten werden und trägt so zu den Genüssen fachpädagogischer Gourmets bei: »Als das Spielgeld verteilt wurde, zogen die Kinder das Schubfach der Registrierkasse nur noch sehr vorsichtig auf, anstatt es unbedacht herauszuziehen und auf den Boden zu werfen. Diese vorsichtige Behandlung hatte zumindest insoweit ihren Sinn, als es den Kindern erspart blieb, die vielen kleinen Münzen vom Boden aufzusammeln. Sie vermochte allerdings die anderen Kinder nicht daran zu hindern, die Einnahmen des Kaufladens zu stehlen ... Bald wurden auch die Geldscheine geglättet und in die vorgesehenen Fächer der Schublade gelegt, anstatt irgendwie zerknüllt und zerrissen zu werden«[83].

Mit der lerntheoretischen Nutzbarmachung von kindlichen Verhaltensweisen, indem Handlungen wie das Zerknüllen bzw. Glätten von Spielgeldscheinen zum Leistungswert oder -unwert deklariert werden oder auch nur stillschweigend sich als solche auswirken, werden die Einschränkung potentieller Freiheitsräume und ihre Kompensation mit »nützlichem« Tun ermöglicht – soweit kindliche Tätigkeiten dem Erwachsenen als »unnütz« erscheinen, was häufig und weitgehend der Fall zu sein scheint.

82 Engelmann, S. und Th., a. a. O., S. 92.
83 Robison, H. F., Spodek, B., Neue Wege im Kindergarten. Freiburg 1968, S. 80.

Situationstheorie als Überwindung von Strukturorientierungen 121

Das Bedürfnis, dem Nachwuchs etwas Nützliches zu vermitteln und dadurch selbst noch viel Nützlicheres zu vollbringen, scheint ein schwerwiegendes Legitimationsproblem manches Vorschulpädagogen zu sein: Was nützlich ist, ist fraglos wertvoll, und je mehr in diesem Sinn Wertvolles jemand für Kinder aussinnt, um so nützlicher ist er für die Gesellschaft und das Fortbestehen ihres Nutzbewußtseins in den Hirnen der entsprechend maltraitierten Nachkommen: »Wenn Ihr Kind annähernd drei Jahre alt ist, weiß es alles über die großen Buchstaben. Machen Sie dann mit ihm zur Belohnung und Übung einen schönen Ausflug, damit es sieht, daß es etwas Nützliches gelernt hat...«[84]. Der Nutzwertcharakter von Tätigkeiten bleibt jedoch nicht der Beschäftigung mit formalem Lehrstoff wie etwa dem Lesen vorbehalten, sondern kann auch weniger planmäßig durchgeführten Handlungen abgelauscht werden: »Das, was das Kind auf diese Weise lernt, sollte mit seinen täglichen Beschäftigungen in Zusammenhang stehen und ihm das Gefühl vermitteln, etwas *Nützliches* getan zu haben«[85].

Die legendäre Förderbarkeit unserer Kleinen treibt die Spekulation bezüglich ihrer Verwertbarkeit in die Tiefen des Kleinkarierten. Auch der häusliche Rahmen erfährt den Wert frühkindlicher Lesefähigkeit: »Sinnvolle Anwendung findet diese Kenntnis der einzelnen Markenbezeichnungen, wenn das Kleinkind der Mutter beim Einkaufen im Selbstbedienungsladen helfen darf. Die Mutter nennt ihre Wünsche, und schon eilt das Kleinkind zu den einzelnen Regalen, um den gewünschten Artikel zu holen und in Mutters Einkaufskorb zu legen«[86]. Der unter diesem Motiv seinen Kindern das Lesen beibringende Erzieher entpuppt sich als Ausbeutungsstratege, der seine Schüler-Opfer aufs Banalste vorausbestimmt, wodurch er sich zugleich seine Dompteurrolle angenehm zu gestalten sucht. Das Kind als häuslicher Dienstbote ist ohne Zweifel ein angenehmer »Nebeneffekt« von Lesenlernen und -lehren. Der unerschütterlichen Plausibilität, mit der der Anwendungsradius von Lesen zunächst auf Häuslichkeit und damit verwandte Anstandsnormen begrenzt wird[87], scheint weniger

---

84 Engelmann, S. und Th., a. a. O., S. 105.
85 Engelmann, S. und Th., a. a. O., S. 128.
86 Kratzmeier, H., Kleinkindfibel, a. a. O., S. 7.
87 In dem obigen Beispiel vom Einkaufen im SB-Laden deuten Formulierungen wie »und schon eilt das Kleinkind...« auf eine selbstverständliche Gehorsamshaltung des Kindes dem Erwachsenen gegenüber hin. Ebenso bedenklich klingt die vorangehende Aussage, welche darauf hinweist, daß das Kind der Mutter helfen *darf*, was eine Dankbarkeitshaltung des Kindes erwarten läßt, die es dem Erwachsenen gegenüber zu hegen hat, unabhängig von der Sinn- oder Unsinnigkeit dessen, was es von Mutters Gnaden tun darf. Schließlich wird vom Autor obigen Beispiels angenommen, wenn nicht sogar insgeheim wiederum selbstverständlich gefordert, daß das Kind, sobald es den »gewünschten Artikel« gefunden hat, diesen um-

ein zufälliges oder absichtliches understatement zugrundezuliegen, als vielmehr dessen Gegenteil: Unter dem Deckmantel des Lesenlernens findet gerade nicht nur das Lesenlernen statt, sondern eine gründliche Ausschöpfung der Fähigkeitsressourcen des Kindes.

Daß diese sich nicht auf das Erlernen von Buchstaben und Wortbildern beschränken, muß dem gewissenhaften Vorschulpädagogen um so willkommener sein, je mehr Kombinationsmöglichkeiten von Lese- und anderen Fähigkeiten des Kindes er unter dem Gesichtspunkt ihrer Dienstbarmachung herstellen kann. Die Intensität, mit der letztere verfolgt wird, scheint mit dem Grad der Stofforientiertheit beim Lehrvorgehen in einem Bedingungsfeld zu stehen: je uneingeschränkter die Nutzbarmachung von erlerntem Ziel bestimmter Erziehungsvorhaben ist, um so stärker wird sich der Lernprozeß an der Struktur des Lernstoffes zu orientieren haben. Denn die Konzentration auf die Bedeutung der Nützlichkeit des Lernzieles zwingt zur Selektion nutzloser bzw. nutzfördernder Faktoren; dies sowohl hinsichtlich der grundsätzlichen Nützlichkeit des Endzieles als auch bezüglich der potentiellen Förderlichkeit bzw. Hinderlichkeit einzelner Lernschritte[88]. Um diese in ein System möglichst hoher Zielfreundlichkeit zusammenfassen zu können, ist eine Conditio-sine-qua-non-Abhängigkeit zwischen Lernschritt und entsprechendem Teil des sachstrukturell aufbereiteten Stoffes vonnöten.

Die Aufbereitung von Welt gemäß der Struktur von Sachbereichen geht auf Kosten einer Erfassung der Wirklichkeit nach Kriterien von Inhaltlichkeit und Relevanz. Um noch einmal das Beispiel des Lesenlernens aufzugreifen: an folgenden Wortpaaren bzw. Wortketten wird ersichtlich, wie sehr deren vorherige Sinnentleerung notwendige Voraussetzung für den dann folgenden Prozeß des Lesenlernens ist, da ein Bemerken des den Wortkombinationen innewohnenden Unsinns die Konzentration auf die Struktur der einzelnen Worte vereiteln muß: (A) Affe – Apfel; (O) Ohr – Opa; (S) Sonne – Säge; (N) Nase – Nuß; Moos – Oma; Hose – Moos; Haus – Sonne – Ente; Hals – Esel – Ball; Holz – Zoo – Zorn; Dose – Daumen – Bad; Ursula – Suppe – Fuß; Papa – Pelz – Apfel, usw.[89]

Wird Sachstrukturiertheit zum Selbstzweck überhöht, reduzieren sich Bildungsabsichten auf die Bestimmung normfixierter bzw. Grundlegung

gehend, d. h. ohne diesen weiter zu beachten oder etwas dazu zu fragen, in den Korb legt. Kindliches Handeln hat sich der Zweckhaftigkeit des Einkaufens unterzuordnen.

88 Vgl. Kühl, R., a. a. O., S. 166: »Die Schüler äußern sich (zu Beginn des Unterrichts, Anm. A./K.) kurze Zeit zum Unterrichtsgegenstand, damit sie ihre Erlebnisse erzählen können, weil die Gefahr besteht, daß sie während der folgenden Unterrichtsgespräche durch diese erlebnisgebundenen Beiträge vom Thema abweichen.«

89 Kratzmeier, H., a. a. O., Wortkarten.

basiswissenschaftlicher Verhaltensmodi: »Der ›Lehrplan‹ sollte in erster Linie auf zwei Ziele ausgerichtet sein: auf eine Beschleunigung der sachstrukturellen Entwicklung und auf die Funktionsübung zweckdienlicher kognitiver Stile. Geschieht das in entwicklungsgerechter Weise, so würde damit gleichzeitig die Ausbildung der Leistungsmotivation und der Wertschätzung von tüchtigkeitsbezogenen Sachbereichen gefördert«[90]. Hierzu müssen die Wissenschaftsbereiche, die vermittelt werden sollen, elementarisiert werden[91], d. h. es muß eine Sammlung gebrauchsfertiger Grundbegriffe erstellt werden, an denen sachbezogene Denkmuster gelernt werden können[92]. Ob der Wichtigkeit solchen Lernzieles gibt es keinen Zweifel,

90 Heckhausen, H., Förderung der Lernmotivierung und der intellektuellen Tüchtigkeiten. In: Deutscher Bildungsrat, Gutachten und Studien der Bildungskommission. Bd. 4, Begabung und Lernen, Stuttgart [8]1972, S. 208. Mit derselben harmlos klingenden Monotonie einer Spieluhr wird davon gesprochen, »überdauernde Leistungsmotivation und Interesse in bestimmten Lebensbereichen frühzeitig zu fördern«. Und: »Inhaltlich sollten sich die Vorschulprogramme vor allem auf die ›sachstrukturelle‹ Entwicklung durch Förderung *sprachlicher* und kognitiver Fertigkeiten (z. B. im Lösen von kindgemäßen Denkaufgaben) und auf die Ausbildung einer überdauernden Leistungsmotivation und die Weckung von Sachinteressen richten.« So H. Skowronek: Synopse der in den einzelnen Gutachten formulierten Folgerungen. In: Dt. Bildungsrat, a. a. O., S. 553.
91 Zum Wert wissenschaftlicher Basisinformationen in der Vorschule vgl. Schmaderer, F. O., Umweltorientierung. In: Was ist vorschulische Erziehung? Antworten auf ein aktuelles Thema. Ravensburg 1972, S. 81: »Was die schulische Sachinformation über Physik und Chemie angeht, so kommt es im Bereich vorschulischer Erziehung auf die Elementarisierung physikalischer und chemischer Sachverhalte an, so wie sie durch einfache Beobachtung vom Kind erfaßt werden können. Die Geschichte im Sachunterricht ... kann ... nur in der Form vorbereitet werden, daß der Ablauf eines Vorganges zu einer Beobachtung des Wandels in der Zeit führt. Die Wirtschaftslehre wird vorbereitet durch das Bewußtmachen der Grunderfahrungen der Wirtschaft, wie sie jedem Kind durch das tägliche Einkaufen bekannt sind.« usw.
92 Bei Robison, H. F., Spodek, B., a. a. O., S. 26 werden mit bestechender Scheinpräzision kindliches Denken und dessen Versachlichungschancen beschrieben: »Für das Kind ist der Unterricht in Grundbegriffen in jedem Alter vor allem gleichbedeutend mit einem ökonomischen und beständigen Lernen ... Für das kleine Kind können jedoch viele Informationen und Einzelheiten bedeutungslos bleiben. Es ist oft nicht in der Lage, ganz allein seine Informationen zu verstehen, eine Information mit der anderen in Beziehung zu setzen, ähnlich lautende Informationen zusammenzufassen oder zwischen verschiedenartigen Informationen von sich aus nach wichtigen Gesichtspunkten zu unterscheiden. Mit den einzelnen Grundbegriffen würde das Kind hingegen beizeiten sozusagen mit den nötigen Fächern versorgt, in die es seine verschiedenartigen Informationen einordnen kann ... Das von den Grundbegriffen ausgehende Lernen ermöglicht dem Kind deshalb ein lebenslanges Verständnis. Darüberhinaus führt das Lernen der Grundbegriffe und der wesentlichen Beziehungen zu bedeutend komplexeren Denkformen, bei denen Verallgemeinerungen und Abstraktionen an die Stelle der konkreten Einzelheiten treten können. Es werden also gerade die Programme, mit denen die Begriffsbildung des

zumindest nicht für H. Heckhausen, in dessen Werbetext für die »Einübung von Operationsmodi, die allen kognitiv-intellektuellen Prozessen zugrunde liegen«[93], die Monumentalität des Vokabulars keinen Widerspruch duldet.

Die muntere Übertragung der Forderung nach Sachorientiertheit, analysierenden Systematiken und intersubjektiver Nachprüfbarkeit auf die Lernstoffzubereitung für Vorschulkinder bringt jedoch ein schwerwiegendes Problem mit sich: Nach einhelliger Übereinstimmung von Pädagogen, Erziehungswissenschaftlern, Programmachern und anderen Beteiligten sollten die Kinder dieser Altersstufe ja nicht nur lernen, sondern vor allem auch spielen. Das heißt jedoch insbesondere: dem Kind größtmögliche Freiheit zu geben in der Wahl, was es tut und mit welchem Wirklichkeitsbereich es sich befassen möchte (Aspekt des freigewählten Spielinhalts); wie lange es einer Tätigkeit nachgeht und wann es zu einer anderen übergehen möchte (Aspekt der freigewählten Spieldauer); dem Kind die Möglichkeit zu geben, sich mit sich selbst, d. h. seinen eigenen Vorstellungsinhalten, zu befassen, also ihm freien Umgang mit Realem und Phantastischem zuzubilligen (Aspekt der freien Phantasiebetätigung). Schon diese äußerst bescheidenen Andeutungen von Merkmalen des Spiels lassen erahnen, welche Geschicklichkeit notwendig sein muß, hier ein möglichst unauffälliges, aber nichtsdestoweniger effektives Lernangebot inklusive spiel-simulierender Lernforderungen einzuflechten. Die kecke Lösung heißt: Spielend lernen mit Hilfe von Lernspielen! Dem Aspekt der freien Wahl des Spielinhalts meint man durch ein behutsam zusammengestelltes Sortiment von Häppchen ›kindgemäßer‹ Lernstoffe zu genügen, wobei sich der Grad der ›Kindgemäßheit‹ im günstigsten Fall nach Schätzungen

Kindes gefördert wird, zur Entwicklung intellektueller Verhaltensweisen beitragen, die für den Erfolg in der heutigen Schule und im späteren Leben besonders notwendig sind.«

93 Heckhausen, H., Förderung der Lernmotivierung und der intellektuellen Tüchtigkeiten, a. a. O., S. 208 f. Dort heißt es weiter: »Neben diesem Bemühen um die sachimmanente Entfaltung logischer Strukturen im Begreifen und Wissen geht es auch um die Einübung von Operationsmodi, die allen kognitiv-intellektuellen Prozessen zugrunde liegen; ja, es kommt wahrscheinlich sogar mehr auf die verfügbaren Operationsmodi an als auf die erworbenen intellektuellen Fertigkeitsprodukte. Es gilt, spielerische Funktionsübungsprogramme für verschieden kognitive Operationsmodi in ihrer entwicklungsgemäßen Entfaltungsfolge aufzustellen. Dazu gehört z. B. das folgende: Aufmerksamkeit: fixierendes Beibehalten, Einengen versus Ausweiten, Wechsel; Wahrnehmung: passiv-global (feldabhängig) versus aktiv-analytisch (feldunabhängig); Problemlösen durch Ungewißheitsreduktion: Impulsivität versus Reflexität, gelockerte Einfallsproduktion mit anschließender Skrutinierungsphase, Lernstrategien und »Lernen zu lernen«. Vielleicht geht es im wesentlichen bei all diesen kognitiven Funktionsübungsprogrammen ... um drei bipolar angeordnete Operationsmodi: erhöhte versus mäßige Anspannung, Variabilität versus Stetigkeit, Unifizierung versus Diversifizierung.«

von Beliebtheitsgraden richtet. Die freie Wahl der Spieldauer scheint dadurch erhalten, daß dringend empfohlen wird, täglich höchstens 20-30minütige Arbeitsphasen mit dem Kind zu absolvieren. Mit bunter abwechslungsreicher Programmgestaltung werden die letzten Bedenken ins Wanken gebracht. Die freie Phantasiebetätigung schließlich wird hofiert durch überbereitwilligen Einbezug von Märchen und schmückenden Erzählungen zweifelhafter Qualität – zweifelhaft, weil strotzend vor ebenso illusionierender wie fettleibiger Wohlstandsharmlosigkeit[94]. In der Wahl und der Gestaltung der Inhalte, die dem Kind den Lernstoff veranschaulichen sollen, macht sich sogleich das nächste Problem bemerkbar: Die Sachgebiete, denen die Lernspielautoren sich verschrieben haben, bestehen in aufgefächerten und meist voneinander getrennt abgehandelten Lernbereichen wie: Logisches Denken, Konzentration, Größenverständnis, Formauffassung, Sprachschatzerweiterung usw. Die Bedeutung einer spielerischen Note in den Lernprogrammen besteht darin, den Kindern zwischen 2–5 Jahren ein derartiges Splittertraining von »Einzelfähigkeiten« plausibel bzw. erträglich zu machen und ein Minimum an Motivation (aufrecht)zuerhalten.

Die den Kindern gestellten Aufgaben sollen »spielerische und kurzdauernde Beschäftigung erlauben sowie eine nach verschiedenen Entwicklungslagen leicht dosierbare Schwierigkeitsstaffelung freistellen«[95]. Hinter dieser gönnerhaft und sachlich verbrämten Aussage verbirgt sich ein nicht zufälliger Verniedlichungsprozeß von Realität, der notwendigerweise deren Vereinfachung, d. h. eine Merkmalsreduktion, zur Folge hat: Da man der erwähnten Altersstufe mehr als jeder späteren das Spielen als rechtmäßige Betätigung zubilligt und mancher Vorschul-Fachmann dabei schlicht an ein sorglos-buntes Treiben denkt – was ebenso bedauerlich wie falsch ist – bemüht man sich gemeinhin, Lernstoff für Vorschulkinder mit eben solchen aus Kindheitserinnerungen der Verfasser entsprungenen Assoziationen zu garnieren[96]. Paart sich derart sonnige Sorglosigkeit in

---

94 Einen sicheren Genuß vermitteln diesbezüglich z. B.: Rolf Kauka's Bussi Bär, Die Zeitschrift für unser Kind; Erste wissenschaftlich empfohlene Spiel- und Vorschule; Kauka-Verlag Grünwald. Ebenso erwähnenswert ist: Sesamstraße, Eine Zeitschrift für Kinder, hrsg. von der Arbeitsgruppe »Sesamstraße« beim NDR und der Zeitschrift ELTERN. Verlag: Gruner + Jahr AG & Co, München. Von gleicher Kritikergiebigkeit sind jedoch auch viele der in diesem Artikel erwähnten Vorschulprogramme in Buchform wie etwa die Werke von U. und P. Lauster, E. Ott, S. und Th. Engelmann usw.
95 Heckhausen, H., Förderung der Lernmotivierung und der intellektuellen Tüchtigkeiten, a. a. O., S. 209.
96 Vgl. z. B.: Hödl, F./Lanzelsdorfer, F. u. a., Die Vorschulklasse – ein Weg zur Begabungsförderung. Wien 1970: Hierin wird die Verniedlichung – z. B. in Kasperles Funktion als Motivationskurbel (s. S. 103) – zur Plage, ebenso der oftmalige Gebrauch der Endsilbe -chen.

Form von Farbenfrohsinn auf Darstellungen kleinkindlicher Umweltfragmente (Haustiere, Blumen, Familienmitglieder usw.) mit der harten Realität kognitiver Lernanforderungen in Form operationalisierter Lernschritte[97], geht daraus ein Produkt hervor, das gleichermaßen pervertierter Romantik wie graphisch verzuckertem Stumpfsinn frönt.

Die im Programm verbackenen Leistungsansprüche werden spielerisch und appetitlich dargeboten und wohlmeinend verkindlicht – das Spiel wird zum sicher wirkenden Köder solcher Täuschungsmanöver degradiert und zum Motivationsvehikel für von Erwachsenen als wichtig erachtete Leistungserfüllung. In H. Kratzmeiers Kleinkindmathematik finden sich kühn bis barock ausgeschmückte Hinweise zur Aufbewahrung von farbigen Formenkärtchen, die in einer hingebungsvollen Beschreibung banalster Handgriffe gipfeln: »Zur Aufbewahrung geeignet ist ein flaches Behältnis (Dose, Schachtel), um das Auswählen des jeweils gesuchten Kärtchens zu erleichtern. Da das häufige Heraussuchen einzelner Elemente aus der Menge der Kärtchen einen hohen bildenden Wert hat, sollte über längere Zeit nur ein einziges Behältnis zur Aufbewahrung dienen. ... Zunächst darf das Kind über einige (ca. 8) Tage hinweg jeweils einige Minuten lang mit den Kärtchen frei spielen ... Nach Beendigung jedes Spiels mit der ›Kleinkindmathematik‹ werden die Formenkärtchen wieder eingeräumt (s. o.) und aufbewahrt«[98]. Von vorhandenen Kinderspielen werden fortan besonders solche »gespielt«, die den Einbau von Leistung erbringenden Zusatzteilen erlauben oder aus denen sich Leistungen heraussekretieren lassen.

Sachlernen: Realität als Appendix des Wissens

Beispiel 1: »Wir schlagen vor, Ihr Kind durch Bücher mit Tieren bekanntzumachen ... Kaufen Sie ein gut illustriertes Tierbuch, ziehen Sie eines vor, daß große Tiere mit ihren Jungen zeigt ... Sie (die im folgenden beschriebene Beschäftigung mit Tierbüchern, A./K.) ist drei- bis viermal wöchentlich durchzuführen. Mit den Tierübungen können Sie beginnen, wenn das Kind ungefähr zwei Jahre alt ist ... Wenn das Kind im Alter von drei Jahren alle Tiere aus dem Bilderbuch kennt, ist die Zeit gekommen, mit ihm einmal in die Natur hinauszufahren, zu einem Bauernhof oder auch in einen Zoo, um ihm zu zeigen, was es gelernt hat und was es damit anfangen kann. Ein solcher Ausflug macht das Buch lebendig und vermittelt ihm eine Fülle neuer wertvoller Eindrücke«[99].

Realität erfüllt hier lediglich die Rolle einer Illustration des Buches sowie einer Legitimierung des Lernstoffs. Die Wirklichkeit darf mit ihrer

---

[97] In Kratzmeier, H., Kleinkindmathematik. Weinheim 1970, heißt es auf S. 5 des Anleitungsheftes über die verwendeten Erzählbilder: »Diese Darstellungen ... regen das Kind zur freien Produktion mathematisch auswertbarer Äußerungen an.«
[98] Kratzmeier, H., a. a. O., S. 4.
[99] Engelmann, Th. u. S., a. a. O., S. 98 f.

Situationstheorie als Überwindung von Strukturorientierungen

Abbildung übereinstimmen – zu gegebenem Zeitpunkt. Erst, wenn das Kind alle Tiere aus dem Bilderbuch kennt, darf es sich mit Realität bekanntmachen. Und unter wohlwollender Anleitung darf es feststellen, daß das Buch recht hatte.

Bei folgendem Beispiel wird, rein äußerlich betrachtet, der umgekehrte Weg eingeschlagen, nämlich der vom Spielen und Handeln mit Dingen zu deren Abstraktion. Die Ausführlichkeit der Lernschrittbeschreibung und die entsprechend häufige Erwähnung des Lernstoffes »Löffel« als etwas höchst Alltäglichem veranlaßt jedoch den Leser, über die Bedeutsamkeit und Denkwürdigkeit dieser Lernsequenz nachzusinnen:

Beispiel 2: »Die Kinder sollen mit den Löffeln nach freier Wahl hantieren und spielen, um möglichst vielseitige Erfahrungen zu sammeln und um die unterschiedlichen Möglichkeiten des Gebrauchs der Löffel zu erleben. / Die Kinder sollen die verschiedenen Löffelformen und ihre Funktionen (er)kennen und benennen bzw. beschreiben können. / Durch das Vergleichen der verschiedenen Löffel sollen die Kinder erkennen, daß die Löffel aus unterschiedlichem Material angefertigt wurden. / Durch das Hantieren und Spielen mit den Löffeln und durch das Untersuchen der Materialien ... sollen die Kinder die Einsicht gewinnen, daß Form und Material eines Löffels weitgehend durch seine Funktion bestimmt werden. / Die Kinder sollen die Löffel nach unterschiedlichen Merkmalen ordnen können. / Die Kinder sollen das Ergebnis eines Versuchs in einer Tabelle darstellen können«[100].

Über die Lernstufen Spielen – Beschreiben – Vergleichen – Ordnen – Abstraktion (in tabellarischer Darstellung) führt der beabsichtigte Lernprozeß vom Handeln weg zu einer größtmöglichen Handlungsabstinenz. Alle Löffel werden – sozusagen entlöffelt – zu Ziffern und Linien. Ist ein Kind sehr erfolgreich, so hat es nach Beendigung seiner Löffel-Studien eine Tabelle gewonnen. Die wirklichen Löffel wurden be- und abgehandelt und werden zum unvoreingenommenen Handeln nicht wieder freigegeben. D. h., der an den Löffeln gelernte Abstraktionsvorgang sollte – so werden zumindest die hier beteiligten Lehrenden hoffen –, wenn schon nicht mit Sicherheit übertragbar, so doch wenigstens mit Hilfe anderer Löffel als Einstieg abrufbar bleiben.

Die systematische Sinnentleerung – Vorschulische Begabungsförderung als Zynismus

Um einem Kind deduktives Denken beizubringen, gibt es vielerlei Methoden und Wege. Einer der überzeugendsten ist zweifellos der von Th. und

---

100 Kühl, R./Wall, N. d., Lernbereich Natur und Sachwelt. In: Belser, H. u. a., Curriculum-Materialien für die Vorschule. Weinheim/Basel ²1973, S. 120 f. Vgl. auch die ausführliche Darstellung dieser Lernsequenz auf S. 119–130.

S. Engelmann empfohlene: danach lernt ein Kind deduktives Denken am besten anhand von Bildgeschichten, Comicstrips und Cartoons.

Beispiel 1: »Sie (gemeint sind die Eltern, A./K.) gehen zunächst von dem normalen Geschehensablauf aus, z. B.: Wenn jemandem eine Torte an den Kopf geworfen wird, wird ihm die Tortenkrem überall im Gesicht kleben. Dann drehen Sie den Satz um: Wenn jemandem Tortenkrem im Gesicht klebt, so ist ihm eine Torte an den Kopf geworfen worden. Der Rest ist leicht ... Machen Sie derartige Übungen ungefähr einmal wöchentlich«[101].

Sicherlich ist der Inhalt klar und deutlich dargestellt. Die Frage allerdings, wieweit derart drastische Vorfälle einem Kind als »normale Geschehensabläufe« vorgestellt werden sollten und ob die Autoren von einer Korrelation zwischen Derbheit und Lernerfolg ausgingen, bleibt offen.

Beispiel 2: Bei der Aufgabe »Zuordnen zusammengehörender Teile«[102] müssen zu einem vorgegebenen Tierkopf die jeweils passenden, auf zwei Karten abgebildeten restlichen Körperteile gesucht und an den Kopf angelegt werden. Lebewesen werden durch Zusammenfügen hergestellt. Hat man sich geirrt, wechselt man die Teile aus und ersetzt die falschen durch richtige.

Die Verballhornung der Wirklichkeit besteht darin, daß man Kinder etwas einüben läßt, was sie in Wirklichkeit nie werden praktizieren können, zumindest nicht mit Erfolg. Außer beim Metzger dürfte es normalerweise nirgendwo Einzelteile von Tieren geben. Die Leichtigkeit, mit der Vögel, Schildkröten u. v. a. m. herstellbar sind, erweist sich als nur auf sehr abstrakter Ebene nachvollziehbar.

Beispiel 3: Kinder sollen jeweils diejenige Figur in einer Reihe mit mehreren Abbildungen ankreuzen, die, im Vergleich mit den übrigen, unvollständig oder verändert ist[103]. Von z. B. sieben genau gleich gezeichneten Schneemännern ist die Forke eines von ihnen mit nur zwei anstatt mit drei Zinken versehen. Dieser Schneemann ist demzufolge anzukreuzen. Ebenso wird verfahren mit Zitronenhälften, Glockenblumen, Eichhörnchen, Sonnen, Eulen, Hüten, Zähnen, Kirchtürmen, Negerhütten usw., von denen jeweils ein Exemplar in irgendeiner, meist für den Gegenstand unwichtigen Winzigkeit von den anderen abweicht.

Alle Abweichungen, die zur Ankreuzung führen, sind solche, die in der Realität als durchaus akzeptierte Varianten ihrer Art gelten würden. Es fragt sich, welchen Sinn und welche Folgen solch normierende und normierte Wirklichkeitsbetrachtung haben soll. Nach Ansicht der Autoren trägt das Üben derartiger Aufgaben zur Entwicklung der Konzentration bei. Es handelt sich offensichtlich um eine Konzentration, die das Bemer-

---

[101] Engelmann, Th. u. S., a. a. O., S. 161.
[102] Heuß, G. E., Vorschule des Lesens, a. a. O., S. 100 (Text) und S. 171 (Bildteil).
[103] Lauster, U. und P., Ist mein Kind schulreif? a. a. O., S. 29 f. (Test 4: Konzentration) und S. 116 f. (Training 4: Konzentration).

ken kleiner und kleinster Striche bzw. deren Fehlen zum Ziel hat. Diese werden insofern zum hauptsächlichen Anliegen, als ja deren Bemerken bzw. Übersehen Rückschlüsse auf den »sachstrukturellen Entwicklungsstand« eines Kindes zuzulassen scheint.

Beispiel 4: Das Mohrenkopfspiel: Von 20 abgebildeten lachenden Mohrenkopfgesichtern ist nur das erste vollständig gezeichnet, den nachfolgenden 19 fehlt jeweils ein anderes Merkmal (z. B. Ohrring, Nase). Auf entsprechenden Deckplättchen sind dieselben Mohrenkopfgesichter noch einmal abgebildet, um auf der Grundplatte wiedergefunden und abgedeckt zu werden [104].

Das Fehlen von Mund, Nase usw. (Ohren hat übrigens auch der vollständigste der Mohrenköpfe nicht), gilt schlicht als Unterschied, und deren Auffinden ist unzweifelhaft als Erfolg des spielenden Kindes zu werten. Ein fehlendes Auge z. B. ist ein auch in der Realität vorkommender Mangel, hinter dem sich weniger eine Sachstruktur als vielmehr ein menschliches Unglück verbirgt. Ein Kind, das die ihm bekannten Personen nach deren körperlicher Vollständigkeit klassifizieren kann, ist, was seine »sachstrukturelle Entwicklung« anbetrifft, auf einem beachtlichen Stand. Weitere Überlegungen sind, gemäß eines solchen Spiels, nicht nur nicht notwendig, sondern Störfaktoren im Sinn einer Ablenkung vom sachlichen Lernweg.

Soziales Lernen – Je höher das Ziel, desto tiefer die Mittel

Beispiel 1: Die Bedeutung des sozialen Lernens und Verhaltens scheint nahezu unumstritten, und man bemüht sich daher, diesen Bereich in die Reihe der wichtigen Lernziele aufzunehmen. Um die Schwierigkeit, soziales Lernen als eindeutiges Lernziel mit entsprechenden Lernsequenzen formulieren und aufbereiten zu können, zu überwinden, werden u. a. die beiden folgenden Wege eingeschlagen: der eine besteht darin, sich der Komplexität von sozialem Lernen zu entledigen, indem es zu einem eigenständigen Sachbereich erklärt wird, der, abgelöst von anderen, behandelt und ebenso getrennt gelernt und ausgeübt werden kann[105]. Damit steht einer leistungsorientierten Strukturierung nichts mehr im Wege. Man verfährt ähnlich wie bei der Aufbereitung irgendeines anderen Stoffes, d. h., der Lern-

---

104 Hödl, F., Lanzelsdorfer, F., u. a., a. a. O., S. 99.
105 Vgl. Lehrplan für die Grundschule der Länder Rheinland-Pfalz u. Saarland, Grünstadt 1971, S. 152 (unter ›Sozialer und politischer Lernbereich‹): »Vom Lehrer in der Grundschule wird der sozialintegrative Führungsstil gefordert. Dies gilt besonders für den sozialen und politischen Lernbereich. Nur so ist die Realisierung der Lernziele möglich.« – Vgl. auch die zweckrationalen Anwendbarkeitsversprechen bei Prose, F., Gruppendynamisches Training für Lehrer an Gesamtschulen. In: Gruppendynamik. Forschung und Praxis, 3 (1972), H. 3, S. 275–296.

bereich soziales Lernen wird zunächst elementarisiert, was den früher beschriebenen Prozeß einer Merkmalsreduzierung einleitet.

Niemand hätte z. B. gedacht, daß es so einfach sein könnte, kleinen Kindern das Verständnis für andere Menschen – also durchaus ein Teilziel innerhalb des sozialen Lernbereichs – beizubringen, wie das anscheinend von manchen Autoren angeommen wird[106]. Ihre Methode genügt denn auch den höchsten Ansprüchen der Trivialität: einmal werden allbekannte Kinderspiele wegen ihres Gehaltes an lernschrittwürdiger Substanz gewissermaßen aufgekocht, um das für die Förderung »bewußten Lernens« brauchbare Kondensat zu gewinnen. Zum andern wird von alltäglichsten Tatbeständen, die normalerweise jedes Kind bereits als Säugling kennenlernt, ein Extrakt für Vorschulkinder zubereitet und mit dem Anspruch auf »Bewußtheit« des Lernens angereichert:

»*Spielstufe I:* In diesem Spiel sollen die Kinder lernen, daß Personen, die auf verschiedenen Seiten eines Gegenstandes oder einer Person stehen, von dieser oder diesem auch eine unterschiedliche Ansicht haben (z. B. Vorderseite – Rückseite; linke Seite – rechte Seite; Gesicht – Rücken; oben – unten). Um diese Tatsache den Kindern bewußt zu machen, kann eine Erzieherin z. B. eine Kindergruppe zur Hälfte aufteilen und zwischen ihnen einen Tisch auf die Seite kippen, so daß die eine Gruppe die Tischplatte sieht und die andere Gruppe die Tischbeine. Die Erzieherin erläutert im ersten Schritt die unterschiedliche Ansicht und vergewissert sich durch entsprechende Fragen, daß alle Kinder den Sachverhalt verstanden haben. Im zweiten Schritt fragt sie dann die einzelnen Gruppen, was die Gegengruppe sieht«[107].

Der Grad der Bewußtheit, der während dieses Lernprozesses bestenfalls von den betroffenen Kindern erreicht werden kann, ist vorbestimmt sowohl durch den Grad der Rationalisierung, welcher der Spiel- und Lernvorgang zuvor seitens der Autoren unterzogen wurde, als auch durch die »Bandbreite« ihrer Vorüberlegungen, womit der Einbezug verschiedenartiger Gesichtspunkte gemeint ist. Die Analyse scheint sich auf ein Sezieren der Spielvorschläge in logisch verknüpfbare Einzelteile zu beschränken:

»Um diese Aufgabe lösen zu können, müssen die zwei Kinder, die an diesem Spiel teilnehmen können, überlegen, daß es Situationen gibt, in denen der Interaktionspartner sich etwas ausdenkt, um es zu überlisten. Sie müssen also versuchen, die Gedankengänge des Partners nachzuvollziehen und dabei bedenken, daß dieser auch die eigenen Gedankengänge zu erraten sucht (ich denke, was du denkst, das ich denke ...) und seinerseits durch Einbezug all dieser Überlegungen es zu überlisten sucht. Erst dann ist das Kind in der Lage, sein eigenes Verhalten so auszurichten, daß es wahrscheinlich Sieger des Spiels wird ...«[108].

---

106 Karsten, M. E., Scheibe-Wächter, U., Wie kleine Kinder lernen, andere Menschen zu verstehen. In: Welt des Kindes, Z. f. Kleinkindpädagogik und außerschulische Erziehung, 50 (1972), H. 2, S. 67–69.
107 Karsten, M. E., Scheibe-Wächter, U., a. a. O., S. 67 f. (Spielstufe I).
108 Karsten, M. E., Scheibe-Wächter, U., a. a. O., S. 68 (Spielstufe IV).

Die Logik, die dem Aufbau des Gesamtprogramms zugrundeliegt, scheint in einer Konstruktion gestaffelter Schwierigkeitsgrade der Spiele zu bestehen, deren Einsichtigkeit und Zielförderlichkeit nicht nur für Kinder wenig zwingend sein könnte. Eine entsprechende Aufgliederung ergäbe etwa folgendes:

Ziel der 1. Spielstufe: Bemerken von Vorder- und Rückseite usw. eines Dinges oder einer Person – *Medium*: umgekippter Tisch;

Ziel der 2. Spielstufe: Berücksichtigung individueller Merkmale einer Person (Blindsein, Mut usw.) – *Medium*: ein Kind mit verbundenen Augen sitzt auf dem wieder aufgerichteten Tisch: wer kann wen sehen?

Ziel der 3. Spielstufe: Gedanken eines anderen Menschen durchschauen können – *Medium*: zwei Kinder sitzen auf dem Tisch und spielen: ich sehe was, was du nicht siehst.

Ziel der 4. Spielstufe: Gedanken des anderen durchschauen und dessen ebensolche Fähigkeit berücksichtigen – *Medium*: Spiel über das Bonbon-Becher-Raten, das verlangt, daß ein im Raum verbleibender Spieler Bonbons unter demjenigen Becher fortnimmt, von dem er annimmt, daß der hinausgeschickte Spieler es gerade nicht vermutet.

Nach Ansicht der Autoren müssen Kinder, ehe sie in der Lage sind, auch nur die Spielstufe 1 zu vollziehen, die rationalen Überlegungen so, wie sie im Programm dargestellt sind, bewußt nachvollzogen haben. Lernen heißt hier schlicht Nachvollziehen eines von Erwachsenen vorgezeigten Kausalzusammenhangs. Dieser wird übrigens mit Selbstverständlichkeit ebenso zwischen den z. T. tristen Übungen für die Kinder und der hohren Zielsetzung, andere Menschen verstehen zu lernen, angenommen: Die Spiele »sind dem Schwierigkeitsgrad nach gestaffelt und *spiegeln den Ablauf der Entwicklung der oben angesprochenen sozial-kognitiven Fähigkeiten wider*. Wiederholte Übungen der einzelnen Spielstufen oder auch der gesamten Spielfolge *fördern die Einsicht in zwischenmenschliche Beziehungen* und geben dem Kind die Möglichkeit, *sein Verhalten durch Perspektivenübernahme gedanklich zu strukturieren und verbal zu planen*«[109].

Beispiel 2: Der andere Weg, soziales Verhalten einzuüben, besteht darin, Kindern ein »realistisches« Weltbild zu vermitteln, durch welches die Notwendigkeit sozialen Verhaltens für das Fortbestehen der menschlichen Gesellschaft verdeutlicht werden soll. Eine in diesem Sinn moderne Sozialerziehung gibt sich z. T. auch als Vorreiter emanzipatorischer Ziele:

»Eine heile Welt (im Sinne eines liebevoll eingegrenzten Schutzraumes) gibt es für sie (die Kinder, A./K.) nicht. Denn: Sie dürfen fragen: ›Wie ist das mit den alten Menschen, mit Krankheit, mit Unfall, mit Geburt und Tod? Warum überfallen

---

109 Karsten, M. E., Scheibe-Wächter, U., a. a. O., S. 67. (Hervorhebung A./K.)

Menschen eine Bank? Warum gibt es Krieg in der Welt?‹ Sie erhalten Antwort, redlich und realitätsbezogen: Beispielsweise: ›Tote Menschen kehren nicht mehr zurück. – Babys müssen neun Monate wachsen im Leib der Mutter. – Krieg hat etwas zu tun mit dem Bösen im Menschen.‹ Sie werden befreit durch solche Antworten, wie jede aufrichtige Antwort auf die Kinderfrage letztlich Lebensaktivität, Lebensmut erzeugt«[110].

Das Werk erklärt mangelndes Sozialverhalten beim Menschen mit dessen tierischer Abstammung, weshalb er selbst als höchstentwickeltes Säugetier sich noch oft wie Angehörige niederer Tierarten verhält, z. B. wie die Buntbarsche, die von den Autoren die Rolle zänkischer Aggressoren zugewiesen bekommen[111]:

»Michael spielt mit seinen Freunden. Die sind oft wie die Buntbarsche. Sie gehen aufeinander los. Sie schlagen sich und treten mit den Füßen. Wer ist der Stärkste? Es sieht gefährlich aus. Aber dann spielen sie wieder ganz friedlich. Mag auch mal eine Nase bluten. Hinterher vertragen sie sich wieder«[112]. Mädchen sind offenbar von Natur aus friedliebender und geben deshalb das gute Beispiel ab für »menschlichere« Formen der Konfliktlösung: »Bärbel holt Claudia und Bettina zu sich zum Spielen. Sie vertreibt sie nicht wie ein Buntbarsch ... Bärbel liegt mit ihren Freundinnen auch manchmal in Streit. Dann tun sie beleidigt. Das kann aufregend sein. Wer gibt zuerst nach und ist wieder friedlich?«[113]. Falls es einmal zu weit geht und Bärbel z. B. ihrem Bruder den Kaffee ins Gesicht schüttet, reagiert der Vater salomonisch: »Wie oft muß ich mich über euch ärgern. Soll ich etwa auch mit Tassen werfen?«[114].

Aber auch für größere Vergehen liegen milde Erklärungen bereit: »Michael möchte wissen, wie ein Krieg anfängt. ›Menschen lassen sich leicht aufhetzen‹, sagt der Vater. ›Dann wächst der Haß gegen ein fremdes Volk. Wenn genug haßerfüllte Menschen da sind, besteht Kriegsgefahr. Dabei gibt es so viele Menschen, die keinen Krieg wollen. Sie machen Schilder. Darauf steht: Friede. Kein Krieg mehr. Krieg ist dumm und böse. Mit diesen Schildern gehen sie durch die Straßen. Sie wollen allen Leuten zeigen, daß es besser ist, Frieden zu halten und keinen Krieg zu machen‹«[115].

Dieses Beispiel einer völlig realitätsabgehobenen Erklärung besteht aus nichts als Abstinenz: nämlich von jeglicher gesellschaftlicher oder politischer Aussage und Überlegung. Derartige Sparsamkeit in Form von Ne-

---

110 Steinwede, D., Wort an die Eltern. In: Betz, F. und Blumer, P., Wir in unserer Welt. Zürich/Köln 1972, S. 55 (Diese und die folgenden Seitenangaben wegen deren Fehlens von A./K.).
111 In Betz, F., Blumer, P., a. a. O., S. 39 (Seitenangaben A./K.) heißt es: »Jede Buntbarschfamilie hat ihr Revier. An den Grenzen wird aufgepaßt. Kein fremder Buntbarsch darf sich in die Nähe wagen. Er wird bedroht und vertrieben wenn er nicht zur Familie gehört. Da kennen die Buntbarsche keine Nachsicht. Sie dulden keine Eindringlinge. Wenn sie ihr Revier nicht verteidigen, reicht das Futter nicht aus. Drum sind sie so energisch«.
112 Betz, F., Blumer, P., a. a. O., S. 41.
113 Betz, F., Blumer, P., a. a. O., S. 41.
114 Betz, F., Blumer, P., a. a. O., S. 49.
115 Betz, F., Blumer, P., a. a. O., S. 53.

gierung der Wirklichkeit führt zu handfester Flunkerei (»Wenn genug haßerfüllte Menschen da sind ...«) Die einzige erwähnte Art der Kriegsbekämpfung mittels Schildermalen und -herumtragen überzeugt auf Anhieb – nicht nur durch die Wirksamkeit dieses Mittels, sondern noch weit mehr dadurch, daß die Autoren von Kriegsgegnern nicht viel zu halten scheinen.

Beispiel 3: Eine weitere Art, soziales Lernen als Lernziel zu berücksichtigen besteht darin, es als ein Gemisch solcher Verhaltensziele zu verstehen, die zwar für wichtig erachtet werden, aber etwa aus Gründen mangelnder Operationalisierungsfreundlichkeit andernorts nicht untergebracht werden können:

»Das gegenseitige Helfen, Sichern und Unterstützen, das An-, Aus- und Umkleiden und das Waschen, Duschen, Reinigen und Aufräumen vor, während oder nach den Übungszeiten leisten einen nicht zu unterschätzenden Beitrag zur sozialen und hygienischen Erziehung der Kinder«[116].

Als ausgesprochene Notlösung für die Unterbringung des sozialen Lernens innerhalb eines vorschulischen Curriculum dürfen solche Lernzielsammlungen betrachtet werden, die eine kunstvolle Verflechtung von sozialen mit anderen Lernzielen empfehlen:

»Koordination von Sozialverhalten und Akustik: Akustische Signale zur Kooperation, zum Führen und Einordnen ... Alle bewegen sich einzeln im Raum, auf akustisches Signal Zusammenfinden zu beliebigen Gruppen, neues Zusammenfinden, ohne sich zu stoßen ... Die rhythmischen Übungen ermöglichen, soziale Verhaltensweisen wie Gruppenbildung, Kooperation, Fairneß, Einordnung motorisch erfaßbar zu machen«[117].

Durch die scheinbare Kombinationsfreundlichkeit von sozialem Lernen mit Leistungsorientiertheit wird dessen eigentlicher Charakter verzerrt und soziales Verhalten zum beliebten Randschmuck[118] der wirklich wichtigen Ziele.

116 Schulversuch ›Vorklasse‹. Vorläufiger Bildungsplan für Vorklassen. Ausgabe Mai 1972, H. 45 von: Die Schule in Nordrhein-Westfalen, eine Schriftenreihe des Kultusministers. Ratingen/Kastellaun/Düsseldorf 1972, S. 22 f.; Vgl. auch S. 58: (Unter Themenkatalog für ›Sachbegegnung‹) »Thema: 3. Einkaufen a) Unser Kaufladen; Ziel: Aufnehmen und Klären bekannter Sachverhalte. Schulung des Sozialverhaltens; Arbeitsform: Rollenspiel; Medien: Kaufladen.«
117 Müller-Guntrum, H., Lernbereich Musik. In: Belser, H., u. a., Curriculum-Materialien für die Vorschule. Weinheim/Basel ²1973, S. 193 f.
118 Vgl. Krause, B., u. a., Versuchsvorschulgruppen des Projekts Curriculum Eingangsstufe in der Kita Clara Bohm Schuch 1971/72. Ein Bericht von B. Krause, W. Milius u. K. Günther. In: Neuer Rundbrief, (1972), H. 4; S. 35–40. Den akzidentiellen Charakter ›sozialen Lernens‹ zeigt dort nicht nur der Mangel an integrativer Theorie – ›Exkursionen in die soziale Umwelt‹, ›Vorkurs Lesen‹, ›Förderung logisch-mathematischen Denkens‹, ›Ästhetische Erziehung‹ stehen nun doch neben-

An den vorausgegangenen Beispielen wurde ein Teil der Vorschulprogrammen zugrundeliegenden Annahmen deutlich. In einer Zusammenfassung wäre etwa folgendes aufzuführen:

1. Kinder sollen logischer und schneller als bisher lernen, vor allem bewußter, wobei letzteres nahezu immer heißt: intellektueller und verbaler Nachvollzug eines von Erwachsenen konstruierten Kausalitätszusammenhangs von Dingen und Prozessen.
2. Kinder lernen ausschließlich das, was man sie lehrt, oder: das Kind lernt nichts in und durch die Situationen, in denen es sich ständig, dadurch, daß es lebt, befindet. Daher müssen auch banalste Tatsachen, obwohl ein Kleinkind sie bereits »sachgerecht« berücksichtigt in seinem Verhalten, als rationalisiertes Programm aufbereitet und dann nochmals »gelernt« werden.
3. Die rationale Aufschlüsselung von Dingen und Prozessen ermöglicht es angeblich, daß alle Kinder den Lernschritten folgen können. Gerade diese »Logik« erlaube es, einmal Chancengleichheit ernstzunehmen dank hoher Lernerfolgsgarantie.
4. Die Beherrschung der in den Vorschulprogrammen trainierten Fähigkeiten gilt als wesentlich für den Schulerfolg.

Das Verhältnis von Vorschule und Schule ist ambivalent. Einmal ist geradezu eine Begierde festzustellen auf seiten der Vorschule, die Leistungsanforderungen der Schule noch zu überbieten durch ein Training ihrer vermuteten Voraussetzungen wie »logisches Denken«, »Konzentrationsfähigkeit« usw. Der Verzicht der Vorschulpädagogik auf nahezu jede ernsthafte Problematisierung von Schule erscheint als existentielle Bedingung für den Produktionseifer ihrer Vertreter: auch sie brauchen sich nun keiner Hinterfragung mehr zu unterziehen.

Vorschulpädagogik ist unter diesem Aspekt nicht nur reaktiv, sondern außerdem schulreform-hemmend. Das von ihr an Eltern und Erzieher weitervermittelte Bild von Schule besteht aus einem vergröberten und daher einschüchternden Leistungskatalog.

5. Die Elementarisierung von Lernstoff und Denkweisen verbürgt angeb-

einander –, sondern auch die auffallende Künstlichkeit der Verknüpfung sozialer und anderer Lehrziele. Man beachte dazu bes. die ›Lehrziele‹ der ›ästhetischen Erziehung‹: (S. 39) »Die Kinder gewöhnen sich an die Gruppenarbeit ...«; »Die Beschäftigung enthält grobmotorische ... und feinmotorische ... Elemente. Sie verlangt schon ein erhöhtes Maß an Kooperation ...«; »Beim Zubereiten des Gipses wird die Notwendigkeit von Kooperation anschaulich demonstriert ...«; »Lehrziele: Feinmotorischer Umgang mit Schere und Klebstoff. Starke Kooperationsförderung (bei ›geklebter Stadt‹ – A./K.)«; (S. 40) »Der Einsatz der Materialien bleibt nicht formal-äthetisch. Vielmehr wird immer der soziale Aspekt mit eingebracht, sei es durch Einübung in kooperative Arbeitsformen, sei es durch sozialbezogene Themenstellung.«

lich ihre Einsichtigkeit und Übertragbarkeit auf spätere Anlässe. Diese Annahme beruht weitgehend auf einer entsprechenden Wunschvorstellung. Denn mittels der landläufigen Vorschulprogramme wird durchweg situationsabgelöst gelernt. Das Lernen durch Erarbeiten auch des kindgemäßesten Lernprogramms vollzieht sich in völliger situativer Isolation ausschließlich an visualisierten Handlungsbezügen und Dingverhältnissen. Dem Zwang der Veranschaulichung folgend, als Forderung von Kindgemäßheit, wird der Vorschulpädagoge leicht zum professionellen Visualizer, der die Werbekraft seiner »pädagogischen« Einfälle mittels der schätzbaren optischen Reizbarkeit seiner Konsumenten berechnet. Jegliches Vorschulprogramm (in Form von Büchern oder maschinellen Programmen) wird unter diesem Gesichtspunkt eine Trainingsanleitung zur Handlungsabstinenz.

Welchen Sinn hat das Üben von Fähigkeiten auf theoretischer Ebene, wenn dieselben Fähigkeiten im täglichen Handlungsvollzug ohnehin erlernt werden? Der lineare Bezug ist der einzig verbleibende zwischen Programm und Situation. Er besteht darin, daß die gewünschten Fähigkeiten überhaupt theoretisch darstellbar sind. Viele der mit großem verbalem Aufwand umschriebenen und mit pseudo-wissenschaftlicher Pedanterie voneinander separierten Fähigkeiten übt ein Kind in den normalen Lebenssituationen ständig ein, allerdings in ungeordneterer Folge als es dem selektierenden Auge des Vorschulpädagogen wohlgefällig ist, der oft genug seine eigene Wissenschaftlichkeit in der Klassifizierung von Banalitäten findet. Z. B. erfährt ein Kind in der durchaus alltäglichen Situation des Kirschenessens sowohl »Unterscheidungsvermögen« (es wird nämlich sehr bald die Stiele nicht mehr mitessen) als auch »Größenvergleiche« (es bemerkt sehr wohl mickerige und dicke Exemplare, ebenso, ob ein anderes Kind eine ganze Tüte voller Früchte hat und es selbst vielleicht nur einige), als auch »Sinnzusammenhänge« (wenn es z. B. sich weitere Kirschen pflückt, erfährt es den Baum als zur Frucht gehörig). Jede dieser Teilhandlungen beansprucht aber wiederum mehrere der genannten Fähigkeiten oder weitere gleichzeitig; nicht einmal das Kerne-Ausspucken ist ohne Unterscheidungsvermögen, Wahrnehmen von Gegensätzen (harter Kern, weiches Fruchtfleisch) und logisches Denken möglich.

Die Konsequenz vorschulischen Lernens in Form regelmäßig eingeübter situativer Isolierung mit ihrer notwendigen Handlungsentsagung ist letztlich Handlungsunfähigkeit. Um dies zu verhindern, erklärt die handlungsorientierte Vorschulpädagogik die Situation zum selbstverständlichen Übungsfeld. Der Erzieher wie der Erziehungswissenschaftler können sich dann allerdings nicht mehr mittels Registratur von Teilfähigkeiten einer Handlungsabstinenz erfreuen, sondern sie sind unbarmherzigerweise selbst Situationsbeteiligte.

3. Entwurf einer Situationstheorie

Aus der negativen Beschreibung der Wissenschaften unter der Annahme, daß ihnen eine bestimmte Wissenschaftstheorie zu hinterstellen sei, ergaben sich bereits einige konstituierende Momente einer Situationstheorie als einer Theorie der Situationsanalyse und -bewältigung, so etwa die Negierung einer in den Wissenschaften hinterlegten Objektivität, die Konzentration auf die geschichtliche Situation, die Ablehnung von Wertfreiheit, die kritische Behandlung positiver Aussagen. Ja selbst die »unsystematische« Methode bei der vorausgegangenen Analyse des Strukturansatzes, den Versuch, Sachverhältnisse interpretierend zu Aussagen zu kommen, möchten wir als Konstituens einer Situationstheorie, daß nämlich eine Korrelation von Methode und nicht objektivierenden Aussagen herzustellen und gewissermaßen »Unwissenschaftlichkeit« zu demonstrieren sei, verstanden wissen.

Wir gehen davon aus, daß eine Situationstheorie als Methode in allen ihren Teilen konsequent angewandt werden müsse, daß sie damit »Vorwissenschaftliches« und Wissenschaftliches nicht trennen könne[119]. Aus diesem Grund ist es auch nicht möglich, »konvergierende Einschätzung« und gemeinsame Theorie[120] als Verschiedenes zu behandeln, kritische Aussagen zur sozialen Situation auf anderer Ebene als auf der der wissenschaftlichen Aussagen darüber zu sehen, oder Situationsorientierung und Strukturorientierung als zwei mögliche Aspekte von Weltverständnis in

---

[119] Vgl. Müller, E., Stickelmann, B., Zinnecker, J., Ansätze zu einer Theorie aktivierender Sozial- und Schulforschung. Heft I/6 von: Untersuchung und Entwicklung einer lehrerbezogenen Strategie für Curriculuminnovation und emanzipatorischen Medieneinsatz. Wiesbaden 1972 (Typoskript), S. 7: »Zentrale Prämisse positivistischer Methodologie und diese begründender Wissenschaftstheorie ist die dualistische Spaltung und Spaltbarkeit nicht-wissenschaftlichen und wissenschaftlichen Erkennens.«

[120] Vgl. Schulz, W., Zur curricularen Konzeption des Projekts. In: Projekt Curriculum Eingangsstufe. 3. CIEL-Arbeitstagung in Berlin vom 21.–23. 2. 1973, (Typoskript) S. 3: »Angesichts der unentschiedenen Diskussion über die wissenschaftliche Legitimation curricularen Vorgehens ... operieren wir auf der Grundlage einer konvergierenden Einschätzung der Situation und der auf sie bezogenen Aufgabe, nicht einer gemeinsamen Theorie des Menschen, der Gesellschaft, der Schule«. – Andererseits wäre dann zu fragen, wie die Aussage zur gesellschaftlichen Situation (»die gesellschaftliche Situation sehen wir bestimmt von dem Widerspruch zwischen faktischer Unfreiheit, Ungleichheit, Verdinglichung von Mitgliedern dieser Gesellschaft und der grundgesetzlichen Zielprojektion ...« S. 3 f.) legitimiert wurde, wenn nicht durch eine Theorie. Der nachgereichte Beleg zu jenem zitierten Widerspruch: »wie er in empirischen Untersuchungen nachgewiesen worden ist« (S. 4), ist auf der Ebene dieser Aussage unsystematisch oder bei: »wie er vor allem in Entfremdungstheorien zu erklären versucht wird« (S. 4) widersprüchlich zur behaupteten und angezielten Theoriefreiheit.

einer Situationsdidaktik einzuführen[121].

Die Wahl des situationsdidaktischen Ansatzes erfolgt bei solchem Pluralismus mit einiger Willkürlichkeit, ein Vorgang, der die solcher Wahl inhärenten Irrtümer offenbart. Denn der situationsdidaktische Ansatz wird als ein Ansatz unter anderen notwendigerweise zur universalistisch angelegten Initiierungsphase strukturierter Lernvorgänge und zur human gedachten Ergänzung operationalisierbarer Lernziele[122], wenn nicht zugleich Wissenschaft und ihr Strukturkonzept angezweifelt und problematisiert werden.

Die freundliche Auflockerung objektivierenden Lehrens und Lernens geschah schon immer »situationsorientiert«. Die Berücksichtigung der subjektiven und objektiven Situation des Lernenden war und ist Hauptproblem der Didaktik, die sich mit dieser Methode wissenschaftskongruent und funktional zu den Zielen einer wissenschaftlich-technischen Umwelt verhält. Das Eingehen auf die subjektive Lage, das generell oder spezifisch – z. B. in einer Situationsdidaktik – formuliert, besonders in der Vorschulerziehung plausibel erscheint, unterscheidet sich zwar positiv von der alleinigen und eindeutigen Sachbezogenheit mancher (Vorschul-) Programme, aber es steht immer in der Gefahr, sich für den Zusammenhang von Effektivität und Objektivität instrumentalisieren zu lassen.

Solche Situationsdidaktik, die in der Situationsorientierung im gleichen

---

121 Vgl. Schulz, W., a. a. O., S. 5 f.: »Zum situationsdidaktischen Ansatz: Wir gehen davon aus, daß curriculare Rezepte entweder aus der Analyse der Lebenssituationen entwickelt wurden, aus der Struktur der jene aufklärenden Disziplinen oder aus der Struktur der menschlichen Funktionen, die in der Auseinandersetzung mit den Lebenssituationen, mit den Fragestellungen, Methoden und Ergebnissen gefördert werden sollten. Wir halten jeden der drei Aspekte für unverzichtbar. Entscheidet man sich für einen als strukturierendes Prinzip der Curriculum-Entwicklung, sollten die beiden anderen korrigierend mit herangezogen werden.«

122 Vgl. Schultz, W., a. a. O., S. 6: »Die Wahl des situationsdidaktischen Ansatzes liegt nahe, wenn man dem Ziel der möglichst kompetenten, selbstbestimmten, solidarischen Bewältigung der komplexen Realität durch den Lernenden alle anderen Ziele unterordnet. Was müssen die Fünf- bis Sechsjährigen wissen und können, um ihre Lage zu verstehen, zu beeinflussen, zunehmend selbständig und in Zusammenarbeit mit Interessengleichen bewältigen zu können? Wenn wir von dieser Frage ausgehen, werden wir durchaus zu wissenschaftlich, künstlerisch und technisch vorstrukturierten Bestandteilen zu bewältigender Situationen gelangen und zum Training der verschiedenen Funktionen der lernenden Subjekte, aber Ausgang und Ende der Situationsbewältigung wird – so hoffen wir – verhindern, daß die Lernenden zu Objekten des Trainings isolierter Erfahrungselemente und Funktionen gemacht werden, deren Bezug zu selbständiger Lebensführung unklar und ungeübt bleibt ... Eine bedeutende Einschränkung erfährt dieser Ansatz durch die Bedingungen, die die Rahmenpläne bezüglich der Fertigkeiten im Lesen, Schreiben und logisch-mathematischen Denken setzen, die sich in der geforderten Form nicht aus dem situations-didaktischen Ansatz entwickeln, wohl aber durch ihn korrigieren lassen.«

Maße abnimmt, wie Wissensvermittlung – altersgemäß und scheinbar notwendig – zunimmt, könnte zurecht als ein Ansatz unter anderen gesehen und verwendet werden, insofern sie sich als Hinführungstechnologie versteht mit dem kurzfristigen Ziel, strukturierten Lernvorgängen ein je eigenes Interesse sicherzustellen.

Die Situationstheorie kann dagegen nicht davon ausgehen, daß Lernziele kurzfristig und garantiert einlösbar seien, daß die Bewältigung einer Situation mit der Realisierung *eines* Lernzieles identisch sei, und die Bewältigung einer bestimmten Situation eine Bewältigung aller ähnlicher Situationen garantiere. Die Situationstheorie kann dies nicht voraussetzen, wenn sie sich nicht alter, durch sie zu überwindender Objektivität von Aussagen überlassen will. Denn eindeutige Ergebnisangaben im obigen Sinn sind dem methodologischen Prinzip permanenter Reflexion widersprüchlich.

Wir kommen damit zurück zu dem vorhin aufgestellten methodologischen Grundsatz, daß eine Situationstheorie, soweit die sie konstituierenden Momente der Kritik der strukturierten Sicht von Wirklichkeit und des Zweifels an der Objektivität wissenschaftlicher Aussagen bereits erarbeitet worden sind, nur methodologisch, aber nicht inhaltlich stringent sein kann.

Situationstheorie ist eine methodenbestimmte, keine inhaltsbestimmte Theorie. Diese These entstand nicht aus der Verlegenheit, die Vielfalt von Situationen nicht in Gesetzlichkeiten übertragen zu können, wofür es Instrumente im sozialwissenschaftlichen Bereich vielleicht gäbe. Die Verlegenheit ist keine Verlegenheit der Situationstheorie, höchstens eine des mit ihr konfrontierten Wissenschaftlers, der sich – vorübergehend – seines Denkens in Gesetzen beraubt findet.

Das inhaltliche ›Vakuum‹ der Situationstheorie wird aufgefüllt durch den methodologischen Vollzug, der von einigen Grundannahmen – einer Art »normativen Bezugsrahmens« – ausgehend Situationen analysiert, Praxis initiiert, Handeln reflektiert.

Der Inhalt von Situationstheorie ist reflektierte Situation. Gegenüber anderen Möglichkeiten, Situation theoretisch zu betrachten, verlangt die Situationstheorie zusätzlich zur Kompetenz als Bedingung und Ergebnis durchgeführter Analyse die Performanz praktischen Vollzugs.

Die Übertragung des Performanzbegriffes aus der Linguistik in diesen Bereich läßt sich auf zweifache Weise begründen: zum ersten wäre der Hinweis zu geben, daß sich die Performanz situativer Reflexion nicht zuletzt sprachlich äußert, was jenen Aktionismus verhindert, vor dem die Besonnenen warnen zu müssen glauben. Diese Performanz realisiert sich im Handlungsfeld der Sprache, die Realitätspekte eines sozialen Systems aufweist[123].

Andererseits kennzeichnen Kompetenz und Performanz – im übertragenen Sinn – die Abhängigkeit der Theorie von Praxis, wie der Praxis von Theorie. Diese Abhängigkeit ist für die Situationstheorie konstituierend. Insofern ist dieser Begriff zu revidieren. Situationstheorie als Theorie der Situation ist situative Theorie, d. h. unter Anerkennung geschichtlicher Bedingtheit politisch zu entwerfende Theorie. Performanz bedeutet damit einen Einstieg in das jeweilige Handlungsfeld, in dem und über das Überlegungen angestellt werden.

Ohne Zweifel gerät die Situationstheorie dadurch in einen Gegensatz zu empirisch-nomothetischen Untersuchungen einer Situation. Während für diese die Distanz zur untersuchten Realität, die sich in der Einschränkung dieser Realität auf einen Untersuchungsgegenstand äußert, von erheblicher Bedeutung ist, ist für jene in gewissem Sinn die Aufhebung der Distanz bestimmend. Unter diesem Gesichtspunkt der Heteronomie von empirisch-nomothetischer und situationstheoretischer Behandlung der Wirklichkeit ist der Situationstheorie der Verlust an Wissenschaftlichkeit kein Problem. Die Situationstheorie unterscheidet sich gravierend in Methode und Ziel von wissenschaftlicher Nomothetik.

Abweichungen von der Klarheit und Gewißheit der Wissenschaftlichkeit stellen sich nicht zufällig ein und brauchen gar nicht erst entdeckt zu werden. Die Situationstheorie bedient sich der Abweichung von der Strukturierung der Wirklichkeit als eines Instruments kritischer Reflexion. Dabei ist zuzugeben, daß die Objektivität vieler Wissenschaftsergebnisse durch jene Abweichung und Reflexion nicht zu vermehren ist. Im Gegenteil ist ein Weniger an Objektivität zu erwarten, eine Zunahme an Mehrdeutigkeit an der Stelle von Eindeutigkeit. Für die Methode der Untersuchung der unter dem Aspekt von Validität eingeschränkten, eingeengten Wirklichkeit erweist sich dies natürlich als dysfunktional und gefährlich, gefährlich besonders für die Stabilität des Untersuchungsgegenstandes. Nun gibt es aber für alle wissenschaftlichen Strukturierungsversuche ein Problem des Findens des Untersuchungsgegenstandes und ein Problem der Übertragung, das sogar unter dem Vorzeichen rationalisierter Verwertung Analogieschlüsse benutzt. Hierfür besitzt jedoch diese Untersuchungsmethode keinen Maßstab, weshalb sie auf Antiformalismen heuristischer Art ausweicht, die um so weniger eindeutig werden, je eindeutiger die Methodenfrage gelöst zu sein scheint[124].

---

123 Vgl. die Hypothesen einer ›integrativen Soziolinguistik‹ bei Kurz, U., Hartig, M., Sprache als soziales System. Aspekte einer integrativen Soziolinguistik. In: Kölner Zeitschrift für Soziologie und Sozialpsychologie, 24 (1972), H. 3, S. 474-498.
124 Vgl. Skinner, B. F., Eine Fallstudie zur wissenschaftlichen Methode in der Psychologie (1956). In: Correll, W. (Hrsg.), Programmiertes Lernen und Lehrmaschinen. Eine Quellensammlung zur Theorie und Praxis des programmierten

Der Vorwurf der Unwissenschaftlichkeit gilt der Situationstheorie daher nichts. Unwissenschaftlichkeit konstatiert ihre Andersartigkeit, ihre andere Konzentration auf Methoden. Unwissenschaftlichkeit bezeichnet die Erweiterung der Methoden auf nicht unbedingt und jederzeit kontrollierbare Verfahrensstrategien, die für die Wissenschaften stets begründenden Wert hatten. Die Paradoxie des Unwissenschaftlichkeitsvorwurfs – verbunden mit der Paradoxie politisierender »Wertfreiheit« und angestrebter Objektivität – erlaubt der Situationstheorie ihre kritische Überlegenheit gegenüber reiner Wissenschaftlichkeit.

Die Überlegenheit der Situationstheorie wäre dadurch zu bestimmen, daß sie sich auch auf Fähigkeiten des Menschen stützt, die die logisch-deduktionistischen Denkmuster übertreffen. Nun ist dieses ›Übertreffen‹ durchaus problematisierbar. Wodurch wird übertroffen und wie kann diesem substantiell Übertreffenden sein Anspruch geglaubt werden?

Wir sehen hier drei Momente als Begründung eines Vorrangs:
– die kritische Behandlung (d. h. nicht immer und unbedingt Ablehnung) positiver Aussagen, die sowohl die Methode der Ableitung wie die Objektivität solcher Aussagen umfaßt;
– die Verwendung heuristischer Denkmodelle, die als Ergebnisse spontaner Denkprozesse zwar nicht völlig erklärt, aber auf ihre kollektiven Bedingungen hin reflektiert werden können, wobei durch Diskurs und angewandte Sprache an Stelle kontrollierender eine generative Intersubjektivität tritt;
– das dritte Moment ergibt sich aus der Einbeziehung von Wertentscheidung und davon bestimmter Reflexion. Nachdem Reflexion sich nicht mit Überprüfung von Aussagen auf logische Widerspruchsfreiheit begnügt, sondern auch die Überlegung über Handeln und Praxis umfaßt, nachdem außerdem die Wertentscheidung ihre je eigene Überprüfbarkeit haben soll, setzen wir beide Begriffe – Wertentscheidung und Reflexion – in Beziehung mit dem Kriterium der Relevanz.

Das Kriterium der Relevanz bezieht sich seinerseits auf die soziale, d. h. gesellschaftliche Bedingtheit jedes Denkens und Handelns, wobei in dieser Definition die versuchte Aufhebung und Negierung dieser Bedingtheit

---

Lernens. Braunschweig ²1966, S. 112–143. Skinner versucht den Widerspruch durch die Gegenüberstellung von formalen Methoden (z. B. Statistik) und den empirischen Methoden des »praktizierenden« Wissenschaftlers zu lösen (s. S. 113). Er zieht sich trotzdem auf die Formel »Eines Tages können wir ...« (S. 114) zurück. Interessant seine (ausdrücklich in dieser Funktion dargestellten) heuristischen Prinzipien: »Wenn man auf etwas Interessantes stößt, lasse man alles andere liegen und untersuche es!« (S. 117); »Einige Wege wissenschaftlicher Forschung sind leichter als andere.« (S. 120); »Einige Menschen haben Glück!« (S. 122); »Manchmal gehen Apparate entzwei.« (S. 124).

durchaus enthalten sein kann. Die vermeintliche Befreiung von der sozialen Bedingtheit verdrängt diese nur aus dem Bewußtsein, ohne sie aufheben zu können.

Wenn nun jemand für diese These der sozialen Bedingtheit einen schlüssigen Beweis verlangte, so müßten wir zunächst unsere Beweislosigkeit eingestehen, obwohl wir uns in diesem Dilemma nicht bloß auf neuere Lehrmeinungen, sondern auch auf ältere Traditionen von Theorie berufen könnten.

Der Begriff der Geschichte, des Geschichtlichen führt uns weiter. Unbestritten ist, daß Geschichte, selbst wenn sie nur für eine Wissenschaftsdisziplin geschrieben würde, nicht allein die Entwicklung der für diese Disziplin typischen Fragestellungen beschreiben kann, sondern ebenso die Bedingungen, unter denen solche Fragestellungen entstanden sind, die »Zufälligkeiten« hinsichtlich der Protagonisten, hinsichtlich deren Taten und des Fortschritts der Problemlösungen behandeln muß.

Warum aber sollte dieser Verlauf von Abhängigkeiten, dieses Ineinander von biographischen, ökonomischen, politischen Fakten dort beendet sein, wo sich Wissenschaften (zum Beispiel) ihrer gesellschaftlichen Un-Bedingtheit und ihrer ungeschichtlichen Objektivität scheinbar sicher sind? Jenes Ende ist ganz und gar unmöglich. Es sei denn, man wollte mit der Entwicklung neuester Wissenschaftsaussagen einen absoluten Neuanfang der Geschichte gesetzt wissen. Dies käme dem Versuch gleich, die Welt aus der zuletzt aufgestellten Hypothese erklären zu wollen, zugleich alles Vorhergehende als irrelevante Prä-Historie zu definieren. Wir haben im 1. Teil gesehen, daß dieses Unmögliche gleichwohl zum Krankheitsbild objektiver Wissenschaftlichkeit gehört, wie auch der Missionierungsdrang der Wissenschaft mit seinen Aspekten Effizienz- und Verwertungssehnsucht und die Einteilung der Menschen in Wissensproduzenten und Wissenskonsumenten damit in Zusammenhang steht.

Das Kriterium der Relevanz manifestiert sich im Bewußtsein des geschichtlichen und politischen Charakters des Menschen, der in der Situation eine Ebene des Handelns und Reflektierens vorfindet. Das Problem der Relevanz ist nicht zu lösen ohne einen situationsbezogenen, besser situationstheoretischen, d. h. Situationen reflektierend verarbeitenden Ansatz. Das bedeutet aber nicht, daß jede Behauptung der Relevanz eines Lehrgegenstandes situationstheoretisch vertretbar wäre. Die Relevanz eines Lehrgegenstandes muß in einem weitaus schwierigeren Prozeß geprüft werden als in dem, den die bloße und vorläufige Konsensbildung der Experten oder der »abnehmenden« Gesellschaft darstellt. Denn diese Konsensbildung realisiert sich als eine Form des allgemeinen Menschenverstandes, dem als pragmatisch ethisches Prinzip Pluralismus zugrunde liegt. Somit endet der Konsens im Gleichgewicht der Interessen und nicht in einem

reflektierten Bewußtsein der Situation, das mit P. Freires[125] Begriff der
»conscientização« als Verbindung von Konsens und Reflexion angemessen
bezeichnet wäre.

Wenn die Frage der Relevanz nicht durch individuell, einsam getroffene Entscheidungen erledigt werden kann, so kann sie auch nicht durch pseudo-kollektive Dezisionen zu mehr als einem täuschenden Ende gebracht werden. Nun ist aber nicht anzunehmen, die wissenschaftlichen Disziplinen und ihre schulischen, vorschulischen Abbilder hätten dieses Problem nicht erkannt. Im Gegenteil. Aber es erscheint ihnen so weit außerhalb ihrer jeweiligen Disziplinen liegend, daß es unmöglich wird, es aufzugreifen. Gerade darin sehen die Disziplinen die Begründung ihrer Überlegenheit, weil sie sich unbehelligt von Entscheidungsprozessen hinsichtlich der Bildung und Erziehung ganz der »Sache« widmen können.

Auf zwei erhebliche Mißverständnisse, die die strukturorientierte Theorie leichtfertig übergeht, möchten wir hier hinweisen. Das erste bezeichnen wir als das Mißverständnis des normativen Bezugsrahmens. Die Disziplinen, d. h. ihre Fachdidaktiken und ihre Curriculumkonstrukteure unterstellen, daß die ungelösten Entscheidungsfragen – unabhängig von ihren eigenen Setzungen – in mehr oder weniger differenzierten Systemen von deduktiver Normendefinition erledigt werden könnten[126]. Solange ein traditionelles Bedürfnis danach besteht, stellt man es frei, daß auf einer Ebene mittlerer Objektivität normative Entscheidungen getroffen werden, wobei sich ganz nach Belieben in der Gründung einer Philosophie der Erziehung abendländische Gesinnung oder in der Delegation an Gremien der Politik, Verwaltung und Wissenschaft demokratische Treue beweisen lassen. Der normative Bezugsrahmen kommt dabei, ungeachtet der Ursachen der Diskrepanz zwischen wissenschaftlichem Fortschritt und normativem Bezugsrahmen, die schon durch ein Stichwort wie ›cultural lag‹ einseitig interpretiert ist, – unkontrolliert, unreflektiert – in Abhängigkeit von Zwängen der strukturierten Wirklichkeit.

Zum zweiten erkennen wir das Mißverständnis des Sachzwangs. Es ist dies die Extremform eines Mißverständnisses des normativen Bezugsrahmens, als solche bestimmt durch die scheinbaren Unabänderlichkeiten, die durch die Entwicklung, Verwertung und optimierte Weitergabe einzelwis-

---

125 Vgl. Freire, P., Pädagogik der Unterdrückten, Stuttgart ²1972; Vgl. dazu: betrifft: erziehung, 6 (1973), H. 7, (Die Methode P. Freire).
126 Vgl. Tütken, H., Lehrplan und Begabung. In: Roth, H. (Hrsg.), Begabung und Lernen. Ergebnisse und Folgerungen neuer Forschungen. (Deutscher Bildungsrat: Gutachten und Studien der Bildungskommission 4). Stuttgart ⁸1972, S. 466: »Lehrpläne werden in Forschungs- und Entscheidungsprozessen entwickelt. Diese sollten nach Voraussetzung und Verlaufsform rational und wirksam geordnet sein, d. h. Lehrpläne hervorbringen, die in Übereinstimmung mit der Realität und dem Willen der Gesellschaft stehen und eine hohe Lernleistung ... verbürgen.«

Situationstheorie als Überwindung von Strukturorientierungen 143

senschaftlicher Ergebnisse begründet werden. Die Frage »warum?« beantwortet sich hier mit einem »Weil die Wissenschaft es erfordert«.

Während das Mißverständnis des normativen Bezugsrahmens typisch war für die uneindeutigen Bestimmungen alter Lehrpläne und deren menschenbildenden Impetus, ist das Mißverständnis des Sachzwangs kennzeichnend für die technologische Curriculumkonstruktion[127] und die ihr entgegengebrachte, vorbehaltlose Bewunderung.

Ohne Zweifel liegt für das streng wissenschaftsmethodologische Verfahren der Curriculumentwicklung im Gebiet der Entscheidungen ein blinder Fleck. »Der Anspruch, den ›Konsensus zu rationalisieren‹, d. h. ihn rational begründbar und durchsichtig zu machen, kann nicht erfüllt werden, da Reflexionen über die Prozedur und die Instanzen der Letzt-Entscheidungen fehlen«[128].

Diese Kritik kann allerdings nicht nur für die konsensbestimmten Entscheidungsmodelle gelten, sie bezeichnet ein generelles Unvermögen, dem Kriterium der Relevanz methodisch und inhaltlich gerecht zu werden. Es »unternehmen nur einige wenige einen wissenschaftlichen Versuch, zumindest die theoretische Erfassung der Entscheidungsprozesse zu fordern. Das Zögern hängt vielleicht mit der wissenschaftsmethodischen Problematik und der Vielzahl unkontrollierbarer Variabeln, die in curricularen Entscheidungsprozessen eingeschlossen sind, zusammen«[129]. Man beachte in diesem Zitat die Verbindung von »fordern« mit dem Begriff des »wissenschaftlichen Versuchs« und wird erkennen, daß als Ausweg aus diesem Dilemma nur die Flucht bleibt, die Flucht in Taxonomien, die »im Prinzip immer Vereinfachungen der schwer überschaubaren Wirklichkeit«[130] sind, und »alle... nomothetischen Charakter«[131] haben. Zu ihren Funktionen bei der Planung des Curriculum zählt Frey die »Verwendung als

---

127 Vgl. Isenegger, U., Lernzielerhebung zur Curriculumkonstruktion. Methodenstudie für das BIVO-Projekt (Bildungsbedürfnisse der Volksschullehrer). Weinheim 1972, S. 134: »Bezogen auf die Strategie der Curriculumkonstruktion ist das Kriterium ›Möglichkeiten zur Implikation des normativen Entscheides‹ aufzuführen. Können mit der Wahl des Erhebungsverfahrens gleichzeitig die normativen Entscheidungen verbunden werden, so ist das Konstruktionsverfahren des Curriculums im ökonomischen Sinne rationalisiert.«; vgl. dazu S. 31: »Diese Ausführungen sollen deutlich gemacht haben, daß unter Umgehung von Normsetzungen die direkte Festlegung von Lernzielen mittels empirischer Verfahren aus wissenschaftstheoretischen Gründen unmöglich ist. Die Feststellung von Bildungsbedürfnissen impliziert notwendigerweise Wertentscheidungen. Diese kritisch zu betrachten und zu begründen ist eine Hauptaufgabe... wertorientierter Wissenschaften...«.
128 Huisken, F., Zur Kritik bürgerlicher Didaktik und Bildungsökonomie, München 1972, S. 119.
129 Frey, K., Theorien des Curriculums. Weinheim/Basel ²1972, S. 163 f.
130 Frey, K., a. a. O., S. 225.
131 Frey, K., a. a. O., S. 279.

Referenzsystem für Entscheidungen über Curriculuminhalte«[132]. Die Entscheidung wird in die Taxonomie genommen, befriedigt über die Lösung des Entscheidungsproblems, so als ob die Taxonomie entscheidungsneutral wäre[133].

Zur Fundgrube neuer Lernziele erklärt, werden Taxonomien zu typischen Verdrängungsmechanismen für Entscheidungsprobleme, wobei sich in einem Durcheinander von Vereinfachung, Klarheit, Sachlichkeit und Gesetzmäßigkeit die Frage der Relevanz in Nichts auflöst. Die – hinsichtlich der Lernziele – schöpferische Taxonomie[134] gleicht nun einem Automaten, der die Antwortkarte auswirft, auf der, was sonst so zu entscheiden niemand wagte, steht.

»Die ethischen Ziele machten vor dem Training (in Lernzieloperationalisierung, A./K.) 21,1 % aller Ziele (N = 147) aus. Nach dem Training erreichten die ethischen Inhalte noch 4,1 %. Eine ähnliche Verminderung haben die Klassen ›Naturverständnis‹ und ›Formale Ziele‹ (Anschauung, Denkvermögen usw.) erfahren. Sie sanken mit dem Training von 8,1 % auf 1,2 % bzw. von 14,3 % auf 0 % ... Dieses Resultat schränkt die Annahme ein, es gäbe Entscheidungen über die Inhalte des Curriculums, ... Die zur Taxonomierung notwendige Operationalisierung bringt vielmehr neue inhaltliche Aspekte hervor und trägt damit auch zur Identifikation und Auswahl von Inhalten bei.«[135]

Für diese Art von Entscheidungsverfahren könnte nun noch vorgebracht werden, daß seine Setzungen reliabel seien, daß sie mit Sicherheit von »verschiedenen Personen in gleicher Weise«[136] eingesehen und nachvollzogen werden könnten. Aber gerade dann wäre zu fragen, wie und wo diejenigen Setzungen, die nicht von verschiedenen Personen in gleicher Weise nachvollzogen werden, behandelt werden sollen.

Die Blindheit gegenüber Wertentscheidungen läßt so den oben kritisierten normativen Bezugsrahmen im Verborgenen weiterleben. Hier entsteht die paradoxe Situation, daß sich die Gesellschaft, obwohl sie der Wissen-

---

132 Frey, K., a. a. O., S. 238.
133 Vgl. Frey, K., a. a. O., S. 283: »Die Anwendung der Taxonomien bedeutet, daß deren theoretische Grundlagen für die praktische Curriculumkonstruktion oder deren Theorie akzeptiert werden, da die Grundlagen die Klassen bilden.« Vgl. auch Bloom, B. S., u. a., Taxonomie von Lernzielen im kognitiven Bereich. Weinheim/Basel 1972, S. 28: »Um die Parteilichkeit für einen Standpunkt in der Erziehung zu vermeiden, haben wir ... versucht, die Taxonomie ... neutral zu halten, daß ... Ausdrücke vermieden wurden, die Werturteile implizieren ...«; vgl dazu S. 28: »In einem bestimmten Sinn jedoch ist die Taxonomie nicht ganz neutral.« Siehe Prüfungsaufgabe 76 auf S. 129 (Extrapolation): »Einwanderer *neigen* dazu, sich in den Elendsvierteln in der Nähe der zentralen Geschäftsviertel unserer Großstädte niederzulassen. Wo werden ihre Nachkommen wahrscheinlich wohnen?« (Hervorhebung A./K.).
134 Vgl. Frey, K., a. a. O., S. 246.
135 Frey, K., a. a. O., S. 246.
136 Frey, K., a. a. O., S. 248.

schaft mit dem Auftrag der Curriculumentwicklung eine Entscheidungshilfe abverlangte, erfreut ihr unberührtes Normen-Paket zurückholt, daß sich andererseits die curriculumkonstruierenden Wissenschaften den Freiraum der Antwortlosigkeit zurückerobern, in einer beunruhigenden Weise unpolitisch und traditionsbewußt den »Elendigkeiten des bürgerlichen Lebens«[137] entronnen.

Das Kernproblem der Entscheidungsfrage liegt mit Sicherheit darin, daß die Curriculumkonstrukteure Lernziele festlegen[138], aber andererseits die damit erfolgte Determiniertheit nicht auflösen können. Der Rückbezug unter einem Kriterium von Relevanz ist nicht mehr möglich, weil die Wissenschaft sowohl Stoff und Zielangabe darstellt. Je wissenschaftsadäquater Lernziele sein können, als um so gültiger werden sie angesehen – im höchsten Maße gültig in der Ableitung von einem Strukturkonzept, im generellen in der Konsequenz einer Strukturierung von Lernstoffen. Auf der anderen Seite gelingt es den politischen Entscheidungsträgern nicht, die Bedeutung von vorgeschlagenen Lernfeldern auch nur zu untersuchen. Zumindest bei einem traditionellen, nämlich wissenschaftsorientierten Kompetenzbegriff ist es geradezu widersinnig, von Nichtwissenschaftlern, also Nichtkompetenten die Kontrolle über Zielansätze der Wissenschaften zu erwarten.

Dem Strukturansatz eines Curriculum ist es deshalb nicht möglich, eine außerwissenschaftliche Legitimationsbasis zu finden – außer in der Zusammenfassung von Wissenschafts- und Fortschrittsgläubigkeit. Diese Momente scheinen freilich auch politische Entscheidungsträger zu beeinflussen. Wenn dem nicht so wäre, dann könnten manche Fachwissenschaftler ihre Lehrplanentscheidungen, für die »durch Forschung Unterlagen für eine rationale Fundierung«[139] erarbeitet wurden, nicht so scheindemokratisch zur Disposition stellen.

Es ist vielleicht wichtig, hier zu betonen, daß wir aus dieser Analyse

---

137 A. v. Humboldt in einem Brief vom 19. 10. 1808; zit. nach Schelsky, H., Einsamkeit und Freiheit. Reinbek 1963, S. 102.
138 Vgl. Weinmann, W., Wenzel, H., Curriculum-Entwicklung im Elementarbereich. In: Hundertmarck G., Ulshoefer, H. (Hrsg.), Kleinkinderziehung. Bd. 3. München 1972, S. 131: »Ein bereits erwähntes Hauptproblem der Curriculumentwicklung ist die Bestimmung von Lernzielen ...«
139 Tütken, H., Lehrplan und Begabung. In: Roth, H. (Hrsg.), Begabung und Lernen. Ergebnisse und Folgerungen neuer Forschungen. (Deutscher Bildungsrat: Gutachten und Studien der Bildungskommission 4). Stuttgart [8]1972, S. 466: »Da Lehrplanrevision in unserer Gesellschaft eine ständige Aufgabe bleibt, sollte ein Lehrplanentwicklungszentrum zur Unterstützung von Lehrplangremien eingerichtet werden. Es müßte durch Forschung Unterlagen für eine rationale Fundierung der Lehrplanentscheidungen erarbeiten und entscheidungsrelevante Beziehungen zwischen ihnen herstellen ...«

nicht ein Bedauern über die Unfähigkeit politischer Entscheidungsträger, rational fundierte Entscheidungen zu treffen, reproduzieren wollen. Im Gegenteil würden wir den unwissenschaftlichen Gremien mehr Entscheidungskompetenz zuteilen, als sie sich in der paralysierenden Auseinandersetzung mit Dezisionismen der Wissenschaft selbst zugestehen, ließen sie sich nur in eine kritische Analyse der Situation ein.

Wir gehen davon aus, daß es der Gesellschaft weder genügen sollte, wissenschaftlich legitimierten Lernzielen ihren (unwirksamen) normativen Bezugsrahmen überzustülpen, noch, sich in unreflektierten Konsensmodellen auf die Ausgewogenheit aller Faktoren zu einigen. Notwendig wäre damit ein Entscheidungsprozeß, der – von der Situationstheorie her gesehen – präcurricular curriculumadäquat verliefe, d. h. Autonomie und Kompetenz aller Beteiligten forderte und förderte. Gerade unter diesem Aspekt muß vielleicht die Entscheidungsfrage mit einem Programm von Entschulung in Zusammenhang gebracht werden, wobei realistischerweise der Anfang in der Vorschulerziehung, in einer Entschulung der Vorschulerziehung gemacht werden sollte, bevor obrigkeitsstaatliches Denken Lernzielfindung zur Hoheitsaufgabe des Staates erklärt[140].

Nachdem wir das Kriterium der Relevanz eines Lehr-Lernziels, eines Lehr-Lerninhalts bis zu seiner Grenze in der Autonomie der Wissenschaften, bis zu seiner Annullierung in Ansätzen von Entmündigung des Erziehers oder Kindes über die Vorstrukturierung von Wirklichkeit verfolgt haben, ist noch auf zwei Momente schönen Scheins hinzuweisen, die die Überlegungen über Relevanz nur oberflächlich zufriedenstellen und die der Situationstheorie mit ihrer Forderung nach Einheit von Kompetenz und Performanz ganz oder teilweise widersprechen. Diese Täuschungsmomente sind die Bezeichnung operationalisierter Lernziele als »beobachtbarer Verhaltensweisen«[141] und die Zitierung sozialen Lernens als einer Orientierung an den ›social studies‹. Wenn das erstere Performanz vorgibt, wo in Wirklichkeit höchstens Kompetenzen kognitiver Art erworben werden, simuliert das zweite eine Kompetenz, die ohne Performanz bestehen könnte. Gemeinsam ist diesen Momenten der falschen Beanspruchung von Relevanz die Problematik des Verhaltensbegriffs.

Wenn Bildung »Ausstattung zum Verhalten in der Welt«[142] ist, dann – daran kann scheinbar niemand Zweifel haben – ist die Umformung von

---

140 Vgl. Westphalen, K., Praxisnahe Curriculumentwicklung. Eine Einführung in die Curriculumreform am Beispiel Bayerns. Donauwörth 1973, S. 29. K. W. spricht dort von der »verfassungswidrigen Forderung nach schulischer Autonomie«, d. h. von der Verfassungswidrigkeit dezentralisierter Curriculumentwicklung.

141 Vgl. Tütken, H., Lehrplan und Begabung, a. a. O., S. 465.

142 Robinsohn, S. B., Bildungsreform als Revision des Curriculum und Ein Strukturkonzept für Curriculumentwicklung. Neuwied/Rhein, Berlin ³1971, S. 13.

Lernzielen in Verhaltensweisen, die automatische Verhaltensänderung[143] stückweiser Bildungsprozeß. Hierin liegt angeblich eine »deutliche Absage an das stoffliche Denken«[144], ein Hinweis auf Fertigkeiten und Fähigkeiten, die »flexibel angewandt werden können, also eine bessere Ausrüstung für das Verhalten in der Welt verleihen«[145]. Offensichtlich läßt sich das System operationalisierter Lernziele mit dem Begriff des Verhaltens legitimieren und es fehlte nicht viel, dann würde auf dieser Mißverständnisebene ein Satz wie: »Befreiende Erziehungsarbeit besteht in Aktionen der Erkenntnis, nicht in der Übermittlung von Informationen«[146], zustimmend zur Kenntnis genommen[147]. Der Verhaltensbegriff wäre so in der Lage, tradiertes Bildungsbewußtsein[148] und emanzipatorisches Gefühl für sich zu vereinnahmen.

Obwohl nur kompiliert, zeigt dieser Definitionsversuch an allen Enden die Grenzen des Verhaltensbegriffs. Es wird nämlich klar, daß die Frage ›cui bono‹ an solchen Lernzielen gar nicht erwogen wird. Die Verbindung des Verhaltens mit dem Begriff des Lernziels, dessen sich – nach anderer allgemeiner Meinung – die Wissenschaftsdisziplinen annehmen sollten, macht jenes Verhalten zu einem Verhältnis gegenüber der Sache. Keine Chance also, Verhalten als von den Dingverhältnissen abgelöst zu sehen. Keinen Grund gibt es allerdings auch, dies zu tun, denn die Geschichte des Begriffs Verhalten ist nicht mehr seine Geschichte, es ist die Geschichte einer Theorie einer Einzelwissenschaft. Aber selbst hier liegt etwas falsch: Der Anspruch, Lernen müsse als Verhaltensänderung aufgefaßt werden,

---

143 Vgl. Westphalen, K., Praxisnahe Curriculumentwicklung, a. a. O., S. 16: »Lernziele sind gemäß dem augenblicklichen Stand der Curriculumtheorie in Verhaltensbeschreibungen auszudrücken, da Lernen als Verhaltensänderung verstanden wird.«
144 Westphalen, K., a. a. O., S. 17.
145 Westphalen, K., a. a. O., S. 18.
146 Freire, P. Pädagogik der Unterdrückten. Stuttgart/Berlin ²1972, S. 84.
147 Vgl. Correll, W., Lern- und verhaltenspsychologische Grundlagen des programmierten Lernens und der Lehrmaschinen. In: Correll, W. (Hrsg.), Programmiertes Lernen und Lehrmaschinen. Braunschweig ²1966, S. 17 f.: »Lernen heißt das Verhalten ändern. Dies bedeutet, daß etwa das Ziel, den Schüler zur ›Einsicht‹ und zum ›Verstehen‹ eines Sachverhalts zu führen ... nicht unmittelbar angestrebt werden kann, sondern nur dadurch, daß es darauf ankommt, das Verhalten so zu beeinflussen, daß der Schüler Situationen zu meistern vermag, die ohne ›Einsicht‹ und ›Verständnis‹ nicht bewältigt werden könnten. Man fragt ... danach, wie sich das ›Verstehen‹ eines Sachverhalts ›konkret‹, d. h. auf das Tun und das Verhalten, auswirken muß ...«.
148 Vgl. Selg, H., Bauer, W., Forschungsmethoden der Psychologie. Stuttgart ²1973, S. 13: »Von ›Verhalten‹ sprechen wir natürlich auch bei jeder komplexen Handlung. Traxel versucht die angedeuteten Schwierigkeiten zu beheben, indem er Psychologie generell als Wissenschaft vom Handeln umschreibt.«

gibt nicht zu erkennen, ob es sich um eine definitorische Bestimmung[149] oder um eine Einteilung nach Ober-/Unterbegriff[150], um die Erwähnung synonymer Begriffe[151] oder nur um eine Spezifizierung von Lernen[152] handelt. Als Faktum bleibt, daß theoretisch behauptete und für gültig gehaltene Möglichkeit[153] und Zielvorstellung[154] durcheinanderkommen.

Was aber analytisch, deskriptiv gewonnen und auf der erweiterten Rattenebene[155] ex definitione behauptet wurde, läßt sich nicht projektiv und mit unüberprüfbaren Analogieschlüssen[156] für alle Lernprozesse des Menschen prognostizieren, es sei denn, man wollte die Suggestion der Erfüllung eines Bildungsauftrages (»Ausrüstung zum Verhalten in der Welt«) etablieren.

Bedenklich erscheint die Verbindung des traditionellen Verhaltensbegriffs, der rudimentär, reflexionsabweisend auch in der normalen Sprache[157] seine Tradition mit sich schleppt, mit dem lernpsychologischen Begriff von Verhalten. Auffällig ist, daß in solcher Verbindung die passive Lösung eines Konditionierungszusammenhangs positive Assoziationen auslöst auf dem Hintergrund eines ursprünglich noch als Gegenstand von Problematisierung gedachten Aktivitätszustands[158]. Das ope-

---

149 Vgl. Skinner, B. F., Die Wissenschaft vom Lernen und die Kunst des Lehrens. In: Weinert, F. (Hrsg.), Pädagogische Psychologie. Köln/Berlin ⁷1972, S. 247: »Verhaltensänderungen, die wir ›Lernen‹ nennen...«.

150 Vgl. Westphalen, K., Praxisnahe Curriculumentwicklung. Donauwörth 1973, S. 16: »da Lernen als Verhaltensänderung verstanden wird...«. Hier ist ›Verhaltensänderung‹ wohl als Oberbegriff zu verstehen, was das Problem des ›latenten Lernens‹ aufwirft.

151 Vgl. Correll, W., a. a. O., S. 17: »Lernen heißt das Verhalten ändern.«

152 Vgl. Holland, J. G., Anwendung von Erkenntnissen aus dem Psychologie-Labor. In: Correll, W. (Hrsg.), Programmiertes Lernen und Lehrmaschinen. Braunschweig ²1966, S. 165: »Verhalten wird nur gelernt.«

153 Vgl. Tütken, H., Lehrplan und Begabung. In: Roth, H. (Hrsg.), Begabung und Lernen. Stuttgart ⁸1972, S. 465: »Lernziele in Form von beobachtbaren Verhaltensweisen.«

154 Vgl. Weinmann, W., Wenzel, H., Curriculum-Entwicklung im Elementarbereich. In: Hundertmarck, G., Ulshoefer, H. (Hrsg.), Kleinkindziehung, Bd. 3. München 1972, S. 131: »Bestimmung von Lernzielen und deren Umformung in Verhaltensweisen.«

155 Vgl. Skinner, B. F., a. a. O., S. 250: »Vergleichbare Ergebnisse erreichten wir mit Tauben, Ratten, Hunden, Affen, Kindern...«.

156 Vgl. dazu die Einwände von Metzger, W., Gibt es noch psychologische Schulen? In: Westermanns Pädagogische Beiträge, 25 (1973), H. 6, S. 314–325; bes. S. 315 f., S. 317 f.

157 Vgl. Duden, Vergleichendes Synonymwörterbuch. Mannheim/Wien/Zürich 1964, S. 134: Definition von ›sich verhalten‹: »auf eine bestimmte Art und Weise auf Umwelt und Mitmenschen reagieren, sich in bestimmter Weise der Umwelt oder einer Situation gegenüber einstellen.«

158 Vgl. Keßler, E., Autobiographie als philosophisches Argument? In: Hora,

rationale Lernziel und seine Realisierung im Verhalten »in der Welt« ziehen die Implikationen nach sich, die wir früher beschrieben haben[159]. Verdinglichung, Entmündigung des Kindes oder des Erziehers waren die Analyseergebnisse. Bedeutsam ist jetzt – unter dem Aspekt von Relevanz – die Vortäuschung von Relevanz, die sich aus der Verwertbarkeit eines Begriffs ergibt. Selbst wenn es in der logischen Konstruktion des kritisierten Verhaltensbegriffs keinen Fehler gäbe, nennen wir ihn dennoch wegen des ihm applizierten antireflektorischen Charakters täuschend. Diese Tatsache, das Verdrängen der Reflexion, bedingt das Ende der Ethik, die sich ehedem unter dem Kriterium der Angemessenheit, d. h. Relevanz, mit dem Verhalten beschäftigte und dabei Begriffe wie Verhalten (ēthos), Gewöhnung (ĕthos), Habitus (hexis), die der Verhaltensgläubigkeit in kausalen Verbindungen teuer sind, non-kausal und explizierend einsetzte.

Das ethische Defizit, das den Bildungsprozeß mit dem Ausrüstungsversprechen für das Verhalten in der Welt und gleichzeitiger Fixierung an operationalen Lernzielen kennzeichnet, ist nicht aufhebbar durch eine Strukturorientierung, die mit der Lernzielfindung die sogenannte Normenfrage für halb oder ganz gelöst erklärt[160]. Im So-als-ob liegt der Überzeugungseffekt des als Verhaltensänderung definierten Lernens.

Ähnliches gilt für den Begriff des sozialen Lernens, der – ohne übergeordnete Theorie – zur deskriptiven Darstellung mit anschließender Apotheose des Lernens in der Gruppe gerät, in einer Art theoretischer Schönfärberei, die Probleme dadurch löst, daß sie – bildlich gesprochen – dem Wort ›Sozialisation‹ ein äußerst verpflichtendes Ausrufezeichen (›Sozialisation!‹) nachschickt. Die andere Möglichkeit: Soziales Lernen wird zu einem Lernbereich neben anderen mit dem Auftrag, ›social studies‹ aufzuarbeiten. Daraus ergeben sich alle die Schwierigkeiten, Paradoxien und gleichzeitigen Versprechungen, die wir im Vorausgehenden aufgezeigt haben. Schutzlos und aus Mangel an dafürsprechenden Abnehmerinteressen an den Rand gedrängt, fungiert soziales Lernen wegen der an ihm erkannten Probleme der Strukturorientiertheit als anerkannte Utopie und zugleich als Beweismittel für die Notwendigkeit anderer strukturierter Lernbereiche, die Lernen und Institutionen des Lernens schlechthin rechtferti-

---

E., Keßler, E. (Hrsg.), Studia humanitatis. E. Grassi zum 70. Geburtstag. München 1973, S. 181: »In der rhetorischen Theorie wird die Aufgabe, den vorgegebenen Rahmen jeder Kommunikation nicht nur als gegebenen hinzunehmen, sondern sich bewußt in ihn zu stellen, um den Aussagen und Interpretationen der Wirklichkeit Relevanz zu verschaffen, mit dem Begriff des ēthos bezeichnet.«
159 Sehr deutlich ergeben diese sich auch aus B. F. Skinners Aufsatz, Die Wissenschaft vom Lernen und die Kunst des Lehrens, a. a. O. S. 247–258.
160 Vgl. Frey, K., Theorien des Curriculums. Weinheim/Basel ²1972, S. 154 ff., S. 229 f., S. 255 f., S. 272, u. Isenegger, U., Lernzielerhebung zur Curriculumkonstruktion. Weinheim 1972, S. 19, S. 28 ff., S. 134.

gen. Soziales Lernen, quasi der Gegenstand der Sonntagsschule, bewirkt, daß die Zielkriterien der Werktagsschule: Zukunftsbewältigung, Anpassung an wirtschaftlich-technische Umwelt, unreflektiertes Bejahen des Leistungsbegriffs, im Gleichgewicht von angenommener und nachgewiesener Relevanz sich halten.

Unschwer ist zu erraten, daß eine Situationstheorie soziales Lernen anders versteht, bzw. sich diesen Begriff gerade aus der Kontroverse mit Strukturorientierung, Situationslosigkeit und Wertfreiheit aufbaut. Die Formel, die, daraus entstehend, das Ziel soziales Lernen definiert und dazu angibt, Lebenssituationen der Kinder, der Erzieher zu analysieren, Qualifikationen zu deren Bewältigung im Rahmen von Autonomie und Kompetenz zu bestimmen sowie Inhalte und Methoden, mit deren Hilfe jene Qualifikationen zu erwerben sind, auszuwählen, beschreibt einen Weg der Reflexion, der als Abschluß eine Optimierung nach dem Kriterium ökonomischer Rationalisierung nicht zuläßt. Denn sonst wäre die Ambivalenz der zentalen Begriffe – Lebenssituation, Qualifikation, Autonomie, Kompetenz – unaufhebbar. Die Ambivalenz von Endgültigkeiten tritt nur so lange nicht ein, wie über sie und ihre möglichen formulierten Manifestationen reflektiert werden kann.

Für Theorie und Praxis einer Curriculumentwicklung, die sich situationstheoretisch orientiert, folgen daraus Momente wie fehlende Endgültigkeit und permanente Revision, die den konkreten Forderungen nach Zusammenarbeit von Theoretikern und Praktikern, nach Professionalisierung von Wissenschaftlern, Erziehern und Eltern, nach Beendigung objektivierender, verdinglichender Lernprozesse, nach Relativierung von Daten und Ernstnahme von Erfahrung zugrundeliegen. Diesen Forderungen ist eigen, daß sie sich in der Praxis nicht voneinander trennen lassen und daß sie unter dem Aspekt von Theorie aufweisen, was als Prinzipien der Situationstheorie im Vergleich mit der Strukturorientierung aufgeführt wurde:

1. die Einbeziehung der Entscheidungsfrage und der Reflexion über Relevanz;
2. die Verwendung heuristischer Denkmodelle und die Besinnung auf generative Intersubjektivität;
3. die kritische Prüfung und Verwendung von absolut gesetzten Aussagen.

Wegen des nicht-deduktionistischen Charakters dieser Bestimmungen, der es trotz möglicher Fragen wie ›Woraus besteht?‹ und ›Wie erreicht man?‹ nicht erlaubt, von ihnen unendlich viele positive Einzelaussagen abzuleiten, ist es notwendig, durch Negation und Kritik des Vorgefundenen konstruktiv zu verfahren. Das Vorgefundene – strukturorientierte Curriculumentwicklung – erweist sich dabei in vielen Punkten als zu Recht kritisierbar: in seiner Ohnmacht in der Entscheidungsfrage, in der Pseudo-Neutralität gegenüber dem Kriterium der Relevanz, in seinem Herrschaftssystem von objektivierender Didaktik, in seiner Zergliederung von Lehr- und Lernstoff, von Lehr- und Lernprozeß, sogar von Person und Funktion des Lehrers und Lerners, in seiner Bewunderung von Wissenschaftsdisziplinen und seiner Anpassung an sogenannte Wissenschaftlichkeit.

Die wenigen positiven Angaben, die wir machen können, basieren deshalb paradoxerweise auf Kritik und Negation. Positiv sind sie, weil sie Anfänge einer Such- und Handlungsstrategie setzen und zugleich reflektiertes Handeln zu initiieren versuchen. Bezogen auf die drei Prinzipien der Situationstheorie bedeutet dies:

– die Entscheidungsfrage muß permanent reflektiert werden;
– in die Reflexion über Relevanz müssen alle Betroffenen (Kinder, Eltern, Erzieher, Wissenschaftler) mit einbezogen werden, wobei die Artikulierung der Betroffenheit durch eine Situation mehr wiegt als theoretische Klarheit;
– Curriculumentwicklung geschieht damit dezentralisiert, vor Ort und unter Berücksichtigung vom ›here and now‹;
– die Didaktik muß sich kausaler Schemata enthalten;
– sie muß Dysfunktionalitäten wie die folgenden als eigentlich funktional akzeptieren:

»Kursteilnehmer schlagen andere als die gewünschten, vorgesehenen, vorgezeichneten Richtungen ein – sie entdecken Probleme, sie suchen Methoden, sie mobilisieren Informationen, deren Aufarbeitung andere als die gewünschten Lernziele begünstigt... Kursteilnehmer verweigern den zügigen Kursdurchlauf. Sie kommen, aus welchen Gründen auch immer, nicht vom Fleck. Sie verharren bei einer Sache, einem Problem, einer Schwierigkeit, einer sie faszinierenden, schockierenden Einzelheit... Kursteilnehmer zweifeln Voraussetzungen an; sie gehen infolgedessen nicht, wie es der Kurs vorzeichnet, zügig voran, das Lernziel als motivierende Größe vor Augen – sondern sie fragen zurück...«[161].

– die Didaktik muß sich auf Prozesse generativer Intersubjektivität einlassen[162] und ihre technologische Legitimationsbasis überwinden;

161 Rumpf, H., Zweifel am Monopol des zweckrationalen Unterrichtskonzepts. In: Neue Sammlung, 11 (1971), H. 5, S. 402 f. Siehe dazu auch S. 403: »Die genannten Gruppen von Aktivitäten müssen im Kontext des zweckrationalen Unterrichtskonzepts als Faktoren, die die Wirksamkeit des Lerninstruments stören, diagnostiziert und verurteilt werden; sie führen ab vom gradlinigen Weg zum Ziel, sie sind Fehlverhalten, weil sie die effiziente und ökonomische, d. h. aber reibungslose Produktion des Zielzustands... gefährden.«
162 Vgl. Rösel, M., Kommunikation, Interaktion und Diskurs. Bemerkungen zur Metatheorie der Kommunikation in erziehungswissenschaftlicher Absicht. In: Vierteljahresschrift für Wissenschaftliche Pädagogik, 49 (1973), H. 1, S. 21: »Der alte pädagogische Grundsatz, daß Erziehung ihr angestrebtes Ziel – den ›mündi-

- die Prozesse des Lehrens und Lernens, die ein Curriculum prognostiziert, geschehen in Analogie zur notwendigen Reziprozität des Handelns in der Situation und des Reflektierens darüber. Aus der Klarheit über die Situation soll Handeln, aus dem Handeln Klarheit entstehen. Lernen bedeutet damit lernen zu handeln und zu reflektieren[163], Lehren heißt handeln und reflektieren können.
- Die kritische Behandlung absoluter Aussagen bezieht sich besonders auf die Konstruktion von Objektivitäten, die den Wissenschaften eigentümlich ist. Dem widerspricht nicht, daß wissenschaftliche Aussagen, die unter dem Aspekt von Reflexion, wenn auch kaum unter dem Aspekt von Handeln, verwertbar sind, im Situationszusammenhang akzeptiert werden.
- So könnte die Reflexion der Situation mit Hilfe partieller Analysen durch die Einzelwissenschaften vorbereitet werden. Dies umfaßt die Benutzung sozialwissenschaftlicher Ergebnisse als eines Hilfsmittels zur Situationserschließung sowie die Verwertung geisteswissenschaftlicher Problematisierung für die Reflexion normativer Zusammenhänge, wobei weniger den ›Humaniora‹, dem kompensatorischen Wissenschaftsmodell des Neuhumanismus, als vielmehr kritischen Theorien zu folgen ist.
- Schließlich ergibt sich Verwertung von Wissenschaftsaussagen durch die

gen‹, reflexions- und handlungsfähigen Menschen – im edukativen Prozeß selbst vorwegzunehmen hat, wenn es im Vollzug pädagogischer Maßnahmen ›wirksam‹ sein soll, – dieser Grundsatz befindet sich in Analogie zu der Tatsache, daß Diskurse einer Antizipation von Urteilskompetenz und Vernunft... bedürfen, damit die Voraussetzungen einer ›idealen Sprechsituation‹ vorliegen.«; Vgl. weiter S. 23: »Erziehung bedarf des Vorgriffs auf zwangfreie Diskurssituationen – in denen tendenziell gleiche vernunftbegabte Subjekte Argumente ›tauschen‹, geleitet allein von dem Interesse, einen tragfähigen Consens (als Bedingung von ›Wahrheit‹) zu finden, – will sie sich nicht als ›Beeinflussung‹ oder ›Manipulation‹ von ›Lernsystemen‹ ohne normativen Anspruch verstehen.«

163 Vgl. Dolci, D., Conversazioni contadine. Verona ²1966, S. 10 f: »Il metodo: è una riunione di gruppo in cui ciascuno costruisce sulla base delle proprie esperienze. Non rigidamente, pressappoco cosí si sviluppa la conversazione: ciascuno dei partecipanti alla riunione, uno per uno, a giro, esprime il suo punto di vista sul tema. Di solito si bada di fare parlare per ultimi coloro che piú potrebbero inibire gli altri o per superiorità di cultura, o per prestigio o altro: in modo che tutti possano esprimersi... penso che participazione attiva a cosí alto livello difficilmente si potrebbe raggiungere con altre tecniche in questo ambiente.«; S. 12: »Rapporto col lavoro di sviluppo: la chiarificazione che avviene nelle riunioni appoggia, talora specificatamente, il lavoro sociale; ma, come dicevo, l' appoggio è sempre reciproco. I partecipanti, man mano si chiariscono, sentono l' esigenza di fare, di fare diversamente, e nascono nuove iniziative ...«; Zur Arbeit des von Danilo Dolci gegründeten ›Zentrums für Studien und Initiativen‹ in Partinico (Prov. Palerma) s. Wucher, A., Barackendasein in einem Hinterhof Europas. In: Süddeutsche Zeitung 1970, 307–309, S. 10.

Vermittlung (natur)wissenschaftlicher Ergebnisse in ›didaktischen Schleifen‹. Solche Vermittlung verfremdet diese Wissenschaftsergebnisse, nachdem sie sich unter dem Kriterium der Relevanz ihrer annimmt, ihre Strukturiertheit auflöst und ihre Objektivierungstendenzen in situative Subjektivierung umändert.

Weiterführende Literatur:

ADORNO, THEODOR W.: Aufsätze zur Gesellschaftstheorie und Methodologie, Frankfurt/Main 1970.
BITTNER, GÜNTHER: Vorschulerziehung und kindliche Identität. In: ZfP, 17 (1971), H. 4, S. 417–430.
HABERMAS, JÜRGEN: Technik und Wissenschaft als ›Ideologie‹. Frankfurt/Main 1968.
HUISKEN, FREERK: Zur Kritik bürgerlicher Didaktik und Bildungsökonomie. München 1972.
KURZ, URSULA u. HARTIG, MATTHIAS: Sprache als soziales System. Aspekte einer integrativen Soziolinguistik. In: Kölner Zeitschrift für Soziologie und Sozialpsychologie, 24 (1972), H. 3, S. 474–498.
LAMM, ZWI: Der Status des Wissens in einer radikalen Bildungskonzeption. In: Robinsohn, Saul B. (Hrsg.), Curriculumentwicklung in der Diskussion. Düsseldorf/Stuttgart 1972, S. 25–36.
NOVIKOVA, L. I.: Die Erziehung der Persönlichkeit im Kollektiv. In: Rüttenauer, Isabella (Hrsg.), Persönlichkeit, Kollektiv, Gesellschaft. Aufsätze aus der UdSSR. Mühlheim a. d. Ruhr 1972, S. 23–58.
RUMPF, HORST u. MESSNER, RUDOLF: Anatomie einer empirischen Untersuchung. Zu einem Forschungsergebnis über Kindergärten von A.-M. Tausch u. Mitarb. In: ZfP, 17 (1971), H. 4, S. 483–505.
SCHMIDT, GÜNTER R., Die Wert- und Zielproblematik in der amerikanischen Curriculum-Theorie seit 1950. In: ZfP, 17 (1971), H. 1, S. 31–54.
VRANICKI, PREDRAG: Über Dialektik. In: ders., Mensch und Geschichte, Frankfurt/Main 1969, S. 77–87.

Fragen der didaktischen Umsetzung

Heide Bambach / Ruth Gerstacker

*Der Situationsansatz als didaktisches Prinzip:
Die Entwicklung didaktischer Einheiten*

1. *Bausteine der Curriculumentwicklung*
1.1 Zur Auswahl von Themen für didaktische Einheiten
1.2 Zur Beschreibung und Analyse von Lebenssituationen
1.3 Zur Bestimmung von situationsbezogenen Qualifikationen

2. *Pädagogische Konsequenzen des Situationsansatzes*
2.1 Der Erwerb von Qualifikationen durch Erfahrung und Handeln
2.2 Lernbereiche innerhalb didaktischer Einheiten

3. *Didaktische Einheiten als Teile des Curriculum*
3.1 Übersicht über die Bestandteile eines ›Curriculumpaketes‹
3.2 Erfahrungsberichte
3.3 Materialien für die Durchführung didaktischer Einheiten
3.4 Materialien für Eltern und andere an der Situation beteiligte Personen
3.5 Didaktische Schleifen

Vorbemerkung

Dieser Bericht aus einer Werkstatt[1] vorschulischer Curriculumentwicklung leistet keine kritische Aufarbeitung der gegenwärtigen Didaktikdiskussion[2]. Er beansprucht auch nicht, den ›Situationsansatz‹ als neue aus-

[1] Arbeitsgruppe Vorschulerziehung des Deutschen Jugendinstitutes München in Zusammenarbeit mit Modellkindergärten in Rheinland-Pfalz und Hessen.
[2] Der Begriff Didaktik wird so verwendet, daß er sowohl thematische als auch methodische Entscheidungen beinhaltet. Aus Klafkis Frage nach dem Bildungsgehalt von Themen wird bei uns in Anlehnung an Robinsohn die Frage nach der Legitimation von ausgewählten Situationen. Aus Schulz/Heimanns Verlaufsanalyse von Unterrichtsprozessen leitet sich das Interesse für die zwischen Erziehern und Kindern stattfindenden Interaktionsprozesse her. Gegen die Didaktik der Berliner Schule hat man den Vorwurf gerichtet, sie vernachlässige die Legitimation der Wahl eines Themas und erwecke den Anschein, Inhalte seien gleichsam wertfrei, für Klafkis ›didaktische Analyse‹ hat man eine Unterschätzung des konkreten

diskutierte Theorie der Vorschuldidaktik zu explizieren und mit Beispielen zu belegen. Vielmehr stellt er Modelle für vorschulisches Lernen vor. Sie sind zu einer Zeit entworfen worden[3], in der innerhalb der Entwicklungsgruppe zwar eine Verständigung über notwendige ›Bausteine‹ des Curriculumentwicklungsprozesses erreicht war, in der zugleich jedoch noch eine Menge theoretischer Probleme offen bleiben mußte – und bis heute offen geblieben ist –, deren Lösung für eine konkrete Curriculumentwicklung wichtig wäre.

In der Gruppe herrscht Konsens darüber, daß institutionalisierte Erziehung Kinder aus unterschiedlicher Umwelt und mit unterschiedlicher Lerngeschichte befähigen soll, in Situationen ihres gegenwärtigen und zukünftigen Lebens handlungsfähig zu sein. Wir gehen davon aus, daß die Handlungsfähigkeit von Kindern im Sinne von autonomer und kompetenter Bewältigung von Lebenssituationen[4] sowohl ungenügend entwickelt oder verschüttet als auch aktuell verhindert sein kann. Wir halten die Vermittlung von Fähigkeiten, Fertigkeiten und Kenntnissen eng bezogen auf die Herstellung bzw. Wiederherstellung von Handlungsfähigkeit für sinnvoll und setzen das Curriculum vorwiegend dort an, wo bei Kindern Handlungsunfähigkeit zu beobachten ist, sei sie durch lebensgeschichtliche Erfahrungen bedingt oder durch Merkmale aktueller Situationen erzwungen.

Dabei stellen sich allgemein folgende Fragen: Wodurch sind Situationen gekennzeichnet, in denen kleine Kinder Erfahrungen und Kenntisse so erwerben, daß sie handlungsfähig werden und bleiben? Kann man – auch für Kinder sehr unterschiedlicher Herkunft – solche typischen Situationen identifizieren? Welches sind die Merkmale von Lebenssituationen, in denen Handlungsfähigkeit eingeschränkt wurde bzw. wird?

Darüber hinaus muß man sich fragen: Wie werden die Situationen aus-

---

Unterrichtsgeschehens konstatiert. Beide Autoren haben jedoch eine Revision ihrer in den sechziger Jahren geschriebenen Didaktik vorgelegt oder angekündigt. Der Einfluß Robinsohns ist inzwischen bei fast allen Curriculumentwicklungsgruppen nachzuweisen; für das Konzept der Arbeitsgruppe Vorschulerziehung sind die Arbeiten Robinsohns und seiner Mitarbeiter konstituierend.
Klafki, W., Didaktische Analyse als Kern der Unterrichtsvorbereitung. In: Roth, H./Blumenthal, A. (Hrsg.), Didaktische Analyse. Hannover 1964; Hendrichs, W., Interview mit Wolfgang Klafki über Probleme und neue Aspekte der »Didaktischen Analyse«. In: Die Deutsche Schule, 64 (1972), H. 3, S. 138–148; Heimann, P./Otto, G./Schulz, W., Unterricht, Analyse und Planung. Hannover 1965; Schulz, W., Die Didaktik der »Berliner Schule« – revidiert. In: betrifft: erziehung, 5 (1972) H. 6, S. 19–32; Robinsohn, S. B., Bildungsreform als Revision des Curriculum und ein Strukturkonzept für Curriculumentwicklung. Neuwied/Berlin 1971.

3 Ende 1972.
4 Vgl. die Diskussion der Begriffe Autonomie und Kompetenz im Beitrag von J. Zimmer in diesem Band.

sehen, in denen Kinder – sei es als ältere Kinder, sei es als Erwachsene – einmal handlungsfähig sein müssen? Wie wird das dann erforderliche Handeln aussehen?

Diese Fragen lassen sich nicht eindeutig beantworten; die Auswahl ›bedeutsamer‹ Lebenssituationen – das heißt die Auswahl der Themen für die in didaktischen Einheiten angebotenen Erfahrungsmöglichkeiten – bleibt also eine didaktische Entscheidung, die wir zwar begründen, nicht aber stringent ableiten können: etwa aus einer Theorie gesamtgesellschaftlicher Prozesse. In unserem Bericht werden Themen, die den Ausgangspunkt für die Entwicklung didaktischer Einheiten bildeten, von der Analyse und Beschreibung einer beobachteten Situation her begründet, und es werden die Probleme dargestellt, die bei der Konstruktion der Einheiten auftauchten.

Bei der Frage nach dem didaktischen Arrangement möglicher Lernsituationen gehen wir von der Annahme aus, daß eine – auch in Situationen außerhalb des Kindergartens wirksame – Handlungsfähigkeit nur durch größtmögliche Übereinstimmung der Lernsituation mit der entsprechenden Lebenssituation erworben werden kann. Es ist jedoch noch keineswegs hinreichend ermittelt, inwieweit und auf welche Weise die vielschichtige gesellschaftliche Bedingtheit realer Handlungsfelder für kleine Kinder aufgeschlüsselt werden kann und muß, damit ihnen Erfahrungen und Erkenntnisse möglich werden, über die sie wirklich verfügen können.

Auch die Frage nach den Vorerfahrungen der Kinder ist noch ungenügend beantwortet. Wenn die Kinder in den Kindergarten oder die Vorschule kommen, sind sie bereits geprägt vom Sozialisationsfeld ihrer Familie, von einer Umwelt, deren Einflüsse wir nicht ausreichend kennen, deren Wirkungen wir aber bei jedem Lernangebot berücksichtigen müßten.

Die Erforschung dieser Einflüsse ist Teil der Curriculumentwicklung. Die Sozialisationsgeschichte der Kinder – auch die der Erzieher – und die Struktur bestimmter Lern- und Erkenntnisvorgänge sind wesentliche Variablen der Lernsituation. Der Aufsatz von Krappmann in diesem Band, verdeutlicht, wie notwendig es einerseits ist, die psychische Struktur und den sachstrukturellen Entwicklungsstand der Kinder bei Lernangeboten zu berücksichtigen, wie stark man daher aber auch andererseits auf die den Lernangeboten immanente Struktur achten muß.

Der vorliegende Bericht ist der Versuch von zwei Mitgliedern einer Entwicklungsgruppe, das curriculare Konzept dieser Gruppe zu konkretisieren. Die dabei beispielhaft angeführten didaktischen Einheiten enthalten notwendigerweise eine Fülle von nicht nur thematischen, sondern auch methodischen Entscheidungen, die auf Einschätzungen über die Bedeutsamkeit einer Thematik und Annahmen über den affektiven und kognitiven Entwicklungsstand der betreffenden Kinder beruhen. Die ausgewählten ›Bausteine‹ der Curriculumentwicklung provozieren und ermöglichen eine Begründung der Entscheidungen und Annahmen; alternative Entscheidungen sind aber durchaus denkbar und wünschenswert, sofern sie sich ebenfalls in einen Begründungszusammenhang einordnen lassen.

Mancher Leser wird einwenden, daß bei einem so ungesicherten Stand der Curriculumforschung die Entwicklung didaktischer Einheiten für Curricula ein Wagnis sei. Wir meinen dagegen, daß der Umsetzungsprozeß zwischen Theorie und Praxis nicht früh genug einsetzen kann, weil die Fragen, die sich bei dieser Umsetzung stellen, entscheidend dazu beitragen, auch die theoretischen Probleme schärfer zu fassen: Unser Verfahren kann der Theorie nur *nützlich* sein. Für die Praxis scheint uns unser Verfahren sogar *unumgänglich*: Erfahrungen und Kenntnisse werden wesentlich in der Interaktion von Kindern und Erziehern gewonnen, und didaktische Einheiten können darum nicht mehr sein als ein Rahmen, »innerhalb dessen für Lehrer und Schüler definierte Chancen liegen, sich produktiv mit dem angebotenen Ausschnitt von Realität gemeinsam zu beschäftigen«[5]. Bezieht man aber alle von einem Curriculum ›Betroffenen‹, nicht nur Kinder und Erzieher, sondern auch alle anderen für die Kinder im Rahmen des Curriculum wichtigen Erwachsenen mit ein, beteiligt man alle an der Herstellung, und das heißt auch an den Entscheidungen, so erscheint es immer weniger möglich, sich auf einen verbindlichen Katalog ›relevanter Lebenssituationen‹ einzulassen. Ein Verzicht darauf bedeutet allerdings, daß Erzieher fähig sein müßten, bedeutsame Situationen, die in den Erfahrungshorizont ihrer Kinder treten, zu erkennen und zu analysieren, und daß sie die Qualifikationen angeben können müßten, die – in unterschiedlichen Dimensionen – zur Bewältigung dieser Situationen notwendig sind. Didaktische Einheiten als Elemente des Curriculum hätten dann exemplarischen Charakter für ein solches Verfahren: Sie müßten jeweils exemplarisch sein für ganz unterschiedliche Bereiche gesellschaftlicher Wirklichkeit und für die unterschiedlichen Dimensionen möglicher Erfahrung und möglichen Kenntnisgewinns. Es müßte den Erziehern überlassen bleiben können, welche Situationen sie warum für ihre Kinder bedeutsam finden und wie sie sie letztlich arrangieren.

Die allgemeine Zielvorstellung des Curriculum, über das hier berichtet wird, besteht darin, Kindern bei der ›Bewältigung ihrer Lebenssituationen‹ und bei der ›Lösung von Lebensproblemen‹ dadurch zu helfen, daß man versucht, ihnen ›autonomes und kompetentes Handeln‹ zu ermöglichen. Diese Postulate dürfen nicht so eng verstanden werden, als ginge es uns

---

[5] Giehl, K. / Hiller, G., Verfahren zur Konstruktion von Unterrichtsmodellen als Teilaspekt einer konkreten Curriculumreform. In: ZfP, 16 (1970), H. 6, S. 749.

um ein ausschließlich problemorientiertes Lernangebot, das sich nur auf offenkundig stattfindende Konflikte bezieht. Jede Aktivität im Kindergartenalltag läßt sich als eine Lebenssituation verstehen, die Handlungsfähigkeit des Kindes verlangt. Deshalb setzen wir für den normalen Tagesablauf im Kindergarten voraus, daß er Selbstbestimmung zuläßt und Erfahrungen ermöglicht, deren Erwerb nicht explizit vorstrukturiert ist. In den didaktischen Einheiten greifen wir Situationen konflikt- und problemorientiert auf mit der Absicht, eine Handlungsfähigkeit der Kinder her- oder wiederherzustellen.

Wir beschreiben im vorliegenden Bericht den ›Situationsansatz‹ als didaktisches Prinzip. In einem ersten Kapitel wollen wir die – in den entsprechenden theoretischen Texten dieses Bandes – als notwendig begründeten Bausteine der Curriculumentwicklung an Beispielen verdeutlichen. In einem zweiten Kapitel werden pädagogische Konsequenzen dargestellt, die sich aus dem Ansatz ableiten lassen, und an Beispielen aus didaktischen Einheiten illustriert. Das dritte Kapitel beschreibt Materialien, die innerhalb eines solchen Konzepts sinnvoll sind.

1. Bausteine der Curriculumentwicklung

1.1 Zur Auswahl von Themen für didaktische Einheiten

Curriculumentwicklung, die sich auf ›reale Lebenssituationen‹ bezieht und Kindern dazu verhelfen will, in diesen zunehmend selbstbestimmt und selbständig handlungsfähig zu sein, steht vor dem Problem, Kriterien und Verfahren finden zu müssen, anhand derer sich ›Lebenssituationen‹ deutlich eingrenzen und als so ›relevant‹ ausweisen lassen, daß sie – exemplarisch für bestimmte Ausschnitte von Realität – als Erfahrungs- und Lernfelder in Form von didaktischen Einheiten in das Curriculum aufgenommen werden. Noch verfügen wir nicht über eine ›Situationstheorie‹, mit Hilfe derer aus der unbegrenzten Zahl möglicher Lebenssituationen solche hervorgehoben werden können, in denen selbständiges Handeln für Kinder dieser Altersstufe am wirksamsten ermöglicht werden kann und die im Sinne von anstehender Konfliktbewältigung am wichtigsten sind. Zwar könnte eine solche Theorie nur sehr allgemein altersspezifisch und milieuspezifisch bedeutsame Erfahrungsbereiche angeben – diese müßten in der konkreten Lernsituation allemal entsprechend dem Stand der individuellen Lerngeschichte und auf Erfahrungen der individuellen Lebensgeschichte hin differenziert werden –, aber die durch theoretische Abklärungen gefundenen Erfahrungsfelder könnten den Hintergrund bilden für die Suche nach solchen Situationen, deren subjektive Bedeutsamkeit sich erst in der

Der Situationsansatz als didaktisches Prinzip

diskursiven Verständigung mit denen erschließt, die darin handeln; bezogen auf ein Elementarbereichscurriculum also vorwiegend in der Verständigung mit Erziehern, Eltern und Kindern. Wir verstehen die Herstellung einer paradigmatischen Sammlung von bedeutsamen Lebenssituationen als Aufgabe des Curriculumentwicklungsprozesses und erproben zusammen mit Erziehern und Eltern ein diskursives Verfahren zur Aufklärung der ›subjektiven Bedeutsamkeit‹ solcher Situationen. Zum gegenwärtigen Zeitpunkt dieses Prozesses müssen wir uns bei jedem didaktischen Entwurf zunächst in einem Akt ›aufgeklärter Willkür‹ über die Eingrenzung einer Lebenssituation und Aspekte ihrer Bedeutsamkeit mit den Erziehern einigen und können erst während des gemeinsamen Entwicklungs- und Erprobungsverfahren entscheiden, ob ein gewähltes Thema wichtig genug für das Curriculum ist und sich zur Herstellung von Handlungsmodellen eignet.

Wir orientieren uns bei der Suche nach Themen an den allgemeinen Zielvorstellungen von ›Autonomie und Kompetenz‹ und suchen unter dem zunächst sehr groben Kriterium ›Herstellung bzw. Wiederherstellung von Handlungsfähigkeit‹ nach solchen Situationen, in denen selbständiges und selbstbestimmtes Handeln von Kindern verhindert ist. Unter diesen Situationen sind für ein Curriculum, das so etwas wie ›Einübung in Autonomisierung‹ sein will, nur solche sinnvoll, in denen die Handlungsmöglichkeiten von Kindern durch curriculare Interventionen tatsächlich erweitert werden können.

Wir haben bislang in der Arbeitsgruppe keinen Konsens über die Frage herstellen können, welche der auf diese Weise gefundenen Situationen denn nun als besonders relevant und exemplarisch für die Wirklichkeit, in der Kinder sich zurecht finden müssen, einzuschätzen seien. Ein Relevanzkriterium für die Thematisierung einer ›Lebenssituation‹ im Curriculum könnte sein, daß die in dieser Situation gemachten Erfahrungen lebensgeschichtlich besonders wirksam sind, ein anderes die Tatsache, daß die in dieser Situation erworbene Handlungsfähigkeit übertragbar auf eine Vielzahl anderer vergleichbarer Situationen ist. Besondere Relevanz könnte man auch einer Situation zuschreiben, die einen Bereich gesellschaftlicher Wirklichkeit umfaßt, in dem die Erfahrungen von Kindern besonders deutlich Merkmale der Erfahrungen von Erwachsenen dieser Gesellschaft zeigen. Ein wesentliches pragmatisches Kriterium könnte nicht zuletzt sein, daß besonders solche Situationen relevant für ein Elementarbereichscurriculum sind, die im Kindergarten stattfinden oder in den Kindergarten hineinreichen, weil bei diesen Situationen die Chance des Curriculum, etwas zu bewirken, am größten ist – vorausgesetzt, es ist unter Beteiligung der Erzieher entstanden.

Der Curriculumentwicklungsprozeß muß – bezogen auf die Auswahl

der Themen – Anwort auf die folgenden Fragen bringen:
– Genügt es – da es um Herstellung von Handlungsfähigkeit geht –, charakteristische Situationen zu suchen, in denen sich weitgehend alle Kinder einer bestimmten Altersstufe zurechtfinden müssen? Das hieße, jene Fähigkeiten, Fertigkeiten und Verhaltensstrategien ausfindig zu machen, die Kinder zur Bewältigung des Alltags in der Familie, im Kindergarten, auf der Straße, beim Spielen, beim Umgang mit Medien u. ä. benötigen. Dabei wäre zu beachten, daß solche allgemeinen Alltagserfordernisse bereits wieder unterschiedlich wichtig für Kinder verschiedener Herkunft sein können.
– Sollen – da es um die Herstellung der Fähigkeit geht, sich autonom, d. h. relativ selbstbestimmt, den eigenen Bedürfnissen und der Situation angemessen zu verhalten – vorwiegend solche Situationen ausgewählt werden, in denen mögliche Autonomie von Kindern bislang verhindert wird durch unangemessene Einschränkungen von Erwachsenen oder äußere Bedingungen? Können – und wenn ja, in welcher Art und Weise – auch solche Situationen in einem Curriculum festgehalten werden, in denen Kinder durch biographisch zu verstehende Ängste oder starre Verhaltensmuster ihren Handlungsspielraum selbst einschränken, weil sie ihn aus der lebensgeschichtlichen Erfahrung heraus einschränkend interpretieren?
– Sollen – da es um angemessene Konfliktbewältigung geht – bevorzugt Konfliktsituationen thematisiert werden (Konflikte z. B. um Besitz, Macht, Zuwendung...), um Kindern zu angemessenen Problemlösungsstrategien zu verhelfen, damit sie nicht durch blinde Aggressionen oder Fluchtmechanismen handlungsunfähig werden oder bleiben?
– In welchem Umfang müssen – da es auch um Ermöglichung von Handlungsfähigkeit in zukünftigen Situationen geht – solche Situationen vorweggenommen werden, von denen man mit einiger Sicherheit annehmen kann, daß Kinder in näherer oder weiter Zukunft in sie geraten werden (z. B. den Übergang in die Schule, die Einlieferung in ein Krankenhaus, die Veränderung der Familienkonstellationen...)?
– Lassen sich bestimmte Situationen – wenn man davon ausgeht, daß auch die Erfahrungen von Kindern durch gesamtgesellschaftliche Strukturen bedingt sind – durch Ableitungen aus einer Theorie der Gesellschaft dadurch als besonders ›relevant‹ bezeichnen, daß man ihre Abhängigkeit von gesellschaftlichen Verhältnissen als besonders schwerwiegend nachweisen kann?

Für die Entwicklung von Curricula im Bereich des sozialen Lernens hat die Beantwortung der letztgenannten Frage große Bedeutung. Politisch engagierte Curriculumentwicklungsgruppen neigen dazu, die Legitimation curricularer Inhalte auf die Ableitungsproblematik hin zu reduzieren.

Auch wir haben zunächst einen Katalog von Situationen aufzustellen versucht, in denen z. B. die Abhängigkeit familiären Lebens von den Produktionsverhältnissen, die Funktion bestimmter Institutionen und Dienstleistungsbetriebe innerhalb des Herrschaftssystems, die hinter der Raum- und Konsumplanung stehenden Interessen, die Systemstabilisierung durch Gastarbeiter und Randgruppen u. ä. deutlich werden. Aus einer solchen Deduktion ergeben sich folgerichtig Themen wie Familie, Wohnen, Arbeit, Urlaub, Werbung, Umweltzerstörung, Gastarbeiter, Analyse von Institutionen und Dienstleistungsbetrieben. Und zweifellos trifft für diese Themen zu, daß auch kleine Kinder in den bezeichneten Bereichen betroffen sind: Sie erleben die von der Arbeit entnervten Eltern, leiden unter zu kleinen Wohnungen und nicht vorhandenen Spielplätzen, dem verbotenen Zugang zum See und den verschmutzten Flüssen. Sie werden von Eltern und Erziehern unter den Streß einer Leistungsschule gezwungen und sind – wenn sie krank sind – die Leidtragenden eines sich immer noch an der Klassengesellschaft orientierenden Gesundheitswesens. Sie unterliegen dem Konsumterror und gleichzeitig der Unerfüllbarkeit der Bedürfnisse, die die Werbung weckt.

Einmal abgesehen von der Tatsache, daß die theoretische Diskussion über die gesamtgesellschaftliche Bestimmung solcher Subsysteme sozialen Handelns äußerst kontrovers ist[6], haben wir die Erfahrung gemacht, daß sich diese Diskussion auf einem – von den tatsächlichen Erlebnissen der Kinder weit entfernten – abstrakten Niveau befindet. Wir konnten aus theoretischen Ableitungen zwar rationale Erkenntnisse über gesellschaftliche Zusammenhänge formulieren und sie an konkreten Beispielen exemplifizieren – Gesellschaftstheorie ist also für unsere Interpretation kindlicher Erfahrungen wichtig –, wir konnten aufgrund dieser Erkenntnisse jedoch keine Handlungsmodelle entwerfen, die den Kindern einen Begriff oder auch nur eine Ahnung von allgemeinen gesellschaftlichen Strukturen vermittelt hätten. Und manche von uns bezweifeln inzwischen auch, ob solche Erkenntnisse für kleine Kinder überhaupt von Belang sind, wenn es keine entsprechenden Handlungsmöglichkeiten für sie gibt.

Darüber hinaus haben wir die Gefahr bemerkt, daß bei der Deduktion ›relevanter Lebenssituationen‹ aus gesamtgesellschaftlichen Theorien fast ausschließlich solche Lernfelder für das Curriculum ausgewählt werden, für deren Relevanz man eine theoretische Ableitung parat hat, daß man

---

6 Vgl. dazu: Altvater, E. / Huisken, F. (Hrsg.), Materialien zur Politischen Ökonomie des Ausbildungssektors. Erlangen 1971; Huisken, F., Zur Kritik bürgerlicher Didaktik und Bildungsökonomie. München 1972; Baethge, M., Abschied von Reformillusionen. In: betrifft: erziehung, 5 (1972), H. 11, S. 19–28; Nyssen, F. (Hrsg.), Schulkritik als Kapitalismuskritik. Göttingen 1971; Heinsohn, G., Vorschulerziehung und Kapitalismus. Frankfurt 1971.

zugleich wesentliche andere Erfahrungsfelder übersieht, deren Bedeutsamkeit sich erst durch die Reaktionen derer erschließt, die in ihnen handeln. Alle Lebenssituationen werden ja immer aus einer bestimmten lebensgeschichtlichen Perspektive heraus erlebt. Sie können also auch nur adäquat ›bewältigt‹ werden, wenn Veränderungen an den je spezifischen individuellen, sozialen und sachlichen Schwierigkeiten ansetzen und bezogen sind auf die je spezifischen Bedingungen, unter denen aktuell Situationsbewältigung möglich ist. Didaktische Entwürfe können demnach nur dann sinnvoll sein für die Praxis, wenn Kinder, Erzieher und Eltern in den thematisierten Problemen und vorgeschlagenen Handlungsmodellen ihre eigene Situation wiedererkennen.

Das ist die Schwierigkeit, der wir uns bei der situationsbezogenen Curriculumentwicklung gegenübersehen: Wir wollen Themen aus beobachteten Situationen erschließen, müssen dann aber notwendigerweise generalisieren können, um ein implementierbares Curriculum herzustellen; wir wollen in didaktischen Einheiten ein breites Spektrum möglicher Erfahrungen ansprechen, müssen aber zugleich so offen und allgemein schreiben, daß deutlich bleibt, daß jedes Thema (jede Situationsbeschreibung also) und jeder Handlungsentwurf immer der Interpretation und Korrektur derer bedarf, auf die er sich beziehen will.

Zur Zeit gewinnen wir unsere Themen dadurch, daß wir Kinder beobachten mit der Frage: In welchen Situationen und aufgrund welcher Bedingungen sind sie handlungsfähig? Wir bemühen uns einerseits einzuschätzen, ob die Struktur der Situation Einschränkung der Handlungsfähigkeit erzwingt, d. h. ob Kinder von Erwachsenen unterdrückt, überfordert, mißverstanden werden (und auch entsprechend miteinander umgehen), wann sie unnötig gezwungen oder ohne den Schutz und die Orientierung bleiben, die sie brauchen. Wir sehen andererseits Kinder, die sich in bestimmten Situationen – oder immer wieder gleich – gehemmt, mutlos, ängstlich oder starr verhalten. Wir versuchen, das Verhalten der Kinder so zu erfassen, daß wir angeben können, durch welche Ängste, Hemmungen, Verdrängungen, starren Verhaltensmuster und unzureichenden Wahrnehmungs- und Informationsverarbeitungsstrategien ihre Handlungsfähigkeit in einer bestimmten Situation eingeschränkt ist. Wir verstehen dieses Verhalten nicht isoliert, sondern interpretieren es als Ausdruck der Summe lebensgeschichtlicher Erfahrungen.

Bedenkt man die Möglichkeit, daß ein Kind über eine bestimmte Fähigkeit entweder nicht oder nur unzureichend verfügt – etwa von seinen Wünschen nicht sprechen kann – oder dies lediglich in einer bestimmten Situation vermeidet – aus Angst vor einem zynischen Erzieher z. B. –, dann wird klar, daß man die Strukturmerkmale einer Situation ebenso analysieren muß wie das Verhalten der in der Situation handelnden Kin-

Der Situationsansatz als didaktisches Prinzip

der. Wir interpretieren deshalb beobachtetes Verhalten immer auch in bezug auf die objektive Struktur der Situation, also auf das Maß an Unverständnis, Bevormundung, Leistungsanforderung und Zwang, das dem Kind entgegengebracht wird, und auf das Maß an Undurchschaubarkeit und Fremdheit, das diese Situation für es enthält.

1.2 Zur Beschreibung und Analyse von Lebenssituationen

Zur Einschätzung der Lebenssituationen, die bei diesem Suchverfahren ermittelt werden – sie sind größtenteils gekennzeichnet durch in ihnen ablaufende Interaktionsprozesse von Kindern und Erwachsenen und von Kindern untereinander – benötigt man einmal Informationen über die sogenannten Eingangsqualifikationen der Kinder und zum anderen Informationen über die Strukturmerkmale und Erfordernisse der Situation. Da es sich häufig um bislang wenig erforschte Bereiche handelt, sind wir auf eigene *Situationsrecherchen vor Ort* angewiesen: Wir lassen Psychologiestudenten Explorationsgespräche mit Kindern z. B. über die Ängste führen, die sie haben, wenn sie irgendwo alleingelassen werden; wir lassen wissenschaftliche Beobachter Konflikte beobachten, die z. B. zwischen kleinen und größeren Kindern auf dem Spielplatz, in Familien, im Kindergarten entstehen; wir lassen Interviewer Gespräche mit Eltern führen, z. B. über den Freiheitsspielraum, den sie ihren Kindern gewähren, oder über Einstellungen und praktische Verhaltensweisen gegenüber den Ängsten ihrer Kinder, die entstehen, wenn sie sie z. B. allein zu Hause lassen müssen. Die Erzieherinnen können in Zusammenarbeit mit Eltern spezifisch örtliche Erfahrungen der Kinder recherchieren – etwa die Bedingungen der zuständigen Grundschule, des örtlichen Krankenhauses. Wir selbst versuchen durch teilnehmende Beobachtungen z. B. die Merkmale des Kindergartenalltags zu erfassen und im Verständigungsprozeß mit den Erzieherinnen zu interpretieren.

Die auf diese und ähnliche Weise gewonnenen Informationen werden ergänzt durch Informationen aus verschiedenen Veröffentlichungen, die zu allgemein als wichtig ›anerkannten‹ Lebenssituationen – z. B. der Krankenhaus- oder Grundschulmisere – reichlich vorliegen.

Einen wichtigen Beitrag können sogenannte *Fallbeschreibungen* zur Situationsaufklärung leisten. Gedacht ist dabei an veröffentlichte Berichte von Eltern über ihre Kinder (z. B.: Beobachtungen über Veränderungen ihres Kindes während und/oder nach einem Krankenhausaufenthalt), Aussagen von Wissenschaftlern über ›Fälle‹ aus der Praxis (z. B. Berichte von Psychotherapeuten über bestimmte, bei vielen Kindern beobachtbare Konflikte zwischen Geschwistern), Erzählungen der Kinder über selbsterlebte Situationen (z. B. Kinderprotokolle über ihre Ängste, wenn sie nachts allein zu Hause sind), Berichte von Erziehern aus ihrer Praxis (z. B. wie in ihrer Kindergruppe das Problem der Integration eines behinderten Kindes gelöst wurde) und schließlich Aussagen auch anderer an der Situation beteiligter Personen (im Beispiel des Krankenhauses also auch von Ärzten und Pflegepersonal). In diesen Fallschilderungen sollen möglichst viele ›Betroffene‹ zu Wort kommen, so daß ein breites Spektrum an Interpretationen, Meinungen und Erfahrungen zu einer Situation zur Verfügung steht.

Berichte aus Presse, Funk und Fernsehen können dazu beitragen, daß Situationen veranschaulicht und in ihrer Dringlichkeit und Aktualität gesehen werden.

Zur Sachinformation gehören auch – soweit vorhanden – *empirische Untersuchungen* (z. B. standardisierte Untersuchungen über Veränderungen bei Kindern nach der Entlassung aus dem Krankenhaus oder über den Zusammenhang zwischen Selbstwertgefühl und aggressivem Verhalten) sowie *statistische Erhebungen* über objektive Merkmale einer Situation (z. B. durchschnittliche Anzahl der Kinder pro Krankenschwester). Sind Erhebungen aus verschiedenen Ländern zugänglich, so kann ein Vergleich den Anstoß geben, Veränderungen einer Situation für machbar zu halten und nach Realisierungsmöglichkeiten im eigenen Land zu suchen.

Die Aufarbeitung *wissenschaftlicher Literatur* ist ein wichtiges Verfahren zur Situationsaufklärung. Wir versuchen, den Erziehern und Eltern – je nach Situation unterschiedliche – ausgewählte Abschnitte aus der Entwicklungs-, Tiefen- und Sozialpsychologie, der Soziologie, Pädagogik und Gesellschaftstheorie zu vermitteln, um ihnen die Hintergründe der Situationen aufzuhellen, in denen sie sich mit den Kindern befinden. Um die Motivation und Bereitschaft der Erzieher und Eltern zu steigern, eigene Aktivitäten zur Veränderung einer Situation zu beginnen, können *Berichte* über Erfolge oder Mißerfolge und die Wahl der Methoden bereits durchgeführter Initiativen sinnvoll sein. Solche Berichte können aus einer Erprobungsphase didaktischer Einheiten stammen, können aber auch Erfahrungsberichte anderer Elterninitiativgruppen sein.

Solche – aus unterschiedlichen Quellen und mit unterschiedlichen Verfahren gewonnenen – Informationen über eine Lebenssituation sind Grundlage für eine *Beschreibung* und *Interpretation der Situation,* die am Anfang des von Erziehern und Wissenschaftlern gemeinsam durchzuführenden Curriculumentwicklungsprozesses steht. Alle Aspekte der Situation, zu denen Erfahrungen, Informationen, Theorien, Hypothesen, Analysen oder Vorstellungen verfügbar sind, werden beschrieben, interpretiert und nach Möglichkeit mit Quellen belegt. Dabei bleibt ein solches *Dossier* prinzipiell offen für neue Informationen und widersprüchliche Erfahrungen und veränderbar für damit verbundene andere Interpretationen.

Mit Hilfe dieser Zusammenstellung von Situationsinformationen beschreiben wir nicht eine aktuell beobachtete Situation, sondern wir zeigen ein bestimmtes Problemfeld. Damit gibt man den Erziehern Beobachtungshilfen und Hinweise zur Einschätzung derjenigen Realsituationen, von denen sie und ihre Kindergruppe in je spezifischer Weise betroffen sind. Wir haben vor, solche spezifischen und von unserer Beschreibung möglicherweise abweichenden Einschätzungen realer Situationen in der Erprobungsphase zu sammeln und sie dem Curriculum beizufügen, um damit den Erziehern in der Implementationsphase deutlich zu machen, daß das Curriculum ihrer *eigenen* Situationseinschätzung immer bedarf.

Eines der Problemfelder, auf das Eltern und Erzieher hingewiesen haben und dessen Bedeutsamkeit auch aus Berichten der therapeutischen Beratungspraxis zu entnehmen ist, umfaßt Konflikte, die größere Kinder im Umgang mit kleineren haben, sei es aus Mißverständnissen, sei es aus tiefen Liebesverlustängsten oder verdrängten Regressionswünschen, sei es aus bedrohtem Selbstwertgefühl oder aus der berechtigten Reaktion auf verständnisloses und unangemessenes Erwachsenenverhalten heraus.

Um den Entwicklungsprozeß einer didaktischen Einheit zu diesem Problemfeld in Gang zu setzen, um also mit den Erziehern über dieses Problemfeld ins Gespräch zu kommen und ihre eventuell andersartige Einschätzung der Situation zu hören, um von ihnen zu erfahren, inwieweit sie die angeschnittenen Probleme für wichtig halten, um herauszufinden, zu welchen Aspekten wir uns um detaillierte Informationen bemühen müssen, haben wir folgende (vorläufige) ›Situationsbeschreibung‹ – die zunächst die Konflikte aus der Sicht der älteren Kinder in der Gruppe darstellt – vorgelegt[7].

Wenn ein kleines Kind mit Fünfjährigen spielt, dann gibt es häufig Krach: Das Kleinere hält sich nicht an die Spielregeln der Großen (zum Beispiel ›verrät‹ es beim Versteckenspielen dem suchenden Kind die Verstecke der anderen Kinder). Es findet an dem Spiel ganz andere Aspekte interessant (es wirft zum Beispiel den von dem Fünfjährigen mühselig aufgebauten Turm um und freut sich über den Krach, den das macht, es zermatscht den eben kunstvoll modellierten Tonigel zu einem unförmigen Klumpen, weil man mit dem Material so schön matschen kann). Es macht aus Unbeholfenheit Dinge der Größeren kaputt (stößt zum Beispiel aus Versehen den Farbtopf um und bekleckert damit das schöne Bild des Älteren, zieht an der Tischdecke, bis der Legoflugzeugträger herunterfällt und in lauter Einzelteile zerspringt, fällt über die neugebastelte Laterne und zerdrückt sie dabei).

Die Reaktion der Älteren auf solche Situationen ist wütende Ablehnung der Kleineren: »Du spielst jetzt nicht mehr mit, Du bist zu doof dazu.« Sie beschimpfen den Kleineren »hau ab, Du machst mir alles kaputt, Du störst mich« oder machen von ihrer Machtposition Gebrauch, schubsen ihn weg, boxen ihn oder

---

[7] Das Beispiel ist einer Skizze zu der didaktischen Einheit »Ich bin 5 Jahre alt« entnommen.

machen aus Rache ihrerseits dem Kleinen Spielzeug kaputt. Die Folge: Der Kleine heult und rennt zu einem Erwachsenen und ›petzt‹: »Die lassen mich nicht mitspielen, der haut mich«, der Große ist zornig und will mit dem Kleinen überhaupt nichts mehr zu tun haben, will von dem »doofen« und »gemeinen« Kerl nicht mehr gestört werden. Dabei fragen die Fünfjährigen nicht nach den Gründen des Verhaltens Kleinerer: Ist das Malheur deshalb passiert, weil der Kleine noch so unbeholfen ist? Weil sein Spielinteresse dem Kaputtwerfen und Krachmachen gilt? Weil er den Sinn von Spielregeln noch nicht einsehen kann? Sie urteilen von sich aus: »Wenn mir einer mein Spielzeug kaputt macht, ist das böse Absicht«.

Rennt nun der Ältere ebenfalls zu dem Erwachsenen, um sich über das ›gemeine‹ Verhalten des Jüngeren zu beschweren und von höherer Stelle Unterstützung für die Berechtigung seiner Wut zu bekommen, sieht er sich häufig sehr enttäuscht: Der heulende Kleinere wird keineswegs zur Rechenschaft seines Verhaltens gezogen, er wird getröstet und in Schutz genommen, er bekommt zur Beruhigung vielleicht ein Bonbon und wird auf den Arm genommen. Der Größere kommt kaum zu seinem ›Recht‹. Er wird zurechtgewiesen »deshalb brauchst Du ihn doch nicht gleich so grob wegzuschicken, so anzuschreien und zu hauen, er ist doch noch so klein«, vielleicht ausgeschimpft »da siehst Du, was Du wieder angestellt hast, jetzt weint der Kleine wieder!«, »daß Du mir das nicht noch mal machst, geh jetzt weg!« oder gar noch härter: »zur Strafe gehst Du jetzt nicht mit auf den Spielplatz.«

Diese Reaktionen des Erwachsenen gegen seine Bedürfnisse kann der Ältere nicht verstehen: *Er* braucht doch Trost, *ihn* hat man doch gestört, *seine* Sachen sind jetzt kaputt, alle sind ›ungerecht‹ gegen *ihn*.

Ebenso ungerecht behandelt und mißverstanden fühlt sich mancher Ältere in familiären Situationen: Die kleinere Schwester beansprucht die Mutter so sehr, daß für ihn kaum Zeit bleibt. Die Kleine erfährt sehr viel mehr *Zuwendung* und *Aufmerksamkeit* als er selbst. Sie wird immer auf dem Arm getragen, er darf nicht mehr bei der Mutter kuscheln; wenn die Tante kommt, wird das Kleine gehätschelt, er nicht; mit der Kleinen spielt sogar der Papa, wenn er abends müde nach Hause kommt; wenn man etwas unternehmen will, heißt es: »aber Baby muß erst noch sein Fläschchen kriegen«, »muß erst noch warm angezogen werden«.

Das ältere Kind findet es schmerzhaft ungerecht, daß dasselbe Verhalten »einer nimmt dem anderen Spielzeug weg« je nach dem Alter des Kindes unterschiedlich beurteilt wird. Diese Verhaltensweisen der Erwachsenen werden ohne Erklärung und Begründung vom Fünfjährigen häufig so interpretiert, daß ihn wohl keiner mehr lieb hat oder wichtig findet, daß er immer dann, wenn es ein kleineres Kind gibt, mehr oder weniger überflüssig geworden ist, daß er meist stört, wenn es seine Bedürfnisse anmeldet, und daß er sich plötzlich vernünftig und einsichtig verhalten soll wie ein ganz Großer, der er doch noch gar nicht ist. Wenn ältere Kinder über diese Gefühle nicht reden können, wenn sie die Gründe für das andere Verhalten der Erwachsenen zu kleineren Kindern nicht verstehen lernen, wird das Kind sich von Erwachsenen in der beschriebenen Weise abgelehnt fühlen und dementsprechend reagieren. Entweder zieht es sich in Isolation zurück, oder es beginnt mit aggressiven Attacken die Aufmerksamkeit der Erwachsenen zu provozieren, oder es verfällt in sogenannte Regression, d. h. es verhält sich wieder wie ein Baby – Daumenlutschen, Einnässen, Babysprache, Weinerlichkeit – und zeigt sich erst zufrieden, wenn es wie ein solches behandelt wird.

Daß sich hinter solchen Symptomen Angst vor dem Liebesverlust der Bezugsperson und deshalb Rivalität gegenüber dem jüngeren Kind, »das mir die Mutter wegnimmt«, verbergen kann, zeigen zwei Spielergebnisse mit dem Scenotest aus der Erziehungsberatungspraxis (Spieltest mit wichtigen Personen – Großeltern, Eltern,

Der Situationsansatz als didaktisches Prinzip

Kindern, Baby – und Wohnungsmobiliar, der die Kinder anregt, ihre eigene Situation und ihre Probleme darzustellen): In dem einen Fall wurde während des Spiels die Babypuppe Kopf voraus ins Klo gesteckt und mit großer Vehemenz weggespült, in dem anderen Fall flog die Babypuppe in hohem Bogen aus dem ganzen Spielfeld hinaus unter den Schrank. Auf die Aufforderung des Erziehungsberaters nach dem Spiel, die am Boden liegende Babypuppe wieder einzusammeln, wurde überhaupt nicht reagiert.

Eine nach dem nicht-direktiven Therapieverfahren arbeitende Grundschullehrerin ließ Kinder Geschichten diktieren »über Dinge, die uns ärgern«, und der 7jährige Otto diktierte[8]:

»Es macht mich wütend, wenn meine Mutter mich schlägt und meinen Bruder nicht, obwohl er dasselbe getan hat wie ich. Wenn wir in ein Kaufhaus gehen, versuche ich, meinen kleinen Bruder zu verlieren. Er ist kleiner als ich, und Sie wissen ja, wie groß die Kaufhäuser sind. Wenn ich meine Eltern um irgend etwas bitte, und sie geben es mir nicht, werde ich wütend. Ebenso wenn mein Vetter kommt und ich bitte sie um ihre Karten, damit wir spielen können, und sie dann nein sagen. Hauen sie mich, fang ich an zu schreien. Ich brülle so, – so laut ich nur kann. Dann schicken sie mich ins Bett. Plötzlich höre ich auf zu schreien und spiele mit meinen Murmeln oder meinen Würfeln. Sie sagt zu Papa: »Hör mal, der fühlt sich da sehr wohl«, und Pappi sagt dann: »Steh wieder auf«, und ich muß wieder aufstehen. Gestern hab ich Willi wild gemacht. Er hatte eine kleine Wasserflasche mit einem Korken und schlug dauernd damit auf den Boden, und ich sagte immerzu: »Schlag noch doller, Willi«, und er tat das auch so lange, bis die Flasche schließlich kaputt ging. Dann bekam er eine Flasche mit Waschblau, und ich ging raus in den Garten, als ich aus der Schule kam und holte einen Topf mit Sand und sagte dann dauernd: »Gieß ein bißchen rein, Willi.« Er tat das, und ich sagte immer weiter: »Mehr, noch ein bißchen«, und schließlich hatte er kein Waschblau mehr. Und dann hab ich ihn ausgelacht, weil er so dumm war und mir alles gegeben hatte, und er weinte, und meine Mutter schrie mich an und schlug mich und gab ihm neues Waschblau, und ich wurde wütend. Sie sagte, ich würde Willi ausnutzen, aber ich sagte, Willi sei ein Idiot und sie holte mich rein und ließ mich auf einem Stuhl sitzen, und ich wurde wütend, und dann weinte ich auch, weil sie immer viel netter zu Willi ist als zu mir.«

Die Therapeutin, aus deren Buch das Beispiel entnommen ist, erklärt:

»Die Überlegung, daß er sich unglücklich fühle, weil die Mutter Willi mehr Aufmerksamkeit schenkt als ihm, würde Otto sicher weiterhelfen, als wenn man darauf hinwiese, daß er den Zweieinhalbjährigen tatsächlich ausnutze. Als Otto seine Gefühle ausdrückte, leuchteten seine Augen. Er lächelte, als er von dem Guten berichtete, das er für seinen Bruder tat. Sein Gesichtsausdruck wurde ernster, als der Lehrer sagte: »Du wünschst dir, daß deine Mutter dich ebenso viel beachten soll wie Willi.« Dann kam wie ein Hintergedanke heraus: »Lange Zeit war ich das einzige Kind.« Dabei schwang eine Sehnsucht in seiner Stimme mit, der man entnehmen konnte, daß Ottos Gefühle durch die Ankunft des kleinen Bruders verletzt worden waren ...«

---

8 Die Beispiele sind entnommen aus Axline, V. M., Kinder-Spieltherapie. München–Basel 1972, S. 140–142.

»Der 7jährige Hannes, der einen sehr niedergeschlagenen Eindruck macht, diktiert:

Meine Mutter liebt meinen Bruder, mich mag meine Mutter nicht. Mein Vater liebt meinen Bruder. Mich mag mein Vater nicht. Alle mögen sie meinen Bruder. Keiner mag mich. Ich hasse auch alle.

In diesem Fall ist der Bruder ein reizender blonder 2jähriger Bengel mit Grübchen.«

»Das schluchzende Wehklagen des 7jährigen Gerhard ist herzzerreißend, wenn es auch gar nichts außergewöhnliches ist:

Meine Mutter will, daß ich zur Schule gehe. Mein Vater will, daß ich zur Schule gehe. Großmutter will, daß ich zur Schule gehe. Großvater will, daß ich zur Schule gehe. Tante Anna will, daß ich zur Schule gehe. Alle wollen sie, daß ich zur Schule gehe. Sie haben zu Hause ein neues Baby«.

Die Therapeutin erklärt:

»Der Lehrer kann solchen Kindern helfen, indem er die Gefühle erkennt, die sie ausdrücken und sie auf die Kinder reflektiert. Das verhilft ihnen zu Einsicht und Verständnis. Ihre Gefühle kommen heraus und werden nicht unterdrückt.«

Die hier an der Geschwisterbeziehung verdeutlichten Situationen und Probleme zwischen jüngeren und älteren Kindern sind keineswegs auf diese beschränkt, sondern sind in modifizierter und abgeschwächter Form in allen Gruppen vorhanden, in denen kleinere und größere Kinder miteinander zu tun haben (zum Beispiel gemischte Kindergartengruppe, Kindergruppe auf dem Spielplatz, Kinder aus der Nachbarschaft). Die älteren Kinder erleben also die Situationen unter verschiedenen Aspekten:

In ihrem Bedürfnis nach *Zuwendung* können sie das beschützende und versorgende Verhalten Erwachsener Babys und Kleinkindern gegenüber als Liebesentzug empfinden und mit regressiven Verhaltensweisen beantworten. Ihr Bedürfnis nach *Aufmerksamkeit* wird von Erwachsenen häufig mißachtet, indem sie sich weit mehr mit den kleineren Kindern beschäftigen, so daß das größere Kind annehmen muß, es selbst sei unwichtig, und mit Aggressionen oder Resignation reagiert.

In ihrem Bedürfnis nach *gerechter Behandlung* sehen sich ältere Kinder häufig enttäuscht, wenn gleiches Verhalten kleinerer und größerer Kinder von den Erwachsenen unterschiedlich beurteilt wird. In ihrem Bedürfnis nach *kindgemäßer Behandlung* fühlen sich ältere Kinder durch die doppelte Anforderung an sie – nämlich Verständnis für die Kleinen sowie für das Verhalten der Erwachsenen zu haben – häufig überfordert. In ihren *Beziehungen zu jüngeren Kindern* entstehen häufig dadurch Mißverständnisse und Konflikte, daß das ältere Kind das jüngere als ebenbürtigen Partner mißversteht und deshalb sein Verhalten falsch interpretiert. So ergeben sich Rivalitäten, Neidgefühle, Enttäuschungen und Ablehnung der Kleineren.

In ihrer *Suche nach Identität* und Selbstwert haben sie häufig wenig Chancen, zu erfahren, daß 5-Jahre-Sein eine eigenständige Qualität ist, man also weder zum Baby regredieren noch sich als Mini-Erwachsener überfordern lassen muß. Baby-Sein-Wollen oder eine emotionsarme Altklugheit sind häufige Symptome von Kindern, die in ihrem Selbstwertgefühl verunsichert sind.

Wir fassen eine solche generalisierte Beschreibung und Interpretation eines komplexen Problemfeldes gleichsam als Suchraster auf, das der Erzieherin dabei helfen soll, den konkreten Ausschnitt der Realität zu finden, der sie und ihre Kinder betrifft. Die tatsächlichen Lebenssituationen, in denen sich bestimmte Kinder zu bestimmter Zeit und an bestimmten Orten befinden, können nicht von vornherein beschrieben werden. Letztlich können nur die augenblicklich Beteiligten erkennen, welches ihre Probleme und die Hintergründe dieser Probleme sind. Die Situationsbeschreibungen des Curriculum (sowie die Qualifikationsbestimmungen und Projektvorschläge) können also bestenfalls Hilfen sein, mit denen die Erzieherin beobachtet, die Lage der Kinder einschätzt, den notwendigen und möglichen Fähigkeitszuwachs feststellt und mit didaktischen Arrangements zu erreichen versucht.

1.3 Zur Bestimmung von situationsbezogenen Qualifikationen

Wir entwickeln didaktische Einheiten für noch nicht schulpflichtige Kinder, in denen sie Qualifikationen erwerben können sollen, die ihnen autonomes und kompetentes Handeln ermöglichen. Wir wollen ihnen Erfahrungen anbieten, in denen sie eigene Bedürfnisse behaupten lernen und die Wahrnehmung und Berücksichtigung fremder Erwartungen üben können. Und wir wollen ihnen Hilfen geben, damit sie Strategien und Fertigkeiten zur Verarbeitung realer Erfahrungen im Umgang mit Menschen und ihrer materialen Umwelt entwickeln können. Da die Möglichkeit, in Situationen selbstbestimmt zu handeln, häufig nur durch gemeinsames Handeln der Betroffenen hergestellt werden kann, verstehen wir die Fähigkeit zu solidarischem Handeln als eine Grundqualifikation. Worin ›autonomes und kompetentes Handeln‹ besteht, läßt sich zwar allgemein als Konstrukt von Grundqualifikationen bestimmen[9], nur bedarf dieses Konstrukt immer der Konkretisierung für die jeweilige Situation, in der diese Fähigkeiten benötigt werden. Deshalb versuchen wir, die wesentlichen Merkmale einer Situation so genau wie möglich zu erfassen, um von daher die auf Zuwachs von Handlungsmöglichkeiten zielenden Qualifikationen angeben zu können. Am Beispiel des Zusammenlebens von größeren und kleineren Kindern:

An dieser ›Situation‹ fallen folgende Merkmale auf: Einmal geht es in der Beziehung der Kinder untereinander darum, daß Handlungen und Intentionen der Kleineren aus Unkenntnis von den Größeren mißinterpretiert werden. Zum anderen wird an den Bedürfnissen der Größeren nach Zuwendung und Aufmerksamkeit bzw. an den Reaktionen auf einen entsprechenden Mangel die Bedeutung der Bezugsperson klar. Als drittes Situationsmerkmal werden fehlerhafte oder verständnislose Verhaltens-

[9] Vgl. hierzu L. Krappmanns Ausführungen über das Konstrukt einer autonomen Ich-Organisation in diesem Band.

weisen von Erwachsenen gegenüber Kindern verschiedenen Alters deutlich. Daraus kann man – immer noch relativ allgemein – Qualifikationen ableiten, die etwa folgendermaßen umschrieben werden können: Um Mißverständnisse gegenüber Kleineren zu vermeiden und Konflikte mit ihnen angemessener lösen zu können, könnten für ältere Kinder Einsichten in Entwicklungsstand, Fähigkeiten und Bedürfnisse von kleinen Kindern wichtig sein. Um Liebesverlustängste zu mildern, müssen Kinder sie zugeben oder ausagieren dürfen. Um Änderungen von unerträglichen Situationen zu erreichen, müssen Eltern ihr Verhalten überprüfen: Kinder können dabei helfen und Änderungsvorschläge anbringen. Hier wird ein besonderes Merkmal eines situationsbezogenen Curriculum deutlich: Bewältigung von Situationen hängt nicht allein vom Qualifikationszuwachs der Kinder ab. Diejenigen, von denen die soziale Struktur einer Situation im wesentlichen beeinflußt wird, in den meisten Fällen also Erzieher und Eltern, häufig auch andere in der Situation Handelnde, müssen an ihrer Veränderung beteiligt werden: Qualifikationsbestimmung also in diesen Fällen auch für Eltern und Erzieher.

Solche Qualifikationen lassen sich – zumindest schwerpunktmäßig – unterscheiden: Nach W. Schulz[10] lassen sich Qualifikationen in der kognitiven, affektiven und pragmatischen Dimension bestimmen. Es handelt sich hier um eine rein analytische Trennung, denn selbstverständlich verstehen wir Handlungen immer als kognitiv *und* affektiv bestimmt. Affekte können jedoch die Wahrnehmung, die Informationsverarbeitung und die Handlungsfähigkeit realitätsverstellend beeinflussen (vgl. die Alltagsredewendungen: »Angst macht dumm«, »Liebe macht blind«, »er ist starr vor Schreck«), so daß in einem solchen Fall der Affekt als die die Handlung steuernde Dimension angesehen werden kann. Umgekehrt können auch Wissens- und Informationslücken verzerrte Wahrnehmungen und fehlerhafte Handlungen entstehen lassen: Das Kind, das von der vier Meter hohen Mauer springt, weiß nicht, daß es sich dabei die Knochen brechen wird; der Fünfjährige, der mit dem Siebenjährigen ein Markstück gegen fünf Groschen tauscht, läßt sich übers Ohr hauen, weil er nicht weiß, welches Geld wieviel wert ist.

Versuchen wir, die oben genannten Dimensionen als ›Raster‹ auf unser Beispiel anzuwenden, so läge das Bewußtwerden von Liebesverlustängsten vorwiegend in der affektiven Dimension, der Erwerb von Kenntnissen über Fähigkeiten und Bedürfnisse von kleineren Kindern in der kognitiven Dimension. Eine pragmatische Dimension wäre durch Verhaltensänderungen von älteren Kindern und Erwachsenen im Umgang mit kleine-

---

10 Schulz, W., Die Didaktik der »Berliner Schule« – revidiert. In: betrifft: erziehung, 5 (1972), H. 6, S. 19–32.

ren Kindern erreicht.

Das folgende Zitat ist ein Beispiel für eine situationsbezogene Qualifikationsbestimmung, die wir zu Beginn des Entwicklungsprozesses der didaktischen Einheit hergestellt haben. Es schließt an die Situationsbeschreibung des vorigen Abschnitts an:

Qualifikationen der Kinder
Das fünfjährige Kind soll Einsichten in seine eigene Biographie gewinnen und auf dieser Basis Entwicklungsstand, Fähigkeiten und Bedürfnisse von kleinen Kindern besser verstehen lernen.
– Das Kind soll erfahren und verstehen, was es selbst mit fünf Jahren ist und kann (biologische Merkmale wie Größe und Gewicht, entwicklungsbedingte Fähigkeiten, Wünsche, Bedürfnisse, Ängste).
– Es soll verstehen, welche Entwicklungsstufen es selbst von der Geburt bis zu seinem fünften Geburtstag durchlaufen hat (zum Beispiel Säugling, Krabbelkind, Lallphase, Kritzalter).
– Es soll auf der Grundlage des Verständnisses für die eigene Biographie die Bedürfnisse und Fähigkeiten kleinerer Kinder entdecken und dafür ein gewisses Verständnis aufbringen lernen.
Mit Hilfe dieses Wissens soll das fünfjährige Kind Mißverständnisse und Fehlinterpretationen gemeinsam mit Erwachsenen klären können. Entstandene Liebesverlustängste werden dabei gemildert, wenn sie zur Sprache kommen.
– Das Kind soll zugeben dürfen, daß es Verhaltensweisen der Erwachsenen in der Behandlung von Kindern verschiedenen Alters gibt, die ihm das Gefühl vermitteln, nicht mehr wichtig zu sein. Es soll seinem Zorn oder seiner Verzweiflung darüber Ausdruck geben dürfen. Auch daß manche Verhaltensweisen der Erwachsenen falsch sind und ihre Änderung Sache der Erwachsenen ist, sollen Kinder wissen.
– Kinder, die das Gefühl haben, daß sie niemand mehr richtig lieb hat und daß sie ungerecht behandelt werden, sollen wissen, daß sich an ihrer Situation am ehesten dann etwas ändert, wenn sie von ihrem Kummer und ihren Wünschen sprechen und darauf dringen, daß die Erwachsenen sich auch entsprechend verändert verhalten.
– Das erworbene Wissen um die Unterschiede zwischen kleineren und größeren Kindern soll eingesetzt werden können, um unterschiedliche Verhaltensweisen der Erwachsenen zu begreifen (zum Beispiel: totale Versorgung von Babys, Vernunftappelle an Größere) und mitzuwirken bei Überlegungen, inwieweit Modifikationen dieses Verhaltens innerhalb des notwendigen Rahmens möglich sind (zum Beispiel: Mithilfe des Älteren bei der Versorgung des Babys, Zärtlichkeit auch für Größere).
Die älteren Kinder der Kindergruppe sollen allmählich in die Lage kommen, Einstellungen und Verhaltensweisen gegenüber kleineren Kindern zu verändern, sich selbst auch als mögliche Bezugsperson zu begreifen und vermeidbaren Konflikten vorzubeugen (zum Beispiel: eigenes Spielzeug außer Reichweite der Kleineren stellen).
Die älteren Kinder sollten erfahren können, daß Ältersein nicht nur unangenehme Selbständigkeit und Übernahme von Pflichten bedeutet, sondern auch Vorteile bietet (zum Beispiel: alleine Freunde besuchen, länger aufbleiben).
Die älteren Kinder sollten anhand von Erfahrungen bemerken können, daß sie selbst – zum Zusammenleben mit wiederum älteren Kindern – für diese ähnliche

Probleme und Konflikte bieten wie die kleineren Kinder für sie selbst.

Kinder sollten ihre Chancen und Schwierigkeiten ihres jeweiligen Alters begreifen und damit umgehen können.

Qualifikationen der Erwachsenen
Erwachsene müssen die bestehenden Probleme der Kinder ernst nehmen lernen und mit ihnen darüber sprechen können. Sie müssen ihr eigenes Verhalten beständig überprüfen, um zu sehen, ob es mit eine Ursache für die Gefühle des Mißverstanden- und Verlassenseins der älteren Kinder sein kann.

Sie sollen darüber nachdenken, wie sie ihre Zuwendung und Aufmerksamkeit auf Kinder verschiedenen Alters deren Bedürfnissen entsprechend besser verteilen und dadurch vermeiden können, daß sich ältere Kinder ungerecht behandelt oder vernachlässigt fühlen.

Sie können versuchen, Verhaltensänderungen mit ihren Kindern durchzuprobieren und ihre Erfahrungen mit anderen Eltern austauschen.

Bei der Qualifikationsbestimmung einer situationsbezogenen didaktischen Einheit zeigt sich ein vergleichbares Dilemma wie bei der entsprechenden Situationsbeschreibung: Wir konkretisieren zwar »Zuwachs an Handlungsfähigkeit« auf das beschriebene Problemfeld hin – d. h. wir benennen die Richtung, in der sich die Handlungsmöglichkeiten für diese Lebenssituation erweitern lassen könnten, aber wir abstrahieren notwendigerweise von den je spezifischen Eingangsqualifikationen der Kinder, Erzieher und Eltern einer bestimmten Gruppe.

Mehr noch als für die Beschreibung der Situationen gilt für die Bestimmung der Qualifikationen, daß sie sich auf den Stand der individuellen Lerngeschichte eines Kindes beziehen müssen und daß sie erst dann einlösbar werden, wenn sie an lebensgeschichtliche Erfahrungen anknüpfen.

Die Formulierung einer so komplexen Qualifikation wie »über Liebesverlustängste reden zu können« unterschlägt, daß manches Kind noch viele individuelle Hilfen braucht, um etwa folgende Probleme zu bewältigen: überhaupt über sich reden zu können, sogar über eigene Gefühle, vor einer Kindergruppe, gegenüber Erwachsenen, über Ängste, die bislang verdrängt werden mußten.

Nur eine empfindsame Erzieherin, die das Kind gut kennt und sich des entsprechenden Problemfeldes bewußt ist, wird ermessen können, welche aktuellen Schwierigkeiten ein Kind hat und mit welchen individuellen Hilfen es sie überwinden kann.

Wir nahmen zunächst an, daß wir – mit Hilfe der Erfahrungen der Erzieherinnen in der Entwicklungsphase – die Qualifikationen nur differenziert und konkret genug formulieren müßten, um zu erreichen, daß Kinder sie durch die didaktischen Vorschläge erwerben könnten. Im Kontakt mit der Praxis erfahren wir inzwischen, daß gerade sehr differenzierte Qualifikationsbestimmungen an den je verschiedenen aktuellen Situationen bestimmter Kindergruppen vorbeizielen und die Erzieherinnen an der

Wahrnehmung individueller Schwierigkeiten und Erfordernisse ihrer Kinder hindern können. Es soll vermieden werden, Erzieherinnen einem curricularen Leistungsdruck von Qualifikationen auszusetzen, die ihnen bezogen auf ihre Kindergruppe häufig uneinlösbar erscheinen müssen. Daher versuchen wir, die Qualifikationsbestimmungen relativ allgemein zu halten, so daß in ihnen nur die Richtung angezielter Veränderungen sichtbar wird. Die Notwendigkeit, individuell Qualifikationen für bestimmte Kinder zu formulieren, und die Möglichkeit einer solchen Konkretisierung sollen im Curriculum demonstriert werden an einer Reihe von unterschiedlichen Erfahrungsberichten, die aus der Entwicklungs- und Erprobungsphase gewonnen werden. Wir erwarten uns von diesen Erfahrungsberichten – in denen Erzieher Beispiele für individuelle Schwierigkeiten bestimmter Kinder oder unerwartete Fortschritte anderer geben –, daß die Notwendigkeit der eigenen differenzierten Qualifikationsüberlegungen für alle Erzieher deutlich wird, die mit den didaktischen Einheiten arbeiten.

2. Pädagogische Konsequenzen des Situationsansatzes

2.1 Der Erwerb von Qualifikationen durch Erfahrung und Handeln

In den vorangegangenen Abschnitten ging es um die Legitimation der Inhalte einer didaktischen Einheit und die Bestimmung der Ziele, die mit ihr verfolgt werden. Als übergreifendes Ziel wurde die Fähigkeit des Kindes benannt, Situationen seines Lebens zunehmend selbständig zu bewältigen, sachliche Probleme in Zusammenarbeit mit anderen Kindern gemeinsam zu lösen und entstehende Konflikte wahrzunehmen, zu verstehen und zu meistern.

In diesem Teil soll über die pädagogischen Vermittlungsformen gesprochen werden, die zur Erreichung dieser ›Ziele‹ geeignet erscheinen. Dazu ist zu klären, wie man sich die Lernprozesse vorstellt, um entscheiden zu können, welche Form pädagogischer Vermittlung angemessen ist.

Weil der Curriculumkonstrukteur aus eigener Erfahrung weiß, wie schwer es fällt, rationale Erkenntnisse in Verhalten umzusetzen, kann er – wenn er sein Augenmerk auf diesen Umsetzungsprozeß richtet – auch bei Kindern häufig eine starke Diskrepanz zwischen Wissen und Handlung beobachten. Die Beobachtung zeigt, daß erworbenes Wissen häufig dann folgenlos für Handlungen bleibt, wenn es isoliert und formal vermittelt wurde, und nicht als Einsicht aus der Verarbeitung konkreter Erfahrung hervorgegangen ist.

Die Organisation von Lernen sollte so erfolgen, daß Erfahrungsmög-

lichkeiten geboten werden, aus deren Aufarbeitung Einsichten gewonnen werden, die in späteren Handlungen als Qualifikationen eingebracht werden können.

Es geht in diesem Curriculum für soziales Lernen einmal um den Erwerb von Grundqualifikationen, die ein Kind für den Umgang mit anderen Kindern und Erwachsenen, deren Erwartungen und den in seiner Umwelt herrschenden Normen braucht. Zum anderen geht es um den Erwerb von Strategien, die die Aufnahme und Verarbeitung von Informationen, sinnlichen Wahrnehmungen und komplexen Erfahrungen steuern. »Da die Sozialisationsforschung – trotz aller noch offener Fragen – zeigen konnte, daß die in der kindlichen Psyche sich ausprägenden Verhaltensmuster die sozialen Prozesse in der Umwelt reproduzieren, also die Verinnerlichung der Dynamik eines sozialen Systems darstellen, läßt sich nicht vorstellen, diese Verhaltenspotentiale durch bloße Belehrung oder Zureden zu ändern. Diese psychischen Strukturen, die zugleich kognitive, affektive und motivationale Aspekte haben, wurden nämlich durch Identifikationsprozesse zu einem Bestandteil der Persönlichkeitsorganisation des Individuums und haben sich als funktional für die Sicherung der Mitgliedschaft des Kindes in seinem sozialen Beziehungsgefüge (im Regelfall in der Familie) erwiesen. ... Weiterentwicklung und Änderung dieser Dispositionen zur Auseinandersetzung mit Problemen ist angesichts dieser Genese von Kompetenzen und Fähigkeiten somit nur zu erwarten, wenn das Kind sich in sozialen Interaktionen bewegt, die es zur Umstrukturierung seiner mitgebrachten Potentiale stimulieren«[11].

Ein Zuwachs der Fähigkeit autonomen und kompetenten Handelns erfolgt am eindrücklichsten durch konkrete Erfahrungen im Umgang mit Menschen und Dingen.

Erfahrungen mit anderen Kindern und Erwachsenen werden beeinflußt durch die Interaktions- und Kommunikationsstruktur, in der sie stattfinden. Autonomes Handeln ist nur unter bestimmten Bedingungen möglich, problemlösendes Explorieren der Umwelt gelingt nur bei ganz bestimmten Interaktionsformen, bei anderen wird es verhindert. Was alltäglich im Kindergarten an Interaktion und Kommunikation geschieht, was an Materialanregungen und Spielmöglichkeiten angeboten wird, ist insgesamt sicher bedeutungsvoller für die Entwicklung solcher Grundfähigkeiten als die expliziten Erfahrungsangebote in Form von didaktischen Einheiten. Bei den ›Vermittlungsformen‹ solcher Erfahrungsangebote wird es wiederum sehr darauf ankommen, welche Kommunikations- und Interaktionsstruktur zwischen Erziehern und Kindern sie implizieren, welche Problem-

---

11 Krappmann, L., Der Beitrag der Sozialisationsforschung zur Entwicklung von Curricula im Vorschulbereich (in diesem Band).

Der Situationsansatz als didaktisches Prinzip

lösungsstrategien sie herausfordern.

Lernen als »Umstrukturierung mitgebrachten Potentials« kann heißen, daß vorhandene Fähigkeiten weiter differenziert werden und blockierte Fähigkeiten sich erneut entfalten können. Allemal gilt jedoch, daß die Einstellung zu neuen Erfahrungen von bereits gemachten Erfahrungen abhängt, ebenso, daß neu zu erwerbende Kenntnisse und Fähigkeiten an die bereits vorhandenen anschließen müssen, wenn sie das Kind erreichen sollen.

Wir müssen Interaktionsstrukturen herstellen, die es dem Kind ermöglichen, seine vorgängigen Erfahrungen in die Situation einzubringen, und die es anregen, sich an der Organisation neuer, aufbauender Erfahrungen zu beteiligen.

Da wir die Handlungsfähigkeit des Kindes in *seinen realen Situationen auch außerhalb institutionalisierter Erziehungsprozesse* anzielen, müssen Lernerfahrungen möglichst nahe an dieser Realität gemacht werden. Lernen muß also soweit als möglich dort stattfinden, wo wirkliches Leben sich abspielt. H. v. Hentig hat mit dem Begriff »Entschulung der Schule«[12] die »Wiederherstellung offener und realer Erfahrungen« gefordert. Es wird manchmal sinnvoll sein, mit den Kindern die Vorschule zu verlassen und sie ihre Erfahrungen an den Orten machen zu lassen, an denen sie gemeinhin stattfinden. Es wird häufig notwendig sein, solche außerschulischen Erfahrungen in die Vorschule ›hereinzuholen‹, sie dort zu vereinfachen, überschaubar anzuordnen, im Spiel zu simulieren. Denn in einer Gesellschaft wie der unseren sind wesentliche der ›realen und offenen Erfahrungen‹ vielschichtig bedingt und für Kinder undurchschaubar. Kinder brauchen die strukturierende Hilfe der Erwachsenen, um ihre Erfahrungen machen zu können. Wir müssen den Kindergarten selbst als realen Erfahrungsraum verstehen, der die Aufgabe hat, »jedem einzelnen Kind Gelegenheit zu verschaffen, seinen Erfahrungen und Kenntnissen entsprechend lernen zu können, d. h. *ihm Erfahrungen zu ermöglichen, die es mit Hilfe seiner früheren Erfahrungen so verarbeiten kann, daß es auf neue Erfahrungen aus ist*; daß es auf Erfahrungen aus sein kann, die grundsätzlich dem nicht widersprechen, was es als Jugendlicher und Erwachsener in dieser Gesellschaft lernen oder können soll, ohne daß darum diese Erfahrungen schon im einzelnen die gleichen Ausprägungen haben müßten; daß es wissen wollen kann, wie man was in dieser Welt weiß, weil es erfahren hat, daß es mit dem, was es weiß, etwas anfangen kann und daß das Spaß macht«[13].

12 Hentig, H. v., Cuernavaca oder: Alternativen zur Schule? Stuttgart–München 1971.
13 Harder, J., Rahmencurriculum Block I an der Laborschule Bielefeld. Unveröff. Ms.

Die skizzierten Probleme der »elementaren Bedingungen der Möglichkeit für Lernen«[14] wurden von Dewey und Kilpatrick[15] bereits zu Beginn des 20. Jahrhunderts in ihrer Kritik an der ›alten‹ Erziehung formuliert. Die beiden Reformpädagogen schreiben,
- daß es nicht darum gehe, dem Kind Lösungen zu übermitteln, sondern darum, ihm zu helfen, Angriffsmethoden zu entwickeln (Dewey und Kilpatrick, S. 50);
- daß die Forderung nach Selbstbestimmung das Recht des Kindes beinhalte, selbst denken und entscheiden zu dürfen (S. 38);
- daß Selbständigkeit bedeute, die Verantwortung für das Getane zu tragen (S. 74);
- daß verwendete Symbole für wirkliche Erfahrungen stehen müssen (S. 156)

und
- daß das alles nicht gelingt, wenn das Erfahrungsangebot keinen Bezug zu dem hat, »was das Kind bereits gesehen, gefühlt und geliebt hat«, sondern formal als Stoff dargeboten wird (S. 155).

Dewey und Kilpatrick nennen das pädagogische Prinzip des Lernens durch Erfahrung die »Projektmethode«.

Wir halten das in dem Buch »Der Projektplan« beispielhaft angeführte Typhus-Projekt für besonders geeignet, Vorstellungen davon zu vermitteln, welche wesentlichen Lernerfahrungen durch diesen Ansatz ermöglicht werden können[16]. Dieses Typhus-Projekt wurde von Schulkindern initiiert und durchgeführt, die bereits gelernt hatten, ihre Lernerfahrungen in dieser Weise zu organisieren. Außerdem wurde dieses Projekt von Dewey und Kilpatrick als Illustration ihrer mit der Projektmethode verbundenen pädagogischen Intentionen ausgewählt, trägt also idealtypischen Charakter.

Wenn man sich fragt, welche Projekte drei- bis sechsjährige Kinder durchführen können, so ist folgendes zu beachten:

Einmal sind die Kinder sehr viel jünger, sind also vom Stand ihrer Entwicklung her nicht in der Lage, derartige Aktivitäten ohne Hilfe Erwachsener zu organisieren und durchzuführen. Zum anderen lernen Kindergartenkinder bei der Durchführung didaktischer Einheiten erstmals, ihre Lernerfahrungen innerhalb von Projekten zu machen. Und zum dritten sind kleine Kinder überhaupt nicht in der Lage, Projekte von der Komplexität

---

14 Harder, J., a. a. O., S. 10.
15 Dewey, J. / Kilpatrick, W. H., Der Projektplan, Grundlegung und Praxis. Weimar 1935.
16 Da das zitierte Buch schwer zugänglich ist – zuletzt 1935 in Weimar erschienen –, haben wir uns entschlossen als Beispiel eines 1917 begonnenen Versuches mit einem Projekt-Lehrplan, das sogenannte Typhus-Projekt zu zitieren.

Der Situationsansatz als didaktisches Prinzip

und Dauer des Typhus-Projektes durchzuführen. Wir wollen im Anschluß an das Zitat am Beispiel einer didaktischen Einheit zeigen, wie Projekte mit kleinen, noch nicht schulpflichtigen Kindern organisiert und durchgeführt werden können.

Das Typhus-Projekt [17]
»Welches sind die Ursachen für den Typhus bei Herrn Smith?

1. *Der Besuch bei Herrn Smith.* Der Leiter der zweiten Schülergruppe berichtete bei der ersten Zusammenkunft an einem Montagmorgen, daß Mary und Johnnie Smith fehlten. Er fragte die Schüler in diesem Zusammenhange, ob jemand die Ursache ihrer Abwesenheit von der Schule wüßte. Tommie, ein Nachbar, berichtete, daß beide typhuskrank wären. Er bemerkte in einer ziemlich mitfühlenden Art, daß einige Angehörige der Familie Smith jeden Herbst von Typhus befallen würden und daß seine Mutter das Vorherrschen dieser Krankheit in jenem Hause nicht verstehen könne. Andere Schüler erinnerten sich an dieser Stelle an den Tod Williams, eines älteren Bruders, der vor kurzer Zeit dieser Krankheit erlegen war. Die Erörterung wandte sich dann von der Familie Smith den Typhusfällen in der Gemeinde zu. Mehrere Schüler äußerten, daß sich in ihren Häusern kein solcher Fall ereignet hätte; andere berichteten Fälle entweder aus ihren Familien oder aus denen der Nachbarn. Jedoch entdeckten die Schüler in diesem Zusammenhange, daß keine Familie – soweit sie wußten – jeden Herbst Typhus gehabt hätte wie Familie Smith. Wie Tommies Mutter gelang es auch ihnen nicht, diese unglückliche Situation zu erklären. Sie erörterten verschiedene mögliche Gründe dieses Anfalls, die meist durch ähnliche Erfahrungen in den Häusern der Gemeinde angeregt worden waren. Tommie glaubte bestimmt, daß das Brunnenwasser die Ursache wäre; Sue äußerte, daß verdorbene Milch in seiner Familie Typhus verursacht hätte; Mimie dachte, daß die Fliegen im Hause ihres Nachbarn den Typhus verursachten; Fred sagte, daß er Dr. Call sagen gehört hätte, daß Unreinlichkeit im und ums Haus Typhus verursachen würde, und viele ähnliche Erklärungen wurden gegeben. Nach beträchtlicher Erörterung einigten sich die Schüler, daß jede dieser angeführten Ursachen den Typhus in der Familie Smith verursacht haben könnte, aber welches die wahrscheinliche Ursache in diesem besonderen Falle war, konnten sie nicht entscheiden. Während dieser letzten Erörterung wies Onal darauf hin, daß es nötig sein würde, die Bedingungen in und um Herrn Smiths Hause zu kennen, bevor jemand sagen könnte, was die wahrscheinliche Ursache von Typhus in diesem Hause war. Andere Schüler stimmten bereitwillig zu, daß solche Information nötig wäre und daß die beste Methode zu ihrer Gewinnung sein würde, das Heim des Herrn Smith zu besuchen und solche Bedingungen zu beobachten. Wie das zu tun sei, bereitete Verlegenheit. Einige Schüler dachten, daß ein solcher Besuch Herrn Smith beleidigen würde; andere fürchteten, daß sie Typhus bekommen könnten. Eine Erörterung dieser Folgen hatte die Ernennung Tommies, eines Nachbarn, zur Folge, der Herrn Smith hinsichtlich eines solchen Besuches fragen und ihm sagen sollte, daß die Schule mit ihm zusammenarbeiten wolle, um die Ursache für den Typhus in seinem Hause herauszufinden. Tommie berichtete am nächsten Tage, daß Herr Smith mehr als froh sein würde, die Schüler die Bedingungen in und um sein Haus untersuchen zu lassen. Was die zweite Schwierigkeit anging, entschieden die Schüler, daß keine Gefahr, Typhus zu bekommen, bestehen würde, wenn jeder sich des Anfassens und Essens von Dingen während des Besuches enthalten würde. Da diese Schwierigkeiten aus dem Wege waren, wollte Minnie wissen, wonach sie sehen sollte. Nachdem ihre Frage einige Zeit erörtert wurde, entschieden sich die Schüler für die folgenden als die wichtigsten Dinge für die Beobachtung: 1. Hat das Haus viele Fliegen und sind die Fenster und Türen durch Schirme geschützt? 2. Ist das Trinkwasser des Hauses rein, und wo ist es gelegen? 3. Wie wird die Milch behandelt, und wo wird sie aufbewahrt? 4. Ist das Grundstück frei von dem Folgenden: Düngerhaufen, Unkräutern und Müll, offenen Nebengebäuden und offenen Abfallkübeln?

Nachdem der Plan für die Exkursion so aufgestellt worden war, besuchten die Schüler Herrn Smiths Haus am nächsten Tage. Minnie überraschte den Lehrer und die Schüler dadurch, daß sie am nächsten Morgen aus eigenem Antrieb einen großen Strauß von Gartenblumen für Mary und Johnnie zur Schule mitbrachte. Der Besuch war in jeder Weise erfolgreich, und die Smiths schienen froh, die Schüler ihr Haus besuchen zu lassen. Gerade vor dem Weggehen fragte Herr Smith die Schüler ganz natürlich, was sie für die Ursache des Typhus in seinem Haus hielten. Da sie eine solche Frage vorausgesehen hatten, einigten sie sich vor dem Besuch bei Herrn Smith, daß sie alle Schlußfolgerungen zurückhalten sollten, bis sie die Tatsachen sorgfältig studiert hätten. So sagte Tommie, der Leiter der Gruppe, Herrn Smith als Antwort auf seine Frage, daß die Gruppe sich freuen würde, ihm einen Bericht darüber, was sie als die Ursache des Typhus in seinem Hause betrachteten, eben so schnell zuzusenden, wie sie die beobachteten Tatsachen untersuchten.

2. *Die Ergebnisse des Besuches bei Herrn Smith.* Bei der nächsten Zusammenkunft erörterten die Schüler ausführlich die Bedingungen, die sie in und um Herrn Smiths Haus beobachtet hatten, unter den

---

17 Dewey, J. / Kilpatrick, W. H., a. a. O., S. 182–189.

Gesichtspunkten, die sie aus der Lektüre über den Gegenstand erfahren hatten. Sie fanden, daß sein Trinkwasser keine wahrscheinliche Ursache für Typhus gewesen sein könnte, da die Pumpe auf einem viel höheren Boden als das Haus und die anderen Gebäude gelegen war, daß sie kürzlich gereinigt worden war und daß sie eine gute Zementverdeckung und -innenmauer hätte. Die »schlechte Milch«-Theorie, die von einigen Schülern aufgestellt worden war, mußte auch aufgegeben werden, aus dem Grunde, weil keine Milch im Hause benutzt wurde. Andererseits fanden sie, daß das Haus von Fliegenschwärmen angefüllt war, keine Schirme an Türen und Fenstern, und sehr ungesunde Umgebung: einen Schweinepferch anstoßend an den Hof, große Düngerhaufen im Hofe des Viehstalles, den Hof voller Unkräuter und offene von Fliegen umschwärmte Abfallkübel. Diese Bedingungen regten die »Fliegentheorie« an als die höchst wahrscheinliche Ursache für Typhus in Herrn Smiths Hause.

3. *Damit verbundene Projekte.* Aus der Untersuchung der Ursachen des Typhus in Herrn Smiths Haus wurden die folgenden mit ihr verknüpften Projekte von den Schülern angeregt und für das spätere Studium ausgewählt:
1. Ist Typhus die am stärksten vorherrschende Krankheit in unserer Gemeinde?
2. Wie kann Herr S. die Fliegen in seinem Hause am besten bekämpfen?

Da die Schüler Herrn Smith einen Bericht über die wahrscheinlichen Ursachen des Typhus in seinem Hause versprochen hatten, entschieden sie nach beträchtlicher Erörterung, daß es gut sein würde, in diesen Bericht Anregungen zur Fliegenbekämpfung einzubeziehen, da ein bloßes Mitteilen der Ursachen nicht viel dazu beitragen würde, zukünftige Fälle von Typhus in seinem Hause zu verhindern. Aus diesem Grunde entschieden sie, das zweite obenerwähnte verknüpfte Projekt auszuführen, so daß sie ihre Ergebnisse in den Bericht an Herrn Smith einschalten könnten.

Für das erste Anschlußprojekt forderten die Schüler von Universitäten und Behörden Bücher und Broschüren zu den Themen: Körper, Gesundheit, Sauberkeit, Ursachen des Typhus, an. Die Ausführung des zweiten Anschlußprojektes kann aus Raumgründen nur angedeutet werden. – Die Schüler entschieden sich nach längerer Erörterung für zwei Methoden: zunächst, das modern eingerichtete Haus des Herrn Bosserman zu besuchen und zu beobachten, wie er die Fliege bekämpft, und dann, die in Büchern und Merkblättern vorgeschlagenen Mittel zur Fliegenbekämpfung zu untersuchen. Bei dem Besuche wurde festgestellt, daß Herr Bosserman folgende Maßnahmen getroffen hatte:
1. Abschirmung der Türen, Fenster, Schlafveranda, Eßzimmerveranda und des Milchhauses.
2. Vernichtung aller Abfälle und Unkräuter im und um das Haus.
3. Aufbewahrung aller Abfälle und des Spülichts in gedeckten Müllfässern.
4. Regelmäßige Beseitigung des Düngers auf dem Hofe.
5. Fliegenfangen während der warmen Monate Juli, August und September.
6. Fliegenschlagen während der kühlen Monate Oktober, November, Dezember. Herr Bosserman riet ab von Fliegenschnaps, -spritzpulvern und giftigen Flüssigkeiten, da sie gefährlich und unwirksam wären.

Bei der Durchsicht der Bücher und Merkblätter achteten die Schüler auf die Methoden und die Gründe, die für ihre Anwendung gegeben wurden. Nach einigem Lesen und Aussprachen wurde festgestellt, daß außer den von Herrn Bosserman getroffenen Maßnahmen folgende angeraten wurden:
7. Sicherung der Aborte gegen Fliegen.
8. Allgemeine Reinhaltung des Hauses.

Die Schüler wählten die Mittel aus, von denen sie annahmen, daß Herr Smith sie ohne Umstände anwenden könnte.

Es wurden folgende damit verknüpfte Projekte ausgeführt: 1. Wir bauen eine Fliegenfalle. 2. Wir bauen einen Müllkübel mit Deckel. 3. Wir schreiben einen Brief zur Bestellung der Merkblätter. 4. Wie die Fliegen in den Häusern unserer Gemeinde bekämpft werden.

4. *Bei der Fertigstellung des Berichts für Herrn Smith* standen die Schüler drei Problemen gegenüber:
1. Was sollte der Bericht enthalten? 2. Wer sollte den Bericht schreiben? 3. Wie könnte der Bericht Herrn Smith zugestellt werden?

Zu 1. einigten sich die Schüler nach beträchtlicher Aussprache dahin, daß der Bericht aus zwei Teilen bestehen sollte: Zunächst wäre die wahrscheinliche Ursache anzugeben (mit Beweisgründen) und dann die Mittel zur Fliegenbekämpfung mit praktischen Ratschlägen zur sofortigen Durchführung. Zu 2. wurden verschiedene Vorschläge gemacht. Nach ihrer Besprechung wurde der Ausschußplan durchgeführt, d. h. der Gruppenführer ernannte den Ausschuß, der den Bericht schrieb und der Gruppe vorlegte. Nach einigen kleinen Änderungen wurde er angenommen und 3., da gleichzeitig die angefertigte Fliegenfalle und der verschließbare Müllkübel überreicht werden sollten, durch den in der Nähe wohnenden Tommie zugestellt.

Der Bericht lautete:

Herrn R. W. Smith,
Goodman, Missouri, R. A.

Versuchsschule,
Goodman, Missouri, R. A.
22. Oktober 1918.

Der Situationsansatz als didaktisches Prinzip 179

Sehr geehrter Herr Smith!
Dies ist der Bericht, den wir Ihnen über die Ursache des Typhus in Ihrem Hause zu senden versprachen. Wir haben mehrere Wochen mit dem Studium dieser Krankheit zugebracht. Wir glauben, daß Fliegen, Unreinlichkeit bei Milch und Wasser und Unsauberkeit überhaupt die Ursache für die meisten Typhusfälle in unseren Familien sind. Wir finden, daß Ihr Brunnenwasser wahrscheinlich nicht die Ursache des Typhus bei Ihnen ist. Er ist höher als Ihr Haus und Ihr Stall gelegen und hat eine gute Zementverdeckung und -innenmauer. Schlechte Milch kann nicht die Ursache sein, da wir fanden, daß Sie keine Milch in Ihrem Haus gebrauchten. Wir haben viele Fliegen in Ihrem Hause beobachtet. Auch, daß Sie keine Schirme für Ihre Türen und Fenster hatten. Wir sahen viele Fliegen in Ihrer Küche. Unsere Nachschlagebücher sagen, daß die Fliege der Träger des Typhuskeims ist. Wenn sie irgendwelche Nahrung berührt, läßt sie die Keime darauf zurück. Wenn diese Nahrung gegessen wird, bekommt man Typhus, weil man den Typhuskeim ißt. Wir glauben, daß es bei Ihnen so ist. Wir studierten mehrere andere Häuser in unserer Gemeinde, wo Typhusfälle gewesen waren. Wir fanden in diesen Häusern ähnliche Verhältnisse wie die, die wir in Ihrem Hause gefunden hatten. Fast alle von ihnen hatten Fliegen und hatten überhaupt keinen Schirm. Unsere Nachschlagebücher und die von der Universität bestellten Merkblätter sagen, daß die Fliege die meisten Typhusfälle verursacht. Wir glauben, daß die Fliege die Hauptursache des Typus in Ihrem Hause ist, und schlagen vor, daß Sie die folgenden Mittel bei der Fliegenbekämpfung in Ihrem Hause anwenden:
1. Wir schlagen vor, daß Sie Ihre zwei Außentüren und drei Fenster abschirmen. Die Abschirmung der Türen und Fenster wird die Fliegen aus Ihrem Hause fernhalten. Wir haben die Kosten der Abschirmung Ihrer Türen und Fenster berechnet. Wir finden, das fünf Yards Schirmdraht Ihre Fenster bedecken werden und daß Sie ihn im Goodman Eisenwarengeschäft für 35 Cent das Yard bekommen können, das macht 1,75 Dollar. Sie können die Schirmtüren für 1,25 Dollar das Stück bekommen, das macht 2,50 für beide. Die Gesamtkosten würden nur 4,25 Dollar betragen.
2. Wir schlagen vor, daß Sie all die Unkräuter und Abfälle auf Ihrem Hofe abmähen und verbrennen. Unsere Bücher geben an, daß die Fliegen darin leben.
3. Wir schlagen vor, daß Sie allen Spülicht und Nahrungsabfall in einen verschließbaren Müllkübel bringen. Das auf den Hof geschüttete Spülwasser zieht Fliegen an und versieht sie auch mit Nahrung.
6. Wir schlagen vor, daß Sie Fliegenfallen und Fliegenklappen in Ihrem Hause verwenden. Herr Bosserman gebraucht die Fliegenfalle während der heißen Sommermonate Juli, August und September und schlägt die Fliege während der kühlen Monate. Wir senden Ihnen eine unserer großen Fliegenfallen und einen Müllkübel mit Deckel. Wir bauten diese in der Schule. Wir möchten gern, daß Sie diese in Ihrem Hause ausprobieren. Wir würden gern von Ihnen hören, wie Sie von ihnen halten. Wir freuen uns zu hören, daß Mary und Johnnie bald wieder zur Schule kommen. Wir vermissen sie.
Wir planen, bald einen Elternabend zu veranstalten, um einige Filme über die Fliege zu zeigen. Wir werden Ihnen durch Tommie Nachricht zukommen lassen. Wir haben die Universität von Missouri veranlaßt, Ihnen ein Merkblatt »Die Fliege« zuzusenden.
Ergebenst
Tommie Beavers, Führer der zweiten Gruppe.

Herr Smith gab durch Tommie Nachricht, daß er sich über die Fliegenfalle und den Müllkübel freue und das Äußerste tun wolle, ihre Vorschläge auszuführen. Das Interessanteste an dieser Arbeit der Schüler war die Tatsache, daß es Herrn Smiths Vertrauen hinsichtlich ihrer Bemühungen erhärtet hatten. Herr Smith führte alle Vorschläge durch. Seit jener Zeit ist Herr Smith ein Fliegenbekämpfer anstatt Fliegenzüchter geworden, und das Ergebnis war, daß im nächsten Herbst sein Haus nicht von Typhus heimgesucht wurde.
Danach untersuchten die Schüler in einem Anschlußprojekt, welche Krankheiten in jeder Familie in den letzten zwei Jahren vorgekommen waren, um feststellen zu können, ob der Typhus die in der Gemeinde vorherrschende Krankheit wäre.«

Projekte haben nach Kilpatrick die Möglichkeit ›weiterzuführen‹. »Ein solches ›Weiterführen‹ bedeutet, daß die Persönlichkeit so geändert worden ist, daß sie sieht, was sie vorher nicht sah, oder tut, was sie vorher nicht tun konnte« (S. 171). Die dem Projekt zugrundeliegende Theorie enthält »vier verwandte Ideen«:
– »Zuerst ... müssen die Schüler planen, was sie tun«, nach Abklärung dessen, was sie zu tun wünschen. »Wenn das Unternehmen so gewählt (ist, werden) Pläne zu seiner Ausführung in ähnlicher Weise erörtert und entschieden« (S.191).
– Die zweite Idee ist, »daß wirkliches Lernen niemals isoliert ist. Außer

dem unmittelbar vorliegenden Stoff sind immer viele Begleitgegenstände des Lernens gleichzeitig tätig, hauptsächlich vielleicht die Bildung von Einstellungen zu verschiedenen anderen Lebensinteressen, die mit dem vorhergehenden verknüpft sind, wie beispielsweise irgendein Grad von Selbstvertrauen ..., ein Gefühl für oder gegen den vorhandenen Stoff, ... für oder gegen den Lehrer ...« (S. 192).
- Die dritte Grundidee ist, »daß alles Lernen, das von der Schule ermutigt wird, deshalb ermutigt wird, weil es auf der Stelle gebraucht wird, um das jetzt in Angriff genommene Unternehmen besser fortführen zu können« (S. 192).
- Die vierte Grundidee ist, »daß der Lehrplan eine Reihe geleiteter Erfahrungen ist, die so verbunden sind, daß das, was in einer gelernt wird, dazu dient, den nachfolgenden Strom der Erfahrung zu heben und zu bereichern« (S. 192).

Der Anstoß zur Planung eines Projekts geht nach Dewey von einer *wahrgenommenen Schwierigkeit* aus, im Beispiel des Typhus-Projektes davon, daß Mutter Smith und mit ihr die Schüler sich nicht erklären konnten, warum jeden Herbst in dieser Familie Typhus auftrat.

In einem zweiten Schritt geht es um die *Umgrenzung* und *Bestimmung* des Problemfeldes, also um die Feststellung von Ursachen und Charakter der Schwierigkeiten. Im Beispiel: In einem Gespräch wurden vielerlei mögliche Erklärungen für das Auftreten der Krankheit – verschmutztes Brunnenwasser, verdorbene Milch, Fliegen und Unreinlichkeiten im und ums Haus und andere Erklärungen – erörtert. Aus diesem Diskurs entstehen *Vermutungen* einer möglichen Lösung, es wird darüber reflektiert, wie die Schwierigkeiten aus dem Weg geräumt werden könnten: So wies Onal darauf hin, daß es nötig sei, die Bedingungen in und um Herrn Smiths Haus zu kennen, bevor man die für diesen Fall wahrscheinliche Ursache von Typhus bestimmen könne.

In einem vierten Schritt geht es um die Überprüfung der Vermutungen auf ihre *Brauchbarkeit* und die Entwicklung von Vorschlägen für die Überprüfung der entstandenen Annahmen; so kam es in der Klasse zur Planung und Organisation einer Exkursion, in deren Verlauf durch Beobachtung die für das Auftreten des Typhus wahrscheinlichste Hypothese zur »Fliegentheorie« erhärtet werden konnte.

Die von den Schülern daran angeschlossenen Aktivitäten entsprachen dem von Dewey geforderten *praktischen Bezug*: Die Schüler überlegten, wie die Fliegenplage zu bekämpfen sei, und entwickelten – nachdem sie sich gründlich informiert hatten – konkrete Maßnahmen zur Bekämpfung der Fliegen.

Mit ihrem Bericht, ihren Vorschlägen und der Übergabe einer Fliegenfalle und eines Müllkübels mit Deckel an Herrn Smith konnten sie das

Der Situationsansatz als didaktisches Prinzip 181

wichtigste Ziel Deweys, nämlich daß die *gewonnenen Erkenntnisse die erforschte Situation zu verändern hätten,* erfüllen: Die Durchführung der Vorschläge führte dazu, daß es im Jahr darauf bei Smiths keinen Typhus mehr gab.

Die hier aufgezeigten Schritte bei der Planung und Durchführung eines Projekts sind mit den didaktischen Einheiten unseres Konzeptes zu vergleichen, wobei einige Begriffe anders verwendet werden: Mit »Projekt« ist in unserem Sinn nur die »Durchführung« einer gemeinsam geplanten Handlung innerhalb und außerhalb des Kindergartens gemeint; der gesamte Lern- und Arbeitsprozeß wird mit dem Begriff der »didaktischen Einheit« umfaßt.

»Wahrgenommene Schwierigkeiten« als Anstoß für die Einleitung von Aktivitäten der Kinder sind in unserem Konzept *situative Anlässe,* über die die Erzieherin mit den Kindern spricht.

Anlässe können sich innerhalb des Kindergartens ergeben oder durch Kinder und Erzieher von außen hereingetragen werden. Beispielsweise
- *aktuelle Konflikte in der Kindergruppe*: Der dreijährige Markus hat mit dem fünfjährigen Robert eine spielerische Balgerei angefangen, die – für den größeren ganz unverständlich – plötzlich in Ernst umschlägt, Markus rennt heulend und schutzsuchend zur Erzieherin, wird getröstet, Robert für seine Rohheit ausgeschimpft.
- *Erlebnisse, die Kinder morgens mit in den Kindergarten bringen*: Elke läuft seit Tagen bedrückt herum. Auf behutsames Befragen der Erzieherin hin kann sie sagen, daß sie sich so verlassen und einsam fühlt, seit ihr Bruder Michael geboren wurde; Susanne erzählt voller Empörung, daß sie jeden Nachmittag Streit mit ihrer Mutter habe, weil diese sie nicht allein mit dem Roller zu Marlene, ihrer Freundin, fahren lasse.
- *Begebenheiten, die die Gruppe gemeinsam oder Kinder einzeln beobachtet haben*: Beim Spaziergang im Park fragt Florian beim Anblick eines auf einer Bank schlafenden Penners: »Warum schläft der nicht daheim in seinem Bett?« Leute sind schweigend auf der Straße gegangen und haben große Plakate getragen, auf denen stand etwas, »eine Demonstration ist das«, sagt Christian.
- *Verständnisfragen, die Kinder anläßlich der Beobachtung naturwissenschaftlicher Phänomene oder beim Nachdenken über sich und die Welt äußern*: Wachsen auf dem Mond auch Blumen? Warum können Menschen nicht fliegen? Warum sind die Bäume im Winter nackt? Wie laut spricht der liebe Gott? Warum haben Neger eine braune Haut? Warum muß man Geld verdienen? Sind Mädchen braver als Jungen?
- *Anregungen, die Erzieher für wichtig halten*: Gespräche über Schule anläßlich des bevorstehenden Übertritts einiger Kinder; Gespräche über

fremde Länder anläßlich eines neuen Kindes in der Gruppe, das aus dem Ausland kommt.

Aus den Anlässen können sich Gespräche ergeben, die zur Verständigung über Wünsche und Bedürfnisse, zur Präzisierung der Probleme und Fragestellungen sowie zur Sammlung von Ideen und Vorschlägen für mögliche Klärungen bis hin zur Planung und Organisation von Projekten innerhalb und außerhalb des Kindergartens dienen sollen. Innerhalb dieser Diskurse lassen sich – je nach Fragestellung – die bei Dewey genannten Schritte der Umgrenzung und Bestimmung des Problemfeldes, der Formulierung und Überprüfung von Vermutungen sowie die Sammlung von Ideen und Vorschlägen aufzeigen.

Schließlich korrespondiert Deweys Forderung nach dem praktischen Bezug mit dem, was in unserem Konzept an Erfahrungen und Handlungsmöglichkeiten innerhalb von Projekten in Real- oder Simulationssituationen ermöglicht wird. Die Kenntnisse, Fähigkeiten und Fertigkeiten, die nicht durch Erfahrung innerhalb des Projektes gewonnen werden können, werden in unseren didaktischen Einheiten als kurze Kurse (»didaktische Schleifen«) angeboten.

Das letzte Postulat nach Veränderung der Situationen wird in unserem Konzept angestrebt, indem versucht wird, die an der Situation beteiligten Personen (Eltern, Erzieher und andere) an der Durchführung der Projekte zu beteiligen und zu Verhaltensänderungen und Initiativen anzuregen.

Projekte von Vorschulkindern verlaufen notwendig anders als solche von älteren Schülern, für die das Typhus-Projekt ein Beispiel ist. Vorschulkinder können weder derartig komplexe Projekte durchführen, noch können sie ein Vorhaben in der Weise selbständig organisieren. Vorschulkinder planen und organisieren ihre Projekte gemeinsam mit ihrer Erzieherin.

Häufiger als die Kinder selbst wird die Erzieherin aus der Fülle täglicher Ereignisse einige Situationen herausgreifen, die sie als bedeutsam für die Kindergruppe empfindet, und sie zum *Anlaß* für Gespräche mit den Kindern nehmen. Sie hat Vorstellungen darüber, welche Problemfelder eine bestimmte Situation berühren und welche Erfahrungen Kindern bei der Problemlösung helfen könnten. Die Gespräche werden dazu dienen, über die Situationen zu sprechen, den Kindern manche Dinge durch Impulse ins Bewußtsein zu heben, gemeinsam zu überlegen, was man unternehmen soll, um notwendige Erfahrungen zu ermöglichen und schließlich Projekte zu überlegen und zu planen.

Beispiele aus der didaktischen Einheit: *»Ich bin 5 Jahre alt«*.

Es gibt täglich in jedem Kindergarten Konflikte um alles mögliche; bestimmte Konflikte treten mit großer Regelmäßigkeit auf, zum Beispiel das Unverständnis von größeren gegenüber kleineren Kindern. Einige der größeren Kinder fallen außerdem ganz besonders durch Unduldsamkeit gegenüber den Kleinen, Konkurrenzverhalten und Erzieherabhängigkeit auf.

Der Erzieher merkt, daß diese Kinder vornehmlich älteste Geschwister oder Einzelkinder sind, er interpretiert ihr Verhalten als Selbstwert- und Bezugspersonenkonflikt und generalisiert dieses Problem insoweit, als er es als latent vorhanden bei allen Kindern annimmt. Dies könnten die Beweggründe des Erziehers sein, über einen zunächst spielerischen Kampf zwischen Markus und Robert, der mit Tränen bei Markus und Zurechtweisung von Robert endet, mit den Kindern ein Gespräch zu beginnen.

In solch einem *Gespräch* kann sich dann zeigen, daß die Mehrzahl der Kinder Konflikte erlebt, wenn Erwachsene sich kleineren Kindern behutsamer, aufmerksamer zuwenden und sie, die Größeren, sich an die zweite Stelle verdrängt sehen. Die Kinder berichten von Erlebnissen mit ›blöden‹, ›gemeinen‹, ›doofen‹ Kleinen und ›ungerechten‹ Erwachsenen. Ein Impuls der Erzieherin, sie sei immer so unglücklich über ihren kleinen Bruder gewesen, versucht, eventuell vorhandene biographisch bedeutsame Liebesverlustängste der Kinder anzurühren und mitteilbar zu machen.

Nun soll solch ein – hier nur angedeutetes – Gespräch die Kinder ja einen Schritt weiter in der Verarbeitung eines Problems bringen. Daher wäre es wohl nicht sinnvoll, an das Verständnis der Älteren zu appellieren und sie um Nachsicht gegenüber den Kleinen zu bitten; dies würde lediglich eine Wiederholung erlebten Erwachsenenverhaltens bedeuten.

Die Vorstellungen der Erzieherin über dieses Problemfeld enthalten ja gerade die Einsicht, daß derartiges appellatives Erwachsenenverhalten die Kinder überfordert, weil sie sich eben nicht so ohne weiteres in ein kleineres Kind hineinversetzen können. Sie können sich nicht so leicht vorstellen, daß sie auch einmal sehr klein und schutzbedürftig waren und daß ihnen damals auch die notwendige erhöhte Aufmerksamkeit zuteil wurde. Die Erzieherin hat die Vermutung, daß dem Großen eine Stabilisierung seines bedrohten Selbstwertgefühls und das Begreifen »das bin ich, das kann ich, das brauche ich, das wünsche ich mir und das macht mir Angst« helfen wird, mit Kleineren umzugehen. Und sie nimmt an, daß es zur Steigerung seines Selbstwertgefühls und zur besseren Selbsteinschätzung notwendig ist, daß der Größere nachvollzieht, wie er sich selbst entwickelt hat – bis er so geworden ist, wie er jetzt ist.

Die Erzieherin wird also versuchen, mit den Kindern *Projekte* zu organisieren, in denen sie solche Erfahrungen über sich selbst sammeln können. Erst anschließend werden Projekte geplant, in denen sie erneute Erfahrungen mit kleinen Kindern und Erwachsenen machen können.

Die Erzieherin weiß, daß Kinder dieses Alters Erfahrungen am besten im handelnden Umgang mit Dingen und Personen machen, und daß sie vor allem dann zu Einsichten kommen, wenn sie die Ergebnisse sichtbar und zum Greifen vor sich haben.

Dieses Wissen führt bei der Erzieherin zu dem methodischen Einfall, auf einer ›Lebensleiste‹ den verschiedenen Altersgruppen (von der Geburt bis zum fünften Geburtstag) Fotos, ausgewachsene Kleider und Ergebnisse von Untersuchungen der Kinder untereinander, (z. B. Tabellen über Größen- und Gewichtsmessung, symbolisierte Fähigkeiten, ›Wunschzettel‹ und vieles mehr) zuordnen zu lassen. Sie wird die Kinder diesen Selbstentdeckungsprozeß bei ihrem jetzigen Alter beginnen lassen und – falls sie nicht aktuell andere Bedürfnisse der Kinder wahrnimmt – sie Stück für Stück in die Vergangenheit eindringen und den Entwicklungsprozeß zurückverfolgen lassen. Methodisch erscheint dieses Vorgehen gerechtfertigt, weil die sichtbare und greifbare Abbildung des Bewußtseins »wie ich jetzt bin« den Kindern entsprechende Entdeckungen für die zurückliegenden Jahre erleichtert, wenn sie sich die Frage stellen »wie ich so gewachsen bin«.

Der Einfluß der Erzieherin erscheint nach dieser Darstellung sehr groß. Und doch beruht die Wirksamkeit der Projektmethode zum Teil darauf, daß man die Kinder an der Planung und Organisation ihrer Erfahrungen beteiligt (wie Praxiserfahrungen zeigen, ist das bei Vorschulkindern nur zum Teil möglich).

Die Situationen müssen für Vorschulkinder überschaubar organisiert werden. Der Situationsbereich »Konflikt zwischen Größeren und Kleineren und Erwachsenenreaktionen« ist zu komplex, als daß Vorschulkinder dazu – über das Erzählen von Erlebnissen hinaus – etwas einfallen könnte, was sie in der Bewältigung dieser Probleme weiterbringt.

Hat die Erzieherin jedoch die Vorstellung, daß die Kinder wahrscheinlich dann etwas Neues begreifen werden, wenn sie zunächst etwa entdecken »was ich mit 5 Jahren schon kann« und danach untersuchen »wie ich mich entwickelt habe bis ich 5 geworden bin«, dann ist denkbar, daß die Großen Unterschiede feststellen zwischen sich und den Kleinen. Und vielleicht wollen sie herausfinden, worin diese Unterschiede bestehen, und beschließen, ein Projekt zu machen, in dem die Großen aus dem Kindergarten verglichen werden mit den Kleinen. Und wenn sie alle Ergebnisse dieses Vergleiches in Bildern, Kleidungsstücken, Meßtabellen usw. festgehalten und an der Lebensleiste befestigt haben, werden ihnen vielleicht die leeren Stellen des Bereichs von 1-3 Jahren auffallen (oder die Erzieherin wird sie darauf hinweisen), und sie könnten auf die Idee kommen (oder die Erzieherin kann es vorschlagen), ein ein- bis zweijähriges Kind in den Kindergarten einzuladen und zu betreuen. Dann werden die Kinder zuvor überlegen und planen, welche Untergruppe das Kind ›betreuen‹ wird, was sie mit dem Kind spielen werden, bei welchen Dingen man ihm wohl helfen muß, was es wohl gerne mag, wovor es sicher Angst hat. Sie werden von ihm vielleicht auch ein ›Selbstbild‹ haben wollen, wie sie es von sich selbst hergestellt haben, und werden dabei lernen, daß kleine Kinder nur kritzeln und kaum den Stift halten können. Sie werden von dem Kleinen vielleicht auch einen Fußabdruck haben wollen zum Vergleich mit dem ihren und dabei merken, wie unsicher kleine Kinder noch auf ihren Beinen stehen und wie behutsam man mit ihnen umgehen muß. Sie werden mit ihm vielleicht einen Turm bauen wollen und erleben, daß der Kleine mehr Spaß daran hat, ihn umzuwerfen.

In einem solchen Projekt würden Kindergartenkinder wesentliche Erfahrungen mit Fähigkeiten und Bedürfnissen kleiner Kinder machen; die Einordnung dieser Erfahrung wird durch einen solchen, von ihnen selbst initiierten ›Besuch‹ eines Kleinkindes besser gelingen als in den Realerfahrungen mit ewig störenden kleinen Geschwistern und Kindern aus der Gruppe.

Durch dieses Projekt werden manche Kinder vielleicht angeregt sein, zu Hause, im Park, auf dem Spielplatz kleine Kinder zu beobachten: Vielleicht werden sie planen (oder die Erzieherin wird vorschlagen), die Merkmale von noch kleineren Kindern herauszufinden, die noch nicht laufen können. Vielleicht aber wird ihnen diese Altersgruppe, mit der sie keinen Spielkontakt haben, auch uninteressant vorkommen, und viel wichtiger wird die Frage: »Was war vor der Geburt?« Dabei dann werden einige Kinder ihr Vorwissen ins Gespräch bringen, eines wird vielleicht eine schwangere Mutter haben, die man einladen und nach allem fragen kann, was einen interessiert. Und die Erzieherin kann Bilder zeigen, auf denen noch ungeborene Kinder fotografiert sind.

Und dann werden einige Kinder vielleicht wissen wollen, wie das Kind in den Bauch der Mutter kommt, und manche genauer, ob man den Vater dazu braucht, und die Erzieherin wird ihnen etwas davon erklären, ohne es ihnen aufdrängen zu müssen. Vielleicht aber wird eine entsprechende Projektreihe mit der Geburt anfangen, weil ein Kind über die Geburt seines Bruders grübelt.

Bei den aktuellen Geschwisterkonflikten zu Hause wird sich wahrscheinlich noch lange nichts ändern, weil diese auf einer zum Teil unbewußten emotionalen Ebene stattfinden. Darum wird die Erzieherin vielleicht Geschichten, die von Geschwistern handeln, erzählen oder von ihrem eigenen Geschwisterkonflikt reden. Und die Kinder werden merken, daß sie ihren Zorn oder Kummer nicht zu unterdrücken brauchen, daß ein Erwachsener weiß, wie ›berechtigt‹ dieser Kummer ist, und sie werden miteinander und mit der Erzieherin vielleicht über manche Ereignisse sprechen, vielleicht auch mit den Eltern.

Erzieher und Eltern werden sich vielleicht über das Problem von um Aufmerksamkeit und Zuwendung rivalisierenden Kindern unterhalten, nach Lösungen suchen, sie ausprobieren und einander davon berichten. Die Erzieherin wird ihrerseits noch stärker darauf achten, daß sie bestimmte Kinder nicht vernachlässigt.

Diesen Vorgang würden wir dann als ein Projekt bezeichnen, an dem Kinder, Erzieher *und* Eltern beteiligt waren, ein Projekt, durch das sich an der entsprechenden Realsituation etwas geändert hat.

2.2 Lernbereiche innerhalb didaktischer Einheiten

Lebenssituationen zu nennen, die je nach Anlaß in der Kindergartenarbeit thematisiert werden könnten, bedeutet nicht, daß auf Inhalte, Verfahren und Materialien herkömmlicher Lernbereiche verzichtet werden soll. Wir wollen am Beispiel von drei didaktischen Einheiten[18], die unterschiedliche Fähigkeitsbereiche ansprechen, zeigen, was gemeint ist, wenn wir sagen, ›Soziales Lernen‹ bedeute den Erwerb von Fähigkeiten und Fertigkeiten in sozialen Bezügen. Inhalte und Materialien der Lernbereiche und Verfahren, die ihnen entsprechen, haben zweifelsohne Bedeutung für die Lebenssituationen, in denen Kinder sich befinden. Fertigkeiten machen das Kind unabhängiger von Erwachsenen, Denkverfahren helfen ihm, Zusammenhänge besser zu durchschauen, Einsichten erhöhen seine Selbstbestimmungsmöglichkeit, Erkenntnisse mildern unbegründete Ängste und erleichtern die realitätsgerechte Einschätzung tatsächlicher Gefahren, Wissen ermöglicht neue Erkenntnisse. Diese Fertigkeiten, Inhalte und Denkverfahren werden jedoch – sichtbar an den Wochenplänen der Kindergärten – häufig ohne direkten Bezug zu einer konkreten Situation trainiert, zu deren Bewältigung sie sich als notwendig oder zumindest als nützlich erweisen müßten. Wir vermuten, daß Lernprozesse unterschiedlich verlaufen je nachdem, ob ein Kind z. B. etwas über den Umgang mit Größen und Gewichten erfährt und der Erzieher ihm Anwendungsbeispiele aus dem täglichen Leben gibt oder ob das Kind sich in einer bestimmten

---

18 Die Beispiele sind Skizzen zu folgenden didaktischen Einheiten entnommen: »Ich bin 5 Jahre alt«; »Ich bin abends allein zuhause«; »Verlaufen in der Stadt«.

Situation befindet, in der es etwa erkennen kann, daß das Messen der eigenen Größe und das Vergleichen mit der des kleineren Bruders zu einer Erkenntnis verhilft, die seinen Umgang mit dem Kleineren erleichtert. Im verfahrens- und disziplinorientierten Lernen besteht die Gefahr, daß der Lehrgang sich verselbständigt und Erzieher und Kinder aus dem Blick verlieren, *wozu* etwas gelernt wird. Im situationsbezogenen Lernen ist dieser Bezug von Lernen und Anwendung unmittelbar sichtbar; allerdings ist die Frage nach der Übertragung einer in einer bestimmten Situation erworbenen Fähigkeit auf eine vergleichbare Situation noch ungeklärt.

Lernbereiche der didaktischen Einheit »*Ich bin 5 Jahre alt*«:

In einem ersten Komplex von Projekten (vgl. Projektbeschreibung) können die Kinder Einsichten über ihren eigenen Entwicklungsstand, ihre Fähigkeiten und Bedürfnisse und die von jüngeren Kindern gewinnen. In diese ersten Projekte gehen Vorerfahrungen der Lernbereiche Physik, Mathematik, Ästhetik und Kommunikation ein. Die Kinder messen ihre Körpergröße und vergleichen sie mit der der jüngeren Kinder in der Gruppe und der Höhe jeweils erreichbarer Gegenstände. Sie wiegen und vergleichen sich mit dem Gewicht der Kleinen und der entsprechenden Menge Bauklötze, sie stoppen die Zeit, die sie brauchen, um eine Treppe hinaufzurennen, und vergleichen sie mit der Zeit, die ein krabbelndes Kleinkind dazu braucht. Sie merken, daß es innerhalb einer Gruppe von altersmäßig vergleichbaren Kindern einen bestimmten Bereich gibt, innerhalb dessen die Meßwerte liegen und daß dieser Bereich je nach Altersgruppe unterschiedlich ist. Die entsprechenden Relationen größer–kleiner, schwerer–leichter, schneller–langsamer werden begriffen. Kinder erfinden Notationsformen für gemessene Werte, ebenso wie Symbole zur Verbildlichung von bereits beherrschten Fähigkeiten. Sie lernen dabei, daß Zeichen und Symbole Vereinbarungen zur graphischen Darstellung sinnlich erfahrbarer Vorgänge sind. Die Herstellung farbiger Fuß- und Handabdrücke ist für Kinder eine lustbetonte ästhetische Aktivität, bei der sie zugleich Größenunterschiede feststellen.

In einem anderen Projekt wird der biologische Entwicklungsprozeß eines Kindes von der Geburt bis zum fünften Lebensjahr verfolgt. Die Kinder können die Gestaltveränderungen und unterschiedlichen Fähigkeiten anhand von Fotos und Beobachtungen an Babies und kleinen Kindern entdecken. Kleidungsstücke und Spielzeug werden gesammelt und den einzelnen Altersgruppen und Lebensabschnitten zugeordnet.

Im nächsten Projekt können die Kinder die Einsichten, die sie gewonnen haben, anwenden. Ein sehr junges Kind wird in den Kindergarten eingeladen, eine kleine Kindergruppe übernimmt dessen ›Betreuung‹, beobachtet, womit es am liebsten spielt, wie es mit Dingen umgeht, mit welcher Mimik und Gestik und welchen Lauten es Wünsche und Mißfallen kundtut. Im Spiel stellen die Kinder sich auf die andersartigen Fähigkeiten und Wünsche des Kleinen ein, deuten seine ›Sprache‹ und machen sich ihrerseits betont expressiv verständlich.

Am nächsten Tag teilen die am Experiment beteiligten Kinder ihre Beobachtungen und Erfahrungen den anderen Gruppenmitgliedern mit. Averbale und verbale Kommunikation stehen hier im Vordergrund; ebenso wird Beobachtungsfähigkeit in realen Situationen geübt.

Im nächsten Projekt können die Kinder entdecken, daß im ersten Lebensjahr einschneidende biologische und psychologische Entwicklungsschritte vergleichsweise rasch aufeinander folgen. Hier geht es um die Erfahrung, daß Wachstum und Entwicklung Veränderung in einer bestimmten Zeitspanne bedeuten (geschichtlicher Aspekt) und daß Zeitspannen gleicher Länge als unterschiedlich bedeutsam empfunden werden können (objektiver und subjektiver Zeitbegriff). An dieses Projekt schließen sich Fragen nach Geburt, Schwangerschaft und Zeugung an, Aspekte üblicher Sexualerziehung sind damit in einen von den Kindern weitgehend mitbestimmten und selbstorganisierten Erkenntnisprozeß integriert.

Die Konflikte zwischen Kindern und Erwachsenen, um die es in dieser Einheit auch geht (Erwachsene vernachlässigen das Bedürfnis des Kindes nach Zuwendung, Aufmerksamkeit, Gerechtigkeit), können kaum von Kindern allein gelöst werden; deshalb sind hier keine Projekte für Kinder allein, sondern nur solche mit Erwachsenen vorstellbar. Für Kinder geht es bei diesen Konflikten hauptsächlich um Kommunikation. Vorgelesene Geschichten, die die Thematik verständnisvoll ansprechen, können es den Kindern erleichtern, über ihre eigenen Erfahrungen und Schwierigkeiten zu sprechen, und ihnen das Gefühl vermitteln, daß man ihr Problem begreift und aufnimmt. Auch hier empfiehlt sich die Anwendung und Übertragung des Erkannten in relativ entspannter Atmosphäre: so etwa wenn ein Fest organisiert wird, zu dem alle kleinen Geschwister in den Kindergarten eingeladen werden.

Vorschläge, Ideen und Strategien zur Veränderung der wirklichen Konfliktsituationen, zu Hause und im Kindergarten, müssen Erzieher und Eltern gemeinsam entwickeln. Hier bekommt die didaktische Einheit eine sozialpädagogische Ausweitung in Richtung von Erwachsenenfortbildung.

An Beispielen aus der Einheit »*Ich bin abends allein zuhaus*« soll gezeigt werden, welche Lernbereiche und Vermittlungsverfahren nach unserer Meinung nützlich sind, um Kindern zu helfen, sich in einer Situation besser zurechtzufinden, in der sie Angst haben und sich verlassen fühlen.

Zur Beschreibung der Situation:
Wenn ein Kind abends allein in der Wohnung ist, kann die sonst mit vertrauten Menschen bewohnte Umgebung plötzlich fremd, undurchschaubar, seltsam belebt durch Geräusche und Gestalten, ungeheuerlich und beängstigend auf das Kind wirken, so daß es nicht schlafen kann, in der Wohnung herumirrt, um die Eltern zu suchen, schließlich weint, irgendwo einschläft und schreckliche Träume hat.

Einige Gründe: In unbekannten und undurchschaubaren Situationen braucht das Kind Bezugspersonen, um Orientierungsmöglichkeiten zu erlernen. Wird es allein gelassen, so bekommt es Angst, daß seine bereits gelernten Möglichkeiten, sich zurecht zu finden, für die Bewältigung dieser Situation nicht ausreichen könnten. Hat es Angst, so nimmt es die Umwelt verändert wahr. Ist es zudem noch dunkel, so kann sich die Angst steigern, weil der dominante Orientierungssinn, das Auge, nicht mehr zuverlässig funktioniert.

Die *Erfahrungen* und *Qualifikationen*, die die Kinder in der didaktischen Einheit »*Ich bin abends allein zuhaus*« erwerben können, sollen kurz genannt werden:
1. Man darf sich und anderen eingestehen, daß man manchmal Angst hat; man kann über Ängste sprechen; Angst ist besonders groß, wenn man befürchten muß, verlassen worden zu sein; bei Angst sehen die Dinge anders aus.
2. Man kann durch Experimente mit Geräuschen, Licht und Schatten den nächtlichen Spuk entlarven und auf seine objektiven Bedingungen hin untersuchen. Man kann auch erfahren, daß Empfindungen anderer Sinne (Gehör, Tastsinn) stärker

hervortreten, wenn man sich im Dunkeln orientiert.
3. Man kann mit den Eltern, Freunden und Nachbarn Abmachungen treffen, die einem das Alleinsein erleichtern.

Der Erwerb der unter 1. skizzierten Fähigkeiten, das Sich-Eingestehen eigener Ängste und die Möglichkeit, mit anderen darüber zu reden, kann den Kindern dadurch erleichtert werden, daß die Erzieherin die in solchen Kindergruppen meist übliche ›Tapferkeitserwartung‹ durchbricht, indem sie zu den Kindern von eignen Ängsten redet, die sie als Kind hatte und auch noch heute manchmal hat. Anschließend können die Kinder einige Szenen dramatisch gestalten und dabei selbst als Verursacher von Angst auftreten und die Phänomene entzaubern. Dieses Projekt enthält starke und differenzierte Aspekte der affektiven Kommunikationsförderung (Verständigung mit Hilfe von Sprache, Gestik, Mimik; Verstehen der Signale der anderen).

Zur weiteren Entzauberung der nächtlichen Phänomene (Kennenlernen ihrer objektiven Ursachen) könnten die Kinder in einem nächsten Projekt mit Geräuschen, Tönen, Licht, Schatten und Wind experimentieren. Anschließend daran lassen sich diese Kenntnisse in einer Kasperle-Inszenierung anwenden, indem die Kinder selbst Beleuchtung und Ton zum Stück herstellen. Dieses Projekt enthält Erfahrungen der Wahrnehmungspsychologie (Perzeptionsverzerrung) und eine Fülle physikalischer Erfahrungen (Optik, Akustik, Mechanik – Analyse der materialen Bestandteile); es bedeutet Hörerziehung (zur Differenzierung von Geräuschen und Tönen) und ästhetische Erziehung im weiteren Sinn (bei der Herstellung von Geräuschmaterialien und Lichteffekten). Die Inszenierung erfordert Kommunikationsfähigkeiten und Umgang mit technischen Geräten.

In einem dritten Projekt könnte man die Eltern einbeziehen und einen der ohnehin in Kindergärten stattfindenden Bastelnachmittage so umgestalten, daß ein Elternteil jeweils mit seinem Kind zusammen eine Schlenker-Puppe herstellt, die durch ihre Beweglichkeit gut Gefühle ausdrücken kann. Sie soll für das Kind ein Verständigungssymbol sein für den Fall, daß es auf Alleinsein nicht vorbereitet werden konnte. Die Eltern könnten mit dem Kind zum Beispiel ausmachen: »Wenn du aufwachst, und die Puppe sitzt auf dem Nachttisch, dann weißt du gleich, daß wir noch nicht einmal weggegangen sind, daß wir an dich denken und bald wiederkommen.«

Dies Projekt enthält neben der ästhetischen Aktivität (Basteln einer Puppe) vor allem eine Differenzierung der Kommunikationsfähigkeit (verabredete Symbole als Verständigungsmittel). Ein anderer Vorschlag bezieht sich auf Abmachungen zwischen Kindern, Eltern, ihren Freunden und Nachbarn. So könnten Eltern, die ein Telefon haben, den Kindern Telefonnummern zurücklassen, unter denen die Kinder entweder die Eltern selbst oder andere bekannte Personen erreichen können, wenn sie plötzlich Angst haben oder wenn irgend etwas Beunruhigendes vorgefallen ist. Diese Aktivitäten erfordern die Fähigkeiten, mit dem Telefon umgehen, Zahlen lesen und sich sprachlich verständigen zu können. Sie enthalten als Ziel, daß die Kinder neben den eigenen Eltern auch Freunde, Bekannte und Nachbarn als wichtige Bezugspersonen anerkennen.

In den Projekten der didaktischen Einheit »*Verlaufen in der Stadt*« haben Fähigkeiten der Umweltorientierung große Bedeutung.

In einem ersten Projekt, in dem ein Plan zur Lage von Kindergarten und Wohnhäusern entsteht, gewinnen Kinder erste Vorstellungen von der Herstellung einer geographischen Karte (Sachunterricht), die ein aus der ›Vogelperspektive‹ erkanntes Straßennetz symbolisieren soll. Damit diese Karte einen Bezug zu der Lebenssituation der Kinder erhält, sollen sie die eigene Straße von der Erzieherin darauf einzeichnen lassen und wiederfinden, das heißt den Straßennamen wissen und das Schriftbild anhand eines von den Eltern hergestellten Handzettels wiedererkennen können (Lesen).

In einem anderen Projekt, in dem es darum geht, herauszufinden, wer in wessen Nähe wohnt, ›lesen‹ die Kinder anhand der auf der Karte mit Fähnchen markierten Wohnungen ab, welche Kinder nahe beieinander wohnen und stellen Tabellen her, auf denen die Namen der Kinder stehen, die zusammen in den Kindergarten gehen könnten (Schreiben). Sie grenzen Straßenzüge nach einem Gespräch miteinander zu ›Wohnbezirken‹ ein (Mengenlehre). Bei einem Spaziergang, auf dem die Kinder einander zeigen, in welchem Haus, welchem Stockwerk, auf welcher Seite des Hauses sie wohnen, müssen sie rechts–links unterscheiden, Stockwerke abzählen und die Hausnummern erkennen. Wollen sie die Häuser fotografieren, so müssen die Kinder den Umgang mit der Kamera gelernt haben. Beim Malen der eigenen Häuser werden Stockwerk und Wohnseite eventuell auch die Farbe der Haustür auf das Bild übertragen. Übungen zur Farbdifferenzierung müssen dazu vorher stattgefunden haben.

In einem weiteren Projekt wird den Kindern deutlich, daß es Gebäude und Plätze im Bezirk gibt, die eine bestimmte Bedeutung für sie haben, zu denen sie finden können sollten, anhand derer sie sich aber auch orientieren können. Es geht in diesem Projekt zunächst um sachbezogene Kommunikation über wichtige oder markante Punkte, um deren bildnerische Symbolisierung und um deren Übertragung auf den ›Wohnbezirksplan‹.

Bei einem ›Taxifahrer-‹ oder ›Fremdenführerspiel‹ auf dem Spielplatz mit Spielzeugautos lernen die Kinder Wegbeschreibungen zu verstehen bzw. selber abzugeben. Dazu müssen sie rechts–links unterscheiden, Straßenkreuzungen auf dem Plan abzählen und grammatikalisch folgerichtige Beschreibungen geben können (inhaltsbezogene Sprachförderung). Bei der ›Schatzsuche‹ beziehen sich die Wegbeschreibungen auf wirkliche Straßen und einen wirklichen Ort. Die Projekte, in denen der Umgang mit Schaffnern und Verkehrsmitteln zunächst im Kindergarten spielerisch erprobt und später in der Wirklichkeit angewendet wird, enthalten alle Bestandteile notwendiger Verkehrserziehung. Über inhaltliche Verkehrserziehung hinaus geht der Versuch, mit den Kindern auch zu erproben, wie sie im Ernstfall, wenn sie sich verirrt haben, vorübergehende Passanten um Hilfe bitten (Kommunikation) oder entsprechende Einrichtungen (Telefonzelle, Polizeinotruf) benützen können (Techn. Elementarbildung).

Einige Fachdidaktiker der Lernbereiche Mathematik, Naturwissenschaft, Geographie, Lesen und Schreiben werfen uns die »fachwissenschaftliche Naivität« vor, von der unsere Absicht getragen sei, Kinder jeweils ad hoc in Situationen das als notwendig Erkannte lernen zu lassen. Wir müssen zugeben, daß die Kinder in unseren Projekten zwar das U der U-Bahn und das H der Bushaltestelle unterscheiden und ein für sie wichtiges Richtungsschild am Bus erkennen lernen, sie den eigenen Namen, den des Freundes und einige affektiv bedeutsame Worte ›lesen‹ lernen, daß aber nur sehr wenige Kinder bei diesem ›Leselernverfahren‹ lernen, unbekannte Bilderbücher zu lesen. Zwar lernen die Kinder während eines Projekts – auch ohne Verfügung über den Zahlbegriff – die eigene Größe und die der jüngeren Gruppenmitglieder zu ›messen‹, d. h. zu markieren, und mit Größen von Gegenständen zu vergleichen, aber es ist zu vermuten, daß sie das Verfahren nicht sicher genug beherrschen, um es auf andere Gegenstandsbereiche selbständig zu übertragen. Zwar ist es etwa beim ›Telefonieren‹ denkbar, das Wählen des Notrufs 110 ad hoc innerhalb des Projekts zu erlernen, aber schon das Wählen einer vier- bis sechsstelligen Nummer setzt das Unterscheiden und Erkennen von differenzierten Zahl*symbolen* voraus.

Bei Projekten, in denen Kinder für ein Gruppenfest einkaufen gehen oder Werkmaterial beschaffen und verteilen sollen, müssen sie darüber hinaus über Zahl*begriffe*, d. h. Mengenvorstellungen, verfügen. Zahlbegriffe aber können Kinder nicht innerhalb eines Projekts gleichsam nebenbei erwerben und auch nicht in einer kurzen in das Projekt eingeschalteten Lernsequenz, die wir, wie oben gesagt, ›didaktische Schleife‹ nennen. Zum Erwerb des Zahlbegriffs benötigen Kinder allem Anschein nach den langfristigen Umgang und komplexe Erfahrungen mit Mengen und Zahlen in unterschiedlichen Situationen.

Die Beispiele sollen auf drei wichtige Probleme hinweisen, die unter anderem durch die innere Struktur der Lernbereiche und die ihnen immanenten Lernverfahren beim situationsdidaktischen Ansatz entstehen:

Bestimmte disziplinorientierte Verfahrensweisen lassen sich zwar in Lernsequenzen zerlegen und einige einfache solcher Sequenzen erscheinen auch ad hoc erlernbar (wie etwa das Erkennen von bedeutsamen Wortbildern), aber die Erschließung des gesamten Fähigkeitsbereichs (etwa das sinnverstehende Lesen unbekannter Texte) umfaßt allem Anschein nach eine Sequentialität von optischen Analyse- und Syntheseprozessen, die hierarchisch angeordnete Lernschritte verlangen[19].

Bestimmte Verfahren – zum Beispiel das Messen – erfordern Sicherheit in der Beherrschung und das Durchschauen des Vorgangs, damit man sie in unterschiedlichen Situationen selbständig anwenden kann. Hier wäre von Fachdidaktikern der entsprechenden Disziplinen zu überlegen, welche disziplinorientierten Verfahren für die selbständige Umweltexploration unverzichtbar sind. Außerdem wäre zu klären, wie häufig und variiert und wenn nötig elementarisiert und als ›Schleifen‹ ausgegliedert sol-

---

19 Auch P. Freire sucht ja in seinem berühmt gewordenen Sechs-Wochen-Leselehrgang für erwachsene Analphabeten nicht nur »Schlüsselbegriffe« nach ihrer gruppen- und erlebnisspezifischen Bedeutsamkeit heraus, sondern ordnet deren Präsentation nach verschiedenen Kriterien: nach dem Reichtum der Phoneme, nach dem phonetischen Schwierigkeitsgrad *und* nach dem praktischen Gehalt der Wörter. Freires Erfolge mit dieser Methode könnten aber ein Impuls für Fachdidaktiker sein zu prüfen, ob nicht bestimmte Erkenntnisverfahren – jedenfalls das Lesenlernen – anhand von ›bedeutsamen‹ Inhalten um ein vielfaches leichter und schneller erworben werden könnten, als es mit bislang vorhandenen Lehrgängen gelingt.

che Verfahren in Projekten auftauchen müßten, damit man sicher sein kann, daß die Kinder von einem bestimmten Zeitpunkt an über diese Verfahren sicher und selbständig verfügen.

Bestimmte disziplinorientierte Verfahren – etwa die Operationen mit Mengen – können wahrscheinlich nur in elementarisierten und sequentialisierten Lernschritten erworben werden. Selbst wenn es gelingt, das Wiedererkennen einer dreistelligen Hausnummer oder das Wählen einer sechsstelligen Telefonnummer innerhalb didaktischer Schleifen projektbezogen zu trainieren, so würde das Kind damit nicht gleichzeitig die Vorstellung gewonnen haben, daß etwa fünf eines mehr als vier und drei eines weniger als vier sind. Diesen Mengenbegriff würde das Kind jedoch zum Beispiel dann benötigen, wenn es sich fragt, wieviel Äpfel es einkaufen muß, damit jeder in der Gruppe einen bekommt oder wieviel Limonadeflaschen es aus dem Keller holen muß, wenn immer zwei Kinder eine Flasche bekommen. Für solche Fähigkeiten stellt sich die Frage, ob Projekte derart angeordnet werden können, daß sichergestellt ist, daß die Kinder zunächst jene einfachen Lernschritte leisten, die Vorbedingung für den nächst höheren sind. Zu prüfen wäre auch, ob eine Fülle von einander entsprechenden oder einander ergänzenden und unterschiedlich komplexen Lernschritten nach einer bestimmten Zeit einen Begriff von dem zu lernenden Bereich vermitteln. In einigen Lernbereichen erscheint uns ein solches Verfahren erfolgversprechend. Wir haben zum Beispiel ein von Bachmann und Schüttler-Janikulla[20] entwickeltes Lernspielbuch zum Kartenverständis – »ein Atlas für Kinder, die noch nicht wissen was ein Atlas ist« – auf die vorgeschlagenen Lernschritte hin untersucht und festgestellt, daß – ohne diesbezüglicher Planung – drei unserer didaktischen Einheiten die entsprechenden Lernschritte projektbezogen enthalten. Bachmann/Schüttler-Janikulla machen zuerst Perspektive-Übungen, sie fotografieren Kinderspielzeug und Möbel von einem erhöhten Standort aus, um von da aus zum Wohnungsgrundriß hinzuführen. In einer didaktischen Einheit »Unsere Wohnung ist zu klein« (Arbeitstitel) experimentieren die Kinder bei uns mit etwa 20 cm hohen farbig tapezierten Stellwänden und Puppenmöbeln, um sich ihre Wunschwohnung zu bauen und einzurichten. Da sie das Spielzeug nicht nach Hause mitnehmen können, den Eltern die Wohnung aber zeigen wollen, zeichnen sie einen Grundriß, in dem die Räume – entsprechend den Tapetenfarben – eingefärbt werden und die Möbel ›von oben‹ eingezeichnet werden. Das Verständnis für Karten versuchen Bachmann/Schüttler-Janikulla damit zu erreichen, indem sie Luftaufnahmen von einer Stadt über entsprechende Zeichnungen immer weiter abstrahie-

---

20 Bachmann, H. / Schüttler-Janikulla, K., Hier und da. Ein Atlas für Kinder, die noch nicht wissen, was ein Atlas ist. Velber 1971.

ren, bis sie zu einem üblichen Stadtplan dieser Stadt gelangen. Auf diesen Plänen sollen die Kinder jeweils dieselben markanten Gebäude – Kirche und den Kindergarten – wiederfinden. Wir haben in einem Projekt »Wir machen ein Picnic« anhand von Luftaufnahmen der Stadt, in der die Kinder wohnen, von den Kindern Ausflugsziele aussuchen lassen: Waldgebiete, Wiesen, einen Baggersee, einen Bach. Wir haben dann einen ›Stadtplan‹ speziell für den geplanten Ausflug hergestellt, das heißt, wir haben die Fahrtroute grob auf Packpapier gezeichnet, auffällige Gebäude und entscheidende Kreuzungen mit von den Kindern erdachten Symbolen gekennzeichnet und auf der Fahrt die Kinder auf diese ›Wegweiser‹ aufmerksam gemacht. In der didaktischen Einheit »Verlaufen in der Stadt« haben die Kinder zusammen mit der Erzieherin nach dem Rundblick von einem Hochhaus auf ihren Wohnbezirk, einen Plan ihres Bezirks hergestellt, der so genau ist, daß sie ablesen können, wo die einzelnen Kinder wohnen und wie man vom Kindergarten aus dahin kommt.

Diese Beispiele mögen zeigen, daß die Meinung vieler Pädagogen, Lernergebnisse isolierter Kurse seien a priori projektorientiert erworbenen Einsichten überlegen, in dieser Ausschließlichkeit nicht richtig sein kann. Ebenso wichtig wie dieser Nachweis erscheint uns allerdings unser Eindruck, daß man bei situationsdidaktisch konstruierten Curricula auf die Zusammenarbeit mit Fachdidaktikern der verschiedenen Disziplinen angewiesen ist, um Struktur und Plazierung notwendiger Kurse mit ihnen zu diskutieren.

Für die Elementarerziehung scheint uns der Verzicht auf systematisierte Erkenntnisschritte begründbar, weil es in dieser Altersphase vorwiegend um den Erwerb von Grundqualifikationen für selbstbestimmtes und intelligentes Handeln geht und wir davon ausgehen, daß diese Qualifikationen sich nur durch komplexe Erfahrungen in sozialen Bezügen entwickeln. Für eine Eingangs- und Primarstufe jedoch, die sich am situationsdidaktischen Ansatz orientiert, muß der Stellenwert von Kursen geklärt werden.

3. Didaktische Einheiten als Teile des Curriculum

3.1 Übersicht über die Bestandteile eines ›Curriculumpaketes‹

Wenn wir von Curriculum sprechen, so denken wir weder an Lernzielkataloge noch an exakt konstruierte Unterrichtspläne, denen der Erzieher bei seiner pädagogischen Arbeit folgen soll. Unter Curriculum verstehen wir eine Sammlung didaktischer Einheiten. Diese – weder in streng hierarchisch geordneter noch in gänzlich unverbundener Sammlung enthaltenen

– Einheiten greifen wichtige Lebenssituationen der Kinder auf und bieten eine Reihe von didaktischen Vorschlägen, Materialien und Hinweisen zur pädagogischen Arbeit an. Der Spielraum für individuelle Interpretation und Ausgestaltung ist so groß, daß jeder Erzieher die für seinen Bedarf notwendigen Modifikationen vornehmen muß.

Um einem Mißverständnis vorzubeugen: Dieses Curriculum ist nicht so zu verstehen, als ob – im Sinne eines weiten Curriculumbegriffes[21] – Tag für Tag mit Vorschulkindern ausschließlich didaktische Einheiten durchgeführt werden sollten. Eine didaktische Einheit stellen wir uns als ein zentrales Angebot innerhalb eines Tagesablaufes vor, der den Kindern durch freie Materialangebote und Spielmöglichkeiten bereits einen weiten Raum zur selbsttätigen Organisation von Erfahrung im Umgang mit anderen Kindern, mit Erwachsenen und der nächsten Umwelt bietet.

Da die Zahl möglicher, für Kinder wichtiger Lebenssituationen fast unbegrenzt zu sein scheint, kann die das Curriculum bildende begrenzte Anzahl didaktischer Einheiten nur einen – wenn auch wichtigen – Teil von möglichen Lebenssituationen erfassen. Wir nehmen an, daß die Durchführung der didaktischen Einheiten die Erzieher mit den Entwicklungsprinzipien solcher Einheiten vertraut macht und sie somit befähigt, weitere – im Curriculum nicht enthaltene – Situationen selbständig aufzugreifen. Anhand der paradigmatisch vorgeführten Einheiten wird der Erzieher vermutlich in der Lage sein, zu aktuellen Problemen gemeinsam mit den Kindern Projekte zu entwerfen.

Die didaktischen Einheiten des Curriculum werden in Form von Paketen (sogenannten *Curriculumpaketen*) an die Erzieher gegeben.

Was enthält ein solches Curriculumpaket?

Soweit es das Verständnis für die Wichtigkeit der jeweiligen Situation verlangt, wird eine *Theoriebildung über die Situation* versucht. Ausschnitte daraus sind zum Teil nur für die Erzieher, zum Teil auch zur Weitergabe an Eltern und andere an der Situation beteiligte Erwachsene gedacht. Die theoretischen Ausführungen sind unterschiedlich im Umfang: Es gibt didaktische Einheiten, deren Themen und Probleme keiner theoretischen Vorklärung bedürfen – in solchen Fällen enthält das Paket keine Informationen zur Situationstheorie.

Jedes Curriculumpaket enthält vielfältige Sachinformationen über die Situation. Ausgewählte Fallbeschreibungen, Ergebnisse empirischer Untersuchungen und statistischer Erhebungen, wissenschaftliche Texte, Presseberichte sowie Ergebnisse aus Situationsanalysen und Situationsrecherchen vor Ort werden in einem *Dossier* zusammengefaßt. Diese Informa-

---

21 Vgl. Brügelmann, H., Offene Curricula. In: ZfP, 18 (1972), H. 1, S. 95: »Grundsätzlich umfaßt Curriculum alles, was Kindern in der Schule von Lehrern widerfährt.«

tionen sollen den Erziehern dabei helfen, die Strukturmerkmale einer Situation kennen sowie das Verhalten der in der Situation handelnden Personen einschätzen zu lernen und sich ein differenziertes Bild über ihre eigene spezifische Situation zu machen. Außerdem können die Erzieher an der im Dossier getroffenen Auswahl ablesen, welche Quellen benutzt und wie die Informationen zusammengestellt wurden. Dies sollte sie in die Lage versetzen, für neue Situationen selbständig Informationsmaterialien zu sammeln und – bei Bedarf – Situationsrecherchen vor Ort durchzuführen.

In einem *Leitfaden* wird dem Erzieher ein Überblick über das in der didaktischen Einheit aufgegriffene Problem gegeben. Er enthält
– eine Beschreibung und Interpretation der Lebenssituation der Kinder;
– eine allgemein gehaltene Bestimmung der zu einer zunehmend selbstbestimmten Bewältigung dieser Situation notwendigen Qualifikationen;
– Hinweise auf situative Anlässe zur Durchführung der didaktischen Einheit;
– didaktische Vorschläge für die Vorbereitung, Planung, Durchführung und anschließende Aufarbeitung von Projekten, die zum Erwerb der bezeichneten Qualifikationen sinnvoll erscheinen, mit dem Hinweis auf mögliche Anschlußprojekte;
– Hinweise auf Kurse, ›didaktische Schleifen‹, die für den Fortgang der Projekte notwendige Informationen und Fertigkeiten in zwischengeschalteten Arbeitsschritten vermitteln sollen;
– methodischen Hilfestellungen für den Erzieher (Hinweise zur Elternarbeit, Vorschläge zur Überwindung voraussichtlicher Schwierigkeiten bei der Durchführung, Anregungen für die pädagogische Arbeit mit den Kindern, z. B. zur Änderung von starren Verhaltensmustern);
– Hinweise und Beschreibungen zur Herstellung und Beschaffung von Materialien;
– Hinweise auf den Einsatz und die Verwendung der dem Paket beigegebenen didaktischen Materialien.

Dieser Leitfaden soll dem Erzieher eine erste Orientierung geben und ist keinesfalls als Durchführungsvorschrift mißzuverstehen. Alle Vorschläge und Hinweise sind als Anregungen gedacht und beinhalten nur Möglichkeiten zur Durchführung der didaktischen Einheiten.

Weitere Bestandteile des Curriculumpaketes sind *Erfahrungsberichte*, die aus der Entwicklungsphase der didaktischen Einheiten gewonnen wurden. Dabei kann es sich um schriftliche Protokolle handeln, die die Planung, Durchführung oder Besprechung didaktischer Einheiten dokumentieren. Es können Tonbandprotokolle sein, die Gespräche über Erfahrungen bei der Durchführung von Projekten, Vorstellungen bestimmter Sachverhalte von Kindern und Erwachsenen enthalten. Erfahrungs*berichte* können auch aus Foto- und Bildmaterial, schriftlichen Interviewergebnissen und Arbeitsergebnissen der Kinder bestehen. Kurz: Diese *Berichte* enthalten Erfahrungen verschiedenster Art aus ersten ›Praxisdurchgängen‹ der didaktischen Einheit, von denen wir annehmen, daß sie neuen Gruppen die Durchführung der didaktischen Einheiten erleichtern können.

Weiterhin enthält ein Curriculumpaket die für die Durchführung der didaktischen Einheit notwendigen – nicht in der Situation selbst erreichbaren oder herstellbaren – *Materialien* und die *Ausführung der didaktischen Schleifen.*

Schließlich sind Materialien, die die *Arbeit mit Eltern und anderen an der Situation Beteiligten* unterstützen, in dem Curriculumpaket enthalten.

Von den genannten Bestandteilen des Curriculumpaketes werden im folgenden die Erfahrungsberichte, die Materialien für die Durchführung der didaktischen Vorschläge, die Materialien für sonstige an der Situation beteiligte Personen sowie die didaktischen Schleifen besprochen.

3.2 *Erfahrungsberichte*

Die Erfahrungsberichte sind eine Kombination aus Praxisberichten (Tonbandaufzeichnungen, Protokollen, Fotos usw.) und deren Interpretation durch die Sozialwissenschaftler, die das Curriculum entwickeln und begleiten. Weder unkritische und unverarbeitete Wiedergabe von Praxiserfahrungen noch auf rein theoretischen Überlegungen beruhende Vorschläge für die Praxis können den Beteiligten bei der Lösung konkreter Probleme hilfreich sein. Die möglicherweise unterschiedliche Einschätzung des Handlungsfeldes durch die beiden Gruppen (Wissenschaftler und Situationsbeteiligte) ist von einem Modell der Curriculumentwicklung, das die Kooperation von Theorie und Praxis fordert, zu berücksichtigen. Die Funktion der an der Curriculumentwicklung Beteiligten unterscheidet sich darin, »daß Forscher über eine theoretische Voreinstellung gegenüber dem Sachverhalt verfügen, in der Regel also ein System von Kategorien zur Verfügung haben, mit deren Hilfe sie den Sachverhalt in spezifischer Weise ordnen, die Agierenden des Feldes ihrerseits über die Kompetenz des Handelns unter den jeweiligen Bedingungen verfügen. In einem kooperierenden Kommunikations- und Handlungszusammenhang haben dann Lösungsvorschläge für hier und jetzt bestehende Probleme die Form von Interpretationen des Sachverhaltes durch die Forscher, die in Kommunikation mit den Handelnden Handlungsstrategien für die Lösung konkreter Probleme entwickeln.«[21a]

21a Arbeitsgruppe Curriculum und Sozialwissenschaften (Müller, E., Stickel-

Solche Erfahrungsberichte können unter bestimmten Gesichtspunkten zusammengefaßte und geordnete Protokolle von Befragungen sein, die Vorschulkinder z. B. mit Schulkindern, mit Kindern, die im Krankenhaus waren, oder mit Erwachsenen durchführen. Auch eine Fotodokumentation über die Durchführung einer didaktischen Einheit kann ein ›Erfahrungsbericht‹ werden. Ebenso können schriftliche Berichterstattungen über Etappen, Erfahrungen und Probleme bei der Durchführung eines Projekts sowie eine Auswahl prägnanter Arbeitsergebnisse der Kinder die Funktion solcher Erfahrungsberichte erfüllen.

Erfahrungsberichte können auch Tonbänder sein, auf denen Erlebnisse und Erfahrungen von Eltern und Erziehern aufgenommen und mit Kommentaren und Interpretationen versehen wurden. Erfahrungen zum Beispiel bei Versuchen der Eltern und Erzieher, mit ihren Kindern die örtliche Schule oder das zuständige Krankenhaus zu besuchen und mit den Lehrern, Ärzten und Schwestern ins Gespräch zu kommen; bei Versuchen, andere Eltern der Nachbarschaft zu versammeln und zu gemeinsamen Aktionen aufzurufen; bei Schwierigkeiten und Problemen, auf die Kinder gestoßen sind, als sie versuchten, innerhalb einer didaktischen Einheit fremde Passanten um Hilfe zu bitten.

Welche Funktionen sollen diese Materialien erfüllen, und an wen richten sie sich?

Sie können sich prinzipiell an alle Personen richten, die an der Durchführung einer didaktischen Einheit beteiligt sind, also an die Kinder, an die Erzieher und an die Eltern, auch an weitere Personen oder Personengruppen (zum Beispiel an die zuständige Lehrerin der Grundschule, an die Krankenschwestern des örtlichen Krankenhauses). Im besonderen richten sie sich an diejenigen, die aktiv an der Vorbereitung, Planung und Durchführung der Projekte beteiligt sind.

Diese Materialien sollen die Erfahrungen, die Erzieher-, Kinder- und Elterngruppen bei der Durchführung von Projekten gemacht haben, so an andere Gruppen weitergeben, daß diese davon für ihre eigene Aktivität profitieren können. Sie sollen über Erfolge, Mißerfolge und Schwierigkeiten berichten und Vermutungen über deren Ursachen enthalten. Sie können zeigen, wie Schwierigkeiten überwunden werden und Hinweise geben, mit welchem Vorgehen man manche dieser Probleme vielleicht von vorneherein vermeiden kann. Sie können Aussagen über die Diskrepanz zwischen anfänglicher Vorstellung und späterer Realisierung enthalten sowie Eindrücke über die Durchführung einzelner Aktionen (zum Beispiel Interviews) vermitteln.

Da diese Materialien die Erfahrungen der Praxis sowie die Interpreta-

mann, B. u. a.): Ansätze zu einer Theorie aktivierender Sozial- und Schulforschung. Projekt I. Wiesbaden: Bildungstechnolog. Zentrum GmbH 1972, H. 6, S. 45.

tionen der Wissenschaftler in sich vereinigen, sind sie geeignet, Eltern, Kindern und Erziehern, die bisher noch keine Erfahrungen mit didaktischen Einheiten sammeln konnten, praktische Hilfestellung zu geben.

Eltern und Erzieher, die den didaktischen Einheiten skeptisch gegenüberstehen, sollen durch diese Berichte von der Machbarkeit der vorgeschlagenen Projekte überzeugt und zu eigenen Versuchen angeregt werden.

3.3 Materialien für die Durchführung didaktischer Einheiten

Wir denken an ganz unterschiedliche Materialien, die für die Durchführung einer didaktischen Einheit gebraucht werden können: Fotoserien, Posters, Filme, Comics und Bildergeschichten, Puzzles, Spielkarten, Steckwände, Bilder, Geschichten zum Vorlesen, um nur einige zu nennen. Die Materialien werden speziell für die einzelnen didaktischen Einheiten hergestellt und dem Curriculumpaket beigegeben. Was können diese Materialien leisten?

Allgemein gesagt, sollen diese Materialien dazu dienen, Kindern bei der Erfahrung der sie umgebenden Wirklichkeit zu helfen. Sie sollen dazu beitragen, daß ihnen Zusammenhänge sichtbar und begreifbar werden. Die Materialien können Themen aktualisieren (also als Anlaß verwendet werden); sie können den Kindern helfen, Handlungsmöglichkeiten, Konfliktlösungsstrategien und ›Überlebenstechniken‹ für die jeweiligen Situationen zu erwerben. Sie können auf Handlungsmöglichkeiten in realen Lebenssituationen vorbereiten, indem sie in vergleichsweise konfliktfreien Real- oder Simulationssituationen die Einübung von sinnvollen Verhaltensweisen zulassen. Materialien können notwendige Informationen vermitteln; sie können dort einen Ersatz bieten, wo die Anschauung der Wirklichkeit nicht möglich oder für Kinder zu verwirrend ist. Sie können Ausschnitte der Realität darstellen, die für Kinder wichtig und durchschaubar sind. Manche Materialien (vor allem Film-, Fotomaterial und Geschichten) ermöglichen die Identifikation mit anderen stellvertretend handelnden Kindern und helfen dadurch den Kindern, mit eigenen Hemmungen und Unsicherheiten besser fertig zu werden und Ängste, mit eigenen Problemen ganz allein auf der Welt zu sein, zu vermeiden. Sie können Denk- und Handlungsanstöße geben, Gespräche in Gang setzen und bei Entscheidungen helfen.

Einige Beispiele:
– Materialien der beschriebenen Art können *Fotoserien* sein, die Abläufe, Entwicklungsgänge, Verhaltensmöglichkeiten darstellen und Informationen enthalten, die zur Durchführung einer didaktischen Einheit benötigt werden (z. B. eine Serie, die in wichtigen Szenen den Lebenslauf eines Menschen wiedergibt für

eine didaktische Einheit über alte Leute; eine Serie, die wichtige Situationen eines Krankenhausaufenthaltes enthält und verschiedene Möglichkeiten der Bewältigung dieser Situation für Kinder aufzeigt für die didaktische Einheit »Kinder im Krankenhaus«; eine Fotoserie für die Einheit »Ich bin 5 Jahre alt«, die die wichtigsten Entwicklungsschritte (biologische, soziale, kognitive) aufzeigt, die ein Kind von der Geburt bis zum fünften Lebensjahr durchläuft).

- Materialien können *Geschichten* sein, die den Kindern erzählt oder vorgelesen werden, um zum Nachdenken, Diskutieren oder Weiterfabulieren anzuregen (z. B. eine Geschichte, die – vom Erwachsenen in der Ich-Form erzählt – von Ängsten vor dem Alleinsein berichtet, mit der Absicht, den Kindern damit zu zeigen, daß man Ängste zugeben darf und daß man über sie sprechen kann).
- Materialien sind auch *Situationsfilme*, Filme, die Kindern gesellschaftliche Wirklichkeit vermitteln sollen, indem sie aus der Sicht von Kindern Situationen und darin enthaltene selbständige Handlungsmöglichkeiten aufzeigen. Oder Filme, die durch Identifikation mit den in ihnen handelnden Kindern die Erfahrung ermöglichen, daß es verschiedene Verhaltensmöglichkeiten in bestimmten Situationen gibt und Lösungen für Situationen, in denen man vorher glaubte, überhaupt nicht handeln zu können (z. B. ein Film, der den Tageslauf einiger kranker Kinder im Krankenhaus und die von ihnen entwickelten ›Überlebensstrategien‹ darstellt).
- Zu den Materialien gehören auch *Poster*, Plakate, die den Kindern bestimmte Sachverhalte verdeutlichen, wichtige Merkmale ihrer Lebenssituationen hervorheben, die von Kindern gemachte Erfahrungen zusammenfassen oder Informationen enthalten. Je nach seiner Funktion kann ein Poster für längere Zeit im Kindergarten aufgehängt oder zerschnitten, anders zusammengesetzt und mit Erfahrungen der Kinder angereichert werden. Manche Poster sind schon so konstruiert, daß an ihnen Veränderungen vorgenommen werden können (z. B. ein für die didaktische Einheit »Werbung« entworfenes Poster, das durch einen Schiebe- oder Seilmechanismus die Veränderung der dargestellten Produkte und des jeweiligen Gesichtsausdrucks des für das Produkt werbenden Menschen zuläßt; die Absicht ist dabei, den Kindern zu zeigen, daß Produkte in vielen Fällen ohne weiteres austauschbar sind, daß man mit einem bestimmten Bild für beliebige Produkte werben kann und daß Werbungen für die unterschiedlichsten Produkte sich kaum unterscheiden).
- Andere Materialien können *Comics* und *Bildergeschichten* sein. Bildergeschichten etwa, die verschiedene Verhaltensmöglichkeiten in bestimmten sozialen Situationen darstellen und die Kinder zu der Wahl eines bestimmten Verhaltens veranlassen (ein Beispiel verschiedener Konfliktlösungsmöglichkeiten in einer Situation, in der ein Kind in einer Kindergruppe wegen seines schmutzigen Äußeren von den anderen als Außenseiter behandelt wird, wäre etwa: der Außenseiter zieht sich zurück, bewirft die sauberen Kinder mit Schmutz, versucht, sich mit Geschenken beliebt zu machen, wäscht sich usw.). Die Wahl einer Lösung bietet einen Anlaß für Gespräche über die Situation. Solche Gespräche sollen die Möglichkeiten, sich für verschiedene Lösungen zu entscheiden, bewußt machen. Comics arbeiten mit Übertreibungen und absurden Darstellungen und erreichen mit der dadurch entstehenden Komik beim ›Leser‹, daß ihm das ›Essential‹ der so dargestellten Situation – wie in einem ›Aha-Erlebnis‹ – plötzlich bewußt wird. Geht es um die Darstellung normativer Verhaltensweisen, so kann den Kindern unter Gelächter plötzlich das Unangemessene starrer Verhaltensmuster in bestimmten Situationen auffallen und damit die Voraussetzung geschaffen werden, Rollenmuster überhaupt in Frage zu stellen. (Ein Beispiel dafür wäre

ein Comic, in dem die Situation: Mutter wäscht ab, Vater liest Zeitung und trinkt Bier, Kind spielt mit Bauklötzen solange permutiert wird, bis die Mutter mit Bauklötzen spielt, das Kind Zeitung liest und Bier trinkt und der Vater den Abwasch besorgt.)
- Weitere Materialien, die Kinder zu selbständigem Tun anregen könnten, wären Karten, die – in die richtige Reihenfolge gelegt – einen Ablauf darstellen, den die Kinder ohne Hilfe der Erwachsenen erkennen können (etwa Kochrezepte, Entwicklungsgänge von Produkten). Andere Karten können Produkte, Landschaften, Spielmöglichkeiten darstellen, aus denen die Kinder diejenigen auswählen können, die sie für die Durchführung eines Projektes für geeignet halten (z. B. Auswahl der für einen Obstsalat notwendigen Zutaten aus einer Vielzahl von Möglichkeiten; Wahl eines Orts für ein Picnic).

Diese hier ausgewählten Materialien sind nur Beispiele. Prinzipiell sind viele andere Medien und Materialien denkbar. An Beispielen aus der Praxis der Erprobungsphase werden einige Möglichkeiten der Bearbeitung und Verwendung der Materialien aufgezeigt.

Soweit die Materialien in der Situation selbst vorgefunden, ohne große Mühe besorgt oder hergestellt werden können, wird darauf verzichtet, sie dem Curriculumpaket beizugeben.

Daß wir Erzieher und Eltern zur Materialbeschaffung heranziehen[22], ist nicht nur eine Maßnahme, die Curriculumpakete möglichst klein zu halten, sondern scheint uns auch pädagogisch sinnvoll.

Auf diese Weise ist unserer Meinung nach den Erziehern die Möglichkeit gegeben, die Vorschläge einer didaktischen Einheit zu modifizieren, mit Materialien aus dem Situationsbereich zu versehen und mit weiteren Ideen anzureichern. Der Gefahr, daß der Erzieher als Adressat fertigausgearbeiteter Pläne gesehen wird, könnte mit seiner aktiven Teilnahme bei der Erarbeitung von Projekten begegnet werden.

Dabei wird allerdings in vielen Fällen das Problem entstehen, daß der Erzieher durch die zusätzliche Aufgabe, für Materialien selbst zu sorgen, überlastet und überfordert ist. Er wird mit Recht sagen, daß diese Mehrarbeit von ihm allein nicht geleistet werden kann.

Eine sinnvolle Lösung dieses Problems bietet sich durch Mitarbeit von Eltern an. Initiiert werden könnte eine solche Mitarbeit, indem – aus gegebenem Anlaß – den Kindern Aufträge erteilt werden, von Zuhause benötigte Materialien mitzubringen (z. B. Fotos, die sie als Baby und Kleinkind abbilden, zu klein gewordene Schuhe, ausgewachsene Kleidungsstücke für das Projekt »Bis ich 5 geworden bin« oder einen Zettel mit Name, Adresse

---

[22] Das Curriculumpaket enthält vielerlei Anregungen für Aktivitäten. Fragen nach Methoden einer wirkungsvollen Elternarbeit sind Fragen der Erzieherausbildung; sie können im Rahmen didaktischer Einheiten nicht behandelt werden. Einige Erzieherausbildungsstätten sehen den Bereich Elternarbeit für so wesentlich an, daß sie ihn als einen für Erzieher und Lehrer unabdingbaren Bestandteil der Ausbildung gefordert haben.

und Telefonnummer für das Projekt »Wo die anderen Kinder wohnen«.)

Durch kleinere und größere Aufträge wird nicht nur der Erzieherin bei der Materialbeschaffung geholfen. Ein solches Verfahren bietet auch die Möglichkeit, Eltern mit dem Geschehen im Kindergarten bekannt zu machen und sie für Erlebnisse und Erfahrungen ihrer Kinder außerhalb der Familie zu interessieren. Dadurch könnten Gespräche zwischen Kindern und Eltern angeregt werden, von denen wir uns eine Verminderung der Diskrepanz zwischen Kindergarten und Elternhaus und mehr Engagement der Eltern für die Belange ihrer Kinder erhoffen.

Schließlich vermuten wir, daß aus der individuellen Situation gewonnene Materialien den Kindern näher stehen und ihnen leichter Erfahrungen ermöglichen als vorfabriziertes, vergleichsweise anonymes Material. Die Erfahrung »so klein war ich auch einmal« werden Kinder vermutlich anhand ihrer eigenen Fotos leichter machen als anhand einer Fotoserie, die ihnen fremde Kinder in verschiedenen Entwicklungsphasen vorstellt.

Ist durch Aufträge dieser Art der Kontakt zu den Eltern erst hergestellt, so wird eine intensivere Mitarbeit der Eltern leichter zu erreichen sein, etwa wenn es darum geht, bestimmte Materialien herzustellen. Mit der Absicht der Projekte vertraut, werden Väter und Mütter gern ihren Sachverstand und ihre spezifischen Fachkompetenzen zur Verfügung stellen, etwa zum Bau eines Kaninchenstalls oder zur Herstellung von Rollenspielkostümen. Bei den gemeinsamen Unternehmungen werden Eltern zunehmend mit den Interessen, Wünschen und Problemen ihrer Kinder bekannt; es wird möglich werden, z. B. bei der gemeinsamen Herstellung einer Schlenkerpuppe an einem Bastelnachmittag, über Probleme des Zusammenlebens zwischen Kindern und Eltern in der Familie zu sprechen und Ideen zur Lösung der Probleme auf ihre Brauchbarkeit hin zu prüfen. Durch die Verteilung anfallender Arbeiten und Verantwortlichkeiten auch auf die Eltern werden die Erzieher entlastet, und die Zusammenarbeit zwischen Elternhaus und Kindergarten könnte gefördert werden.

Wir gehen – wie oben gesagt – davon aus, daß die didaktischen Einheiten des Curriculum nicht nur bei der Bewältigung aktueller Konfikte helfen, sondern auch auf die selbständige Bewältigung neuer Situationen vorbereiten sollen. Das bedeutet, daß bei der Durchführung der Einheiten gleichzeitig Lernprozesse in Gang gesetzt und Methoden vermittelt werden sollen, die es den Beteiligten ermöglichen, selbständig Projekte zu entwickeln. Wir meinen, daß eine aktive und kreative Mitarbeit bei der Durchführung der didaktischen Vorschläge diese Lernprozesse anregen und wichtige Erfahrungen ermöglichen kann, die die Bewältigung neuer Situationen erleichtern.

All diese Gründe sprechen dafür, innerhalb der didaktischen Einheit häufig Hinweise auf Möglichkeiten und Methoden zur Materialbeschaffung zu geben und nur dann fertiges Material bereit zu stellen, wenn es entweder in der Situation nicht oder nur unter großem Aufwand zu beschaffen ist.

3.4 Materialien für Eltern und andere an der Situation beteiligte Personen

In diesem Abschnitt wollen wir einige Anregungen zu Methoden und Materialien geben für den Fall, daß die Notwendigkeit oder eine Chance besteht, mit Eltern oder anderen an einer wichtigen Lebenssituation der Kinder beteiligten Personen zusammenzuarbeiten. Wir wollen zeigen, daß andere Möglichkeiten der Zusammenarbeit denkbar sind als die üblichen Elternversammlungen oder Rundbriefe. Wenn die Chance besteht, mit verschiedenen Personengruppen zugunsten der Kinder etwas zu unternehmen, so hängt der Erfolg wesentlich davon ab, wie der Kontakt zu ihnen aufgenommen wird und ob es gelingt, sie für die bestehenden Fragen und Probleme zu interessieren. Erst auf der Basis eines daraus entstehenden Engagements wird es möglich sein, gemeinsam Ideen und Strategien für eine Veränderung der Situation zu entwickeln.

Wir befassen uns mit diesem Thema, das in den Komplex Eltern- und Erwachsenenarbeit gehört[23], nur insoweit, als pädagogische Vorstellungen von der Einbeziehung Erwachsener ins Curriculum Auswirkungen auf die Wahl und Gestaltung von Materialien haben.

Vorbedingung für Kooperation mit Eltern und anderen Personengruppen ist, daß diese ein Bewußtsein von den Situationen entwickeln, in denen sich Kinder befinden.

Ergebnisse wissenschaftlicher Untersuchungen über Auswirkungen bestimmter Merkmale von Situationen auf das Wohlbefinden von Kindern können dazu verwendet werden. Über Erfolg oder Mißerfolg solcher Bewußtseinsentwicklung entscheidet nicht nur die zielgruppenspezifische Auswahl von Informationen, sondern ebenso die Angemessenheit des Vermittlungsverfahrens. Für eine Bürgeraktion »Kind im Krankenhaus« etwa wären unterschiedliche Informationsbroschüren – je nach Zielgruppe – herzustellen.

Weniger aufwendig als die Vermittlung wissenschaftlicher Ergebnisse ist die Verwendung von Arbeitsergebnissen der Kindergruppe. Wurde in der Kindergruppe z. B. über Krankheiten und Ängste vor dem Krankenhaus gesprochen, so könnten Tonbandprotokolle solcher Gespräche das

---

[23] Vgl. dazu den Beitrag von H. Schrader in diesem Band und den Beitrag von R. Haberkorn, U. Hagemann, H. Walther in diesem Band.

Verständnis der Erwachsenen für Ängste, Vorstellungen und Probleme kranker Kinder vertiefen und Punkte markieren, an denen Hilfestellungen und Änderungen des Erwachsenenverhaltens angebracht sind. Haben die Kinder herausgefunden, wer in wessen Nähe wohnt, und Tabellen darüber hergestellt, so können solche Informationen für Eltern die Grundlage zur Organisation eines Abholdienstes sein. Wurde mit den Kindern ein Film angeschaut, in dem ein Kind sich zum Beispiel vor dem Alleinsein ängstigt, oder eine Geschichte vorgelesen, die Konflikte mit dem kleinen Bruder anspricht, so sollten Eltern denselben Film sehen und dieselbe Geschichte hören, von den Reaktionen der Kinder darauf erfahren, mit der Erzieherin darüber sprechen und nach Lösungen suchen.

Denkbar ist auch, daß Kinder der Erzieherin Briefe ›diktieren‹, in denen sie andere Erwachsene von einem geplanten Projekt unterrichten, etwa vom selbstgewählten Ausflugsziel, der Organisation der Fahrt dahin, den einzukaufenden Lebensmitteln und den mitzubringenden Spielzeugen oder der geplanten Exkursion zur Arbeitsstelle eines Vaters, der Kranführer auf dem Bau ist.

Diese Beispiele decken die Skala möglicher Verfahren und Materialien zur Einbeziehung der Eltern oder anderer Erwachsener nicht ab. Sie sollen jedoch zeigen, wie Erwachsenen die Erlebnisweisen von Kindern nahegebracht werden können, damit sie für Kinder Veränderungen initiieren können.

Methoden und Materialien, die innerhalb der Erprobungsphase entwikkelt wurden und sich bewährt haben, werden dem Curriculumpaket beigegeben. Stehen keine erprobten Materialien zur Verfügung oder sind Materialien nur aus der jeweiligen Situation zu gewinnen, wird versucht, differenzierte Hinweise, Vorschläge und Anregungen zu geben.

3.5 Didaktische Schleifen

Didaktische Schleifen sind kurze, in ein Projekt eingeschaltete Lernsequenzen, in denen Kinder die für den Fortgang des Projektes notwendigen Informationen, Fähigkeiten und Fertigkeiten erwerben können. Längerfristige Kurse, die – losgelöst von Projekten – bestimmte Grundfähigkeiten oder Erkenntnisse vermitteln wollen, fallen nicht unter diesen Begriff.

Didaktische Schleifen als Stützkurse sind je nach Komplexität der didaktischen Einheit verschieden in Länge und Ausgestaltung. Es gibt Schleifen, die Inhalte und Zusammenhänge aus komplexen Lernbereichen ansprechen, und Schleifen, die einfache Fertigkeiten trainieren. Der Begriff der Komplexität ist jedoch unscharf und schwer einzugrenzen. Wir vermuten, daß die Grenze zwischen komplexer Schleife und langfristigem

Der Situationsansatz als didaktisches Prinzip

Kurs dort liegt, wo zur Fortführung des Projekts erst elementare Fähigkeiten von Grund auf gelernt werden müßten. Um ein extremes Beispiel zu nennen: Das Projekt sieht vor, daß sich die Kinder Bildmaterial aus einer Bibliothek beschaffen; Kinder wissen jedoch weder, was eine Bibliothek ist, noch wo man sie findet, noch wie man mit einer solchen umgeht. In diesem Fall müßte man wohl annehmen, daß die didaktische Einheit auf einem für diese Kinder zu hohen Niveau steht, daß das Thema gleichsam eine Stufe tiefer, einfacher behandelt werden müßte. Die Frage, welche Grundkurse zum Erwerb elementarer Fähigkeiten eventuell durchgeführt werden müssen, ist offen und kann im Rahmen dieses Berichtes nicht diskutiert werden.

Didaktische Schleifen, die Inhalte aus komplexen Lernbereichen ansprechen (z. B. zum Thema Körper und Krankheit, zum Umgang mit Telefon und Fotoapparat), enthalten vorab Informationen für den Erzieher. Wir fügen solche Erzieherinformationen bei, weil es zwar denkbar ist, daß sich der Erzieher selbst die nötigen Informationen aus Fachlexika oder entsprechenden Schulbüchern zusammensucht, es uns jedoch unzumutbar erscheint, ihm diese Mühe aufzubürden. Die Informationen sollen ihm den Überblick über einen Lernbereichsausschnitt vermitteln und eine Reihe möglicher Probleme besprechen. Auf diese Weise kann der Erzieher souveräner mit dem Stoff umgehen und ist auf einen großen Teil der Fragen der Kinder vorbereitet. Die Erzieherinformationen gehen bei sehr komplexen Schleifen über das hinaus, was den Kindern tatsächlich vermittelt werden soll. Die Lernziele einer didaktischen Schleife formulieren wir auf der Verständnisebene von Kindern, beziehen sie auf den Projektfortgang und – soweit wie möglich – operationalisieren wir sie auch. Wir haben die Erfahrung gemacht, daß die Übersicht über ein Wissensgebiet zwar Vorbedingung ist, jedoch eine angemessene Übersetzung (Elementarisierung) noch nicht sichert.

Die didaktischen Schleifen mit nur geringem Komplexitätsgrad dienen meist dem Training von Fertigkeiten. In diesen Fällen ist eine Erzieherinformation überflüssig. Die Angabe der Lernziele besteht aus der Angabe der Fertigkeit. Wenn möglich werden methodische Verfahren angegeben, mit Hilfe derer die Kinder die Fertigkeit am schnellsten erwerben. Hier ist sehr deutlich der Unterschied zwischen langfristigen Kursen und ad-hoc-Lernsequenzen der didaktischen Schleife sichtbar. Wenn es für die didaktische Einheit »Verlaufen in der Stadt« notwendig ist, rechts und links zu unterscheiden, so genügt es für die Durchführung der Projekte, wenn sich die Kinder an einem um den linken Arm befestigten Bändchen immer wieder vergewissern können, welche Seite links ist. Hier kann man annehmen, daß ein gewisser Transfer auf andere Situationen stattfindet, daß also in anderen Situationen, in denen Kinder rechts und links unterscheiden müssen, die Erinnerung an dieses Verfahren zur Erleichterung der Orientierung beiträgt. Man kann jedoch sicher sein, daß Kinder mit dieser didaktischen Schleife nicht gelernt haben, allgemein rechts und links zu unterscheiden.

Fragen nach der jeweiligen Ausgestaltung der Schleifen und dem Modus der Darbietung, dem mit Einheiten kombinierten oder von der Einheit getrennten Angebot der Schleifen sind bisher noch offen. Eine Beantwortung dieser Fragen ist nur nach der gründlichen Erprobung in der Praxis zu leisten.

Schlußbemerkung

In diesem Bericht wurde beschrieben, wie didaktische Einheiten zu solchen ›Lebenssituationen‹ konstruiert werden können, für die Handlungsmodelle – d. h. Projekte mit Kindern, Eltern, Erziehern und anderen Erwachsenen – denkbar erscheinen, die eine tendenzielle Veränderung der Situation anstreben.

Es wurde beschrieben, wie unter dem Kriterium ›beobachtbare Handlungsunfähigkeit‹ Themen gefunden werden und wie man sich über die Bedeutung der Themen mit den an der Curriculumentwicklung Beteiligten verständigt. Am Beispiel wurde dargestellt, wie aus der Einschätzung einer Lebenssituation eine erste allgemeine Benennung von Qualifikationen erfolgen kann, die erhöhte Handlungsfähigkeit in dieser Situation anzielen. Beispiele für Projektentwürfe, didaktische Schleifen und Materialien wurden angeführt, um zu zeigen, wie man sich den Erwerb von Kompetenzen und die Entwicklung autonomen Handelns vorstellen kann.

Alle diese Entwürfe und Vorschläge sollen und können bei der Implementation des Curriculum nicht mehr sein als Anregungen, über die sich ein Erzieherteam verständigen muß: über die Entwürfe sprechen, sie aufgreifen oder ablehnen, alternative oder ergänzende Vorschläge entwerfen, sich auf völlig andere Möglichkeiten einigen. Bei solchen Gesprächen über die vorliegenden Ideen kommen die Erzieher früher oder später auf grundlegendere Fragen. So hätten didaktische Einheiten dann ihren Sinn erfüllt, wenn sie Erzieher anregen, ihre Praxis neu zu überdenken, wenn sie ihnen helfen, Bedürfnisse, Schwierigkeiten und Konflikte ihrer eigenen Kindergruppe zu erkennen und Möglichkeiten zur Bewältigung ihrer speziellen Situation zu finden. Würden die Projektentwürfe strikt so durchgeführt, wie sie vorgeschlagen werden, so müßte man die didaktische Einheit als mißlungen bezeichnen. In diesem Fall würden sich die Projektentwürfe kaum von den herkömmlichen Stundenbildern der Grundschule unterscheiden; sie wären vielleicht ein wenig phantasievoller als jene und erfahrungsbereichs- statt lernbereichsorientiert, sie wären jedoch nicht weniger einschränkend für Kinder und Erzieher.

Das Problem, das sich hier andeutet, betrifft die Kodifizierung der didaktischen Einheiten. Es muß eine Darstellungsform gefunden werden, die verhindern kann, daß Projektentwürfe als Handlungsanweisungen bzw. Durchführungsvorschriften mißverstanden werden. Didaktische Einheiten müßten so geschrieben werden, daß sie die Erzieher involvieren und deren didaktische Phantasie herausfordern. Bislang konnten diese Kodifizierungsprobleme noch nicht gelöst werden.

Ein anderes – noch ungelöstes – Problem liegt im geringen Alter der Kinder begründet. Wenn bei der Projektform, die Gespräche der Kinder über einen Anlaß, die Planung und Organisation von Handlungen und Handlungsalternativen verlangt, etwas wie die Fähigkeit zur reflexiven Distanz gegenüber dem eigenen Verhalten vorausgesetzt wird, so sind allenfalls fünfjährige Kinder ansatzweise dazu in der Lage. Bei drei- und vierjährigen Kindern ist von dieser Fähigkeit noch nichts zu sehen, wissenschaftliche Befunde bestätigen diese Beobachtung. Nun spricht diese Erkenntnis zwar nicht dagegen, auch mit kleinen Kindern solche Reflexionsfähigkeit allmählich und behutsam ›einzuspielen‹ – sie also an Projekten teilnehmen zu lassen –, aber die Grundlage autonomen Verhaltens bildet sich in dieser Altersstufe auf einer anderen Ebene aus[24].

Diese Einsicht macht ein weiteres Problem situationsorientierter Curricula für drei- bis sechsjährige Kinder deutlich. Viele der als bedeutsam erkannten Lebensprobleme von Kindern eignen sich nicht dazu, in der beschriebenen Art didaktischer Einheiten – d. h. also mit vorgeschlagenen Projekten für Kinder und Erwachsene – thematisiert zu werden.

Wenn man zunächst daran dachte, auch zu Problemen wie »Außenseiter in der Gruppe«, »Behinderte Kinder im Kindergarten«, »Kinder aus unvollständigen Familien« u. ä. Projekte entwerfen zu können, die zur Veränderung der Situation der betroffenen Kinder beitragen sollten, so war dabei folgendes übersehen worden: Da kleine Kinder Verhaltensstrategien vorwiegend in der Identifikation mit ihren erwachsenen Bezugspersonen entwickeln, findet das auf Handlungsfähigkeit zielende ›Curriculum‹ für sie wesentlich in den sich täglich ereignenden Interaktionsprozessen mit ihrer Erzieherin statt. Die wichtigsten Erfahrungen – Erfahrungen im Sinne sozialen Lernens – werden sie also beim Umgang etwa mit einem immer abseits stehenden Kind nicht so sehr in eigens organisierten Projekten machen, sondern wenn sie erleben, wie die Erzieherin auf dieses Kind zugeht, in welcher Art sie es vor dem Ausgestoßenwerden schützt, wie sie ihm situativ hilft, wie sie dessen Probleme den anderen Kindern verständ-

---

24 Vgl. hierzu den Beitrag von L. Krappmann in diesem Band.

lich macht, nicht in Projekten, sondern in dem Augenblick, in dem sie auftauchen. (Daß bei der projektorientierten Behandlung der genannten Problemfelder die Gefahr der Stigmatisierung entsprechend auffälliger Kinder besteht, soll hier nur am Rande erwähnt sein.)

Bei den bedeutsamen Lebenssituationen müssen also zwei verschiedene Typen unterschieden werden: Einmal solche Situationen, für die Kinder durch Projekterfahrungen Problemlösungen finden und größere Handlungsfähigkeit erwerben können. Und zum anderen solche immer wiederkehrenden Situationen, in denen Kinder sich nur dann angemessen zu verhalten lernen, wenn die Erzieher immer wieder in ganz bestimmter Weise auf die Situation reagieren.

Diese Erkenntnis hat Konsequenzen für die Curriculumentwicklung: Neben dem Curriculum, das didaktische Einheiten für Kinder enthält, ist ein für die Erzieher bestimmtes Professionalisierungscurriculum notwendig. Dieses Curriculum hat – neben vielem anderem – die Aufgabe, die Erzieher dafür zu qualifizieren, die täglichen Interaktionsprozesse so zu gestalten, daß Kinder in der Identifikation mit ihnen die im Sinne von Autonomie und Kompetenz notwendigen Handlungsmöglichkeiten entwickeln.

Es ist zu vermuten, daß die Entwicklung eines Curriculum ›Soziales Lernen‹ für den Elementarbereich – hier also die Kombination von didaktischen Einheiten und Professionalisierungscurriculum – nur solange notwendig sein wird, wie zwischen Erzieherausbildung und Anforderungen der Praxis noch eine solche Kluft besteht, wie sie gegenwärtig zu beobachten ist.

JENS LIPSKI

Vorschulische Sprachförderung — verschulte Spracherziehung?

1. *Vorschulerziehung und Spracherziehung*
1.1 Entwicklung von Spracherziehung im Rahmen der Vorschulerziehung
1.2 Kompensatorische Spracherziehung

2. *Defizit oder Differenz?*

3. *Stellenwert von ›Spracherziehung und Sprachpflege‹ innerhalb vorliegender Richtlinien*

4. *Bedingungen und Konsequenzen verschulten Lernens*

5. *Scheinlösungen der Schule*

6. *Vorschulerziehung: Verhinderung von Verschulung*

1. Vorschulerziehung und Spracherziehung

1.1 Entwicklung von Spracherziehung im Rahmen der Vorschulerziehung

Spracherziehung war schon immer ein zentrales Thema der Vorschulerziehung. Es war sogar häufig der Fall, daß Vorschulerziehung ganz allgemein mit Spracherziehung für Kinder im Vorschulalter gleichgesetzt wurde.

In der BRD tauchte Spracherziehung zuerst in Form der sogenannten »Frühlesebewegung« auf, die auch den Beginn der Vorschulerziehung in unserem Lande markierte[1].

[1] Vgl. hierzu: Doman, G. und Lückert, H. R., Wie kleine Kinder lesen lernen. Freiburg 1966; sowie zahlreiche Aufsätze von Lückert in der Zeitschrift »Schule und Psychologie« (Jg. 1967, H. 1, 2, 3 u. 6; Jg. 1968, H. 7, 8, 12; Jg. 1969, H. 4).

Diese »Frühlesebewegung« war eine Bewegung der Mittelschicht. Ihr Ort war die Familie. Getragen wurde die Bewegung von kaufkräftigen und bildungs- (was so viel heißt wie: konkurrenz-)orientierten Eltern, deren Arbeitsbedingungen wie auch familiären Verhältnisse es zuließen, daß man sich mit der Erziehung der Kinder intensiv beschäftigte. Das Ganze wickelte sich über einen privatwirtschaftlich organisierten Lern- und Spielmittelmarkt ab[2].

Die dadurch eingeleitete Entwicklung hat bis heute einen erheblichen Einfluß auf die institutionalisierte Vorschulerziehung ausgeübt. »Curriculumentwicklung« im vorschulischen Bereich war zunächst Materialentwicklung durch die Lern- und Spielmittelindustrie. Von den Erziehern in den Vorschuleinrichtungen, die durch massive Kritik an ihrer bisherigen Praxis verunsichert und mit allgemeinen, zum Teil widersprüchlichen Aussagen über eine künftige Vorschulerziehung allein gelassen waren, wurde die von der Lehrmittelindustrie gebotene Möglichkeit einer unmittelbaren Materialanwendung dankbar und erleichtert aufgegriffen.

Diesem Umstand haben wir es denn auch zu verdanken, daß die Vorstellungen über Sprachförderung in Kindergärten und Vorklassen auch heute noch weitgehend von den Erfahrungen aus dem Umgang mit diesen Materialien geprägt sind[3]. Denn bei aller Kritik an den Materialien selbst schienen die Annahmen, auf denen diese Materialien aufbauten, einsichtig und naheliegend:

a) daß man Sprache bei den Kindern in Form isolierter Sprachübungen trainieren könne, und

b) daß es dabei im wesentlichen darauf ankomme, daß man sich bei den Sprachübungen an den Normen orientiere, die auch für die Schule gelten.

In vielen Kindergärten und Vorklassen wird heute daher an irgendeiner Stelle des Alltags mit den Kindern »Sprache« geübt. Das heißt, daß in dieser kurzen Zeit die Erzieher den im übrigen Teil des Tages üblichen und auch geduldeten Sprachgebrauch der Kinder nicht mehr durchgehen lassen und sie für die Verwendung von Dialektformen oder ökonomischen Ein-

---

2 Materialien zum Lesenlernen sind vor allem: Correll, W., Leseleiter. Braunschweig 1968; Kratzmeier, H., Kinderfibel. Weinheim/Basel 1968; und Lückert, H. R., Lesen – Ein Spiel mit Bildern und Wörtern. 3 Bd., Ravensburg ²1970.

3 Die wesentlichen Sprachtrainingsmappen sind die von Baar/Tschinkel, Kamratowski/Meißner, Kratzmeier und Schüttler-Janikulla (Baar, E., Tschinkel, I., Schulreife-Entwicklungshilfe. Wien/München ⁴1968; Kamratowski, J., Meißner, J., Begabungsförderung, 63 Arbeitsblätter für Vorschulkinder und Schulanfänger. Weinheim/Basel 1970; Kratzmeier, H., Sprach- und Denktraining, Werkspielblätter für 4–7jährige. Weinheim/Basel 1970; Schüttler-Janikulla, K., Arbeitsmappen zum Sprachtraining und zur Intelligenzförderung, 1–3. Oberursel 1968, 1971).

wortsätzen bestrafen, indem während der Übungsphase nur anerkannte und normierte Formulierungs- und Satzkonstruktionen geübt oder benutzt werden dürfen.

Allerdings schienen die Erzieher mit ihrer Praxis nicht Unrecht zu haben. Denn auch die bisher vorliegenden Richtlinien und Rahmenpläne der Länder für die Vorklassen- und Kindergartenarbeit erweckten den Eindruck, daß man Sprachförderung gleichsam als Fach oder Übungsstunde betreiben könne[4]. Dieser Eindruck mußte notwendigerweise deshalb entstehen, weil die angeführten sprachlichen Qualifikationen nicht in ihrem Bezug zu konkreten Lebenssituationen der Kinder dargestellt werden, sondern als allgemeiner und abstrakter Funktionskatalog erscheinen, dessen Legitimierung keiner Frage mehr nach der sozialen Relevanz bedarf. Wir lesen von so wichtigen und notwendigen Qualifikationen wie »Erzählen«, »Miteinander-Sprechen«, »Aufeinander-Hören« oder »Sich-Verständigen«, daß es uns ganz natürlich erscheint, daß man diese wichtigen Fertigkeiten auch gesondert einüben müsse. Es ist also auch nur eine logische Konsequenz, wenn man in den konkreten Lebenssituationen der Kinder nicht mehr das konstituierende Prinzip der Vorschulerziehung sieht, sondern nur noch willkommene Anlässe zur Einübung abstrakter Sprachfunktionen, wobei diese Anlässe durch die Schaffung lehrreicher »Spielsituationen« zu ergänzen sind. Daß hier eine Verkehrung des Bestimmungsverhältnisses von Qualifikation und Situation vorliegt, ist offensichtlich.

1.2 Kompensatorische Spracherziehung

War Vorschulerziehung zunächst eine Angelegenheit ehrgeiziger Eltern der Mittelschicht, die sich des zeitraubenden Lesetrainings ihrer dreijährigen Kinder annehmen konnten, so geriet im Laufe der Zeit allmählich eine andere Population von Kindern ins Blickfeld, die als »unterprivilegiert« oder »sozial benachteiligt« bezeichnet wurden. Interessant ist nun, daß man sich bei der Kennzeichnung dieser Gruppe weiterhin überwiegend an schulischen Anforderungen orientierte. »Unterprivilegierung« beziehungsweise »soziale Benachteiligung« geriet so zu einem Katalog entsprechender individueller »Mängel« oder »Defizite«, auf deren Beseitigung oder Aufhebung die sogenannte ausgleichende Erziehung gerichtet war, während die soziale Lage dieser Gruppe, die ihre eigentliche soziale Benachteiligung ausmachte, nur noch nebenbei als Ursache für die angeführten Defizite Erwähnung fand[5].

---

4 Vgl. dazu Kapitel 3 dieses Artikels.
5 Vgl. Iben, G., Kompensatorische Erziehung (Analysen amerikanischer Programme). München 1971, S. 12/13.

War schon die Gleichsetzung von individuellem Schulerfolg und sozialem Aufstieg mit Chancengleichheit und Emanzipation unterprivilegierter gesellschaftlicher Gruppen problematisch[6], so erwies sich die Hoffnung als Utopie, daß man mit Hilfe isolierter Übungen zur Beseitigung vorhandener Mängel die Chancen derjenigen Kinder erhöhen könne, denen ein Erfolg in der Schule bisher versagt blieb[7]. Durch ein Sprachtraining, das sich in Inhalt und Zielsetzung ausschließlich an den Normen des korrespondierenden Grundschulfaches ausrichtete und für Kinder aus der Unterschicht die Form eines »Fremdsprachenunterrichts« annehmen mußte, ließ sich die Kluft nicht überbrücken, die zwischen dem sozialen Milieu und der Erfahrungswelt der Arbeiterkinder und einer Schule bestand, deren wesentliche Bedingungen im offiziellen Lehrplan keinen Ausdruck finden[8]. Diese Form des Sprachdrills, der weder im Inhalt noch in der Methode einen Bezug zu ihren Lebenssituationen herstellen konnte, mußte den Kindern als unverständliches und sinnloses Ritual erscheinen, das eine Aufgabe gewohnter Verständigungsformen erzwingen wollte. Ein Engagement war daher nicht zu erwarten.

Die starke Ausrichtung der Vorschulerziehung auf Sprachförderung wurde mit dem Hinweis auf neuere sprachsoziologische Untersuchungen zum schichtspezifischen Sprachverhalten begründet. Man berief sich in diesem Zusammenhang vor allem auf die Arbeiten von Bernstein und Devermann[9]. Aus diesen Untersuchungen glaubte man herauslesen zu können, daß

6 Vgl. Bernstein, B., Der Unfug mit der ›kompensatorischen‹ Erziehung. In: betrifft: erziehung, 3 (1970), H. 9, S. 15 ff.; Du-Bois-Reymond, M., Strategien kompensatorischer Erziehung. Das Beispiel der USA. Frankfurt/M. 1971; Hänsel, D., Ortmann, H., Kompensatorische Vorschulerziehung und sozialer Aufstieg. In: ZfP, 17 (1971), H. 4, S. 431 ff.; Iben, G., Kompensatorische Erziehung, a. a. O.
7 In der BRD verstehen sich die Arbeitsmappen von Schüttler-Janikulla und das Vorschluprogramm Hannover, das in Anlehnung an das amerikanische Head-Start-Projekt entwickelt wurde, als kompensatorische Ansätze. Zur Frage des Erfolgs derartiger Ansätze vgl. Valtin, R., Sprachförderung für Vorschulkinder und Schulanfänger. In: betrifft: erziehung, 5 (1972), H. 5, S. 37, Anm. 13, und Wogatzki, R., Zwei Jahre Vorschulprogramm in Hannover. In: Dokumentation Vorschulkongreß 1970. Velber 1970, S. 149–152. Hinweise auf Mißerfolge des amerikanischen Head-Start-Projekts finden sich in der unter Anm. 6 aufgeführten Literatur.
8 Analysen der Schule unter soziologischem Aspekt findet man in: Heintz, P. (Hrsg.), Soziologie der Schule. Sonderheft 4 der KZfSS, 1959. Eine Sammlung von Beiträgen zum heimlichen Lehrplan der Schule ist in H. 5, Mai 1973, der Zeitschrift betrifft: erziehung zusammengestellt.
9 Hier vor allem auf: Bernstein, B., Sozio-kulturelle Determinanten des Lernens. In: KZfSS, Sonderheft 4, a. a. O., S. 52–79, und Oevermann, U., Sprache und soziale Herkunft (Ein Beitrag zur Analyse schichtenspezifischer Sozialisationsprozesse und ihrer Bedeutung für den Schulerfolg). Frankfurt 1972. Eine Zusammenfassung

1. die Kinder der Unterschicht erhebliche sprachliche »Defizite« aufweisen, und
2. daß vor allem diese sprachlichen »Defizite« für den geringen Schulerfolg dieser Kinder verantwortlich gemacht werden müßten.

Diese Hypothesen sind Interpretationen der Tatsachen:

a) Daß Kinder aus der Unterschicht geringere Erfolgschancen in der Schule haben; daß sie mit größerer Wahrscheinlichkeit zu einem früheren Zeitpunkt von der Schule abgehen als die Kinder aus der Mittelschicht, und

b) daß ihr Sprachverhalten nicht den sprachlichen Normen und Standards genügt, die bei der schulischen Leistungsbeurteilung eine erhebliche Rolle spielen.

Statt sich aber nun mit der Feststellung zu begnügen, daß in die Leistungskriterien wie auch in die Konzeptionen von Fähigkeiten im schulischen System Interessen der herrschenden Schichten einfließen[10], will man den Zusammenhang zwischen Schulerfolg und Sprachverhalten genauer klären. Wenn dabei aber als weitere Größe die intellektuelle Leistungstüchtigkeit herangezogen wird, dann wird der Erklärungsversuch noch fragwürdiger.

Die Frage nach dem Zusammenhang zwischen Sprache und Kognition ist noch weitgehend ungeklärt. Bisher liegen zu diesem Problem widersprüchliche Ergebnisse vor. So konnte einerseits nachgewiesen werden, daß die Form der verbalen Planung unabhängig von der Intelligenzleistung ist, andererseits legten Forschungsergebnisse den Schluß nahe, daß sich die Form der verbalen Planung auf die Intelligenz auswirkt. Oevermann etwa vertritt angesichts der bisher vorliegenden Ergebnisse eine theoretische Position, die zwischen Sprachdeterminismus – der Annahme, daß die Intelligenz durch den Sprachgebrauch determiniert ist – und Sprachinstrumentalismus – einer Position, die Sprache als instrumentelle Hülse vorfabrizierter Dankinhalte ansieht – angesiedelt ist[11]. Welche Schlußfolgerungen aufgrund der bisherigen Forschungsergebnisse wie auch der daraus abgeleiteten theoretischen Positionen hinsichtlich der intellektuellen Leistungstüchtigkeit und des Sprachverhaltens von Unter-

---

der wichtigsten Aufsätze Bernsteins liegt inzwischen in deutscher Übersetzung vor: Bernstein, B., Studien zur sprachlichen Sozialisation. Düsseldorf 1972. Eine Darstellung und Kritik der Forschungsliteratur seit Bernstein findet sich in: Niepold, W., Sprache und soziale Schicht (Darstellung und Kritik der Forschungsliteratur seit Bernstein). Berlin 1971.

10 Vgl. Lütkens, C., Die Schule als Mittelklasseninstitution. In: Heintz, P. (Hrsg.), Soziologie der Schule, a. a. O., S. 22 ff., sowie Oevermann, U., Sprache und soziale Herkunft, a. a. O., S. 23 ff.

11 Oevermann, a. a. O., S. 438.

schichtkindern zu ziehen sind, ist dabei ein eigenständiges Problem[12].

Fest steht, daß die Schule als Institution der Mittelschicht offensichtlich in ihren Leistungskriterien den subkulturell spezifischen Fähigkeiten der Schüler aus dieser Schicht weit mehr entgegenzukommen scheint als den Schülern aus der Unterschicht[13], und daß die Bedingungen der Schule dazu beitragen, daß die Kinder aus der Mittelschicht eher Erfolg haben als Unterschichtkinder. Wenn wir somit feststellen, daß Kinder aus der Unterschicht in der Schule schlechter lernen und geringere intellektuelle Leistungen zeigen, so ist dies wahrscheinlich mehr ein Problem der Schule und weniger der Intelligenz der Unterschichtkinder.

2. Defizit oder Differenz?

In diesem Abschnitt werden kurz die Thesen und Ergebnisse der Untersuchungen Oevermanns und Labovs dargestellt, soweit sie unter dem Aspekt einer Spracherziehung von Interesse sind[14]. Es geht dabei vor allem um die Frage des Einflusses der Handlungssituation auf das sprachliche Handeln des Kindes, und um die Folgerungen hinsichtlich einer Entscheidung zwischen kompensatorischer und komplementärer Spracherziehung.

Oevermann übernimmt von Bernstein die Konzeption einer Dichotomie in einen »restringierten« und einen »elaborierten Kode« zur Beschreibung und Analyse des Sprachgebrauchs von Angehörigen unterschiedlicher sozialer Schichten. Für ihn sind die Kodes theoretisch definiert. »Wir be-

---

[12] Hinzu kommt, daß zwischen intellektueller Leistungstüchtigkeit und Schulerfolg kein unmittelbarer Zusammenhang besteht. Es ist bekannt, daß bei statistischer Kontrolle der gemessenen Intelligenz ein positiver Zusammenhang zwischen sozio-ökonomischem Status und Schulerfolg existiert. Das heißt, daß trotz gleichwertigen Abschneidens beim Intelligenztest das Unterschichtkind eine geringere Chance hat, die Schule erfolgreich zu durchlaufen und abzuschließen, als das Kind aus der Mittelschicht. Was auf Grund zahlreicher Untersuchungen gesichert zu sein scheint, ist dies: Daß der schichtspezifische Sprachgebrauch im Sinne der in der Familie üblichen Kommunikationsform insofern mittelbar einen Einfluß auf den Schulerfolg der Kinder hat, als eine bestimmte Form der Kommunikation eine Vorbedingung für die Art von Erziehungsmilieu ist, die ein für den Schulerfolg notwendiges Syndrom von Einstellungen und Verhaltensdimensionen – wobei vor allem die Höhe der Leistungsmotivation ein ausschlaggebender Faktor ist – hervorbringt. Vgl. dazu: Oevermann, a. a. O., S. 34.

[13] Vgl. Oevermann, a. a. O., S. 24.

[14] Ich beziehe mich hier auf »Sprache und soziale Herkunft«, insbesondere auf Kapitel III »Kritische Bemerkungen zu einigen Annahmen der Theorie Bernsteins«, a. a. O., S. 329 ff., und Labovs Artikel über »Die Logik des Nonstandard Englisch« (Labov, W., Die Logik des Nonstandard Englisch. In: Klein, W./Wunderlich, D. (Hrsg.), Aspekte der Soziolinguistik. Frankfurt 1971).

trachten die theoretische Definition der beiden ›Kodes‹ als gesetzt und postulieren, daß die Sprachvariablen plausibel daraus folgen, das heißt wir unterstellen ihre Gültigkeit a priori.«[15] Aus der Charakterisierung der ›Kodes‹, die Bernstein geleistet hat[16], leitet Oevermann fünf theoretische Gesichtspunkte ab[17]. Diese theoretischen Gesichtspunkte dienen ihm wiederum zur schlüssigen Konstruktion von insgesamt 89 Indikatoren des sprachlichen Ausdrucks: den sogenannten Sprachvariablen[18]. Wie diese Sprachvariablen im einzelnen aussehen, ist in diesem Zusammenhang nicht wichtig. Wichtig ist nur, daß bei der Bestimmung der Variablen formale Aspekte im Vordergrund stehen. »Unsere Definition von ›restringiert‹ und ›elaboriert‹ bezog sich nur auf die Form des sprachlichen Ausdrucks und berücksichtigte nicht mehr den Zusammenhang mit dem Sachverhalt, der ausgedrückt werden sollte und der Intention des Sprechers.«[19]

Bei der Frage des Einflusses der »Strategien des Gebrauchs von Kommunikationssymbolen«[20] auf das beobachtbare Sprachverhalten muß

---

15 Oevermann, a. a. O., S. 178.

16 Die Merkmale der Kodes nach Bernstein wurden schon so häufig angeführt, daß hier auf eine Darstellung verzichtet wird; es sei auf B. Bernstein, Soziokulturelle Determinanten des Lernen, a. a. O., verwiesen. Lawton bemerkt zur Darstellung der Kodes, daß es sich um ein ›unsystematisches Gemisch von Kriterien‹ handelt, »von denen einige objektiv und leicht meßbar sind, während andere unklar und nur sehr schwer objektiv meßbar sind« (Lawton, D., Social Class, Language and Education, London 1968, p. 123).

17 Die fünf theoretischen Gesichtspunkte, die bei der Konstruktion der sprachlichen Variablen leitend waren, sind: 1. Komplexität der syntaktischen und grammatischen Konstruktion; 2. Differenzierte Erfassung struktureller Zusammenhänge in der Objektwelt gegenüber isolierter, konkretischer Bezeichnung und Aneinanderreihung von Sachverhalten; 3. Individuierter Sprachgebrauch durch explizite Bedeutungsspezifizierung deskriptiver Elemente und Interpretation innerer Zustände; 4. Individuierter Sprachgebrauch durch Signalisierung subjektiver Intentionen; 5. Abstraktionsniveau (Oevermann, a. a. O., S. 185).

18 Eine ausführliche Darstellung dieser linguistischen Indikatoren findet man Seite 187 ff. in »Sprache und soziale Herkunft«, eine zusammenfassende Liste auf den Seiten 276 bis 290; das ›Code-Sheet‹ für die linguistische Analyse ist im Anhang, Seite 497 bis 503 angefügt.

19 Oevermann, a. a. O., S. 175. Bei der Untersuchung sollte nur festgestellt werden, »welche formalen Konstruktionsmittel dem Kind zur Verfügung standen – unabhängig von dem, was es jeweils ausdrücken wollte« (ebenda, S. 174).

20 Oevermann vertritt selbst die Auffassung, daß die ›Kodes‹ nicht Charakterisierungen von Sprachvarianten sind, sondern – in Abhebung von Bernstein – abstrakt hypothetische Konstrukte darstellen. Es sind die »sozial eingespielten Regeln der Auswahl von sprachlichen Ausdrucksformen aus den formal angebbaren Ausdrucksmöglichkeiten einer Kultursprache (›langue‹)« (Overmann, a. a. O., S. 335/336). Der Begriff des ›Kode‹ bezieht sich nicht auf die Art der verwendeten Sprachmittel, sondern auf die Einstellung zum Gebrauch der Sprache als möglichem Kommunikationsmittel. Oevermann schlägt daher aus Gründen der Übersichtlichkeit vor, auf der theoretischen Ebene den Ausdruck ›Kode‹ durch ›Strategien des

Oevermann sich jedoch zwangsläufig mit der Rolle der Handlungssituation auseinandersetzen. Ein Großteil der theoretischen Diskussion ist der Erörterung der Frage gewidmet, in welchem Verhältnis der Einfluß situativer Bedingungen und situationsübergreifender Kodes auf den konkreten Sprachgebrauch zu sehen sei.

Es gibt seiner Ansicht nach zwei verschiedene Möglichkeiten, diese Frage anzugehen. Diese unterschiedlichen Ansatzpunkte finden ihren Ausdruck in der Unterscheidung zwischen einer »elementaristischen« und einer »komplexen« Version einer Theorie der linguistischen Kodes.

»In der idealen Fassung würde diese elementaristische Version der Theorie der linguistischen Kodes, unter Abstraktion von allen anderen, nicht in ihren Objektbereich fallenden Bedingungsfaktoren, für alle Mitglieder eines sozialen Systems in identischen sozialen Situationen den identischen Sprachgebrauch voraussagen: Eine Hausfrau wird mit dem Straßenbahnschaffner in ähnlichem Sprechstil reden wie ein Buchhalter.«[21]

Die Frage, die sich bei dieser Version unmittelbar stellt, ist die, wie wir feststellen können, daß äußerlich ähnliche Interaktionssituationen aus der Perspektive der beteiligten Individuen verschiedener personaler und sozialer Identität auch tatsächlich ähnlich sind. Es ist das Problem der Übersetzung einer soziologischen Situationsbeschreibung in eine Beschreibung der Bedeutung dieser Situationsmerkmale für die Beteiligten.

Bei der komplexen Version der Theorie der linguistischen Kodes wird angenommen, daß sich die Deutung der Handlungssituation »von vornherein im Medium der die Sozialbiographie eines Sprechers lebensgeschichtlich prägenden linguistischen Kodes vollzieht«[22]. Im Gegensatz zur elementaristischen Version wird in der komplexen Version der Konzeption »situationsübergreifender, die Sozialbiographie eines Individuums generell kennzeichnender Strategien des Sprachgebrauchs« Raum gegeben[23]. Die Deutungsschemata wie auch die situationsübergreifenden Strategien des Sprachgebrauchs lassen sich dabei nicht einfach aus der Summe der vorangegangenen Lebenssituationen erschließen, da diese Situationen selbst entsprechend dieser Schemata und Entwürfe umgewandelt wurden[24].

Gebrauchs von Kommunikationssymbolen‹ zu ersetzen, und ›Kode‹ für die deskriptive Ebene der Sprachbeschreibung beizubehalten (Oevermann, ebenda, S. 368).

21 Oevermann, a. a. O., S. 345.
22 Oevermann, a. a. O., S. 346.
23 Oevermann, a. a. O., S. 347.
24 »Die Erfahrungen aus der Teilnahme an diesen Interaktionssituationen lagern sich nicht bloß im psychischen System ab, sondern sie werden vom Individuum selbsttätig in biographische Entwürfe und generalisierte Orientierungen und Strategien umgewandelt, die dann ihrerseits autonom die vorgegebenen Bedingungen von Interaktionssituationen umgestalten« (Oevermann, a. a. O., S. 347).

Den Einfluß des situationsübergreifenden Kodes auf den Sprachgebrauch sieht Oevermann als eine Funktion des durch objektive Bedingungen vorgegebenen Handlungsspielraums an[25]. Hier ist jedoch zu fragen, ob wir überhaupt von einer solchen Bestimmung des Handlungsspielraums aufgrund objektiver Bedingungen ausgehen können – d. h. von einem unvermittelten Zusammenhang zwischen beiden –, um danach die Chance einer Gestaltung der Situation entsprechend dem situationsübergreifenden Kode festzulegen. Ober ob wir nicht umgekehrt – wenn man einmal von extremen Fällen wie Zwangssituationen oder Situationen mit festem Ritus absieht – zunächst von situationsspezifischen Einstellungen sozialer Schichten oder Milieus ausgehen müssen, die die ›Einstellungen zum Sprachgebrauch *in diesen Situationen*‹ bestimmen und damit die Gestaltung der Situation über den Sprachgebrauch in einer begrenzten Bandbreite festlegen[26]. Wir stehen vor der Entscheidung, ob sich das Konstrukt einer Dichotomie in einen ›restringierten‹ und einen ›elaborierten‹ Kode im Sinne von situationsübergreifenden Einstellungen zum Gebrauch der Sprache als möglichem Kommunikationsmittel in der vorgezeichneten Weise halten läßt, oder ob man statt dessen von einer schichtspezifischen Kategorisierung der Situationen in ›restringierende‹ und ›elaborierende‹ ausgehen muß, wobei dann die Einstellung zum Sprachgebrauch wie auch das beobachtbare Sprachverhalten auf dem Hintergrund der jeweiligen Einstellung gegenüber der konkreten Situation zu sehen ist.

Die Entscheidung für eine der Alternativen hätte Konsequenzen hinsichtlich der Beurteilung bisheriger sprachsoziologischer Forschung – ihrer Methoden, der Ergebnisse dieser Methoden wie auch der Interpretation dieser Ergebnisse unter bildungspolitischen Gesichtspunkten. Wir müssen uns fragen, ob die Problematik der Erhebungssituation nicht zu einseitig

---

25 »Je geringer aufgrund der objektiven Bedingungen einer sozialen Situation der Handlungsspielraum in ihr ist, desto mehr ist der Sprachgebrauch in Abhängigkeit von den situativen Elementen vorgeschrieben. Je größer der Handlungsspielraum, desto größer ist umgekehrt die Chance, daß das Individuum die Situation in Einklang mit seinem biographischen Entwurf umgestaltet, desto größer daher auch die Chance, im dominanten, die Biographie kennzeichnenden, situationsübergreifenden linguistischen Kode Sprache zu gebrauchen« (Oevermann, a. a. O., S. 352). Die Vorstellung eines durch die situativen Bedingungen vorgegebenen Handlungsspielraums, der dann erst durch die situationsübergreifenden Kodes ausgefüllt wird, findet sich auch im Rahmen der Diskussion um das Zirkularitätsproblem. »Allgemeine, situationsübergreifende Kodes werden schon immer an die Handlungssituation herangetragen und strukturieren sie in dem Spielraum, der durch die Elemente der unmittelbaren Situation offengelassen ist« (Oevermann, ebenda, S. 376).

26 Es handelt sich hier nicht um eine andere Formulierung des Zirkularitätsproblems. Vielmehr geht es um die Annahme einer Variation der Einstellung zum Sprachgebrauch in der spezifischen Situation in Abhängigkeit von der Einstellung gegenüber dieser Situation.

unter forschungsmethodischen Aspekten betrachtet und dabei die Frage nach der Wirkung des Arrangements auf das Kind vernachlässigt wurde. Wir müssen die Frage neu aufrollen, ob wir das Sprachverhalten des Unterschichtkindes, so wie es sich uns in der Erhebungssituation darbietet, als Ausdruck seiner allgemeinen, situationsübergreifenden Einstellung zum Gebrauch der Sprache auffassen können, oder ob wir nicht berechtigt sind, aus den vorhandenen Aufzeichnungen derartige Schlüsse zu ziehen, da wir keine ausreichende Kenntnis darüber haben, inwieweit die Erhebungssituation für das Unterschichtkind fremd und bedrohlich war. Schließlich: Sind die Analysen, Interpretationen und Schlußfolgerungen sprachsoziologischer Forschung falsch, weil sie auf falschen, das heißt nicht zutreffenden und unzureichenden Daten beruhen?

Mit den zuletzt aufgeworfenen Fragen setzt sich der amerikanische Soziolinguist William Labov ausführlich auseinander[27]. Das Problem, inwieweit sprachsoziologische Forschung schon von der Anlage her den insgeheim gehegten Erwartungen oder Befürchtungen entgegenkam, steht im Zentrum seiner Arbeiten. Wenn seine Untersuchungen aufgrund spezifischer Bedingungen des Forschungsfeldes – es ging um das Sprachverhalten von Negerkindern in Slumgegenden – auch nur begrenzten Aussagewert haben, so handelt es sich bei dem dahinter stehenden Forschungsansatz um eine Konzeption, die für die zukünftige Diskussion des Verhältnisses von Sprache und sozialer Herkunft von erheblicher Bedeutung sein dürfte.

Die Kritik Labovs setzt an den üblichen Erhebungsmethoden soziolinguistischer Forschung an. Seiner Überzeugung nach besteht die Verzerrung der Ergebnisse derartiger Studien darin, daß »die verbale Reaktion des Unterschichtkindes auf eine formale und bedrohliche Situation dazu verwandt wird, seinen Mangel an verbaler Kapazität oder sein verbales Defizit zu demonstrieren«[28]. Seine Gegenthese, die er durch eigene Forschungen zu belegen versucht, ist die, daß nicht das Sprachverhalten der Unterschichtkinder »defizitär« ist, sondern die Erhebungssituation für diese Kinder »restringierend«, wobei noch hinzukommt, daß die Forscher sehr häufig nicht in der Lage sind, das vorhandene Sprachmaterial angemessen zu interpretieren.

Im Falle der Erhebungssituation liegt das Problem gerade bei dem »verständnisvollen, freundlichen weißen Interviewer«. Bezogen auf die farbigen Kinder ist es das Problem der Interaktionsform zwischen Weißen und Farbigen. Allgemein ist es das Problem, daß ein Erwachsener der Mittelschicht Kindern der Unterschicht in einer ihnen fremden Situation Ant-

---

[27] Labov gehört einer Gruppe amerikanischer Soziolinguisten an, die man als Anhänger der Differenz-Theorie bezeichnen kann. Weitere Vertreter sind zum Beispiel R. W. Fasold, R. Shuy, W. Wolfram und W. K. Riley.
[28] Labov, W., Die Logik..., a. a. O., S. 84.

worten auf künstliche Fragen abverlangt.

Ein Erwachsener muß jedoch in angemessene soziale Beziehungen zu einem Kind treten, wenn er herausbekommen will, wozu ein Kind fähig ist. »Obwohl Leon (ein farbiges Kind – J. L.) von einem Schwarzen interviewt wird, der seine Sprache spricht und ein ihm vertrautes Thema (›Straßenkämpfe‹ mit anderen Jungen) wählt, bringt er kaum ein Wort heraus. Trotz des günstigen Kontextes (Leon befindet sich in vertrauter Umwelt) verursacht die ›asymmetrische‹ Situation (Kind – Erwachsener) sein passives Verhalten.«[29] Erst nach Veränderung der sozialen Situation – der schwarze Interviewer bringt Leons besten Freund mit, er wandelt das Interview in eine Art Party um, er führt Tabuwörter und Tabuthemen in die Unterhaltung ein – zeigt Leon ein »lebendiges, den Regeln des NNE (Nichtstandard-Englisch – J. L.) entsprechendes, korrektes grammatisches Sprachverhalten, das in seiner Ausdrucksfähigkeit dem Sprachverhalten anderer Kinder nicht nachsteht«[30].

Von daher gesehen ist es für Labov nicht verwunderlich, daß die Unterschichtkinder in den bisher praktizierten Erhebungsverfahren genau das eingeschränkte Verhalten zeigten, das von ihnen erwartet wird. »In dieser asymmetrischen Situation zwischen Erwachsenem und Kind, in der dieses spürt, daß ihm alle Reaktionen zu seinen Ungunsten ausgelegt werden können, zeigt es genau das defensive monosyllabische Verhalten, das von Bernstein bis Bereiter von solchen Tests berichtet wird und diesen als Motivation für Sprachprogramme dient.«[31] Das Sprachverhalten von Unterschichtkindern in wissenschaftlichen Interviewsituationen, seien es nun direkte Befragungen oder schriftliches Material, ist jedoch nicht ihr Sprachverhalten auf der Straße. Erst unter der Voraussetzung, daß eine angemessene soziale Beziehung hergestellt wurde, kann man erwarten, daß das Unterschichtkind das übliche lebendige und komplexe Sprachverhalten zeigt, das mit dem defensiven monosyllabischen Verhalten nichts gemein hat. Dieses Sprachverhalten stellt allerdings eine eigenständige Realisierung aus den in einer Kultursprache vorgegebenen Möglichkeiten dar. Die Sprache der Mittelschicht und der Unterschicht sind differente Muster einer Kultursprache.

29 Dittmar, N., Zusammenfassung des ersten Teils von Labovs Artikel. In: Labov, W., Die Logik..., a. a. O., S. 81.
30 Dittmar, N., Zusammenfassung, a. a. O., S. 81. Auf die Existenz unterschiedlicher ›Register‹ hat S. H. Houston schon 1970 in einer Untersuchung hingewiesen. Sie unterschied zwischen einem ›Schul-Register‹ und einem ›Nichtschul-Register‹. Sie vertrat die Ansicht, daß die Mehrzahl der Aussagen über sprachliche Mängel bei Unterschichtkindern auf Beobachtungen des Schulregisters beruht. Houston, Susan H., Reexamination of some assumptions about the language of the disadvantaged child. In: Child Development (1970), 41, p. 953).
31 Dittmar, a. a. O., S. 81.

Es ist bekannt, daß der Sprachgebrauch der Mittelschicht in der Schule honoriert wird. Die Frage, die hier interessiert, ist, ob man daraus irgendwelche weitergehenden Schlüsse über die Eigenschaften dieser differenten Sprachmuster wie auch ihre Leistungsfähigkeit ziehen kann. Labov kommt nach eingehender Analyse und sorgfältiger Abwägung zu einem abschlägigen Ergebnis.

Was den Gesichtspunkt der Grammatikalität betrifft, könne man nur feststellen, daß das Sprachmuster der Mittelschicht den grammatikalischen Normen, die in der Schule gesetzt sind, entspreche. Das bedeute aber auf keinen Fall, daß die Sprache der Unterschicht ungrammatisch sei. Im Gegenteil, die Unterschichtsprache besitze ihre eigene strenge Regelhaftigkeit – nur eben eine andere als die von der Schule geforderte.

Der Unterschied zwischen den beiden Sprachmustern sei auch keineswegs Ausdruck eines unterschiedlichen Grades an immanenter Logik oder Intelligenz. Vielmehr müsse festgehalten werden, daß es gerade die Kinder aus der Unterschicht gewesen seien, die eine vollkommen in sich stimmige, komplexe Argumentation zeigten, wenn man unter »komplex« die Fähigkeit versteht, schwierige Gedankengänge mit wenigen Worten wiederzugeben.

Was hinter dem Sprachgebrauch der Mittelschicht stehe, sei das Bemühen, die eigene Meinung zu qualifizieren, und eine gewisse Ängstlichkeit, mit seinen Worten keinen ungünstigen Eindruck zu erwecken. Dies führe aber zu einem verbalistischen Stil, der die logische Gedankenführung unpräzise werden lasse[32].

Nachdem Labov den Nachweis geführt hat, daß es sich bei der Sprache der Unterprivilegierten keineswegs um eine mangelhafte Ausführung der Standardsprache handelt, sind die Beispiele, die die Defizit-Theoretiker als Beweise für schwerwiegende grammatische und logische Fehlleistungen der Nicht-Standardsprache anführen, seiner Ansicht nach nur weitere Belege dafür, daß nicht das Sprachverhalten der Unterschichtkinder mangelhaft ist, sondern eher die Sprachkenntnisse der Theoretiker[33].

Das Ergebnis der Labovschen Arbeiten läßt sich im Hinblick auf die hier geführte Diskussion wie folgt zusammenfassen:

Gegenüber den bisher vorliegenden Materialien sprachsoziologischer

---

32 Dittmar, a. a. O., S. 82.
33 Vgl. Dittmar, a. a. O., S. 83. Auf die Tatsache von Fehlinterpretationen von Merkmalen der Unterschichtsprache haben auch andere Autoren hingewiesen, siehe zum Beispiel: Jäger, S., Kompensatorischer Sprachunterricht: Die Brüchigkeit seiner wissenschaftlichen Grundlagen und seine gesellschaftspolitische Relevanz. In: Die Schulwarte, 24 (1971), S. 29; Huber, J., Gibt es zum Sprachenlernen was Gescheiteres als die Schulgrammatik und den Duden? – Eine vernünftige Alternative zur traditionellen Sprachnorm: die Norm der kommunikativen Adäquanz. Unveröffentl. Ms. 1972.

Forschung ist – vor allem, wenn sie sich als Belege für theoretische Annahmen über den Sprachgebrauch der Unterschicht verstehen – äußerste Skepsis angebracht. Auch die Interpretation dieser vorliegenden Daten ist recht zweifelhaft. Sie wurde meist von Erziehungspsychologen geleistet, die offenbar ziemlich wenig von der Sprache wie auch der Subkultur der Gettos verstanden. Die Verwendung eines Rasters, das sich am Sprachgebrauch der Mittelschicht orientierte, war diesen Phänomenen nicht angemessen. Als Konsequenz ergibt sich daraus, daß Erziehungsprogramme, die auf diesen fragwürdigen Grundlagen aufbauen, nicht mehr einfach durch Verweis auf vorliegende Defizite legitimiert werden können.

Allerdings erlauben die Ergebnisse der Labovschen Untersuchung nicht, daß man nun in einen romantischen Tenor von der Vollkommenheit der Arbeitersprache verfällt. Die Frage der emanzipativen Kraft dieses Sprachgebrauchs wird von den Ergebnissen Labovs in keiner Weise berührt. Die Diskussion ist in dieser Hinsicht noch offen. Sie kann nur unter Berücksichtigung der konkreten sozialen Lage der Unterschicht und der in dieser Lage ansatzweise vorhandenen Möglichkeiten einer Veränderung geführt werden. Die Diskussion unter dem Aspekt, inwieweit die Sprache der Unterschicht sich durch immanente Logik oder Grammatikalität auszeichne, reicht nicht aus. Vor allem ist mit dem Hinweis auf einen Zusammenhang zwischen ›restringierenden‹ Untersuchungsbedingungen sprachsoziologischer Forschung und ›pseudodefizitären‹ Sprechweisen von Unterschichtangehörigen den Problemen einer Sprachförderung noch nicht ausreichend Rechnung getragen. Die Normen und Werte, die in einschränkender Weise in solche Untersuchungen einfließen, existieren nicht zufällig in diesem Bereich. Sie sind auch in ähnlicher Form außerhalb des Forschungsbetriebs gültig. Diesem Sachverhalt muß sich jedoch ein erzieherisches Unternehmen stellen. Die Frage bleibt offen, wie in einer ›elaborierenden Weise‹ die Unterschichtkinder an Situationen herangeführt werden können, die sie sprachlich nicht bewältigen.

Wenn auch Ansätzen, die ihre Untersuchungskriterien teilweise aus diesen bestehenden Normen gewinnen, ein gewisser Realismus nicht abzusprechen ist, so ist dieser Richtung wiederum – auch wenn dies keinesfalls in der Absicht der Autoren lag – insgesamt eine Tendenz zu einer verschulten, durch ›restringierende‹ Bedingungen gekennzeichneten Spracherziehung eigen. Wissenschaftlicher Zugriff auf Realität, vor allem wenn er auf Setzung, Deduktion und Operationalisierung beruht, scheint verkürzte Rezeptionen im Sinne direkter Maßnahmen in bezug auf oberflächliche und formale Sprachaspekte zu provozieren. Diese Tendenz wird vor allem von Institutionen wie etwa der Schule unterstützt, die auf solche faßbaren Kriterien zur Unterrichtsbeurteilung und Leistungsbewertung angewiesen sind.

Wir haben es hier mit zwei Erklärungsmodellen zu tun, die jedes für sich richtige Erklärungselemente enthalten, die jedoch unter dem Gesichtspunkt möglicher Handlungsstrategien unzureichend sind. In beiden Ansätzen wird die Bedeutung der Situation für das sprachliche Handeln, wenn auch mit etwas unterschiedlicher Akzentuierung, hervorgehoben. Wenn jedoch der Labovsche Ansatz aus der Erkenntnis dieses Zusammenhangs keine zureichenden Schlußfolgerungen über die notwendigen Handlungsschritte angesichts wahrnehmbarer Einschränkungen zieht, so ist bei Ansätzen wie dem von Oevermann die Gefahr nicht auszuschließen, daß aus der im wissenschaftlichen Handeln erwachsenden ›Verstofflichung‹ von Sprache im praktischen Handeln ein Gegensatz zu einer situationsorientierten Sprachförderung ensteht. Welche Konsequenzen jedoch eine verschulte Spracherziehung hat, soll im folgenden Abschnitt an Hand einer ausführlichen Diskussion über vorliegende Richtlinien und Rahmenpläne zur Spracherziehung erörtert werden.

3. Stellenwert von »Spracherziehung und Sprachpflege« innerhalb vorliegender Richtlinien

Das Thema »Spracherziehung und Sprachpflege« taucht innerhalb der Richtlinien im Rahmen sogenannter Handlungs- und Lernfelder auf. Neben Spracherziehung werden als weitere Bereiche häufig Sozialerziehung, Mathematik, Sachbegegnung, Bewegungserziehung, musische Erziehung genannt. Diese Handlungs- und Lernfelder werden ohne weitere Begründung eingeführt, wenn man einmal von der Bemerkung absieht, daß die ebenfalls nicht weiter begründeten allgemeinen Lernziele darin verwirklicht werden sollen.

»Die nachfolgenden Handlungsfelder sind grundsätzliche Gegebenheiten, die hier nicht weiter auf ihre Herkunft, Berechtigung oder Reihenfolge hin zu untersuchen sind.«[34] Oder einfacher: »Diese allgemeinen Lernziele sollen in folgenden Bereichen angestrebt werden...«[35].

Der Zusammenhang zwischen diesen einzelnen Bereichen ist unklar. Es wird nur betont, daß die Bereiche keine eigentlichen Bereiche seien.

»Diese Bereiche sind nicht als ›Fächer‹ im herkömmlichen Sinne zu verstehen... Auch stellt die gewählte Reihenfolge keine Rangordnung dar.«[36]

34 Kultusministerium Baden-Württemberg, Entwurf, Vorläufige Arbeitsanweisungen für Versuche mit Vorklassen, (4. Fassung), Stuttgart 1972, S. 8.
35 Der Kultusminister des Landes Schleswig-Holstein, Vorläufiger Rahmenplan, Erziehung und Unterricht in ›Vorklassen‹ an Grundschulen, 1971, S. 2.
36 Ebenda, S. 2.

Vorschulische Sprachförderung – verschulte Spracherziehung?

»Die vorgenannten Lernbereiche sind weder aus den traditionellen Fächern zu verstehen noch bilden sie allein die Grundlage für ihre spätere Bewältigung. Sie sollen nicht um ihrer Inhalte willen ausgewählt werden, sondern sind auf die ... beispielhaft genannten grundlegenden Funktionen zu beziehen. Auf dieser Basis durchdringen sie sich gegenseitig und sind deshalb untereinander weitgehend austauschbar.«[37]

Es bleibt jedoch dem Leser vorbehalten, sich in seiner Phantasie auszumalen, wie sich in der Praxis Spracherziehung zum Beispiel mit Bewegungserziehung oder Mathematik gegenseitig durchdringen soll. Die genaueren Ausführungen zu den einzelnen Bereichen scheinen jedenfalls eine Austauschbarkeit gerade zu verhindern.

Allgemeine Zielvorstellungen zur Spracherziehung

Wenn man sich nun die genauere Frage stellt, in welcher Richtung Spracherziehung nach den Vorstellungen der Autoren der Richtlinien vor sich gehen soll – vor allem unter dem Gesichtspunkt, daß die an Erziehung Beteiligten handelnde Subjekte sein sollen –, erfährt man folgendes:

»Die Entfaltung der sprachlichen Fähigkeiten ist eine der wichtigsten Voraussetzungen für seine geistig-seelische Gesamtentwicklung.«[38]

»Die Sprache als Mittel der Verständigung ist eine der wichtigsten Voraussetzungen für die Entfaltung des kindlichen Geistes. Ihre Pflege hat besondere Bedeutung für den künftigen Schulerfolg.«[39]

»Die Sprache ist wichtige Voraussetzung für die Entwicklung des Denkens. Unter den sprachlichen Fertigkeiten sind in der Vorklasse besonders das Hören und Sprechen zu fördern ...«[40]

---

37 Der Niedersächsische Kultusminister, Vorläufige Richtlinien für Vorklassen (Entwurf), Juli 1970, S. 4. In fast allen Richtlinien wird betont, daß die Reihenfolge der aufgeführten Lernbereiche keine Rangordnung darstelle. Diese Behauptung ist aber schwerlich mit der Tatsache zu vereinbaren, daß in der Anordnung dieser Lernbereiche keine Zufälligkeit herrscht. »In aller Regel werden (z. T. unter Voransetzung der religiösen Erziehung) Sozialerziehung, Sprache, Umweltbegegnung und Mathematik zuerst genannt, die ›musischen‹ Bereiche folgen am Schluß der Liste.« (Schmidt, H., Analyse der Vorschul- und Eingangsstufenrichtlinien in der BRD. Gutachten für die Bildungskommission des Dt. Bildungsrats. Ms. März 1972, S. 28).
38 Der Kultusminister des Landes Schleswig-Holstein, Vorläufiger Rahmenplan, a. a. O., S. 4.
39 Hessisches Kultusministerium, Der Bildungsinhalt der Eingangsstufe, a. a. O.; zit. nach Kleinschmidt, G., Vorschule, Curriculare Entwürfe für den Elementarbereich aus bundesrepublikanischer und angloamerikanischer Sicht, Döffingen o. J., S. 72.
40 Der Senator für Familie, Jugend und Sport, Vorläufiger Rahmenplan; zit. nach Kleinschmidt, G., Vorschule, a. a. O., S. 69.

»Ziel der Sprachpflege ist die Entfaltung der geistigen Entwicklung des Kindes.«[41]

Hier wird offenbar die Frage nach genaueren Zielvorstellungen einer Spracherziehung durch Hinweise auf die allgemeine Bedeutung von Sprache beantwortet; entsprechend allgemein müssen daher auch die Zielangaben bleiben. Über diesen allgemeinen Rahmen kommen auch die spezielleren Ausführungen zum Thema Spracherziehung in den Richtlinien nicht hinaus. Welchem Zweck Spracherziehung dienen soll, erfährt man nicht. Man wird lediglich darüber belehrt, daß man den Komplex Sprache in einzelne Aspekte – wie zum Beispiel Zuhören, Nachsprechen, Erzählen, Fragen und ähnliches – aufgliedern könne, und daß es wichtig sei, daß diese Aspekte geübt werden.

Angaben zur Durchführung von Spracherziehung

Entsprechend vage sind die Angaben über die Umsetzung dieser allgemeinen Ziele in eine wirkungsvolle Praxis. Die Aussagen über den Handlungsbereich des Erziehers bewegen sich auf der Ebene von »Aufgreifen von situativen Anlässen« oder »Bereitstellung vielfältiger Anregungen von seiten des Pädagogen«. »Der Pädagoge bietet Lernanlässe durch Bereitstellung von Material und durch Denkanstöße. Die Kinder können sich sowohl selbst für eine Aufgabe entscheiden als auch vom Pädagogen dazu gewonnen werden.«[42] Speziell zur Frage der Spracherziehung werden folgende Ratschläge gegeben: »Alle (Übungen J. L.) sind in Spielhandlungen einzubetten.«[43] »Da Sprache erprobt, geübt und dabei differenziert werden soll, wird es darauf ankommen, solche konkreten Situationen zu finden, die Sprache provozieren«[44].

Unter der Rubrik »Sachgemäßes und sinnbezogenes sowie grammatisch richtiges Sprechen« wird dann nach diesem Leitsatz als Verfahrensweise empfohlen: »Prinzip: Aktualisierung des geistigen und sprachlichen Zugriffs des Kindes in Spielsituationen und aus der Aufforderung durch Aufgaben. Ausgang: individuelle Erlebnisse, Erzählungen, dargestellte Situationen und Vorgänge«[45]. Wie dieses Verfahren zum Beispiel bei der »Einübung syntaktischer Strukturwörter, Präpositionen, Konjunktionen«,

---

41 Kultusministerium des Landes Rheinland-Pfalz, Schulversuch Vorschulerziehung, 1969/70; zit. nach Kleinschmidt, G., Vorschule, a. a. O., S. 55.
42 Schulversuch ›Vorklasse‹, Vorläufiger Bildungsplan für Vorklassen, herausgegeben vom Kultusminister des Landes Nordrhein-Westfalen. Mai 1972, Düsseldorf, S. 11.
43 Ebenda, S. 36.
44 Der Kultusminister des Landes Schleswig-Holstein, Vorläufiger Rahmenplan, a. a. O., S. 5.
45 Ebenda, S. 8/9.

die unter diese Rubrik fallen, vor sich gehen soll, bleibt ein Geheimnis. Im Zweifelsfall beruft man sich auf das didaktische Geschick des Erziehers. »Die Bedingungen für den Erfolg dieser Sprechform (gemeint ist das Nachsprechen – J. L.) bestehen neben der physiologischen Hörfähigkeit aus einer zureichenden Gehörschulung, der Bereitschaft des Kindes, zuzuhören, zu imitieren und ausdauernd zu üben. Diese Bereitschaft hängt weitgehend von den didaktischen Fertigkeiten der Lehrerin ab.«[46]

Diskussion von Spracherziehung an Hand des Bildungsplans für Vorklassen des Landes Nordrhein-Westfalen

Ich möchte nun an Hand eines ausführlicheren Beispiels genauer darstellen, wie die Praxis im Kindergarten oder der Vorklasse aussehen könnte, wenn der Erzieher einigermaßen didaktisch geschickt ist. Nehmen wir an, der Erzieher hat den »Vorläufigen Bildungsplan für Vorklassen« des Landes Nordrhein-Westfalen, Ausgabe 1972, vor sich und er versucht nun, die darin enthaltenen Ausführungen zur Spracherziehung so gut wie möglich in die Praxis umzusetzen[47].

Im Vorwort über die »Aufgaben der Vorklasse« wurde ihm gesagt, daß es darum gehe, Formen der Sozialisation zu finden, »die gekennzeichnet sind durch Freiheit von Repression und durch Stärkung des kindlichen Selbstvertrauens und Willens. Das Kind soll sich seiner Stellung als Einzelner in der Gemeinschaft bewußt werden. Ziel einer solchen Sozialerziehung ist nicht die Anpassung der Individuen an die Gruppe, sondern die Förderung eines jeden Kindes in seinem Eigenwert innerhalb der Gruppe«[48]. Diese Forderung wird im Kapitel über Spracherziehung erneuert und weiter verstärkt: »Die im Vorwort gegebenen Hinweise auf die repressionsfreie und chancengleiche Kommunikation zwischen Pädagogen und Kindern gelten in besonderer Weise für die Spracherziehung. Diese wird in der Vorklasse nicht in Form von Sprachunterricht durchgeführt, sondern in Form spielerischer Sprachübungen bei allen Anlässen«[49].

46 Kultusministerium Baden-Württemberg, Entwurf, a. a. O., S. 18. Zur Frage der methodischen Hinweise für Erzieher in Richtlinien stellt eine Untersuchung über die Aufnahme des nordrhein-westfälischen Bildungsplans für Vorklassen fest: »Anregungen für Methoden und Verfahrensweisen für die Vorklassenarbeit hat dagegen der Bildungsplan nur etwa der Hälfte der Befragten geboten.« (Ewert, O., Braun, M., Der vorläufige Bildungsplan für Vorklassen (1970) und die Arbeit in Vorklassen, Arbeitsunterlagen für die Tagung ›Bildungsplan für Vorklassen‹ vom 24.–28. Januar in Düsseldorf. Bochum September 1972, S. 85).
47 Schulversuch ›Vorklasse‹, Vorläufiger Bildungsplan für Vorklassen, Mai 1972, a. a. O. Dieser Rahmenplan wurde deshalb als Beispiel ausgewählt, weil darin Spracherziehung relativ ausführlich dargestellt wird. Die folgende Kritik gilt in gleicher Weise für die übrigen Richtlinien der anderen Länder.
48 Ebenda, S. 9.
49 Ebenda, S. 35.

Im Zentrum der Aufmerksamkeit bei Spracherziehung sollen Sprecherziehung, Hörerziehung, Ausbau produktiver und reproduktiver sprachlicher Möglichkeiten, Textgestaltung und Verstehen von Texten stehen. Über die hinter der *Sprecherziehung* stehenden Absichten erfährt der Erzieher:

»Anzustreben ist das lautreine Artikulieren im Anschluß an die haussprachliche Mundart. Keine Sprechweise darf abgewertet werden, jede ist in ihrem Eigenwert zu berücksichtigen und als bereicherndes Element aufzunehmen. Zum hochsprachlichen Artikulieren ist das Kind zu motivieren: Es gibt mehrere Möglichkeiten, die deutsche Sprache zu sprechen; nur in der Hochsprache können sich alle Deutschen einander verständlich machen und verstehen; die Hochsprache ist die Sprechweise der Schule und der Bücher. So kann die Hochsprache allmählich neben die haussprachliche Mundart treten.«[50] Wie denn kann die Hochsprache neben die Mundart treten? Sollen die hier angeführten Argumente das Kind überzeugen und motivieren? Sind nicht die Verhältnisse, innerhalb derer sich das Kind bewegt und seine Sprachform zweckmäßig gebraucht, überzeugender? Was macht der Erzieher mit der »repressionsfreien und chancengleichen Kommunkation«, wenn die Kinder sich weder von Argumenten noch dem »Vorbild der Erzieherin in der regionalen Hochsprache (gebildete Umgangssprache)« so recht überzeugen lassen? Worin besteht dann die Motivierung der Kinder?

Hörerziehung steht unter dem Leitspruch: »Zu fördern ist die Fähigkeit und Bereitschaft zum aufmerksamen Zuhören«[51]. Zur Verwirklichung dieses Leitspruchs werden Beispiele für eine Schulung des Zuhörens angeboten. Das Problem wird offenbar gar nicht darin gesehen, daß die Aufmerksamkeit der Kinder gewonnen werden muß – indem man vielleicht bei den Dingen ansetzt, die sie interessieren –, sondern in der Herstellung von Schweigen. »Die Übung des Zuhörens als tätigem Schweigen schafft die Voraussetzung zu jeder Art von Kommunikation«[52]. Es ist dann nur

---

50 Ebenda, S. 35.
51 Ebenda, S. 36.
52 Ebenda, S. 36.
53 Kultusministerium Baden-Württemberg, Entwurf, a. a. O., S. 16; vergleiche dagegen folgende Bemerkung aus einem Bericht über die Erfahrungen mit dem Vorklassenversuch in Schleswig-Holstein: »Spontanauseinandersetzungen sind zu ermöglichen: Ein Junge erzählt lebhaft der Sozialpädagogin seinen Traum. Durch den emotionalen Impuls ausgelöst, *horchen zwei Kinder auf, die sonst nicht zuhören* und erzählen wie auch noch andere ihre Angstträume. Auswirkung solcher Situationen auf die Ermöglichung von Gruppengesprächen mit nicht so persönlichen Themen.« (Landesschulamt Schleswig-Holstein, Erfahrungsbericht Vorklassen, Kiel, 15. April 1972 (LSA 22-b 821 – 110/72), S. 19) [Unterstreichung von mir – J. L.]

Vorschulische Sprachförderung – verschulte Spracherziehung?

folgerichtig, wenn in den »Vorläufigen Arbeitsanweisungen für Versuche mit Vorklassen« des Kultusministeriums Baden-Württemberg spezielle Schweige- und Zuhörübungen gefordert werden. »Auch hierzu (zur Erlangung der schwierigen Fertigkeit des Zuhörens – J. L.) sollten immer wieder spezielle Schweige- und Zuhörübungen angesetzt werden, die nach Inhalten variieren und auch zeitlich von ganz kurzen Perioden bis zu mehreren Minuten reichen«[53].

Es mag dann auch nicht verwunderlich sein, wenn in diesem Entwurf das Thema »Fragen« in derselben Weise angegangen wird: »Die Aufgabe der Lehrerin ist vor allem, an vielen Beispielen zu üben, *wie* die Fragen zu stellen sind, und an *wen* sie zu richten sind. Im Frage- und Antwortspielen ist die Situation vorbereitet, und die Kinder lernen die Fragetechnik (z. B. durch Fragen, die die Alternativen immer weiter einschränken). In der Vorklasse wird der Adressat für Fragen zuerst die Lehrerin sein«[54]. Die hier angesprochene Technik ist eine ökonomische Suchstrategie, die sich vor allem bei Quizveranstaltungen bewährt, bei denen es um die Eingrenzung eines gesuchten Gegenstands geht. Aber was hat das mit Kinderfragen zu tun?

Doch zurück zum Bildungsplan von NRW. Der nächste Abschnitt behandelt den »*Ausbau des produktiven und des reproduktiven Sprachbesitzes – Sprachübung als Vorform der Sprachbetrachtung.*« Da heißt es: »Wörter der drei Hauptwortarten (Substantiv, Verb, Adjektiv) sind in Erlebniseinheiten inhaltlich zu festigen oder mit Inhalt zu erfüllen«[55]. Wie soll das vor sich gehen? Soll der Erzieher eine Liste von Wörtern aufstellen und die Kinder entsprechende Übungen durchführen lassen? (»Klärung an der Sache oder der Tätigkeit selbst [›Sprich, was du tust!‹]«) Oder soll der Erzieher, wenn das Kind sagt »Ich mag nicht mehr«, mit dem Satz antworten: »Du kannst auch dazu sagen, ›ich habe genug‹ oder ›mir reicht es‹«? (»Klärung durch inhaltlich verwandte Wörter [Wortfeld]; Klärung in Satzzusammenhängen [Kontext]«). Der Text fährt dann fort: »Im Rahmen der Sprachbetrachtung kann etwa mit folgenden Übungen am Wort gearbeitet werden: Ein Wort und sein Gegenteil, Ausfüllen der Wortreihe dazwischen, Wortreihen zu Sacheinheiten, Überbegriffe im Bereich des Konkreten, Wortsammlungen zu Stichwörtern, inhaltsähnliche Wörter, lautähnliche Wörter, Wortfamilien«[56]. Also doch Sprachunterricht[57]?

---

54 Kultusministerium Baden-Württemberg, Entwurf, a. a. O., S. 21.
55 Schulversuch ›Vorklasse‹, a. a. O., S. 36.
56 Ebenda, S. 36/37.
57 In dem Bericht über die Aufnahme des nordrhein-westfälischen Bildungsplans heißt es: »Die drei Angaben zu Verständnisschwierigkeiten beziehen sich alle auf den gleichen Punkt: ›Sprachübung als Vorform der Sprachbetrachtung‹; es wird

»Bezugs- und Fügewörter (Konjunktionen, Präpositionen, Adverbien, Pronomen) sind in einfachen oder zusammengesetzten Sätzen in ihrer Funktion vorzustellen und ihr Gebrauch zu üben ... Die Leistungen dieser ›kleinen Wörter‹ können in Spieleinheiten erfahren werden, wenn man die ›kleinen Wörter‹ in verschiedenen Aufträgen auswechselt:
— Bringe bitte Papier und/oder Buntstifte mit;
— Leg die Buntstifte auf/neben das Papier;
— Geh zum Fenster, und bleibe oft/selten stehen;
— Kämme es/ihn«[58].

Wenn wir davon ausgehen können, daß es sich bei diesen Beispielen nicht um Scherze handelt, sondern daß damit ernsthaft Möglichkeiten von Spracherziehung umrissen werden sollen, dann muß es auch erlaubt sein, daß man sich Verwendungszusammenhänge für diese Beispiele ausmalt. Ich stelle mir also folgende Situation vor: Die Kinder möchten gerne malen, und die Erzieherin schickt ein Kind in die Materialkammer, um Malutensilien zu holen. Sie tut das mit den Worten »Bringe bitte Papier und Buntstifte mit«. Und wenn das Kind einen Teil des Auftrags vergessen hat, dann bekommt es wahrscheinlich zu hören: »Ich habe dir doch deutlich gesagt, daß du Papier *und* Buntstifte mitbringen sollst«. Wenn Papier schon vorhanden ist, lautet der Auftrag »Bring bitte Buntstifte mit«, und fehlen Buntstifte, dann heißt es »Bring Papier mit«. Ich kann mir aber schwerlich vorstellen, daß eine Erzieherin ein Kind in dieser Situation mit dem Auftrag wegschicken wird, »Papier oder Buntstifte« mitzubringen, es sei denn, sie hat es darauf angelegt, das Kind zu verwirren.

Es scheint unmöglich, die beabsichtigte Form von Spracherziehung in gegebene Situationen des Kindergartens oder der Vorklasse in einer Weise einzufügen, ohne daß der Situation Gewalt angetan wird oder die Kinder in Verwirrung gestürzt werden[59]. Offenbar besteht aber auch gar nicht die Absicht, an gegebenen Situationen mit Spracherziehung anzuknüpfen. Was sich an Vorstellungen hinter dem Ausdruck »Spieleinheiten« verbergen dürfte, sagt ein Blick auf die folgenden Satzbeispiele. »Leg die Buntstifte auf/neben das Papier« und »Geh zum Fenster, und bleibe oft/selten stehen« kann man sich nicht mehr in beliebigen Situationen vorstellen, am

in diesem Zusammenhang nach Konkretisierung der Ziele durch Beispiele gefragt.« (Ewert, Braun, Arbeitsunterlagen, a. a. O., S. 36).
58 Schulversuch ›Vorklasse‹, a. a. O., S. 37.
59 In dem genannten Bericht über Erfahrungen mit dem Vorschulversuch in Schleswig-Holstein heißt es: »Es erweist sich immer wieder als sehr schwierig, solche Erlebnis- bzw. Handlungssituationen zu finden, die geeignet sind, wichtige Satzmuster durch Sprachübungen verfügbar zu machen und Funktion und Bedeutung syntaktischer Strukturwörter kennenzulernen. Solche gezielt eingesetzten Sprachübungen geraten oft in Gefahr, formal zu sein.« (Landesschulamt Schleswig-Holstein, Erfahrungsbericht, a. a. O., S. 21).

wenigsten in spielerischer Atmosphäre. Diese Beispiele verweisen eindeutig auf die bekannten Dressurübungen, deren einziger Zweck darin zu bestehen scheint, daß sinnlose Befehle des Erziehers von den Kindern in entsprechende Handlungen umgesetzt werden. Wenn schon von Leistung die Rede ist, dann wird sie eindeutig von den Kindern in Form sportlicher Turnübungen erbracht[60]. Was dagegen unter »Leistung der kleinen Wörter« läuft, ist wohl mit einer Vorstellung von der Existenz einer unwandelbaren, situationsenthobenen Bedeutung verbunden; einer Vorstellung, die mit der sich wandelnden Bedeutung »kleiner Wörter« in Alltagssätzen nicht zurechtkommt.

Auch die weiteren Abschnitte des Bildungsplans machen es dem Erzieher nicht leicht, Spracherziehung mit Handlungs- und Spielsituationen so in einen Zusammenhang zu bringen, daß nicht schulischer Sprachunterricht herauskommt.

»Geläufige Satzmuster werden gefestigt, neue Satzmuster eingeübt durch variierende Reihung. Syntaktisch gleiche Sprachgebilde werden durch Austausch der Wörter verändert. Neben den Aussagesätzen gibt es Befehls-, Frage- und Wunschsätze. Satzglieder kann man umstellen, motiviert durch Hervorhebung und Betonung der wichtigsten Wörter. Benennungen für die Sprachelemente (Wortarten, Wortfelder, Sätze) sind nicht notwendig, können aber von den Kindern zunächst selbst gesucht werden«[61]. Das bewegt sich alles auf einer rein grammatikalischen Ebene. Es

60 Solche Dressurübungen findet man vor allem in ausgearbeiteten Sprachtrainingsprogrammen, wie sie hauptsächlich für die USA vorliegen (z. B. Frostig, Karnes, Kirk/McCarthy, Bereiter/Engelmann); in der BRD wird ein ähnlicher Ansatz von Lückert verfolgt. Ein Beispiel aus einem amerikanischen Programm: »Man bittet ein Kind, entsprechend den Anweisungen des Lehrers eine Reihe von motorischen Übungen durchzuführen: auf- und abzuspringen, zur Tür zu gehen und so weiter. Diese Übungen können auch dazu benutzt werden, um die Kenntnisse des Kindes über Präpositionen zu überprüfen, indem man es zum Beispiel bittet, einen Bleistift *auf* den Tisch zu legen, ein Papier *unter* das Buch, die Kreide *in* die Schachtel und so weiter. Abwandlung: Man kann entweder einen Befehl oder eine Reihe von Befehlen geben; zum Beispiel: ›Mach zuerst einen Schritt rückwärts, dann zwei Schritte vorwärts, dann dreh dich rum, so daß du auf das Fenster schaust.‹« (Frostig, M., Language Program Based on The Illinois Test for Psycholinguistic Abilities. Ms. 1964, p. 16). In einem anderen Programm soll der Leser genau folgende Anweisungen (»Do as I say«) ausführen: »Heute morgen, liebe Kinder, will ich sehen, wie gut ihr Anweisungen befolgen könnt. Hört gut zu und tut genau das, was mein Satz euch sagt. Ich bitte entweder *alle*, dasselbe zu tun, oder ich nenne *einen* Namen. ›Stell dich hinter deinen Stuhl (vor, auf)‹ (alle Kinder); ›Bring mir ein Buch, ein Kreidestück und einen Bleistift‹ (ein Kind); ›Spring dreimal hoch und klatsche dann in die Hände‹ (alle Kinder); ›Lege ein gelbes Blatt Papier zwischen zwei rote Bücher‹ (ein Kind); ›Strecke dich, berühre deine Zehen, und dreh dich zweimal rum‹ (alle Kinder).« (Karnes, Merle B., Helping Young Children Develop Language Skills: A Book of Activities. Arlington, Virginia 1970, p. 2).
61 Schulversuch ›Vorklasse‹, a. a. O., S. 37.

wird nicht gehandelt – befohlen, gefragt, gewünscht –, es werden sprachliche Gebilde abgehandelt.

Textgestaltung nimmt ihren Ausgangspunkt von dem Bedürfnis des Kindes, seine Erlebnisse und sein Wissen weiterzugeben. Der Bildungsplan sieht vor, daß die Erzählungen der Kinder festgehalten (Stichwortprotokoll des Pädagogen; Tonbandaufnahmen) und bearbeitet werden. »An den so entstandenen Texten kann nun sprachlich gearbeitet werden... Nach folgenden Gestaltungsversuchen können verschiedene Formulierungen für bestimmte Textstellen gesucht werden: a) Wir tauschen Wörter aus und verändern die Aussagen durch verschiedene Bedeutungen (Ersatzprobe); b) Wir probieren verschiedene Betonungen aus und verlagern das Gewicht auf verschiedene Teile der Aussage; c) Eine andere Möglichkeit zu verschiedenen Betonungen ist die Umstellprobe, bei der die einzelnen Glieder eines Satzes umgestellt werden; d) Aufgrund von Fragen kann der Inhalt eines Satzes durch neue Wörter und Satzglieder ausgebaut werden; e) Aufforderungen können mit Hilfe verschiedener Satzarten formuliert werden...«[62]. »Auf der Grundlage der in den Gestaltungsversuchen erarbeiteten Möglichkeiten können die Kinder nun einen Text herstellen...«[63] Hier wird deutlich, wie sich diese Form von Spracherziehung immer weiter von Handlungssituationen der Kinder entfernt. Ob dieses Verfahren es den Kindern in Zukunft leichter macht, ihre Erlebnisse mitzuteilen?

Das »*Verstehen von Texten*« gerät zu einer »Schulung des Verstehens«. »Mit der Schulung des Verstehens wird dem Kind zugleich ermöglicht, aus dem Überangebot an sprachlichen Einflüssen das auszuwählen, was es geistig verarbeiten kann«[64]. Verstehen beschränkt sich dabei nicht allein auf den Inhalt der Texte. »Texte können auch in der Vorklasse schon in ihren gestalterischen Besonderheiten erfahren werden: Leitfragen wie: ›Warum ist das ein Gedicht, ein Plakat‹...? – ›Was haben diese Geschichten gemeinsam?‹ führen zu Erkenntnissen wichtiger formaler Merkmale«[65].

Schwierigkeiten bei der praktischen Anwendung des Bildungsplans

Wie schon in einzelnen Anmerkungen angedeutet, dürfte das hier gezeichnete Bild von Spracherziehung nicht unbedingt mit der Realität der in den Modellversuchen geübten Praxis übereinstimmen. Diese Praxis ist allem Anschein nach ausgewogener. Die Ursache hierfür ist dabei aber wohl

62 Ebenda, S. 38.
63 Ebenda, S. 38.
64 Ebenda, S. 40.
65 Ebenda, S. 40.

mehr in den Bedingungen dieser Praxis selbst und dem noch nicht ganz verbildeten Empfinden der an diesen Versuchen beteiligten Erzieher zu suchen als in selbstgewonnenen Einsichten von Wissenschaftlern oder Verwaltungsbeamten. So mußten Wissenschaftler bei einer Untersuchung über die Aufnahme des nordrhein-westfälischen Bildungsplans bei Erziehern folgende Erfahrungen machen:

»Die Äußerungen über die Ausführlichkeit des Planes sind mit Feststellungen verbunden, daß die Vorschläge – ›nicht alle realisierbar‹ bzw. daß die Forderungen dieses Bereiches – ›zu anspruchsvoll für eine Arbeit mit einer Gruppe von N = 25 Kindern‹ seien.«[66]

»Die Ziele ›Verstehen von Sprachwerken‹, ›Sprachübung als Vorform der Sprachbetrachtung‹ werden vergleichsweise von nur einer kleinen Zahl der Gesamt-Befragten-Gruppe verfolgt.«[67]

»Wenn auch die ›Hörerziehung‹ von zwei Dritteln der Befragten als Ziel angeführt wurde, so ist doch auffallend, daß von den Stufen der Hörerziehung ... lediglich die 1. Stufe: ›Hinhören‹ als angestrebtes Ziel genannt wird. Als wie wichtig sind die übrigen Stufen der Hörerziehung anzusehen?«[68]

»Schwierigkeit bereitet hat offensichtlich die Unterscheidung der Zielbereiche ›Ausbau des aktiven Sprachbesitzes‹ und ›Sprachübung als Vorform der Sprachbetrachtung‹, und zwar auf der Ebene der Durchführungsmöglichkeiten, nicht von der logischen Seite her.«[69]

Und in einem Bericht über Erfahrungen mit Vorklassen in Schleswig-Holstein wird folgender Aspekt hinzugefügt:

»Darüber hinaus wird in einer kritischen Stellungnahme hierin (in dem gezielten Einsatz formaler Sprachübungen – J. L.) Dirigismus erblickt wie sonst auch bei den Aufgaben ›Nacherzählen‹ und ›Aufträge, Anweisungen‹; es kommt hier zu fremdbestimmtem Lernen, und es werde dem Kinde doch wohl ›eine ihm nicht vertraute Schulsprache‹ übergestülpt. Auch wird befürchtet, daß schulische Maßstäbe der Leistungsmessung schon in der Vorklasse bestimmend werden könnten.«[70]

Repressionsfreie und chancengleiche Kommunikation?

Diese letztere kritische Stellungnahme bringt wieder in Erinnerung, daß Vorschulversuche unter der Leitidee von Selbstbestimmung des eigenen Lebens und Mitbestimmung in öffentlichen Angelegenheiten angetreten wurden. Es wird die Frage aufgeworfen, ob im Rahmen der in den Richtlinien skizzierten Spracherziehung überhaupt so etwas wie repressionsfreie und chancengleiche Kommunikation verwirklicht werden kann; es ist die

---

66 Ewert, Braun, Arbeitsunterlagen, a. a. O., S. 36.
67 Ebenda, S. 39.
68 Ebenda, S. 39.
69 Ebenda, S. 39.
70 Landesschulamt Schleswig-Holstein, Erfahrungsbericht, a. a. O., S. 22.

Frage, ob man diese Forderung dadurch einlösen kann, daß man die schlimmsten Auswüchse eines Sprachdrills zu vermeiden sucht, oder ob in dieser Form von Spracherziehung selbst schon Herrschaft angelegt ist.

Die Beantwortung dieser Fragen wird weitgehend vom Verständnis dessen abhängen, was »Repression« oder »chancengleiche Kommunikation« bedeuten. Wenn unter Repression äußere Gewalt oder strenge Befehle gefaßt werden, dann stellt dieses Thema sicherlich kein Problem für Vorschulerziehung dar. Die Erzieher vermeiden tunlichst den Gebrauch von Äußerungen, die im Bewußtsein der Öffentlichkeit als »autoritär« beziehungsweise »nicht selbständigkeitsfördernd« gelten.[71] Auch vor ihrem eigenen Gewissen werden sie Äußerungen wie »Du kannst dir überlegen, was du spielen willst« oder »Ihr könnt selbst entscheiden, was ihr spielen wollt« jederzeit solchen wie »Nein, jetzt macht ihr das, was ich möchte!« oder »Du machst jetzt nichts anderes, als was ich dir sage« vorziehen.

Nun läßt sich aber an Hand zahlreicher Beispiele leicht nachweisen, daß der Gebrauch von Sätzen, die von wissenschaftlicher Seite als »nicht autoritär« beziehungsweise »selbständigkeitsfördernd« abgesegnet wurden, keine Garantie dafür ist, daß in Situationen nicht Repression ausgeübt wird. Es hängt ganz wesentlich vom Verwendungszusammenhang ab, welche Bedeutung einer Erzieheräußerung in dieser Frage zukommt. Eine auf den ersten Blick sehr offen und großzügig erscheinende Bemerkung kann – in einer bestimmten Situation angewendet – in Wirklichkeit sehr reglementierend sein, wie umgekehrt angeblich autoritäres Sprachverhalten des Erziehers unter bestimmten Umständen die Hilfe für die Kinder bei der Entwicklung ihrer Selbständigkeit darstellt[72]. Ein stereotypes Sprachverhalten, das sich sklavisch an die Form von Sätzen hält und gegenüber der Bedeutung solcher Äußerungen im Situationszusammenhang

---

71 Dazu haben vor allem die Untersuchungen von Tausch beigetragen, die in der aufgeklärten Öffentlichkeit als Beweise dafür zitiert werden, daß (a) ein Zusammenhang zwischen sogenannten »selbständigkeitsfördernden« Äußerungen der Erzieher und selbständigem Verhalten der Kinder bestehe, und (b) daß unter diesem Gesichtspunkt die bisherige Erziehungsarbeit der Kindergärtnerinnen als »nicht selbständigkeitsfördernd« bzw. weitgehend »autoritär« eingestuft werden müsse. Eine kritische Analyse dieser Forschung – ihrer Verfahren, Ergebnisse wie auch Rezeption in der Öffentlichkeit – findet man in Horst Rumpf / Rudolf Messner, Anatomie einer empirischen Untersuchung – Zu einem Forschungsergebnis über Kindergärten von Tausch, A. M., u. Mitarb. In: ZfP, 17 (1971), H. 4, S. 483 bis 505.

72 Für die im Text genannten vier Äußerungen findet man bei Rumpf/Messner Situationsbeispiele, die den Stellenwert dieser Äußerungen im Hinblick auf die Förderung von Selbständigkeit bei Kindern in einem anderen Licht erscheinen lassen. Die Situationsbeispiele machen deutlich, wie fragwürdig eine Einschätzung von Äußerungen ohne Berücksichtigung des Zusammenhangs ist, in dem diese Äußerungen getan wurden (Rumpf/Messner, Anatomie, a. a. O., S. 491–494).

blind wird, kann zwar des Beifalls der wissenschaftlich aufgeklärten Öffentlichkeit sicher sein, ob aber auf diese Weise die Selbständigkeit der Kinder befördert wird, ist mehr als zweifelhaft[73]. Sicher ist nur, daß auf diese Weise »Störungen« oder »Abweichungen« im Unterricht vermieden werden können, weil die Kinder bei diesem Führungsstil Schwierigkeiten haben, überhaupt herauszufinden, was ihnen nicht paßt.

Es wäre jedoch ein Mißverständnis, wenn man die Fassade eines freundlichen Umgangstons mit demokratischen Verhältnissen verwechseln würde[74]. Der Erfolg bei der Herstellung solcher Verhältnisse kann wohl schwerlich danach bemessen werden, wieweit es dem Erzieher gelungen ist, die gröbsten Merkmale existierender Herrschaft zu verdecken. Um auf die Ausgangsfrage zurückzukommen:

Es interessiert hier nicht, ob die in den Richtlinien vorgesehene Spracherziehung in einem angenehmen und reibungslosen Sozialklima abgewickelt werden kann, sondern ob sie vom Ansatz her der Forderung nach Selbstbestimmung und Eigenständigkeit der Kinder widerspricht.

Wenn man sich die angeführten Beispiele genau betrachtet, dann fällt einem auf, daß im Rahmen dieses Ansatzes Sprache ein Fremdkörper in Situationen ist. Daran kann offensichtlich auch ein noch so geschicktes

---

73 In einem Artikel, der sich mit »Überlegungen zum pädagogischen Führungsstil in Kindergärten und Heimen« befaßt, findet man folgenden Absatz: »Noch wesentlicher für unser Thema sind die von A. Tausch mitgeteilten Ergebnisse über *geändertes Erzieherverhalten am Ende einer nur fünfstündigen Fortbildungsveranstaltung*, die ich für ermutigend halte.« (Unterstreichung von mir – J. L.). Als Beleg für den Erfolg werden Demonstrationsbeispiele von Tausch angeführt. Während noch zu Beginn der Fortbildungsveranstaltung Äußerungen wie »Hebt doch bitte die Karten wieder auf!«, »Bitte hört doch auch zu!«, »Daraus machen wir ein neues Spiel!« ... vorkamen, findet man am Ende folgende Veränderungen: »Würdest du sie bitte aufheben?«, »Könntet ihr bitte auch zuhören?«, »Wollen wir jetzt daraus ein neues Spiel machen? Wer macht Vorschläge?« ... Kommentar der Verfasserin: »Diese scheinbar nur geringfügigen Unterschiede veränderter Sprechgewohnheiten mit Kindern beziehen sich darauf, daß *Fragen an Stelle von Befehlen, indirekte statt direkte Aufforderungen bevorzugt werden.*« (Unterstreichung von mir – J. L.) Bonnekamp, R., Überlegungen zum pädagogischen Führungsstil in Kindergärten und Heimen. In: Blätter des Pestalozzi-Fröbel Verbandes, 23 (1972), H. 6, S. 167/168.

74 Wie sehr sich die Fassade eines freundlichen Umgangstons von tatsächlicher demokratischer Struktur im Unterricht unterscheiden kann, zeigt die detaillierte Analyse einer von Tausch durchgeführten Unterrichtsstunde, die als Beispiel für die Anwendung des sozial-integrativen Führungsstils gilt (Zehrfeld, K., Zinnecker, J., Acht Minuten heimlicher Lehrplan bei Herrn Tausch. In: betrifft: erziehung, 6 (1973), H. 5, S. 33–40). Der Film über diese Unterrichtsstunde mit dem Titel »Soziales und unterrichtsmethodisches Lehrerverhalten, Eine Unterrichtsstunde von Prof. Dr. R. Tausch, Erdkunde, 9. Schuljahr, Thema: Italien« kann über die Verleihnummer FT 2220 bei den Landes-, Kreis- und Stadtbildstellen ausgeliehen werden.

Vorgehen des Erziehers oder ein äußerst freundlicher Umgangston wenig ändern. Wie schon in dem Bericht über die Aufnahme des nordrhein-westfälischen Bildungsplans geschildert wurde, ist es für die Erzieher sehr schwierig gewesen, überhaupt einen Zusammenhang zwischen Handlungs- und Spielsituationen und den »wichtigen« Lernzielen im sprachlichen Bereich herzustellen[75].

Was geschieht nun bei diesem Vorgang? Wie verhält sich ein Erzieher in solchen Situationen, wenn er die genannten Ziele der Spracherziehung vor Augen hat? Er geht, kurz gesagt, kaum auf die Probleme der Kinder ein, und liefert damit auch keinen Beitrag zu ihrer Bewältigung. Die Lebenswelt der Kinder wird für ihn vor allem ein Reservoir für sogenannte situative Anlässe zur Spracherziehung sein. Das Beispiel, in dem der Erzieher auf die Weigerung des Kindes (»Ich mag nicht mehr«) mit stilistischen Vorschlägen (»Du kannst auch dazu sagen ›Ich habe genug‹ oder ›Mir reicht es‹«) antwortet, ist zweifellos übertrieben, und wird auch in dieser Form ganz sicher nicht vorkommen. Es kennzeichnet aber eine Tendenz, die meiner Ansicht nach in diesem Sprachförderungsansatz steckt: daß vor allem eine Sprachform gefördert wird, und dies in den meisten Fällen auf Kosten einer möglichen Hilfe für die Kinder[76].

Spracherziehung als Hilfe zur Bewältigung von Lebenssituationen?

Nehmen wir zum Beipsiel das Thema Dialekt. Hier macht es doch einen wesentlichen Unterschied aus, ob der Erzieher in der Situation auch auf das eingeht, was in mundartlicher Form geäußert wird, oder ob er sich vorwiegend bei dieser äußeren Form aufhält. Wie wird er also auf eine mundartliche Äußerung des Kindes reagieren? Wird er das darin ausgesprochene Problem interessiert aufnehmen, ohne sich dabei weiter um sprachliche Fragen zu kümmern? Wird er die kindliche Äußerung in hochdeutscher Form wiederholen? Wird er die Äußerung nach sprachlichen Gesichtspunkten korrigieren? Wird er Übungen zur Beseitigung mundart-

---

[75] Vgl. Anm. 59; in demselben Bericht heißt es an anderer Stelle. »Die Lernziele ›*Grammatisch richtiges Sprechen*‹ ... ›Verfügbarmachen wichtiger Sprach- und Satzmuster‹ ... unterliegen der Auseinandersetzung ... Der in Klammern gesetzte Hinweis ›In Handlungssituationen‹ wird von der Erfahrung her als einzige methodische Möglichkeit gesehen.« – »Grammatisch richtiges Sprechen sollte man in der Vorschule nur in Spielhandlungen zu erreichen versuchen, weil die Sprechlust blockiert wird, sowie die Kinder merken, daß man von ihnen die Übernahme bestimmter Sprachmuster erwartet.« (Landesschulamt Schleswig-Holstein, Erfahrungsbericht, a. a. O., S. 21).

[76] Daß nicht *die* Sprache Gegenstand von Sprachtrainingsprogrammen oder Spracherziehungskonzeptionen sein kann, dürfte sich von selbst verstehen.

licher Ausdruckweise einführen[77]? Dieselben Probleme ergeben sich bei dem Thema Zuhören. Hier sind es Fragen wie: Welche Zielvorstellungen verbindet der Erzieher mit diesem Aspekt? Läßt er sich von der Vorstellung leiten, daß es im wesentlichen auf ein für alle Beteiligten interessantes und wichtiges Gespräch ankomme, oder ist er mehr an der äußeren Form dieser Auseinandersetzung interessiert? Steht mehr das Verhandlungsthema im Vordergrund oder mehr die Form des Ablaufs? Ähnlich verhält es sich mit Fragen. Interessieren den Erzieher die Fragen der Kinder, oder ist er mehr daran interessiert, den Kindern die Umgangsformen beizubringen, in denen sich normalerweise in unserer Gesellschaft der Austausch von Informationen vollzieht? Versucht er, verständliche Antworten auf diese Fragen zu geben, oder sieht er seine Aufgabe mehr darin, die Neugier der Kinder in die vorgegebenen Bahnen gesellschaftlichen Verkehrs zu lenken? Zieht er die Ausbildung einer rationalen Suchstrategie einem ungezähmten und sich häufig ungeschickt äußernden Wissensdrang vor?

In den vorliegenden Rahmenplänen und Richtlinien steckt eine Tendenz, die für diese vielfältigen Fragen und Probleme nur eine Antwort bereit hält: Sprachförderung ohne Rücksicht auf die besonderen Bedingungen der jeweiligen Situation. Es wird der Anschein erweckt, daß Spracherziehung unter allen Umständen für die Kinder zum Guten ausschlage – selbst dann, wenn die eigentlichen Probleme und Erfahrungen der Kinder, von denen diese Spracherziehung ihren Ausgang nahm, dabei auf der Strecke blieben.

Über die Ziele dieser allgemeingültigen Spracherziehung erfahren wir zum Beispiel: »Anzustreben ist das lautreine Artikulieren im Anschluß an die haussprachliche Mundart« – »Zum hochsprachlichen Artikulieren ist das Kind zu motivieren« – »Zu fördern ist die Fähigkeit und Bereitschaft zum aufmerksamen Zuhören« – »Der Sprachbesitz ist also sowohl in Wortschatz, Wortbildung und Satzbau zu erweitern und zu differenzieren als auch immer wieder in konkreten Situationen anzuwenden« – »Bezugs- und Fügewörter sind in einfachen oder zusammengesetzten Sätzen in ihrer

---

77 In den USA gab der »National Council of the Teachers of English« folgende Empfehlung heraus: »The NCTE Task Force recommends that children be permitted to operate in the dialect of their community at the lower levels of elementary school education, and that direct instruction in the use of standard informal English be begun no earlier than the intermediate elementary grades« (Language Programs for the Disadvantaged. The Report of the NCTE Task Force on Teaching English to the Disadvantaged, National Council of Teachers of English. Champaign, Ill. 1965, p. 272). Diese Empfehlung beruht auf der Auffassung, daß »the preschool stage and kindergarten are much to early to press him to use standard dialect. Such teaching only confuses children, causing them to speak much less frequently in school« (Loban, W., A Sustained Program of Language Learning. ebenda, p. 225/226).

Funktion vorzustellen und ihr Gebrauch zu üben« und so weiter. Kein Wort über Ausnahmen oder einschränkende Bedingungen; keine Diskussion darüber, wann diese Forderungen gültig sind und wann nicht. Gelten diese Forderungen für alle Kinder unter allen Umständen? Sind sie für jede Situation berechtigt? Kann man in Anbetracht der vielfältigen Konstellationen Forderungen in dieser Allgemeinheit überhaupt aufstellen? Kann es bei einer bestimmten Ausgangslage für ein Kind nicht wichtig sein, daß der Erzieher gerade nicht auf seine Aussprache achtet? Wie verträgt sich das mit dem geforderten Ziel? Fragen Kinder in bestimmten Situationen nur deshalb nicht, weil sie die entsprechenden Fragetechniken nicht beherrschen? Woher wissen wir eigentlich, daß das Einüben von Satzmustern oder Wortschatzerweiterungsübungen die sprachliche Entwicklung eines Kindes nicht verhindern?

Diese und ähnliche Fragen, die für die Praxis von Bedeutung sind, stehen in den vorliegenden Richtlinien und Rahmenplänen offenbar nicht mehr zur Diskussion. Dort wurden Vorentscheidungen im Sinne einer Spracherziehung getroffen, die ein Eingehen auf besondere Bedingungen nur sehr eingeschränkt oder überhaupt nicht zulassen. Wenn als ein Ziel die Hinführung des Kindes zum hochsprachlichen Artikulieren formuliert wird, dann läßt sich zum Beispiel das Verhalten eines Erziehers schwer unterbringen, der den Kindern ihre umgangssprachliche Ausdrucksweise zunächst beläßt, weil ihm die Beschäftigung mit ihren Erfahrungen und Problemen in dieser Phase wichtiger scheint. Ebenso kommt er in Widerspruch zu den genannten Zielsetzungen, wenn er auf Grund seiner Erfahrungen vermutet, daß die Schwierigkeiten bestimmter Kinder durch eine Spracherziehung im Sinne der Richtlinien nur vergrößert werden können. Die weiter ausgeführten Abschnitte der Richtlinien lassen den Kindern sowieso kaum eine Chance, den Unterrichtsablauf von ihren Bedürfnissen und Interessen her mitzubestimmen. Wie kann ein Erzieher, der die Ausführungen über Textgestaltung oder Verstehen von Texten ernst nimmt und in die Praxis umzusetzen versucht, in den Erlebnisschilderungen der Kinder etwas anderes sehen als Rohmaterial für eine weitere sprachliche Bearbeitung nach Gesichtspunkten, die mit dem Inhalt dieser Äußerungen nicht allzu viel zu tun haben?

Falls der Eindruck entstanden sein sollte, daß mit den hier vorgebrachten Einwänden und Bedenken auch jeder Ansatz einer Spracherziehung abgelehnt wird, so ist darauf hinzuweisen, daß sich eine derartige Schlußfolgerung auf dem Hintergrund der gegebenen Verhältnisse, in der sich Vorschulerziehung befindet, überhaupt nicht halten ließe. Es ist bekannt, daß ein erheblicher Teil der Vorschulkinder Sprachschwierigkeiten hat. Im Einzelfall kann eine bestimmte Form von Spracherziehung folglich *die* Hilfe für ein Kind sein. Allerdings muß das nicht immer und für jedes

Kind der Fall sein. Es ist genausogut denkbar, daß ein Kind in anderer Weise Hilfe benötigt und Sprachunterricht als unpassende Antwort in diesem Fall Schaden anrichten kann. Allgemein läßt sich zu diesem Punkt keine Entscheidung treffen. Pauschale Forderungen, die von der Bedeutung einer Spracherziehung »an sich« ausgehen, dürften in der überwiegenden Zahl der Fälle der jeweiligen Problemlage kaum gerecht werden. Die Entscheidung muß dem Erzieher überlassen bleiben. Nur er kann als in der Situation Beteiligter abschätzen, was für das Kind in Anbetracht der besonderen Umstände wichtig und hilfreich sein könnte.

Ich bin sicher, daß Sprachförderung und Spracherziehung sich anders als bisher gestalten werden, wenn die Entscheidung darüber, was für das einzelne Kind oder eine Kindergruppe in einer bestimmten Situation wichtig und hilfreich ist, nicht in Form allgemeiner Lernziele des sprachlichen Bereichs in Richtlinien und Rahmenplänen getroffen wird, sondern weitgehend beim Erzieher liegt. Dann wird Spracherziehung nicht aus dem Grunde betrieben werden, weil Sprachförderung an sich wichtig und nützlich ist, sondern weil die Beschäftigung mit dem sprachlichen Aspekt sozialen Handelns dem Kind in seiner besonderen Lage tatsächlich hilft.[78] Was bisher gewöhnlich Durchsetzung eines nur dem Erzieher bekannten Programms der Sprach-Förderung war – und notfalls auch gegen den Willen der Kinder und ohne Berücksichtigung ihrer Lage geschah –, könnte ein echter Schritt in Richtung auf Bewältigung des eigenen Lebens werden.

Was lernen Kinder und Erzieher bei herkömmlicher Spracherziehung wirklich?

Bevor ich mich der Frage nach den möglichen Ursachen für die eigenartige Entwicklung vorschulischer Erziehung zuwende, möchte ich kurz einige Spekulationen darüber anstellen, was Kinder und Erzieher bei der geschilderten Form von Spracherziehung wirklich lernen. Die Bezeichnung der aufgezählten Übungen als Spracherziehung ist allerdings insofern etwas irreführend, als diese Prozesse in spezifische Formen sozialen Lernens eingebettet sind.

Nun wurde in den Richtlinien darauf hingewiesen, daß Spracherziehung im Rahmen bestimmter Formen der Sozialisation vor sich gehen solle. Dahin zielten die Bemerkungen des Bildungsplans von Nordrhein-

---

[78] Diese individuelle Hilfe schließt keineswegs die Vermittlung gesellschaftlich wichtiger Qualifikationen aus. Wie noch im folgenden zu zeigen sein wird, kann unter bestimmten Bedingungen curricularer Entwicklung und entsprechender Unterrichtsgestaltung individuelle Hilfe zur Bewältigung des Lebens und Vermittlung gesellschaftlicher Anforderungen dasselbe sein.

Westfalen über Freiheit von Repression und Stärkung des kindlichen Selbstvertrauens und Willens. Wie die angeführten Beispiele jedoch deutlich zeigen, geht das soziale Lernen, das diese Spracherziehung begleitet, in die entgegengesetzte Richtung. Erschütterung kindlichen Selbstvertrauens durch Abwertung geübter umgangssprachlicher Sprechweise, Abschneiden des Mitteilungsbedürfnisses durch Einführung von Schweigeminuten oder anschließende sprachliche Bearbeitung, Kanalisierung der Neugier in Höflichkeitsrituale, Zwang zur Durchführung sinnloser Turnübungen auf Befehl und ähnliche Vorgänge tragen kaum zur Entwicklung selbstbestimmten Handelns bei. Die Kinder werden vor allen Dingen Gehorsam und Delegation des eigenen Willens an andere Personen lernen.

Die Spracherziehung im engeren Sinne kann sich zur Rechtfertigung nur auf die angeblich anerkannte Bedeutung der propagierten Zielsetzungen berufen. Ob die entsprechenden Sprachübungen auch tatsächlich zu einer Erweiterung sozialer Handlungsfähigkeit beitragen, scheint mehr als fraglich. Die bisher gemachten Vorschläge geben den Kindern kaum eine Chance, Sprache in diesem Sinne zu gebrauchen. Eher verhindern sie den Einsatz der Sprache als Mittel der Auseinandersetzung im Sinne einer Situationsbewältigung. Zudem läßt die vorgesehene Spracherziehung kaum eine emotionale Kommunikation zu, die einer affektiven Entlastung der Kinder dienen könnte[79]. Am Ende werden die Kinder aller Wahrscheinlichkeit nach gelernt haben, daß Sprache in nur geringem Maße etwas mit Möglichkeiten einer Lebensbewältigung zu tun hat.

Die Entwicklung bei den Erziehern läßt sich am besten unter dem Gesichtspunkt des Verlernens fassen. Wenn der Erzieher sich strikt an die Anweisungen hält, wird er verlernen, auf Vorgänge zu achten, denen er vorher seine Aufmerksamkeit schenkte. Es ist durchaus möglich, daß er – die Ziele eines Sprachunterrichts vor Augen – die eigentlichen Bedürfnisse, Interessen und Probleme der Kinder übersieht, oder sich keine Mühe mehr macht, darüber nachzudenken, wo er den Kindern tatsächlich helfen kann. Wenn zum Beispiel ein Gespräch normalerweise der gemeinsamen Auseinandersetzung mit der Welt dient, besteht nun die Gefahr, daß der Erzieher im Gespräch vor allem ein brauchbares pädagogisches Mittel sieht, um den Kindern auf diesem Wege eine Menge nützlicher Dinge wie konzentriertes Zuhören in der größeren Gruppe, Sprechen nach Aufforderung, Stillsitzen und ähnliches beizubringen. Der Erzieher wird sich aus der Rolle des Beteiligten herausbegeben, und die Stellung einer Person einnehmen, die auf Grund ihres Wissensvorsprungs von notwendigen Lern-

---

[79] Vgl. dazu: Bittner, G., Sprache und affektive Entwicklung. Stuttgart 1973, S. 36 ff.

prozessen ausgenommen ist. Der Erzieher lernt auf diese Weise die Kinder vornehmlich als Objekte von Erziehungsabsichten schätzen, und weniger als handelnde Subjekte.

4. Bedingungen und Konsequenzen verschulten Lernens

Es soll nun in einem kurzen Exkurs die Frage behandelt werden, was in diesem Zusammenhang unter »Schule« zu verstehen ist. Eine Diskussion, die sich nicht nur auf einzelne Aspekte von Schule bezieht, sondern das Phänomen »Schule« selbst thematisiert, findet schon seit geraumer Zeit statt. War die Diskussion anfangs von der in den sogenannten entwickelten Ländern einsetzenden Analyse und Reflexion über Schule im (Spät-)Kapitalismus bestimmt, so erhielt sie in jüngster Zeit neue Impulse und Akzentuierungen durch Beiträge vor allem aus südamerikanischen Ländern. Diese Beiträge resultieren aus konkreten pädagogischen Versuchen, die teilweise in der Forderung nach Abschaffung der Schule gipfeln[80].

Vom Blickwinkel der Vorschulerziehung aus betrachtet ist Schule die Einrichtung, in der überhaupt erst *Das Lernen* beginnt, das von der Allgemeinheit anerkannt und normalerweise mit allen Formen des Lernens gleichgesetzt wird.

Diese Form des Lernens zeichnet sich dadurch aus, daß

a) Lernen stets in Abhängigkeit von einem Lehr- oder Instruktionsvorgang gesehen wird; das Kind lernt nicht einfach in Situationen, in denen es sich befindet, sondern im Unterricht;

b) daß sich die Inhalte des Lernens nicht aus den unmittelbaren Lebenssituationen der Kinder ergeben, sondern in einem allgemeinen und verbindlichen Lehrplan vorgesehen sind, der im Unterricht realisiert werden soll, und

c) daß die Durchführung der im Lehrplan vorgegebenen Ziele und Inhalte in Form des Unterrichts unter bestimmten äußeren Bedingungen

---

80 Zur »Entschulungsdiskussion« vgl. Becker, H., Können wir die Schule abschaffen (Argumente für und gegen die Antischulbewegung). In: Publik, Nr. 42, Oktober 1971, S. 11 ff.; Dennison, G., Lernen und Freiheit. Aus der Praxis der First Street School. Frankfurt 1971; Freire, P., Pädagogik der Unterdrückten. Stuttgart 1971; Goldberg, G. S., Deschooling and the Disadvantaged: Implications of the Illich Proposals. In: JRCD Bulletin, Vol. VII. No. 5, Dec. 1971; Hentig, H. von, Cuernavaca oder: Alternativen zur Schule? Stuttgart/München 1971; Illich, I., Entschulung der Gesellschaft. München 1972; Lüning, H., Schadet die Schule unseren Kindern? Düsseldorf 1972; Reimer, E., Schafft die Schule ab. Reinbek 1972; Scuola di Barbiana. Die Schülerschule. Brief an eine Lehrerin. Berlin 1970; Siewert, P., Entschulung der Lernprozesse. Pädagogische Experimente in den ›Vereinigten Staaten‹. In: Wirtschaft und Wissenschaft, Nr. 4 (1971), S. 19–24.

stattfindet; zu diesen Bedingungen gehören zum Beispiel das Schulgebäude, die Klassenzimmer, die Einrichtung der Klassenzimmer, Schülergruppen, Lehrerkollegium usw. Häufig bezieht man sich auf diese äußeren Gegebenheiten, wenn man von »Schule« spricht.

Schule ist der Versuch, Einrichtungen zu schaffen, in denen das nach den hier angeführten Bedingungen organisierte Lernen stattfinden kann. Dieser Versuch hat Folgen:

Einmal findet eine Monopolisierung von Lernen durch die Schule statt. Lernen wird als der Vorgang definiert, der in Einrichtungen und unter Bedingungen wie denen der Schule stattfindet. Eine derartige Festlegung kann zur Abwehr sowohl von Modifikationen schulischen Lernens selbst als auch der möglichen Alternativen zur Schule dienen.

Zum anderen sind bei diesem schulischen Lernen die Lehrinhalte weitgehend losgelöst von den kindlichen Lebenssituationen. Die Kinder werden zu Beginn ihrer Schulzeit sehr verwundert oder auch verärgert sein, daß die sie unmittelbar bedrängenden Fragen und Probleme nicht den Schulunterricht ausmachen, und diejenigen Kinder, die schon frühzeitig in der Familie auf »Allgemeinbildung« oder zur Anerkennung »toten Wissens« hin erzogen wurden, werden im Vorteil sein.

Das Verhältnis von Erwachsenem und Kind in der Schule ist durch Herrschaft gekennzeichnet. Die ohnehin schon bestehende asymmetrische Beziehung zwischen Kind und Erwachsenem wird durch die Zuweisung von Lehrer- und Schülerrolle nur noch weiter verstärkt. Das Kind lernt in der Schule nicht nur Lesen, Schreiben und Rechnen, sondern sieht sich auch mit bestimmten Bedingungen konfrontiert wie: Daß Lehrer einem sagen dürfen, was man zu lernen hat, daß die eigene Leistung immer an den Leistungen anderer gemessen wird, daß man mit seinen Klassenkameraden zu konkurrieren hat und viele Dinge mehr. Das Kind macht Erfahrungen, die über die offiziell propagierten Zielvorstellungen hinausgehen[81].

Schließlich ist wiederholtes Versagen geradezu zwangsläufig in das Schulsystem eingebaut. Es ist eine Konsequenz der praktizierten Leistungsmessung. »Wiederholtes Versagen ist an einigen Stellen unseres Erziehungssystems institutionalisiert. Ein Beispiel dafür ist, die Leistung an dem Durchschnitt der Klasse zu messen. Immer, wenn eine Leistung an dem gemessen wird, was eine Zufallsgruppe, was eine Klasse nun mal ist, leistet, wird ein Schüler mit unterdurchschnittlichen Fähigkeiten auch fast immer

---

[81] Auf die Existenz eines inoffiziellen, »versteckten Curriculum« (»Rules, Regulations, Routines«) neben dem offiziellen (»Reading, 'Riting, 'Rithmatik«) hatte schon Jackson aufmerksam gemacht (Jackson, Ph. W., The Student's World. In: The Elementary School Journal, 66 (1966), p. 345–357). Dieses »hidden curriculum« ist neuerdings auch wieder zentraler Diskussionsgegenstand innerhalb der Entschulungsdebatte.

unterdurchschnittliche Zensuren erhalten. Er mag alle Ziele erreicht haben, die ihm gesteckt waren. Es hilft alles nichts. Wenn seine Leistungen mit denen von Schülern verglichen werden, die bessere Lernvoraussetzungen haben, wird er immer nur der Unterlegene sein«[82].

Kinder aus der Unterschicht sind in der Schule in mehrfacher Hinsicht benachteiligt: Einmal kommen die Leistungskriterien der Schule den Kindern aus der Mittelschicht offensichtlich mehr entgegen als den Kindern aus der Unterschicht; dieser Sachverhalt wird gerade am Beispiel der Sprache besonders deutlich. In der Schule werden nur diejenigen Kinder prämiiert, die von Haus aus schon die Voraussetzungen zur Erfüllung der Leistungskriterien wie auch der leistungsunabhängigen Anforderungen mitbringen. Im Verein mit einem Verfahren der Leistungsbeurteilung, das sich am Durchschnitt orientiert, muß dies zwangsläufig dazu führen, daß Unterschichtkinder in ihrer überwiegenden Mehrheit in die Kategorie der Versager eingestuft werden.

Wenn man davon ausgeht, daß Erfolg und Versagen eines Kindes im wesentlichen von der Haltung des Erziehers ihm gegenüber abhängt, dann ist diese Entwicklung nicht verwunderlich. Dies läßt sich am Beispiel der Sprache verdeutlichen. Wenn ein Lehrer überzeugt ist, daß nur die Sprachform, die den gesetzten Sprachnormen genügt, logisch sein kann, dann muß er notwendigerweise zu dem Urteil kommen, daß die von den Kindern aus der Unterschicht gebrauchte Sprache »ohne Möglichkeit für logisches Denken« ist. Er wird im Sprechen dieser Kinder nicht Ausdruck einer eigenständigen Sprachform sehen, sondern Anzeichen eines primitiven Denkens. Der Lehrer verhält sich in diesem Fall nicht anders als die Wissenschaftler, die mit ihren Fehlinterpretationen die wissenschaftliche Grundlage für die Einführung kompensatorischer Erziehungsprogramme lieferten.

Es wäre aber nun falsch, das Scheitern des Unterschichtkindes in der Schule auf seine persönlichen Mängel zurückzuführen. Diese Mängel ließen sich eventuell beheben. Die Benachteiligung der Unterschichtkinder liegt im wesentlichen auch noch darin, daß zwischen der Schule und dem sozialen Milieu, in dem das Kind lebt, ein Gegensatz besteht. »Anstatt sich mit isolierten Individuen zu befassen, hat die Schule Kinder vor sich, die in ihre eigenen Gruppen integriert sind«[83]. Es sind gerade die intelligentesten Kinder aus der Unterschicht, die am stärksten in ihre jeweiligen Altersgruppen integriert sind, und die auf der ganzen Linie in der Schule versagen.

---

82 Speichert, H., Eine Umwelt zum Lernen. In: Initiativgruppe Solingen, Schule ohne Klassenschranken. Entwurf einer Schulkooperative. Reinbek 1972, S. 69.
83 Labov, W., Die Logik des Nonstandard English, a. a. O., S. 86.

Die Folgerung daraus ist, daß mit einer Veränderung der schulischen Leistungskriterien noch keine hinreichende Voraussetzung für eine Aufhebung dieses Gegensatzes geschaffen wird. Gerade die Untersuchungen Labovs machen deutlich, daß es mit einem »gewissen Verständnis« auf seiten des Lehrers in dieser Hinsicht nicht getan ist, solange die Bedingungen selbst, unter denen der Unterricht stattfindet, weiterhin unverändert bleiben. Es ist vielmehr notwendig, solche Lern- und Erfahrungssituationen herzustellen, die an die Erfahrungen der Unterschichtkinder anknüpfen. Dies scheint aber nur in einem Prozeß der »Entschulung« möglich zu sein.

Unter »Ent-Schulung« ist hier nicht die Forderung nach sofortiger Abschaffung der Schule zu verstehen. Es geht zunächst darum, an den Bedingungen der bestehenden Institution Schule anzusetzen, um schrittweise Veränderungen in Richtung einer Aufhebung des Lernmonopols einzuführen.

Die Grundzüge eines entsprechenden Programms zeichnen sich in den verschiedenen Entwürfen von Modellen oder Alternativen zur bestehenden Schule ab; es sind dies unter anderem Forderungen nach Abschaffung der Leistungsbeurteilung[84], Einführung von Projekten[85], Einbeziehung der Eltern in Lernprozesse[86], Lernen als Sozialisationsprozeß[87], schulnahe Curriculumentwicklung[88], Abbau von Schulhierarchien[89] und vieles mehr.

Mit derartigen Veränderungen schulischer Bedingungen wird die Möglichkeit geschaffen, daß Lernprozesse an den Lebenssituationen der Kinder ansetzen. Es handelt sich bei diesem Vorgehen dabei nicht um einen methodischen Trick mit dem Ziel, daß auch die Unterschichtkinder zum Lernen angehalten werden, sondern um eine Anerkennung der Forderung, daß die Lebenssituationen der Kinder konstituierendes Prinzip von Lern- und Erfahrungsarrangements sein müssen. Es scheint allerdings der Fall zu sein, daß man die Kinder aus der Unterschicht überhaupt nur dann mit

84–89 Vgl. Initiativgruppe Solingen, Schule ohne Klassenschranken, a. a. O.; auch: Die Schule ohne Zensuren. In: betrifft: erziehung (1970), H. 7, S. 18 ff.; Umrisse einer demokratischen Schule. In: betrifft: erziehung (1970), H. 1, S. 28 ff.; Frohn, H., Kooperation mit den Eltern – Chancen für einen demokratischen Unterricht. In: betrifft: erziehung (1972), H. 1, S. 36–39; Brüggelmann, H., Curriculumentwicklung: wie nah an der Basis? Lokale Zentren leben von der Initiative der Lehrer. In: betrifft: erziehung (1972), H. 9, S. 19–22; Becker, H., Bildungsforschung und Praxis. Die Vermittlungsaufgabe von pädagogischen Zentren. In: betrifft: erziehung (1971), H. 5, S. 31–34; Schulnahe Curriculumentwicklung. Ein Vorschlag zur Errichtung Regionaler Pädagogischer Zentren. Mit Innovationsproblemen in den USA, England und Schweden. Hrsg.: Stifterverband für die Deutsche Wissenschaft. Stuttgart 1972, Rolff, H. G., Sozialisationsorientierte Curriculumentwicklung und curriculumorientierte Sozialisationsforschung, Unkorr. unveröffentl. Ms., Mai 1972.

Lernangeboten erreichen kann, wenn man ihre Lage zum Ausgangspunkt für solche Bemühungen macht.

5. Scheinlösungen der Schule

In neuerer Zeit findet man im Bereich der Schule Ansätze eines Sprachunterrichts, der die Beschränkungen und nachteiligen Folgen herkömmlicher, schulischer Spracherziehung zu überwinden trachtet. Diese Ansätze, die vor allem über neue Sprachlehrbücher Eingang in die Schule finden, tragen Bezeichnungen wie »Kommunikative Sprachförderung«, »Lehrziel: Kommunikation«, »Förderung kommunikativer Kompetenz«[90]. Gemeinsamer Hintergrund dieser Ansätze ist die Vorstellung, daß durch die Vermittlung sogenannter sprachlich-kommunikativer Qualifikationen eine Erweiterung sozialer Handlungsfähigkeit herbeigeführt werden kann. Da primärer Gegenstand dieser Form von Spracherziehung Sprechen als soziales Handeln ist, werden als Medium Simulationen von Realität bevorzugt: Spiele, und dabei besonders Rollenspiele[91].

Es soll nun an Hand eines Aufsatzes von Barbara Kochan über »Funktion und Verwendung des Rollenspiels im Sprachunterricht« die Frage diskutiert werden, inwieweit durch diese Form von Sprachunterricht ein Beitrag im Sinne einer Hilfe zur Bewältigung von Lebenssituationen geleistet werden kann. Von diesem Anspruch geht der Aufsatz aus:

»Die Kommunikationsfähigkeit des Menschen beeinflußt existentielle Erfolge und Mißerfolge. Wer seine Interessen nicht artikulieren kann oder nicht zu artikulieren wagt, wer sich in dem gesellschaftlichen Kommunikationsgeflecht nicht auskennt oder sich durch dessen Machtstrukturen einschüchtern läßt, kann seine Interessen auch nicht wahrnehmen. Der Sprachunterricht muß also dem Schüler dazu verhel-

---

[90] Vgl. dazu: Arbeitsgruppe Kommunikativer Unterricht (M. Caillieux, H. J. Heringer, H. J. Feuerstein, R. Wimmer), Probleme des kommunikativen Sprachunterrichts. Unveröffentl. Ms. 1973; Behr et al., Sprachliche Kommunikation. Weinheim/Basel 1972; Goehrke, K., Probleme bei der Lernzielplanung für den Deutschunterricht. In: betrifft: erziehung 4 (1971), H. 11, S. 19–24; Kochan, P., Sprache und Sprechen. Arbeitsmittel zur Sprachförderung in der Primarstufe. Lehrerband zum Sprachbuch für das 2. Schuljahr. Hannover 1971; Schlotthaus, W., Lehrziel: Kommunikation. In: betrifft: erziehung 4 (1971), H. 4, S. 15–22.

[91] Es wird dabei eine Ernsthaftigkeit unterstellt, die Spiel als Sonderfall ernsthaften alltäglichen Handelns ausweisen soll. Es wird gesagt, »daß Spielen eine genauso ernsthafte Sache ist wie alles übrige soziale Handeln auch, ja das Spielen ein Sonderfall von Interagieren darstellt und daß umgekehrt soziales Handeln sich spieltheoretisch, d. h. als Kommunikationsspiel darstellen läßt ... Es genügt zu wissen, daß Zusammenleben als eine Art Spiel, wenn auch sehr ernst, darstellbar ist, insofern unserem sozialen Handeln Regeln zugrundeliegen.« (Arbeitsgruppe Kommunikativer Unterricht, Probleme ..., a. a. O., S. 45).

fen, relevante Situationen sprachlich zu bewältigen. Folglich muß er solche Situationen antizipieren und dem Schüler ermöglichen, Erfahrungen zu sammeln, Verhaltensstrategien zu entwerfen und zu erproben. Die Realität als Versuchsfeld scheidet dafür überall dort aus, wo sie Fehlverhalten in einem Ausmaß negativ sanktionieren würde, wie es der Lehrer nicht verantworten könnte. Das Rollenspiel bietet demgegenüber einen sanktionsfreien Spielraum zum Probehandeln.«[92]

Rollenspiel als Mittel probehandelnder Vorwegnahme von Realität findet man bei Kindern häufig. In diesem Zusammenhang wird Rollenspiel jedoch als bewußt eingesetzte Methode eines Sprachunterrichts verstanden. Diese Methode soll einen sanktionsfreien Spielraum schaffen, in dem die Kinder eine uneingeschränkte Auseinandersetzung mit dem gewählten Lebensausschnitt führen können.

Als Beleg dafür führt die Autorin an, daß die in der Schule beim Unterrichtsgespräch vorhandenen Zwänge – vor allem die Einhaltung unterrichtsrelevanter Sprachverhaltensweisen wie auch die Sanktionierung bestimmter Formen des Sprachgebrauchs[93] – im Rollenspiel aufgehoben seien:

»*Das Rollenspiel ermöglicht dem Schüler sanktionsfreien Gebrauch der Sprache seines Milieus – innerhalb einer Schule, die den Vorwurf, eine Mittelklasseninstitution zu sein, noch nicht widerlegt hat.*«[94]

Das ist insofern erstaunlich, als angemerkt wird, daß dem Lehrer, der ja meist selbst elaboriert spreche, auch beim besten Willen oft nicht möglich sei, den an formalen Merkmalen des elaborierten Kode orientierten Wertmaßstab aufzugeben. Jedoch:

»Im Rollenspiel aber hat er als Richter über den sprachlichen Wert der Äußerungen seiner Schüler keine Funktion mehr. Ein anderes Kriterium zur Beurteilung des Sprachverhaltens *drängt sich hier von selbst auf*: die kommunikative Leistung der Äußerung. Die aber erfährt der Schüler unmittelbar im Spiel. Dem Rollenspiel ist die Erfolgskontrolle immanent.«[95]

Es fragt sich nun, was der Erzieher mit seinen Wertmaßstäben anfängt. Wird es ihm gelingen, sie aus dem sanktionsfreien Rollenspielraum herauszuhalten? Vor allem ist aber zu fragen, ob durch die Einführung von Rollenspielen die Zwänge einer Institution wie der Schule tatsächlich aufgehoben werden. Wird der Erzieher auch seine Rolle, die durch Herrschaftsausübung gekennzeichnet war, aufgeben? Die Hinweise zum Verfahren sprechen dagegen:

92 Kochan, B., Funktion und Verwendung des Rollenspiels im Sprachunterricht. In: Die Grundschule, 4 (1972), S. 276.
93 Kochan, a. a. O., S. 276.
94 Kochan, a. a. O., S. 276.
95 Kochan, a. a. O., S. 276. (Unterstreichung von mir – J. L.)

»Es hat sich bewährt, die Schüler die *Absicht die sie in ihrer Rolle verfolgen sollen,* vor dem Spiel ansagen zu lassen. So kann vermieden werden, daß im Spiel nicht einfach ziellos geredet wird.

Die *Zuschauer* sollten stets gezielte *Beobachtungsaufgaben* erhalten; sonst *besteht die Gefahr,* daß sie gar nicht auf das Spiel achten, sondern nur auf den Augenblick warten, da es zu Ende ist und *sie selbst spielen dürfen*«[96].

Übertreibungen der Kinder im Spiel werden als Mißverständnis gedeutet – daß die Kinder nämlich fälschlicherweise annehmen, es sei Zweck des Spiels, die vorhandenen Zuschauer zum Lachen zu bringen –, das jedoch relativ leicht behoben werden könne, »*wenn der Lehrer mit den Schülern darüber spricht, wozu diese Spiele durchgeführt werden.*«[97]

Unernst wird die Situation aber tatsächlich, wenn die Kinder – wie in dem abschließenden Beispiel skizziert – unter diesen Umständen das Sprachverhalten »sich verteidigen« ausüben sollen. Denn spätestens dann dürfte es den Beteiligten klar geworden sein, daß es sich um Rollenspiele auf einer Theaterbühne handelt, an deren Traditionen nicht zu rütteln ist. Im Stück proklamierte Freiheiten haben nichts mit der Machtausübung des Intendanten zu tun.

Die Kritik richtet sich nicht gegen das Rollenspiel. Im Bereich des Kindergartens nimmt das Rollenspiel eine bedeutende Stellung ein. Spontanes oder von einer Kindergruppe selbst gewähltes Rollenspiel erlaubt Probehandeln, und dient zugleich affektiver Entlastung.

Die Kritik richtet sich gegen die Behauptung, daß mit der Einführung der hier skizzierten Art von Rollenspiel der Anspruch auf befreiende Erziehungsarbeit im Rahmen bestehender Bildungseinrichtungen eingelöst sei. Der Vorwurf geht dahin, daß mit dem Bild einer von den üblichen institutionellen Zwängen befreiten Rollenspielsituation den Beteiligten – worunter sowohl Wissenschaftler als auch Erzieher und Kinder zu rechnen sind – der Blick für die tatsächlich bestehenden Einschränkungen einer Subjektwerdung getrübt wird, und daß ihnen durch diese Illusion die Chance genommen wird, sich mit den tatsächlichen Gegebenheiten in der Weise auseinanderzusetzen, daß ein echter Schritt in Richtung auf Befreiung getan wird.

Durch die vorgebliche Aussparung institutioneller Zwänge wird eben genau auch ein Beitrag zu ihrer Erhaltung geleistet. Erzieher können auf diese Weise eine relativ freie und freundliche Rollenspielatmosphäre herstellen, ohne daß sich an ihrer Rolle etwas Grundlegendes geändert hätte, und die begrenzt gewährte Narrenfreiheit wird den Kindern allmählich das Gefühl dafür nehmen, daß sie ein Recht darauf haben, ernst genommen zu werden.

---

96 Kochan, a. a. O., S. 277. (Unterstreichungen von mir – J. L.)
97 Kochan, a. a. O., S. 277. (Unterstreichungen von mir – J. L.)

Für den Kindergarten ist hier anzumerken, daß durch diese Art von Rollenspiel ein zusätzliches Element von Verschulung hereingetragen würde. In den Rollenspielen würde eine Beziehungsform zwischen Erwachsenem und Kindern aufgebaut, die bisher im Kindergarten nicht üblich ist. An die Stelle von Rollenspielen, die aus den Bedürfnissen der Kinder erwachsen und auf diese abgestimmt sind, würden gelenkte Inszenierungen treten, die sich Erzieher und Wissenschaftler für die Kinder ausgedacht haben.

Es ist wohl eine Binsenweisheit, daß die Erziehungseinrichtungen in ihren Bedingungen einen ganz entscheidenden Einfluß auf die Chancen einer Entwicklung zur Selbständigkeit der Kinder haben, und daß es unter dem Gesichtspunkt einer befreienden Erziehung darauf ankommen muß, einschränkende Bedingungen dieser Einrichtungen ausfindig zu machen und im Rahmen des Möglichen anzugehen. Dies wird jedoch nicht durch die Einführung angeblich zwangsfreier Situationen geleistet, die vermeintlich aus dem gegebenen Rahmen fallen. Auf diese Weise verschließt man nur die Augen vor den wahren Verhältnissen. Eine Erweiterung sozialer Handlungsfähigkeit der Kinder ist durch Nichtbeachtung einschränkender Bedingungen nicht zu erreichen[98].

Bewertungen der Sprechweise spielen in der Schule eine Rolle. Es ist den Kindern nicht damit geholfen, wenn man so tut, als gebe es diese Bewertungen nicht, oder als ob diese Bewertungen in bestimmten Lernarrangements aufgehoben werden könnten. Selbst wenn der Erzieher sich bemüht, mit seiner eigenen Meinung hinter dem Berg zu halten – im Bewußtsein der Kinder ist sie dennoch vorhanden. Und dieses Bewußtsein ist durchaus realistisch. Weder in der Schule noch später in Lebenssituationen gibt es einen sanktionsfreien Gebrauch von Sprache, die von hochsprachlichen Normen erheblich abweicht. Schulische Situationen, in denen diese Erfahrung angeblich nicht gilt, müssen Mißtrauen erwecken. Ich vermute, daß Kinder beim Rollenspiel darauf achten werden, daß sie nicht zu sehr in den Sprachgebrauch ihres Milieus fallen, oder daß sie überhaupt insgesamt ihr sprachlich soziales Handeln unter diesen Umständen einschränken.

Das Ärgerliche an diesem Ansatz ist gerade, daß eine wirkliche Auseinandersetzung zwischen Erzieher und Kindern vermieden wird, und daß auf diese Weise Bewertungen, Ängste, Einschränkungen, Resignation, Mißtrauen und ähnliche eingrenzenden Bedingungen unkontrolliert in die

---

98 In seiner Kritik an den Hessischen Rahmenrichtlinien zum Fach Deutsch verweist Horst Rumpf auf einen Zusammenhang zwischen ›partienweise recht technokratischen Leitvorstellungen von isoliert trainierbaren Kommunikationstechniken‹ und der Tatsache, daß ›beredtes Schweigen die diese Richtlinien bedingenden und von ihnen geforderten Interaktions- und Machtverhältnisse in Schule und Verwal-

Situation einfließen. Eine Auseinandersetzung über Einstellungen und Gebrauch bestimmter Sprachformen kann natürlich nicht heißen, daß nun kurzschlüssig kompensatorische Maßnahmen vom Erzieher ergriffen werden. Dies ist ebenso wenig eine Antwort auf das hier gestellte Problem wie die unrealistische Vorstellung, daß durch den methodischen Trick der Einführung von Rollenspielen Fragen der Erziehereinstellungen und Einstellungsänderungen umgangen werden könnten. Der springende Punkt ist doch genau der, daß der Erzieher gezwungen wird, Mitbeteiligter zu sein, gemeinsam mit den Kindern Lernprozesse im Hinblick auf das gestellte Problem zu machen, und nicht durch solche Methoden von einer Beteiligung entlastet wird – sei es, daß er die Defizite als sprachliche Mängel ausschließlich bei den Kindern sieht, sei es, daß er den Kindern Narrenfreiheit zubilligt, bei der sich eine ernsthafte Auseinandersetzung erübrigt. In beiden Fällen wird er eine Rolle annehmen, die es ihm erlaubt, sich aus der Situation herauszubegeben.

Auf diese Weise wird er aber den Kindern die Chance nehmen, an einer Veränderung der Ausgangssituation mitzuwirken. Seine Erziehungsarbeit wird die Form eines auf vorgefertigten oder Scheinlösungen gründenden Paternalismus annehmen, der jedoch die Kinder als Objekte humanistischer Absichten in Abhängigkeit hält und ihre Handlungsfähigkeit als Subjekte beschneidet. Eine Chance echter Befreiung haben die Kinder nur dann, wenn der Erzieher diese Form entmündigender Hilfe dadurch aufbricht, daß er sich den eigentlichen Problemen stellt. In diesem Falle wird er sich mit seiner eigenen Einstellung gegenüber den verschiedenen Sprechweisen der Kinder auseinandersetzen müssen, den Vorschriften seiner Institution zu Fragen der Spracherziehung, widersprüchlichen Ergebnissen sprachwissenschaftlicher und soziolinguistischer Forschung, der Rolle des Erziehers, Annahmen über die Ausgangslage einzelner Kinder und ihre Probleme und vieles mehr. Indem er in Auseinandersetzung mit diesen Fragen seinen eigenen Standpunkt in dem gegebenen Feld entwickelt, gibt er den Kindern die Möglichkeit, ihre Bedürfnisse und Interessen in diesen Entwicklungsprozeß einzubringen, und so Freiräume für subjekthaftes Handeln zu schaffen.

Wenn auch die Diskriminierung bestimmter Sprechweisen in der Schule eine größere Rolle spielt – allein schon deshalb, weil dort explizite Sprachnormen existieren –, so heißt das nicht, daß im Kindergarten Einstellungen in dieser Frage bedeutungslos sind. Gerade durch die Entwicklung der Vorschulerziehung fand eine allmähliche Angleichung der An-

tung‹ verhüllt. Er fordert, daß die problematischen Inhalte und Ernstfälle, in denen Sprache auch ernsthaft gebraucht wird, das konstituierende Prinzip abgeben sollen. (Rumpf, H., Kommunikation nach Vorschrift. Kritik an den Rahmenrichtlinien zum Fach Deutsch. In: betrifft: erziehung 6 (1973), H. 1, S. 33–35).

sichten zwischen Schule und Vorschule über Fragen der Sprachförderung und Spracherziehung statt. Dieser Prozeß wurde vor allem durch die Erwartungen der Eltern in bezug auf eine optimale Schulvorbereitung vermittelt. Aber auch Einstellungen der Erzieher bestimmten sozialen Milieus gegenüber, die sich an dem Sprachgebrauch der Kinder festmachen, haben einen Einfluß auf Chancen der Handlungsfähigkeit des einzelnen Kindes. Das Kind kann im Kindergarten zwar wesentlich freier die Sprache seines Milieus anwenden, bei unreflektierter Erziehereinstellung besagt dies aber nicht viel über die sonstigen Einschränkungen. Wie schon in der Schule im Kollegenkreis können im Kindergarten durch Interessengegensätze und Probleme zwischen den einzelnen Erziehern auch insofern Einschränkungen der Handlungsmöglichkeiten erfolgen, als die Bedürfnisse und Interessen der Kinder diesem Konkurrenzkampf geopfert werden. Kinder können zu Objekten vorweisbarer Erfolge guter pädagogischer Arbeit werden. Es können Abgrenzungen des erzieherischen Einwirkungsbereichs vorgenommen werden. Ebenso wird sich das Verhältnis von Eltern und Erzieher auf das von Erzieher zu Kindern auswirken. Schließlich ist zu fragen, inwieweit sich nicht auch auf den Kindergarten die allgemeine Ansicht auswirkt, daß kleine Kinder nicht viel zu sagen haben.

Diese das soziale – und damit das sprachliche – Handeln einschränkenden Bedingungen können nicht in Form brillanter Spracherziehungs- oder Kommunikationsübungsprogramme aufgehoben werden. Solche Programme setzen die Tradition der Unterdrückung fort. Wie das Beispiel kommunikativen Sprachunterrichts zeigt, kann Unterdrückung auch darin bestehen, daß man nicht ernst genommen wird.

Zu dieser Situation hat nicht unwesentlich Curriculumentwicklung beigetragen. Wurde doch der Eindruck erweckt, daß man unabhängig von den einschränkenden Bedingungen der Praxis – sozusagen aus bildungstheoretischen Prinzipien heraus – Programme der Befreiung *für* die Kinder planen könne. Erst spät hat man erkannt, daß die aus der allgemeinen Übereinstimmung einer notwendigen Praxiswirksamkeit geforderte praxisnahe Curriculumentwicklung nur dann auch praxisgerecht werden kann, wenn sie eine Beteiligung der Betroffenen an Curriculumentwicklung über die Verbraucherfunktion hinaus sichert. Es geht nicht darum, daß Wissenschaftler die Praktiker in der Weise entlasten, daß sie sie zu Durchführungsagenten fertig entwickelter Programme degradieren, sondern daß Erzieher in Zusammenarbeit mit Wissenschaftlern die Kompetenzen aufbauen, die sie in die Lage versetzen, ihre Praxissituation angemessen zu bewältigen[99].

---

[99] Diesen Forderungen versuchen Ansätze offener beziehungsweise praxisnaher Curriculumentwicklung gerecht zu werden. Vgl. dazu: Brügelmann, H., Offene Curricula. In: Z. f. P. (1972) H. 1, S. 95 ff.; Ders., Lernziele im offenen Curriculum. In: Thema Curriculum, Hrsg. vom Arbeitskreis Curriculum. Bebenhausen

Der einseitigen Verlagerung der Innovationskompetenz auf die Seite der Theorie bei Curriculumentwicklung entsprach das Auseinanderfallen von Sprache – konsequenterweise als Stoff – und sozialem Handeln in der Lernsituation. Unter dem Aspekt der Subjektwerdung und Erweiterung von Handlungsfähigkeit stellt sich jedoch das Problem der Vorstrukturierung in neuer Weise: Grundsatz muß sein, daß sprachlich soziales Handeln wieder in die Situationen zurückgenommen wird, in denen es unter diesen Gesichtspunkten für die Kinder von Bedeutung ist. Das bedeutet, daß Vorüberlegungen zum Thema Sprache nicht Vorschriften sein können, sondern nur Anregungen, die die Auseinandersetzung von Erzieher und Kindern mit der »gesellschaftlichen Ernstsituation« (Heipcke/Messner) des Unterrichts beziehungsweise der Erziehungssituation im Kindergarten unter dem Gesichtspunkt des Beitrags sprachlich-sozialen Handelns zur Subjektwerdung flankierend stützen.

6. Vorschulerziehung: Verhinderung von Verschulung

Auf Tendenzen einer Verschulung der Kindergartenarbeit – gerade auch im Bereich der Sprachförderung – wurde schon zu Anfang hingewiesen. Es besteht die Gefahr, daß Sprachförderung die Gestalt von vorweggenommenen Deutschstunden – oder genauer: Deutschviertelstündchen – annimmt. Wenn sich jedoch dieser Trend einer Vorverlegung herkömmlicher Schulfächer und Erziehungsmethoden durchsetzt, dann wird nichts anderes erreicht, als daß Kinder nicht erst mit sechs Jahren, sondern schon wesentlich früher einer Institution ausgeliefert werden, deren fragwürdige Bedingungen und Konsequenzen oben geschildert wurden. Damit würde im Bereich des Kindergartens eine Entwicklung nachvollzogen, deren Problematik erst heute an der Schulmisere vollends deutlich wird, und die im Augenblick Gegenstand heftiger Auseinandersetzungen ist.

Wenn wir eine Wiederholung der Fehler vermeiden wollen, dann müssen wir dem Kindergarten eine Alternative bieten, die einerseits solchen Verschulungstendenzen Einhalt gebietet, andererseits nicht in die für alle Betroffenen nachteilige Selbsttäuschung verfällt, man könne eine heile und umgrenzte Welt des Kindes schaffen. Eine solche Alternative ist im Situationsansatz gegeben.

1972, S. 16 ff.; Heipcke, K., Messner, R., Curriculumentwicklung unter dem Anspruch praktischer Theorie. In: Z. f. P. 19 (1973), H. 3, S. 351 ff. (weitere Artikel zum Thema ›offene Curricula‹ in diesem Heft); Rumpf, H., Zweifel am Monopol des zweckrationalen Unterrichtskonzepts. In: Neue Sammlung, 11 (1971), S. 393 ff.; Ders., Sprache als soziales Handeln. Ein friedenspädagogisch orientiertes Curriculumprojekt für die Sekundarstufe I. Unveröffentl. Ms., Innsbruck 1972.

Sprachförderung im Rahmen des Situationsansatzes

Sprachförderung im Rahmen des Situationsansatzes heißt zunächst vor allem, daß das sprachliche Handeln im Kindergarten für die Beteiligten bedeutungsvoll sein sollte. Dies läßt sich jedoch nur in der Weise sichern, daß sprachliches Handeln als integraler Bestandteil von Aktionen gegenüber der »gegenwärtigen existentiellen und konkreten Situation«[100] erhalten bleibt. Wird die Einheit von Sprache und Handeln aufgelöst – zum Beispiel durch die Überformung einer Situation auf Grund der Eigendynamik von Sprachtrainingsprogrammen –, erscheint Sprache als (Lehr- und Lern-)Stoff, dem die Verbindung zu der Lebenswirklichkeit und den Lebensproblemen der Lernenden im Sinne eines aktiven Handlungselementes abgeht.

Versuche von Spracherziehung lassen sich zum überwiegenden Teil als Entwicklungen von Scheinrelevanzen kennzeichnen. Im Falle der Richlinien und Rahmenpläne zur »Sprachförderung und Sprachpflege« bestand der Versuch darin, Relevanzen aus Überlegungen hinsichtlich der Bedeutung syntaktisch-grammatikalischer Strukturen und ihres Verhältnisses zu kognitiven Prozessen zu gewinnen. Nicht wesentlich anders verfuhr man bei Ansätzen zur Förderung kommunikativer Kompetenz. Zwar wird ein oberflächliches Sprachverständnis vermieden, indem man Sprache als eine Form sozialen Handelns begreift. Es gelingt jedoch nicht, Relevanz in der Weise herzustellen, daß Sprache einem »wirklichen Wort« gleicht, »das gleichzeitig Praxis ist«[101]. Grundlage sieht man vielmehr in der Verbindung zu einer Theorie der Sprechakte, was aber zur Folge hat, daß Situationen, in denen diese Sprechakte produziert werden sollen, nur instrumental als Übungsgelegenheiten in Erscheinung treten können.

Wenn wir die Bedeutung von sprachlichem Handeln in seiner engen Verbindung mit situationsorientierten Handlungsvollzügen sehen, und nicht der Vorstellung einer Ableitung sprachlicher Relevanzkriterien auf Grund übergeordneter Prinzipien oder Theorien nachhängen, dann erscheint es plausibel, daß Sprachförderung nicht ein abgrenzbares Training sprachlichen Handelns darstellt, sondern einen Bestandteil von Entwicklungen im Rahmen der gesamten Kindergartenarbeit. Erscheinungsform dieser Art von Sprachförderung ist der Dialog in seinen vielfältigen Ausprägungen.

Die Kindergartenarbeit, die den Hintergrund für Sprachförderung in diesem Sinne bildet, ist durch eine tendenzielle Verlagerung des Lernens in gesellschaftliche Handlungsfelder gekennzeichnet. Wesentliches Kennzei-

---

100 Freire, P., Pädagogik der Unterdrückten, Stuttgart/Berlin 1972, S. 104.
101 Freire, a. a. O., S. 93.

Vorschulische Sprachförderung – verschulte Spracherziehung?

chen dieses Prozesses ist die »systematische Erschließung von relevanten Situationen unter einer möglichst weitgehenden Beteiligung der in ihnen Handelnden«[102]. Dieser Prozeß der Erschließung von Situationen ist weder als Auslieferung der Kinder an überwältigende Situationen zu verstehen; noch handelt es sich um eine ausschließlich von Erwachsenen geleistete Darstellung. Dieser Prozeß wird vielmehr von den Erziehern *mit* den Kindern vollzogen, »vermittelt durch die Welt – eine Welt, die beide Seiten beeindruckt und herausfordert und Ansichten oder Meinungen darüber hervorruft«[103]. Dem Dialog kommt in diesem Prozeß eine wesentliche Rolle zu, indem die Situation, über die sich die Beteiligten verständigen, und auf die sich ihr Handeln bezieht, in eben dieser Verständigung erst geschaffen wird, nämlich in der Weise, daß die Bedeutungen, die eine Situation für die Einzelnen haben kann, zu konstitutivem Bestandteil der Situation im Bewußtsein der Betroffenen wird.

Sprachförderung läßt sich so als wechselseitiger Prozeß sprachlicher Reflexion und reflektierten Handelns im Verlauf der Erschließung gesellschaftlicher Realität verstehen. Angaben über notwendiges erzieherisches Handeln können demnach nicht als unmittelbare Zugriffe auf sprachliche Aspekte gekennzeichnet werden. Eine Erweiterung der Verfügungsgewalt des Kindes über Sprache kann über verschiedene Facetten dieses Ablaufs erfolgen. Die Versprachlichung von Erfahrungen im Verlaufe von Aktionen kann dazu ebenso beitragen wie die Schaffung neuer Situationsaspekte. Nicht ausgenommen ist dabei auch die Erschließung der Möglichkeiten des Dialogs selbst.

Verweigerung gegenüber Spracherziehungsprogrammen gleich Aufgabe erzieherischer Grundsätze?

Die Verweigerung gegenüber Spracherziehungsprogrammen bedeutet keineswegs ein Zurückweichen in eine nicht-verbale, ziellose Spielatmosphäre. Zunächst richtet sich die Ablehnung nur gegen den Versuch, erzieherisches Handeln auf die Behandlung sprachlicher Aspekte auf Grund deduzierter Relevanzkriterien festzulegen. Dahinter steht die Forderung, daß sich Ansätze planvoller und systematischer Erziehungsarbeit auf den Gesamtprozeß der sprachlich-handelnden Erschließung von gesellschaftlich relevanten Realitätsfeldern zu erstrecken hätten. Dies kann allerdings nicht durch vorgängige Bestimmung der Erziehungsziele für eine Dimension – etwa die sprachliche – erreicht werden. Systematische Bildungsarbeit setzt neben umfangreichen Überlegungen zur Situationserschließung

102 Zimmer, J., Ein Bezugsrahmen vorschulischer Curriculumentwicklung, in diesem Band.
103 Freire, a. a. O., S. 101.

unter diesem Aspekt die Einführung von Formen der Selbstkontrolle im Hinblick auf die verschiedenen Dimensionen dieses Prozesses voraus. Grundlage dazu müssen Beurteilungsraster bilden, die Signalcharakter haben, und sich in die prozeßhafte Dimension der angestrebten Erziehung einfügen. Beispiel für ein Beurteilungsraster für projektbezogene Gespräche, bei denen es um Entscheidungen geht, können folgende Fragen sein:

»Ist das Kind in der Lage, Unterschiede und Gemeinsamkeiten zwischen den Schilderungen der einzelnen Kinder (zum Beispiel zwischen seiner Erzählung und der eines anderen Kindes, zwischen den Darstellungen von zwei anderen Kindern) zu erkennen und zu benennen?
Ist das Kind in der Lage, seine Wünsche und Vorstellungen zu äußern?
Ist das Kind in der Lage, seine Wünsche und Vorstellungen zu begründen?
Ist das Kind in der Lage, nach den Wünschen der anderen Kinder zu fragen?
Ist das Kind in der Lage, auf die Wünsche und Vorstellungen anderer Kinder einzugehen und Probleme, Gemeinsamkeiten und Unterschiede zu erkennen?
Ist das Kind in der Lage, konstruktive und zahlreiche Vorschläge für gemeinsame Unternehmungen zu machen?
Ist das Kind in der Lage, zusammen mit anderen Kindern Vorschläge und Ideen genauer zu planen?
Ist das Kind in der Lage, Ideen und Vorschläge bei andern Kindern zu erfragen?
Ist das Kind in der Lage, Kritik zu üben?
Ist das Kind in der Lage, auf den Gesprächsverlauf selbst einzugehen?«[104]

In ähnlicher Weise ließen sich Beurteilungsraster für weitere wichtige Dimensionen sprachlichen Handelns entwickeln, und unter Anwendung interpretativer Akte situationsbezogen anwenden. Damit ist allerdings nicht die Gefahr ausgeschlossen, daß diese Beurteilungsraster, statt Ausgangspunkt für Sensibilisierung gegenüber den darin angesprochenen Dimensionen und handelnder wie interpretativer Flexibilität zu sein, die Eigenschaft externer Maßstäbe annehmen können, weil sie von den betroffenen Erziehern, Kindern und Eltern häufig unbewußt als Maßstab für die Qualität der Erziehungsarbeit gewertet werden[105]. Dieser Gefahr läßt sich nicht ausschließlich durch die Konstruktion offener Beurteilungsraster begegnen, weil einer Entwicklung in dieser Richtung Grenzen gesetzt sind; es kommt wesentlich auf die Form der Beziehungen zwischen den an Curriculumentwicklung Beteiligten an – vor allem auf das Verhältnis zwischen Wissenschaftlern und Praktikern –, durch die der Stellenwert und die Art der Anwendung solcher Raster bestimmt ist.

---

104 Auszug aus: Arbeitsgruppe Vorschulerziehung, Anregungen I: Zur pädagogischen Arbeit im Kindergarten, München 1973, S. 65/66.
105 Vgl. dazu Bemerkungen von Heipcke, K./Messner, R., Curriculumentwicklung..., a. a. O., S. 372.

Alex Baumgartner

Prinzipien für Spiel- und Lernformen

1. *Strukturelemente des Erziehungsfeldes*
1.1 Gruppe der Altersgenossen
1.2 Differenzierung
1.3 Kooperative Arbeitsformen
1.3.1 Kommunikation
1.3.2 Solidarität
1.3.3 Dialogische Formen
1.4 Strukturierung der Lernsituation

2. *Funktionen des Erziehers*
2.1 Bewertung von Spiel- und Lernformen
2.2 Steuerung des Lernprozesses

3. *Inhalte und deren Vermittlungsvariablen*
3.1 Auswahlkriterien
3.2 Projektunterricht
3.2.1 Rollenspiel
3.2.1.1 Ausbildung von Motiven im Rollenspiel
3.2.1.2 Methodische Planung
3.3 Der Aspekt Sprache
3.4 Lernformen zur Entwicklung logisch-mathematischen Denkens

4. *Funktion des Spiels*

1. Strukturelemente des Erziehungsfeldes

Vorschulerziehung hat ihr erkenntnisleitendes Interesse an der konkreten Emanzipation des Individuums festgemacht und muß daher die Voraussetzungen für die Förderung der kognitiven und emotionalen Fähigkeiten der Kinder schaffen. Die Entwicklung von autonomen Individuen ist gebunden an die Chance zu möglichst repressionsfreier Interaktion. Um dieses Ziel – das vorläufig nicht mehr als ein kategorialer Rahmen sein kann – zu erreichen, müssen die Kinder in die Lage versetzt werden, in der existierenden Realität Handlungsalternativen zu entwickeln.

Das Vorschulcurriculum sollte daher Orientierungshilfen und Techniken zu kompetentem Handeln fördern und zum anderen kommunikatives, auf Wertrationalität abzielendes Handeln entwickeln, denn es kann »kaum ernsthaft bestritten werden, daß die Ausbildung gewisser elementarer Qualifikationen, wie zum Beispiel differenzierte Wahrnehmung und Klassifikation von Objekten oder antizipierendes Reflektieren verschiedene Handlungsmöglichkeiten für veränderndes Handeln in jedem, auch in jedem emanzipatorischen Sinne notwendige Voraussetzungen sind. Das gilt nicht weniger für die Fähigkeiten zu sprachlicher Kommunikation. Sprache ist das Medium sozialen Handelns, jede kollektive Willensbildung ist vermittelt durch die Sprache«[1].

1.1 Gruppe der Altersgenossen

In der Vorschule ist das »hinzutretende Erfahrungsfeld der Altersgenossen eine notwendige, qualitativ neue Stufe sozialer Bildung, Handlungsalternativen werden erfahren, horizontale libidinöse Beziehungen werden aufgenommen, die aus vertikaler Abhängigkeit befreien«[2]. Die familiale Sozialisation sollte durch ein System planvoller, kollektiver Erziehung ergänzt werden.

Die Einschränkungen der Handlungsfähigkeit durch die familiale Sozialisation und durch das System Schule werden als ein Mechanismus von Herrschaft verstanden.

Unter Spiel- und Lernformen in der Vorschule sind nicht lediglich pädagogische Techniken gemeint, die etwa der Sicherung von Lernerfolg dienen sollen, sondern gemeint sind die Bedingungen der sozialen Prozesse im Kindergarten, in denen die Kinder Rollenzuweisungen übernehmen, Einstellungen oder Verhaltensmuster aufnehmen oder ausbilden.

1.2 Differenzierung

Die Forderung nach einer Differenzierung der Spiel- und Lernformen ergibt sich aus der Annahme unterschiedlicher Ausgangslagen der Kinder. Wenn die Spiel- und Lernformen in der Vorschule nicht die Elemente der Anpassung an die bestehende Gesellschaft verstärken wollen, müssen sie sich der Aufgabe einer gezielten emanzipatorischen Erziehung stellen, »und zwar unter Berücksichtigung der bereits vorgefundenen Entwicklungsstadien des Sozialisationsprozesses und seiner gesellschaftlichen Determinanten und der Notwendigkeit und Möglichkeit von Einstellungsän-

---

[1] Geulen, D., Gesellschaftliche Herrschaft und politische Sozialisation. In: Privilegierung und Nichtprivilegierung. Hrsg. G. Szell, München 1972, S. 125.
[2] Wudtke, H., Kritik der anti-autoritären Erziehung. In: Schulreport – Kritische Beiträge zur modernen Erziehungspolitik. Frankfurt 1970, S. 201.

derungen und im Hinblick auf die anzustrebenden politischen Verhaltensweisen und Aktivitäten«[3].

Die Spiel- und Lernformen, die nicht ein Mechanismus von Herrschaft sind, entwickeln und fördern die Eigenschaften, die das Individuum in die Lage versetzen, ohne Preisgabe eigener Interessen und Ansprüche gemeinsam mit anderen – ohne Leugnung und Unterdrückung von deren Interessen, Ansprüchen und Eigenarten – planen und arbeiten zu können, das heißt fähig zu werden zu einer auf Identität von eigenen und allgemeinen Interessen beruhenden Kooperation.

1.3 Kooperative Arbeitsformen

Kooperative Arbeitsformen werden der Entwicklung einer autonomen Ich-Organisation am ehesten gerecht. Dabei lernt der einzelne Vorschüler, daß er für gewisse Leistungen als einzelner überfordert ist. Zudem vermittelt ihm die Gegenüberstellung verschiedener Ansichten im Dialog die Erkenntnis, daß Probleme auf verschiedene Weise angegangen werden können. Durch kooperative Problemlösungsstrategien kann die Frustrationstoleranz erweitert werden, wenn den Gruppenmitgliedern deutlich wird, daß einem Problem verschiedene Lösungswege und Meinungen adäquat sein können. Der einzelne wird dann vermutlich lernen, seine – wenn auch abweichende – Meinung zu vertreten und gleichzeitig die seiner Partner gelten zu lassen.

Eine weitere Konsequenz ist denkbar: Da kooperative Arbeitsformen nicht hierarchisch sind, stehen sich die Individuen nicht ausschließlich als Funktionsträger gegenüber und es besteht die Chance, die Vereinzelung zu durchbrechen, denn es darf angenommen werden, daß in Kooperationssituationen mehr positive Interaktionen und weniger Rechtfertigungsmechanismen wie Kritik gegen andere und Eigenlob auftreten als in Wettbewerbssituationen[4].

1.3.1 Kommunikation

Die Kommunikation im Kooperationsprozeß hat die Chance, nicht lediglich zu einem bloßen Werkzeug in der »allmächtigen Produktionsapparatur der modernen Gesellschaft« (Horkheimer) degradiert zu werden, sondern die Sprache kann auch zum Medium der Begegnung werden.

Durch diese Kommunikation können Konflikte entschieden und ge-

---

3 Beck, G., Politische Sozialisation und politische Bildung in der Grundschule. Frankfurt 1972, S. 8.
4 Vgl. Stendler, C., Damrin, D., Haines, A. C., Studies in cooperation and competition I.: The effects of working for group and individual reward on the social climate of children groups. In: Journal of Genetic Psychology, 79, 1951.

meinsame Interpretationen gefunden werden; beides sind Voraussetzungen des aufgeklärten Handelns.

Durch die Einführung kooperativer Arbeitsformen kann im Individuum eine Disposition zur Solidarität entstehen, die »wie jede Disposition ... erst geweckt werden (muß), ehe sie dynamisch aktiv wird«[5].

Die Kooperation, zu Beginn der vorschulischen Lernprozesse als Mittel zur Erreichung der Bedürfnisbefriedigung eingesetzt, wird allmählich »funktional autonom« (Allport). Erlernte Bedürfnisse (hier Kooperation) können sich von den primär zu befriedigenden Trieben lösen. »Tätigkeiten und Gegenstände, die früher als Mittel zu einem Zweck dienten, werden zu selbständigen Zwecken«[6]; Kooperation wird als ein Wert an sich anerkannt; d. h. die Fähigkeit, gemeinsam mit anderen zu handeln, bildet sich heraus. Solidarität setzt somit die Verinnerlichung kooperativer Handlungsmotive voraus.

1.3.2 Solidarität

In der Genese von Solidarität geht daher Handeln dem Bewußtsein voraus, da Bewußtsein nicht Ausdruck oder Folge eines internen Zustandes ist, sondern Widerspiegelung der erfahrenen Praxis.

Die Möglichkeit der Realisierung seiner sozialen Motive hat das Kind optimal in der kollektiv organisierten Tätigkeit. Es entsteht eine »Kollektiveinstellung« als Widerspiegelung der objektiven Realität im Bewußtsein des einzelnen hinsichtlich der Gemeinsamkeit mit anderen Menschen in bezug auf die soziale Lage, die Ziele und die Strategie. Die Feststellung der Gemeinsamkeit ergibt sich aus der Praxis des einzelnen, die zusammenhängt mit der Praxis jedes anderen[7]. Solidarität ist demnach die Fähigkeit, Handlungsstrategien, die eine Gruppe gemeinsam verfolgt, für jedes einzelne Mitglied der Gruppe subjektiv verbindlich zu machen. Solidarität als Hilfestellung für jene, deren objektive Interessen niedergehalten werden, entsteht auf der Grundlage von Kollektivität. »Die Entwicklung der dazu notwendigen Voraussetzungen und Eigenschaften erfolgt in der kollektiv organisierten Tätigkeit, in der die Kinder lernen, für die Befriedigung eigener Bedürfnisse wie der von anderen tätig zu sein, wodurch das Bewußtsein gegenseitiger Verantwortlichkeit und der Notwendigkeit der Unterstützung entsteht«[8].

Durch kollektive Arbeitsformen wird die Gefahr einer permanenten

---

5 Allport, G. W., Persönlichkeit. Meisenheim/Glan 1959, S. 324.
6 Allport, a. a. O., S. 195.
7 Claus, J., Hechmann, W., Schmidt-Ott, G., Spiel im Vorschulalter: Möglichkeiten zur Entwicklung von Kollektivität und Solidarität. Unver. Diplomarbeit FU 1972, S. 196 ff.
8 Claus, J., Hechmann, W., Schmidt-Ott, G., a. a. O., S. 200.

Leistungskonkurrenz vermieden und damit auf unnötige Repression und Frustration verzichtet. Da in der kollektiven Arbeitsform der Leistungsdruck abgeschwächt wird, können schwächere Schüler die Verhaltensweisen ihrer erfolgreicheren Kameraden nachahmen, die sie ohne Vorbild, das heißt spontan nicht zu realisieren vermögen. Durch Imitation können sie die zur Problemlösung notwendigen spezifischen Fähigkeiten erwerben und wenn diese Strategien erfolgreich, das heißt bedürfnisbefriedigend waren, bildet sich allmählich ein Lernprozeß heraus. Das Kind entwickelt neue Strategien des sozialen Handelns, die das kindliche Selbstbild beeinflussen. »Der Erfolg der neuen Strategie und der relative Mißerfolg anderer ist dabei als entscheidender Faktor anzunehmen. Dazu kommt – sobald sie erlernt ist – die Nachahmung als Strategie, mit deren Hilfe sich neue Verhaltensweisen besonders leicht ergeben«[9].

Durch die in der Kooperation gemachte Erfahrung wird das Vorschulkind in die Lage versetzt, gegen Bedingungen seiner sozial-strukturellen Ausgangsposition vorgehen zu können und damit Anteile seiner Sozialstruktur selbst zu verändern, da es ein Gruppenbewußtsein und Regeln des gemeinsamen Handelns entwickelt hat (Elkonin, Galperin).

Durch kooperative Arbeitsformen kommt in der Gruppe der Vorschüler vermehrtes Probehandeln zustande, da die Bedürfnisse der einzelnen Kinder in der gemeinsamen Handlung zum Tragen kommen. Es erfolgt eine weitere Differenzierung der durch die Kooperationssituation eingeübten Strategien.

Das Erreichen von Zielen durch Kooperation kann dazu beitragen, überhöhte kindliche Wunschvorstellungen und Allmachtsphantasien abzubauen, da die Lernsituation ein entsprechendes Feld, frei von Wettbewerbsstreben schafft und dem Kind hilft, die Furcht vor Mißerfolg zu überwinden und Selbstvertrauen zu gewinnen[10].

1.3.3 Dialogische Formen

Der Dialog zwischen Erzieher und Kindergruppe, der nach Art eines Frontalunterrichts verläuft, kann nur selten und nur unmittelbar die sozialen Erfahrungen einbeziehen, die Kinder in ihren Situationen machen.

Meist provoziert ein rigider Frontalunterricht, bei dem die Kinder einer Stimulus-Response-Kette entlang zum Ziel geführt werden, eine entsprechend rigide Lernstrategie bei den Vorschülern, denn das Stimulus-Response-Verfahren (unter anderem: Bereiter – Engelmann) berücksichtigt individuelle Differenzen nicht.

9 Steinert, H., Die Strategie sozialen Handelns. München 1972, S. 97.
10 Vgl. Koch, I., Untersuchungen zum Training sozialer Verhaltensweisen im Vorschulalter. In: Probleme und Ergebnisse der Psychologie. H. 22, 1967.

Ein solcher Frontalunterricht wird, wenn er erfolgreich ist, in erster Linie Informationen vermitteln. Die Kinder werden aber in ihrer Anpassungsbereitschaft gestärkt; sie warten auf Signale einer Autoritätsperson als Auslöser für eigene Signale, für eigene Aktivitäten. Bei dieser Lernform handelt es sich um eine eindeutig erfolgsorientierte, lehrergesteuerte Sequenz im Skinnerschen Sinne. Die Handlung des Schülers wird lediglich auf den Lernerfolg hin kanalisiert.

Wird in in der Vorschule häufig der Frontalunterricht als Lernform eingesetzt, so wird die beim Vorschüler oft vorhandene Einstellung zur Autorität als »unkontrollierte Adaptionsbereitschaft«[11] weitgehend unterstützt, was vor allem bei Unterschichtkindern zu einer »ohnmächtigen Affektspannung«[12] und zur Repression eigener Bedürfnisse führt.

Die unreflektierte Übernahme solcher schulischen Lernformen würde auch dem Ziel widersprechen, im Vorschulbereich generell Lernbereitschaft und Lernfähigkeit zu fördern. Zudem wird »der Wille des Kindes ohne Diskussion auf bestehende Normen eingeschworen«[13] und die Emotionalität des Kindes wird ebenso verstümmelt wie seine kognitiven Leistungen. Das kollektiv verhängte Verbot, »außerhalb der offenen, zugelassenen Problemfelder zu suchen, erweitert im Fragenden Angst, wenn es jene Forderungen introjiziert hat«[14].

Die Risikobereitschaft der Kinder, Informationen in Frage zu stellen, wird weitgehend eingeschränkt. Sie passen sich der bruchstückhaften Schau der Wirklichkeit, die ihnen durch den Frontalunterricht und durch rigide Lernmaterialien eingelagert wurde, an.

Da durch jede Lernform nicht einzelne Verhaltensweisen, sondern Verhaltensstrategien gelernt werden, die einer inneren und äußeren Situation, einem Problem zugeordnet sind[15], bleiben die in der Frontalsituation gelernten Strategien rigide. Das Vorschulkind wird dann nur ungern bereit sein, sein Verhaltensrepertoire zu erweitern oder zu differenzieren.

Vorschulunterricht, der vor allem durch die Lehrerfrage gesteuert wird, »dient der Beschleunigung des Lernprozesses, ... Die leitende Normvorstellung ist deutlich: Unterricht, der langsam vorankommt und der die Schüler auf falschen Wegen herumtappen läßt, ist minderwertig. Diese inhaltsleeren Normen lassen gar nicht mehr die Frage aufkommen, ob es

---

11 Beck, G., Autorität oder Selbstbestimmung? Zur politischen Sozialisation im Vorschulalter. Phil. Diss., Gießen 1970, S. 148.

12 Beck, G., a. a. O., S. 148.

13 Horn, K., Psychologische Vorstellungen über Aggression und erzieherische Konsequenzen. In: Psychoanalyse – Kritische Theorie des Subjekts. Frankfurt 1972, S. 144.

14 Brückner, P., Zur Pathologie des Gehorsams. In: Politische Psychologie. Bd. 4. Frankfurt 1966, S. 73.

15 Vgl. Steinert, H., a. a. O., S. 208 f.

nicht sehr verschiedene Arten von Langsamkeit, von Falschheit, von Irrweg geben kann, ob nicht manche dieser Arten unabdingbare Voraussetzungen zur Erreichung von Lernzielen sind, die auf dem Weg der wohlbehüteten Richtigkeiten nie zu erreichen sind«[16].

Das Kind muß riskieren können, eigene Bedürfnisse wahrzunehmen; es sollte dazu sogar ermuntert werden, damit es seine Selbsterfahrung erweitert. Das Lernen des Lernens, der Erwerb von Algorithmen für Problemlösungen kann nachträglich kaum in ähnlichem Maße erfolgen wie im Vorschulalter.

Wichtige Voraussetzungen der Entwicklung von Risikobereitschaft und Neugierverhalten sind gesonderte Stimulussequenzen und die Freistellung eines weiten Spielraumes für eigenständige Betätigungen des Kindes[17].

1.4 Strukturierung der Lernsituation

Eine teilweise strukturierte Lernsituation (u. a. Rollenspiele, Regelspiele, Projektunterricht) bietet dem Kind die Umweltreize, die die Entwicklung der Prozesse begünstigen, die als bildhafte Repräsentanten von Ereignissen und Objekten fungieren können[18]. Selbstgefundene Lösungen (beziehungsweise Lösungsstrategien) werden besser behalten, da sie mit vielfältigen Assoziationen verknüpft sind. Sie sind im Gegensatz zu den Ergebnissen der S-R-Strategie leichter generalisier- und transferierbar.

Das Kind sollte durch Angebote in seinem Handlungsfeld zu eigener Initiative und zu selbständigen Aktivitäten ermuntert werden, damit es seine Erfahrungen im Umgang mit physischen Objekten (Spielmaterial) und sozialen Objekten (verschiedene Bezugspersonen) vertiefen und erweitern kann. Eigene Erkundungsversuche von Kindern sollten in der Regel unterstützt werden. So werden beim Kind kombinatorische Regeln erzeugt, die ihm seine Verhaltensstrategien differenzieren helfen. Eine Arbeitsform, die für das Kind nicht mit zu viel innerem und äußerem Druck belastet ist, vermag neue alternative Urteilskategorien zu erzeugen und fördert die Entwicklung effektiver Integrationsschemata.

---

16 Rumpf, H., Verdrängte Lernziele. In: Flügge, J. (Hrsg.), Zur Pathologie des Unterrichts. Bad Heilbronn 1970, S. 59.
17 Vgl. Heckhausen, H., Die Interaktion der Sozialisationsvariablen in der Genese des Leistungsmotivs. In: Handbuch der Psychologie. Bd. 7/2 »Sozialpsychologie«. Göttingen 1972.
18 Vgl. Hunt, Mc V., Experience and the development of motivation: Some reinterpretations. In: Child Development, 31, 1960.

2. Funktionen des Erziehers

2.1 Bewertung von Spiel- und Lernformen

Im Rahmen eines so charakterisierten Erziehungsfeldes lassen sich Prinzipien angeben, nach denen Spiel- und Lernformen bewertet werden können. Diejenigen Spiel- und Lernformen sollen den Vorzug vor anderen erhalten, die mehr geeignet sind
- Abhängigkeit des Kindes von Bezugspersonen zu mindern;
- Angst des Kindes abzubauen;
- »die Sensibilisierung gegenüber Motiven und Interessen auf der Basis einer antiautoritären Haltung gegenüber jeglichem Informationsträger«[19] zu wecken;
- Bindungsfähigkeit (Valenzen) des Kindes aufzubauen;
- Konflikte des Kindes zum Austragen zu bringen;
- kooperatives Verhalten auf der Basis und im Interesse gemeinsamer Bedürfnisse anzuregen;
- Sensibilisierung gegenüber gesellschaftlicher Ungleichheit zu fördern;
- zur Bewältigung von Mißerfolgserlebnissen des Kindes beizutragen;
- Solidarisierung mit Benachteiligten zu wecken;
- Bekräftigung des Lernerfolgs durch die Gruppe zu fördern;
- Wahlmöglichkeiten des Kindes zu erweitern.

Diese Prinzipien, die weder systematisch geordnet noch in einer Rangreihe aufgeführt sind, können selbstverständlich nicht in allen Lern- und Spielformen realisiert werden.« Sie haben vielmehr eine Kompaß-Funktion, das heißt, sie dienen dazu, die Richtungen möglicher Entwicklungen zu bestimmen und Entscheidungskriterien für die Auswahl von Inhalten und die Organisation von Lernprozessen zu liefern«[20]. Es ist von Fall zu Fall zu entscheiden, welche Prinzipien gegenüber anderen den Vorrang haben sollen.

2.2 Steuerung des Lernprozesses

Eine Lernsituation, die zu stark durch den Erzieher strukturiert ist, erlaubt dem Kind nicht, Mehrdeutigkeiten und Unsicherheiten zu erkennen. Die Identifikation mit Bezugspersonen, die oft den Lernprozeß initiieren, erschwert es in der zu stark gesteuerten Situation, neue Erfahrungen aufzunehmen. Dem Kind gelingt es nicht, der Objektbesetzung ein hohes Aktivitätspotential zu verleihen, »die libidinöse Besetzung wird in hohem

---

19 Beck, G., Politische Sozialisation und politische Bildung in der Grundschule. Frankfurt 1972, S. 16.
20 Beck, a. a. O., S. 16.

Prinzipien für Spiel- und Lernformen

Maße passiv und trägt das Zeichen der Ohnmacht und Hilflosigkeit«[21]. Diese Hilflosigkeit läßt die Fähigkeit einer inneren Bedürfniskontrolle nur gering entwickeln. Das Kind wird durch den Erziehungsstil gezwungen, alle Bemühungen um eine ihm angemessene Handlungsfreiheit aufzugeben und allein die vorgeschriebenen Normen in voller Konformität sich zu eigen zu machen. Es neigt wenig zum Problematisieren von vorgefundenen Sachverhalten.

Ein Indiz für diese These ist, daß der Konformismus gegenüber thesenhaft formulierten Lebensweisheiten (zum Beispiel: »Stille Wasser sind tief«; »Hunde die bellen, beißen nicht«) mit einem Mangel an kritischer Selbstbewertung und Impulsivität kovariiert und sich gehäuft bei Kindern findet, bei denen Durchsetzungsschwierigkeiten und Selbstwertprobleme auftreten[22].

Die Aufgabe für den Erzieher liegt deshalb darin, das Kind weder durch zu stark behütendes Verhalten allzusehr von sich abhängig zu machen, noch durch affektive Distanz zurückzuweisen.

Positive Kontakte zwischen Kind und Erwachsenen steigern die Effektivität des Erwachsenen als Verstärker kindlicher Verhaltensmuster, während negative Kontakte (Tadel, übermäßige Einschränkungen) zur Abnahme dieser Wirksamkeit führen. Die negative Reaktionstendenz wie Rückzug, Widerstreben und Vorsicht gegenüber Erwachsenen ist demnach ein Produkt vergangener und gegenwärtiger Situationen, die durch die Weise determiniert sind wie bei der Bewältigung dieser Situationen Verhaltensstrategien entwickelt werden. Das heißt, die Wirksamkeit des Erziehers als »reinforcing agent« hängt in entscheidendem Maße davon ab, ob das Kind positive oder negative Erfahrungen mit dem Erwachsenen gemacht hat[23].

Ziegler und Harter gehen in der Interpretation dieser Daten so weit, daß sie die These aufstellen, ein Anstieg des Intelligenzquotienten läßt sich eher über die motivationalen Faktoren, gesteuert über das Erzieherverhalten, als durch eine einseitige Veränderung der formalen kognitiven Struktur des Kindes erreichen[24].

Kinder im Vorschulalter sind besonders empfänglich für soziales Reinforcement. Wenn ein unerwünschtes Schülerverhalten übergangen werden

---

21 Moser, U., Die Entwicklung der Objektbesetzung. In: Psyche (1967), H. 1–3, S. 103.
22 Vgl. Heckhausen, H., Einflüsse der Erziehung auf die Motivationsgenese. In: Herrmann, T., Psychologie der Erziehungsstile. Göttingen 1966, und Hermann, T., Stapf, A., Erziehungsstil und Reaktionseinstellung. Bericht aus dem Institut für Psychologie der Philipps Universität Marburg. Nr. 19, 1968.
23 Ziegler, E. F., Harter, S., The socialization of mentally retarded. In: Goslin, D. A. (ed.), Handbook of socialization theory and research. Chicago 1969.
24 Ziegler, Harter, a. a. O.

soll, sollte es der Erzieher nicht beachten. Und wenn ein anderes Verhalten verstärkt werden soll, dann sollen alle Lehrer es, wann immer sie können, verstärken[25]. So zeigte ein Junge wenig soziale Interaktionen mit seinen Kameraden. Die Annäherung an ein Dschungelturngerät auf dem Schulhof wurde durch den Erzieher verstärkt. Es fiel dem Erzieher leicht, diese Aktivität auf andere Kletteraktivitäten zu übertragen. Wird ein Kind aus einem Schema der Inaktivität herausgeholt, so erhöhen sich sowohl physische als auch verbale Interaktionen mit den anderen Kindern[26].

Allerdings ist es unabdingbar, daß der Erzieher sich mit der Gruppe der Kinder verbünden muß, um die neu gewonnenen Verhaltensweisen zu verstärken, so daß das Kind nicht völlig abhängig von den Verstärkungen des Erziehers ist.

Die Lernformen der Vorschule müssen eine verhaltensmodifizierende Umwelt schaffen, in der die Erzieher wie die Kinder die pädagogischen Prinzipien beachten.

Alle Spiel- und Lernformen, die das Kind auf eine einzige Bezugsperson fixieren, können den Abbau frühkindlicher Abhängigkeit verhindern. Ausgehend von den Identifikationsprozessen mit dem Erzieher sind zunehmend Spiel- und Lernformen zu suchen, in denen das Kind zunehmend selbst bestimmen kann, mit wem und wie lange es mit anderen zusammen sein möchte.

Angst kann die Entwicklung eines Kindes in der affektiven Dimension ebenso wie in der kognitiven schwerwiegend behindern. Verängstigte oder ängstliche Kinder werden in ihrem Lernzuwachs nicht die Möglichkeiten realisieren, die sie nach ihren Voraussetzungen hätten.

Das ängstliche Kind entwickelt Mißtrauen in die eigene Leistung und sucht Hilfe in seiner unmittelbaren Umgebung. Der sich allmählich herausbildende Problemlösungsstil zeichnet sich durch eine große Sensibilität gegenüber Umwelt-Reizen aus, insbesondere, wenn diese von einer Bezugsperson kommen. Diese Kinder werden belohnungs- beziehungsweise personorientiert und sind damit in ihrem Verhalten weitgehend von in der Außenwelt gesetzten Belohnungen und Sanktionen abhängig. Sie bauen die Erwartung, daß ihr eigenes Verhalten die Folgen bestimmen könnte, die sie wünschen, nicht auf[27].

---

[25] Baer, D. M., Wolf, M. M., Die Reinforcementkontingenz in der Vorschul- und Sonderschulerziehung. In: Hess, R. D., Baer, R. M. (Hrsg.), Frühkindliche Erziehung, Weinheim 1972, S. 129.
[26] Baer, Wolf, a. a. O., S. 133 ff.
[27] Battle, E. S., Rotter, G. B., Children feelings of personal control related to social and ethnic groups. In: Evans, E. D. (ed.), Children, Readings in behavior and development. New York 1968.

Angst wird auch vermutlich dann erzeugt, wenn ein Kind die Gesetzmäßigkeiten einer Situation oder eines Zusammenhangs nicht erkennt und ihm keine Orientierungshilfe gegeben wird.

Spiel- und Lernformen im Vorschulbereich sollten dem Kind ermöglichen, in überschaubaren Situationen und gegenüber überschaubaren Sachverhalten selbständig neue Erkenntnisse zu erwerben und neue Verhaltensmuster und Lösungswege zur Aufklärung von Situationen oder Sachverhalten zu entdecken. Der Erzieher hat dabei die Aufgabe, eine Umwelt bereitzustellen und Impulse zu geben.

Der Erzieher darf bei seiner Impulsgebung nicht allzu passiv bleiben, vor allem dann, wenn aggressive Kinder über ihre ängstlichen Kameraden dominieren[28]. Verhalten sie sich in einer solchen Situation passiv, so wird Aggressivität bei den dominierenden Kindern verstärkt und die ängstlichen oder physisch schwächeren Vorschüler resignieren.

Gerade ängstliche Kinder, die auf soziale Interaktionen mit Gleichaltrigen ungenügend vorbereitet sind, übertragen ihre Haltung der Abhängigkeit auf die Spielgefährten, die ihren Ansprüchen jedoch nicht genügen können. Das abhängige Kind glaubt sich zurückgestoßen und klammert sich an den Erzieher.

Einigen sozial ungeübten Kindern bereitet es Mühe, die eigenen Bedürfnisse mit denen der Spielpartner in Übereinstimmung zu bringen. Das Kind zielt daher auf rücksichtslose Durchsetzung eigener Strebungen[29]. In der Vorschule ist daher eine ausgiebige Diskussion der zu vollziehenden Arbeit unumgänglich, ebenso eine integrierende Diskussionsleitung.

Das hier diskutierte Modell sieht den Erzieher nicht lediglich als Medium zur Verabfolgung von Stimuli. Es weist dem Erzieher eine erziehungswissenschaftlich kompetente Funktion in der Selektion der Interaktionsstrategie und in der Steuerung der Lernprozesse zu. Der Lehrer muß die Unterrichtsziele, die Unterrichtsobjekte, die Unterrichtsstrategien und die Lernprozesse der Schüler beachten und gemäß den oben angeführten pädagogischen Prinzipien spezifizieren.

Die bisher angestellten Überlegungen stellten die Steuerung von Lernprozessen in den Mittelpunkt. Die Frage nach den zu vermittelnden Inhalten wurde ausgeklammert.

---

28 Vgl. Opp, K.-D., Verhaltenstheoretische Soziologie. Hamburg 1972, S. 281 ff.
29 Vgl. McCandless, B. R., Marshall, R., Sex differences in social acceptance and participation of preschool children. Child Development, 28, 1957.

3. Inhalte und deren Vermittlungsvariablen

Die Veränderung sozialer Situationen und gesellschaftlicher Verhältnisse erfordert vom Individuum die Fähigkeit, Konflikte ertragen und lösen zu können. Dazu müssen einmal Verhaltensstrategien angeboten und eingeübt, zum anderen Lösungsmöglichkeiten demonstriert und angeboten sowie diskutiert werden, als auch ein hohes Maß an Informiertheit und Sachkompetenz erworben werden. In der Vorschule sollte daher das Kind die Dispositionen zu autonomem und kompetentem Handeln erwerben.

Als Grundqualifikationen der Kompetenz betrachten wir eine differenzierte Wahrnehmung, logisch-mathematisches Denken, die natürliche Sprache (Umgangssprache) sowie Interaktionsfähigkeit. Diese vier Variablen stehen in einem interdependenten Zusammenhang. Der Vorrat an elementaren Verhaltensweisen kann sich durch imitatives Lernen laufend vergrößern. Damit wächst die Verhaltenssprache des Individuums, das heißt sowohl seine Verhaltensstrategien und Verhaltensregeln wie auch seine Umgangssprache, da Verhaltenssprache wie auch Umgangssprache einen gemeinsamen syntaktischen Bereich haben. Dieser gemeinsame Bereich liegt nun der Syntax der Kognition des Subjekts zugrunde. »Unsere Vorstellung von der Relation zwischen Sozialstruktur und Sprachstruktur geht davon aus, daß die Sozialstruktur und das Sprachverhalten einen analogen strukturellen Aufbau besitzen, der es gestattet, sie integrativ zu verbinden«[30].

Durch Bestrafung und Verstärkung erlernen wir die Einschränkungen in der Verhaltenssprache, das heißt jene syntaktischen Regeln, wodurch wir nur ganz bestimmte Verhaltenssätze aus den Verhaltenselementen zusammenstellen dürfen. Jede Gesellschaft wird also je nach ihrer Struktur den Gesellschaftsmitgliedern eine jeweils andere Verhaltenssyntax, die von den physikalischen Gegebenheiten der Umwelt, von der familialen Situation und von der Klassenzugehörigkeit maßgebend bestimmt wird, aufzwingen.

Die Inhalte der Vorschulerziehung sind an dem Ziel festzumachen, dem Kind einen genügend großen Vorrat von Algorithmen zu vermitteln, um die Verhaltensstrategien aufzubauen, mittels derer eine Veränderung des bestehenden Systems ermöglicht wird.

Sozial kompetent ist das Individuum, das über strukturierte Fähigkeiten zum sozialen Handeln verfügt. Die Vorschule muß dem Kind eine Umwelt bieten, in der es seine Verhaltenssprache (Verhaltensstrategien) so differenziert erweitern kann, daß diese Differenzierung sich in seiner natürlichen Sprache niederschlägt.

30 Hartig, M., Kurz, U., Sprache als soziale Kontrolle. Frankfurt 1971, S. 139.

Die Lerninhalte sollen daher einen situativen Bezug zur kindlichen Erfahrung und der kindlichen Ausgangslage haben, damit die Vermittlung der kognitiven und affektiven Prozesse nicht mißlingt, das heißt, die Lerninhalte müssen für die Fähigkeiten, die im allgemeinen jedes Kind erwirbt, vor allem Chancen der Mobilisierung anbieten, um den Kindern ein erweitertes Repertoire tatsächlich aktualisierbarer Fähigkeiten zu erschließen.

Das Vorschulprogramm darf auf keinen Fall bestimmte kognitive Fertigkeiten abstrahiert vom realen Kontext zu drillen versuchen, da sonst die Gefahr besteht, den Kindern Vorgegebenes schematisch aufzunötigen. Es geht vielmehr darum, die Performanzmöglichkeiten, d. h. das aktuelle Handeln des Kindes zu erweitern.

Kognitive Kompetenz erfolgt in der Speicherung verschiedener Mengen von Daten mit spezifischen funktionellen Eigenschaften. Bei den relevanten gespeicherten Daten (Strukturen und Schemata) handelt es sich um:

1. Objekte;
2. Eigenschaften der Objekte;
3. Transformationen eines Objektes in ein anderes;
4. Beziehungen zwischen Objekten;
5. Situationen, bestehend aus Objekten, die in einer bestimmten Beziehung zueinander stehen;
6. Rollen der Objekte, wenn sie in einer bestimmten Situation eingesetzt werden;
7. Transformationen von einer Situation in eine andere.

Diese kognitiven Elemente der Objekte lassen sich durch logisch-mathematische Strukturen und durch Sprache abbilden. Je größer die Zahl der gespeicherten Elemente eines Kindes ist, desto realitätsgerechter nimmt es Umwelt wahr.

Diese Elemente dürfen jedoch nicht als formale Verhaltensmuster, Fähigkeiten oder Fertigkeiten geschult werden, sondern sie müssen, ausgehend von realen Situationen, für die Kinder Zugang zu für sie bedeutsamen Ereignissen eröffnen und zum eigenverantwortlichen sozialen Handeln beitragen.

3.1 Auswahlkriterien

Deutlich sollte damit geworden sein, daß die Inhalte der Vorschulerziehung die von den Kindern erfahrenen und erlebten Widersprüche und deren Widerspiegelung bzw. Verarbeitung im Bewußtsein und in Verhaltensstrategien sein muß. Eine wichtige Aufgabe des Erziehers wird es sein, solche Widersprüche auszumachen. Das heißt, es muß versucht werden, an Situationen anzuknüpfen, die die psychische Entwicklung des Kindes eingeschränkt und verzerrt haben.

Für das Auffinden geeigneter Inhalte sind demnach folgende Fragen zu klären:
1. vorhandene Kenntnisse und Handlungsstrategien;
2. altersspezifische gegenwärtige Relevanz;
3. spezifische Annahmen über die Motivation der Schüler;
4. Lebensrelevanz; das heißt eine Analyse des Teilnehmerbereiches für die individuelle Lebensbewältigung, für reflexives Verhalten zur sozialen Wirklichkeit und für ein rationales Verhältnis zur gesellschaftlichen Praxis (kollektive Entscheidungssituationen)[31];
5. Bestimmung jener Qualifikationen, die notwendig sind, um den in der betreffenden Situation gestellten Anforderungen gerecht zu werden[32].

3.2 Projektunterricht

Diese zu ermittelnden Inhalte gehen nicht von einer immanenten Vorverlegung des bisherigen Fächerkanons aus, sondern von der Bewältigung von Lebenssituationen der Schüler zum gegenwärtigen Zeitpunkt und in Zukunft.

Die »Ziele und Inhalte lassen sich in Projektarbeit verwirklichen und mit neu zu entwickelnden Projekten verbinden«[33].

In Anlehnung an Zimmer und Rademacker werden hier Projekte in einem doppelten Sinn verstanden. Einmal sind sie als methodisches Prinzip zu nennen. Zum anderen dienen sie der Entwicklung von Teilcurricula, von auf Lebenssituationen bezogenen Unterrichtseinheiten und Lernsequenzen.

Durch die Projekte wird dem Kind ermöglicht, die für die Strukturierung seines Lebensraums notwendigen Strukturen und Schemata zu erwerben. Es lernt, die Realität mit Hilfe verschiedener Symbolsysteme (u. a. Mengenlehre, Sprache) abzubilden. Projekte, die beim Kind situationsbezogene instrumentelle und soziale Verhaltensdispositionen fördern, erfüllen im Zusammenhang mit der Durchführung des auf Selbstbestimmung gerichteten strategischen Handelns eine instrumentelle Funktion.

Durch Projektarbeit sollen die Kinder in die soziale Realität eingeführt werden, wobei die im Projektunterricht angezielten Qualifikationen auf

---

[31] Vgl. Edelstein, W., Sozialwissenschaftliches Curriculum für die Schule. In: Bildung und Erziehung (1972), H. 2.
[32] Vgl. Börss, T., Lingelbach, K.-H., Zum Begriff des »Lernzieles«. In: Klafki, W., Lingelbach, K.-H., Nicklas, W. (Hrsg.), Probleme der Curriculum-Entwicklung, Frankfurt.
[33] Zimmer, J., Rademacker, H., Modellschule Solingen. In: Kursbuch 24, Berlin 1971, S. 157.

Übertragbarkeit in mehr als nur die exemplarisch vermittelten Situationen zu steuern sind. Als ein Instrumentarium der Ermittlung relevanter Inhalte dient zum Beispiel der hessischen Curriculumgruppe ein Ableitungszusammenhang, der in deduktiver Weise versucht, die beiden abstrakten Bestimmungen Gesellschaft einerseits und Emanzipation andererseits schrittweise zu konkretisieren, um auf diese Weise zu lernrelevanten Situationen zu gelangen, aus denen sich Lernziele in der Form von situationsbezogenem Verhalten ableiten lassen.

Hartwig teilt Gesellschaft analytisch in die vier Bereiche Familie, Öffentlichkeit, Beruf und freie Zeit. Diese vier Bereiche werden zueinander in Beziehung gesetzt und differenziert, wobei sich die aus der Differenzierung ergebende neue Sicht eines der vier Bereiche auf die anderen Bereiche auswirkt[34].

Hartwig ist vermutlich über eine Rollenanalyse zu diesen Bereichen gekommen, die ein erstes Grobraster für bedeutsame Felder, mit denen auch Vorschulkinder konfrontiert werden, ergeben. Innerhalb dieser Felder lernt das Kind seine Verhaltensstrategien. Wenn nun das Kind die Qualifikationen erwerben soll, »die soziale Umwelt zu verstehen und der Auseinandersetzung mit ihr gewachsen zu sein, braucht es einige der sozialwissenschaftlichen Werkzeuge«[35], mit denen es Daten sammeln und interpretieren, Folgerungen ableiten und Ergebnisse anwenden kann.

Dem Kind sollen Konzepte wie die folgenden in der Projektarbeit vermittelt werden:
– Macht und Einfluß;
– Abhängigkeit, Unabhängigkeit;
– Sozialisation und Entwicklung;
– Entdecken von Unterschieden;
– Individuum und Gruppe;
– Konfliktsituationen[36].

Bei der Auswahl von Themen wird der Erzieher immer wieder vor die Frage gestellt: In welchem Zusammenhang ist der zu vermittelnde Inhalt von Bedeutung? In welchem Zusammenhang kann er für das Kind relevant werden? Zu beachten ist darüberhinaus, daß die Bedeutsamkeit eines Inhaltes sowohl in einem persönlichen als auch in einem gesellschaftlichen Bedürfnis begründet sein kann.

Das Arbeitsbuch von Beck, Aust und Hilligen zur politischen Bildung

---

34 Hartwig, H., Methodologische Bemerkungen zum vorliegenden Konstruktionsvorschlag für ein Curriculum. In: Ästhetik und Kommunikation, (1971), H. 1.
35 Fox, R. S., Bezugsrahmen für die Entwicklung eines sozialwissenschaftlichen (Social Science) Curriculum für Laborunterricht. In: Bildung und Erziehung, (1971), H. 5, S. 79.
36 in Anlehnung an R. S. Fox.

in der Grundschule bietet eine Fülle ausgezeichneter didaktischer und methodischer Hinweise, die zum Teil auch in der Vorschule realisiert werden können[37]. Die Autoren wählten solche Inhalte aus, den Erkenntnismöglichkeiten der Kinder entsprechend, die Ungleichheit und Unterdrückung deutlich werden lassen, um nach deren gesellschaftlichen Ursachen fragen zu können. Für die Kinder wichtige Themenbereiche zur Erfassung der gesellschaftlichen Wirklichkeit sind nach den Autoren des Abreitsbuches unter anderem:

1. Neuigkeiten, Nachrichten, Informationen
   oder:
   was sie sagen und was sie meinen.
2. Werbung, Reklame, Propaganda
   oder:
   wie man Leute dazu bringt, sich etwas zu wünschen.
3. Wünsche, Wünsche – Bedürfnisse?
   oder:
   was man braucht und was man haben möchte.
4. Ordnungen, Regeln, Gesetze
   oder:
   wie man viele Leute dazu bringt, das zu tun, was einige wollen.
5. Erwartungen, Rollen, Vorurteile
   oder:
   warum manche gezwungen werden, eine miese Rolle zu übernehmen.

Ziel dieser Lerninhalte ist, die Distanz zum Selbstverständlichen und Gewohnten zu ermöglichen und das Selbstverständliche in seiner Besonderheit sowie in seiner gesellschaftlichen Bedingtheit zu erkennen. So können bereits im Vorschulalter die Voraussetzungen geschaffen werden, in der Beschreibung von dem was ist, Auswirkungen von Herrschaft zu entdecken.

Die Arbeitsreform selbst muß den pädagogischen Prinzipien entsprechen. Der Projektunterricht sollte »jedem Kind ein breites Angebot von Aktivitäten bieten und ihm erlauben, unter ihnen nach seinem eigenen Willen auszuwählen«[38]. Gleichzeitig bedarf das Kind einer Strukturierung von Raum und Zeit, »an der es seine wachsende Identitätsstärke testen und in die es sich zurückziehen kann, wenn die durch Ungewißheit erregten Ängste seine Fähigkeiten überschreiten, seine Erfassung der äußeren Wirklichkeit auszuweiten«[39].

Wo es für die erfolgreiche Durchführung solcher komplexen Projekte

---

37 Beck, G., Aust, S., Hilligen, W., Arbeitsbuch zur politischen Bildung. Frankfurt 1971.
38 Schwab, J., Praktische Legitimierung von Curricula, S. 338.
39 Schwab, J., a. a. O., S. 338.

nötig wird, das Erlernen spezifischer Kompetenzen auszugliedern – etwa bei der Einführung in Symbolsysteme (Symbole können für Gegenstände, Eigenschaften und Handlungen stehen – zum Beispiel Verkehrszeichen, Straßenschilder), in Material- oder Werkzeuggebrauch –, müssen diese »didaktischen Schleifen« mit der Projektsituation verknüpft sein und zur Problemlösung direkt beitragen. Wenn das Kind, um sich in seiner Umgebung zurechtzufinden, Zahlen beherrschen muß, wird darin eine Legitimation für die Vermittlung von Zahlbegriffen zu sehen sein.

Themen von Vorschulprojekten können unter anderem sein: »Wohnen«, »Familie«, »ich war klein, jetzt bin ich groß«. Bezogen auf die oben skizzierten Ansätze von Fox, Hartwig und Beck u. a. sind die Themen in den für das Kind bedeutsamen sozialen Feldern angesiedelt.

Im Projektunterricht sind wechselnde Arbeitsformen aufeinander bezogen: Rollenspiel, didaktische Spiele, Kommunikationsförderung und Förderung der kognitiven Entwicklung. Die Kinder lernen durch diese wechselnden Aktivitäten eine Situation zu definieren und zu strukturieren. Die in der Situation Handelnden werden in der Fähigkeit gefördert, eine Vielzahl von Perspektiven gleichzeitig aufzunehmen, eine Fähigkeit, die ein zentrales Definitionsmerkmal von Intelligenz ist[40].

Den Kindern Raum zu geben, daß sie ihre Bedürfnisse erproben und im Zusammenleben die Grenzen ihrer Bedürfnisbefriedigung erfahren können, fördert ihre Planungsfähigkeit. Erziehung im Vorschulalter hat daher vor allem die Aufgabe:
»Schaffung von Zukunftsräumen, in welchen Konflikte in der Weise ausgehalten und ausgetragen werden können, daß Orientierungs- und Planungsfähigkeit nicht verloren geht«[41].

Die Kinder lernen in ihrer gemeinsamen Arbeit, die Situationsdefinition ihrer Kameraden abzuschätzen; das heißt, Empathie bildet sich heraus. Sie lernen ebenfalls, selbstgesetzte Ziele anzustreben. Sie lernen, unter verschiedenen Materialien und Werkzeugen auszuwählen, Aktivitäten zu erfinden, aufzugreifen, abzulehnen und zu verweigern. Sie lernen, zwischen Bezugspersonen zu wählen und die Struktur einer Gruppe zu erkennen.

Wichtig erscheint allerdings, daß kein Kind auf bestimmte Rollen festgelegt wird, in Projekten etwa auf die Rolle des Gruppensprechers, des Zeichners oder des »Handlangers«. Durch eine rigide Arbeitsteilung kann beim Kind Frustration hervorgerufen werden. Um eine effektive Leistung zu erzielen, wird der gleiche Vorschüler bei ähnlichen Aufgaben durch die Gruppe immer wieder eingesetzt. Dies kann durch Monotonie zur psychi-

---

40 Vgl. Weinstein, E. A., The development of interpersonal competence. In: Goslin, D. A. (ed.), Handbook of socialization theory and research. Chicago 1969.
41 Ulrich, D., Konflikt und Persönlichkeit. München 1971, S. 161.

schen Sättigung führen, und es können einzelne Kinder zu Trägern festgelegter Rollen reduziert werden, die dann verständlicherweise die Projekte und ihre Mitarbeit dabei ablehnen.

Auch auf die kindliche Aufmerksamkeitsspanne muß Rücksicht genommen werden. Die Behandlung eines Projektes sollte drei bis vier Wochen umfassen, die tägliche Auseinandersetzung damit jedoch nicht mehr als 30 bis 40 Minuten.

Selbst wenn nur etwas mehr als eine halbe Stunde täglich auf die Durchführung eines bestimmten Unterrichtsvorhabens verwendet wird, sollte der Erzieher noch in dieser kurzen Zeitspanne das Bedürfnis des Vorschulkindes nach Entspannung und motorischer Befriedigung berücksichtigen; das heißt kurze Pausen und Wechsel der Arbeitsschritte.

3.2.1 *Rollenspiel*

Im vorschulischen Projektunterricht kommt dem *Rollenspiel* eine besondere Bedeutung zu: Das Rollenspiel hilft dem Kind, relevante Situationen sprachlich zu bewältigen, Erfahrungen zu sammeln und Strategien zu entwerfen und zu erproben[42]. Kognitive und soziale Fähigkeiten, die in einem engen Zusammenhang mit Kooperationsfähigkeit gesehen werden müssen, bilden sich im Rollenspiel aus. Gleichzeitig ist das Spiel die dominierende Tätigkeit im Vorschulalter. Das Spiel ist daher im Vorschulalter anderen Lern- und Arbeitsformen vorzuziehen, weil es wie keine anderen der Bedürfnis- und Tätigkeitsstruktur der Kinder dieser Altersgruppe angemessen ist.

Das Rollenspiel ist ein ausgezeichnetes Medium, die Kinder in ihrer Gruppe die Bedeutung von Kooperation und Konfliktbewältigung erleben zu lassen, sie exemplarische elementare Kenntnisse und Beziehungen, die für sie bedeutsam sind, erleben und nachempfinden zu lassen.

Im Spiel übernimmt das Kind bestimmte Rollen erwachsener Menschen. Es versucht, im Handeln und Sprechen seine Umwelt zu bewältigen. «Dabei ist es enormen Spannungen ausgesetzt, durch die permanente Diskrepanz zwischen dem egozentrisch bestimmten Wunsch nach Bedürfnisbefriedigung und den Subordinationsvorschriften der sozialen Umwelt auf der affektiven Ebene sowie der mangelhaften Fähigkeitsentwicklung und dem Bedürfnis nach Beherrschung der Umwelt auf der kognitiven Ebene»[43].

---

42 Vgl. Kochan, B., Funktion und Verwendung des Rollenspiels im Sprachunterricht. In: Die Grundschule, (1972), H. 4.

43 Baumgartner, A., Günther, K., Rollenspiel als Medium der Emanzipation in der Vorschule. In: Brandes, E., Nickel, H. W. (Hrsg.), Beiträge zu einer Interaktion und Theaterpädagogik Berlin, PZ 1971, S. 32 f.

Die Motive zur spielerischen Auseinandersetzung mit der Umwelt sind:
a) motorische Spannung und Funktionslust,
b) emotionale Spannung,
c) Orientierungsstreben, Neugier.

Der oben beschriebene Widerspruch zwischen der Fähigkeitsentwicklung und dem Wollen der Kinder bedeutet, daß ihre Spiele fast immer in unterschiedlichem Maße eine Kombination von Phantasie und Wirklichkeit sind. Allerdings verliert sich im Vorschulalter das die Realität deformierende symbolische Spiel, dessen Höhepunkt wir bei jüngeren, »egozentrischen« (Piaget) Vorschulkindern beobachten können. Das Symbolspiel beginnt das Kennzeichen »der spielerischen Deformation zu verlieren, um sich einer einfachen imitativen Darstellung der Wirklichkeit zu nähern«[44]. Damit einher geht der Beginn der kollektiven Symbolik, das heißt Spiele mit einer Differenzierung und Präzisierung von Rollen treten erstmals in diesem Alter auf. Im gemeinsamen Spiel wird die Symbolik in Richtung auf die objektive Imitation der Realität umgeformt, soziale Umwelt wird stärker in das Spielgeschehen einbezogen.

Jüngere Vorschulkinder sind allgemein noch stark gegenstandsorientiert; Hauptinhalt des Rollenspiels sind bestimmte Bewegungen mit Spielsachen, mit denen gegenständliche Handlungen von Erwachsenen reproduziert werden (zum Beispiel die »Arztspritze«)[45]. Solange das Kind an den Gegenständen fixiert bleibt, ist es zu kontinuierlichem regelbestimmten Spiel noch nicht fähig.

Mit vier Jahren finden sich die ersten Ansätze zu Regel- und Rollenspielen, da sich in diesem Zeitabschnitt der Abbau von Egozentrismus und der Anbau der operativen Intelligenz vollzieht. Die Tätigkeit des Kindes richtet sich nicht mehr ausschließlich auf unmittelbar Wahrgenommenes, sondern auch auf vorgestellte Objekte. Dies geschieht durch die sich entwickelnde Sprache, die die Handlung auf die sprachliche Ebene durch ihre Abstraktionsleistung transferiert[46]. »Die Handlung ist jetzt nicht mehr unmittelbar an den verlockenden Gegenstand und den Wunsch gebunden, ihn angeblich zu besitzen, sondern gründet sich auf die Vorstellung von dem Gegenstand und die Möglichkeit, ihn in Zukunft, die noch recht nahe liegen mag, zu besitzen«[47].

Das Kind ist im Vorschulalter erstmals in der Lage, seine Bedürfnisse zu koordinieren und seine Handlungen ihrem Sinn nach bewußt gegeneinan-

---

44 Piaget, J. Nachahmung, Spiel und Traum. Stuttgart 1970, S. 176.
45 Vgl. Elkonin, D. B., Zur Psychologie des Vorschulalters. Berlin 1964, S. 140 f.
46 Vgl. Leont'ev, A. A., Sprache – Sprechen – Sprechtätigkeit. Stuttgart 1971, S. 80 f.
47 Elkonin, a. a. O., S. 131.

der abzuwägen und eine Handlung der anderen unterzuordnen. Es entstehen neue Tätigkeiten und Motive. »Die Mädchen und Knaben eignen sich die Beweggründe an, die für das Verhältnis der Erwachsenen zur Arbeit und zueinander kennzeichnend sind. Die Kinder beginnen ihre Motive und ihre unmittelbaren Wünsche zu koordinieren«[48].

3.2.1.1 Ausbildung von Motiven im Rollenspiel. Das Kind will im Vorschulalter gleichwertig wie Erwachsene handeln. Die operativen Möglichkeiten reichen aber nicht aus, um die den kindlichen Motiven entsprechenden Handlungen auszuführen. »Die Lösung dieses Widerspruchs findet im Rollenspiel statt: Hier ist das Kind in der Lage, ohne Beherrschung der notwendigen Operationen, die dem erwachsenen Vorbild entsprechenden Handlungen auszuführen«[49].

Da Spielhandlungen Nachgestaltungen praktisch-gesellschaftlicher Tätigkeiten sind, eignet sich das Kind auf diesem Wege höhere soziale Motive an. Im Prozeß der Tätigkeit, genauer – des sozialen Handelns –, werden die Einstellungen auf der Grundlage der bisher gemachten Erfahrungen erworben und gefestigt. Sie werden damit Teil der »inneren Bedingungen« (Rubinstein) und durch Identifikation Teil des erworbenen psychischen Bedingungsrahmens. Damit sind sie Auslöser neuer Verhaltensstrategien und neuer Erfahrungen, das heißt, »äußere Determinanten der Handlung werden zu inneren. Sie sind Glieder oder Bestandteile des Bezugssystems, ohne daß die äußeren Gegebenheiten aktuell zu sein brauchen. Das Subjekt entwickelt so im Prozeß der Verinnerlichung und Verfestigung tätigkeitsrelevante Bezugssysteme«[50].

Für Vorschulerziehung und ihre Lern- und Arbeitsformen bedeutet dies, daß das einzelne Kind die Regeln und Normen, die hinter jeder Rolle stehen, nicht als unvermeidliches Geschick betrachten darf, für die es jede Verantwortung ablehnen kann. Fehlt eine Distanz, die der Mensch zwischen sich und sein Rollenspiel legen kann, so ist dies eine Verdinglichung von Rollen.

Hier liegt eine der Gefahren des Einsatzes von Rollenspiel als Spiel- und Arbeitsform. Das Rollenspiel kann für das Kind eine Kompensationsfunktion erhalten, so zum Beispiel im Tarzan- und Cowboyspiel. Durch unreflektiertes Akzeptieren und sogar aktives Erkennen sozial determinierter Rollen kann das Kind reibungslos in die bestehende Gesellschaft eingepaßt werden, da es sich mit den gesellschaftlichen Typisierungen voll identifiziert. Unreflektiertes Rollenspiel bewirkt »auf gesellschaftlicher

---

48 Elkonin, a. a. O., S. 268.
49 Claus, J., Hechmann, W., Schmidt-Ott, J., a. a. O., S. 188.
50 Hiebsch, H., Sozialpsychologische Grundlagen der Persönlichkeitsformung. Berlin 1969, S. 53.

Ebene eine passive (Kompensation) und aktive (Anpassung) Stabilisierung bestehender Herrschaftsverhältnisse«[51].

In Gruppenspielen lernt das Kind nicht nur, einzelne Rollen zu übernehmen, sondern durch Antizipation aller am Spiel beteiligten Rollen erkennt es zugleich die Komplexität des Rollengefüges. Die Spielhandlung muß nun, um die Anpassungs- und Kompensationsbereitschaft des Kindes nicht zu unterstützen, so beschaffen sein, daß durch das Rollenspiel eine Vergegenständlichung der Realität erzeugt wird und gleichzeitig eine Veränderung der vorliegenden Bedingungen und im Zusammenhang damit der kindlichen Persönlichkeit einher geht.

Die Interaktionssituationen sollten daher dem einzelnen Kind ein ausreichendes Maß an Bedürfnisbefriedigung gewähren, das heißt, die zu spielenden Rollen sollten das Individuum mit Ich-Leistungen (Mitbestimmung bei der Auswahl, Planung und Realisierung des Rollenspiels) ausfüllen können.

3.2.1.2 Methodische Planung: Damit die Kinder nicht überfordert werden, muß das Rollenspiel sorgfältig vorbereitet werden. Wenn die Kinder soziale Beziehungen lernen sollen, so müssen sie eine genaue Vorstellung darüber vermittelt bekommen, wodurch sich diese Beziehungen auszeichnen, welche Ziele sie haben, und welchen Regeln die Mitglieder unterliegen. Die Teilnahme am Interaktionsgeschehen verlangt von den Kindern, die Ziele und Methoden der Arbeit zu kennen, das heißt, der Interaktionsprozeß muß den Mitspielern transparent sein.

Das Rollenspiel muß sorgfältig geplant und vorstrukturiert werden. Einige Spiele »zum Aufwärmen« helfen, das zum Teil schon beim Kind verfestigte Wettbewerbsstreben und den damit zusammenhängenden Egozentrismus abzubauen. Kreisspiele, Bewegungsspiele u. ä. fördern das gemeinsame Interagieren des Kindes. Die Pantomime kann als Vorbereitung zum Rollenspiel eingesetzt werden. Da in jedes Verhalten affektive Gehalte eingehen und die umgangssprachliche Kommunikation nie isoliert von Erlebnisausdrücken ist[52], ist pantomimisches Spiel eine gute Förderung der Verhaltens- und Wahrnehmungsbeobachtung der emotionalen Anteile der menschlichen Kommunikation. »Es gibt keinen Ausdruck, der nicht über den Körper nach außen treten muß, und keinen Eindruck, der nicht an körperliche Organe gebunden wäre«[53].

Durch pantomimisches Spiel lernen die Kinder, sich körperlich auszu-

---

51 Beck, E., et. al., Konzeption für einen politisch-emanzipatorischen Gebrauch von Rollenspielen. In: Ästhetik und Kommunikation, (1972), H. 5/6.
52 Gross, P., Reflexion, Spontaneität und Interaktion; Zur Diskussion soziologischer Handlungstheorien. Stuttgart 1972, S. 126 ff.
53 Gross, a. a. O., S. 151.

drücken (zum Beispiel Angst, Zuneigung), sodann die Darstellung mit dem Körper als Mittel (zum Beispiel Essen, Schlafen, Trinken).

Die Kinder spielen unter anderem anstrengende Handlungen, die zu einem Zustand der Erschöpfung führen (rennen, boxen, einen schweren Sack tragen, eine hohe Stiege hinaufgehen usw.). Durch solche und ähnliche Übungen lernen die Kinder »den Kanon der Gesten«[54], dessen Elemente sie situationsadäquat einsetzen können. In weiteren Übungen muß die sprachliche Förderung mitberücksichtigt werden, da sich die Grundqualifikationen der Rede gleichzeitig mit den Grundqualifikationen des Rollenhandelns entwickeln, da beides Qualifikationen zur Teilnahme an sprachlich vermittelten Interaktionen sind.

Folgende Spiele, in denen Kommunikation und Interaktion aufeinander bezogen sind, können die Entwicklung des Rollenspiels erleichtern: Handlungssequenzen vorspielen und verbalisieren lassen und umgekehrt; Darbieten von einzelnen Rollenvorbildern und anschließendes Spielen dieser Rollen; einzelne Gefühlssituationen spielen und die Partner spielerisch und verbal »antworten« lassen; eine kurze Handlungssequenz vorspielen und die Schüler diese imitieren lassen[55].

Durch solche Übungen lernen die Schüler, wie die Planung in wechselnden Interaktionssituationen einzusetzen ist. Sie üben sich, Informationen aufzunehmen und gleichzeitig den dialogischen Formen der Darstellung zu folgen, das heißt, sie lernen, sich besser auf ihre Partner einzustellen.

In diesen Lernformen lernen die Kinder das Ineinander von Expression, Sprechen und Handeln situationsspezifisch zu regeln. Das Kind baut allmählich kleine Spielsequenzen auf, und damit entwickelt sich gleichzeitig regelbewußtes Verhalten, wobei beide Dispositionen sich prozeßhaft ausformen.

Im Rollenspiel werden »fiktive Umstände« (Leont'ev) geschaffen, in denen die Kinder handeln. Die Kinder erkennen durch die Rollen, die als verbindendes Glied zwischen Kind und Verhaltensregel stehen, daß alles, was wir im täglichen Leben sagen, wir aus einem Warum (Motiv) und einem Wozu (Ziel) sagen. Bei einem gegebenen Motiv, einem gegebenen Ziel und dem gegebenen Bezugsrahmen der Tätigkeit ist es beinahe unmöglich, nicht zu sprechen[56].

Der Bezugsrahmen (das heißt die Inhalte) muß für die Kinder relevant sein und Zusammenhänge in der Familie, der Nachbarschaft, im Freundeskreis, in der Vorschule sichtbar machen.

Ein wichtiger Bestandteil der Strukturierung ist die sorgfältige Vermitt-

---

54 Vgl. Simon, K. G., Pantomime. München 1960, S. 89 f.
55 In Anlehnung an Shaw, A., Curriculumelement Rollenspiel. In: betrifft: erziehung, (1970), H. 11.
56 Vgl. Kochan, a. a. O., S. 275.

Prinzipien für Spiel- und Lernformen

lung des Spielthemas[57]. Einzelbilder, Bildreihen (u. a. Hausbau des Basis Verlages Berlin) sind ausgezeichnete Medien zur Themenvermittlung. Bildreihen lassen sich auch so zusammenstellen, daß verschiedene Handlungsabläufe mit ihnen gestaltet werden können. Mal- und Bastelgeschichten können zudem benutzt werden. Durch den Gebrauch ihrer Produkte erkennen die Kinder eine unmittelbare Nützlichkeit ihrer Tätigkeit.

Bilder werden an der Wand sichtbar aufgehängt; einzelne Figuren können ausgeschnitten werden und dem Handlungsablauf entsprechend an die Wand geheftet werden. »Diese Bildmaterialien erleichtern die Entwicklung einer stabilen Rollenwahrnehmung«, denn die »grundlegende Voraussetzung des Beobachtungslernens ist eine stabile kognitive Repräsentation, eine ›kognitive Schablone‹« beziehungsweise »›Kopie der beobachteten Stimuli‹«[58]. Übernimmt ein Kind die Rolle des Erzählers und erläutert die Bildreihe, so erleichtert die Sprache als symbolisches Medium die kognitive Repräsentation von Verhaltensmodellen.

Eine der wichtigsten Vermittlungsmethoden ist die Exkursion. Abbildungen können Exkursionen vorstrukturieren helfen. Das Besuchsprogramm muß sorgfältig vorbereitet werden, Aufgaben (Tätigkeiten) und Aufbau (Rollen) der Institutionen müssen dem Kind vermittelt werden. Eine Exkursion sollte aber nicht lediglich lehrhaften Charakter haben, sondern dem Kind auch Spaß machen. Möglichst viele Demonstrationen und die Benutzung von Geräten (zum Beispiel Feuerwehrspritze, Posttasche, Zementmischer) wecken das Interesse von Kindern.

Außer einem reichen Angebot an Informationen und Erfahrungen verlangen die Kinder zu Beginn des Rollenspiels weitere Hilfestellung. (Spielt zum Beispiel ein Kind allein in der Gruppe, kann es aufgefordert werden, mit dem Baby zum Arzt zu gehen.) Durch solche Hilfestellungen erwirbt auch das Unterschichtkind ein flexibles Rollenspiel[59].

Im Rollenspiel können auch Konflikte wie Familienkonflikte, Kind-Kind-Konflikte, Konflikte zwischen Kind und sozialer Umwelt thematisiert werden. Die Stellung einzelner Gruppenmitglieder (Außenseiterstellung, Star) sowie Verhaltensstrategien von Kindern (aggressives Verhalten, rigides Leistungsverhalten, autoritäres Verhalten) sollten im Rollenspiel dargestellt und nach Lösungswegen gesucht werden. Comics, etwa das Buch ›Vater und Sohn‹, können bei den letztgenannten Themen einge-

---

57 Diese Vorschläge finden sich in der Arbeit »Rollenspiel in der Eingangsstufe« von K. Günther, Berlin 1972, Manuskript.
58 Waller, M., Die Entwicklung der Rollenwahrnehmung: Ihre Beziehung zur allgemeinen kognitiven Entwicklung und sozial-strukturellen Variablen. In: Zeitschrift für Sozialpsychologie, (1971), H. 2, S. 352.
59 Vgl. Smilansky, S., The effects of socio-dramatic play on disadvantaged preschool children. New York 1968, S. 21 ff.

setzt werden, denn gut ausgewähltes Bildmaterial verhindert Ersatzbefriedigung und Introjektion und fördert Distanzierung, rationale Einsicht und läßt Kritik zu. Dies ist vermutlich über das Mittel der Verfremdung alltäglicher Situationen zu erreichen.

Durch eine Vielzahl gesellschaftlich relevanter Beispiele gewinnt das Kind die notwendige Kompetenz im Umgang mit gesellschaftlichen Sachverhalten. Rollenspiele, die von den kindlichen Interessen ausgehen, sollten folgende Stufen enthalten:

1. Gespräch über den Spielinhalt,
2. Festlegung des Rollenspiels,
3. Rollenspiel; Erweiterung der Rollenmuster,
4. Einordnung der neuen Rollenmuster in das bereits bekannte Rollenrepertoire,
5. Korrektive, um eventuelle Rollenfixierungen abzubauen oder aufzuheben.

Wichtig ist die Reflexionsphase im Anschluß an das Spiel. Aus der kritischen Stellungnahme der Kinder zu den Antworten und zum Spiel ergeben sich neue Verhaltensstrategien, die als Korrektiv dienen und Rollenfixierungen vermeiden helfen[60].

Damit die Bedingungen der Erfahrung nicht restringiert werden, sollten die Möglichkeiten, die Reflexionsfähigkeit fördern, berücksichtigt werden:

Umkehrung von Rolleninhalten in ihr Gegenteil, zum Beispiel Tausch der Machtverhältnisse; häufiger Wechsel der Positionen im Rollenspiel. Werden Kinder immer wieder in Situationen mit Ambiguitäten gebracht, so nimmt die Situation Eigenständigkeit an. »Die Vorstellungen des Spielens werden durch die nicht vorhersagbaren Reaktionen der anderen in der Situation kompliziert. Das ist realitätsgerecht. Man muß handeln und auf die Handlungen anderer reagieren«[61].

Die Arbeitsform Rollenspiel hilft den Kindern, die Grundqualifikation Kollektiveinstellung zu entwickeln. Sie müssen sinnlich erfahren, daß

1. gemeinsames Vorgehen die bestmögliche Art und Weise ist, ein Ziel zu erreichen;
2. gegenseitige Unterstützung und Voneinander-Lernen bessere Methoden sind, als sich nur auf sich selbst zu verlassen und gemachte Fehler nicht zu verbessern;
3. jeder Beitrag zur Zielerreichung wichtig ist, unabhängig davon, ob er

---

60 Vgl. Krappmann, L., Lernen durch Rollenspiel. In: Klewitz, M. H. und Nickel, W. (Hrsg.), Kinder und Interaktionspädagogik. Stuttgart 1972; siehe auch B. Kochan, op. cit.
61 Shaftel, F. R., Rollenspiel und soziales Lernen. In: Holtmann, A. (Hrsg.), Das sozialwissenschaftliche Curriculum in der Schule, S. 197.

von den Kameraden als »leichte« oder »schwere« Arbeit wahrgenommen wird.
Beispiele für solche Spiele sind zum Beispiel Wettkampfformen, deren wichtigste Regel das gleichzeitige Erreichen des Ziels durch alle Gruppenmitglieder ist. Erreicht ein Kind das Ziel nicht oder später als die anderen, so ist die Aufgabe nicht gelöst.
Das Rollenspiel als eine vorschulische Arbeitsform leistet beim Kind in seiner Gruppe, die Bedeutung von Kooperation und solidarischer Konfliktbewältigung erleben zu lassen, ihm elementare Kenntnisse und Beziehungen, die es direkt betrifft, transparent zu machen. Durch das Rollenspiel gelingt es dem Kinde, Verhaltenspläne zu formulieren und sie auszuführen. Je mehr es dazu fähig ist, desto mehr Gefühl der Selbstkontrolle entwickelt es und wird damit unabhängiger von den Außenverstärkern und somit weniger manipulierbar. Im Rollenspiel findet ein Lernen statt, das seine Motivierung in sich selber trägt und die Kinder müssen ihr Verständnis der Welt und der Gesellschaft neu sehen, korrigieren und organisieren. Das soziale Verhalten des Kindes wird durch gruppenspezifische Lernprozesse im Rollenspiel entscheidend geprägt, da das Kind Austauscharbeit und Veränderbarkeit von Rollenmustern an sich selbst und seinen Spielgefährten erfahren kann.

3.3 Der Aspekt Sprache

Interaktion ist nur möglich, wenn alle Beteiligten über ein intersubjektives Medium verfügen, daß ihnen erlaubt, nicht nur faktisches Verhalten, sondern auch Intentionen und symbolische Zusammenhänge anderen mitzuteilen. Die Kommunikation selbst wird durch die Art der Interaktion strukturiert. Damit ist Sprache sowohl eine Folge des Sozialisationsprozesses (sowohl in der Familie als auch in der Schule), als auch dessen Medium, denn Kommunikation ist nicht zu trennen von der Entwicklung sozialer und emotionaler Beziehungen. Kinder, die ein Projekt planen, sind auf ein sprachliches Entscheidungsmodell angewiesen. Bei einem Projekt »Wohnen« müssen die einzelnen Arbeitsschritte untereinander abgesprochen werden; zum Beispiel: Wohin gehen wir? Was wollen wir uns ansehen? Worauf müssen wir besonders achten?

In allen Projekten geht es immer wieder um folgende Fragen: »Was möchten die Kinder? Wie einigen sie sich darüber? Was ist günstiger? Worauf müssen wir achten, damit es Spaß macht?«[62]

Die von den Kindern zu lösenden Projektsituationen sind demnach Sprechanlässe,

---

62 Arbeitsgruppe Vorschulerziehung (Dt. Jugendinstitut), Anregungen I; zur pädagogischen Arbeit im Kindergarten, S. 56, Manuskript.

1. in denen Kinder lernen, bei der Informationsaufnahme den dialogischen Formen der Darstellung (Gespräch), Diskussion und »Verhandlung« zu folgen und Sinn zu entnehmen. Der Vorschüler lernt dabei, eine Sache so darzustellen, daß seine Kameraden angemessen informiert werden; er lernt seinen Gesprächsbeitrag auf das schon Gesagte abzustimmen und seinen Beitrag zurückzuziehen, wenn er feststellt, daß sein Beitrag keine neuen Lösungsmöglichkeiten und keine neuen Aspekte bietet.
2. Wird durch Projektunterricht die Informationsverarbeitung gefördert. Die Kinder lernen mündlich gegebene Hilfen zu erfassen, bewertende Hinweise aufzunehmen und zu berücksichtigen (Tätigkeiten in Richtung vom Kommunikationspartner) und zu kommentieren, Fragen zu stellen, Einschätzungen zu verlangen, den Sprechenden zu bitten, etwas zu wiederholen oder zu erklären, wenn etwas nicht verstanden wurde (Tätigkeiten in Richtung zum Kommunikationspartner)[63].

Damit wird vermieden, Sprache zu einem selbständigen Lernbereich zu machen, da die Kinder den Handlungszusammenhang von Sprache erfahren und Sprache im Handlungszusammenhang erleben sollen. Die Kinder erkennen, daß bestimmte sprachliche Äußerungen dazu dienen, Situationen zu strukturieren, indem sie sich auf Ort und Zeit der Situation beziehen (»dann sollten wir ... machen«; »jetzt können wir ...«) oder auch die Relation des Sprechers zu seinem Beitrag näher bestimmen (»vermutlich wird dann ...«, das heißt, der Sachverhalt »kann« der Fall sein).

Die Projekte werden nach der Durchführung unter den Kindern besprochen. Um die von allen Kindern gemachten Erfahrungen zu integrieren, ist ein kommunikativer Austauschprozeß anzustreben, der eine möglichst genaue und sinnvolle Rekonstruktion des Erlebten und Erfahrenen zum Ziel hat. Dabei wird »die Situation das Mittel der thematischen Vereinheitlichung« ... und es ist der »Dialog mehrerer Personen, der sich um einen Gegenstand des täglichen Lebens zentriert und auf den Erwerb des Grundwortschatzes abzielt«[64].

Durch gemeinsames Besprechen der sinnlichen Erfahrung entwickelt sich die Kommunikation in Richtung auf einen größeren und differenzierten Wortschatz. Ein »Sprachtraining dagegen, das in beliebigen Situationen beliebige Satzmuster und Begriffe einschleift, wird – wenn überhaupt – nur Scheingewinne erzeugen«[65].

Sprachförderung als Kommunikationsförderung besteht damit in einer

---

[63] Vgl. Die Gestaltung des auf die Eingangsstufe folgenden Schuljahres, Abschnitt Handzeichnungen zu einem Lehrplan für den Bereich Sprache, Hessisches Institut für Lehrerfortbildung, o. J., S. 15 ff.
[64] Leont'ev, A. A., a. a. O., S. 122.
[65] Wudtke, H., Ausgleichende Erziehung oder Veränderung der schulischen Leistungskriterien. In: Die Grundschule, (1971), H. 2, S. 13.

funktionalen Verarbeitung kollektiver Erfahrungen, das heißt, die Aufgabe des Sprachlernens im Vorschulalter sollte aus der Notwendigkeit erwachsen, die Kinder relevante Situationen beschreiben und interpretieren zu lassen[66].

Durch Darbietung sozial relevanter Bilder (u. a. familiale Szenen, »das abgelehnte Kind«, Streit unter den peers) werden die Kinder zum Erfinden von Dialogen angeregt, die ihre eigenen Situationen betreffen. Gebräuchliche Sprachtrainingsmappen können dazu ebenfalls eingesetzt werden, allerdings ist die Aktualisierung der kindlichen Erfahrungsmuster nicht zu verwechseln mit deren vermeintlichem Abbild. «Dennoch wäre es nicht sinnvoll, die in der Konfrontation mit dem vorgelegten Abbild liegenden objektiven Chancen, die sich gegen die ursprüngliche Intention des Bildes didaktisch organisieren lassen, nicht zu nutzen»[67].

Die verdinglichten Erfahrungen in gewissen Bildermappen und die von den Kindern gemachten Erfahrungen enthalten in der Regel Widersprüche, die von ihnen formuliert und diskutiert werden können.

Das Beschreiben von Lebenssituationen ist ohne eine Förderung der analytischen Sprache schwerlich möglich. Die Kinder müssen in die Lage versetzt werden:
– einfache Tätigkeiten zu beobachten und sie den Kameraden in den wichtigsten Zügen wiederzugeben;
– bestimmte Merkmale eines Gegenstandes (einer Situation) festzustellen und mit dem richtigen Wort zu belegen.

Damit wird eine vornehmlich syntax-orientierte Sprachförderung, wie sie in älteren linguistischen Vorstellungen anzutreffen ist, abgewiesen. Die Förderung, Tätigkeiten beobachten und versprachlichen zu lernen, legt eine andere Strategie nahe: Die Förderung bestimmter allgemeiner kognitiver Grundoperationen und Kategorien, die als Bedingungen syntaktischer Formmöglichkeiten der verschiedensten Arten anzusehen sind. Als solche Kategorien können Geschehen-Zustand und Konstanz-Variabilität betrachtet werden.

Die Kinder können zum Beispiel eine »Zeitung« herstellen »ich bin groß« – »ich war klein«, wobei sie aus Zeitschriften die Dinge, die sie als Baby benutzten und das, was sie zur Zeit gebrauchen, aufkleben können. Farbige Fuß- und Handabdrücke größerer und kleinerer Kinder ermöglichen den Kindern Erfahrungen mit Prozessen, die Vergangenheits- und Zukunftsorientierung ermöglichen. Bei der Bearbeitung des Bilderbuches

---

66 Vgl. Gutt, A., Salffner, R., Sozialisation und Sprache. Frankfurt 1971, S. 39 ff.
67 Zander, H., Sprache und Aneignung von Erfahrung in der frühen Kindheit. In: Holzer, H., Steinbacher, K. (Hrsg.), Sprache und Gesellschaft. Hamburg 1972, S. 411.

»ich selber« können die Vorschulkinder Fotos (von sich) in eine zeitliche Reihenfolge bringen[68].

Im Zusammenhang mit dem Projekt »Wohnen« kann es notwendig werden, räumliche Beziehungen genau zu erfassen und die dafür notwendigen Begriffe zu vermitteln oder zu festigen, etwa oben, unten, vorn, darüber, dahinter, davor, dazwischen. Bilder vom Hausbau regen zum Gebrauch dieser Begriffe an. Die Darstellung eines Neubaus mit Gerüst, in die jedes Kind an ganz beliebiger Stelle Bauarbeiter einzeichnen darf, kann zum Beispiel als Hilfe dienen. Die unterschiedlichen Zeichnungen bilden die Grundlage für Suchspiele, in denen sich Kinder gegenseitig Fragen nach dem Aufenthalt bestimmter Arbeiter stellen und folgendermaßen antworten: »Emil ist links vom zweiten Fenster. Der Maler ist im zweiten Stock auf dem Gerüst.«[69]

Symbole können dem Kinde helfen, Informationen unmittelbar optisch deutlich zu machen. »Die Fähigkeit, Symbole zu bilden, beruht auf der Möglichkeit, Beständiges im stets wechselnden Strom der Ereignisse zu entdecken und von diesem Beständigen, Überdauernden, bewußt Kenntnis zu nehmen.«[70] Die Symbole helfen dem Kind die »innere Sprache« (Wygotski) zu bilden, die einzelne Momente des intellektuellen Prozesses fixiert und dessen Verlauf steuert. Diese verbale Vermittlung von Kategorisierungen tritt im Vorschulalter auf und kennzeichnet eine qualitative Entwicklung der Lernprozesse über die einfache Stufe assoziativen Lernens hinaus. Dieser beim Denken implizite verbale Benennungsprozeß (inneres Sprechen) ist für das Unterscheidungslernen, den Erwerb von Begriffen und für die Generalisation verantwortlich. Symbole (Verkehrszeichen, Tabellen u. a.) helfen dem Kind, ein geistiges Schema oder eine Repräsentation eines Sachverhaltes zu bilden.

Symbolische Kategorisierungsprozesse wirken sich auf die Entwicklung geistiger Operationen aus und helfen dem Kind, Symbole zu ordnen und Handlungen nach symbolischen Anweisungen auszuführen; gleichzeitig werden komplexe Sachverhalte durch Bilder ersetzt, was zu einer Vereinfachung von Kommunikation dient.

Wichtig ist, daß Vorschüler lernen, quantifizierbare Sachverhalte in Tabellen darzustellen und diese selbst erstellten Tabellen zu lesen. Im Projekt Familie wird zum Beispiel eine Tabelle über die Anzahl von Geschwistern erstellt. »Wenn in einem Gespräch über die Familie der einzelnen Kinder deutlich wird, daß Einzelkinder da sind, die andere ihrer Geschwi-

---

68 Heyer, D., Vorkurs zum Lesenlernen. Berlin 1973 (Manuskript).
69 Ennoch, R., Bauplatz – situationsbezogene Unterrichtseinheit. Berlin 1972 (Manuskript).
70 Hörmann, H., Funktionen des Sprechens und der Sprache. In: Haseloff, O. (Hrsg.), Kommunikation. Berlin 1969, S. 69.

ster wegen beneiden, dann kann die Einbeziehung eines Säulendiagramms, das Aufschluß über die Zahl der Kinder in jeder Familie gibt, einen Sinn haben. Für ein Kind kann die Erkenntnis, nicht das einzige Einzelkind zu sein, eine außerordentlich wichtige Information sein. Sein Problem hätte es nicht so direkt verbalisieren können, wenn ihm der Sachverhalt durch die Tabelle nicht so deutlich vor Augen gestanden hätte.«[71]

Es kann zum Austausch von Erfahrungen über Vor- und Nachteile von Geschwistern mit den anderen Kindern der Gruppe kommen, und sie erkennen die Differenzen und Gemeinsamkeiten ihrer Probleme. Solche Erfahrungen helfen den Kindern, eigene Ansprüche zu artikulieren und die anderen zu berücksichtigen. Damit werden unterschiedliche Bezugsnormen diskussionswürdig.

Lernformen für die Sprachförderung sollten auch die Stellung des Erziehers in diesem Unterrichtsgeschehen beachten. Die Qualität der Sprachlernsituation ist primär durch zwei Momente bestimmt:

1. »durch das Maß, in dem die Schüler ihre Rolle im Unterrichtsprozeß selbst definieren können;
2. durch die Möglichkeit, Sprache als Instrument der Problemlösung in strukturierten Situationen bewußt zu gebrauchen.«[72]

Vom Erzieher verlangt die Einlösung dieser Forderung, daß er sich möglichst in Erklärungen zurückhält und durch Impulse den Unterrichtsprozeß so steuert, daß kindliche Erkenntnisprozesse aufgebaut und vertieft werden. Engt der Erzieher das Kind in seinen Äußerungen nicht ein, und können persönliche Momente in das Gespräch einfließen, so entwickelt das Kind funktionale linguistische Strategien, denn »je höher der Grad des Affekts oder der persönlichen Anteilnahme am Gesprächsthema ist, desto wahrscheinlicher ist auch die Wahrscheinlichkeit für strukturelle Komplexität«[73].

3.4 Lernformen zur Entwicklung des logisch-mathematischen Denkens

Das Vorschulkind ist in seinem Denken noch vornehmlich an die aktuelle Situation und den in ihr gegebenen unmittelbaren Erfahrungen und erlebten Eindrücken verhaftet. Diese geringe Differenziertheit der Vorstellungen und Begriffe sind für Piaget Aspekte des Egozentrismus. Er kann nur durch begriffliche Kategorien überwunden werden.

---

71 Heyer, D., a. a. O.
72 Roeder, P. M., Kompensatorische Spracherziehung. Unterrichten als Sprachsituation. In: Muttersprache, (1970), H. 9/10, S. 312.
73 Cazden, C. B., Die Situation. Eine vernachlässigte Ursache sozialer Klassenunterschiede im Sprachgebrauch. In: Klein, U., Wunderlich, D. (Hrsg.), Aspekte der Soziolinguistik. Frankfurt 1972, S. 293.

Vorschulerziehung hat hier die Aufgabe, eine Lernumwelt zu schaffen, die das Kind »in die Lage versetzt, etwas identifizierbares und bedeutsames auszusuchen«[74]. Lernen bedeutet in diesem Sinne, das Vorschulkind von verschwommenen und unklaren zu genauen und präzisen Begriffen zu führen. Das Lernen ist somit ein aktiver Strukturierungsprozeß, in dem das Kind das angebotene und verbale Material selbst zu verarbeiten hat.

Durch Konfrontation des Kindes mit Objekten wird beim Kind eine »Orientierungsgrundlage der Handlung geschaffen« (Galperin), wobei das Kind logisch-mathematische Zusammenhänge aufdecken soll. Das Vorschulkind soll Objekte, Eigenschaften von Objekten, Transformationen eines Objektes und Beziehungen zwischen Objekten erkennen lernen.

Kann das Kind Gegenstände nach Gleichheit, Ähnlichkeit gruppieren, Mengen nach viel und wenig sowie nach der Beschaffenheit ordnen, hat es logisch-mathematische Zusammenhänge erkannt. Kommt noch das Verständnis für räumlich-zeitliche und kausale Zusammenhänge dazu wie »hier«, »dort«, »auf« – »unter« sowie »vor« – »nach«, »wenn« – »dann«, hat das Kind kognitive Schemata zur Verfügung, mit denen es seine Umwelt strukturieren und kognitiv abbilden kann[75].

Die Erarbeitung dieser Schemata darf nicht isoliert ablaufen. Strukturiertes Material (logische Blöcke u. a.) fördern gewiß logische Strukturen. Aber kann das Kind damit seine Umwelt abbilden, sind die erworbenen Begriffe auf seine Situation transferierbar?

Ausgangspunkt für die Entwicklung logisch-mathematischer Strukturen können auch hier Projekte sein. In einem Projekt »Familie« werden Kreise gelegt. In die Kreise können Symbolkärtchen für die Anzahl von Geschwistern gelegt werden. Die Kinder stellen sich in »ihren« Kreis. Die gleichen Kreise können auch Bruder und Schwester symbolisieren. Ausgehend von für die Kinder relevanten Situationen finden die Kinder auch die Schnittmenge; d. h. Kinder, die sowohl einen Bruder als auch eine Schwester haben.

Im Anschluß an ein Puppenspiel (Familienspiel) wird die Frage gestellt, wie groß war die Familie? Wessen Familie ist genauso groß? Die Kinder werden aufgefordert, sich für jedes Familienmitglied einen Baustein zu holen. Die Kinder zeigen den anderen Kindern, wie groß ihre Familie ist. Die Kinder bauen die Bausteine als Türmchen auf und legen ihre Namenskarten darauf.

---

74 White, S. H., Einige begründete Annahmen über kognitive Entwicklung in den Vorschuljahren. In: Hess und Bear, op. cit., S. 225.
75 Vgl. Sonquist, H. D., Kamii, C. K., Applying some Piagetian Concepts in the classroom for the disadvantaged. In: Weikart, D. P. (ed.), Preschool intervention. Mich., Campus Publishers 1967.

Die Kinder stellen von sich auch folgende Fragen: »Was kann man daran sehen? Welche Familie ist die größte? Welche die kleinste?« Zum Schluß der Sequenz erhalten die Kinder für jeden Bauklotz einen roten Markierungspunkt, den sie auf eine Tabelle, die Symbole für die Familienmitglieder enthält, aufkleben.

An diesem Beispiel wird deutlich, daß das Kind seine Begriffe aus dem handelnden Umgang mit Objekten konstruiert und daß eine Rückübersetzung der Abstraktion in die Fülle sinnlicher Alternativen möglich ist, d. h. das Kind kann seinen jeweiligen konkreten Fall in der Abstraktion erkennen. Damit ist ein Transfer der erworbenen Strukturen auf den kindlichen Lebensraum möglich[76], denn »das gegliederte System der Objekt- und Subjektsymbole macht die Welt instrumentell zugänglich«[77].

In den Lernformen zur Entwicklung logisch-mathematischer Strukturen kommt der Sprache eine große Bedeutung zu. Das Wort lenkt die Handlung und hält das Resultat der Operation fest. »Ohne Übung in den Kategorien der Sprache kann eine Handlung überhaupt nicht in Form von Vorstellungen widergespiegelt werden.«[78] Es sind in diesen Arbeitsformen Sprache und Denken aufeinander zu beziehen, damit die Kinder mit den Objekten handeln können, die sie verstehen und ein System von Bedeutungen erwerben, mittels dessen sie ihren Lebensraum verstehen lernen.

4. Funktion des Spiels

Neben Projektunterricht, der so vielfältig sein kann, braucht das Kind in der Vorschule einen Freiraum, in dem es seine Welt leben kann. Das Spiel ist wie keine andere Form der Bedürfnis- und Fähigkeitsstruktur dieser Kinder angemessen. Im Spiel gelingt es dem Kind, Spannungen aufzuheben, Aggressionen zu entladen und Angst zu bewältigen. Spielformen können als Mechanismus des Ausgleichs der umweltbedingten affektiven und kognitiven Diskrepanzen, also allgemein zum Aufbau der Ich-Stärke verstanden werden. Indem das Spiel dem Kind hilft, zu immer neuen Stufen der Realitätsbewältigung zu gelangen, stellt das Spiel einen Weg der Verarbeitung von Erlebnissen und Konflikten durch Phantasieren, Experimentieren und Planen dar.

---

76 Vgl. Damerow, Keitel, Ch., Sack, L., Zur Revision des Curriculum in der Schulmathematik in der BRD. In: Bildung und Erziehung, (1971), H. 5.
77 Lorenzer, A., Zur Begründung einer materialistischen Sozialisationstheorie. Frankfurt 1972, S. 81.
78 Galperin, P. J., Die Entwicklung der Untersuchungen über die Bildung geistiger Operationen. In: Hiebsch, H. (Hrsg.), Ergebnisse der sowjetischen Psychologie. Berlin 1967, S. 386.

Viele in der heutigen Vorschulerziehung eingesetzten Spielmaterialien und die einbezogenen pädagogischen Veranstaltungen von »kindlichem Spiel und deren Instrumentalisierung und planmäßiger Einsatz zum Training kognitiver Funktionen und Fähigkeiten läßt die Triebbedürfnisse des Kindes weitgehend unberücksichtigt«[79].

Im Spiel darf der kindliche Versuch gesehen werden, vielschichtige Erfahrungen, die es nicht auf einmal bewältigen kann, sich nach und nach anzueignen. Das Kind unternimmt im Spiel den Versuch, »Angst und Beeinträchtigungen zu kompensieren, und zwar bei einem minimalen Risiko an Gefahren oder auch nicht wiedergutzumachenden Folgen«[80].

Die zunehmende Phantasietätigkeit im Vorschulalter prägt das Spiel und erschließt dem Kind eine Fülle von Handlungsmustern und gibt ihm das Merkmal großer Beweglichkeit, die es aber zugleich oft unvorhersehbar und unlenkbar für den Erzieher machen. In der Vorschulzeit gewinnen auch die Kameraden und Spielgefährten eine zunehmende Bedeutung. Dies erklärt sich auch aus der Angst des Kindes vor dem Über-Ich und dessen Repräsentanten, denen es ungern allein gegenüber treten möchte. Das Gefühl, zu einer Gruppe zu gehören, die alle ähnliche Probleme haben, ist für das Kind eine kompensatorische Vorstellung[81].

Die Erkundung der Umwelt, die Suche nach Neuem, die explorierende Auseinandersetzung mit seinem Lebensraum spielt für das kindliche Verhalten eine große Rolle, denn der spielerische Umgang mit Objekten bringt dem Kind einen Informationsgewinn ein. Da die Spieltätigkeit dem Kind erfolgreiches Handeln erlaubt, entsteht neue Motivation zum Spiel als einer Tätigkeit, die positiv empfunden wird. Durch aktive Wiederholungen positiv gemachter Erfahrungen assimiliert das Kind allmählich passiv erlebte Erfahrungen. Spiel ist somit auch ein Assimilationsprozeß, der sich besonders des Wiederholungsprinzips bedient[82]. Spielformen, die das Kind aufgrund einschränkender Zielvorhaben auf ein vorgeprägtes reaktives Verhalten festlegen, sind ungeeignet und erlauben weder individuelle Differenzierung, noch wird die Identifikation mit den Alterskameraden gefördert.

In Strategie- und Wettbewerbsspielen kann das Kind Entscheidungen selbst herbeiführen, die Situation beherrschen und somit Befriedigung erfahren, während es außerhalb der Spielsituation abhängig und gehorsam bleiben muß. Selbst wenn ein Kind in einem Spiel keinen Erfolg hat, ist

---

79 Nitsch-Berg, H., Kindliches Spiel. Berlin 1971 (Manuskript).
80 Peller, L., Das Spiel im Zusammenhang der Trieb- und Ichentwicklung. In: Bittner, G., Schmidt-Cords, E. (Hrsg.), Erziehung in früher Kindheit. München 1968, S. 197.
81 Vgl. Peller, a. a. O., S. 214 f.
82 Vgl. Spitz, R., Wiederholung, Rhythmus, Langeweile. In: Imago, 1937, 23.

dies für es nicht so schlimm, solange die Regeln befolgt werden, denn »die Bedeutung, die den formalen Elementen des Spiels beigelegt wird, läßt auch beim Verlierer keine Beschränkungen aufkommen«[83].

In der Vorschule sollte ein ausgewogenes Verhältnis zwischen strukturiertem und spontanem Spiel hergestellt werden, das den Bedürfnissen der Kinder gerecht wird[84]. Im spontanen Spiel, in dem die Kinder die Ziele, Bedingungen und Methoden selbst bestimmen, können sie die Realität in ihrer teilweise noch affektgeladenen und egozentrischen Art erfassen und verarbeiten. Im strukturierten Spiel kann ein Kind die Voraussetzungen für den Erwerb symbolischer Repräsentation erwerben (kausale und sprachliche). Damit ist es für das Kind wichtig, daß es das Regelsystem als »spielermöglichend und unentbehrlich, aber zugleich als gesetzt und veränderbar erlebt«[85].

Im strukturierten Spiel hat die Einbeziehung des Unfertigen, des Neugierverhaltens eine motivierende Kraft. Der zu entdeckende Sachverhalt muß dem Vorschüler so dargeboten werden, daß er ihm als Problem erscheint. So lernt das Kind, einem Gegenstand neue Dimensionen abzugewinnen, u. a. weitere Verwendungsmöglichkeiten eines Objekts oder seine möglichen Veränderungen[86]. Das (zunächst) Undurchschaubare erhält die Aufmerksamkeit aufrecht, bis der Sachverhalt geklärt ist. Das Finden der Lösung in der aktiven Auseinandersetzung wird als Belohnung angesehen, weil es ein inneres Bedürfnis, mit der Umwelt umzugehen, befriedigt. Das Streben nach Kompetenzen (White) ist ein selbständiges motivierendes Element, dem Konzept der Funktionslust (Bühler) verwandt.

Wird einem leistungsschwachen Vorschüler das Gefühl vermittelt, daß er schon etwas kann, dann wächst mit dem Erlebnis der Kompetenz auch die positive Zielvalenz. Dabei handelt es sich um die Förderung durch erfolgsthematische Atmosphäre: die Ich-Beteiligung wächst mit den Erfolgserlebnissen.

Das Lernmaterial sollte daher neben vertrauten Elementen auch neue, dem Kind noch nicht bekannte Elemente enthalten, das heißt, das Aufgabenmaterial muß einen Schwierigkeits- bzw. Neuheitsgrad haben, den das Kind zum Teil auch selbst manipulieren kann, – oder aber es muß die Möglichkeit bestehen, die Aufgabe mit dem »passenden« Schwierigkeitsgrad aus einer Reihe von Aufgaben selbst auszusuchen. Die Lern- und

---

83 Peller, a. a. O., S. 215.
84 Vgl. Almy, M. Spontaneous play. In: Frost, J. L. (ed.), Early childhood education rediscovered. New York 1968.
85 Flitner, A., Spielen – Lernen; Praxis und Deutung des Kinderspiels. München 1973, S. 121.
86 Vgl. Kossolapow, L., Kreativität. In: Hundertmarck, G., Ulshofer, H. (Hrsg.), Kleinkinderziehung, Bd. 2. München 1972.

Spielformen in der Vorschule müssen so beschaffen sein, daß das Kind eine Atmosphäre aufnehmenden Zuhörens und selbständigen Antwortens aufbauen kann. Unter dem Schutz einer kindgemäßen Vorschulerziehung soll das Kind die Chance erhalten, Erkennungskompetenz zu erwerben.

Aus der frühkindlichen Autonomie, die in der vorschulischen Erziehung gefördert wird, entsteht die kognitive Kompetenz, die nachträglich die Autonomie des reifen Menschen erzeugt. Dieser Regelkreis sich abwechselnder Ursache und Wirkung zwischen Autonomie und Kompetenz kann zwar von einer repressiven Gesellschaft zu einem späteren Zeitpunkt immer noch durchbrochen werden, aber dies fällt ihr um so schwerer, je früher dieser Regelkreis beim Kind in Bewegung gesetzt wurde. Die Kinder, die eine emanzipatorische Vorschule durchlaufen haben, werden sich ihre Ziele und Mittel weniger als zur Konformität Neigende vorschreiben lassen. Sie werden vermutlich ihre eigenen Vorstellungen in bezug auf ihre Aktivitäten und Lösungsstrategien formulieren, da bei ihnen die Differenz zwischen den subjektiven Ansprüchen und dem objektiv Möglichen begrifflich ihren Ausdruck findet.

Literatur:

J. H. FLAVELL, Role-taking and verbal communication. In: A. H. Kidd, J. L. Rivoire (eds.), Perceptual development in children, New York 1966.
L. LIEGLE, Kommunikation und Kooperation im Sozialisationsprozeß. In: Zeitschrift für Pädagogik, (1972), H. 6.
A. R. LURIA, Die Entwicklung der Sprache und die Entstehung der psychischen Prozesse. In: Hiebsch, H. (Hrsg.), Ergebnisse der sowjetischen Psychologie. Berlin 1967.
J. PIAGET, Nachahmung, Spiel und Traum. Stuttgart 1970.
A. SHAW, Curriculumelement Rollenspiel. In: betrifft: erziehung (1970), H. 11.
L. S. WYGOTSKI, Denken und Sprechen, Stuttgart 1969.

Professionalisierung

HEDI SCHRADER

*Professionalisierung der Erzieher
im Rahmen vorschulischer Curriculumentwicklung*

1. *Diskrepanz zwischen Theorie und Praxis der vorschulischen Erziehung*
1.1 Tendenzen der wissenschaftlichen Curriculumentwicklung
1.2 Probleme der Kindergartenerziehung
1.3 Erzieherfortbildung
1.4 Auswirkungen der Reformansätze auf die Praxis

2. *Praxisorientierte Curriculumentwicklung*
2.1 Situationsorientiertes Curriculum
2.2 Theorie – Praxis – Verhältnis

3. *Professionalisierung als Aspekt praxisorientierter Curriculumentwicklung*
3.1 Über die Schwierigkeiten eines Diskurses
3.2 Zur Funktion von Arbeitstagungen
3.3 Einbeziehung der Praxis in die Curriculumentwicklung

Vorbemerkung

Wenn Fragen der vorschulischen Erziehung nicht nur in der wissenschaftlichen Diskussion verbleiben sondern auch zu einer Veränderung der institutionalisierten Erziehung führen sollen, dann muß sich die Curriculumentwicklung auf die jeweils vorfindbare Erziehungspraxis einstellen und Innovationen dort einleiten. Curriculumentwicklung, die darauf abzielt, die pädagogische Praxis wirksam zu verändern, kann sich nicht lediglich in neuen Zielen, Inhalten und Materialien niederschlagen, denn Wirkungen und Folgen von Innovationsbemühungen hängen weitgehend von der Bereitschaft und der Möglichkeit der in der Praxis tätigen Erzieher ab, diese in ihrer Arbeit umzusetzen.

Die folgenden Überlegungen gehen der Frage nach, inwieweit bisherige Reformansätze den Erziehern die Möglichkeit bieten, in ihrer Praxis innovativ tätig zu werden, und es wird dann auf die Notwendigkeit und die Probleme der Beteiligung von Erziehern an Curriculumentwicklung eingegangen.

Der Begriff Professionalisierung[1] wird in diesem Zusammenhang in einem eng begrenzten Sinn verwendet. Unter Professionalisierung wird der Kompetenzerwerb verstanden, den Erzieher im Verlauf von Veränderungen ihres Praxisfeldes zu verzeichnen haben. Die zentrale Fragestellung lautet, unter welchen Bedingungen Praktiker sich in ihrem Berufsfeld so qualifizieren können, daß eine Verbindung zwischen der berufsspezifischen Wissensbasis und dem Handeln in der Praxis gelingt.

1. Diskrepanz zwischen Theorie und Praxis der vorschulischen Erziehung

1.1 Tendenzen der wissenschaftlichen Curriculumentwicklung

Das Ziel von Curriculumentwicklung ist die wirksame Umsetzung der geplanten Lerneinheiten in die Praxis. Wirksam kann die Umsetzung nur dann sein, wenn die betroffenen Lehrer oder Erzieher in der Lage sind, mit den Curricula zu arbeiten und sie den Leitideen entsprechend zu verwirklichen.

Dieser Tatsache wird in der gegenwärtigen Curriculumentwicklung kaum Rechnung getragen. Die wissenschaftliche Forschung in diesem Bereich – weithin noch dem Konzept zweckrationaler Planung von Erziehung verpflichtet – konzentriert sich darauf, Lernen planbar und kontrollierbar zu machen und es effizienter zu gestalten. Hauptanliegen der gegenwärtigen Curriculumforschung ist dementsprechend die Legitimierung, die Objektivierung und Operationalisierung von Lernzielen und Inhalten,

---

[1] Der Gebrauch des Begriffs Professionalisierung ist nicht einheitlich. Im englischen Sprachgebrauch werden solche Berufe »professions« genannt, die ein besonders hohes Maß an Ausbildung, Ansehen und Einfluß aufweisen. Im deutschen Sprachgebrauch versteht man unter Professionalisierung die Prozesse der Entstehung und Veränderung von Berufen im Dienstleistungssektor. – Vgl. dazu: Blinkert, B., Unvollständige Professionalisierung und Konflikte im Bereich der Sozialarbeit. In: Zeitschrift für Soziologie, 1 (1972), H. 4, S. 293: »Der Grad der Professionalisierung einer Berufsrolle kann unter zwei Gesichtspunkten bestimmt werden: 1. als Grad der Integrierbarkeit von pragmatischen Handlungsregeln in eine explizite und systematische Wissensbasis; 2. als Grad der Kongruenz von legitimitätsorientierten Kontrollerwartungen von professionals mit den Strukturen der Kontrollausübung im Arbeitsbereich.« Vgl. weiterhin: Utermann, K., Zum Problem der Professionalisierung in der Industriegesellschaft. In: Otto, H. U./Utermann, K. (Hrsg.): Sozialarbeit als Beruf. München 1971. S. 13–29.

deren Hierarchisierung und die Konstruktion von Lernsystemen. Lehrpläne sollen von bloßen Lernzielkatalogen zu der umfassenden Steuerungsinstanz all der Maßnahmen und Mittel entwickelt werden, durch die Lernziele erreicht werden. Das bedeutet, daß das Curriculum Anweisungen über die Mitwirkung aller am Lernprozeß beteiligten Faktoren enthält und Hinweise zu Verfahren und Instrumenten gibt, mit denen die Erreichung der Lernziele kontrolliert werden kann[2].

Bei solch einer – vorwiegend lernstofforientierten – Erziehungsplanung ist der Erzieher, der nicht voll programmierbar ist, ein »Störfaktor«, den es, soweit möglich, auszuschalten gilt. Curricula wurden deshalb zunächst »teacher-proof«, das heißt lehrersicher konzipiert. Es wurde versucht, alle den Lernprozeß bestimmenden Faktoren durch Materialien und Anweisungen festzulegen, das Verhältnis von Lehrer und Schüler zu objektivieren und durch die Planung zu bestimmen. In der Praxis mußten diese geschlossenen Curricula wegen der Spezifität der einzelnen Erziehungssituationen scheitern. Sie riefen bei Lehrern – wie Erfahrungen aus den USA zeigen – zum Teil heftige Abwehrreaktionen[3] hervor, die deutlich machten, wie entscheidend die Umsetzung, das heißt die Praxiswirksamkeit von Curricula vom Lehrer abhängig ist.

Solche Erfahrungen führten zu der Einsicht, daß eine Planung von Unterrichtsinhalten und -materialien allein nicht schon zu der beabsichtigten Steigerung von Effektivität in Erziehung und Unterricht führt. Die Konsequenz, die daraus gezogen wird, ist, daß nun auch der Lehrer – entsprechend dem zugrundeliegenden technologischen Konzept von Erziehung – bei der Planung zu berücksichtigen ist. Er muß zu dem Experten ausgebildet werden, der eine zweckrationale Planung und Durchführung von Unterricht leisten kann, der also Lernprozesse der Kinder optimal organisiert und Leistungssteigerungen nachweisbar bewirkt.

Professionalisierung wird in diesem Sinne folgerichtig als »Instrumentalisierung des Lehrerverhaltens«[4] verstanden, als Instrumentalisierung für die effektive Gestaltung von Erziehungsprozessen.

Ein solches Modell der Lern- und Lehrplanung kommt zwar der Forderung nach Präzisierung und Operationalisierung von Lernzielen und der Überprüfbarkeit von vorher definiertem Lernerfolg nach, der Gesichtspunkt der »Übersetzbarkeit in wirkungsvolle Praxis«[5] ist dagegen in die-

---

2 Vgl. Tütken, H., Lehrplan und Begabung. In: Roth, H. (Hrsg.): Begabung und Lernen. Stuttgart 1968, S. 461–471.
3 Vgl. Glatthorn, A. A., How to Sabotage »Teacher-Proof« Curricula. In: The Bulletin of the National Association of Secondary School Principals, 52 (1968), S. 159–174.
4 Döring, K. W., Lehrerverhalten und Lehrerberuf. Zur Professionalisierung erzieherischen Verhaltens. Weinheim/Berlin/Basel 1970, S. 23.
5 Brügelmann, H., Offene Curricula, ZfP, 18 (1972), H. 1, S. 96.

sem Entwicklungskonzept nicht genügend berücksichtigt, da die Bedingungen der Erziehungswirklichkeit überhaupt nicht wahrgenommen werden. Erziehungssituationen lassen sich durch das Filter, mit der eine objektivierende, abstrahierende und operationalisierende Wissenschaft die Realität betrachtet, nicht so fassen, daß handlungsrelevante Anweisungen, die alle möglichen Ereignisse einschließen, gegeben werden könnten. Vielmehr steht der Lehrer und Erzieher, der sich dieses Filter zu eigen macht, der Spezifität und Komplexität der je individuellen Erziehungssituation gegenüber, deren unerwartete Entwicklung ihn handlungsunfähig machen kann. Zur Bewältigung der Situation lassen sich – nach Vorstellungen der Curriculumkonstrukteure – gezielte Einflüsse und Techniken lernen, unbeachtet bleiben dabei Praxisschwierigkeiten, die sich aus der Widersprüchlichkeit von Postulaten wie Chancengleichheit, Autonomie und Mündigkeit – die im Erziehungswesen propagiert werden – und den »aufgrund wissenschaftlicher Erkenntnisse« gegebenen curricularen Richtlinien ergeben.

Am Beispiel der Entwicklung der Kindergartenerziehung in der BRD soll nun untersucht werden, welche Praxiswirksamkeit Curriculumansätze für den Elementarbereich bisher haben, und vor allem, welche Chancen der Professionalisierung den Kindergartenerziehern durch die bisherige Entwicklung gegeben sind.

1.2 Probleme der Kindergartenerziehung

Die Diskussion um Fragen vorschulischer Erziehung rückte den Kindergarten in den Blickpunkt öffentlichen Interesses. In wissenschaftlichen Diskussionen wie auch in Auseinandersetzungen in Funk, Fernsehen und Presse werden Fragen der frühkindlichen Erziehung vermehrt aufgegriffen. Auf dem Hintergrund »wissenschaftlicher Erkenntnisse« oder »gesellschaftlicher Notwendigkeiten« werden Reformen des Kindergartens erörtert.

Die Ansätze und Schwerpunkte der Kritik fallen dabei – je nach Standpunkt und Sachkunde der Autoren – recht unterschiedlich aus. Sie haben zur Folge, daß – vor allem bei Eltern und Erziehern – eine weitverbreitete Unsicherheit entstanden ist in bezug auf die Frage, was denn nun Aufgaben des Kindergartens sind, und ob der Kindergarten und die Kindergartenerzieher den gestellten Anforderungen überhaupt noch entsprechen können. In der öffentlichen Diskussion geäußerte Erwartungen und Kritik lassen sich in drei wesentlichen Ansatzpunkten zusammenfassen:

Der Hauptvorwurf richtet sich gegen den Kindergarten als »Bewahranstalt«, der die Lernfähigkeit der drei- bis sechsjährigen verkennt und sie nicht entsprechend fördert. Der Kindergarten sollte die grundlegenden Voraussetzungen für die schulischen Lernanforderungen schaffen, »aus einem Raum der Behütung soll eine bewußt gestaltete, Kinder vorsichtig lenkende, anregende und befriedigende Lebensumwelt für Lernerfahrungen werden«[6].

Eine andere Richtung der Kritik zielt auf die direktiven Erziehungsmaßnahmen des Kindergartens ab. Es wird festgestellt, daß die Kinder im Kindergarten zu stark reglementiert werden, und es wird gefordert, daß die Erzieher die Kinder zu mehr Eigenständigkeit und Initiative erziehen.

Schließlich werden Erwartungen an den Kindergarten gestellt, die sich auf die Verhinderung sozialer Benachteiligung beziehen. Durch kompensatorische Erziehung von Kindern unterprivilegierter gesellschaftlicher Gruppen soll deren Schulversagen vorgebeugt und der Forderung nach Chancengleichheit im Bildungswesen Genüge getan werden.

Die Erzieher stehen diesen Ansprüchen zumeist unvorbereitet gegenüber. Die heute in der Praxis tätigen Erzieher haben sich zum Teil zu einer Zeit für diesen Beruf entschieden, in der für das Bild des Kindergartenerziehers Begriffe wie »mütterlich«, »fraulich« und »kinderlieb« charakteristisch waren[7]. Dieses Berufsbild steht in keinem Verhältnis zu den Anforderungen, die heute an die Kindergartenerziehung gestellt werden und zu den Qualifikationen, über die ein Erzieher verfügen sollte. Dennoch hält sich in der Öffentlichkeit weiterhin beharrlich eine Vorstellung vom Beruf des Erziehers, die traditionellen Auffassungen entspricht.

Die noch übliche Bezeichnung »Kindergärtnerin« macht es deutlich. Nahezu alle Erzieher im Kindergarten sind Frauen. Die Feminisierung in sozialpädagogischen Berufen ist so selbstverständlich, daß sie kaum diskutiert wird. Diese Selbstverständlichkeit zeigt, daß trotz der veränderten Gewichtung frühkindlicher Erziehung die praktische Erziehungsarbeit weiterhin als spezifisch weibliche Tätigkeit betrachtet wird. Dies ist insofern ungünstig, als daß dadurch eine den Aufgaben entsprechende Veränderung des Berufsbilds, der Ausbildung wie auch des gesellschaftlichen Ansehens dieses Berufszweiges erschwert wird[8].

Das diffuse Berufsbild konnte bisher durch die Ausbildung kaum verändert werden. Das Ziel der Ausbildung zum Erzieher ist die Befähigung für die Tätigkeit in verschiedenen Bereichen der Sozialpädagogik. Die Fachschulen bieten eine einheitliche Erzieherausbildung an, die sowohl für die Heimerziehung, für die Jugendarbeit, wie für die Tätigkeit in Krippe, Hort und Kindergarten qualifizieren soll. Zudem lassen die Richtlinien der einzelnen Länder soviel Spielraum zu, daß es jeweils von der einzelnen Ausbildungsstätte und den dort tätigen Dozenten abhängt, inwieweit die neuartigen Berufsanforderungen an die im Kindergarten tätigen Erzieher

---

6 Deutscher Bildungsrat, Strukturplan für das Bildungswesen, Bonn 1970, S. 45.
7 Vgl. Kietz, G., Die Kindergärtnerin. München 1966.
8 Zum Problem der Feminisierung von Lehrberufen vgl. Zinnecker, J., Der Lehrer – männlich oder weiblich. In: betrifft erziehung, 3 (1970), H. 5, S. 11 ff., H. 6, S. 25 ff., H. 7, S. 30 ff., H. 8, S. 20 ff.

berücksichtigt werden[9]. Insgesamt ist die Ausbildung noch zu wenig auf die speziellen Bedürfnisse der veränderten Kindergartenarbeit eingestellt, die Probleme der Kluft zwischen Theorie und Praxis sind noch keineswegs gelöst. Darüber hinaus ist die herrschaftsbestimmte Form der Ausbildung (Prüfungen, Lehrstile) kaum geeignet, die Erzieher auf eine Praxis vorzubereiten, in der nichtrepressive Erziehung möglich ist.

Unter diesen Voraussetzungen leiden die Erzieher derzeit unter Statusunsicherheiten und erwarten sich für die Neudefinition ihres Berufsfeldes Hilfe von der Wissenschaft, die sich seit geraumer Zeit stärker Fragen der frühkindlichen Erziehung zugewandt hat. Bisher allerdings werden diese Erwartungen kaum erfüllt. Die Praktiker machen die Erfahrung, daß ihnen die Wissenschaft keine Hilfe geben kann, da die Probleme der Wissenschaft weit entfernt von ihren konkreten Praxisproblemen angesiedelt sind.

Wissenschaftliche Forschung behandelt in esoterischer Grundlagenforschung nicht die komplexe Erziehungssituation, sondern beleuchtet von verschiedenen Aspekten her einzelne Zusammenhänge, ohne die Verknüpfung verschiedener Faktoren im einzelnen berücksichtigen zu können. Die vielfältigen theoretischen Abhandlungen und Forschungsansätze können dem Praktiker deshalb keine Handlungshilfen liefern. Sie bewirken wahrscheinlich eher eine weitere Unsicherheit, indem sie Abhängigkeiten und Gesetzmäßigkeiten der Erziehung aufzeigen – meist in einer Sprache, die verwirrt anstatt aufzuklären –, ohne daß die Möglichkeit der Umsetzung von gewonnenen Erkenntnissen in die Praxis gegeben ist.

Daneben finden wir Reformansätze, die den vorhandenen Bestand an wissenschaftlichen Erkenntnissen und Verfahrensweisen für die Kindergartenpraxis nutzbar machen wollen.

Oberstes Ziel einer Reform der Kindergartenpädagogik ist dabei die Verwirklichung der grundgesetzlich fixierten Forderung nach Erziehung zu Selbstbestimmung und Mitbestimmung. So empfiehlt der Deutsche Bildungsrat, daß die Kinder als Persönlichkeit anerkannt werden, daß ihre Selbstverwirklichung gefördert wird, daß sie sich angstfrei emotional entwickeln und zunehmend selbständig handeln und entscheiden können[10]. Der Kindergarten soll reichhaltige Anregungssituationen schaffen, dabei aber schulisches Lernen nicht vorwegnehmen[11].

Wie nun wird diese Zielsetzung konkret verfolgt?

Die Mängel des gegenwärtigen Kindergartens werden darin gesehen, daß Ergebnisse wissenschaftlicher Forschung noch nicht genügend in der Praxis berücksichtigt werden. Die Einführung neuer Methoden für die

---

9 Vgl. dazu: Ulshoefer, H., Praxisprobleme der Kindergärtnerin. München 1970.
10 Vgl. Deutscher Bildungsrat, a. a. O., S. 44.
11 Vgl. ebenda, S. 46.

Kindergartenarbeit orientiert sich an bisher vorliegenden Ergebnissen der Curriculum-Forschung: »Unter curricularem Aspekt wirkt das Geschehen im Kindergarten unsystematisch, ohne konkrete Zielvorstellung und zufallsbestimmt«[12]. Die Verbesserung der Kindergartenpädagogik wird in der »Lernzielbestimmung und Lernschrittanalyse«[13] durch die Erzieher gesehen.

»Wenn der Erzieher seine Arbeit nach Lernzielen ausrichtet, wird es ihm besser gelingen, das Kind anzuleiten, die oft verwirrenden Reize seiner Umgebung zu verstehen und sicher zu organisieren. Er erlangt die Kompetenz und Beweglichkeit, das spielende und doch gezielte Lernen im Kindergarten wirksamer zu beeinflussen.«[14]

Wie aber können solche Vorstellungen in der Praxis des Kindergartens aufgenommen werden?

Für den Erzieher, der die Anregungssituationen schaffen soll, ergibt sich das Dilemma, daß er auf der einen Seite die Eigenaktivität und Selbständigkeit des Kindes durch nichtdirektive Erziehung fördern soll, daß er zum andern auf die planmäßige Steuerung von Lernprozessen, auf die Verfolgung von Lernschritten bedacht sein muß. »Es fällt auf, wie sehr Autoren von Vorschulprogrammen bemüht sind, zu versichern, wichtigstes Prinzip ihres Einsatzes sei, daß das Kind Freude daran habe«[15]. Dafür zu sorgen, bleibt dem Erzieher überlassen. Wie wenig die bisherigen curricularen Entwürfe für den Bereich vorschulischer Erziehung Bedingungen der Praxis berücksichtigen und wie wenig gerade die Praxisnöte der Erzieher zur Kenntnis genommen werden, soll an zwei – zufällig herausgegriffenen – Beispielen aus Rahmenplänen[16] für Vorklassen gezeigt werden:

»Sprechenlernen geschieht durch Nachahmung und Übung (...). Die Bedingungen für den Erfolg dieser Sprechform (Nachsprechen, H. S.) bestehen neben der physiologischen Hörfähigkeit aus einer ausreichenden Gehörschulung, der Bereitschaft des Kindes zuzuhören, zu imitieren und ausdauernd zu üben. *Die Bereitschaft hängt wesentlich von den didaktischen Fähigkeiten der Lehrerin ab.*«[17]

12 Ebenda, S. 104.
13 Vorläufiger Rahmenplan für die Erziehungs- und Bildungsarbeit im Kindergarten. In: Der Minister für Arbeit, Gesundheit und Soziales des Landes Nordrhein-Westfalen (Hrsg.), Modellkindergärten in Nordrhein-Westfalen, S. 37.
14 Ebenda
15 Retter, H., Sprach- und Intelligenztraining durch »didaktische Materialien«?. In: ZfP, 4 (1971), S. 526 f.
16 Eine Darstellung und Analyse vorhandener Rahmenpläne und Richtlinien findet man in: Rinne, H. und Schmidt-Dallmann, K., Entwurf: Entwicklungsmodelle vorschulischer Erziehung unter besonderer Berücksichtigung angewandter und geplanter Curricula untersucht an ausgewählten Beispielen des In- und Auslandes, (unveröffentl. Ms.) Berlin 1972.
17 Vorläufige Arbeitsanweisungen für Versuche mit Vorklassen, Baden-Würt-

Daß Kinder Freude an derartig künstlichen Lernsituationen haben könnten, scheint bereits bei der Planung bezweifelt zu werden. Doch ist dies das (Praxis-) Problem des Erziehers, von seinem didaktischen Geschick hängt es ab, ob Kinder bereit sind, wenig sinnvolle Übungen durchzuführen. Damit der Erzieher in der Praxis bei der (didaktisch geschickten) Verfolgung der Lernziele nicht den Überblick bei dreißig und mehr Kindern verliert, wird ihm folgende Empfehlung gegeben:

»Allgemeines zur Verfahrensweise:
Um die Lernziele objektiv überprüfen zu können, empfiehlt es sich, in Gruppenlisten die einzelnen Kriterien der Lernziele aufzuführen und das Erreichen schriftlich festzuhalten. So werden Kinder individuell gefördert.«[18]

Es wird offensichtlich, daß die Vorstellungen der lernzielorientierten Arbeit in Kindergärten weder den primären Absichten vorschulischer Erziehung – der Forderung nach einer Erziehung zur Mündigkeit – noch den Arbeitsbedingungen in der Praxis entsprechen können. Mit dem Raster der zielbezogenen Organisation von Lernprozessen werden dem Erzieher Beobachtungskriterien vermittelt, die situationsbezogenes Handeln nicht fassen können, die zusammenhängende Ereignisse in Lernschritte zergliedern, die viele Ereignisse des Erziehungsgeschehens als belanglos – da nicht in vorgegebene Kategorien einzuordnen – abtun. Aufgabe des Erziehers in der konkreten Erziehungssituation ist dabei, sowohl auf die Effektivität des zielbezogenen Lernens zu achten als auch den autoritären Charakter der Lernanforderungen durch didaktisches Geschick zu überbrücken, um der Forderung nach Erziehung zu Selbstbestimmung nachzukommen. Diese Ansprüche an den Erzieher sind aber uneinlösbar:

– Erziehungssituationen können nicht durch einen Katalog vorher bestimmbarer Lernziele gesteuert werden, sie stellen komplexe Handlungsfelder dar, die in ihrer Eigendynamik nicht planbar und kontrollierbar sind.

– Das dem Erzieher zur Strukturierung seiner Wahrnehmung empfohlene Raster der Lernziele macht ihn blind für spontane Entwicklungen der Kindergruppe, die – vom Aspekt der Selbstverwirklichung der Kinder her – als besonders wichtig erachtet werden. Der Erzieher verliert die Sensibilität für situative Ereignisse, die konkrete Situation verliert ihre Eigenqualität und wird nur noch instrumental zur Erreichung vorgegebener Lernziele gesehen.

– Es ist praktisch undurchführbar, daß der Erzieher, der gezieltes Lernen

temberg. In: Kleinschmidt, G. (Hrsg.), Vorschule, Curriculare Entwürfe für den Elementarbereich aus bundesrepublikanischer und angloamerikanischer Sicht. Freiburg o. J., S. 62, (Hervorhebung von mir – H. S.).
18 Vorläufiger Rahmenplan für die Vorklasse, Berlin, In: Kleinschmidt, G. (Hrsg.), a. a. O., S. 72.

der Kinder wirksam beeinflußt, dabei nichtdirektiv verfahren kann. Vielmehr wird er darauf bedacht sein müssen, den Kindern Lernangebote vorzugeben, er muß ständig Lernmotivationen schaffen, muß unter den realen Arbeitsbedingungen die Kinder disziplinieren. Damit aber verstößt er gegen die Anforderung, Kinder zur Selbständigkeit und Selbstbestimmung zu erziehen.

Bei derartig unvereinbaren Anforderungen an die Praktiker ist es nicht verwunderlich, wenn das reale Geschehen in der Praxis nicht dem geplanten Lernarrangement der Curriculumkonstrukteure entspricht. Die nicht zu leugnenden Mängel der aktuellen Erziehungspraxis werden allerdings nicht als Folge der Diskrepanz zwischen Theorie und Praxis, zwischen wissenschaftlicher Analyse und sich darauf beziehenden Reformplänen einerseits und dem pädagogischen Handeln in der Praxis andererseits begriffen. Sie werden vielmehr zunächst als Symptom des unzulänglichen Ausbildungsstandes der Erzieher gesehen. Defizite der Praktiker werden festgestellt und Fortbildungsmaßnahmen konzipiert, die die Erzieher für eine erfolgreiche Praxis qualifizieren sollen.

1.3 Erzieherfortbildung

Es ist unbestritten, daß die Ausbildung der Kindergartenerzieher – da zu sehr noch traditionellen Vorstellungen von diesem Beruf verhaftet – unzulänglich ist. Ansätze zur Weiterbildung von Erziehern – gedacht als Kompensation der Ausbildungsdefizite – lassen allerdings Zweifel aufkommen, ob die bisher üblichen Weiterbildungsmaßnahmen Erziehern zur Neudefinition ihrer gesellschaftlichen Praxis im Sinne demokratischer Zielsetzungen verhelfen können.

Es wird zunehmend von der Überzeugung ausgegangen, daß jemand, der professionell mit Erziehung zu tun hat, eine wissenschaftlich fundierte Ausbildung haben muß.

»Zur Bewältigung der Anforderungen sind Kenntnisse in mehreren Human- und Sozialwissenschaften erforderlich: Entwicklungs- und Lernpsychologie, Gruppendynamik, pädagogische Ziellehre, Curriculum-Theorie, Sozialisationsforschung, Familiensoziologie, Theorie der sozialen Schichtung, Familien- und Jugendrecht sowie grundlegende medizinische Kenntnisse.«[19]

In diesem Sinne bieten Fortbildungsmaßnahmen für Erzieher Kenntnisse aus der Wissenschaft an, betreiben Wissensvermittlung orientiert an wissenschaftlichen Disziplinen und Fragestellungen. Dabei wird unterstellt, daß die Beschäftigung mit wissenschaftlicher Grundlagenforschung dem Praktiker zu einer durch gesicherte wissenschaftliche Kenntnisse verbesserten Praxis verhelfen könne.

---

19 Deutscher Bildungsrat, a. a. O., S. 118.

Erfahrungen in der Praxis machen diese Hoffnung jedoch zunichte. Die Befassung mit empirisch orientierten Wissenschaften in ihrem gegenwärtigen Verständnis hilft der Praxis nicht unmittelbar weiter. Theorien und Modelle, die Abstraktionen von Wirklichkeit, Ausschnitte aus Realität sind, und die nur mit gewisser Wahrscheinlichkeit unter gegebenen Bedingungen gelten, können für den Praktiker keine Handlungsrelevanz haben.

Wenn allerdings suggeriert wird, daß aus wissenschaftlichen Forschungsergebnissen Handlungsanweisungen zu ziehen sind, wenn Grundlagenforschung zur Anwendung in Praxis verformt wird, kommt es zu fragwürdigen Ergebnissen für die Praxis.

Ergebnisse der Begabungsforschung und der Sozialisationsforschung zeigen Unterschiede im Lernverhalten von Kindern verschiedener Schichten.

Daß in solche Untersuchungen Vorannahmen und methodische Schwächen eingehen, die die Ergebnisse entscheidend bestimmen, wird nicht geklärt. So wird kaum deutlich, daß Untersuchungen mit Kindern unterschiedlicher subkultureller Milieus dadurch, daß die Untersuchungsinstrumente schichtspezifisch orientiert sind, zu einseitigen und nicht eindeutigen Ergebnissen kommen. Es wird lediglich festgestellt, daß Unterschichtkinder Defizite aufweisen. Dies aber im Vergleich zu Mittelschichtkindern, gemessen an Aufgaben der Mittelschicht und in Situationen, in denen sich Mittelschichtkinder wohlfühlen. Auf die Praxis angewandt führen die »gesicherten« Ergebnisse wissenschaftlicher Forschung zu kurzsichtiger kompensatorischer Erziehung, das heißt zu dem Versuch, die festgestellten »Defizite« durch entsprechende Übungsmaßnahmen zu beheben [20].

Ein anderes Beispiel für die Fragwürdigkeit der Anwendung wissenschaftlicher Forschungsergebnisse auf die Praxis ist die vielbeachtete Untersuchung in Kindergärten von Tausch [21]. Die Ergebnisse dieser Forschungsarbeit suggerieren, daß es »richtiges« und »falsches« Erziehungsverhalten gibt. Der Erzieher erfährt, daß die Kinder durch sein unangemessenes Verhalten über alle Maßen eingeengt werden. Dem Erzieher wird durch eine stark vereinfachte Sicht von Erziehung vermittelt: unterschiedlichen Erziehungsstilen (direktiv versus sozialintegrativ) sind Reaktionen der Kinder, selbständiges bzw. unselbständiges Verhalten zuzuordnen. Eine solche Vereinfachung der Erziehungssituation und die Reduktion der vielfältigen Interaktionsprozesse auf einlinige Abhängigkeiten führt dazu, daß bei Erziehern die Hoffnung geweckt wird, durch Verhaltensänderungen, die lernbar seien, Probleme der Praxis lösen zu können [22].

20 Zur Kritik an »Kompensatorischer Erziehung« siehe: Bernstein, B., Der Unfug mit der ›kompensatorischen‹ Erziehung, in: betrifft erziehung, 3 (1970), H. 9, S. 15 ff.; Du-Bois-Reymond, M., Strategien Kompensatorischer Erziehung. Frankfurt 1971; Elschenbroich, D., Von der ›Dummheit‹, die durch kompensatorische Erziehung kuriert werden soll. In: betrifft: erziehung, 4 (1971), H. 8, S. 29 ff.; Hänsel, D./Ortmann, H., Kompensatorische Vorschulerziehung und sozialer Aufstieg. In: ZfP, 17 (1971), H. 4, S. 431 ff.

21 Tausch, A. u. a., Variablen und Zusammenhänge der sozialen Interaktion in Kindergärten. In: Psychologische Rundschau, 19 (1968), S. 267–279.

22 Vgl. dazu: Rumpf, H./Messner, R., Anatomie einer empirischen Untersuchung. In: ZfP, 17 (1971), H. 4, S. 483–505.

Wissenschaftliche Ergebnisse – verformt zu Handlungsanweisungen für Praktiker – werden so zu Techniken. Ausgehend von wissenschaftlicher Forschung werden ohne Berücksichtigung des Kontexts und der konkreten Bedingungen Rezepte an die Praxis gegeben, die dazu führen müssen, daß sich Erzieher lediglich »von einer unreflektierten Praxis in die andere begeben«[23].

Deutlicher noch zeigt sich die Tendenz, Ergebnisse wissenschaftlicher Forschung technologisch für die Praxis zu verwerten, in solchen Fortbildungsmethoden, mit denen Erzieherverhalten – losgelöst aus der Praxis – trainiert wird.

Auf erfahrungswissenschaftlicher Grundlage werden Merkmale eines modellhaften Erzieherverhaltens entwickelt, die dann – in einzelne Elemente aufgespalten – gelernt werden sollen. Dabei sind die Merkmale des zu lernenden Verhaltens notwendigerweise solche, die beobachtbar und abstrakt beschreibbar sind. Andere Handlungsaspekte, die – weil kontextabhängig und isoliert nicht eindeutig zu beurteilen – lassen sich in modellhafte Verhaltenskonzepte nicht einbringen[24].

Die Qualität des Erzieherhandelns – als Erzieherverhalten von außen betrachtet – wird von seinem Beitrag zu der Erreichung von festgelegten Lernzielen hin beurteilt. Qualitäten des Erzieherhandelns, die sich in Lernsituationen zeigen und die sich unter Berücksichtigung des Kontextes als richtig im Sinne einer Leitidee interpretieren lassen, fallen bei einer solchen Betrachtungsweise als nicht-faßbar und damit irrelevant durch die Lücken des Suchrasters.

So wird unter technologischem Aspekt das, was empirischen Methoden zugänglich ist, zur wissenschaftlich gesicherten Wiedergabe von Realität. Trainiert werden »Bündel von Verhaltenspartikeln«, die »aus den Beziehungen zum inhaltlichen und soziokulturellen Kontext, in dem sie im konkreten Unterricht stehen« gelöst sind. »Sie sind ebenso gelöst von den Beziehungen zu Individualitäten und Lernzuständen von Lernenden, von denen sie vielleicht provoziert würden und die sie provozieren«[25].

Den Erziehern wird systematisches Verhaltenstraining zur Veränderung der repressiven Erziehungspraxis empfohlen: »Die Tradierung autoritärer Haltungen und Verhaltensweisen kann nur dadurch effektiv durchbrochen werden, daß Erzieher systematisch trainiert werden in freiheitlich-demokratisch-sozialen Haltungen und Verhaltensweisen.«[26] Ausgehend von feststellbaren Defiziten des Erziehers werden Trainingsmaßnahmen

---

23 Ebenda, S. 501.
24 Vgl. ebenda, S. 489 ff.
25 Rumpf, H., Sachneutrale Lehrverfahren?. In: ZfP, 16 (1970), H. 6, S. 802.
26 Teegen, F./Fittkau, B., Erziehung der Erzieher. In: Zeitschrift für Entwicklungspsychologie und Pädagogische Psychologie, 1972, H. 1, S. 43.

entworfen und erprobt, die möglichst effektiv durch Übung diese Defizite beheben.

Das zugrundeliegende Konzept entspricht dem von Brügelmann beschriebenen »output model«:

»Dem ›output model‹ – auch ›engineering model‹ – liegt folgende Logik zugrunde: Erziehung zielt letztlich auf Lernen, d. h. Verhaltensänderung. Es müßte deshalb möglich sein, jedes Erziehungsziel in einzelne Verhaltensweisen – ›behavioral objectives‹ oder ›intended learning outcomes‹ – aufzuschlüsseln. Zeigt der Schüler das erwünschte Verhalten, so kann man Inhalte und Methoden aufsuchen, die vermutlich zum Erwerb der angezielten Verhaltensweisen beitragen. Diese didaktischen Arrangements werden in anschließenden Unterrichtsversuchen so lange variiert, bis der höchste ›output‹ bei den meisten Schülern möglichst ökonomisch erreicht wird.«[27]

Mit diesen technologischen Verhaltenskonzepten wird paradoxerweise die Absicht verbunden, zu demokratischem Verhalten, zu Mündigkeit des einzelnen zu trainieren. Dabei werden – auf Kosten der Stimmigkeit zwischen Leitideen und Verfahrensweisen – Erziehern Verhaltensrituale, die meßbar und »machbar« sind, möglichst wirksam – das heißt unter dem Gesichtspunkt der Effektivität – eingeübt.

Absichten, wie »Abbau des eingeschliffenen autoritären Verhaltensrepertoires durch systematisches Training in freiheitlich-demokratisch-sozialem Kommunikationsverhalten«[28] oder Erhöhung der »sozialen Kompetenz«[29] von Erziehern – wobei unter sozialer Kompetenz die »Fähigkeit zum gezielten Einsatz ineraktiver Mittel bei komplexen sozialen Verhaltensproblemen«[30] verstanden wird – lassen keinen Zweifel über das zugrundeliegende Verständnis von Lernen aufkommen. Lernen wird begriffen als Verhaltensänderung des Lernenden, als Veränderung seines Verhaltens von Zustand A zu Zustand B, wobei zwischen A und B den Lehrenden die Funktion zukommt, lernwirksame Einflüsse auf den Lernenden auszuüben, lernwirksame Situationen und Erfahrungen zu schaffen, deren Bedeutung nur in dem Transport des Lernenden von Zustand A zu Zustand B gesehen werden kann.

Bei dieser Betrachtungsweise wird der Erzieher – der Lernende im Training – in seiner Erzieherfunktion nur instrumental begriffen: Er wird für seinen Einsatz, für seine Verwertbarkeit geformt und trainiert. Er wird dafür qualifiziert, daß er Lernprozesse der Kinder optimal arrangiert, daß

---

27 Brügelmann, H., a. a. O., S. 103.
28 Fittkau, B., Kommunikations- und Verhaltenstraining für Erzieher. In: Gruppendynamik, 3 (1972), H. 3, S. 253.
29 Prose, F., Gruppendynamisches Training für Lehrer an Gesamtschulen. In: Gruppendynamik, 3 (1972), H. 3, S. 275.
30 Ebenda.

er die Kinder mit gezielten Einflüssen und Mitteln von Zustand A zu dem erwünschten Zustand B bringt. Was jeweils Zustand B ist, liegt kaum in der Verfügung von den einzelnen Lehrenden und Lernenden.

Über diesen fremdbestimmten Charakter der Trainingsseminare kann kaum hinwegtäuschen, daß sie in freundlicher, angeblich nichtrepressiver Atmosphäre durchgeführt werden. Gruppendynamische Verfahren und Techniken können durchaus die Wirkung haben, zu oberflächlichen Verbesserungen menschlicher Beziehungen beizutragen, dies aber – abgehoben von gesellschaftlicher Praxis – im Sinne reibungsloser Einpassung in vorgeschriebene Rollensysteme[31]. So werden mit herkömmlichen Formen des Erziehertrainings Kooperations- und Herrschaftsformen der Erziehung »praxisbezogen« gelernt. Praxisbezogen allerdings nur insofern, als daß diese Verhaltensformen den gängigen Praktiken des gegenwärtigen Erziehungsfeldes entsprechen, die auf eine möglichst effektive Qualifizierung in bezug auf vorgegebene Lernziele abzielen. Daß hingegen solche Erziehungstechniken allgemeinen Leitideen – wie dem Ziel der ›Mündigkeit‹ von Lernenden und Lehrenden – widersprechen, ist offensichtlich.

1.4 Auswirkungen der Reformansätze auf die Praxis

Die gegenwärtige Praxis im vorschulischen Bereich läuft Gefahr, durch Einbeziehung von Lernangeboten, die an bisher verfügbaren Programmen und didaktischen Materialien orientiert sind, eine Verschulung des Kindergartens zu betreiben. Die übliche Trennung zwischen Theorie und Praxis, die eine Trennung zwischen Forschung und Anwendung bedeutet, wirkt sich in einer Verarmung des Lernfeldes in der Praxis aus, das zunehmend abhängiger wird von den Plänen der Reformer.

Dies zeigt sich in der Praxis deutlich an folgenden Tendenzen:
– Das Moment der Leistung wird nun auch im Kindergarten zunehmend wichtig. Durch die teilweise Vorverlagerung von Vorschulfächern in die Kindergartenarbeit (z. B. Lesen, Rechnen), durch Sprachtraining und Intelligenzförderung geraten die Kinder mehr und mehr in die Situation, daß sie aufgrund ihres Lernfortschritts – also ihrer Leistung bei der Lösung von Aufgaben der Vorschuldenkspiele – beurteilt werden. Dabei bemühen sich die Erzieher unter dem Druck von bildungs- und leistungsorientierten Eltern, sich durch die Aneignung von Lesekursen und Mengenlehre zu Fachdidaktikern fortzubilden – dies nicht zuletzt auch deshalb, weil die Angriffe gegen die Versäumnisse der Kindergartener-

---

31 Vgl. dazu: Giere, W., Gruppendynamik und politische Bildung. In: Horn, K. (Hrsg.), Gruppendynamik und der ›subjektive Faktor‹. Regressive Entsublimierung oder politische Praxis. Frankfurt 1972, S. 378–393.

ziehung sich bezeichnenderweise vor allem auf die vernachlässigte kognitive Förderung beziehen.

Diese Entwicklung läßt befürchten, daß anstelle der ursprünglich beabsichtigten Förderung von sozial benachteiligten Kindern deren Situation noch dadurch verschärft wird, daß nun auch im Kindergarten und nicht erst in der Schule die restringierenden Bedingungen von Leistungskriterien und Konkurrenzkampf wirksam werden.

– Verunsichert durch die Kritik am Kindergarten orientieren sich die Erzieher an Lernprogrammen und Arbeitsmaterialien, die für die Kindergartenarbeit über den freien Markt angeboten werden. Solche Materialien, die in der überwiegenden Mehrheit auf der Basis von Einzelaspekten psychologischer oder pädagogischer Erkenntnisse entwickelt sind, führen zu isoliertem Funktionstraining. Künstlich abgehoben von Erfahrungen und Interessen der Kinder wird denken, sprechen, nacherzählen oder rechnen geübt. In Form vorgeschriebener – teils sinnentleerter – Übungen lernen die Kinder vor allem, sich in Sachzwänge und Aufgabenstellungen einzupassen und die Ereignisse und Erscheinungen ihrer realen Umwelt für weniger wichtig zu erachten. Schon hier wird damit der Begriff von Lernen bei Kindern und Erziehern in vorgeschriebene kreativitätsmindernde Bahnen gelenkt.

Da die Frage nach der Legitimierung derartigen isolierten Trainings einzelner kognitiver Funktionen kaum gestellt wird, ist es nicht weiter verwunderlich, daß die Erzieher, – die bisher von Entwicklungsprozessen ausgeschlossen und lediglich Adressaten von Reformbemühungen sind – selbstverständlich die vorgegebenen Lernzielkataloge und die darauf bezogenen Übungen akzeptieren, dabei aber Möglichkeiten des Lernens in der Realität und an alltäglichen Ereignissen aus dem Blick verlieren.

– Der Erzieher gerät zunehmend in entpersönlichte Beziehungen zu den Kindern. Durch die Instrumentalisierung des Erziehers für seinen Einsatz innerhalb des geplanten Lernens, durch Verhaltensentwürfe für bestimmte Situationen verwandelt sich der Erzieher zum Verhaltensträger, er spielt seine Rolle als Erzieher. Einseitig gestaltet er Lernarrangements, die zielbezogen erwünschte Reaktionen der Kinder herausfordern sollen, dabei verliert er die Möglichkeit, sich auf wechselseitige dialogartige Beziehungen, die sich spontan aus der Situation ergeben, einzulassen.

Von außen, von der Wissenschaft, erwartet sich der Erzieher Hilfen zur Bewältigung des Kindergartenalltags wie zur Behebung von Erziehungsschwierigkeiten. Für die Verbesserung der Praxis erwartet er Techniken, die ihm auch angeboten werden. So lernen Erzieher beispielsweise zur Vermeidung des angeprangerten autoritären Führungsstils – nach wissenschaftlichem Rat zu messen an der Häufigkeit von Befehlen und Verboten

– andere subtilere und wirksamere Formen der Einflußnahme, ohne die Situation, die zu Befehlen und Verboten führt, reflektieren und in Frage stellen zu müssen[32].

Diese Entwicklung steht im Widerspruch zu den Zielen – Chancengleichheit und Mündigkeit – von denen Reformansätze ausgehen. Es wird deutlich, daß sich Innovationen im Bildungswesen in der »Ambivalenz von Leistungssteigerung im Sinne der Rationalisierung und Beschleunigung von Lernprozessen und der Emanzipation im Sinne des Abbaus von Bedürfnisrepression und zunehmender Mündigkeit des Schülers«[33] bewegen.

Wenn vorschulische Erziehung Kindern die Chance geben will, ihren Anspruch auf Selbstbestimmung – soweit dies möglich ist – wahrzunehmen, dann muß sie sich auf die Förderung solcher Kompetenzen konzentrieren, die auf eine Bewältigung gegenwärtiger und zukünftiger Lebenssituationen abzielen, die also für das Kind selbst unmittelbar verwendbar und in realen Situationen einlösbar sind. Kompetenzen zur Bewältigung von Lebenssituationen lassen sich nicht isoliert trainieren, da sich ihr Erwerb unter den Bedingungen der spezifischen individuellen Situation erst legitimiert. Sie können nicht abgehoben von Situationen gelernt werden, sondern bedürfen – gerade bei Kindern im vorschulischen Alter – der Einbindung in den Verwendungszusammenhang.

Was jeweils ein auf Autonomie gerichtetes Handeln bedeuten kann und welche Kompetenzen dazu erforderlich sind, ist vor allem von der Situation selbst und von der besonderen Lerngeschichte des einzelnen Kindes abhängig. Insofern läßt sich dies nicht vorweg planen, sondern muß in die Entscheidungskompetenz des Erziehers, der am Geschehen teilnimmt und die individuellen Bedingungen der Kinder kennt, fallen. Es bedarf also eines Erziehers, der fähig ist, in der Situation reflektiert zu handeln und flexibel auf situative Lernfelder einzugehen. Die Kindergartenerzieher können diese Aufgabe bisher kaum leisten. Weder ihre eigene Lerngeschichte in Schule und Ausbildung noch die Praxiserfahrungen unter den Bedingungen der gegenwärtigen Erziehungspraxis befördern die Fähigkeit, mit Kindern bedeutsame Lernfelder in der Realität aufzuspüren und entscheidungs- und handlungsfähig im Interesse der Kinder zu sein. Die Kritik an den Reform- und Fortbildungsansätzen kann daher nicht zu dem Schluß

---

32 Ein Beispiel dafür, wie der sozialintegrative Führungsstil in der Praxis empfohlen wird, ist: Bonekamp, R., Überlegungen zum pädagogischen Führungsstil in Kindergärten und Heimen. In: Blätter des Pestalozzi-Fröbel Verbandes, 23 (1972), H. 6, S. 159–169.

33 Reichwein, R./Frech, H. W., Lehrerbildung: Verführung zur Anpassung oder Befähigung zur Innovation. In: betrifft erziehung, 4 (1971), H. 12, S. 23.

verleiten, in der Praxis sei alles beim Alten zu belassen, Erzieher seien bereits hinreichend qualifiziert. Jedoch wird davon ausgegangen, daß die gegenwärtigen Entwicklungstendenzen im vorschulischen Bereich Erzieher nicht haben befähigen können, Erfahrungsprozesse in der gesellschaftlichen Praxis einzuleiten und in den Lebenssituationen der Kinder verwendbare Kompetenzen zu fördern. Vielmehr werden durch die zunehmende Entwertung aller nichtschulischen Lernvorgänge und der Bestimmung von begrenzten Lerninhalten und Lernfeldern die Handlungs- und Erfahrungsmöglichkeiten von Kindern und Erziehern in der Situation abgeschnitten.

Beim Erzieher führt diese Entwicklung zu Konflikten und Widersprüchen in der Praxis, vorhandene Professionalität wird durch die in der Verunsicherungsphase erlebte Kompetenzminderung abgebaut. Praxisbezogene Forschung begreift bisher – ausgehend von einem Subjekt-Objekt-Verhältnis – Erzieher als bloße Adressaten. Bei der Entwicklung curricularer Reformen ist der Erzieher als Verhaltensträger – nicht als selbständig Handelnder – in die Planung einbezogen, er wird also eher entmündigt als qualifiziert.

Die Professionalisierung der Erzieher kann aber nicht im Rahmen von Reformansätzen gelingen, die die Defizienzerlebnisse der Betroffenen nur verstärken. Insofern muß die Curriculumentwicklung, mit der auch die Professionalisierung der beteiligten Erzieher eingeleitet und ermöglicht werden soll, Vermittlungsformen zwischen Theorie und Praxis finden, die statt zur Entmündigung der Praktiker zu deren Qualifizierung dadurch beitragen, daß ihre Kompetenz ständig gefordert und damit gefördert wird.

2. Praxisorientierte Curriculumentwicklung

Die zentrale Frage nach der Professionalisierung der Erzieher ist im Zusammenhang zu sehen mit der Frage nach einer Curriculumstrategie, die zur tatsächlichen Realisierung von Reformen führt und mit der Frage, wie im vorschulischen Bereich Modelle zweckrationaler Unterrichtskonzepte mit ihren Folgen – der Einübung isolierter instrumenteller Fertigkeiten bei Kindern und Erziehern – überwunden werden können.

2.1 Situationsorientiertes Curriculum

Der Versuch, der im Bereich der Kindergartenarbeit drohenden Verschulung entgegenzuwirken, muß das Lernen in bedeutsame Verwendungszusammenhänge für das Kind zurückführen. Ein vorschulisches Curriculum, das Kinder verschiedener subkultureller Milieus und unterschiedlicher

Lerngeschichte befähigen soll, gegenwärtige und zukünftige Lebenssituationen möglichst autonom zu bewältigen, zielt auf Kompetenzsteigerungen der Kinder im Umgang mit sich selbst und mit ihrer Umwelt. Soziales Lernen der Kinder zu ermöglichen, ist der Versuch, technisch instrumentelle Fertigkeiten in ihrem jeweiligen sozialen Kontext zu vermitteln und Lernen als soziales Handeln von Betroffenen zu verstehen. Der Situationsbezug bietet die Möglichkeit, daß Erzieher und Kinder Erfahrungen in der Realität aufspüren, er gestattet die konkrete und nachvollziehbare Bestimmung und Begründung pädagogischen Handelns in der Praxis.

Der Versuch, alltägliche Erfahrungen der Kinder zu Lerninhalten zu machen, hat Konsequenzen für das Verhältnis von Erziehern und Kindern. Freire[34] weist darauf hin, daß das Erzieher-Kind-Verhältnis bisher grundsätzlich übermittelnden Charakter hat. Erziehung wird zu einem Akt der »Spareinlage«, wobei die Schüler das »Anlage-Objekt« sind, der Erzieher dagegen der »Anleger«.

Er nennt dies das »Bankiers-Konzept« der Erziehung, in dem die kreative Kraft der Schüler minimalisiert oder gar vernichtet wird, da vor allem ihre Leichtgläubigkeit angeregt wird. Die Rolle des Erziehers besteht in diesem Erziehungskonzept darin, die Art und Weise zu regulieren, in der die Welt in die Schüler eingeht[35]. Befreiende Erziehungsarbeit besteht für Freire dagegen in Aktionen der Erkenntnis, nicht in der Übermittlung von Informationen[36]. In dialogischen Beziehungen zwischen Erzieher und Kindern begreift sich der Erzieher auch prinzipiell als Lernender. Die Rolle des »problemformulierenden Lehrers«[37] besteht darin, mit den Kindern gemeinsam Bedingungen zu schaffen, unter denen Erkenntnis möglich ist.

Dieses Verständnis von Erziehung widerspricht der üblichen Erfahrung: Kinder werden als Erziehungsobjekte begriffen, Beziehungen zwischen Erziehern und Kindern sind Beziehungen zwischen Lehrenden und Lernenden.

Man mag einwenden, die Aufhebung der traditionellen Erzieher-Kind-Ebene sei absurd wegen des großen Wissensunterschieds von Kindern und Erwachsenen. Absurd ist diese Rollenaufhebung allerdings nur im Rahmen schulischer Wissens- und Lernvorstellungen. Wenn statt dessen Erfahrungen von Kindern und Erziehern in der gesellschaftlichen Realität als Lerngegenstände aufgegriffen werden, erweisen sich die herkömmlichen Abhängigkeitsverhältnisse als hinderlich, da sich der Erzieher dann auch als Lernender an der Wirklichkeit begreifen muß.

34 Freire, P., Pädagogik der Unterdrückten. Stuttgart/Berlin 1972.
35 Ebenda, S. 79.
36 Vgl. ebenda, S. 84.
37 Ebenda.

Ein solcher Ansatz erfordert eine Wende in dem Vorgehen der Curriculumentwicklung: Der Schwerpunkt des Interesses liegt nicht mehr bei der allgemeinen praxisenthobenen Bestimmung und Legitimierung von Qualifizierungsprozessen, er verlagert sich auf die situations- und personbezogene Curriculumarbeit vor Ort. Das Denken richtet sich auf die Frage, welche bedeutsamen Erfahrungen Kinder machen können und nicht mehr so sehr darauf, was sie lernen sollen. Damit geraten die Erfahrungssituationen mit ihrer Eigenqualität in den Blickpunkt des Interesses, denn in der Durchführung situationsbezogener Lernprozesse vollzieht sich letztlich wirksame Curriculumentwicklung.

Mit dieser Schwerpunktverlagerung wird der sozialen Wirklichkeit, die durch die im Alltag Handelnden und deren Bewußtsein bestimmt ist, entscheidende Bedeutung zugemessen. Die im Handlungsfeld Agierenden müssen in die Lage versetzt werden, ihre Erziehungsaufgaben gemäß den Leitideen des Curriculum wahrzunehmen. Zur Befähigung der Erzieher sind also Arbeitsformen zu wählen, die situationsorientiertes Handeln nicht verhindern. Der Einsatz wissenschaftlicher Kompetenz zur Entwicklung eines situationsbezogenen Curriculum bedeutet – so verstanden – für die Erzieher »Development-Hilfe, trägt zur Rollen-Selbstreflexion der Erzieher bei, wobei auch die Wissenschaftler ihr Selbstverständnis ändern«[38].

2.2 Theorie-Praxis-Verhältnis

Bislang ist die Rolle der Erzieher innerhalb der Curriculumreform kaum geklärt[39]. Es setzt sich mehr und mehr die Einsicht durch, daß Reformen, die über die Köpfe der davon Betroffenen konzipiert und quasi von oben nach unten verordnet werden, nicht die intendierten Konsequenzen in der pädagogischen Praxis haben, woraus sich die Folgerung ergibt, daß die von der Curriculumreform Betroffenen auch an der Entwicklung beteiligt sein müssen. Die Art der Beteiligung wird allerdings noch sehr begrenzt verstanden. In der Regel bedeutet »Beteiligung« des Erziehers seine notwendige Zuständigkeit bei Anwendung und Erprobung, bei der Umsetzung des Curriculum in die Praxis.

Ein situationsorientiertes Curriculum ist allerdings nur dann praxiswirksam denkbar, wenn die Praktiker die mit Wissenschaftlern gemein-

---

38 Nagel, K./Preuss-Lausitz, U., Thesen zur wissenschaftlichen Begleitung von Versuchen und Modellen im Bildungssystem. In: ZfP, 17 (1971) H. 4, S. 460.

39 Vgl. dazu: Sachs, W./Scheilke, C. T., Lehrer und Curriculum. Zur Notwendigkeit offener Curricula unter dem Aspekt der Teilnahme von Lehrern. In: Arbeitskreis Curriculum (Hrsg.), Thema Curriculum. Heft 2: Lernziele und Lehrerrolle. Bebenhausen 1972.

sam entwickelten Ziele in der Praxis realisieren können, wenn sie also nicht von den Lernprozessen der Entwicklungsphase ausgeschlossen werden.

Die Entwicklung des Curriculum wie auch die Professionalisierung der Beteiligten vollzieht sich dann in einem Prozeß, in dem die Theorie-Praxis-Kommunikation als handlungsfähiges flexibles System begriffen wird und in dem die Organisation von Lernprozessen ständig durch die sich im Verlauf der Arbeit ändernden Bedürfnisse korrigierbar ist.

Das Vorgehen, Curriculumentwicklung in enger Kooperation von Wissenschaftlern und Praktikern vorzunehmen, läßt sich von verschiedenen Ebenen her begründen:

a) Die Beteiligung der Betroffenen an curricularen Entscheidungen ist ein wichtiges Kriterium der *Legitimierung des Curriculum*.

b) Die Zusammenarbeit bei der Erstellung eines Curriculum, die das Zusammenwirken von wissenschaftlichem Sachverstand und praktischer Phantasie und Handlungsvermögen erfordert, führt zu einem Kompetenzerwerb aller Beteiligten.

Für die Praxis ist vor allem der Erfahrungszuwachs der Erzieher von Bedeutung. Die *Realisierungschance eines Curriculum* läßt sich nicht durch administrative Maßnahmen gewährleisten, sie hängt vielmehr davon ab, ob relevante Situationen der Erziehungspraxis konstituierendes Prinzip des Curriculum sind, ob die Erzieher Begründungszusammenhänge einsehen, ob sie Zielsetzungen vertreten können und damit auch Curriculumelemente praktisch umsetzen können.

c) Diese Form der Curriculumentwicklung *entspricht den Leitideen des geplanten Curriculum*. Soziales Lernen der Kinder, das im Diskurs zwischen Kindern und Erziehern, in gemeinsamen Entscheidungsfindungen und in Lernsituationen vor sich gehen soll, in denen Abhängigkeiten, auch vom Erzieher, abgebaut werden, erfordert Erzieher, die fähig sind, solche Lernsituationen zu ermöglichen.

Die notwendige Veränderung des Erzieherhandelns ist wiederum nur über die Zusammenarbeit mit der Wissenschaft im Handlungsfeld denkbar, da andere Formen der Erzieherfortbildung zu Zielen und Inhalten des Curriculum im Widerspruch stehen.

d) Das Curriculum kann – den Absichten entsprechend – kein rigide vorgeplantes Lernprogramm sein, sondern es muß aus *flexibel einsetzbaren didaktischen Einheiten* bestehen, die den Erzieher in der nicht vollständig planbaren Erziehungssituation durch Anregungen und Hilfestellungen entlasten. Die Erstellung von didaktischen Einheiten, die diese Funktion haben können, läßt sich nur in Zusammenarbeit von Wissenschaftlern und Praktikern realisieren, da sowohl Erkenntnisse der Wissenschaft wie auch genaue Situations- und Problemkenntnis sowie praktische Erfahrungen im

Kindergarten in die Entwicklungsarbeit eingehen sollten, damit die einzelnen Curriculumelemente nicht zu Verständnisschwierigkeiten und Abwehr in der Praxis führen.

Für die Entwicklung eines Curriculum im Bereich sozialen Lernens sind »Theoretiker« wie »Praktiker« gleichermaßen wenig vorbereitet. Insofern läßt sich die Zusammenarbeit in der Entwicklungsphase nicht einseitig als Fortbildung der Erzieher beschreiben, vielmehr ergibt sich eine wechselseitige Professionalisierung von Wissenschaftlern und Praktikern.

Die Forderung nach Kooperation von Theorie und Praxis heißt – wird sie ernst genommen –, daß die Beteiligten darauf achten müssen, sich nicht gegenseitig die Chance einer aktiven Verarbeitung der auftretenden Probleme zu nehmen. Sie müssen bereit sein, an dem Erfahrungshorizont, über den die einzelnen unter den gegebenen institutionellen Bedingungen verfügen, anzuknüpfen. Wissenschaftler wie auch Praktiker müssen dabei lernen, die Bedingungen ihrer Situation zu erkennen und vorgegebene Kommunikationsmuster, die die Zusammenarbeit behindern, zu durchbrechen.

Die Veränderung der üblichen Kommunikationsformen zwischen Wissenschaft und Praxis muß vorausgesetzt werden, wenn alle Beteiligten die spezifischen Kompetenzen, über die sie verfügen, in die Entwicklungsarbeit eingeben sollen.

In die Kommunikation gehen zunächst die historisch entstandenen und institutionell verfestigten Rollen des Erziehers einerseits und des Wissenschaftlers andererseits ein, die sich auf jeweils völlig unterschiedlichen Ebenen mit dem Gegenstand Erziehung beschäftigen[40]. Wissenschaftler verfügen über theoretische Ansätze und über Kategorien, mit denen sie Erziehung analysieren. Praktiker dagegen besitzen Handlungskompetenz in konkreten Situationen, didaktische Phantasie und praktische Erfahrungen. Die gesellschaftlich bedingte Form der Aufteilung in geistige und praktische Arbeit – mit der gesellschaftlich höheren Bewertung der geistigen Tätigkeit – führt in der Zusammenarbeit vorerst zu Abhängigkeitsbeziehungen. Wissenschaftler entwickeln Ideen, Praktiker verhalten sich eher passiv und erwarten sich die Lösung ihrer Probleme. Während Wissenschaftler sich Aussagen über die Praxis erlauben können, die bestätigend oder verunsichernd wirken, sind Praktiker nicht in der Lage, sich kritisch zu Arbeitsergebnissen der Wissenschaftler zu verhalten. Erschwerend kommt hinzu, daß die Wissenschaftler, die nicht im täglichen Hand-

---

40 Vgl. Müller, E., Stickelmann, B. und Zinnecker, J., Ansätze zu einer Theorie aktivierender Sozialforschung Projekt I: Untersuchung und Entwicklung einer lehrerbezogenen Strategie für Curriculuminnovation und emanzipatorischen Medieneinsatz; Bildungstechnologisches Zentrum, Wiesbaden 1972, S. 44.

lungsdruck stehen, tatsächlich eine gewisse Überlegenheit haben, indem sie durch ihre Arbeitssituation zunächst für die Zusammenarbeit besser ausgerüstet sind.

Diese Abhängigkeitsbeziehung spiegelt die übliche Situation zwischen Erzieher und Kind wider, in der das Kind abhängig und der Erzieher der überlegene Partner ist. Genau wie sich die Rolle des Erziehers gegenüber den Kindern dahingehend verändern soll, daß dieses Abhängigkeitsverhältnis in seiner einschränkenden Wirkung abgebaut wird und sich selbstbestimmte und problemorientierte Lernformen ergeben, so soll auch das Verhältnis von Wissenschaftlern und Praktikern aus den einschränkenden vorgegebenen Strukturen gelöst werden, damit alle verfügbaren Kompetenzen eingebracht werden können. Eine solche Veränderung der Kommunikation könnte erst dazu führen, daß – ausgehend von konkreten Praxisproblemen – gemeinsame Lernprozesse initiiert und vorläufige Lösungen und Handlungsmodelle angestrebt werden.

Wissenschaftler geraten dabei in Gefahr, diesen Prozeß dadurch zu hindern, daß sie sich ihrer rollenhaften Beziehung zu den Praktikern nicht bewußt werden. Wissenschaftler sind gewohnt, ihre Arbeit nach Standards zu beurteilen, die völlig losgelöst sind von konkreten Handlungen und Erfahrungen der Praxis. Dennoch erwarten Praktiker von ihnen die Lösung ihrer Praxisprobleme. Gelingt es nun nicht, diesen Anspruch zurückzuweisen, dann werden die Praktiker letztlich daran gehindert, sich ihrer Situation und Probleme bewußt zu werden. Für den Wissenschaftler ergibt sich demnach als wichtige Bedingung für eine Kooperation mit Praktikern, daß er lernt, nicht für andere Probleme sehen und lösen zu wollen; daß er lernt, Dominanz abzubauen und Steuerungsfunktionen an die gesamte Lerngruppe zurückzugeben; daß er lernt, den Praktikern gegenüber keine wissenschaftlichen Sprachbarrieren aufzubauen. Damit ermöglicht er den Erziehern, sich – entgegen üblicher Kommunikationsmuster – nicht an ihn als »Besserwissenden« zu binden, sondern unabhängig an die Verarbeitung auftretender Fragen zu gehen. Die Veränderung des Verhältnisses Wissenschaftler-Praktiker von der Lehrer-Schüler-Ebene weg zu einer offenen Lernsituation mit flexiblen Rollen bedeutet allerdings keineswegs, daß der Wissenschaftler in der Kooperation seine spezifischen Kompetenzen zurückhält, es bedeutet aber, daß er durch unreflektierte Verhaltensweisen die Praktiker nicht dazu bringt, ihren eigenen Erfahrungen zu mißtrauen und sich statt dessen unverarbeiteten – konsumierten – wissenschaftlichen Erkenntnissen anzuvertrauen.

Auch der Praktiker muß in der Kooperation zu grundlegender Einstellungsänderung gelangen. Er erschwert die Zusammenarbeit zunächst dadurch, daß er sich durch den vermeintlichen oder tatsächlichen Qualifikationsvorsprung der Wissenschaftler insoweit beeinflussen läßt, daß er diese in dysfunktionale Rollen drängt. Er erwartet Lösungen und Rezepte und fühlt sich gewohnheitsmäßig wissenschaftlichen Aussagen gegenüber als Konsument. In dieser Erwartungshaltung werden vorhandene Kompetenzen, die sich aus den Erfahrungen in der tatsächlichen Auseinandersetzung mit den Kindern ergeben – didaktische Phantasie, Handlungsvermögen, Kenntnis der Situation – abgebaut. Praktiker tendieren dazu, die von ihnen wahrgenommenen Qualifikationsdefizite dadurch zu beheben, daß sie sich auf Perspektiven und Denkgewohnheiten der Wissenschaftler einstellen, ohne derartige Ansätze der Problembewältigung – da losgelöst von ihrem realen Erfahrungsbereich – verarbeiten und in Praxis umsetzen zu können. In der Kooperation mit Wissenschaftlern müssen Praktiker zur Selbstaufklärung und Veränderung der Praxis zwar lernen, konkrete Erfahrungen zu verallgemeinern, relevante Situationen zu erkennen und zu analysieren und Zielperspektiven zu entwickeln, doch muß dieser Lernprozeß unbedingt an bisherige Erfahrungsbereiche anknüpfen, damit gewährleistet ist, daß die Praxis, wie sie sich real darstellt, mit ihren Widersprüchen und Hindernissen ständig Ausgangspunkt der Erkenntnisgewinnung ist und nicht theoretisch über vorhandene Tatbestände hinweggegangen wird.

3. Professionalisierung als Aspekt praxisorientierter Curriculumentwicklung

Bei der Aufgabe, die wissenschaftliche Entwicklung eines Curriculum in enger Verbindung mit der Praxis vorzunehmen, müssen Prozesse der Weiterbildung für Praktiker und Wissenschaftler eingeleitet werden. Beide Gruppen müssen sich um eine reflektierte Praxis bemühen, um so eine relative Einheit von Theorie und Praxis zu bewirken.

Es soll nun von vorläufigen Ansätzen und Erfahrungen der gemeinsamen Arbeit berichtet werden, wobei hier der Aspekt der Professionalisierung der beteiligten Erzieher im Mittelpunkt steht. Fragen der Curriculumentwicklung, die sich den Wissenschaftlern stellen, und Überlegungen zur Mitwirkung der Eltern werden in diesem Zusammenhang vernachlässigt, da sie an anderer Stelle ausführlich behandelt werden[41].

3.1 Über die Schwierigkeiten eines Theorie-Praxis-Diskurses

Das Modell pragmatischer Curriculumentwicklung, das ein ständiges kritisches Wechselverhältnis zwischen Planung und Erprobung erfordert,

---

41 Vgl. die Aufsätze von Bambach, H./Gerstacker, R. und Haberkorn, R./Hagemann, U. und Walther, H. in diesem Band.

hebt die zeitliche Trennung zwischen den Aufgaben von Wissenschaftlern und Praktikern, zwischen Entwicklung und Anwendung annäherungsweise auf. In diesem Prozeß gilt es, die beteiligten Praktiker so zu qualifizieren, »daß sie mehr und mehr unabhängig von der Kompetenz der Wissenschaftler bei der Bewältigung ihrer Probleme werden. Damit ist nicht gemeint, daß Erziehungs- und Sozialwissenschaftler und die von ihnen durchgeführten Forschungsprojekte überflüssig werden. Sie erhalten allerdings einen anderen Charakter, sie sind nicht mehr isoliert (nicht nur in fachlicher, sondern auch in sozialer Hinsicht), und die Prioritäten in den Fragestellungen sowie die Art der Fragen und die Kategorien ihrer Beantwortung ändern sich«[42]. Bei dem Versuch, die Kommunikation zwischen Theorie und Praxis aufzunehmen und gemeinsam ein Curriculum zu entwickeln, das nicht an der Praxis vorbeizielt und das die Erzieher nicht ausschalten, sondern qualifizieren soll, stellt sich zunächst das Problem, den Theorie-Praxis-Diskurs einzuleiten.

Es wurde schon darauf hingewiesen, wie gestört Kommunikationsprozesse zwischen Wissenschaftlern und Praktikern durch ihre rollenhaften Beziehungen verlaufen.

Die Absicht, eine Arbeitsform zu finden, die es nicht verträgt, daß eine Seite der anderen Ideen aufdrängt, die vielmehr »jene Begegnung ist, in der die im Dialog Stehenden ihre gemeinsame Aktion und Reflexion auf die Welt richten, die es zu verwandeln und zu vermenschlichen gilt«[43] widerspricht den Bedingungen, unter denen gemeinhin Lernen üblich ist. Sowohl Praktiker wie auch Wissenschaftler haben ihre Erfahrungen mit Lernbedingungen, bei denen es in erster Linie auf meßbare Ergebnisse und Erfolge ankommt. Der gewohnte Zwang zu Einzelleistungen, zu Isolierung und Spezialisierung auf sich verselbständigende Detailfragen, das Aneignen von abfragbarem Stoffwissen führt zu Verhaltensdispositionen, die einem kommunikativen Lernen in der Praxis hinderlich sind. Zudem erschweren die spezifischen Möglichkeiten der beiden Gruppen – als Folge des gebrochenen Theorie-Praxis-Verhältnisses – den Diskurs ständig: Praktiker erwarten Erkenntnisse und Hilfen, die unmittelbar in ihre Praxis umgesetzt werden können, Wissenschaftler flüchten sich in Kategorien wissenschaftlicher Analyse, die nicht am Begreifen der Praxis orientiert sind und die in ihrer Abgehobenheit von widersprüchlichen Praxiserfahrungen die Praktiker zum Verstummen bringen.

Wenn man als Wissenschaftler in der Zusammenarbeit mit Erziehern die Erziehungspraxis zum Gegenstand des gemeinsamen Lernens machen will, wird klar, wie wenig die verfügbaren wissenschaftlichen Ergebnisse

---

42 Nagel, K. und Preuss-Lausitz, U., a. a. O., S. 460.
43 Freire, P., a. a. O., S. 95.

zur Rekonstruktion und Erklärung von Wirklichkeit beitragen. Es fällt schwer, die Praxis und die behinderte Handlungsfähigkeit von Praktikern in ihrer konkreten Ausprägung überhaupt wahrzunehmen und als notwendige Überlebenstechniken im Kontext der subjektiven Praxiserfahrungen zu begreifen. Auch für den Erzieher werden die alltäglichen konkreten Erfahrungen, über die er verfügt, nicht von selbst zu handlungsrelevanten Erkenntnissen, sie verfestigen sich statt dessen zu Gewohnheiten, die erstarrt tradiert werden und sich dem bewußten Zugriff entziehen.

Zur Überwindung dieser Kommunikationsbarrieren ist es unumgänglich, daß dem Informationsbedürfnis, das Praktiker an Wissenschaftler herantragen, entsprochen wird. Der Diskurs kann allerdings kaum gelingen, wenn einseitig eine Fortbildung für Erzieher geplant wird. Ein von Wissenschaftlern vorgeplantes Fortbildungsprogramm birgt die Gefahr in sich, daß Praktikern wissenschaftliche Erkenntnisse und Begriffe vermittelt werden, ohne daß die Bedürfnisse und Bedingungen der Praxis berücksichtigt werden. Die Weiterbildung wird dann zur Vermittlung von Stoffwissen, das nicht mit Praxiserfahrungen in Verbindung gebracht werden kann; die Erzieher können so aus ihrer Praxis »fort«-gebildet werden. Ein solches Vorgehen zielt an dem Lern- und Informationsbedürfnis der Erzieher vorbei, die sich nicht mehr in der Ausbildung und damit vor einer zukünftigen Praxis befinden. Die konkreten Praxiserfahrungen, über die die Erzieher bereits verfügen, müssen das gemeinsame Lernen und den Diskurs wesentlich mitbestimmen.

Dies ist möglich – wie die bisherige Erfahrung zeigt –, wenn die Zusammenarbeit von Wissenschaftlern und Erziehern sowohl auf regelmäßig durchgeführten Arbeitstagungen wie auch in den Kindergärten selbst (in-service-training) stattfindet. Die Kombination von Tagungen und »Vor-Ort«-Arbeit erweist sich als sinnvoll: Die Möglichkeit, sich zu gemeinsamen Arbeitssitzungen auch mit Kollegen der anderen Kindergärten zu treffen und entlastet von dem unmittelbaren Handlungsdruck der Praxis das eigene Handeln überdenken zu können, der Erfahrungsaustausch und die Bearbeitung von praxisrelevanten Fragestellungen macht die Tagung zu einer notwendigen Einrichtung. Allerdings läßt sich die Aufgabe, gemeinsam ein Curriculum zu entwickeln, nicht auf Tagungen allein bewältigen, in den Kindergärten selbst bei der alltäglichen Erziehungsarbeit müssen Erfahrungsfelder erschlossen werden, die sich nur in konkreten Handlungszusammenhängen ergeben können.

3.2 Zur Funktion von Arbeitstagungen

Die gemeinsamen Tagungen, an denen die an der Entwicklungsarbeit beteiligten Erzieher regelmäßig teilnehmen, kommen vor allem dem Bedürfnis der Praktiker nach Weiterbildung entgegen.

Ziel dieser Veranstaltungen ist, problemorientiertes Lernen aller Beteiligten zu ermöglichen. Dies ist jedoch nicht allein mit gutem Willen zu bewerkstelligen. So ist etwa aufgefallen, daß Arbeitssitzungen, die ausdrücklich mit der Absicht begannen, an konkreten Praxisproblemen zu lernen, damit endeten, daß nicht mehr Praxis als soziale Wirklichkeit Lerngegenstand war, daß statt dessen eine typische – praxisenthobene – Lernsituation hergestellt war – bestimmt durch die begrenzten Lernmöglichkeiten herkömmlichen Unterrichts.

Betrachten wir z. B. eine des öfteren vorgekommene Situation, in der ein Teilnehmer von Erziehungsschwierigkeiten in seiner Gruppe berichtet und die Arbeitsgruppe gemeinsam Erklärungen und Lösungsmöglichkeiten zu finden versucht. Die Gruppe greift das aufgeworfene Problem auf, stellt Fragen dazu, bringt ähnliche Beispiele. Die beteiligten Wissenschaftler versuchen – wie andere Gruppenmitglieder auch – durch Fragen und Erklärungsmodelle aus der Theorie zu weiteren Überlegungen und Lösungssuchen anzuregen.

Dies wird aber nicht erreicht, vielmehr bestehen einige Teilnehmer sehr bald auf eindeutigen Handlungsanweisungen, andere Teilnehmer bemühen sich, für die in die Diskussion gekommenen theoretischen Ansätze Praxisbeispiele anzuführen, die die theoretischen Annahmen bestätigen.

Die Gestörtheit eines kommunikativen problemorientierten Lernens macht diese Situation an mehreren Punkten deutlich:

Praxisprobleme, d. h. Schwierigkeiten der Erzieher im Umgang mit Kindern, Eltern, Kollegen, Vorgesetzten usw. werden von den anwesenden Erziehern und Wissenschaftlern besprochen. Die Darstellung der Situation für die Gruppe hängt ab von der Wahrnehmung des Darstellenden, deren Abhängigkeit wiederum von den je konkreten individuellen und institutionellen Bedingungen nur schwer erkannt werden kann. Statt mit Handlungszusammenhängen aus der Praxis haben wir es mit der »Verhandlung« von einer Interpretation der Realität zu tun. Die Gefahr ist groß, daß in der vertrauten Arbeitsgruppensituation die Vielschichtigkeit der Hintergründe und Absichten ausgeklammert wird.

Dabei werden die Wissenschaftler in die Rolle gedrängt, quasi »objektiv« über den Fall zu urteilen, d. h. kraft wissenschaftlicher Kompetenz eindeutige Erklärungen und Handlungsanweisungen zu liefern. Dies ist in keinem Fall zu leisten und wird auch zurückgewiesen. Dennoch wird den Beiträgen der Wissenschaftler vermehrte Bedeutung zugeschoben. Dabei fällt vor allem auf, wie die Sprache der Wissenschaftler – die weitgehend abstrakt auf Situationen eingeht und Momente von Betroffenheit, von realen Erlebnissen ausklammert – die Situation beeinflussen kann. Die Erzieher bemühen sich, die in dieser Situation durchaus adäquate Alltagssprache zu vermeiden und sich ähnlich abstrakt zu äußern.

Das Bemühen um die eigentlich inadäquate abstrakte Sprache versperrt den Erziehern die Möglichkeit, ihre konkreten Erfahrungen so ernst zu nehmen, daß sie Lerngegenstand bleiben. Statt dessen wird – entgegen den Absichten der Beteiligten – eine »Schulsituation« hergestellt, in der weniger Erkenntnisse gesucht werden als vielmehr der Erwartung, in Lernsituationen Gelerntes zu beweisen, entsprochen wird. Deutlich zeigt sich diese Tendenz daran, daß die Teilnehmer ihr Verständnis für die Theorie dadurch beweisen, daß sie Praxisbeispiele suchen, die die theoretischen Annahmen belegen können.

Wie läßt sich diese Entwicklung von Arbeitssitzungen erklären? Es ist immer wieder deutlich, daß gemeinsame Überlegungen, die unmittelbar nicht zu klar feststellbaren Ergebnissen im Hinblick auf die Lösung von Problemen führen, die statt dessen in die Gefahr geraten, in einer Vielfalt von Fragestellungen zu münden, nur schwer zu ertragen sind. Es entsteht der Wunsch nach klaren Entscheidungen im Sinne von »richtig« und »falsch«, nach Antworten auf Fragen wie »was kann ich morgen mit den Kindern anders machen?«.

Diese Erwartungshaltung der Erzieher ist verständlich. Sie befinden sich alltäglich in Situationen, in denen sie schnell Entscheidungen treffen müssen, ohne über genügend Orientierungshilfen zu verfügen.

Es ist aber wenig sinnvoll, auf diese Erwartungen mit allgemeinen Handlungsanweisungen einzugehen. Auf Arbeitstagungen lassen sich keine eindeutigen »Erziehungsprinzipien« vermitteln.

So können z. B. traditionelle Erziehungsstile nicht durch das Einüben anderer »Stile« abgebaut werden, ohne daß der Frage nachgegangen wird, welche Ursachen und Bedingungen zu Traditionen führen. Der Versuch, auf Tagungen nichtrepressives Verhalten einüben zu wollen, muß zu dem als »sozialintegrativ« bekannten Erziehungsstil führen, einem Stil, der den »Widerspruch von hierarchischer Entscheidungsgewalt und demokratischer Gruppenstruktur in einem ›integrativen‹ Führungskonzept versöhnen soll.«[44] Ein Erzieher, der dieses Konzept mit der Absicht, Demokratisierungsprozesse einzuleiten, in seine Praxis übertragen will, muß – wenn ihm die Übertragung gelingt – die realen Bedingungen seiner Situation verkennen und verschleiern, er wird institutionelle Zwänge so verinnerlichen müssen, daß sie ihm selbstverständlich erscheinen und er die Kinder »sozialintegrativ« zur Bewältigung der selbstverständlichen – nicht mehr in Frage zu stellenden – Situationsanforderungen lenkt.

Das heißt, will man den Abbau rigider Strukturen in der Erziehungspraxis erreichen, genügt es nicht, den Erzieher und dessen Verhalten zu beeinflussen und ihm den Balanceakt zuzumuten, mit derart verändertem Verhalten in unveränderter Erziehungsrealität zu überleben. Statt dessen müssen Wege gesucht werden, in der Praxis selbst Erfahrungsfelder zu erschließen, die dem Erzieher die Möglichkeiten bieten, sein Handeln in der Situation neu zu beurteilen und zu überprüfen um flexible, jeweils begründbare Handlungsalternativen zu finden.

Praxisvorfälle, die auf Tagungen bearbeitet werden, müssen in jedem Fall von möglichst vielen Aspekten angegangen und aufgeschlüsselt werden. Nur so lassen sich neue Perspektiven, Interpretationen und bisher übersehene Zusammenhänge entdecken. Die Wissenschaftler haben dabei die

---

44 Zehrfeld, K./Zinnecker, J., Acht Minuten heimlicher Lehrplan bei Herrn Tausch. In: betrifft erziehung, 6 (1973), H. 5, S. 39.

Aufgabe, angesichts der Vielfalt der Meinungen Erkenntniszusammenhänge zu akzentuieren und wissenschaftliche Ergebnisse – etwa aus der Sozialisationsforschung – in bezug zu den konkreten Erfahrungen der Teilnehmer zu bringen. Dabei ist stets deutlich zu machen, daß Handlungsentscheidungen nur in den Erziehungssituationen selbst getroffen werden können, daß aber ein vergrößerter Informationshorizont solche Entscheidungen erleichtert.

Ob die Erzieher lernen, mit vielfältigen widersprüchlichen Informationen umzugehen, hängt wesentlich von den Impulsen, die die Wissenschaftler in die Arbeit eingeben, ab. Die Erzieher müssen die Chance haben, sich selbständig einen Überblick zu Fragenkomplexen zu verschaffen, damit nicht wichtige Denkprozesse abgeschnitten werden. Dies ist möglich, wenn ihnen zu konkreten Fragen Sachinformationen zur Verfügung gestellt werden, die die Situation, auf die sich Fragen beziehen, in verschiedenen Ansätzen durchleuchten. In diesem Zusammenhang haben Aussagen aus der Erziehungswissenschaft, aus Psychologie und Soziologie, die von den Wissenschaftlern als Arbeitspapiere bereitgestellt werden, ihre Berechtigung. Sie können dazu verhelfen, daß die Praktiker lernen, ihre eigene Praxissituation in übergreifenden Zusammenhängen zu verstehen.

Wenn Sachinformationen widersprüchlich sind und zur Auseinandersetzung und zum Denken anregen, dann werden sie nicht zu »Lernstoff«, der die Beteiligten wieder in die den Diskurs hindernden Rollen von Lehrenden und Lernenden drängt.

So sollte etwa die Frage nach der gesellschaftlichen Bedeutung von Vorschulerziehung nicht vorschnell von den Wissenschaftlern beantwortet werden. Die Erzieher können sich eigene Vorstellungen erarbeiten, wenn das Thema von verschiedenen Interessen her beleuchtet wird. Fragen wie: Was wollen Kinder? Was wollen Eltern? Was wollen Erzieher? Was sind gesellschaftliche Erwartungen? Was wollen Wissenschaftler und wie gehen sie die Fragen an? und die Beschäftigung mit verschiedenen Ansätzen, etwa Sprach- und Intelligenzförderung, Lernprogramme, Rahmenrichtlinien usw. ermöglichen den Erziehern die eigenständige Klärung ihrer Situation, die eher zu Handlungswissen führt als eine vermittelte Vorstellung.

Die Wissenschaftler sollten bei der Bearbeitung von Fragen möglichst jede Form von denkhemmenden Aussagen vermeiden. Bewertungen, angeblich objektive Fakten und Fragen, die nur eine Antwort verlangen, lähmen das Lernen in der Gruppe. Statt dessen kann die Sachkompetenz, über die der Wissenschaftler verfügt, zu provokativen Interventionen genutzt werden, die das gemeinsame Lernen weiterführen.

Eine Möglichkeit, problemorientiertes Lernen in der Gruppe zu unterstützen, besteht darin, daß der Zustand der Lerngruppe, die eigene Situation also, mit den Teilnehmern thematisiert wird. Indem über die Entwicklung der Gruppe reflektiert wird, entsteht ein Bewußtsein für hemmende oder anregende Lernbedingungen. Die Gruppe lernt zunehmend, ihre Interessen zu artikulieren und Lernen entsprechend den Bedürfnissen zu gestalten.

Für den Erfahrungsaustausch zwischen den Erziehern der einzelnen Einrichtungen muß auf Tagungen genügend Zeit eingeplant werden. Hier besteht die Möglichkeit, sich über Erfolg und Mißerfolg einzelner Versuche in der Praxis zu verständigen, Anregungen zu gewinnen und neue Ideen zu entwickeln. Die Kommunikation auf dieser Ebene ist für die Erzieher besonders wichtig, da von ähnlichen Erfahrungen und von der gleichen Betroffenheit ausgegangen wird. Diese Kommunikation bietet darüber hinaus ein Modell für die Team-Arbeit in den einzelnen Einrichtungen. Das Ziel ist, daß sich die Erzieher aus der gewohnten Isolierung herausgeben und mit ihren Kollegen nicht nur organisatorische Fragen klären sondern auch Probleme der täglichen Erziehungsarbeit besprechen.

3.3 Einbeziehung der Praxis in die Curriculumentwicklung

Chancen der »Vor-Ort«-Arbeit

Während die Arbeitstagungen die Möglichkeit der Weiterbildung der Erzieher und des permanenten Erfahrungsaustausches bieten, vollziehen sich wichtige Schritte der Curriculumentwicklung im praktischen Handeln in den Kindergärten. Hier kann eine Übereinstimmung zwischen Zielvorstellungen, neuen Einsichten und Handeln geleistet werden. Erkenntnisse über Erziehung bleiben nicht mehr »Stoff«, der behandelt wird, sondern müssen in Handeln eingebracht werden.

Die Wissenschaftler haben in den Kindergärten die Aufgabe, mit in das Handlungsfeld einzutreten und dieses zu erforschen. Erzieher, Kinder und Eltern sind dabei nicht Forschungsobjekte sondern Mithandelnde. Beobachtungen und Eindrücke der Wissenschaftler sind keine Daten, die nur am Schreibtisch weiter bearbeitet werden, sie werden statt dessen direkt an die Erzieher weitergegeben, damit sie zu neuen Einsichten werden können. Indem der Wissenschaftler am Geschehen im Kindergarten teilnimmt, verändert sich schon die Situation; das Handeln der Erzieher wird bewußter. Mögliche Ängste vor der Beobachtung durch Wissenschaftler verlieren sich bald, wenn sich dieser nicht als Beobachter sondern als Teilnehmer an der Situation zeigt, der den Erziehern an praktischen Erfahrungen im Umgang mit den Kindern durchaus unterlegen ist.

Die Chancen der »Vor-Ort«-Arbeit bestehen vor allem darin, daß der Wissenschaftler als Außenstehender die Routine des Alltagshandelns eher erkennen und aus der Selbstverständlichkeit lösen kann. Für ihn ist wichtig zu erkennen, wie die Erzieher als handelnde Subjekte ihre Situation erleben, wo sich begrenzte Handlungsfähigkeit konkret ausdrückt, wie widersprüchliche Erfahrungen gedeutet und verarbeitet werden. Handlungsgrenzen, die sich beispielsweise aus der Tradition einer eingespielten Alltagspraxis ergeben – »so haben wir es immer gemacht«, »andere Möglichkeiten sind undenkbar« – kann er den Erziehern ins Bewußtsein bringen und mit ihnen zu überwinden versuchen. Anhand gemeinsam erlebter Praxisverläufe lassen sich konkret Grenzen aber auch Neuorientierungen des Handelns diskutieren. Durch Situationsinterpretationen der neu in das Feld gekommenen Wissenschaftler können Freiräume im Praxisfeld entdeckt werden, die sich den dort Handelnden bislang dadurch versperren, daß sie reale oder vermeintliche institutionelle Zwänge verinnerlicht haben und als Abwehrmechanismen benutzen.

Gerade im Bereich des Kindergartens besteht faktisch noch ein relativ großer Handlungsspielraum. Die Erzieher sind nicht eingeengt durch rigide Lehrplanvorschriften, sie müssen nicht auf festgelegte Lehrziele hinarbeiten. Es gilt sie dabei zu unterstützen, diesen Handlungsspielraum selbständig zu nutzen und – statt sich dem Erwartungsdruck mancher Eltern in bezug auf rigide Vorschulförderung zu beugen – den Kindern erweiterte Erfahrungsmöglichkeiten zu schaffen. Ziel ist dabei, den Bezug zu den sozialen Lebensfeldern der Kinder wiederherzustellen und Lernen in für Kinder relevanten Verwendungszusammenhängen zu arrangieren.

Verständigung über wichtige Lernfelder

Ein wichtiger Arbeitsschritt bei der Entwicklung des Curriculum ist, die für die Kinder bedeutsamen Lernfelder, die in didaktischen Einheiten aufgegriffen werden, zu erfassen und durch Erfahrungen zu konkretisieren. Dabei geht es nicht darum, die scheinbar über Interessengegensätze stehende wissenschaftliche Forschung so in Praxis umzusetzen, daß unkritisch Sprachtraining, Selbständigkeitsförderung oder ähnliche Übungen durchgeführt werden. Vielmehr gilt es die Lebenssituationen der Kinder, ihre alltäglichen Erfahrungen bewußt als Lernfelder zu verstehen. An konkreten Beispielen aus dem Erziehungsalltag läßt sich dann über Zielsetzungen – was man unter Situationsbewältigung versteht und welche erzieherischen Maßnahmen diese befördern – diskutieren. An solchen Beispielen wird auch deutlich, daß soziales Lernen nicht als Programm – vergleichbar mit einem Mathematikprogramm – zu begreifen ist, das man eine halbe Stunde pro Tag durchführt.

Für den Erzieher ist es notwendig, sich der Handlungsfelder bewußt zu werden, in denen er agiert und Einfluß auf die Kinder ausübt. Indem er lernt, die realen Abläufe und deren Konsequenzen auf das soziale Lernen der Kinder wahrzunehmen, ist er eher in der Lage, die Lernmöglichkeiten der Erziehungssituation aufzugreifen und zerstört vorhandene Lernsituationen nicht durch künstlich isolierte Lernprogramme.

Zunächst gilt es dabei, soziales Lernen der Kinder, das – wie auch immer – vor sich geht, zu bemerken und vor allem solches Lernen, das als »heimlicher Lehrplan« konträr zu den erklärten Absichten der Erzieher unbemerkt abläuft, ins Bewußtsein zu bringen.

In Vorschlägen zu didaktischen Einheiten, die sich z. B. mit Themen wie »Neue Kinder in der Gruppe«, »Kinder werden abgelehnt«, »Junge-Mädchen« usw. beschäftigen, wird auf alltägliche Begebenheiten und Ereignisse im Kindergarten aufmerksam gemacht, die in gewohnter Weise ablaufen, ohne daß sich der Erzieher dabei in jedem Fall über die in der Gruppe herrschenden sozialen Regelungen und deren Lernwirksamkeit für die Kinder bewußt ist. Bei der Verständigung über diese Lernfelder werden dann häufig Praxisgewohnheiten entdeckt, die für die Kinder vom Aspekt des sozialen Lernens her Lernbehinderungen oder auch negative Auswirkungen darstellen. So etwa, wenn ein Erzieher feststellt, daß sich in der freien Atmosphäre seiner Gruppe nur immer die stärksten und lautesten Kinder durchsetzen können, oder wenn bemerkt wird, wie sehr die üblichen Geschlechtsstereotypen durch das Erzieherhandeln verstärkt werden.

Zur Aufhellung der Lebenssituationen der Kinder liefern die Wissenschaftler Sachinformationen und Situationsschilderungen, die eine Analyse von Sozialisations- und Situationsbedingungen einleiten. Auf diesem Hintergrund werden dann konkrete Projekte – begründbar im Kontext der Leitideen des Curriculum – entworfen, in denen die jeweiligen Erlebnisse der Kinder aufgegriffen und zu weiterführenden Erfahrungen organisiert werden.

Bisher wurden die ersten Entwürfe zu Projekten von den Wissenschaftlern erarbeitet und mit den Erziehern ob ihrer Brauchbarkeit diskutiert. In vielen Fällen werden dabei die dialektischen Vorschläge für Projekte zurückgewiesen, weil sie nach Meinung der Erzieher an den realen Praxisbedingungen und an den Kindern vorbeigehen. Solche Unstimmigkeiten sind dann Anlaß für die Erzieher, durch Beobachtungen in der Praxis zu realitätsgerechteren didaktischen Vorschlägen und Ideen zu gelangen.

Die Bedeutung dieser Arbeitsphase liegt darin, daß mit aufgeworfenen Problemstellungen und neuen Informationen die Beobachtung der Erzieher sensibilisiert wird. Gewohnte Situationen werden neu wahrgenommen, Interpretationen von Situationen werden in der Praxis überprüft und reflektiert. Die an der Entwicklungsarbeit Beteiligten haben in dieser Phase die Aufgabe, die vorläufigen Ideen und Entwürfe von praktischen Handlungsmodellen und von Situationsbeschreibungen durch Beobachtungen, Situationsrecherchen und Erprobung einzelner Ideen im Kindergarten und in der Umgebung der Kinder zu ergänzen und zu korrigieren. Durch die Weitergabe der Entwürfe an Eltern und Kinder, durch deren Einbeziehung in vorläufige Projekte, kommt es zu praktischen Anregungen, die die Gestaltung der didaktischen Einheiten im weiteren Verlauf wesentlich verändern können.

Erzieher und Wissenschaftler machen bei diesem Prozeß wesentliche neue Erfahrungen. Für die Erzieher ist der Bezug von konkreten Maßnahmen zu Zielen und methodischen Überlegungen ebenso wichtig wie für die Wissenschaftler die Aufgabe, nicht nur Situationen zu analysieren, sondern auch konkrete Praxisumsetzungen von didaktischen Anregungen zu planen und teilweise gemeinsam mit Kindern und Erziehern durchzuführen.

In dieser Zusammenarbeit zeichnet sich die Chance ab, die Wahrnehmung der Praxis aus verhärteten Erfahrungsmustern zu lösen und durch die Konfrontation mit der Wirklichkeit Lernprozesse auszulösen, die imstande sind, solche Spielräume aufzutun und aktiv zu nutzen, die im Rahmen der institutionell und organisatorisch vorgegebenen Strukturen Veränderungen zulassen. Es werden also unter den günstigen Bedingungen der Kooperation Erfahrungsfelder geschaffen, die Praktiker wie Wissenschaftler zunehmend befähigen, ein Curriculum zu entwickeln, das auf die tatsächlichen Lebenssituationen der Kinder angelegt ist und einlösbare Bewältigungsstrategien vermittelt.

Aufklärung über Situationen

Die Verständigung über wichtige Lernfelder führt zunächst durch die unterschiedliche Interpretation der Beteiligten von Erziehungssituationen zu einem veränderten und erweiterten Situationsverständnis. Dieses dringt dann – vor allem wenn Widersprüchlichkeiten deutlich werden – auf eine weitere Situationsklärung. Bei diesem Prozeß werden Erfahrungen für die Weiterarbeit vermittelt, die über das Eingangsverständnis hinausgehen und neue Handlungszusammenhänge erschließen.

Bei der Bearbeitung der didaktischen Einheit »Kinder im Krankenhaus« zeigte sich dies deutlich:

Ein Arbeitspapier, das durch die Schilderung von Mißständen in einer Kinderstation auf die Ängste der kranken Kinder aufmerksam machen wollte, stieß zunächst bei den Erziehern auf heftige Ablehnung. Sie identifizierten sich mit dem Personal des Krankenhauses, insbesondere mit den Krankenschwestern, und verwiesen auf deren Überlastung, die Grund für die beschriebenen Mißstände sei.

Die in dem zugrundeliegenden Arbeitspapier geäußerte Kritik wurde als radikale und wenig objektive Meinung abgelehnt.

Die erregte Diskussion zu diesem Thema führte bei einigen Erziehern zu dem

Entschluß, sich mit dem Krankenhaus ihres Wohnorts in Verbindung zu setzen, um sich eine eigene Meinung bilden zu können.

Der Versuch, mit dem für die Kinderstation zuständigen Arzt ins Gespräch zu kommen, schlug fehl. Dieser verwies darauf, daß er selbst am besten wisse, wie Kinder zu behandeln seien, die Erzieher sollten sich lieber um ihre eigenen Angelegenheiten kümmern.

Diese Erfahrung führte zusammen mit den Eindrücken, die das Krankenhaus den Erziehern unter der erweiterten Perspektive – nämlich die Ängste der Kinder – vermittelte, zu einem verstärkten Interesse für das Thema, in das nun auch die Eltern und einige Krankenschwestern einbezogen wurden, die sich in der Folge gemeinsam über mögliche Aktionen im Interesse der Kinder verständigten.

Ähnliche Entwicklungen zeigten sich bei der Bearbeitung der didaktischen Einheit »Kinder kommen in die Schule«. Für die Erzieher ist die Schule ein zentrales Problem, das sich ihnen immer wieder durch die Schulanfänger stellt. Sie sehen ihre Aufgabe darin, die Kinder auf die Schule vorzubereiten. Gleichzeitig hört man von ihnen oft das Argument »Was können wir bei den Kindern schon erreichen, in der Schule müssen sie sich ja doch wieder umstellen und anpassen.«

Bei der Überlegung, welche Probleme auf das Kind beim Schuleintritt zukommen – nämlich die Umstellung auf eine neue Gruppe, Lernanforderungen, Leistungsdruck durch die Eltern, Anpassung an neue Gruppennormen usw. –, entstand das Interesse, sich mit der Schule, insbesondere mit den Lehrern der ersten Klasse in Verbindung zu setzen und selbst Erfahrungen mit dieser wichtigen Lebenssituation der Kinder zu machen. Je nach den Erfahrungen, die bei solchen Situationsrecherchen gemacht wurden, veränderte sich die Definition dieser Situation und erschlossen sich neue Handlungsalternativen. So verlagerte sich das Interesse der Erzieher auf die Vorbereitung der Kinder für die neue soziale Situation Schule und richtete sich nicht mehr nur auf die zu erwartenden Leistungsanforderungen. Es wurde in der Folge mit den zukünftigen Lehrern der Kinder Kontakt aufgenommen; die Schule wurde gemeinsam mit Kindern besucht; Lehrer in den Kindergarten eingeladen; Kinder der ersten Klasse berichteten im Kindergarten über ihre Erlebnisse mit der Schule, usw.

In diesem Zusammenhang ist von besonderer Bedeutung, daß sich die Praxiserfahrungen nicht weiterhin auf den begrenzten und durch eingefahrene Gewohnheiten und Deutungsmuster eingeengten Raum der Institution Kindergarten beschränken, sondern die für die Kinder bedeutsame Umwelt mit einbeziehen, und daß die daraus erwachsenden Aktivitäten zum Teil bereits in Ansätze von Gemeinwesenarbeit münden. Damit werden dann auch Erwachsene außerhalb des Kindergartens in die pädagogische Arbeit einbezogen.

In solchen erweiterten Praxiserfahrungen können dann Widerstände erlebt werden, die sich in der Umwelt der Kinder deren Aktivitäten entgegenstellen und es können Erfahrungen gesammelt werden, wie die Widerstände gegen erweiterte Lernmöglichkeiten der Kinder teilweise abgebaut werden können. Erst durch solche Erfahrungen ist ein bewußtes Parteiergreifen der Erzieher für berechtigte Interessen der Kinder möglich, was zu einer Solidarisierung von Erziehern und Kindern gegen nichteinsehbare und vermeidbare Umwelteinschränkungen führen kann.

Die unmittelbaren Erlebnisse in der Auseinandersetzung mit der Umwelt der Kinder ermöglichen bei den Erziehern Bewußtseinserweiterungsprozesse, die sich losgelöst von konkreten Ereignissen nicht ohne weiteres einleiten lassen. So zeigte sich z. B. bei den ersten Entwürfen zu der didaktischen Einheit »Wohnen«, daß eine Schilderung der Wohnsituation, wie sie sich den Kindern darstellt, zwar zu einem allgemeinen Konsens über die Kinderfeindlichkeit der Wohnungen führen konnte. Mögliche Aktivitäten des Kindergartens, die auf diese Situation aufmerksam machen könnten, wurden allerdings für undenkbar gehalten. Ähnlich wie bei der Diskussion um die Mißstände in Krankenhäusern fürchteten die Erzieher, durch die Bearbeitung solcher Themen im Kindergarten »politische Indoktrination« zu betreiben; eine Befürchtung, die durch die Informationen, die derzeit über die Arbeit der Kinderläden kursierten, entstand. Diese Furcht wurde aber bei der weiteren Beschäftigung mit der Wohn- und Spielplatzsituation der Kinder gegenstandslos; die Erzieher eines Kindergartens konnten sich im Rahmen einer Bürgerinitiative aktiv für die Verbesserung der Spielbedingungen der Kinder eines Wohnblocks einsetzen und in diese Initiative auch die Kinder einbeziehen.

Für die Erzieher ist das so gewonnene erweiterte Situationsverständnis deshalb von Bedeutung, weil sie sich als handelnde Subjekte erfahren, die gemeinsam mit den Kindern und anderen Situationsbeteiligten die gesellschaftliche Praxis an einzelnen Stellen verändern können. In konkreten Handlungsvollzügen gewinnen die Erzieher eine veränderte Einstellung zu gesellschaftlichen Bedingungen und schaffen sich einen differenzierteren Bezugsrahmen für die Beurteilung ihrer eigenen Situation und für die Entscheidungen in Erziehungssituationen. Sie erfahren in der tatsächlichen Auseinandersetzung mit der Wirklichkeit ihre Voreingenommenheit gegenüber Kindern und Eltern, indem sie nicht mehr nur das Geschehen im Kindergarten sehen und nach verfügbaren Erklärungsmustern interpretieren, sondern versuchen, das Verhalten der Kinder auf dem Hintergrund der Lebenssituationen von Kindern und Eltern, die in ihr Blickfeld kommen, zu begreifen. Dabei zeigen sich bis dahin übersehene Zusammenhänge – etwa schichtbedingte Sozialisationsunterschiede –, die zur Einschätzung von Situationen im Kindergarten bedeutsam sind.

Schlußbemerkung

Curriculumentwicklung, die sich in wesentlichen Teilen im Sinne entschulter Lernprozesse in der Praxis vollzieht, gesteht dem Erzieher nicht nur eine Entscheidung darüber zu, *wie* wünschbare Lernprozesse didaktisch arrangiert werden. Vielmehr wird er als kompetenter Partner, der maßgeblich für Reformen in der Praxis verantwortlich ist, auch in die Fragen nach dem, *was* und *warum* etwas gelernt werden soll, einbezogen.

Es mag nun die Frage auftauchen, inwieweit die Professionalisierungsprozesse, die die an der Curriculumentwicklung beteiligten Erzieher eingehen können, auf andere Praktiker außerhalb von Modellversuchen übertragbar sind.

Zur Entwicklung des Curriculum ist es zunächst unumgänglich, daß sich Wissenschaftler und Praktiker gemeinsam in Erfahrungsfelder einlassen, in denen eine veränderte Praxis erprobt werden kann. Unter den günstigen Bedingungen der Entwicklungsphase werden bei den Beteiligten Kompetenzen freigesetzt, die zu innovativen Ansätzen führen können. Es ist zu erwarten, daß soviel an Anregungen und Erfahrungen – die in didaktischen Einheiten verfügbar gemacht werden – entsteht, daß auch die nicht beteiligten Erzieher dadurch zu ähnlichen Versuchen und Arbeitsansätzen gelangen können.

Die entstehenden didaktischen Einheiten werden so offen und flexibel konzipiert, daß sie Denkanstöße, Vorschläge und vor allem verschiedene Erfahrungsberichte aus der Praxis, die Erfolge und Mißerfolge schildern, anbieten. Auch bei der Implementation sind also die Erzieher darauf verwiesen, sich mit den Entwürfen auseinanderzusetzen und sich durch Erfahrungen zu eigenen Versuchen anregen zu lassen. Das Ziel ist, daß die Erzieher zu einer eigenständigen Umsetzung der Vorschläge in ihrer Praxis gelangen; die didaktischen Einheiten sollen dazu Beispiele liefern und die Diskussion im Erzieherteam in Gang setzen.

Mitwirkung von Eltern

Rita Haberkorn / Ulrich Hagemann
Hartmut Walther

Elternarbeit im Curriculum und Strategien der Gemeinwesenarbeit

1. *Zum Stand der wissenschaftlichen Diskussion*

2. *Legitimierung des Curriculum durch dreifache Beteiligung der Eltern*
2.1 Inhaltliche Entscheidung über Vermittlungsziele
2.2 Gewinnen von Information über Situationsvariablen
2.3 Mitwirkung an der Organisation von Lernprozessen

3. *Strategien der Umsetzung*
3.1 Herkömmliche Formen der Elternarbeit
3.2 Bezug zur Methode von Freire
3.3 Kodifikation
3.4 Dekodifikation
3.5 Organisation von Diskursen mit den Eltern
3.5.1 Praktisch-organisatorischer Einbezug der Eltern
3.5.2 Reflexion eigenen erzieherischen Handelns der Eltern
3.5.3 Gemeinsame Projekte
3.6 Rolle der Wissenschaftler im Prozeß

4. *Zur Einschätzung von Elterninitiativen*

1. Zum Stand der wissenschaftlichen Diskussion

Zwei gegenwärtig aktuelle Diskussionsrichtungen treffen sich im Konzept einer Mitwirkung der Eltern bei der Konstruktion vorschulischer Curricula: erstens die Diskussion darüber, wie ein wissenschaftlicher Forschungsprozeß angelegt werden muß, wenn die bisherigen Objekte der Forschung (die Befragten, die Beobachteten, die Getesteten) zu Subjekten der Untersuchung werden sollen und wenn die empirisch erhobenen Daten für deren

Lebenszusammenhang eine Relevanz gewinnen sollen. Nicht mehr nur die Wissenschaftler sollen die über die Daten Verfügenden, die Lernenden sein und die Daten denen weitergeben, die damit umgehen können – darin ist strukturell schon angelegt, daß Sozialwissenschaft zu Herrschaftstechnologie wird – auch die Betroffenen, die Lieferanten der Daten sollen in diesem Untersuchungsprozeß zu Lernenden werden. Dies ist die eine Diskussionsrichtung, und sie ist gekennzeichnet von einem demokratischen Anliegen.

Die zweite Linie der Diskussion betrifft die Elternarbeit, die als essentielles Element jeder erzieherischen Tätigkeit erkannt wird, die in seine Tätigkeit einzubeziehen jeder in der Erziehungspraxis Tätige aufgefordert wird. Forciert wurde diese Diskussion durch die Ergebnisse der amerikanischen kompensatorischen Erziehungsprogramme, durch die Erfahrungen der von Eltern initiierten Gruppenaktivitäten während der letzten Jahre in der BRD und durch das allgemein gewachsene Bildungsbewußtsein, das zunehmend Forderungen der Eltern an die Institutionen heranträgt. Die Argumente hier sind sehr vielgestaltig und kennzeichnen sich selbst als demokratisches Anliegen.

Was immer dies konkret heißen mag, beide Diskussionsrichtungen verstehen sich als Elemente eines Demokratisierungsprozesses. Sie müssen im einzelnen überprüft und im Verlauf der folgenden Überlegungen an bestimmten Kriterien festgemacht werden.

Als realistische Eingrenzung läßt sich zumindest schon eine Feststellung treffen: Ansätze für einen Einbezug der Betroffenen in den Untersuchungsprozeß gibt es nicht erst seit heute – ein Beispiel ist die Methode der aktivierenden Befragung in der Gemeinwesenarbeit, der Fragebogen für Arbeiter, verfaßt von K. Marx 1880 als Grundlage einer umfassenden Sozialenquete[1], oder Arbeiten von Moreno und Lewin. Der Gedanke war als konkurrierender Gedanke zur »strengen« Sozialforschung schon immer präsent, blieb aber ohne Resonanz. Auch das Wissen um die Notwendigkeit einer Mitarbeit der Eltern ist nicht neu. Hinweise auf die Erfolglosigkeit der Arbeit der Institutionen ohne die Beteiligung der Eltern hat es immer schon gegeben und in Ansätzen auch schon immer Versuche, die Eltern einzubeziehen[2]. In der US-amerikanischen Diskussion zur kompensatorischen Erziehung erschienen zunehmend wissenschaftliche Arbeiten, die nach dem Vorliegen der ersten Erfahrungen die Notwendigkeit der Elternmitarbeit beschrieben. Das alles hätte von Wissenschaftlern schon vor 20 Jahren nachgewiesen werden können! Wenn diese Einsicht trotzdem erst jetzt zur allgemeinen Forderung erhoben wird, dann müssen dafür ob-

---

1 Abgedruckt in Kursbuch 21, S. 9 ff.
2 Eine Zusammenfassung findet sich bei Schleicher, K. (Hrsg.), Elternhaus und Schule. Düsseldorf 1972, S. 26 ff.

jektive Gründe vorliegen. Und diese objektiven Gründe gerade werden den für eine demokratische, emanzipatorisch ausgerichtete Elternarbeit zur Verfügung stehenden Spielraum entscheidend eingrenzen. Für eine realistische Behandlung des Themas ist es daher wichtig, die Einsicht voranzustellen, daß erst bestimmte historische Voraussetzungen die Ausarbeitung und Ausbreitung dieser immer schon präsenten Idee der Zusammenarbeit mit den Eltern erlauben und daß damit zugleich Möglichkeiten und Grenzen weitgehend festgelegt sind.

2. Legitimierung des Curriculum durch dreifache Beteiligung der Eltern

Die Legitimierung situationsbezogener Curricula setzt eine dreifache Beteiligung der Eltern voraus: Beteiligung an der inhaltlichen Entscheidung über die Vermittlungsziele, Beteiligung an der Informationsgewinnung über Situationsvariablen der Kinder und schließlich ihre Mitwirkung an den durch das Curriculum organisierten Lernprozessen über und in Situationen.

Wenn man von der herkömmlichen Praxis ausgeht, könnte man sich die praktische Umsetzung dieser dreifachen Beteiligung der Eltern in folgender Weise vorstellen: die Beteiligung an der inhaltlichen Entscheidung über die Vermittlungsziele würde organisiert durch eine nach paritätischem Schlüssel besetzte Kommission, in der die Eltern neben Erziehern, Wissenschaftlern und möglicherweise noch Vertretern der Verwaltung gleichberechtigt Sitz und Stimme haben; die Beteiligung an der Informationsgewinnung in bezug auf Situationsvariablen fände durch ausführliche Befragungen der Eltern, möglicherweise sogar durch ihren Einbezug als Beobachter, sozusagen als ›angestellte Interviewer des Forscherteams in den eigenen vier Wänden‹ statt; ihre Mitwirkung an den Lernprozessen schließlich würde ihren Einbezug als Zusatz-, als Hilfserzieher bedeuten. Hier wären die drei Beteiligungsfunktionen der Eltern wieder arbeitsteilig aufgelöst worden zu Subspezialisten, die im jeweiligen Arbeitsbereich – d. h. im Entscheidungsprozeß, im Prozeß der Datengewinnung und im Prozeß der erzieherischen Umsetzung – mit den jeweiligen Professionals zusammenarbeiten, ihnen zur Hand gehen. Ein solches – herkömmliches – Modell hätte aber nur wenig Chancen, sich auf die Lebenssituation der Kinder *und* ihrer Eltern zu beziehen, es würden darin weiterhin aus dem situativen Kontext herausgelöste Inhalte im weitgehend »lebensfernen« Raum der Institution mit den Kindern zusammen bearbeitet.

Es dürfte deutlich geworden sein: ob es gelingt, einen situationsbezogenen Ansatz der Curriculumentwicklung zu verwirklichen, hängt unter anderem entscheidend davon ab, wie weit man es schafft, andere Formen der Zusammenarbeit mit Eltern zu finden. Als Modell zur Umsetzung bietet sich hier der praxisorientierte Diskurs zwischen Eltern und Kindern, Erziehern und Wissenschaftlern an, der alle die oben genannten drei Funktionen in sich vereinigt. Sein Inhalt: die Lebenssituation des Kindes und damit auch der beteiligten Eltern. Diskurs schließt Analyse und Interpretation ein – bislang vorwiegend eine Aufgabe der dafür freigestellten wissenschaftlich Arbeitenden – und zwar Analyse und Interpretation praktischer Situationen aus dem Lebenszusammenhang. Damit ist ein Ansatzpunkt gegeben, das Interesse der Beteiligten (Eltern und Kinder) an diesem Diskurs zu wecken und die Wissenschaftler zugleich zu zwingen, sich mit der Praxis zu befassen, da gerade ihr ›wissenschaftsinterner‹ Diskurs der Gefahr ausgesetzt ist, eben diesen Zusammenhang zu verlieren. Der Anspruch eines Curriculum, für Situationen des konkreten Lebens Qualifikationen zu vermitteln, ist am ehesten in einem solchen – bis hierher nur erst vage beschriebenen – Zusammenhang der Ableitung und permanenten Erprobung im konkreten Situationsbezug und in Weiterentwicklung dieser Situationen zu erreichen. Ein solcher Prozeß, wenn er gelänge, würde Curricula mit dem Prädikat eines demokratischen Entwicklungsprozesses legitimieren.

2.1 Inhaltliche Entscheidung über Vermittlungsziele

Wie ist die dreifache Beteiligung der Eltern nun im einzelnen zu konzipieren? Zunächst zur inhaltlichen Entscheidung über die Vermittlungsziele, über die konkreten Lehr- und Lernvorgänge. Die inhaltliche Entscheidung zusammen mit den Eltern über Vermittlungsziele kann im Zusammenhang der Curriculumentwicklung nicht mehr so aussehen – zumindest nicht mehr ausschließlich, nicht einmal schwerpunktmäßig –, daß ein »Beirat« gegründet wird, in dem Eltern vertreten sind[3]. Entscheidungen werden hier im repräsentativen Modell getroffen, d. h. negativ formuliert: es findet eine Interessenselektion statt und die Mehrzahl der Beteiligten ist weitgehend ausgeschlossen, oder noch präziser: sie läßt sich aufgrund ihrer Passivität ausschließen, wobei diese Passivität zugleich weiter verstärkt wird. Auf der Ebene der Curriculumentwicklung im Kindergarten (und nur um diese geht es hier bei der Kritik an repräsentativ organisierten Entscheidungsprozessen!) ein Gegenmodell anzubieten, wird Aufgabe dieses Artikels sein. Das repräsentativ organisierte Entscheidungsmodell muß einer Kritik unterworfen werden, die sich im Bereich der Schule exempli-

---

3 Vgl.: Mitbestimmung für Eltern der Kita-Schule. Frankfurter Rundschau, 14. Sept. 1972.

fizieren läßt: ein früher recht eindeutig klassenbezogen gegliedertes Bildungssystem ist – unter der Voraussetzung entsprechender »Leistungsfähigkeit« des jeweiligen Kindes – inzwischen für alle Schichten der Bevölkerung geöffnet. Die einseitige Ausrichtung auf ganz bestimmte Interessengruppen ist zwar modifiziert, aber keinesfalls aufgegeben; Beiratssitze sind in der Regel Eltern aus der akademischen Mittelschicht vorbehalten; soweit Landeselternbeiräte bestehen, rekrutieren sie sich in hohem Maß aus Mitgliedern hoher und höchster Einkommens- (und damit auch Einfluß-)gruppen[4]. Den Einbezug der Eltern in Form eines solchen repräsentativen Modells zu strukturieren, hieße ein schon bestehendes und massiv interessenbezogenes Bildungssystem nach vorne in den Vorschulbereich hinein zu verlängern. Statt dessen wird es darum gehen, Entscheidungssituationen jeweils neu im Handlungszusammenhang zu organisieren und diese Beispiele im Curriculum so zu kodieren, daß bei einer späteren Anwendung des Curriculum Entscheidungssituationen vergleichbarer Art immer wieder neu organisiert werden.

2.2 *Gewinnen von Information über Situationsvariablen*

Zur Analyse von Situationen müssen Informationen über Situationsvariablen gewonnen werden. Die Eltern als Beteiligte der Situationen sind also auch Objekte im Vorgang der Informationsgewinnung. Das Subjekt-Objekt-Verhältnis herkömmlicher Sozialforschung ist in diesem Konzept der Entwicklung und Legitimierung des Curriculum allerdings nicht mehr anwendbar. Die »Erforschten« müssen als Betroffene am Lernprozeß der Forschenden beteiligt werden und die Chance erhalten, in der Situation erhobene Daten und Analysen der Situation in Beurteilungen der Situation umzusetzen. Damit erhalten sie auch die Möglichkeit zur Beeinflussung der Situation. Sie müssen die Chance haben, etwas von dem Abstand zu gewinnen, den die Wissenschaftler von der Situation vermittels ihres Instrumentariums gewinnen können. Die Verdinglichung der Lebensbezüge kann angegangen werden, indem der eingefrorene interne Reflexionsprozeß wieder aufgetaut wird[5], indem gegenwärtige Bedingungen aus dem unmittelbaren handlungsbezogenen Zusammenhang herausgelöst werden. Es wird möglich, gegenwärtige Bedingungen als historisch gewordenen zu interpretieren und so zu hinterfragen. Als solches wissenschaftlich-methodisches Konzept bietet sich der Entwurf einer »*aktivierenden Sozialforschung*« an, wie er von der Gruppe des Bildungstechnologischen

---

[4] Schleicher, a. a. O., S. 37–45.
[5] Müller/Stickelmann/Zinnecker, Ansätze zu einer Theorie aktivierender Sozial- und Schulforschung. Bildungstechnologisches Zentrum Wiesbaden 1972, S. 32.

Zentrums in Wiesbaden aus verschiedenen Ansätzen heraus entwickelt wurde (siehe Anm. 5). In deutlicher Abwendung von der »Strategie der Kommunikationsverweigerung und -minimierung gegenüber der untersuchten Lebenswelt«, von der die ›klassische‹ Sozialforschung gekennzeichnet ist, wird die Anlehnung »an das Muster der reflexiven Untersuchungstätigkeit der Praktiker in der Lebenswelt« gesucht[6]. Alle wissenschaftliche Arbeit, die unter dieser Voraussetzung entwickelt und geleistet wird, enthält die vermehrte Chance – dieser Gedanke ist mit Absicht so vorsichtig formuliert –, der Praxisferne und Unverbindlichkeit des Diskurses zwischen Wissenschaftlern zu entgehen, die eine erhebliche Verkennung der Wirklichkeit nach sich ziehen würde. Ein solches Konzept bietet die Chance, daß sich die Wissenschaftler auf die Wirklichkeit der Lebenswelt der beteiligten Eltern, Kinder und Erzieher einlassen und sie nicht nur erheben und in didaktisch aufbereiteter Form (d. h. in entfremdeter Form!) vermitteln. Weiterhin bietet sich die Chance, eine Gefahr zu überwinden, die in der Ausdifferenzierung in Einzelwissenschaften begründet ist: Die einzelwissenschaftliche Theoriebildung, die eingebracht wird, die in einer Beschreibung von Teilen der Wirklichkeit und der sie bewegenden Kräfte besteht, ist qua Einzelwissenschaft schon immer die Verabsolutierung eines bestimmten Gesichtspunkts, eines bestimmten Denkansatzes, d. h. eines Segments der Wirklichkeit. Die Rekonstruktion der Wirklichkeit als Ganzes ist daher nicht einfach durch die Zusammenfassung der einzelnen Segmente zu erreichen, sondern muß unter Einbezug der Beteiligten, in Zusammenarbeit mit ihnen in der konkreten Situation versucht werden.

Curriculumforschung und -entwicklung ist Teil eines Prozesses im gesellschaftlichen Bereich, der dadurch gekennzeichnet ist, daß die in der Naturwissenschaft und in der Technik bereits erfolgte Verwissenschaftlichung nach den dort gültigen Prinzipien auch hier im sozialen Bereich voranschreitet. Voraussetzung ist die Verselbständigung dieses Bereichs innerhalb des gesellschaftlichen Gefüges, die eine planmäßige Organisation zunehmend ermöglicht und begünstigt. Die »Erwartungen des technisch richtigen Funktionierens«[7] lassen sich auf diesen Bereich übertragen – Wissenschaft wird notwendig zur systematischen Analyse der Zusammenhänge, zur Entwicklung und Absicherung von Interventionsinstrumenten, die in ihrer Wirkung genau präzisiert werden müssen; »jedem isolierbaren gesellschaftlichen System, jedem verselbständigten kulturellen Bereich, dessen Beziehungen immanent unter einem vorausgesetzten Systemzweck

---

6 Müller/Stickelmann/Zinnecker, a. a. O., S. 38.
7 Habermas, J., Technik und Wissenschaft als ›Ideologie‹. Frankfurt 51971, S. 112.

analysiert werden können, wächst gleichsam eine neue sozialwissenschaftliche Disziplin nach«[8].

Die wissenschaftliche Analyse des Bedingungsgefüges ist die Voraussetzung zur Entwicklung exakter Instrumente zur Beeinflussung dieses Bedingungsgefüges – aus der Wissenschaft geht eine Technologie hervor, die immer wieder mit wissenschaftlichem Instrumentarium überprüft und weiterentwickelt werden muß –, das gilt für den Bereich der Beherrschung der Umwelt, der Natur in gleicher Weise wie für menschliches Verhalten, für soziale Prozesse. Wenn man nun Technik als »die wissenschaftlich rationalisierte Verfügung über vergegenständlichte Prozesse«[9] versteht, dann ist damit auch die Stellung ausgedrückt, die bei solcher Funktion der wissenschaftlichen Analyse die Objekte dieser Analyse einnehmen. Die Objekte, das sind die Menschen und ihr Verhalten. Ihre Beziehungen werden verkürzt auf die Dimension der Vergegenständlichung, sie werden verdinglicht. Dieser Prozess, der vom wissenschaftlichen Apparat an die Objekte, an die Untersuchten herangetragen wird, korrespondiert eng mit dem Prozess der Verdinglichung, der im Zusammenhang der Lebenssituation der Untersuchten selbst abläuft: sie sind gezwungen, »eine Fülle nicht-verdinglichter Bewußtseinsvorgänge zugunsten einer erfolgreichen Bewältigung der alltäglichen manipulativen Verhaltensnotwendigkeiten zurückzudrängen und aus dem aktuellen Bewußtsein auszuschalten«[10]. Die distanziert-historische Dimension bleibt zurückgedrängt, der Widerspruch zwischen der zunehmenden Möglichkeit zur Selbstbefreiung der solidarisierten Individuen auf der einen Seite und der zunehmenden Verselbständigung der Produktivkräfte wie der Warenbeziehungen und in der Folge davon der Verselbständigung ganzer gesellschaftlicher Bereiche auf der anderen bleibt verdeckt, bleibt unaufgeklärt. Der einzelne erlebt sich der »Eigengesetzlichkeit« dieser Warenbeziehungen ausgeliefert, erlebt sich bar jeder Chance, von seinen Bedürfnissen her auf diese »Eigengesetzlichkeit«, auf die »Sachnotwendigkeiten« Einfluß zu nehmen, und sieht seine Chance möglicherweise nur darin, sein ganzes Sein auf diese Eigengesetzlichkeit einzustellen; er ordnet sich der Verdinglichung ein, um daraus Chancen für bessere Lebensqualitäten zu entwickeln.

Wendet man diese Analyse allgemeiner Lebenszusammenhänge in unserer Gesellschaft auf den speziell hier zu behandelnden Fragenkomplex der Mitwirkung der Eltern im Bereich der Curriculumentwicklung an, dann läßt sich daraus eine außerordentliche Gefahr ableiten, die solchem wissenschaftlich begründetem Unternehmen droht: wenn es nicht gelingt, Lernprozesse mit diskursivem Charakter im Rahmen der Diskussion zwi-

---

8 Habermas, a. a. O., S. 112.
9 Habermas, a. a. O., S. 113
10 Müller/Stickelmann/Zinnecker, a. a. O., S. 28.

schen Eltern, Erziehern und Wissenschaftlern über Aspekte der Lebenssituation der Kinder anzuregen, wenn es also nicht gelingt, Prozesse der Entdinglichung in der *eigenen* Lebenswelt der Eltern zu initiieren, sie im Bereich ihrer eigenen Lebenswelt Subjekthaftigkeit zurückgewinnen zu lassen, dann ist zu vermuten, daß die Eltern selbst noch heftig mithelfen werden, die technische Verfügung über die Lebenswelt ihrer Kinder zu verstärken. Die Eltern, die in bezug auf ihr eigenes Leben und auf das zukünftige Leben ihrer Kinder verbesserte Chancen anstreben, versuchen dies gerade dadurch zu erreichen, daß sie verschärft auf das Training von Fertigkeiten Wert legen, die sich gewinnbringend verwerten lassen. Sie haben ihr Sein auf die Eigengesetzlichkeit der Warengesellschaft eingerichtet und wollen das Sein ihrer Kinder noch besser darauf einrichten. Sie selbst werden genau gegen die Postulate autonomen und kompetenten Handelns ihrer Kinder die Verdinglichung von deren Lebensbezügen vorantreiben. Die wissenschaftliche Arbeit der Konstruktion vorschulischer Curricula würde nicht emanzipative Prozesse anregen, sondern die Kluft zwischen der »Dialektik von Können und Wollen«[11], zwischen einerseits dem technisch Machbaren und seiner von Warenbeziehungen bestimmten und naturgesetzlich aufgefaßten Eigengesetzlichkeit und andererseits der möglichen Selbstverwirklung des Menschen weiter vorantreiben.

An dieser Stelle ist ein Exkurs über die beiden Möglichkeiten notwendig, die der Curriculumentwicklung immanent sind: daß sie dazu beiträgt, das aus Traditionen und historischen Entwicklungen gewordene Wollen der Menschen als eben so Gewordenes zu interpretieren und damit Prozesse der Entdinglichung einzuleiten, oder daß sie dazu beiträgt, die Verdinglichung der Individuen und ihrer Lebensbezüge auch im vorschulischen Bereich fest zu verankern. Eines kann in das andere umschlagen. Freire bezieht diesen möglichen Umschlag von Entdinglichung in Verdinglichung, abgeleitet aus seinen südamerikanischen Erfahrungen, auf den grundsätzlichen pädagogischen Ansatz: Pädagogik könne niemals neutral sein; er zieht sozusagen den Strich unter jede pädagogische Bemühung und berechnet die Gesamtsumme – entweder wirkt die Pädagogik als Instrument zur Befreiung des Menschen oder sie wirkt als Instrument zur Abrichtung für die Unterdrückung[12]. Im Bereich der früheren Arbeit von Freire wohl ein zutreffendes Argument, im Bereich unserer Gesellschaft ist es mehr als ein bedenkenswertes Argument zu werten. Hier muß die Aussage vorsichtiger formuliert werden (aber als Kriterium an jede Bemühung angelegt werden!): das im Curriculum gelieferte Instrumentarium ist in emanzipatorischer Absicht konstruiert und läuft immer Gefahr (und wird dieser

---

11 Habermas, a. a. O., S. 119.
12 Freire, P., Pädagogik der Unterdrückten. Stuttgart/Berlin ²1972, S. 14.

Gefahr verschiedentlich auch erliegen), als Instrument der Entdinglichung zu einem Instrument der Verdinglichung umzuschlagen – sowohl im Prozeß der Konstruktion als auch ganz besonders im Bereich späterer Anwendung außerhalb des jetzigen Forschungszusammenhangs. Bei zwei verschiedenen Mitarbeitern des Forschungsteams kann dieselbe Methode in unterschiedlicher Weise wirken; wir haben es sogar erlebt, daß denselben Mitarbeitern dasselbe Projekt am einen Ort redlich gelingt, am anderen zur selben Zeit in das volle Gegenteil umschlägt. Die wissenschaftliche Reflexion dieser Frage und die dauernde Überprüfung als Teil eines Curriculumprojekts besonders im Zusammenhang der Elternarbeit ist unaufgebbar.

Ein Beispiel bot die zunächst recht konfliktreiche Überbrückung der Diskrepanz zwischen einem Kindergarten und der Grundschule. Von Eltern und Erziehern war zweimal eine gemeinsame Einschulung angestrebt und in Zusammenarbeit mit der Schulleitung auch verwirklicht worden. Es zeigten sich Schwierigkeiten: die Lehrer bezeichneten die Kinder als im Vergleich zu anderen Klassen aufgeweckter, aber auch undisziplinierter, ungleich schwieriger [13]. Lehrer, Erzieher und Elternvertretung bildeten daher einen Arbeitskreis, der gegenseitig Verständnis für die jeweilige Arbeit wecken und im Zusammenhang des Curriculumansatzes die Vorbereitung des Schuleintritts in Angriff nehmen sollte. Beim dritten Treffen ergab sich unvermittelt eine Wende in der Diskussion zu allseitigem Übereinkommen unter totaler Aufgabe bisheriger Positionen – man befand sich plötzlich in einer Diskussion über die Einzelheiten darüber, wie man durch Hospitationen der Lehrer im Kindergarten gemeinsam die schwierigsten Kinder schon zeitig genug feststellen könne und wie es dann schon innerhalb der Elternarbeit des Kindergartens möglich wäre, den betreffenden Eltern »beizubringen«, daß ihr Kind nicht gemeinsam mit den anderen eingeschult, sondern in einer anderen Klasse mit ihm noch unbekannten Kindern untergebracht würde. Einer gemeinsamen Einschulung der anderen Kinder stünde dann nichts mehr im Wege.

2.3 Mitwirkung an der Organisation von Lernprozessen

Der dritte Bereich des Einbezuges der Eltern läßt sich von zwei Ansätzen her diskutieren: vom Konzept eines Deschooling und von praktischen Erfahrungen.

Das bewußte Hinausverlagern von organisierten Lernprozessen aus der Institution in Lebenssituationen hinein erfordert immer zugleich die Absprache mit den jeweils an dieser Situation Beteiligten. Teilweise sind es Eltern, teilweise ergibt es sich, daß die Eltern die Beziehung zu den jeweils Beteiligten besser als die Erzieherin herstellen können, die mit allzuviel organisatorischen Vorbereitungen schnell überfordert ist. Die Arbeitsbela-

---

13 Ähnliche Erfahrungen über das Verhalten der Kinder auch in den Versuchen »Vorklasse und Modellkindergärten« in Nordrhein-Westfalen; Braun, M., Konsequenzen von Vorklassenförderung für die Unterrichtsorganisation im ersten Schuljahr. In: Bildung und Erziehung, 25 (1972), H. 6, S. 34–48.

stung der Erzieherin ist sehr hoch. Schon von daher ist die Mitarbeit der Eltern Voraussetzung, wenn der Kindergartenalltag nicht in bloßer schematisierter Routine erstarren und der Bezug nach draußen zu reinen Exkursionen, zu bloßen Besuchen werden soll. Weiterhin sind die Vorstellungen vom Lernen bei den Eltern weithin an rigiden Lernmustern orientiert, wie sie in der eigenen Schulzeit erlebt wurden. Die Beteiligung der Eltern an der inhaltlichen Entscheidung über Lernprozesse im Kindergarten wird daher recht schnell zur Forderung der Eltern nach verschultem Lernen führen, wenn sie nicht in eigener Anschauung Lernprozesse kennengelernt haben, die in anderer Weise organisiert sind. Es ist für die Beteiligung der Eltern notwendig, daß sie von dem Spaß erfahren haben, der darin liegt, mit Kindern zusammen loszuziehen, um etwas in Erfahrung zu bringen, oder sich zusammen mit den Kindern auf die Befragung einer Situation einzulassen und zu erleben, wie ihnen selbst die Situation zur Frage wird. Die Funktion der Eltern liegt zwar auch hier darin, die professionellen Erzieher zu unterstützen. Es ist aber weitaus mehr als nur Hilfsfunktion. Für die Verknüpfung der Lebensbereiche »draußen« und »drinnen« im Kindergarten ist der praktische Einbezug der Eltern unaufgebbar.

Zum Einbezug der Eltern in die praktische Arbeit gibt es verschiedene Erfahrungen. Die meisten betreffen Eltern der Mittelschicht. Aufgrund bestimmter Einstellungen zu Erziehungsfragen und durch günstigere ökonomische und zeitliche Voraussetzungen bringen sie die Bereitschaft mit, in der Institution selbst mitzuwirken. Die amerikanischen parent-cooperative nursery schools sind dafür ebenso Beispiele wie die aus der antiautoritären Bewegung heraus entstandenen Kinderläden und die an dieses Muster sich anschließenden Eltern-Kind-Gruppen. Sie zeigen alle, daß sich der erzieherische Sachverstand der Eltern, ihre Professionalisierung durch das Hineingehen in die Kindergruppe und durch den darauf bezogenen Diskussionszusammenhang erheblich weiterentwickeln kann. Die Übertragung auf den Bereich der Unterschicht wurde mehrfach versucht, sowohl bei Randgruppen (Spielstubenarbeit bei Obdachlosen) wie auch bei durchschnittlichen Arbeiter- und Angestelltenfamilien[14]. Die Ergebnisse sind vergleichbar. Gerade bei diesen Familien, bei denen Lernen weniger in abstrahierender Form stattfindet als vielmehr im Zusammenhang mit realen Lebenserfahrungen, ist der konkrete Einbezug der Eltern von Bedeutung.

---

14 Prüser, Chr., Vorschulgruppen mit Eltern. In: betrifft: erziehung, 5 (1972), H. 6, S. 33–43.

3. Strategien der Umsetzung

3.1 Herkömmliche Formen der Elternarbeit

Zunächst ist die Frage zu klären, wieweit der Neuentwurf einer curriculumbezogenen Elternarbeit bei den derzeitig vorherrschenden Vorstellungen von Elternarbeit anknüpfen kann. Zwei Gründe sind hauptsächlich dafür anzuführen, daß ein anderslautendes Konzept entwickelt werden muß:
1. Der Elternarbeit wird eine belehrende Funktion zugedacht; Eltern sollen – verkürzt gesagt – lernen, bessere Eltern zu werden;
2. Elternabende entsprechen zu häufig von ihrer Thematisierung und ihrer Gestaltung her den Bedürfnissen von akademisch ausgebildeten Mittelschicht-Eltern.

Bei Fortbildungstagungen mit Erzieherinnen macht man häufig die Erfahrung, daß während der Besprechung von Konflikten mit schwierigen Kindern zur Frage von langfristig wirksamen Handlungsmöglichkeiten recht ausschließlich Elternarbeit gefordert wird. Elternarbeit wird dabei von den Schwierigkeiten her gedacht, die entstehen, wenn die Eltern Handlungsformen zeigen, die den Handlungsweisen der Erzieherin im Kindergarten entgegenstehen. Deissler, ein Mitarbeiter von Sagi (Freiburger Modellkindergarten), beschreibt solche Praxis: zunächst werden bei den Kindern die Umstände familiärer Erziehung festgehalten. Abweichungen im Wert- und Normgefüge beider Erziehungsfelder, also des Kindergartens und der Familie, versucht man durch intensive Elterngespräche zu verringern[15]. Das heißt intensive Beeinflussung der Eltern, um die Förderung der Kinder zu effektivieren.

In diesem Zusammenhang sind auch Erziehungsvorstellungen – besonders bei der kompensatorischen Erziehung – einzuordnen, die sich unreflektiert an mittelschichttypischen Erziehungsnormen orientieren und die eine Unterschichterziehung als defizitär, als nicht erreichte Mittelschichterziehung verstehen. Das mit großem Aufwand aufgezogene Head Start Program ist das deutlichste Beispiel: zunächst nur auf die Beeinflussung der Kinder ausgerichtet, wurde dieses Programm bald als *gegen* das Elternhaus gerichtet erkannt. Bruner notierte unter den wichtigen Ergebnissen aus den Berichten aller entscheidenden Förderungsprogramme in den USA an erster Stelle: »Das erste war, daß ein enormer Einfluß von der täglichen Bezugsperson des Kindes ausgeübt wird, wie auch immer das Programm aussieht. Die Programme mußten die Mutter als einen Haupt-

---

[15] Deissler, H. H., Kindergarten, Vorschule und Leistungsmessung. Stuttgarter Zeitung vom 5. 12. 72.

faktor einkalkulieren. Sie mußte in die Arbeit einbezogen, nicht kompensierend ersetzt werden.«[16] In der Folge versuchte man, das Vorschulprogramm durch Beeinflussung der elterlichen Einstellung effektiver zu machen. Man orientierte sich nun zunehmend an den Formen des Elternkontakts, wie er in von der Mittelschicht besuchten Vorschuleinrichtungen in den Vereinigten Staaten schon lange üblich war (parent-cooperative nursery schools[17]). Recht differenzierte Forschungsprogramme sollen die damit verbundenen Fragen aufhellen. Die Skala des Elternbezugs reicht von seelischem Zwang durch ein gelobtes Versprechen zur Kooperation mit der Schule bis zur Verflechtung der Schule im Sinne einer Nachbarschaftsideologie in die Gemeinde (vgl. Dorfschule!) oder der community control durch die Slum-Bewohner[18]. Die Methoden variieren – das Ziel bleibt in allen Fällen gleich: die Befähigung der Eltern zur Unterstützung der Kinder im Sinne des kompensatorischen Programms.

Freire spricht von einem »digestive concept«, einem Verdauungskonzept der Erziehung. Es wird etwas angeliefert, das aufgenommen und verdaut werden soll[19]. Er kritisiert ein solches pädagogisches Konzept im Zusammenhang mit Erwachsenenbildungsprogrammen bei Analphabeten. Handelt es sich bei der oben beschriebenen Einstellung zu den Eltern nicht um die Vorstellung, sie seien gegenüber den Anforderungen, die an Erziehung heute gestellt werden, Analphabeten der Erziehung? Bei solcher Einstellung kann – um im Bild von Freire zu bleiben – die Praxis dann nur so aussehen: es wird am Elternabend – möglichst noch von einem guten Referenten – geistige Nahrung verabreicht, man kann sie sogar noch kurz »wiederkäuen« (im Programm als »anschließende Diskussion« bezeichnet). Bei einer solchen Sichtweise bleibt keine Möglichkeit mehr, Erziehungskonzepte als Antwort auf eigene Probleme zu sehen und eigene Bedingungen dabei mitzubedenken (z. B.: Wie ist es zu schaffen, daß mein Kind nicht so schnell zornig wird? und damit in engstem Zusammenhang: Warum fahre ich nur immer so schnell aus der Haut?). Statt dessen gewinnen Erziehungskonzepte den Charakter eines Rezepts.

3.2 Bezug zur Methode von Freire

Was vom Konzept her noch als glatter Entwurf erscheinen mag, offenbart sich in der Umsetzung als mühselige Arbeit unter Beachtung von tausend

16 Bruner, J., The Relevance of Education. New York, 1971, S. 156; dt. Übers. in Vorbereitung.
17 Schleicher, a. a. O., S. 222 ff.
18 Schleicher, a. a. O., S. 42–46.
19 Freire, P., The Adult Literacy Process as Cultural Action for Freedom. In: Harvard Educational Review, Vol. 40, No 2, 1970, S. 205–255; S. 207.

Einzelfaktoren. Von dieser Erfahrung wird in der Literatur immer wieder berichtet und manchmal glaubt man so etwas wie Erstaunen dahinter zu hören, daß die Umsetzung doch weit schwieriger läuft als eigentlich erwartet wurde:

»Perhaps the most difficult aspect of all assistance planning for overall programming as well as for individual projects has been the last to be taken into account: 1) that change, even when desired, is painful; 2) that it is less rapid than one would rationally expect; 3) that it is much more complicated than was anticipated, more difficult for the change agent as well as for those undergoing change!«[20]

Während Hill dies aus Projekten der Gemeinwesensarbeit berichtet, kann dieselbe Erfahrung bei Versuchen der Einführung curricularer Veränderung in die Praxis gemacht werden (um die Verknüpfung beider Methodenfelder geht es ja in dem hier vorliegenden Ansatz):

»Was wie eine einfache pädagogische Prämisse aussieht, würde bei der Umsetzung in die Praxis eine kleine Revolution in der Lehrerbildung oder der Filmherstellung oder auch der Aufstellung des finanziellen Schulhaushalts bedeuten.«[21]

Das Ziel der Elternarbeit ist der Einbezug der Eltern im Sinne der drei eingangs beschriebenen Aufgaben. Zu einer besseren Diskussion der zur Verfügung stehenden Strategien soll die Elternarbeit im wesentlichen in drei Formen aufgeteilt werden (die Unterscheidung ist keine systematische sondern dient lediglich einer handlicheren Diskussion):
– praktisch-organisatorischer Einbezug in die pädagogische Arbeit;
– Reflexion eigenen erzieherischen Handelns durch die Eltern;
– Projekte unterschiedlichen Ausmaßes bis hin zu solchen, die an Formen der Gemeinwesensarbeit orientiert sind.

Das Handlungsmodell innerhalb dieser drei Formen der Elternarbeit ist das des Diskurses, bezogen auf Veränderungen der thematisierten Situation.

Wie nun läßt sich ein solcher für die Veränderung der betroffenen Situation relevanter und die beteiligten Personen einbeziehender Diskurs einleiten? Lassen sich Strategien angeben, die in jeweils neuen Situationen immer wieder angewendet werden können? Lassen sich neben den eingangs schon beschriebenen Postulaten der Organisation des Forschungsprozesses noch genauere Kriterien nennen, deren Berücksichtigung den Umschlag in die bloße Zulieferung von Herrschaftstechnologie, wie er allem emanzipativ orientierten wissenschaftlichen Arbeiten fortwährend droht, verhindern hilft?

Aus der dialogischen Methode von Paulo Freire, die dieser mit seinen Mitarbeitern in Alphabetisierungskampagnen in Gebieten Südamerikas

---

20 Hill, E. B, Reflection on Assistance to Developing Countries. In: International Review of Community Development 15/16 (1966), S. 49.
21 Bruner, J. S., a. a. O., S. 101.

mit besonders krasser Armut angewandt hatte, übernahmen wir Anregungen zu einer methodisch genaueren Fassung der bis dahin bei uns entwickelten und praktizierten oder aus anderen Arbeitsbereichen übernommenen Einzelelemente der Arbeit mit den Eltern. Im folgenden werden wir daher zur Präzisierung unserer Vorstellungen immer wieder auf Freire verweisen und teilweise die Begriffe übernehmen[22]. Möglich, da noch zu wenig ausdiskutiert, ist eine solche Verwendung der Begriffe, die in Teilbereichen nicht den Intentionen von Freire entspricht oder sie erheblich verkürzt. Eine solche Verwendung wäre zwar für das hier vorgelegte Konzept der Curriculumentwicklung funktional, könnte aber als Grundlage für Mißverständnisse der Methode von Freire dienen. Eine solche – im Sinne von Freire – falsche Übertragung läßt sich nicht ausschließen und soll daher hier zumindest als Vorbehalt und in Achtung vor der Arbeit, für die der Name Freire steht, genannt werden.

Zunächst ist noch die Frage zu beantworten, ob es statthaft ist, sich in der Arbeit mit den Eltern bei der Entwicklung eines Curriculum so eng auf die in ganz anderem Zusammenhang entstandenen Methoden Freires zu beziehen. Eine erste Anknüpfung besteht in der Rolle, die in der Pädagogik Freires den »Betroffenen« (den Landarbeitern) zugeschrieben wird. Sie ist vergleichbar der Rolle, welche der hier vorliegende Ansatz der Curriculumentwicklung den »Betroffenen« (Eltern und Kindern) zuschreibt: sie werden zu Beteiligten; in jeder Stufe des Prozesses sind bei Freire die Betroffenen beteiligt, die Pädagogik wird *mit* ihnen zusammen entwickelt[23] und eine Reihe von Strategien ist dafür erprobt; in der Curriculumentwicklung sind die Beteiligten die Spezialisten der aktuellen Situation, und ihr ganz spezifischer Beitrag kann von Wissenschaftlern nicht übernommen werden, da Wissenschaftler mit den ihnen eigenen Werkzeugen jede von den Beteiligten gemachte Aussage wieder verfremden. Die Aussagen würden damit im Rückzug auf die Variablen der aktuellen Situation einen neuen Stellenwert erhalten.

Ein weiterer Bezugspunkt zwischen den beiden Ansätzen besteht in der teilweise identischen Fassung der anzuzielenden Kommunikationsprozesse – hier nach dem Konzept des einzuleitenden Diskurses (nach Habermas), bei Freire nach dem Konzept des aktionsorientierten Dialogs. Die bei Habermas ausgeführten Kriterien, die einen Diskurs ausmachen, treffen sich in einer Reihe von Punkten mit der Charakterisierung des Dialogs bei Freire,

---

22 Freire, P., Pädagogik der Unterdrückten, a. a. O.; ders., The Adult Literacy Process, a. a. O.; ders. Cultural Action and Conscientization. In: Harvard Educational Review, Vol. 40, No 3, 1970, S. 452–477; Simpfendörfer, W., Befreiende Erziehung. In: Lüning, H. (Hrsg.), Schadet die Schule unseren Kindern? Düsseldorf 1972, S. 91–111.
23 Freire, Päd. d. Unterdrückten, a. a. O., S. 51.

der unter den Landarbeitern selbst und zwischen den Landarbeitern und den »Lehrern« sich entwickelt. Wo Diskurs als ein Herausführen des Nachdenkens aus der unmittelbaren Handlungsrelevanz, aus der unmittelbaren Handlungsbezogenheit der an einer Situation Beteiligten beschrieben wird, entspricht er genau der von Freire in dem Satz zusammengefaßten Vorstellung:

»Menschen tauchen aus ihrer Überflutung herauf und gewinnen die Fähigkeit, dort, wo sie enthüllt wird, in die Wirklichkeit einzugreifen.«[24]

Weiter ist der Dialog kein Luxus des reinen Akademisierens, frei von Handlungsdruck in einem das Handeln vergessenden Sinn, wie es wissenschaftlich-akademischer Diskurs zumindest im Bereich der Sozialwissenschaften immer wieder zu werden droht, sondern er ist »Reflexion«, ist »kritisches Denken« über eine Situation, das weitergeht bis zum »*Eingreifen* in die Wirklichkeit« – immer im reflexiven Zusammenhang – und ist dabei Vertiefung der Wahrnehmung[24]. Auch hier treffen sich die Kriterien dessen, was Diskurs und was Dialog ausmacht.

Als letztem Bezugspunkt zwischen dem hier entwickelten Ansatz der Curriculum-Entwicklung und der Pädagogik von Freire sei auf die Beziehung zwischen dem »thematischen Universum« bei Freire und dem Situationsansatz hingewiesen. Das Sein der Menschen »in einer Situation«, die »Reflexion auf Situationalität«[24] und der ausdrückliche Bezug der pädagogischen Arbeit bei Freire auf die je vorgefundene und zu verändernde Situation stehen in direkter Entsprechung. Eine Stufe im Prozeß der Alphabetisierung einer bestimmten Gegend ist die Erhebung des »thematischen Universums«, das ist der Gesamtheit der Themen, die für die Bewohner jenes Gebietes von existentieller Bedeutung sind. Auf dieser Erhebung des thematischen Universums baut dann die weitere pädagogische Arbeit auf. Die Verbindung, die sich hier zum Situationsansatz ergibt, als dem Ernstnehmen der Situationen, die von den Beteiligten bewältigt werden müssen, der Entwicklung der pädagogischen Arbeit von diesen Situationen aus, ist unmittelbar offenkundig.

Wenn sich, wie hier vertreten, die Kriterien beider pädagogischer Ansätze auch decken, so ist dennoch zu der Frage Stellung zu nehmen, ob sich die formale Übertragung der Methode zwischen zwei so gänzlich unterschiedlichen Kulturbereichen rechtfertigen läßt. Freire deutet eine Antwort selbst an, indem er die Möglichkeit von verschiedenen Ebenen nennt, auf denen die »Kultur des Schweigens« und die »Kultur der Beredsamkeit«, also der überredenden, Herrschaft absichernden Eloquenz (und die in einem solchen Zusammenhang dienende Pädagogik) auftreten können

---

[24] Freire, Päd. d. Unterdrückten, a. a. O., S. 122.

und untereinander in Beziehung stehen können. Das Beispiel Südamerika, in dem Freire seine Erfahrungen gewonnen hat, ist für ihn nur *ein* Beispiel für ein ganz bestimmtes (sehr krasses) Maß unterschiedlicher Teilnahme verschiedener gesellschaftlicher Gruppen an der Gestaltung ihrer Geschichte[25]. Ein anderes Maß unterschiedlicher Teilnahme gesellschaftlicher Gruppen ist denkbar; also ein anderes Maß des von Herrschaftsbeziehungen dieser Gruppen gekennzeichneten Verhältnisses und damit auch andere Ebenen, auf denen diese Herrschaftsbeziehungen vermittelt werden über das Werkzeug eines kulturellen Systems (dazu gehört die Pädagogik). Qualitativ bleibt es beim Oben und Unten, bei der kulturellen Dominanz und der kulturellen Unterlegenheit und der Vermittlung dieser jeweiligen Situationszuweisung über die herrschende Kultur (vgl. die Diskussion zur kompensatorischen Erziehung, die von eben dieser Erkenntnis lebt).

Die Methode Freires ist gekennzeichnet von bestimmten Phasen der Abfolge, in denen der eigentliche Prozeß der Alphabetisierung vorbereitet wird – stets in enger Zusammenarbeit mit den Beteiligten. Um die existentielle Situation, um die Kultur in ihrer konditionierenden Wirkung zu einem Gegenstand des Bewußtseins zu machen, um die »kritische Ebene des Wissens«[26] zu erreichen, in der die Prägung des Bewußtseins durch Kultur zu einem Gegenstand eben des Bewußtseins wird, verwendet Freire eine Methode, die er »Kodifikation« der existentiellen Situation des Lernenden nennt. Entscheidende Ausschnitte der Situation werden in irgendeinem Medium kodifiziert und den Beteiligten in dieser Form vorgestellt. Mitglieder aus der Gruppe der Lernenden sind an der Kodifikation beteiligt. In der letzten Phase der Dekodifikation (nicht einfach Dekodierung, da Beschreibung und Interpretation in diesen Prozeß mit eingehen) wird die gesamte Gruppe der Lernenden dann in einem dialogischen Vorgang die ihnen angebotene Kodifikation in ihre konstituierenden Elemente auflösen, wird sie re-konstruieren. In diesem Prozeß der Re-konstruktion, in dem dabei erfolgenden Dialog (Diskurs!) sollen Beziehungen zwischen Elementen der Kodifikation und anderen Faktoren, die in der realen Wirklichkeit enthalten sind, wahrgenommen werden. Diese Beziehungen wurden zuvor in der alltäglichen Lebenssituation nicht oder nur unvollkommen wahrgenommen; ihre Wahrnehmung ist der erste Schritt auf eine »kritische Ebene des Wissens« zu.

Die schematische Stufung Kodifikation-Dekodifikation ist als methodisches Grundmuster in die Curriculumarbeit übernommen, um aktionsorientierte Diskurse zu initiieren, wobei versucht wird, über verschiedene

---

25 Vgl. Simpfendörfer, a. a. O., S. 99.
26 Freire, Adult Literacy Process, a. a. O., S. 215.

Elternarbeit im Curriculum

Strategien die eingangs dargestellte dreifache Beteiligung der Eltern (Informationsgewinnung, pädagogische Mitarbeit, Entscheidung über Inhalte) organisatorisch zu sichern.

3.3 Kodifikation

Eine didaktische Einheit thematisiert, sofern sie »trifft«, eine Situation, die für Kinder wie für Eltern relevant ist. Signifikante Aspekte dieser konkreten Realität gibt es in einem bestimmten Medium zu kodifizieren. Die bedeutsamsten Aspekte der Situation müssen *in Zusammenarbeit mit Eltern und Kindern* extrahiert und in irgendeinem Medium verpackt den Beteiligten dargestellt werden. Aspekte, die sich den Beteiligten täglich darbieten, deren Wahrnehmung sich bereits schematisiert hat, werden in diesem Medium gebündelt wieder-dargestellt, die tägliche Präsentation wird re-präsentiert, um neue Wahrnehmung zu ermöglichen und in der Folge davon zum Nachdenken über bisherige Wahrnehmung und zu möglichem veränderndem Einfluß auf das Wahrgenommene zu gelangen. Eine besondere Form der Kodifikation bietet sich dabei im Kindergarten an: Eltern und Kinder sind die Beteiligten derselben Situation. Die Kinder können das ihnen Bedeutsame in irgendeinem Medium aufzeichnen (d. h. in den Termini des Situationsansatzes: die Kinder treten als Sachverständige eines konkreten Lebenszusammenhangs auf). Diese Aufzeichnung wird den Eltern darauf wieder vorgelegt; die ihnen bekannte Situation wird ihnen aus weitgehend unbekanntem Gesichtspunkt re-präsentiert, wird in bestimmter Weise verfremdet. Der Phantasie für verschiedene Formen der Kodifikation, für die Wahl unterschiedlichster Medien sind keine Grenzen gesetzt:

– darstellendes Spiel (z. B. die Kinder spielen im Zusammenhang der Didaktischen Einheit »Einschlafrituale« in offenem Spiel Einschlafszenen mit Biegepüppchen (Mutter, Vater, Kind) und stellen eine szenische Abfolge zusammen, die den Eltern beim Elternabend von den Erzieherinnen vorgespielt wird);
– Fotografie (die Kinder stellen Szenen, z. B. zum Thema Werbung, und fotografieren sie);
– Tonaufnahme (die Kinder machen »Interviews« mit Erwachsenen oder sie erzählen über ihre Erfahrungen mit (z. B. schimpfenden) Erwachsenen; die Einleitung eines Schulprojekts erfolgte beispielsweise, indem 1/2 Jahr vor Schuleintritt beim Elternabend ein Tonband vorgespielt wurde, auf dem sich die im letzten Jahr eingeschulten Kinder über ihre Schulerfahrungen ausließen; das Unternehmen war mit der sehr aufgeschlossenen Lehrerin abgesprochen worden; sie war während der Aufnahme nicht anwesend; das Gespräch mit den Kindern fand im Kindergarten mit ihrer früheren Erzieherin statt);
– eine von den Kindern gefertigte Darstellung (Bild; Geschichte; Modell; z. B. beim Bau und der Zusammenstellung einer Stadt aus vielfältigen Schachteln baut ein Junge eine Fabrik und klebt darüber Silberpapier aus Zigarettenschachteln; er erklärt dazu: »Das ist der Gestank, der sich auf die Häuser legt«, seine Mutti

schimpfe immer darüber; aus demselben Material läßt sich auch ein Spielplatz bauen, der über die Spielplatzausstattung hinausgeht, die den Kindern aus eigener Anschauung bekannt ist usw.)

Wenn Eltern von Anfang an bei der Kodifikation durch die Kinder beteiligt sind, ist mit einem lebhafteren Einstieg in das Gespräch beim Elternabend zu rechnen. Kodifikationen allein durch Eltern sind ebenfalls denkbar (z. B. Collagen aus Illustriertenbildern beim Elternabend zum Thema »Geschlechtsrollen«).

Bei der Konstruktion eines Curriculum bietet es sich an, Kodifikationen in generalisierter Form vorzunehmen – d. h. man erkennt bei wiederholter Durchführung desselben Projektes in verschiedenen Kindergruppen, daß sich bestimmte Darstellungen gleichen (z. B. Erzählungen oder bildhafte Darstellungen über »schimpfende Erwachsene«). Hier eine »besonders typische« Darstellung auszuwählen würde kaum den erwünschten Erfolg sichern. Die einzelnen Eltern könnten zu viele Elemente der dargestellten Situation nicht als ihnen vertraut erkennen. Freire kennzeichnet beide Möglichkeiten als zwar aufeinander bezogene Stufen, doch müßten sie zeitlich nacheinander liegen: erst muß es dem einzelnen gelingen, aus dem »Zustand der Überflutung« aufzutauchen und er muß der vorgängig falschen Auffassung über die eigene Wirklichkeit gewahr werden; er muß zunächst einmal die Erfahrung einer Distanz gemacht haben, eines Verstehens seines vorhergehenden Verständnisses einer Situation. Dann erst kann er sich auf den dialektischen Vorgang einlassen, eine fremde Wirklichkeit zu analysieren und sie mit der eigenen zu vergleichen, um daran die Grenzen beider zu entdecken[27]. Wenn man zu schnell zu der Methode greift, die Situation der Beteiligten durch Kontrastieren mit einer fremden Situation erhellen zu wollen, fordert man einerseits einen Abstraktionsprozeß, der von einem Teil der Eltern schon nicht mehr geleistet werden kann, und liefert man zum anderen die Möglichkeit schon gleich mit, daß sich Eltern der Betroffenheit über die eigene Situation entziehen und sich nur auf die ihnen fremde einlassen.

In diesen Argumentationszusammenhang gehört z. B. auch folgende Erfahrung: eine Lehrerin erzählt den Eltern, in welche schulische Situation die Kinder der Klasse kamen, die im letzten Jahr eingeschult wurden und die sie übernommen hat. Eine Erzieherin hätte darüber nicht berichten können, sie hätte zumindest bei den Eltern nichts bewirkt – u. a., weil sie für diese Situation nicht als sachverständig gelten kann. Sachverständig wären Eltern von der letzten Einschulung oder – wie im Beispiel mit dem Tonband – beteiligte Kinder, also grundsätzlich nur alle echt Situationsbeteiligten. Die Lehrerin ist für die Eltern insofern noch akzeptabel, weil sie an der Schule arbeitet, die die neuen Schulanfänger besuchen werden. Bei einer Elterngruppe an einem anderen Ort wiederum hat dieselbe Lehrerin nur wenig Chancen, einen echten Diskurs in Gang zu setzen. Die von ihr präsentierte Kodifikation der Einschulungssituation »betrifft« diese Eltern nicht.

27 Freire, Päd. d. Unterdrückten, a. a. O., S. 129 f.

3.4 Dekodifikation

Der Ort, an dem die Eltern mit den kodifizierten Situationen konfrontiert werden, ist der Elternabend. Er muß sich vom herkömmlichen Elternabend, der stark von einem Vortragselement, d. h. von der Aktivität der Erzieherin bestimmt ist, erheblich unterscheiden. Die Situation wird in kodifizierter Form über eines der besprochenen Medien re-präsentiert und wird nun zum Objekt des Dialogs zwischen den anwesenden Eltern, der Erzieherin oder den Erzieherinnen und dem oder den Wissenschaftlern. Wenn die Kodifikation gut genug angelegt ist, wird es über ein bloßes Wiedererkennen der Aspekte der Situation (Dekodierung) hinausgehen auf den qualitativ anderen Vorgang der Beschreibung und Interpretation (Dekodifikation). Rein formal läßt sich die Dekodifikation als eine Auflösung der Kodifikation in die konstituierenden Elemente beschreiben. Diese Elemente werden in ihrer Interaktion dargestellt. Zwischen Elementen der Kodifikation und Faktoren, die in der realen Wirklichkeit enthalten sind, werden zuvor nicht erkannte Beziehungen wahrgenommen. Die an der Dekodifikation beteiligten Subjekte (also die Eltern) müssen sich in der Kodifikation, in diesem Objekt wiedererkennen und sie müssen das Objekt als die Situation erkennen, in der sie sich selbst mit anderen Subjekten zusammen befinden[28]. Sie müssen das Objekt auf die eigene Situation rückbeziehen können.

Die Dekodifikation sollte zunächst eine Distanz ermöglichen und eine Betroffenheit, nämlich die Distanz zum bisherigen Verständnis und zur bisherigen eigenen Wahrnehmung innerhalb von Situationen. Aus der ›Erkenntnis der vorhergehenden Erkenntnis‹ kann die Entwicklung neuer Erkenntnis stimuliert werden. Diese Erkenntnis muß dann systematisch weitergeführt werden in prüfende Beobachtung und in Aktion.

Das Bewußtsein kann sich so freischwimmen von der Wirklichkeit, kann sich selbst sein eigenes Verhältnis zur Wirklichkeit zum Gegenstand machen und gewinnt damit zugleich Distanz zur Wirklichkeit, von der es geprägt ist. Es lernt, die Wirklichkeit als prägende Bedingung zu analysieren. »Das Bewußtsein bekommt sich und die Wirklichkeit zunehmend in die Hand«[29]. Zugleich muß dieser Prozeß eingebettet sein in die Aktivität einer Gruppe, weil nur hier im Dialog der Aufklärungsprozeß in Gang kommen kann.

Während herkömmliche Elternarbeit sich stark als Belehrung der Eltern versteht, die höchstens auf verbessertes erzieherisches Verhalten abzielt, beschränkt auf den Bereich familialer Sozialisation, ist hier ein aktionsge-

---

28 Freire, Päd. d. Unterdrückten, a. a. O., S. 116.
29 Simpfendörfer, a. a. O., S. 97.

richteter Gesichtspunkt bestimmend. Die zunächst aktiv Handelnden – das sind die Erzieherinnen und die wissenschaftlichen Mitarbeiter – müssen diesen Gesichtspunkt fest in ihrem Denken verankert haben. Es genügt nicht zu wissen, daß irgendwann der Prozeß in eine Handlung münden soll, sondern der Gesichtspunkt der Handlungsbezogenheit soll jeden Schritt schon als Mittel zu diesem Ziel strukturieren. Damit soll nicht ausgesagt werden, daß schon in den Anfangsschritten der Einleitung eines Diskurses ständig das Maximalziel des handelnden Eingreifens der an der betreffenden Situation Beteiligten mitbedacht werden soll. Dieses Ziel ist dem gesamten Ansatz immanent und an anderer Stelle bereits ausführlich dargelegt. Als konkrete Handlungsanweisung (um die es hier geht) ist es aber zu vage, zu allgemein. Es soll damit vielmehr die Strategie nahegelegt werden, *bei jedem Schritt des Prozesses einen konkreten Handlungsschritt im Auge zu haben, der jeweils vorbereitet werden soll.* Diese Strategie ist abgeleitet aus der praktischen Erfahrung, daß ein Diskurs unter den Beteiligten dann am ehesten in Gang kommt, wenn eine bestimmte Handlung der Beteiligten beabsichtigt ist und nun die Voraussetzungen des Handelns geklärt werden müssen. Besonders bei Eltern aus der Unterschicht ist dieser Ansatz von Bedeutung. Die stärkere Orientierung des Denkens an realen Lebenserfahrungen gegenüber einem Denken, das sich in mehr abstrahierender Form abspielt, erfordert schon als Einleitung der Diskussion die Frage, was die Beteiligten konkret tun könnten[30].

Beispiele: Ein Elternabend zum Thema Einschulung (bei dem man in der Regel mit besonders gutem Besuch rechnen kann) wird unter der Fragestellung konkretisiert »Wie können wir die Kinder auf die Schule vorbereiten?« Anhand der entsprechenden Didaktischen Einheit schlagen die Erzieherinnen Arbeitsschritte vor. Bei der Diskussion dieser Vorschläge ist mit einer grundsätzlichen Problematisierung des Themenbereichs zu rechnen. Die Diskussion erfolgt zugleich unter der Fragestellung, wer wo mitarbeiten könnte.

Fragen der Selbstregulierung des Kindes werden am besten nicht unter der Fragestellung besprochen »Autorität in der Erziehung«, sondern z. B. dann, wenn man zusammen mit der Kindergruppe einen Ausflug unternehmen möchte. Dann stellt sich die Frage »Wieviel Geld sollen sie mitnehmen? Sollen sie ihr Geld selbst verwalten? Regulieren sie das, was sie kaufen, was sie trinken, selbst?«

Von den Handlungsmöglichkeiten, die diskutiert werden, müssen die Beteiligten eine anschauliche Vorstellung besitzen, zumindest müssen einige der beteiligten Eltern hier konkrete Vorstellungen haben, die sie den anderen dann vermitteln können. Sie müssen also vorher schon an der Arbeit mit der Kindergruppe einmal teilgenommen haben.

Diese Strategie, immer von konkreten Handlungszielen bei der Organi-

---

30 Vgl. Raspe, J., Zur Sozialisation proletarischer Kinder. Frankfurt ²1973, S. 25 u. S. 39.

sation jedes Diskurses auszugehen, steht keinesfalls in Widerspruch zu der Voraussetzung eines Diskurses, von unmittelbarer Handlungsnotwendigkeit enthoben zu sein. Eine unkritische Anwendung dieser Strategie könnte zwar denselben Handlungsdruck erzeugen, der auch das unmittelbar handlungsbezogene Denken in alltäglichen Lebenssituationen kennzeichnet. Der Unterschied zu diesem unmittelbar handlungsrelevanten Denken bestünde dann nur noch darin, daß das Handeln kollektiv diskutiert würde, im Gegensatz zu auf das Individuum oder den Kreis der engsten Bezugspersonen beschränkten Überlegungen. Es wäre bloße »Fall«-Diskussion; der exemplarische Charakter des Falles und die darin enthaltene Möglichkeit, übergreifende Bezüge zu finden, würde nicht mehr genutzt. »Wird der einzelne ›Fall‹ jedoch nicht exemplarisch entfaltet, sondern als Beispiel für andere Fälle behandelt, so verliert er jeden Bildungswert; derartige Fall-Studien bestätigen und verstärken lediglich das verdinglichte Denken, das die gesellschaftlichen Zusammenhänge in ein Universum von bloßen Fällen und Tatsachen auflöst«[31]. Allein durch den Zeitdruck im Verlauf von Projekten entsteht bisweilen (notwendigerweise) diese Situation. Ihr sollte dann aber eine Phase grundsätzlicherer Problematisierung vorausgegangen sein und auch wieder folgen.

Den Gegenpol bilden Diskussionen, die so von Handlungsbezügen abgelöst sind, daß sie ihre Relevanz für konkrete Lebenssituationen gänzlich eingebüßt haben. Sozialwissenschaftler sind dieser Gefahr ausgesetzt, bestimmte Gruppierungen unter den Eltern in gleicher Weise. Ein gut Teil der Eltern würde solche Veranstaltungen recht schnell meiden.

Reflektives Handeln oder aktionsorientierte Reflexion – wie immer man es nennen will – muß ständig anhand dieser Pole überprüft werden und ist ständig in der Gefahr, zu einem dieser Pole sich hinzuentwickeln. Für die Erzieherin steckt in dieser ›einfachen‹ Strategie eine Aufforderung zu einem erheblich veränderten Denkansatz – und hier liegt auch die eigentliche Schwierigkeit der Verwirklichung. Sie kalkulierte den herkömmlichen Elternabend verstärkt nach Gesichtspunkten der Rechenschaft, die sie gegenüber den Eltern ablegen muß und nach Gesichtspunkten der Belehrung – und wie Erzieherinnen berichten, hatten sie dabei starke Unsicherheits- oder gar Angstgefühle. Nun sollen sie mit der Absicht in den Elternabend gehen, einen konkreten Handlungsschritt gemeinsam mit den Eltern vorzubereiten. Diese Absicht müßte mit den Kolleginnen, später auch mit Eltern, möglichst vordiskutiert sein.

Beispiel: Die Erzieherinnen bereiten einen Elternabend zum Thema Einschulung dahingehend vor, daß sie bei der Kleingruppen-Diskussion der Frage »Was tun?« die Aktivität möglichst sichtbar an die Eltern abtreten wollen. Sie legen Papier und

---

31 Negt, O., Soziologische Phantasie und exemplarisches Lernen, ²1971, S. 31.

Stift bereit und schieben den Eltern, die den ersten Vorschlag bringen, Blatt und
Schreibstift zu, damit diese die Vorschläge sammeln. Im Plenum werden die Vor-
schläge von diesen Eltern jeweils vorgetragen und von einem Elternteil an der
Tafel gesammelt.

3.5 Organisation von Diskursen mit den Eltern

Der Prozeß der Kodifikation – gemeinsam mit Beteiligten – und der Dekodifikation ist nicht mehr als nur Methode mit dem Ziel, die oben beschriebene dreifache Beteiligung der Eltern an der Entwicklung des Curriculum zu sichern. Die Methode ist variabel und eine andere ist grundsätzlich denkbar. Die Diskussion der praktischen Schritte soll nach den bereits
aufgeführten drei Formen von Elternarbeit erfolgen, die, wie gesagt, nicht
als systematische Aufteilung zu verstehen sind; bei den meisten Beispielen
von Elternarbeit im Curriculum spielt jede der genannten Formen in den
verschiedenen Phasen des Prozesses mit wechselndem Schwergewicht eine
Rolle.

3.5.1 Praktisch-organisatorischer Einbezug der Eltern

Der praktisch-organisatorische Einbezug der Eltern ist bewußt an den Anfang gestellt. Projektarbeit mit Eltern ist der umfassendste Fragenkreis
unter den drei aufgeführten Formen und erscheint daher am Schluß; das
Ausgehen vom erzieherischen Handeln der Eltern wiederum würde einem
Elternabend zu schnell einen belehrenden Ton geben. Wenn nicht praktische Erfahrungen mit konkret bezogenen Diskussionszielen die Grundlage
einer solchen Veranstaltung bilden, muß diese Lücke notwendig durch Re-
ferieren, durch ein ›Übermaß‹ verbaler Erklärungen von seiten der Erzieherin ausgefüllt werden. »An den Elternabenden war unser oberstes Ge-
bot, alles Belehrende, jeden Seminarstil mit Referatehalten und anschließender Diskussion zu vermeiden. Das ist für die Eltern fremd, vermehrt
ihre Unsicherheit und stößt sie ab«[32]. Diese Gefahr des Übermaßes an
verbaler Aktivität der Erzieherin auf dem Elternabend ist so groß und
diese Haltung läßt sich nur so schwer abbauen, daß jede Gelegenheit vermieden werden muß, die hier in irgendeiner Weise verstärkend wirken
könnte.

Die Eltern kennen ihre Kinder in der Regel nicht aus solchen Situatio-
nen, wie sie in der Kindergruppe im Kindergarten gegeben sind. Sie kön-
nen sie wohl auf dem Spielplatz oder vor dem Haus, vielleicht auch im
Urlaub im Spiel mit anderen Kindern beobachten; die Situation in der
Kindergartengruppe ist in ihrer Geschlossenheit aber anders strukturiert.
Hinzu kommen die geringen Vorstellungen, die über die Arbeit im Kin-

---

[32] Prüser, a. a. O., S. 37.

dergarten vorhanden sind; teilweise sind es sogar falsche Vorstellungen. Die Erfahrungen, die daher in der Kindergruppe gemacht werden können, stehen in erheblicher Diskrepanz zu den eingebrachten Erwartungen. In der Folge stellt sich Betroffenheit ein. Betroffenheit zu erzeugen, in tieferliegenden Schichten zu verunsichern, ist häufig angewandtes Mittel in der politischen Bildung und der Erwachsenenbildung; ein Beispiel sind die von Lüers und seinen Mitarbeitern durchgeführten Demonstrationsexperimente[33]. Ähnliche Vorgänge spielen sich bei der Beteiligung der Eltern in der Kindergruppe ab. Sie werden mit Anforderungen zur Umstellung ihrer Erwartungen so stark konfrontiert, daß hier ein positiver Ansatz zu sehen ist für eine Umstrukturierung ihrer Selbstwahrnehmung im Umgang mit Kindern. Es erfolgt ein Einbruch in ein System und damit die Chance zu einer Neustrukturierung.

Doch in der Chance steckt zugleich eine Gefahr. Wird die Diskrepanz zu groß und ist die Erfahrung damit nur schwer in die Persönlichkeit der Eltern integrierbar, dann ist mit erheblichem Widerstand zu rechnen. Es entsteht die Tendenz, die negativ bewertete Situation zu beseitigen, und bei einer entsprechenden Mehrheit unter den Eltern sind sogar Angriffe zu erwarten. Der Widerstand oder die Angriffe werden sich personifizieren, sich also mit Wahrscheinlichkeit gegen die Erzieherin richten. Zumindest besteht beim Erzeugen eines Übermaßes von ›Betroffenheit‹ das Risiko, daß Rezeptionsbarrieren aufgerichtet werden[34].

Christa Prüser schildert die Auswirkungen des »Gruppendienstes« der Eltern auf den Verlauf der Elternabende (und sogar auf die Elternbeziehungen: es entstehen durch die gemeinsame Arbeit zwischenfamiliäre Beziehungen). Während von den Erzieherinnen zunächst noch ein Angebot erwartet wurde, wirkten sich die konkreten Erfahrungen, wirkte sich die Anschauung allmählich aus: Die Elternabende waren zunehmend gekennzeichnet von Diskussionen *zwischen* den Beteiligten, ausgehend von konkreten Berichten[35].

Es stellt sich die Frage: Wie kann der organisatorisch-praktische Einbezug der Eltern aussehen? Anknüpfend an die Schule, wo der Eltern-»Besuch« in Form der Hospitation stattfindet – ein Elternteil sitzt hinten an einem freien Platz und beobachtet Lehrer und Klasse – könnte eine ähnliche Praxis im Kindergarten erwartet werden. Solcher passiver Einbezug der Eltern dürfte allenfalls den Effekt haben, daß sich die Erzieherin kontrolliert fühlt. Das Ziel muß vielmehr eine aktive Mitarbeit der Eltern

---

33 Lüers/Büttenbender/Rittelmeyer/Müller/Grösch, Selbsterfahrung und Klassenlage. München 1971.
34 Vgl. bes. die Beispiele von Büttenbender/Rittelmeyer in Lüers u. a., a. a. O., S. 57 ff.
35 Prüser, a. a. O., S. 37.

sein. Zunächst ist bei diesen natürlich eine große Unsicherheit in der Kindergruppe zu erwarten und die Erzieherin wird beim Eingewöhnen Hilfestellung geben müssen[35]. Aber diese anfängliche Unsicherheit ist normal und keinesfalls schon als Argument dafür zu verwenden, daß die Eltern in der Gruppe nur Mehrbelastung erzeugen und stören. Am günstigten ist es, zuvor schon mit dem jeweiligen Elternteil besprochene, genau abgegrenzte Schritte durchzuführen (Vorschläge dazu werden in die didaktischen Einheiten eingearbeitet). Das kann eine Tätigkeit im Kindergarten sein, bei der eine Aufteilung der Kindergruppe notwendig ist, es kann auch die Beteiligung an einer Exkursion sein, bei der bestimmte Informationen eingeholt werden (z. B. zusammen mit den Kindern mit Hilfe von Foto oder Kasettenrecorder). Entscheidend ist, daß die Eltern sowohl in die Vorbereitung von Projekten, in die Herstellung von notwendigen Arbeitsmitteln einbezogen werden (die Eltern bringen Ideen ein!), als auch direkt in die Arbeit mit den Kindern – zunächst in genau definierte, überschaubare Aufgaben, die einen geringen Zeitaufwand bedingen. Die Eltern sind hierbei keine unentgeltlichen Ersatzerzieher. Sie dürfen nicht nach einem bestimmten »Plan eingesetzt« werden, sondern sollten nach ihren eigenen Wünschen und Fähigkeiten bei solchen Projekten mitwirken, bei denen sie sich nicht von vornherein als Unterlegene begreifen müssen.

Bleibt an dieser Stelle noch der Hinweis, die im Kindergarten üblichen Feste so zu organisieren, daß die Geselligkeit stärker auf die einzelne Gruppe und weniger auf den Gesamtkindergarten bezogen wird. So ist die Geselligkeit überschaubar, kann gemeinsam vorbereitet und durchgeführt werden: nicht »Darbietungen« der Kinder auf der Bühne, sondern gemeinsame Spiele mit Eltern und Kindern, vielleicht sogar anläßlich eines Ausflugs mit Kindern, Eltern und Geschwistern am Samstag[35]. Solche Form der Geselligkeit gibt die Chance, Verbindungen zu knüpfen, Gespräche zu eröffnen.

Wie ist solche Zusammenarbeit einzuleiten? Das bloße Angebot zur Mitwirkung beim Elternabend, auch wenn noch so dringlich vorgetragen, ist sicher zu wenig. Die eingespielten Rollenerwartungen (aktive Erzieherin; die Eltern hören zu, stellen zwischendurch Fragen) und die Geringschätzung der Bedeutung des Kindergartenalltags (»Mit der Schule beginnt der Ernst des Lebens«) dürften sich als glatte Fehlanzeige erweisen. Hier ist statt dessen zunächst an gezielte persönliche Gespräche zu denken. Dazu ist es nötig, sich anhand der Liste der Eltern zu überlegen, welche Eltern als unmittelbar ansprechbar eingeschätzt werden und bei welchen Eltern Hemmungen bestehen dürften. Sich nur an den aktiven Eltern zu orientieren, dürfte sich für zukünftige Elternabende negativ auswirken: diejenigen, die schon die größte Bereitschaft zur Diskussion beim Elternabend mitbringen, wären nun durch ihre Mitarbeit zusätzlich motiviert;

Elternarbeit im Curriculum

die Wahrscheinlichkeit, daß auch die »Stillen« in der Diskussion den Mund aufmachen, wird nur noch mehr verringert – es würde einmal mehr den Kompetenten ihre Kompetenz, den Inkompetenten ihre Inkompetenz vermittelt. Die Erzieherin dürfte also nicht nur diejenigen Eltern um Mithilfe bei kleinen Projekten bitten, die mit Sicherheit in der Lage und auch am schnellsten bereit sind, weil sie den hohen Wert von Vorschulerziehung in ihre Leistungserwartungen einbeziehen. Sondern sie sollte bevorzugt die »Stillen« ansprechen, die Notwendigkeit der Mithilfe plausibel machen und dabei darauf achten, daß die Aufgaben von den angesprochenen Eltern bewältigt werden können. Beim Elternabend sollte dann über das Durchgeführte und die Mitarbeit berichtet und neue Projekte angekündigt werden, für die dann Mitarbeiter zu suchen, gegebenenfalls wieder anzusprechen wären. Das heißt: die Zielrichtung geht von der Mitwirkung (nach persönlicher Ansprache) in der Kindergruppe aus und zum Elternabend hin, nicht umgekehrt. Ein solcher Stufenanfang ist außerdem für die Erzieherin wichtig, um Erfahrung und Sicherheit für die Arbeit mit den Eltern zu gewinnen.

An dieser Stelle wird deutlich, daß der Bezug der Kindergartenarbeit zu den unterschiedlichen sozialen Schichten in unserer Gesellschaft, zur unterschiedlichen Lebenssituation der Elterngruppen von der Erzieherin mitbedacht werden muß. Die Lebenssituation der Familie des Arbeiters oder des kleinen Angestellten macht eine Mitarbeit in dem Sinne wie in Kinderläden, wie in Eltern-Kind-Gruppen der Mittelschicht realisiert, also Elternarbeit über festen Gruppendienst nach Plan, weitgehend unmöglich. Schichtarbeit, Überanstrengung durch nervliche und physische Beanspruchung lassen in bezug auf Zeit und Kräfte nur einen geringen Spielraum zu. Geht die Frau darüber hinaus noch arbeiten, dann bleibt für solche Aktivität kein Spielraum (und auch keine Motivation mehr). Die Erzieherinnen reagieren hier oft moralisierend: die Eltern wollen mehr Geld verdienen und vernachlässigen daher durch die Berufsarbeit der Mütter ihre Kinder. Daß dahinter möglicherweise die ökonomische Notwendigkeit besteht, das Familieneinkommen durch die Mitarbeit der Mutter – in der Tat auf Kosten der Kinder – aufzubessern, wird nicht gesehen. Mütter aus der Unterschicht sind wesentlich häufiger erwerbstätig als Mütter aus anderen Schichten. »Während in Arbeiterfamilien die Erwerbstätigkeit der Frau nur in dem Maße abnimmt, als durch Einkommen, durch Kinder und andere zum Haushalt gehörige Personen kompensiert werden kann, ist bei den Beamten ein stetiges Absinken des Einkommensanteils der Familienangehörigen mit steigender Kinderzahl zu beobachten, ohne daß dadurch das Einkommensniveau gesenkt würde.« Die Lage der Mütter aus der Unterschicht ist in der Regel dadurch gekennzeichnet, daß keine Möglichkeit gegeben ist, sich mit einem teuren, automatisierten

Haushalt auszurüsten. Sie wird zwischen Kochtopf und Beruf zerrieben[36].

Ähnlich moralisierend wird in der Regel die Erfahrung bewertet, daß gerade bei den unteren Angestelltengruppen und den Arbeitern die Väter im Kindergarten nicht in Erscheinung treten und die Erzieherin weitgehend nur die Mütter kennt. Wie Raspe in der Zusammenfassung verschiedener Studien zur Sozialisation feststellt, scheint dies eine Funktion objektiv gegebener Lebenszusammenhänge zu sein (weshalb der Einbezug der Väter mit den hier zur Verfügung stehenden Mitteln auch nur schwer zu bewältigen ist). Die Bedeutung der Mutter steigt, wenn sie neben ihren Funktionen im Haushalt und der Erziehung der Kinder auch noch den Lebensunterhalt teilweise mitsichern muß, weil das Einkommen des Vaters allein nicht ausreicht. Autonomie und Autorität der Mutter steigt im Zusammenhang mit einer sinkenden Bewertung des Vaters: eine »real ohnmächtige gesellschaftliche und familiale Stellung des Vaters« korrespondiert mit einem autoritär-aggressiven Verhalten. Er kann seine Rolle nur durch die physische Überlegenheit gegenüber Frau und Kindern durchsetzen und seine aus der beruflichen Situation entstehenden Minderwertigkeitsgefühle nur auf diese Weise im privaten Raum überspielen. Besonders dem Sohn ist der Vater »kein Vorbild, bietet wenig Schutz gegenüber außerfamilialen Zwängen und vermittelt kaum gesellschaftlich nützliche und brauchbare Fähigkeiten«[37]. Dieser objektive Erfahrungszusammenhang schlägt sich im subjektiven Empfinden der Väter nieder und es kann kaum erwartet werden, daß aus diesen negativen Erfahrungen heraus ein positives Engagement in die Erziehungsinstitutionen hinein erwächst, zumal, wenn der Elternabend wieder nur die Überlegenheit anderer demonstrieren sollte. Wird es aus diesen Gründen auch schwerfallen, die betreffenden Väter in die Arbeit im Kindergarten einzubeziehen, so sollte es zumindest gelingen, die vollkommene Beziehungslosigkeit über gemeinsame Unternehmungen am Wochenende oder durch Exkursionen zu Arbeitsplätzen von Vätern aufzuheben.

Die Chance, hier Engagement zum Elternabend hin zu wecken, ist, das muß realistisch gesehen werden, recht gering. Eltern aus der Mittelschicht kann ihr eigenes erzieherisches Handeln als unabhängiger, als verselbständigter Bereich erscheinen – im wesentlichen abhängig von kulturell bedingten Auffassungen über Erziehung, von psychischen Dispositionen,

---

36 Herzfeld, I., Sozialstruktur und Familie. In: Nachrichtendienst des Dt. Vereins f. Öff. u. Priv. Fürsorge, 50 (1970), H. 11, S. 290. Helga Rinne schlägt für Eltern aus einkommensschwachen Familien eine Bezahlung vor, um ihnen die Mitarbeit zu ermöglichen; In: Initiativgruppe Solingen, Schule ohne Klassenschranken. Reinbek 1972, S. 104.

37 Raspe, a. a. O., S. 48 f.; vgl. auch Herzfeld, a. a. O.

möglicherweise auch aktuellen Konflikten. Sie haben Spielraum, stehen nicht unmittelbar unter dem Druck der Sicherung der eigenen Reproduktion. Sie können darüber diskutieren, ob ihr erzieherisches Handeln in bestimmten Situationen angemessen war und wie es anders hätte erfolgen müssen. In demselben Maß, wie der existentielle Druck wächst, wie die Sorge um die eigene Reproduktion das Denken mehr in Anspruch nimmt (besonders wenn ein Elternteil allein die angemessene Reproduktion nicht mehr sichern kann), wenn das Familieneinkommen sich dem Punkt nähert, an dem es total von den Kosten der Reproduktion wieder aufgezehrt wird, in eben demselben Maß nimmt der Spielraum ab, eigenes Erziehungsverhalten zu kalkulieren. In der Regel gekoppelt mit dem Einkommen ist der Mitbestimmungs- und Dispositionsspielraum am Arbeitsplatz (wobei tendenziell allerdings der Unterschied zwischen Großraumbüro und Werkhalle in bezug auf eigene Dispositionsmöglichkeiten zu schwinden scheint). Erziehungsverhalten erweist sich hier mit sinkender sozialer Schicht immer unmittelbarer als Folge objektiver Lebensbedingungen; erzieherisches Handeln muß daher als ein Lebensbereich erfahren werden, der abhängig ist von zentralen Lebensbedingungen. Ein Engagement für diesen Bereich kann deshalb nur erwartet werden, wenn damit zugleich Aufklärung oder Veränderungschancen für zentrale Lebensbedingungen verknüpft sind. In Familien, in denen erzieherisches Handeln sich nicht als halbwegs unabhängiger, als verselbständigter Bereich darstellt, wird die Arbeit isoliert nur auf diesem Bereich in ihrer Folgenlosigkeit schnell durchschaut und daher verweigert werden.

Auf ein weiteres Moment ist zum Einbezug von Unterschicht-Eltern noch hinzuweisen: es besteht die Gefahr, daß die Eltern in den Kindergarten kommen und hier recht deutlich mit dem Anspruch konfrontiert werden, mit den Kindern alles anders zu machen. Damit ist unversehens nicht die Lebenssituation der Beteiligten, die es zu bewältigen gilt, der Bezugspunkt des Denkens, sondern ein kompensatorischer Ansatz hat sich durchgesetzt: die Eltern sollen umlernen. Die Folge ist, daß ihre kulturelle Identität an dieser Stelle gründlich verunsichert werden wird[38], an der Stelle der Überlieferung der eigenen Kultur weiter an die Kinder[39]. Hier kann kein Diskurs in gegenseitiger Anerkennung entwickelt werden. Das Grundmuster dieses Geschehens läßt sich vielmehr so charakterisieren: das Beziehungssystem des eigenen Handelns wird für minderwertig erklärt ge-

---

38 Vgl. Fatke, R., Psychohygienische Probleme der Förderung sozial benachteiligter Kinder. In: ZfP 16 (1970), H. 1, S. 65-81.
39 Kultur ist hier verstanden als in bestimmter Weise aufgebautes geistiges Modell der Umwelt, mit dem Zusammenhänge aus gegebenen Informationen erschlossen werden. Sie ist also im umfassenden Sinne ein Werkzeug zur Bewältigung von Lebenssituationen. Vgl. Bruner a. a. O.

genüber dem von der dominanten Kultur Geforderten. Die Folge ist eine Ambivalenz, eine Verunsicherung der Identität, welche autonomiezerstörend wirkt. Der Prozeß, der auf der Ebene der Sprache (besonders in der Schule) schon stattfindet, könnte auf der Handlungsebene intensiviert werden – der Prozeß des Zurückdrängens, des gesellschaftlich irrelevant Machens des Erfahrungsbereichs der Mehrheit dieser Gesellschaft.

3.5.2 Reflexion eigenen erzieherischen Handelns der Eltern

Es ist so etwas wie das ›klassische‹ Ziel der Elternarbeit, eine engagierte Diskussion über Erziehungsfragen in Gang zu setzen. Hier wurde der Vorschlag gemacht, die Eltern in die Arbeit im Kindergarten einzubeziehen, die Mauern, die rings um die Institution Kindergarten errichtet wurden, wieder einzureißen und darüber, aus praktischen Fragen heraus und möglicherweise auf der Grundlage einer Betroffenheit, überhaupt erst einmal ins Gespräch über Erziehungsfragen zu kommen, wobei gelernt werden könnte, diese Fragen grundsätzlicher zu fassen und zu diskutieren.

Dazu wird es notwendig sein, statt Gesamtelternabenden entsprechend der Kindergruppen Gruppenelternabende durchzuführen. Aber auch eine solche Gruppe ist mit etwa 20 bis 30 Eltern noch zu groß. Sie sollte daher mindestens halbiert werden. Für einen Teil des Abends können dann anstehende Fragen der konkreten, die Kindergruppe betreffenden Arbeit in zwei oder mehr Kleingruppen bearbeitet und die Ergebnisse anschließend im Plenum zusammentragen und entschieden werden. Die Diskussion muß zunächst wohl in den Händen von Erzieherinnen liegen; notfalls können Kolleginnen aushelfen; die Wissenschaftler sind schon von ihrer Rolle her, wahrscheinlich auch von ihrem engagierten Verhalten, zu dominant für diese Funktion. Nach einer gewissen Gewöhnungszeit an das Kleingruppenprinzip können Elterngruppen dann allein arbeiten.

Eigenes erzieherisches Handeln wurde im vorangegangenen Abschnitt als abhängig von der Lebenssituation charakterisiert. Eine bloße Diskussion von Erziehungsproblemen, bei welcher der situative Bezug nicht in den Blick kommt, bleibt erstens von den Zielen her fragwürdig (Effektivierung der Erziehung im Sinne der eingangs kritisierten Diskrepanzfrage zwischen Elternhaus und Institution bei der kompensatorischen Erziehung), verstärkt zweitens die Vorstellung des verselbständigten Lebensbereichs Erziehung und bleibt drittens bei Unterschicht-Eltern unwirksam. Der Bezug der Diskussion zur Lebenssituation ist nur so zu sichern, daß sich die Organisation der Lernprozesse der Kinder auf Lebenssituationen bezieht, die Eltern in die Organisation dieser Lernprozesse einbezogen sind und damit die Diskussion bei diesen Situationen im Zusammenhang mit dem Lernen der Kinder einsetzt: das Gespräch nimmt seinen Ausgangspunkt bei aktuellen Lebenssituationen und kommt von hierher zu

Erziehungsfragen.

Das Hauptproblem liegt daher zunächst weniger beim Ingangsetzen von Diskussion als vielmehr beim In-Bewegung-Setzen eines gemeinsamen Handlungspotentials. Erst müssen Aktionsimpulse geweckt werden, dann kann ihre Richtung im Diskurs bestimmt und kontrolliert werden.

3.5.3 Gemeinsame Projekte

Bei der Beteiligung der Eltern an Projekten der Kindergartenarbeit, die bezogen sind auf Situationen im Leben der Kinder, ist der Punkt erreicht, an dem sich eine für die Erziehungsinstitutionen in unserer Gesellschaft verschüttete Dimension auftut: der Bezug des Lernens im Erziehungsgetto zum täglichen Leben. Wie kann es gelingen, Erfahrungen innerhalb und außerhalb des Kindergartens miteinander zu verbinden und sie zu reflektieren? Wie kann es gelingen, Kindergarten-Projekte in den äußeren Erfahrungszusammenhang hinein zu organisieren und so dem Lernen in der Institution Ernstcharakter zu verleihen?

Über die Methode von Freire lassen sich hier Bezüge zu bestimmten Strategien der Gemeinwesenarbeit herstellen. In einer groben Phasenfolge von 4 Schritten soll der Prozeßablauf idealtypisch dargestellt werden. Eine solche Schematisierung sollte nur als Hilfskonstruktion aufgefaßt werden.

1. Phase: Kodifikation: Die Konstruktion von Curricula wird von den Eltern als notwendig angesehen. Sie verstehen darunter weitgehend die Zusammenstellung von Lerninhalten und Materialien. Von daher ist es ihnen auch plausibel, sich an der Kodifikation als Teil der Curriculum-Arbeit zu beteiligen; es ist ihnen einsichtig, daß man zur Aufbereitung eines Lerngegenstandes diesen analysieren und dazu Material sammeln muß. Daran gilt es anzuknüpfen und zu versuchen, einige Eltern an der Erforschung der Situation zu beteiligen. Das Ergebnis dieses Prozesses sollte immer in irgendeiner Form, auf irgendeinem Medium materialisiert werden, eben kodifiziert – entsprechend den Kriterien der Kodifikation. Diese Arbeit geschieht zusammen mit den Kindern, und es ist sehr wesentlich, daran schon mehrere Eltern zu beteiligen, die aufgrund ihrer Auseinandersetzung mit der Situation und aufgrund der Erfahrung ihrer Arbeit mit den Kindern schon einen aktiven Kern von Initiatoren bilden können. Zumindest werden sie in der zweiten Phase eine wichtige Anregungsfunktion übernehmen.

Die Untersuchung der aktuellen Situationsvariablen durch die Eltern gemeinsam mit den Kindern und den Erzieherinnen gewinnt durch die Auseinandersetzung über den Gegenstand und die praktischen Schritte der Kodifikation diskursiven Charakter. Die Hoffnung besteht darin, daß durch das Einlassen auf das Problem Engagement geweckt wird: die Beteiligung an der Untersuchung soll diese Eltern aktivieren. (Die Frage ist, wieweit sich Anregungen für solche aktivierende Situationsrecherchen über den Zeitpunkt der Konstruktion des Curriculum hinaus in den Curriculummaterialien kodifizieren lassen.)

Den Erzieherinnen kommt in dieser und der nächsten Stufe des Prozesses eine katalytische Funktion zu. D. h. sie sollen den Prozeß in Gang setzen, ihn initiieren, ohne ihn aber aus eigenen Kräften tragen zu wollen. Es ist wichtig, daß sie immer wieder versuchen, in der Diskussion mit Kolleginnen und später auch mit Eltern das vorliegende Kräftefeld anhand der Beteiligten zu analysieren und sich über den Stand des Projekts genau Rechenschaft zu geben.

2. Phase: Dekodifikation: Der Vorgang der Dekodifikation ist unter 3.4 bereits beschrieben. Sein Zweck im Ablauf des gesamten Prozesses wäre der einer Problemaufbereitung, einer Bewußtmachung, die in ein Arbeitsprogramm münden mußte, das die nächsten Schritte bereits festlegt. Wichtig ist, daß die geplanten ersten Schritte klein genug sind, daß sie zum Erfolg führen und Motivation zur Weiterarbeit vermitteln. Die Erzieherinnen sollten ihre aktive, anregende Funktion so bald als möglich abgeben. Ideal wäre es, wenn sie sich darauf beschränken könnten, immer wieder den Bezug zwischen der Initiative der Eltern und dem Lernen der Kinder herzustellen.

3. Phase: Aufnahme der Aktivität: Je nach Projekt ist im ersten Teil dieser Phase mit dicht aufeinanderfolgenden Versammlungen zu rechnen, bei denen die ersten Erfahrungen – Erfolge oder Mißerfolge – besprochen werden müssen. Das Versammlungsmuster spielt sich ein: Bericht bisheriger Schritte; Aufgabenstellung; Diskussion weiterer Schritte in Kleingruppen; Entscheidung im Plenum.

Zu diesem Zeitpunkt ist mit einer erheblichen Klippe zu rechnen: es bildet sich eine Gruppe heraus, welche im Sinne eines repräsentativen Organs das Projekt weitgehend selbständig vorantreiben will. Es handelt sich in der Regel um die bisher Aktivsten und Gewandtesten. Diese Gruppe versucht, die Legitimation zu selbständiger Arbeit zu erhalten und will in größeren Abständen auf dem Gesamtelternabend Rechenschaft ablegen. Sie wollen »nicht *mit* den Betroffenen, sondern *für* sie organisieren«[40]. Diese Klippe gilt es zu überwinden, denn es ist von besonderer Bedeutung, die Aufgaben möglichst breit zu verteilen, so daß sich keine Funktionsteilung in Aktive und in Akklamatoren ergibt. Hinter jedem wichtigen Schritt muß die Neueinschätzung des Aktionsstandes durch die Versammlung der beteiligten Eltern stehen. Nur so erhält der einzelne die Chance zu effektiver Teilnahme an der Verantwortung, auch die »Ungeschulten«

---

40 Kritik der Methoden der Sozialarbeit, Teil 3: Gemeinwesenarbeit. In: Sozialpädagogische Korrespondenz 4 (1972), Nr. 21, S. 5.

Elternarbeit im Curriculum

und theoretisch Unvorbereiteten; nur durch die gemeinsame Erarbeitung von Entscheidungen und die strikt arbeitsteilige Durchführung sind die Verantwortlichen auswechselbar und damit die intendierten Lernprozesse möglich[41].

4. Phase: Verselbständigung und Ausweitung: Rein formal geht es hier um die stärkere Ablösung eines Projektes von der eigentlichen Kindergartenarbeit sowie um die Ausweitung der Initiative (z. B. nicht nur die Eltern einer Einschulungsgruppe, sondern die Eltern aller Einschulungskinder einer Stadt) und um das Herstellen von Beziehungen, das »Kurzschließen« zu gleichartigen Initiativgruppen oder zu übergeordneten Organisationszusammenhängen (z. B. »Aktion Kind im Krankenhaus« im Zusammenhang mit der didaktischen Einheit Krankenhaus; »Aktion Kleine Klasse« des Arbeitskreises Grundschule; »Arbeitskreis Bürgerinitiativen Rhein-Main« usw.).

Voraussetzung der Organisation eines an realen Lebenssituationen orientierten Diskurses ist ein konkretes historisches Ereignis, von dem allein Handlungsfolgen und Zusammenhang von Reflexion und Aktion und darin eingebettet Lernen in den konkreten Lebenssituationen außerhalb der Institution erwartet werden können.

Zwei Einstiege waren in unserem Arbeitszusammenhang zunächst gewählt worden: am Beispiel der didaktischen Einheit Märchen wurden »kleine« Situationen mittels Kodifikation der Aussagen der Kinder und der Darstellung dieser Aussagen auf dem Elternabend problematisiert. Eltern lesen Märchen vor, erzählen sie oder spielen sie auf Platten vor, diese Geschichten gewinnen einen bestimmten Stellenwert im Denken der Kinder, in ihrer Phantasie; die Kinder stellen diesen Stellenwert im Spiel dar (besonders Hexen und bestimmte Angstszenen); das ganze wird mit dem Tonband aufgezeichnet; entscheidende Darstellungen werden zusammen mit den Erzieherinnen ausgewählt (Kodifikation); diese Darstellungen sind von den Kindern kodierte Situationen, die die Eltern in irgendeiner Form betreffen; die Situationen werden den Eltern beim Elternabend repräsentiert. Einige Eltern kommen ins Erzählen und schildern Beispiele unterschiedlichen Gebrauchs von Märchen. Die unterschiedlichen Darstellungen besitzen solche Aufforderungskraft, daß eine starke Diskussion unter den Eltern ausbricht, an der sich alle beteiligen. Es ist durchgängig eine Problematisierung von Erziehungsfragen gelungen. (Es fehlte noch zu diesem Zeitpunkt die Beteiligung der Eltern an der Kodifikation und die auf einen konkreten Handlungsschritt ausgerichtete Gesamtfragestellung des Elternabends.)

Hier ist – im Gegensatz zum Thema Schule – kaum Aktionspotential

---

41 Jouhy, E., Zur Theorie der Bürgerinitiativen, unveröff. Manuskript. Arbeitskreis Bürgerinitiativen Rhein-Main e. V., Frankfurt (1973), S. 17.

hinter dieser Thematisierung. In der Hierarchie der Thematisierungen, die für die Eltern unterschiedlichen existentiellen Bezug haben, steht dieses Beispiel weit unten. Handlungskonsequenzen lassen sich kaum erwarten, dafür ist es wegen des geringen Stellenwerts den Eltern eher möglich, von der eigenen Praxis zu berichten und sie in eine Diskussion einzubringen, die für sie immerhin das Risiko einer Infragestellung eigener Praxis birgt. Gerade wegen des geringen Risikos und der geringen Handlungsrelevanz muß dann natürlich die Frage gestellt werden, ob solche Diskussionen im Zusammenhang des Lernens in Lebenssituationen überhaupt noch relevant sind. Ein konkretes Ereignis, bedeutsam für alle Beteiligte, ein »historisches« Ereignis, an dem sich Lernprozesse festmachen lassen, liegt nicht vor.

Der zweite Einstieg knüpfte sich an ein Ereignis, das jedes Jahr neu für eine Gruppe von Kindern und Eltern zum historischen Ereignis wird: die Einschulung. Die Handlungsrelevanz ist gegeben, der existenzbezogene Druck aber so groß, daß sich gesellschaftlich vorgegebene Strukturen – unterschiedliche, miteinander konkurrierende Leistungsfähigkeit – so in dem gesamten Prozeß niederschlagen, daß die Eltern versuchen, aus der Notsituation des Schuleintritts über das gemeinsame Handeln die größtmöglichen Vorteile für ihre Kinder herauszuschlagen. Dieses Motiv ist so stark, daß es auch die Kommunikation *innerhalb* der Elterngruppe recht schnell massiv bestimmt: die Eltern, die ein entsprechendes Maß an Aktivität schon mit einbringen (ein Vater ist Stadtrat), okkupieren alle Aktivität; die Eltern, deren Ohnmachtserfahrung sich in Passivität ausdrückt, erleben nur einmal mehr, daß die Veränderung von Situationen von anderen bewirkt wird. Sie haben die Funktion einer Hausmacht für die Aktiven. Die Situation ist so gestaltet, daß sie gerade diskursverhindernd wirkt.

Als Folgerung ergibt sich der Schritt (zur Zeit noch in Arbeit), zwar Situationen von eindeutigem historischen Charakter aufzugreifen, weil sich hier am ehesten ein Handlungspotential finden und auch aktivieren läßt. Dabei können dann auch Lernzusammenhänge für die Kinder außerhalb der Institution unter sachverständigem Einbezug der Beteiligten hergestellt werden. Doch müssen die Situationen so gestaltet sein, daß sich ein direktes Durchschlagen gesellschaftlich bedingter Konkurrenzverhältnisse in die Gruppe hinein vermeiden läßt.

Beispiele: Hinter einer Tagesstätte liegt ein größeres Waldstück. Es ist eines der wenigen Waldgebiete, die im unmittelbaren Einzugsbereich der Stadt noch erhalten sind. Etwa in der Mitte wurde ein recht großer und schöner Spielplatz ausgebaut, der bei den Kindern aus den angrenzenden Wohnblocks sehr beliebt ist. Durch diesen Wald soll eine Verbindungsstraße gebaut werden, die auch von dem bislang ruhig und gefahrlos gelegenen Spielplatz ein Stück abschneiden würde. Das

Problem wird in folgender Weise aufgenommen: im Zusammenhang der didaktischen Einheit Raumplanung betrachten die Kinder ihre Wohnumgebung auf die gegebenen Spielmöglichkeiten hin und stellen ihre entsprechenden Bedürfnisse in einem geeigneten Medium (Modell, Bild oder Befragung) dar. Gemeinsam mit Eltern werden aus diesen Darstellungen die wichtigsten Elemente ausgewählt und zu einer Kodifikation montiert. Mit diesem Material wird versucht, den Eltern das Problem zu verdeutlichen und sie zu aktivieren. Ein Spaziergang am Samstagvormittag zum Spielplatz von Kindergartengruppe und Familien mit gemeinsamen, teilweise vorbereiteten Aktivitäten soll die Handlungsbereiche von Eltern und Kindern verknüpfen. Weitere Schritte ergeben sich aus der Entwicklung des Projekts.

Im Zusammenhang der Didaktischen Einheit »Wohnen« machen sich die Kinder Gedanken über Kinderzimmer und Spielzeug. Zur Gruppe gehören Kinder aus sogenannten Übergangswohnungen (Stufensystem der Aussiedelung aus Obdachlosenquartieren). Sie haben in der Regel kein Kinderzimmer und auch kaum Spielzeug. Die Kinder sind von dem Problem so gepackt, daß sie einige Tage später einen Einbruch in der Tagesstätte durch ältere Geschwister anregen. Es wird Spielzeug gestohlen. Hier ist der Anlaß gegeben, eine Spielzeugausstellung von gutem und preiswertem Spielzeug zu organisieren, die von Eltern und Kindern gemeinsam besucht werden soll. Die Vorbereitung erfolgt zusammen mit Eltern. Bei den betreffenden Kindern ist mit einem schnellen Verschleiß des Spielzeugs zu rechnen; eine dauerhafte Reparieraktion ist daher einzurichten, damit die Kinder Spielzeug, das zu Hause nicht repariert oder ersetzt wird, im Kindergarten wieder herrichten lassen können. Dazu können alte Leute aus dem benachbarten Altersheim gewonnen werden.

3.6 Rolle der Wissenschaftler im Prozeß

Die Rekonstruktion von Wirklichkeit aus den erhobenen Materialien im Prozeß der Curriculumkonstruktion soll nicht ausschließlich in den Händen von Wissenschaftlern erfolgen. Dadurch wäre nur eine Entfremdung des Wahrgenommenen für die Situationsbeteiligten – Eltern, Erzieher und Kinder – zu erwarten. Die Rekonstruktion von Wirklichkeit und die Organisation von Lernprozessen ist Sache aller Beteiligten und findet statt im zu organisierenden Diskurs mit den Wissenschaftlern.

Auf ein schwerwiegendes Hindernis des Diskurses – neben der bisherigen Unkenntnis und Unerprobtheit möglicher Strategien – muß aber noch eingegangen werden: es liegt in den Rahmenbedingungen von Wissenschaft selbst, von denen der einzelne wissenschaftlich Arbeitende abhängig ist. Obwohl eine den Prozeß der Innovation begleitende Wissenschaftlergruppe thematisch auf Analyse und Beeinflussung der Praxis ausgerichtet ist, besteht die Gefahr, daß ihr Interesse – so paradox dies erscheinen mag – zu einem bestimmten Zeitpunkt des Arbeitsprozesses sich von einem Eingehen auf das konkrete Handlungsfeld abzuwenden beginnt; Wissenschaft ist Teil dieser Gesellschaft; sie ist von entscheidenden Strukturen der Gesellschaft mitgeprägt und es wäre nur illusionär, wenn die wissenschaftlich Arbeitenden glauben, sich dem entziehen zu können. Der

»Wert« eines Wissenschaftlers, der über seine Zukunft entscheidet, ist zu einem guten Teil von seinen Veröffentlichungen bestimmt. Arbeitet er nun in der Auftragsforschung, dann ist er gezwungen, sich alle paar Jahre, bei Beendigung des jeweiligen Projekts, wieder gut zu verkaufen. Er muß sich daher Materialien, Ideen und Konzepte immer wieder persönlich aneignen und sie (in Absetzung von wissenschaftlichen Konkurrenten) auf den Markt bringen, um seinen eigenen Wert dadurch zu halten oder zu steigern. Das Konzept eines Diskurses mit den Beteiligten kann zwar entwickelt werden, den Diskurs selbst aber durchzuhalten ist ungeheuer schwer, weil er unvermittelt zur Ideenausplünderung der Beteiligten aus der Praxis gerät. Ein weiteres Problem stellt in diesem Zusammenhang der Zeitfaktor dar. Der Zeitaufwand, um einen Diskurs zwischen gesellschaftlich so ungleich bewerteten Gruppen wie Eltern und Wissenschaftlern oder Erziehern und Wissenschaftlern in Gang zu setzen, ist recht erheblich. Der Druck des wissenschaftlichen Apparates zu schneller Umsetzung von Ergebnissen nimmt gegebenenfalls die notwendige Zeit und Geduld, sich auf den Diskurs in gebührender Weise einzulassen. Die Anforderungen von seiten der Auftraggeber können hier gleichgerichtet wirken: Curriculumkonstruktion ist sozusagen »auf Vorschuß« finanziert und steht damit unter einem gewissen Produktionszwang.

Als Korrektiv muß daher ständig wieder innerhalb der Gruppe der wissenschaftlich Begleitenden das Problem thematisiert werden, ob die genannten Faktoren das Interesse der Mitarbeiter so massiv bestimmen, daß ein manipulationsfreier Dialog im Sinne Freires kaum mehr zustande kommen wird und die beteiligten Wissenschaftler ihr Interesse permanent in die Situation mit einbringen und sie aufgrund ihres machtvollen Gewichts (›Angehörige eines neuen Klerus‹[42]) manipulierend – oder sagen wir es weniger wertend – strukturierend beeinflussen.

Ein weiteres Problem entspringt dem ständigen Druck, wie er aus dem Innovationsbedarf des Praxisfeldes herrührt. Er könnte zu einem stark augenblicksbezogenen Helfen führen, das immer da eingreift, wo es gerade brennt. Die Chancen der Ausbildung von Diskursen sind dann durch das zu starke Einlassen auf direkt handlungsbezogene, unter Handlungsdruck stehende Kommunikation vermindert und es wird fraglich, ob es gelingt, verallgemeinerbare, übertragbare Ergebnisse herauszuarbeiten. Hier liegen dann auch innerhalb der Wissenschaftlergruppe Konfliktmöglichkeiten, je nachdem ob das Selbstverständnis stärker auf die Rolle des kritisch Beobachtenden, Auswertenden und Beratenden bezogen ist oder auf die Rolle des Planenden und Handelnden[43].

42 Simpfendörfer, a. a. O., S. 103.
43 Vgl. Aurin, K., Das Dilemma pädagogischer Begleitforschung. In: ZfP 19 (1973), H. 1, S. 12.

Elternarbeit im Curriculum

Aurin beschreibt die aus der spezifischen Interessenlage der Eltern zu erwartenden Schwierigkeiten:

»Eltern sehen die Wirksamkeit wissenschaftlicher Begleitung hauptsächlich in dem konkreten Beitrag, den diese direkt oder indirekt für die individuelle Förderung ihrer Kinder leistet und der sich kurzfristig meist nicht in dem erwünschten Ausmaß durch Forschungsmitwirkung erreichen läßt. Sie erkennen der Begleitforschung ein wichtiges pädagogisches Wächter- und Richteramt und somit eine unparteiische Rolle zu, die diese nur unter gewissen Voraussetzungen und auch dann nur in begrenztem Umfang auszuüben in der Lage ist. Schließlich betrachten sie sie als ein wirkungsvolles Instrument, ihren Interessen gegenüber der Schulverwaltung, dem Schulträger und auch einzelnen Lehrern oder Lehrergruppen besser zur Geltung zu verhelfen.«[44]

Beispiele: Es handelt sich um einen oben bereits erwähnten Elternabend zur Didaktischen Einheit »Märchen«. Zwei Mütter mit vornehmer Sprache und sehr häufigen Diskussionsbeiträgen fordern den sich stark zurückhaltenden Wissenschaftler wiederholt und schließlich aggressiv zu einer Stellungnahme auf. Wie denn das Institut zu der Frage stehe, ob man noch Märchen erzählen solle; wenn ja, welche? Welche *Anweisung* denn nun die Erzieherin in bezug auf Märchen erhalten habe. Jede Äußerung von seiten der wiss. Begleitung, die hier inhaltlich Bezug genommen hätte, hätte an diesem Abend den Stellenwert eines objektiven, neutralen Statements von einer übergeordneten Autorität gewonnen und hätte jede weitere Diskussion unter den Teilnehmern verhindert.

Ein Elternabend beschäftigt sich mit der gemeinsamen Einschulung der Kinder. Man stellt gewisse Ansprüche an den Lehrer; die Klasse soll möglichst klein gehalten werden. Eine Initiative der Eltern ist im Entstehen. Nachdem von den Eltern schon mehrfach in dieser Richtung votiert wurde, bestätigt die Erzieherin, daß die – nicht anwesenden – Mitglieder der wissenschaftlichen Begleitung sehr gute Beziehungen zu ihrem Auftraggeber, dem Ministerium, haben und daß die Forderungen der Eltern hier schon vertreten werden. Die Eltern glauben, ihr Anliegen in guten Händen zu haben, daß behördliches Handeln ihre Initiative erspart, und gehen auseinander.

Beim Elternabend in der Rolle des Wissenschaftlers, des »Experten mit dem entsprechenden Informationsvorsprung« aufzutreten, hat allgemeines Verstummen zur Folge. Dann werden höchstens Problemchen gebracht (eine Art Erziehungsberatung), und es entsteht vielleicht auch Lust zum Duell der Worte bei einigen wenigen. Am Schluß kommen noch einige Eltern und bedanken sich.

Das Auftreten des Experten aktiviert auf der Gegenseite das Gefühl des »Nicht-Bescheid-Wissens«. Wissenschaftliche Mitarbeiter haben nicht die Funktion der Informations-*Übermittlung* sondern sollen daran mitwirken, die Informations-*Erschließung* (durch die Beteiligten selbst!) mit vorzubereiten. »Befreiende Erziehungsarbeit besteht in Aktionen der Erkenntnis, nicht in der Übermittlung von Information«[45]. Sie müssen ihr

---

44 Aurin, a. a. O., S. 9.
45 Freire, P., Päd. d. Unterdrückten, a. a. O., S. 84.

Auftreten, müssen jede ihrer Handlungen daraufhin befragen, wieweit sie zu Aktionen der Erkenntnis aktiviert (›Aktionen der Erkenntnis‹ beinhalten aktives und reflexives Handeln!).

4. Zur Einschätzung von Elterninitiativen

Das Curriculum ist von dem Anspruch getragen, auf Lebenssituationen der Beteiligten einzugehen. Soweit die Aktivität mit ihrem Anspruch auf veränderndes Handeln in den kommunalen oder institutionellen Raum weist, trifft sie auf bereits vergebene Handlungskompetenzen – in der Regel der Verwaltung – und ruft damit Widerspruch hervor[46]. Dieses Handeln erweist sich immer wieder als konfliktträchtig. Es stellt sich die Frage nach dem Lernen der Beteiligten. Bringt es den erhofften Zuwachs an Autonomie?

Ein erster Hinweis läßt sich unmittelbar geben: eine bloße Intensivierung der Diskussion bei Elternabenden, eine reine Ausweitung der elterlichen Aktivitäten in bezug auf die Kindergruppe oder eine Verstärkung der Außenkontakte sagt unter Umständen noch recht wenig. »Wird Lernen als ein Prozeß der Interaktion begriffen, so kann leicht der Eindruck entstehen, als wäre die Entlastung der Lernsituation von der irrationalen Autorität des traditionellen Lehr- und Lernstils, vor allem durch Einführung von Teamarbeit und Gruppendiskussionen, gleichbedeutend mit der inhaltlichen Veränderung des Bildungsbegriffs«[47]. Das ›andere‹ Lernen wird sich an solchen Kriterien erweisen müssen wie dem Bewußtwerden situativer Bedingungen, dem gesellschaftlichen Gewordensein und damit der Machbarkeit und der Beeinflußbarkeit dieser Bedingungen. Es erübrigt sich hier, Kriterien weiter auszuführen. Statt dessen soll die Frage nach dem Lernen der Beteiligten präzisiert werden zu der Frage: Wer lernt was? Die Lernprozesse innerhalb der Elterngruppe können recht unterschiedlich laufen und der Bezug zu Berufsgruppen, zur Schichtzugehörigkeit der jeweiligen Eltern ist in diesem Zusammenhang von Bedeutung.

Sicherlich ist ein häufig gebrauchtes Argument zu undifferenziert: »Die notwendigen Beteiligungen (an Initiativen; Verf.) sind nicht verrechenbar als stabilisierende Momente spätkapitalistischen Krisenmanagements, weil sie Sozialisationsfolgen haben. Wo Ohnmacht punktuell durchbrochen wird, setzen neue, folgenreiche Machterfahrungen ein: Wem man den

---

46 Vogel/Oel, Gemeinde und Gemeinschaftshandeln. Stuttgart 1966, S. 74 f.
47 Negt, O., a. a. O., S. 22.

kleinen Finger reicht, der will bald die ganze Hand«[48]. Solche Argumente sind in ihrem vagen Hoffen auf die Spuren, die von Spontaneität, Aktivität usw. in dem Bewußtsein des Menschen zurückbleiben und so etwas wie eine produktiv-subversive Funktion gewinnen könnten, genauso undifferenziert wie Argumente, die eine Initiative nur dann anerkennen wollen, wenn diese (in ihrer Winzigkeit) Spuren im Bewußtsein zurückläßt, wie sie allenfalls eine französische Revolution oder ein russischer Oktober zuschaffen in der Lage sind. Die Anatomie von Initiativprozessen zeigt immer wieder sehr unterschiedliche Graduierungen der Aktivität der Beteiligten. Die »Machterfahrungen« sind daher auch unterschiedlich; möglicherweise ziehen einzelne Individuen aus der Organisation eines solchen Prozesses derart viel Befriedigung, daß die individuellen Machterfahrungen schon Folgen haben, bevor kollektive Machterfahrungen, wie sie oben postuliert werden, zum Tragen kommen: diejenigen Individuen, die zuerst den Prozeß aktiv organisierten, werden auch weiterhin versuchen, ihn zu kontrollieren – kollektive Machterfahrungen dürften auf diese Weise schwerlich entstehen; die Initiatoren stehen dem initiierten Prozeß im Wege. Für die verschiedenen Gruppen der Beteiligten sind daher auch die Sozialisationsfolgen differenziert zu beurteilen.

Es könnte sich erweisen, daß sich für bürgerliche Berufsgruppen bei der Organisation von Initiativen ein Tätigkeitsfeld öffnet, das sie bisher in Vereinen gefunden hatten. Während sich ihre Eltern noch in diversen Vereinen und Verbänden aktiv organisiert, gruppiert hatten, Organisationen, die sich schon von ihrem Maß der Bürokratisierung her als typische Mittelschichtinstitutionen auswiesen, organisiert sich die nachfolgende Generation aktiv in Initiativgruppen. Als neues Merkmal kommt die relative Unbeständigkeit der Organisation und ihre tendenzielle Ausrichtung auf die Lösung eines Problems mit häufig stärker politischem Charakter hinzu. Die Rolle der verschiedenen Berufsgruppen, also der verschiedenen gesellschaftlichen Schichten, bleibt verblüffenderweise identisch: es ist »die Vereinsführung eine Domäne der Selbständigen in Handwerk, Handel und Gewerbe sowie der mittleren Angestellten und Beamten«[49], also der Berufsgruppen der ›gesellschaftlichen Mitte‹, die es zudem verstehen, ihrer Aktivität auch ein gewisses Maß an Unterstützung aus öffentlichen Mitteln zu verschaffen. Die niederen Berufsgruppen nehmen sehr viel weniger daran teil. Die Interpretation, die R. Mayntz 1958 für die von ihr erhobenen Beobachtungen fand, daß die Unterrepräsentierung dieser zahlenmäßig stärksten gesellschaftlichen Gruppierung eine Folge von deren negativer Privilegierung sei, läßt sich unmittelbar auf Eltern-Kind-Gruppen,

---

48 Gronemeyer, R.: In Bahr (Hrsg.), Politisierung des Alltags – gesellschaftliche Bedingungen des Friedens. Darmstadt 1972, S. 69.
49 Mayntz, R. nach H. J. Benedict, In Bahr, a. a. O., S. 80 ff.

auf Elternaktivitäten in Kindergarten und Schule übertragen: »Ihre Kräfte, Interessen und finanziellen Mittel mögen durch einen härteren Daseinskampf so weit aufgebraucht sein, daß die Vereinszugehörigkeit zu einem selten erschwinglichen Luxus wird.«[50] Wo ihre Rolle nicht grundlegend neu definiert ist, können sie auch keine grundlegend neuen Erfahrungen – nämlich die von Veränderungschancen aufgrund von solidarischem Handeln – gewinnen. Benedict führt Untersuchungen an, die ein Bedürfnis nach Vereinsbildung z. B. gerade in Neubaugebieten belegen. Er begreift es als Chance für Initiativgruppen, ihre Basis zu erweitern. Was ihm als Chance scheint, läßt sich durchaus als Gefahr beschreiben: Initiativen, z. B. in der Elterngruppe eines Kindergartens, dienen als Initialzündung für brachliegende Energien, die unvermittelt einfließen und jede weitere Aktivität, jede weitere Gruppierung entscheidend strukturieren.

Die Chance scheint gegeben, in Zusammenarbeit mit den Eltern Bildungsprozessen eine andere Qualität zu geben und die Entwicklung einer Pädagogik mit *allen* Beteiligten voranzutreiben. Sie zu nutzen ist zu einem guten Teil ahängig vom Problembewußtsein der Initiatoren und ihrer Fähigkeit, sich über den laufenden Prozeß Rechenschaft zu geben.

---

50 Nach Benedict in Bahr, a. a. O., S. 81.

Bernhard Hassenstein

Verhaltensbiologie des Kindes

459 Seiten mit 29 Abbildungen. Linson
Das erste verhaltensbiologische Handbuch für alle,
die mit Kindern zu tun haben.

Aus dem Inhalt:
Weder verklärt noch unterschätzt: Der Mensch ·
Tierjunges und Menschenkind · Milieubedingte Verhaltensstörungen bei Kindern · Dynamische Zusammenhänge im Verhalten: Einmaleins einer allgemeinen Verhaltensbiologie · Verhaltensstörungen bei Tieren · Der Mensch in Gebundenheit und Entscheidungsfreiheit: Verhaltensbiologisches aus dem menschlichen Alltag · Verhaltensstörungen des Kindesalters: Ursachen, Erkennung, Heilung · Was dem Kind zusteht: Vorsorge gegen Verhaltensschäden, Pflicht jedes einzelnen und der Gesellschaft.

»Hassensteins Buch gibt in vieler Hinsicht Anlaß zu eingehender Diskussion. Es wäre zu wünschen, daß dieser Band eine Diskussion über ein neues empirisches Bemühen um kindliches Verhalten in Gang setzt; damit würde man dem Autor am besten gerecht: kindliches Verhalten aus seinem biologischen Sinn heraus zu verstehen.«
                                    Bild der Wissenschaft

Wörterbuch der Erziehung

Herausgegeben von Christoph Wulf unter Mitarbeit von Herwig Blankertz, Andreas Flitner, Karl Frey, Wolfgang Klafki, Gerhard Prisemann, Annemarie Schaffernicht. EWP Band 24. 714 Seiten, Kart. DM 28,–

Das Wörterbuch der Erziehung enthält mehr als 130 zentrale Begriffe, die für die gegenwärtige Erziehungswissenschaft relevant sind. Aufgenommen sind auch zahlreiche Begriffe aus den benachbarten Sozialwissenschaften Soziologie, Psychologie, Ökonomie und Philosophie. Die Begriffe sind von führenden Vertretern der einzelnen Disziplinen dargestellt. Behandelt werden neben den Bereichen der Schul-, Sozial- und Berufspädagogik auch grundlegende Fragen der Wissenschaftstheorie. Das Wörterbuch ist weder ein Lexikon im üblichen Sinne, noch ein Handbuch zur Pädagogik. Dem Herausgeber war daran gelegen, einerseits ein Lesebuch zu schaffen, in dem man sich in bestimmte Themenkreise einlesen kann, und zugleich ein Nachschlagewerk zu bieten, das dem heutigen Erkenntnisstand der Erziehungswissenschaft entspricht. Jeder Beitrag wird ergänzt durch ausführliche Literaturhinweise, die eine intensivere Einarbeitung in die einzelnen Bereiche ermöglichen, und durch ein ausführliches Register.

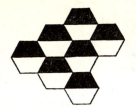

Erziehung in Wissenschaft und Praxis

Herausgegeben von Andreas Flitner

Theodor Hofmann / Herbert Pönitz / Reinhold Herz
Jugend im Gefängnis
Reform in Jugendstrafvollzug.
Neuausgabe. EWP 1. 5. Tsd.
306 S. m. 29 Tab.

Elfriede Höhn
Der schlechte Schüler
Sozialpsychologische Untersuchungen über das Bild des Schulversagers.
EWP 2. 6. Aufl., 24. Tsd. 238 Seiten

Einführung in pädagogisches Sehen und Denken
Texte, hrsg. von A. Flitner und H. Scheuerl.
EWP 3. 7. Aufl., 34. Tsd. 369 Seiten

Sport und Leibeserziehung
Sozialwissenschaftliche, pädagogische und medizinische Beiträge. Hrsg. von H. Plessner, H.-E. Bock und O. Grupe.
EWP 4. 3. Aufl., 12. Tsd. 400 Seiten

Willi Rehm
Die psychoanalytische Erziehungslehre
Anfänge und Entwicklung.
EWP 5. 2. Aufl., 7. Tsd. 228 Seiten

Erziehung in früher Kindheit
Pädagogische, psychologische und psychoanalytische Texte.
Hrsg. von G. Bittner und E. Schmid-Cords.
EWP 6. 5. Aufl., 23. Tsd. 420 Seiten

Unterricht
Aufbau und Kritik. Texte, hrsg. von G. Dohmen und F. Maurer.
EWP 7. 5. Aufl., 24. Tsd. 208 Seiten

Die differenzierte Gesamtschule
Zur Diskussion einer neuen Schulform. Texte, hrsg. von A. Rang und W. Schulz.
EWP 8. 4. Aufl., 16. Tsd. 258 Seiten

Andreas Flitner
Brennpunkte gegenwärtiger Pädagogik
Studien zur Schul- und Sozialerziehung.
EWP 9. 3. Aufl., 10. Tsd. 233 Seiten

Kreativität und Schule
Texte. Hrsg. von G. Mühle und C. Schell.
EWP 10. 3. Aufl., 14. Tsd. 264 Seiten

Unterrichtsforschung und didaktische Theorie
Texte, hrsg. von G. Dohmen, F. Maurer und W. Popp.
EWP 11. 2. Aufl., 8. Tsd. 355 Seiten

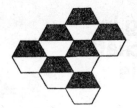

Erziehung in Wissenschaft und Praxis

Herausgegeben von Andreas Flitner

**Der Lehrer
in Schule und Gesellschaft**
Texte, hrsg. von K. Betzen und
K. E. Nipkow.
EWP 12. 3. Aufl., 15. Tsd. 319 Seiten

**Fritz Redl
Erziehung schwieriger Kinder**
Beiträge zu einer psychotherapeutisch orientierten Pädagogik,
bearbeitet und hrsg. von R. Fatke.
EWP 13. 262 Seiten

Kollektiverziehung im Kibbutz
Texte zur vergleichenden
Sozialisationsforschung. Hrsg. von
L. Liegle.
EWP 14. 338 Seiten

Literaturunterricht
Texte zur Didaktik. Hrsg. von
G. Wilkending.
EWP 15. 348 Seiten

Fremdsprachen
Lehren und Erlernen. Texte, hrsg.
von R. Freudenstein und
H. Gutschow.
EWP 16. 2. Aufl., 10. Tsd. 359 Seiten

Team Teaching in der Schule
Hrsg. von H.-W. Dechert.
EWP 17. 328 Seiten

Evaluation
Beschreibung und Bewertung von
Unterricht, Curricula und Schulversuchen. Hrsg. von C. Wulf.
EWP 18. 419 Seiten

Jugendarbeit in der Diskussion
Pädagogische und politische
Perspektiven. Texte hrsg. von
Lothar Böhnisch.
EWP 19. 363 Seiten

Das Kinderspiel
Texte – Hrsg. von Andreas Flitner.
EWP 20. 3. Aufl., 318 Seiten

**Curriculumentwicklung
im Vorschulbereich**
Texte hrsg. von Jürgen Zimmer.
EWP 21. 2 Bde. Zus. 559 Seiten

**Christoph Wulf
Das politisch-sozialwissenschaftliche Curriculum**
Eine Analyse der Curriculumentwicklung in den USA.
EWP 22. 312 Seiten

**Spracherwerb und
linguistische Theorien**
Texte zur Sprache des Kindes.
Hrsg. von W. Eichler und A. Hofer.
EWP 23. 475 Seiten

Wörterbuch der Erziehung
Hrsg. von Chr. Wulf unter Mitarbeit
von H. Blankertz, A. Flitner, K. Frey,
W. Klafki und G. Priesemann.
EWP 24. Etwa 600 Seiten